PSAT

기출 PLUS

NCS

고득점 360제

+ 무료 NCS특강

SD에듀
㈜시대고시기획

편저자 **정승현**

경력
- (現) 에듀윌, SD에듀 등 NCS 온라인 강의
- (現) 고등학교, 대학교 NCS/직무적성 출강
- (現) 김기남 공학원 공사공단 NCS 강사
- (現) 대입적성 학원 운영 및 로고스멘토적성전문학원 수학 대표강사
- (現) 모든교육 공기업 학원 원장

주요 저서
- NCS 통합서 및 수험서 공저
- 부사관 및 장교 수험서 공저

Always **with you**

사람의 인연은 길에서 우연하게 만나거나 함께 살아가는 것만을 의미하지는 않습니다.
책을 펴내는 출판사와 그 책을 읽는 독자의 만남도 소중한 인연입니다.
SD에듀는 항상 독자의 마음을 헤아리기 위해 노력하고 있습니다.
늘 독자와 함께하겠습니다.

합격의 공식 **SD에듀**

잠깐!

자격증 · 공무원 · 금융/보험 · 면허증 · 언어/외국어 · 검정고시/독학사 · 기업체/취업
이 시대의 모든 합격! SD에듀에서 합격하세요!
www.youtube.com → SD에듀 → 구독

머리말

정부는 양질의 일자리를 창출하고자 다각도로 채용을 진행하고 있으며, 필기전형에 국가 직무능력표준(NCS)을 도입하여 우리 사회에 직무 위주의 채용 문화를 정착시키는 데 기여하고 있다. 문제 유형은 대표적으로 모듈형, 피듈형, PSAT형 3가지로 구분할 수 있다. 그중 PSAT형은 자료에 대한 추론 및 해석 능력을 요구하는 유형으로, 대부분 의사소통능력, 수리능력, 문제해결능력을 중심으로 출제된다. 일부 기업의 경우 자원관리능력, 조직이해능력 등을 출제하기도 한다. 따라서 공사 · 공단 채용을 준비하는 수험생들은 필기전형에서 고득점을 받기 위해 고난도 유형인 PSAT형 문제에 대한 폭넓은 학습과 문제풀이능력을 높이는 등 철저한 준비가 필요하다.

공사 · 공단 필기 합격을 위해 SD에듀에서는 NCS 도서 시리즈 판매량 1위의 출간 경험을 토대로 다음과 같은 특징을 가진 도서를 출간하였다.

도서의 특징

첫째 PSAT 주요 빈출 문제를 통한 출제 유형 확인!
  2022~2019년 PSAT/민간경력자의 언어논리 · 자료해석 · 상황판단 영역의 주요 빈출 문제를 수록하여 최신 출제 유형을 파악할 수 있도록 하였다.

둘째 PSAT 엄선 기출 문제를 통한 실력 상승!
  2019~2010년 PSAT/민간경력자/LEET의 언어논리 · 자료해석 · 상황판단 영역의 엄선 기출 문제를 수록하여 빈틈없이 학습할 수 있도록 하였다.

셋째 NCS 핵심영역 문제를 통한 빈틈없는 학습!
  NCS 핵심영역인 의사소통능력 · 수리능력 · 문제해결능력 영역의 기출 예상 문제를 수록하여 필기전형에 완벽히 대비할 수 있도록 하였다.

넷째 NCS 선택영역 문제를 통한 효과적인 학습!
  NCS 선택영역인 자원관리능력 · 정보능력 · 기술능력 · 조직이해능력 영역의 기출 예상 문제를 수록하여 부족함이 없도록 하였다.

끝으로 본 도서를 통해 공사 · 공단 채용을 준비하는 모든 수험생 여러분이 합격의 기쁨을 누리기를 진심으로 기원한다.

편저자 씀

NCS란 무엇인가?

● 국가직무능력표준(NCS; National Competency Standards)

산업현장에서 직무 수행에 요구되는 능력(지식, 기술, 태도 등)을 국가가 산업 부문별, 수준별로
체계화한 설명서

● 직무능력

직무능력 = 직업기초능력 + 직무수행능력

▶ **직업기초능력** : 직업인으로서 기본적으로 갖추어야 할 공통 능력
▶ **직무수행능력** : 해당 직무를 수행하는 데 필요한 역량(지식, 기술, 태도)

● NCS의 필요성

❶ 산업현장과 기업에서 인적자원관리 및 개발의 어려움과 비효율성이 발생하는 대표적 요인으로
산업 전반의 '기준' 부재에 주목함

❷ 직업교육훈련과 자격이 연계되지 않은 상태로 산업현장에서 요구하는 직무수행능력과 괴리되
어 실시됨에 따라 인적자원개발과 개인의 경력개발에 비효율적이며 효과성이 부족하다는 비판
을 받음

❸ NCS를 통해 인재육성의 핵심 인프라를 구축하고, 산업장면의 HR 전반에서 비효율성을 해소
하여 경쟁력을 향상시키는 노력이 필요함

> **NCS** = 직무능력 체계화 + 산업현장에서 HR 개발, 관리의 표준 적용

● NCS 분류

▶ 일터 중심의 체계적인 NCS 개발과 산업현장 전문가의 직종구조 분석결과를 반영하기 위해 산업현장 직무를 한국고용직업분류(KECO)에 부합하게 분류함

▶ 2022년 기준 : 대분류(24개), 중분류(81개), 소분류(269개), 세분류(1,064개)

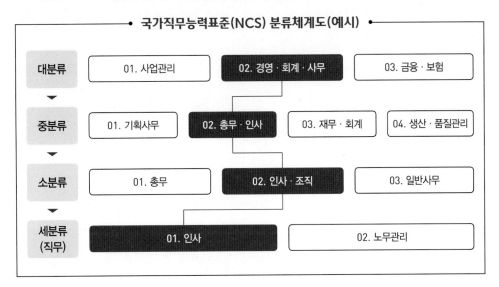

국가직무능력표준(NCS) 분류체계도(예시)

대분류	01. 사업관리	02. 경영 · 회계 · 사무	03. 금융 · 보험
중분류	01. 기획사무	02. 총무 · 인사	03. 재무 · 회계	04. 생산 · 품질관리
소분류	01. 총무	02. 인사 · 조직	03. 일반사무
세분류(직무)	01. 인사	02. 노무관리

● 직업기초능력 영역

모든 직업인들에게 공통적으로 요구되는 기본적인 능력 10가지

❶ **의사소통능력** : 타인의 생각을 파악하고, 자신의 생각을 정확하게 쓰거나 말하는 능력

❷ **수리능력** : 사칙연산, 통계, 확률의 의미를 정확하게 이해하는 능력

❸ **문제해결능력** : 문제 상황을 창조적이고 논리적인 사고를 통해 올바르게 인식하고 해결하는 능력

❹ **자기개발능력** : 스스로 관리하고 개발하는 능력

❺ **자원관리능력** : 자원이 얼마나 필요한지 파악하고 계획하여 업무 수행에 할당하는 능력

❻ **대인관계능력** : 사람들과 문제를 일으키지 않고 원만하게 지내는 능력

❼ **정보능력** : 정보를 수집, 분석, 조직, 관리하여 컴퓨터를 사용해 적절히 활용하는 능력

❽ **기술능력** : 도구, 장치를 포함하여 필요한 기술에 대해 이해하고 업무 수행에 적용하는 능력

❾ **조직이해능력** : 국제적인 추세를 포함하여 조직의 체제와 경영에 대해 이해하는 능력

❿ **직업윤리** : 원만한 직업생활을 위해 필요한 태도, 매너, 올바른 직업관

NCS란 무엇인가?

● NCS 구성

능력단위

▶ 직무는 국가직무능력표준 분류의 세분류를 의미하고, 원칙상 세분류 단위에서 표준이 개발됨

▶ 능력단위는 국가직무능력표준 분류의 하위단위로, 국가직무능력 표준의 기본 구성요소에 해당되며 능력단위 요소(수행준거, 지식·기술·태도), 적용범위 및 작업상황, 평가지침, 직업기초능력으로 구성됨

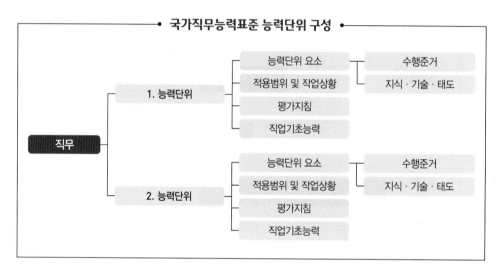

국가직무능력표준 능력단위 구성

● NCS의 활용

- 인사관리(HRM)
  채용·배치·승진, 임금(직무급)
- 인적자원개발(HRD)
  재직자훈련(근로자 능력개발 지원)

활동 유형	활용범위
채용 (블라인드 채용)	채용 단계에 NCS를 활용하여 NCS 매핑 및 직무분석을 통한 공정한 채용 프로세스 구축 및 직무 중심의 블라인드 채용 실현
재직자 훈련 (근로자 능력개발 지원)	NCS 활용 패키지의 '평생경력개발경로' 기반 사내 경력개발경로와 수준별 교육훈련 이수체계도 개발을 통한 현장직무 중심의 재직자 훈련 실시
배치·승진	현장직무 중심의 훈련체계와 배치·승진·체크리스트를 활용한 근로자 배치·승진으로 직급별 인재에 관한 회사의 기대와 역량 간 불일치 해소
임금 (직무급 도입)	NCS 기반 직무분석을 바탕으로 기존 관리직·연공급 중심의 임금체계를 직무급(직능급) 구조로 전환

합격을 위한 체크 리스트

시험 전 CHECK LIST

D-1

체크	리스트
☐	수험표를 출력하고 자신의 수험번호를 확인하였는가?
☐	수험표나 공지사항에 안내된 입실 시간 및 유의사항을 확인하였는가?
☐	신분증을 준비하였는가?
☐	컴퓨터용 사인펜 · 수정테이프 · 여분의 필기구를 준비하였는가?
☐	시험시간에 늦지 않도록 알람을 설정해 놓았는가?
☐	고사장 위치를 파악하고 교통편을 확인하였는가?
☐	고사장에서 볼 수 있는 자료집을 준비하였는가?
☐	인성검사에 대비하여 지원한 공사 · 공단의 인재상을 확인하였는가?
☐	확인 체크표의 × 표시한 문제를 한 번 더 확인하였는가?
☐	자신이 취약한 영역을 두 번 이상 학습하였는가?
☐	도서의 모의고사를 통해 자신의 실력을 확인하였는가?

시험 유의사항

D-DAY

체크	리스트
☐	시험 전 화장실을 미리 가야 한다.
☐	통신기기(휴대폰, 태블릿PC, 무선호출기, 스마트워치, 스마트밴드, 블루투스 이어폰 등)를 가방에 넣어야 한다.
☐	휴대폰의 전원을 꺼야 한다.
☐	시험 종료 후 시험지와 답안지는 제출해야 한다.

시험 후 CHECK LIST

D+1

체크	리스트
☐	시험 후기를 작성하였는가?
☐	상 · 하의와 구두를 포함한 면접복장이 준비되었는가?
☐	지원한 직무의 분석을 하였는가?
☐	단정한 헤어와 손톱 등 용모관리를 깔끔하게 하였는가?
☐	자신의 자기소개서를 다시 한 번 읽어보았는가?
☐	1분 자기소개를 준비하였는가?
☐	도서 내 면접 기출질문을 확인하였는가?
☐	자신이 지원한 직무의 최신 이슈를 정리하였는가?

PSAT형 문제 소개

32 다음은 A ~ E리조트의 1박 기준 일반요금 및 회원할인율에 대한 자료이다. 이에 대한 〈보기〉 중 옳은 것을 모두 고르면?

〈비수기 및 성수기 일반요금(1박 기준)〉

(단위 : 천 원)

구분＼리조트	A	B	C	D	E
비수기	300	250	200	150	100
성수기	500	350	300	250	200

〈비수기 및 성수기 회원할인율(1박 기준)〉

(단위 : %)

구분	회원유형＼리조트	A	B	C	D	E
비수기 회원할인율	기명	50	45	40	30	20
	무기명	35	40	25	20	15
성수기 회원할인율	기명	35	30	30	25	15
	무기명	30	25	20	15	10

※ [회원할인율(%)] $= \dfrac{\text{(일반요금)} - \text{(회원요금)}}{\text{(일반요금)}} \times 100$

〈보기〉

ㄱ. 리조트 1박 기준, 성수기 일반요금이 낮은 리조트일수록 성수기 무기명 회원요금이 낮다.

ㄴ. 리조트 1박 기준, B리조트의 회원요금 중 가장 비싼 값과 가장 싼 값의 차이는 125,000원이다.

ㄷ. 리조트 1박 기준, 각 리조트의 기명 회원요금은 성수기가 비수기의 2배를 넘지 않는다.

ㄹ. 리조트 1박 기준, 비수기 기명 회원요금과 비수기 무기명 회원요금 차이가 가장 작은 리조트는 성수기 기명 회원요금과 성수기 무기명 회원요금 차이도 가장 작다.

① ㄱ, ㄴ   ② ㄱ, ㄷ

③ ㄷ, ㄹ   ④ ㄱ, ㄴ, ㄹ

⑤ ㄴ, ㄷ, ㄹ

합격의 공식 Formula of pass | SD에듀 www.sdedu.co.kr

INTRODUCE

● PSAT형 특징

❶ 국가직 공무원 5급과 7급 선발에서 실시하는 공직적격성평가(PSAT)와 유사한 형태의 문제 유형
❷ 대부분 의사소통능력, 수리능력, 문제해결능력을 중심으로 출제(일부 기업의 경우 자원관리능력, 조직이해능력을 출제)
❸ 이해력, 분석 및 추론능력, 상황판단능력을 평가하며, 문제의 길이가 대체적으로 긴 편
❹ 자료에 대한 논리적 사고력, 추론 및 해석 능력을 요구

● 출제 대행사

엑스퍼트컨설팅, 커리어넷, 태드솔루션, 한국행동과학연구소(행과연), 휴노 등

● 왜 PSAT형을 공부해야 하는가?

❶ 국가직무능력표준이 현장의 '직무 요구서'라고 한다면, NCS 학습모듈은 NCS의 능력단위를 교육훈련에서 학습할 수 있도록 구성한 '교수 · 학습 자료'임
❷ NCS 학습모듈은 구체적 직무를 학습할 수 있도록 이론 및 실습에 대한 내용을 상세하게 제시하고 있음
❸ PSAT형은 복합적인 상황에서 다양한 관점으로 판단해야 하는 문제가 출제되므로 기출 문제를 바탕으로 출제 유형을 파악하고, 난도 높은 문제를 제한 시간 안에 푸는 연습이 필요함

● 과년도 PSAT형 출제 기업

구분	내용
출제 기업	건강보험심사평가원, 국립농업박물관, 국민건강보험공단, 근로복지공단, 세종도시교통공사, 인천국제공항공사, 코레일 한국철도공사, 한국가스공사, 한국관광공사, 한국남동발전, 한국농어촌공사, 한국동서발전, 한국산업안전보건공단, 한국수력원자력, 한국연구재단, 한국전력공사, 한국조폐공사, 한국지역난방공사, KAC한국공항공사, K-water 한국수자원공사, LH 한국토지주택공사 등

도서 200% 활용하기

01 PSAT 주요 빈출 30제

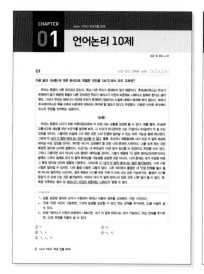

▸ 2022~2019년 PSAT/민간경력자의 언어논리 · 자료해석 · 상황판단 영역의 주요 빈출 문제를 수록하여 최신 출제 유형을 파악할 수 있도록 하였다.

02 PSAT 엄선 기출 150제

▸ 2019~2010년 PSAT/민간경력자/LEET의 언어논리 · 자료해석 · 상황판단 영역의 엄선 기출 문제를 수록하여 빈틈없이 학습할 수 있도록 하였다.

FEATURES

03 NCS 핵심영역 기출 예상 120제

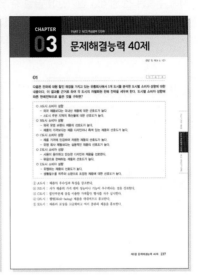

▶ 대부분 기업에서 빠지지 않고 출제되는 NCS 핵심영역인 의사소통능력 · 수리능력 · 문제해결능력 영역의 기출 예상 문제를 수록하여 필기전형에 완벽히 대비할 수 있도록 하였다.

04 NCS 선택영역 기출 예상 60제

▶ 대부분 기업에서 자주 출제되는 NCS 선택영역인 자원관리능력 · 정보능력 · 기술능력 · 조직이해능력 영역의 기출 예상 문제를 수록하여 효과적으로 학습할 수 있도록 하였다.

학습플랜

2주 완성 학습플랜

본서에 수록된 전 영역을 단기간에 끝낼 수 있도록 구성한 학습플랜이다. 한 번에 전 영역을 공부하지 않고, 한 영역을 집중적으로 공부할 수 있도록 하였다. 필기전형에 대한 기초 학습은 되어 있으나, 학습 계획 세우기에 자신이 없는 분들이나 미리 시험에 대비하지 못해 단시간에 많은 분량을 봐야 하는 수험생에게 추천한다.

Two Weeks Study Plan

Start	1일 차 ☐ ____월 ____일	2일 차 ☐ ____월 ____일	3일 차 ☐ ____월 ____일
	4일 차 ☐ ____월 ____일	5일 차 ☐ ____월 ____일	6일 차 ☐ ____월 ____일	7일 차 ☐ ____월 ____일

8일 차 ☐ ____월 ____일	9일 차 ☐ ____월 ____일	10일 차 ☐ ____월 ____일	11일 차 ☐ ____월 ____일

12일 차 ☐ ____월 ____일	13일 차 ☐ ____월 ____일	14일 차 ☐ ____월 ____일	Finish

STUDY PLAN

나만의 학습플랜

필기전형을 처음 준비하는 수험생이나 장기간에 걸쳐 꾸준히 학습하기 원하는 수험생, 그리고 자신의 일정에 따라 준비하고자 하는 수험생은 나만의 학습플랜을 구성하여 목표한 만큼은 꼭 공부하자! 본서의 목차를 바탕으로 자신의 시간과 능력에 맞게 계획을 제대로 세웠다면, 합격으로 반 이상 간 것이나 다름없다.

Four Weeks Plan

	SUN	MON	TUE	WED	THU	FRI	SAT
1주 차 ☐	☐	☐	☐	☐	☐	☐	☐

	SUN	MON	TUE	WED	THU	FRI	SAT
2주 차 ☐	☐	☐	☐	☐	☐	☐	☐

	SUN	MON	TUE	WED	THU	FRI	SAT
3주 차 ☐	☐	☐	☐	☐	☐	☐	☐

	SUN	MON	TUE	WED	THU	FRI	SAT
4주 차 ☐	☐	☐	☐	☐	☐	☐	☐

[01] ▶ **NCS 필기전형의 기본적인 구성을 익혀라.**

매년 많은 공사 · 공단에서 직업기초능력평가를 채용 도구로 사용하고 있습니다. 기본적인 틀은 정해져 있지만, 공사 · 공단별 시험의 유형도 다르고 해당 공사 · 공단 내에서도 시험의 유형이 일부 또는 전부 바뀌고 있습니다. 이로 인해 수험생 여러분이 혼란의 파도 위에서 나아가야 할 방향을 잡기가 힘든 실정 속, 저는 수험생 여러분에게 조금이나마 기준을 제시해 드리고자 이 책을 출간하게 되었습니다. 모든 것이 불분명할수록 원칙에 입각해서 봐야 합니다.

[02] ▶ **무조건 출제되는 영역을 우선으로 학습하라.**

NCS 필수영역인 의사소통능력, 수리능력, 문제해결능력 위주로 구성하였습니다. 대체로 공사 · 공단의 시험이 소동대이(小同大異)하지만, 어려운 문제를 많이 접해 보는 것이 좋습니다. 참고로 가장 좋은 시험이 PSAT입니다. 최근 필기전형에 PSAT의 언어논리, 자료해석, 상황판단 등이 자주 출제되었기에 기출 및 유형에 대한 해설 및 풀이 팁을 실었습니다. PSAT는 다른 시험에 비해 더욱 가다듬어 출제되기에 독해, 자료해석, 상황에 대한 이해 등을 조금 더 명확하게 학습할 수 있다는 장점이 있습니다. 단순히 문제를 풀이하고 경험하는 것으로 끝나는 게 아니라 문제를 바라보는 시선, 풀이 순서, 꼭 살펴봐야 하는 내용 등을 반드시 수험생 여러분의 것으로 만드시길 바랍니다.

[03] ▶ **자신이 지원하고자 하는 기업의 추가 영역을 확인하라.**

공사 · 공단마다 자원관리능력, 정보능력, 기술능력, 조직이해능력 등이 출제됩니다. 자원관리능력은 수리능력과 문제해결능력의 복합적인 유형으로, 주로 예산 · 시간 · 인적자원 · 물적자원 등을 효율적으로 사용하는 것에 초점을 맞춘 계산 문제 위주로 구성되어 있습니다. 정보능력은 워드나 엑셀 등의 소프트웨어를 얼마나 잘 활용할 수 있는가에 대한 문제의 출제 빈도가 높아 해당 유형 위주로 구성하였습니다. 또한, 기술능력은 매뉴얼 위주로, 조직이해능력은 경영 및 조직이해와 관련한 유형 위주로 구성하였습니다.

[04] ▶ **좋은 책은 합격이 아닌 학습을 도와주는 책이다.**

한 문제를 알려 주기 위한 책이 아니라 한 문제의 풀이 속에서 자연스럽게 유형을 공략할 수 있는 습관이 깃들 수 있도록 해설을 작성하였습니다. 남들처럼 공부하면 남들처럼 떨어진다는 마음으로 항상 능동적이고 주체적으로 학습하는 수험생 여러분이 되었으면 좋겠습니다. 저희는 항상 수험생 여러분의 합격을 기원합니다.

이 책의 차례

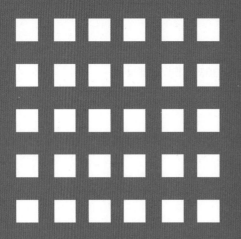

Add+

PSAT
주요 빈출 30제

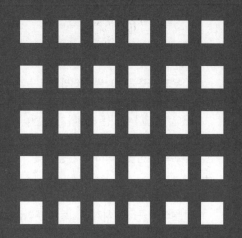

PSAT 기출 PLUS NCS

PSAT 주요 빈출 30제

★ 이렇게 공부해볼까요?

1 언어논리

주어진 글을 정확히 이해하고 논리적으로 분석하는 능력이 중요하다. 최근에는 보다 정교한 논리적 사고능력을 요구하는 문제의 비중이 높아지고 있으므로 전보다 치밀한 준비가 필요하다.

2 자료해석

다양한 표와 그래프 등의 자료가 주어진다. 1차적으로 빠른 시간 안에 해당 자료에서 필요한 정보를 정확하게 찾아내야 하고, 2차적으로 주어진 정보를 가공할 수 있어야 한다.

3 상황판단

특정 유형으로 한정할 수 없는 다양한 형태의 문제들이 다양한 주제에서 출제된다. 따라서 실전에서 당황하지 않도록 많은 문제를 접해 보고, 유형별로 본인만의 전략을 세우는 것이 필요하다.

언어논리 10제

정답 및 해설 p. 36

01

〈22년 민간 ㉮책형 12번〉 ○ △ ×

다음 글의 〈논증〉에 대한 분석으로 적절한 것만을 〈보기〉에서 모두 고르면?

우리는 죽음이 나쁜 것이라고 믿는다. 죽고 나면 우리가 존재하지 않기 때문이다. 루크레티우스는 우리가 존재하지 않기 때문에 죽음이 나쁜 것이라면 우리가 태어나기 이전의 비존재도 나쁘다고 말해야 한다고 생각했다. 그러나 우리는 태어나기 이전에 우리가 존재하지 않았다는 사실에 대해서 애석해 하지 않는다. 따라서 루크레티우스는 죽음 이후의 비존재에 대해서도 애석해 할 필요가 없다고 주장했다. 다음은 이러한 루크레티우스의 주장을 반박하는 논증이다.

〈논증〉

우리는 죽음의 시기가 뒤로 미루어짐으로써 더 오래 사는 상황을 상상해 볼 수 있다. 예를 들어, 50살에 교통사고로 세상을 떠난 누군가를 생각해 보자. 그 사고가 아니었다면 그는 70살이나 80살까지 더 살 수도 있었을 것이다. 그렇다면 50살에 그가 죽은 것은 그의 인생에 일어날 수 있는 여러 가능성 중에 하나였다. 그런데 ㉠ 내가 더 일찍 태어나는 것은 상상할 수 없다. 물론, 조산이나 제왕절개로 내가 조금 더 일찍 세상에 태어날 수도 있었을 것이다. 하지만 여기서 고려해야 할 것은 나의 존재의 시작이다. 나를 있게 하는 것은 특정한 정자와 난자의 결합이다. 누군가는 내 부모님이 10년 앞서 임신할 수 있었다고 주장할 수도 있다. 그러나 그랬다면 내가 아니라 나의 형제가 태어났을 것이다. 그렇기 때문에 '더 일찍 태어났더라면'이라고 말해도 그것이 실제로 내가 더 일찍 태어났을 가능성을 상상한 것은 아니다. 나의 존재는 내가 수정된 바로 그 특정 정자와 난자의 결합에 기초한다. 그러므로 ㉡ 내가 더 일찍 태어나는 일은 불가능하다. 나의 사망 시점은 달라질 수 있지만, 나의 출생 시점은 그렇지 않다. 그런 의미에서 출생은 내 인생 전체를 놓고 볼 때 하나의 필연적인 사건이다. 결국 죽음의 시기를 뒤로 미뤄 더 오래 사는 것은 가능하지만, 출생의 시기를 앞당겨 더 오래 사는 것은 불가능하다. 따라서 내가 더 일찍 태어나지 않은 것은 나쁜 일이 될 수 없다. 즉, 죽음 이후와는 달리 ㉢ 태어나기 이전의 비존재는 나쁘다고 말할 수 없다.

● 보기 ●

ㄱ. 냉동 보관된 정자와 난자가 수정되어 태어난 사람의 경우를 고려하면, ㉠은 거짓이다.
ㄴ. ㉠에 "어떤 사건이 가능하면, 그것의 발생을 상상할 수 있다."라는 전제를 추가하면, ㉡을 이끌어 낼 수 있다.
ㄷ. ㉢에 "태어나기 이전의 비존재가 나쁘다면, 내가 더 일찍 태어나는 것이 가능하다."라는 전제를 추가하면, ㉡의 부정을 이끌어 낼 수 있다.

① ㄱ
② ㄷ
③ ㄱ, ㄴ
④ ㄴ, ㄷ
⑤ ㄱ, ㄴ, ㄷ

02

다음 글의 내용이 참일 때, 반드시 참인 것만을 〈보기〉에서 모두 고르면?

> △△처에서는 채용 후보자들을 대상으로 A ~ D 네 종류의 자격증 소지 여부를 조사하였다. 그 결과 다음과 같은 사실이 밝혀졌다.
> ○ A와 D를 둘 다 가진 후보자가 있다.
> ○ B와 D를 둘 다 가진 후보자는 없다.
> ○ A나 B를 가진 후보자는 모두 C는 가지고 있지 않다.
> ○ A를 가진 후보자는 모두 B는 가지고 있지 않다는 것은 사실이 아니다.

> **•보기•**
> ㄱ. 네 종류 중 세 종류의 자격증을 가지고 있는 후보는 없다.
> ㄴ. 어떤 후보자는 B를 가지고 있지 않고, 또 다른 후보자는 D를 가지고 있지 않다.
> ㄷ. D를 가지고 있지 않은 후보자는 누구나 C를 가지고 있지 않다면, 네 종류 중 한 종류의 자격증만 가지고 있는 후보자가 있다.

① ㄱ
② ㄷ
③ ㄱ, ㄴ
④ ㄴ, ㄷ
⑤ ㄱ, ㄴ, ㄷ

03

다음 글의 내용이 참일 때, 반드시 참인 것만을 〈보기〉에서 모두 고르면?

> 신입사원을 대상으로 민원, 홍보, 인사, 기획 업무에 대한 선호를 조사하였다. 조사 결과 민원 업무를 선호하는 신입사원은 모두 홍보 업무를 선호하였지만, 그 역은 성립하지 않았다. 모든 업무 중 인사 업무만을 선호하는 신입사원은 있었지만, 민원 업무와 인사 업무를 모두 선호하는 신입사원은 없었다. 그리고 넷 중 세 개 이상의 업무를 선호하는 신입사원도 없었다. 신입사원 갑이 선호하는 업무에는 기획 업무가 포함되어 있었으며, 신입사원 을이 선호하는 업무에는 민원 업무가 포함되어 있었다.

> **•보기•**
> ㄱ. 어떤 업무는 갑도 을도 선호하지 않는다.
> ㄴ. 적어도 두 명 이상의 신입사원이 홍보 업무를 선호한다.
> ㄷ. 조사 대상이 된 업무 중에 어떤 신입사원도 선호하지 않는 업무는 없다.

① ㄱ
② ㄷ
③ ㄱ, ㄴ
④ ㄴ, ㄷ
⑤ ㄱ, ㄴ, ㄷ

04

다음 글의 빈칸에 들어갈 내용으로 가장 적절한 것은?

> 서구사회의 기독교적 전통 하에서 이 전통에 속하는 이들은 자신들을 정상적인 존재로, 이러한 전통에 속하지 않는 이들을 비정상적인 존재로 구별하려 했다. 후자에 해당하는 대표적인 것이 적그리스도, 이교도들, 그리고 나병과 흑사병에 걸린 환자들이었는데, 그들에게 부과한 비정상성을 구체적인 형상을 통해 재현함으로써 그들이 전통 바깥의 존재라는 사실을 명확히 했다.
>
> 당연하게도 기독교에서 가장 큰 적으로 꼽는 것은 사탄의 대리자인 적그리스도였다. 기독교 초기, 몽티에랑데르나 힐데가르트 등이 쓴 유명한 저서들뿐만 아니라 적그리스도의 얼굴이 묘사된 모든 종류의 텍스트들에서 그의 모습은 충격적일 정도로 외설스러울 뿐만 아니라 받아들이기 힘들 정도로 추악하게 나타난다.
>
> 두 번째는 이교도들이었는데, 서유럽과 동유럽의 기독교인들이 이교도들에 대해 사용했던 무기 중 하나가 그들을 추악한 얼굴의 악마로 묘사하는 것이었다. 또한 이교도들이 즐겨 입는 의복이나 진미로 여기는 음식을 끔찍하게 묘사하여 이교도들을 자신들과는 분명히 구분되는 존재로 만들었다.
>
> 마지막으로 나병과 흑사병에 걸린 환자들을 꼽을 수 있다. 당시의 의학 수준으로 그런 병들은 치료가 불가능했으며, 전염성이 있다고 믿어졌다. 때문에 자신을 정상적 존재라고 생각하는 사람들은 해당 병에 걸린 불행한 사람들을 신에게서 버림받은 죄인이자 공동체에서 추방해야 할 공공의 적으로 여겼다. 그들의 외모나 신체 또한 실제 여부와 무관하게 항상 뒤틀어지고 지극히 흉측한 모습으로 형상화되었다.
>
> 정리하자면, _____

① 서구의 종교인과 예술가들은 이방인을 추악한 이미지로 각인시키는 데 있어 중심적인 역할을 하였다.

② 서구의 기독교인들은 자신들보다 강한 존재를 추악한 존재로 묘사함으로써 심리적인 우월감을 확보하였다.

③ 정상적 존재와 비정상적 존재의 명확한 구별을 위해 추악한 형상을 활용하는 것은 동서고금을 막론하고 지속되어 왔다.

④ 서구의 기독교적 전통 하에서 추악한 형상은 그 전통에 속하지 않는 이들을 전통에 속한 이들과 구분짓기 위해 활용되었다.

⑤ 서구의 기독교인들이 자신들과는 다른 타자들을 추악하게 묘사했던 것은 다른 종교에 의해 자신들의 종교가 침해되는 것을 두려워했기 때문이다.

다음 글에서 알 수 있는 것은?

우리나라 국기인 태극기에는 태극 문양과 4괘가 그려져 있는데, 중앙에 있는 태극 문양은 만물이 음양 조화로 생장한다는 것을 상징한다. 또 태극 문양의 좌측 하단에 있는 이괘는 불, 우측 상단에 있는 감괘는 물, 좌측 상단에 있는 건괘는 하늘, 우측 하단에 있는 곤괘는 땅을 각각 상징한다. 4괘가 상징하는 바는 그것이 처음 만들어질 때부터 오늘날까지 변함이 없다.

태극 문양을 그린 기는 개항 이전에도 조선 수군이 사용한 깃발 등 여러 개가 있는데, 태극 문양과 4괘만 사용한 기는 개항 후에 처음 나타났다. 1882년 5월 조미수호조규 체결을 위한 전권대신으로 임명된 이응준은 회담 장소에 내걸 국기가 없어 곤란해 하다가 회담 직전 태극 문양을 활용해 기를 만들고 그것을 회담장에 걸어두었다. 그 기에 어떤 문양이 담겼는지는 오랫동안 알려지지 않았다. 그런데 2004년 1월 미국 어느 고서 점에서 미국 해군부가 조미수호조규 체결 한 달 후에 만든 『해상 국가들의 깃발들』이라는 책이 발견되었다. 이 책에는 이응준이 그린 것으로 짐작되는 '조선의 기'라는 이름의 기가 실려 있다. 그 기의 중앙에는 태극 문양이 있으며 네 모서리에 괘가 하나씩 있는데, 좌측 상단에 감괘, 우측 상단에 건괘, 좌측 하단에 곤괘, 우측 하단에 이괘가 있다.

조선이 국기를 공식적으로 처음 정한 것은 1883년의 일이다. 1882년 9월에 고종은 박영효를 수신사로 삼아 일본에 보내면서, 그에게 조선을 상징하는 기를 만들어 사용해본 다음 귀국하는 즉시 제출하게 했다. 이에 박영효는 태극 문양이 가운데 있고 4개의 모서리에 각각 하나씩 괘가 있는 기를 만들어 사용한 후 그것을 고종에게 바쳤다. 고종은 이를 조선 국기로 채택하고 통리교섭사무아문으로 하여금 각국 공사관에 배포하게 했다. 이 기는 일본에 의해 강제 병합되기까지 국기로 사용되었는데, 언뜻 보기에 『해상 국가들의 깃발들』에 실린 '조선의 기'와 비슷하다. 하지만 자세히 보면 두 기는 서로 다르다. 조선 국기 좌측 상단에 있는 괘가 '조선의 기'에는 우측 상단에 있고, '조선의 기'의 좌측 상단에 있는 괘는 조선 국기의 우측 상단에 있다. 또 조선 국기의 좌측 하단에 있는 괘는 '조선의 기'의 우측 하단에 있고, '조선의 기'의 좌측 하단에 있는 괘는 조선 국기의 우측 하단에 있다.

① 미국 해군부는 통리교섭사무아문이 각국 공사관에 배포한 국기를 『해상 국가들의 깃발들』에 수록하였다.
② 조미수호조규 체결을 위한 회담 장소에서 사용하고자 이응준이 만든 기는 태극 문양이 담긴 최초의 기다.
③ 통리교섭사무아문이 배포한 기의 우측 상단에 있는 괘와 '조선의 기'의 좌측 하단에 있는 괘가 상징하는 것은 같다.
④ 오늘날 태극기의 우측 하단에 있는 괘와 고종이 조선 국기로 채택한 기의 우측 하단에 있는 괘는 모두 땅을 상징한다.
⑤ 박영효가 그린 기의 좌측 상단에 있는 괘는 물을 상징하고 이응준이 그린 기의 좌측 상단에 있는 괘는 불을 상징한다.

다음 글에서 추론할 수 있는 것은?

> 생쥐가 새로운 소리 자극을 받으면 이 자극 신호는 뇌의 시상에 있는 청각시상으로 전달된다. 청각시상으로 전달된 자극 신호는 뇌의 편도에 있는 측핵으로 전달된다. 측핵에 전달된 신호는 편도의 중핵으로 전달되고, 중핵은 신체의 여러 기관에 전달할 신호를 만들어서 반응이 일어나게 한다.
>
> 연구자 K는 '공포' 또는 '안정'을 학습시켰을 때 나타나는 신경생물학적 특징을 탐구하기 위해 두 개의 실험을 수행했다.
>
> 첫 번째 실험에서 공포를 학습시켰다. 이를 위해 K는 생쥐에게 소리 자극을 준 뒤에 언제나 공포를 일으킬 만한 충격을 가하여, 생쥐에게 이 소리가 충격을 예고한다는 것을 학습시켰다. 이렇게 학습된 생쥐는 해당 소리 자극을 받으면 방어적인 행동을 취했다. 이 생쥐의 경우, 청각시상으로 전달된 소리 자극 신호는 학습을 수행하기 전 상태에서 전달되는 것보다 훨씬 센 강도의 신호로 증폭되어 측핵으로 전달된다. 이 증폭된 강도의 신호는 중핵을 거쳐 신체의 여러 기관에 전달되고 이는 학습된 공포 반응을 일으킨다.
>
> 두 번째 실험에서는 안정을 학습시켰다. 이를 위해 K는 다른 생쥐에게 소리 자극을 준 뒤에 항상 어떤 충격도 주지 않아서, 생쥐에게 이 소리가 안정을 예고한다는 것을 학습시켰다. 이렇게 학습된 생쥐는 이 소리를 들어도 방어적인 행동을 전혀 취하지 않았다. 이 경우 소리 자극 신호를 받은 청각시상에서 만들어진 신호가 측핵으로 전달되는 것이 억제되기 때문에 측핵에 전달된 신호는 매우 미약해진다. 대신 청각시상은 뇌의 선조체에서 반응을 일으킬 수 있는 자극 신호를 만들어서 선조체에 전달한다. 선조체는 안정 상태와 같은 긍정적이고 좋은 느낌을 느낄 수 있게 하는 것에 관여하는 뇌 영역인데, 선조체에서 반응이 세게 나타나면 안정감을 느끼게 되어 학습된 안정 반응을 일으킨다.

① 중핵에서 만들어진 신호의 세기가 강한 경우에는 학습된 안정 반응이 나타난다.

② 학습된 공포 반응을 일으키지 않는 소리 자극은 선조체에서 약한 반응이 일어나게 한다.

③ 학습된 공포 반응을 일으키는 소리 자극은 청각시상에서 선조체로 전달되는 자극 신호를 억제한다.

④ 학습된 안정 반응을 일으키는 청각시상에서 받는 소리 자극 신호는 학습된 공포 반응을 일으키는 청각시상에서 받는 소리 자극 신호보다 약하다.

⑤ 학습된 안정 반응을 일으키는 경우와 학습된 공포 반응을 일으키는 경우 모두, 청각시상에서 측핵으로 전달되는 신호의 세기가 학습하기 전과 달라진다.

07

다음 글의 〈실험 결과〉에 대한 판단으로 적절한 것만을 〈보기〉에서 모두 고르면?

박쥐 X가 잡아먹을 수컷 개구리의 위치를 찾기 위해 사용하는 방법에는 두 가지가 있다. 하나는 수컷 개구리의 울음소리를 듣고 위치를 찾아내는 '음탐지' 방법이다. 다른 하나는 X가 초음파를 사용하여 울음소리를 낼 때 커졌다 작아졌다 하는 울음주머니의 움직임을 포착하여 위치를 찾아내는 '초음파탐지' 방법이다. 울음주머니의 움직임이 없으면 이 방법으로 수컷 개구리의 위치를 찾을 수 없다.

〈실험〉

한 과학자가 수컷 개구리를 모방한 두 종류의 로봇개구리를 제작했다. 로봇개구리 A는 수컷 개구리의 울음소리를 내고, 커졌다 작아졌다 하는 울음주머니도 가지고 있다. 로봇개구리 B는 수컷 개구리의 울음소리만 내고, 커졌다 작아졌다 하는 울음주머니는 없다. 같은 수의 A 또는 B를 크기는 같지만 서로 다른 환경의 세 방 안에 같은 위치에 두었다. 세 방의 환경은 다음과 같다.

○ 방 1 : 로봇개구리 소리만 들리는 환경
○ 방 2 : 로봇개구리 소리뿐만 아니라, 로봇개구리가 있는 곳과 다른 위치에서 로봇개구리 소리와 같은 소리가 추가로 들리는 환경
○ 방 3 : 로봇개구리 소리뿐만 아니라, 로봇개구리가 있는 곳과 다른 위치에서 로봇개구리 소리와 전혀 다른 소리가 추가로 들리는 환경

각 방에 같은 수의 X를 넣고 실제로 로봇개구리를 잡아먹기 위해 공격하는 데 걸리는 평균 시간을 측정했다. X가 로봇개구리의 위치를 빨리 알아낼수록 공격하는 데 걸리는 시간은 짧다.

〈실험 결과〉

○ 방 1 : A를 넣은 경우는 3.4초였고 B를 넣은 경우는 3.3초로 둘 사이에 유의미한 차이는 없었다.
○ 방 2 : A를 넣은 경우는 8.2초였고 B를 넣은 경우는 공격하지 않았다.
○ 방 3 : A를 넣은 경우는 3.4초였고 B를 넣은 경우는 3.3초로 둘 사이에 유의미한 차이는 없었다.

─● 보 기 ●─

ㄱ. 방 1과 2의 〈실험 결과〉는, X가 음탐지 방법이 방해를 받는 환경에서는 초음파탐지 방법을 사용한다는 가설을 강화한다.
ㄴ. 방 2와 3의 〈실험 결과〉는, X가 소리의 종류를 구별할 수 있다는 가설을 강화한다.
ㄷ. 방 1과 3의 〈실험 결과〉는, 수컷 개구리의 울음소리와 전혀 다른 소리가 들리는 환경에서는 X가 초음파탐지 방법을 사용한다는 가설을 강화한다.

① ㄱ
② ㄷ
③ ㄱ, ㄴ
④ ㄴ, ㄷ
⑤ ㄱ, ㄴ, ㄷ

다음 글에서 알 수 있는 것은?

> 바르트는 언어를 '랑그', '스틸', '에크리튀르'로 구분해서 파악했다. 랑그는 영어의 'language'에 해당한다. 인간은 한국어, 중국어, 영어 등 어떤 언어를 공유하는 집단에서 태어난다. 그때 부모나 주변 사람들이 이야기하는 언어가 '모어(母語)'이고 그것이 랑그이다.
>
> 랑그에 대해 유일하게 말할 수 있는 사실은, 태어날 때부터 부모가 쓰는 언어여서 우리에게 선택권이 없다는 것이다. 인간은 '모어 속에 던져지는' 방식으로 태어나기 때문에 랑그에는 관여할 수 없다. 태어나면서 쉼 없이 랑그를 듣고 자라기 때문에 어느새 그 언어로 사고하고, 그 언어로 숫자를 세고, 그 언어로 말장난을 하고, 그 언어로 신어(新語)를 창조한다.
>
> 스틸의 사전적인 번역어는 '문체'이지만 실제 의미는 '어감'에 가깝다. 이는 언어에 대한 개인적인 호오(好惡)의 감각을 말한다. 누구나 언어의 소리나 리듬에 대한 호오가 있다. 글자 모양에 대해서도 사람마다 취향이 다르다. 이는 좋고 싫음의 문제이기 때문에 어쩔 도리가 없다. 따라서 스틸은 기호에 대한 개인적 호오라고 해도 좋다. 다시 말해 스틸은 몸에 각인된 것이어서 주체가 자유롭게 선택할 수 없다.
>
> 인간이 언어기호를 조작할 때에는 두 가지 규제가 있다. 랑그는 외적인 규제, 스틸은 내적인 규제이다. 에크리튀르는 이 두 가지 규제의 중간에 위치한다. 에크리튀르는 한국어로 옮기기 어려운데, 굳이 말하자면 '사회방언'이라고 할 수 있다. 방언은 한 언어의 큰 틀 속에 산재하고 있으며, 국소적으로 형성된 것이다. 흔히 방언이라고 하면 '지역방언'을 떠올리는데, 이는 태어나 자란 지역의 언어이므로 랑그로 분류된다. 하지만 사회적으로 형성된 방언은 직업이나 생활양식을 선택할 때 동시에 따라온다. 불량청소년의 말, 영업사원의 말 등은 우리가 선택할 수 있다.

① 랑그는 선택의 여지가 없지만, 스틸과 에크리튀르는 자유로운 선택이 가능하다.
② 방언에 대한 선택은 언어에 대한 개인의 호오 감각에 기인한다.
③ 동일한 에크리튀르를 사용하는 사람들은 같은 지역 출신이다.
④ 같은 모어를 사용하는 형제라도 스틸은 다를 수 있다.
⑤ 스틸과 에크리튀르는 언어 규제상 성격이 같다.

09

다음 글의 내용이 참일 때, 대책회의에 참석하는 전문가의 최대 인원 수는?

8명의 전문가 A ~ H를 대상으로 코로나19 대책회의 참석 여부에 관해 조사한 결과 다음과 같은 정보를 얻었다.

○ A, B, C 세 사람이 모두 참석하면, D나 E 가운데 적어도 한 사람은 참석한다.

○ C와 D 두 사람이 모두 참석하면, F도 참석한다.

○ E는 참석하지 않는다.

○ F나 G 가운데 적어도 한 사람이 참석하면, C와 E 두 사람도 참석한다.

○ H가 참석하면, F나 G 가운데 적어도 한 사람은 참석하지 않는다.

① 3명   ② 4명

③ 5명   ④ 6명

⑤ 7명

다음 글의 빈칸에 들어갈 내용으로 가장 적절한 것은?

> 대안적 분쟁해결절차(ADR)는 재판보다 분쟁을 신속하게 해결한다고 알려져 있다. 그러나 재판이 서면 심리를 중심으로 진행되는 반면, ADR은 당사자 의견도 충분히 청취하기 때문에 재판보다 더 많은 시간이 소요된다. 그럼에도 불구하고 ADR이 재판보다 신속하다고 알려진 이유는 법원에 지나치게 많은 사건이 밀려 있어 재판이 더디게 이루어지기 때문이다.
>
> 법원행정처는 재판이 너무 더디다는 비난에 대응하기 위해 일선 법원에서도 사법형 ADR인 조정제도를 적극적으로 활용할 것을 독려하고 있다. 그러나 이는 법관이 신속한 조정안 도출을 위해 사건 당사자에게 화해를 압박하는 부작용을 낳을 수 있다. 사법형 ADR 활성화 정책은 법관의 증원 없이 과도한 사건 부담 문제를 해결하려는 미봉책일 뿐이다. 결국 사법형 ADR 활성화 정책은 사법 불신으로 이어져 재판 정당성에 대한 국민의 인식을 더욱 떨어뜨리게 한다.
>
> 또한 사법형 ADR 활성화 정책은 민간형 ADR이 활성화되는 것을 저해한다. 분쟁 당사자들이 민간형 ADR의 조정안을 따르도록 하려면, 재판에서도 거의 같은 결과가 나온다는 확신이 들게 해야 한다. 그러기 위해서는 법원이 확고한 판례를 제시하여야 한다. 그런데 사법형 ADR 활성화 정책은 새롭고 복잡한 사건을 재판보다는 ADR로 유도하게 된다. 이렇게 되면 새롭고 복잡한 사건에 대한 판례가 만들어지지 않고, 민간형 ADR에서 분쟁을 해결할 기준도 마련되지 않게 된다. 결국 판례가 없는 수많은 사건들이 끊임없이 법원으로 밀려들게 된다.
>
> 따라서 _____ 먼저 법원은 본연의 임무인 재판을 통해 당사자의 응어리를 풀어주겠다는 의식으로 접근해야 할 것이다. 그것이 현재 법원의 실정으로 어렵다고 판단되면, 국민의 동의를 구해 예산과 인력을 확충하는 방향으로 나아가는 것이 옳은 방법이다. 법원의 인프라를 확충하고 판례를 충실히 쌓아가면, 민간형 ADR도 활성화될 것이다.

① 분쟁 해결에 대한 사회적 관심을 높이도록 유도해야 한다.

② 재판이 추구하는 목표와 ADR이 추구하는 목표는 서로 다르지 않다.

③ 법원으로 폭주하는 사건 수를 줄이기 위해 시민들의 준법의식을 강화하여야 한다.

④ 법원은 재판에 주력하여야 하며 그것이 결과적으로 민간형 ADR의 활성화에도 도움이 된다.

⑤ 민간형 ADR 기관의 전문성을 제고하여 분쟁 당사자들이 굳이 법원에 가지 않더라도 신속하게 분쟁을 해결할 수 있게 만들어야 한다.

자료해석 10제

정답 및 해설 p. 41

01 〈22년 민간 ㉮책형 4번〉 | ○ | △ | × |

다음 〈표〉는 '갑'국 A위원회의 24 ~ 26차 회의 심의결과에 대한 자료이다. 이에 대한 〈보기〉의 설명 중 옳은 것만을 모두 고르면?

〈표〉 A위원회의 24 ~ 26차 회의 심의결과

회차 동의 여부 위원	24		25		26	
	동의	부동의	동의	부동의	동의	부동의
기획재정부장관	○		○		○	
교육부장관	○			○	○	
과학기술정보통신부장관	○		○			○
행정안전부장관	○			○	○	
문화체육관광부장관	○			○	○	
농림축산식품부장관		○	○		○	
산업통상자원부장관		○		○		○
보건복지부장관	○		○		○	
환경부장관		○	○			○
고용노동부장관		○		○	○	
여성가족부장관	○		○		○	
국토교통부장관	○		○		○	
해양수산부장관	○		○		○	
중소벤처기업부장관		○	○			○
문화재청장	○		○		○	
산림청장	○			○	○	

※ 1) A위원회는 〈표〉에 제시된 16명의 위원으로만 구성됨
   2) A위원회는 매 회차 개최 시 1건의 안건만을 심의함

─● 보 기 ●─

ㄱ. 24 ~ 26차 회의의 심의안건에 모두 동의한 위원은 6명이다.

ㄴ. 심의안건에 부동의한 위원 수는 매 회차 증가하였다.

ㄷ. 전체 위원의 $\frac{2}{3}$ 이상이 동의해야 심의안건이 의결된다면, 24 ~ 26차 회의의 심의안건은 모두 의결되었다.

① ㄱ

② ㄴ

③ ㄱ, ㄷ

④ ㄴ, ㄷ

⑤ ㄱ, ㄴ, ㄷ

다음 〈표〉와 〈보고서〉는 2021년 '갑'국의 초등돌봄교실에 대한 자료이다. 제시된 〈표〉 이외에 〈보고서〉를 작성하기 위해 추가로 필요한 자료만을 〈보기〉에서 모두 고르면?

〈표 1〉 2021년 초등돌봄교실 이용학생 현황

(단위 : 명, %)

구분	학년	1	2	3	4	5	6	합
오후돌봄교실	학생 수	124,000	91,166	16,421	7,708	3,399	2,609	245,303
	비율	50.5	37.2	6.7	3.1	1.4	1.1	100.0
저녁돌봄교실	학생 수	5,215	3,355	772	471	223	202	10,238
	비율	50.9	32.8	7.5	4.6	2.2	2.0	100.0

〈표 2〉 2021년 지원대상 유형별 오후돌봄교실 이용학생 현황

(단위 : 명, %)

구분	지원대상 유형	우선지원대상					일반 지원대상	합
		저소득층	한부모	맞벌이	기타	소계		
오후돌봄교실	학생 수	23,066	6,855	174,297	17,298	221,516	23,787	245,303
	비율	9.4	2.8	71.1	7.1	90.3	9.7	100.0

〈보고서〉

　　2021년 '갑'국의 초등돌봄교실 이용학생은 오후돌봄교실 245,303명, 저녁돌봄교실 10,238명이다. 오후돌봄교실의 경우 2021년 기준 전체 초등학교의 98.9%가 참여하고 있다.

　　오후돌봄교실의 우선지원대상은 저소득층 가정, 한부모 가정, 맞벌이 가정, 기타로 구분되며, 맞벌이 가정이 전체 오후돌봄교실 이용학생의 71.1%로 가장 많고 다음으로 저소득층 가정이 9.4%로 많다.

　　저녁돌봄교실의 경우 17시부터 22시까지 운영하고 있으나, 19시를 넘는 늦은 시간까지 이용하는 학생 비중은 11.2%에 불과하다. 2021년 현재 저녁돌봄교실 이용학생은 1~2학년이 8,570명으로 전체 저녁돌봄교실 이용학생의 83.7%를 차지한다.

　　초등돌봄교실 담당인력은 돌봄전담사, 현직교사, 민간위탁업체로 다양하다. 담당인력 구성은 돌봄전담사가 10,237명으로 가장 많고, 다음으로 현직교사 1,480명, 민간위탁업체 565명 순이다. 그중 돌봄전담사는 무기계약직이 6,830명이고 기간제가 3,407명이다.

ㄱ. 연도별 오후돌봄교실 참여 초등학교 수 및 참여율

(단위 : 개, %)

구분 \ 연도	2016	2017	2018	2019	2020	2021
학교 수	5,652	5,784	5,938	5,972	5,998	6,054
참여율	96.0	97.3	97.3	96.9	97.0	98.9

ㄴ. 2021년 저녁돌봄교실 이용학생의 이용시간별 분포

(단위 : 명, %)

구분 \ 이용시간	17~18시	17~19시	17~20시	17~21시	17~22시	합
이용학생 수	6,446	2,644	1,005	143	0	10,238
비율	63.0	25.8	9.8	1.4	0.0	100.0

ㄷ. 2021년 저녁돌봄교실 이용학생의 학년별 분포

(단위 : 명, %)

구분 \ 학년	1~2	3~4	5~6	합
이용학생 수	8,570	1,243	425	10,238
비율	83.7	12.1	4.2	100.0

ㄹ. 2021년 초등돌봄교실 담당인력 현황

(단위 : 명, %)

구분	돌봄전담사			현직교사	민간위탁업체	합
	무기계약직	기간제	소계			
인력	6,830	3,407	10,237	1,480	565	12,282
비율	55.6	27.7	83.3	12.1	4.6	100.0

① ㄱ, ㄴ   ② ㄱ, ㄷ

③ ㄷ, ㄹ   ④ ㄱ, ㄴ, ㄹ

⑤ ㄴ, ㄷ, ㄹ

다음 〈표〉는 2018 ~ 2020년 '갑'국 방위산업의 매출액 및 종사자 수에 대한 자료이다. 이에 대한 〈보기〉의 설명 중 옳은 것만을 모두 고르면?

〈표 1〉 2018 ~ 2020년 '갑'국 방위산업의 국내외 매출액

(단위 : 억 원)

구분＼연도	2018	2019	2020
총매출액	136,493	144,521	153,867
국내 매출액	116,502	( )	( )
국외 매출액	19,991	21,048	17,624

〈표 2〉 2020년 '갑'국 방위산업의 기업유형별 매출액 및 종사자 수

(단위 : 억 원, 명)

기업유형＼구분	총매출액	국내 매출액	국외 매출액	종사자 수
대기업	136,198	119,586	16,612	27,249
중소기업	17,669	16,657	1,012	5,855
전체	153,867	( )	17,624	33,104

〈표 3〉 2018 ~ 2020년 '갑'국 방위산업의 분야별 매출액

(단위 : 억 원)

분야＼연도	2018	2019	2020
항공유도	41,984	45,412	49,024
탄약	24,742	21,243	25,351
화력	20,140	20,191	21,031
함정	18,862	25,679	20,619
기동	14,027	14,877	18,270
통신전자	14,898	15,055	16,892
화생방	726	517	749
기타	1,114	1,547	1,931
전체	136,493	144,521	153,867

〈표 4〉 2018 ~ 2020년 '갑'국 방위산업의 분야별 종사자 수

(단위 : 명)

분야＼연도	2018	2019	2020
A	9,651	10,133	10,108
B	6,969	6,948	6,680
C	3,996	4,537	4,523
D	3,781	3,852	4,053
E	3,988	4,016	3,543
화력	3,312	3,228	3,295
화생방	329	282	228
기타	583	726	674
전체	32,609	33,722	33,104

※ '갑'국 방위산업 분야는 기타를 제외하고 항공유도, 탄약, 화력, 함정, 기동, 통신전자, 화생방으로만 구분함

━━● 보 기 ●━━

ㄱ. 방위산업의 국내 매출액이 가장 큰 연도에 방위산업 총매출액 중 국외 매출액 비중이 가장 작다.

ㄴ. '기타'를 제외하고, 2018년 대비 2020년 매출액 증가율이 가장 낮은 방위산업 분야는 '탄약'이다.

ㄷ. 2020년 방위산업의 기업유형별 종사자당 국외 매출액은 대기업이 중소기업의 4배 이상이다.

ㄹ. 2020년 '항공유도' 분야 대기업 국내 매출액은 14,500억 원 이상이다.

① ㄱ, ㄴ

② ㄱ, ㄷ

③ ㄴ, ㄹ

④ ㄷ, ㄹ

⑤ ㄱ, ㄴ, ㄹ

다음 〈표〉와 〈그림〉은 2019년 '갑'국의 A ~ J 지역별 산불피해 현황에 대한 자료이다. 이에 대한 〈보기〉의 설명 중 옳은 것만을 모두 고르면?

〈표〉 A ~ J 지역별 산불 발생건수

(단위 : 건)

지역	A	B	C	D	E	F	G	H	I	J
산불 발생건수	516	570	350	277	197	296	492	623	391	165

〈그림 1〉 A ~ J 지역별 산불 발생건수 및 피해액

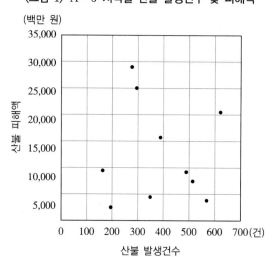

※ 산불 피해액은 산불로 인한 손실 금액을 의미함

〈그림 2〉 A ~ J 지역별 산불 발생건수 및 피해재적

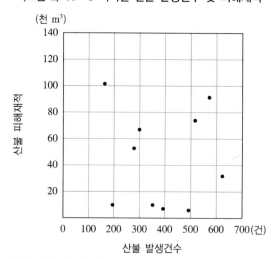

※ 산불 피해재적은 산불 피해를 입은 입목의 재적을 의미함

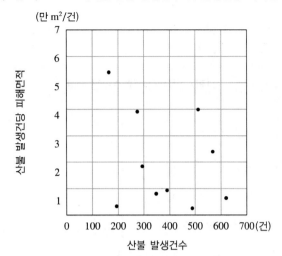

〈그림 3〉 A∼J 지역별 산불 발생건수 및 발생건당 피해면적

※ 산불 피해면적은 산불이 발생하여 지상입목, 관목, 시초 등을 연소시키면서 지나간 면적을 의미함

─● 보 기 ●─

ㄱ. 산불 발생건당 피해면적은 J지역이 가장 크다.
ㄴ. 산불 발생건당 피해재적은 B지역이 가장 크고 E지역이 가장 작다.
ㄷ. 산불 발생건당 피해액은 D지역이 가장 크고 B지역이 가장 작다.
ㄹ. 산불 피해면적은 H지역이 가장 크고 E지역이 가장 작다.

① ㄱ, ㄴ   ② ㄱ, ㄷ
③ ㄱ, ㄹ   ④ ㄴ, ㄷ
⑤ ㄷ, ㄹ

다음 〈그림〉은 12개 국가의 수자원 현황에 대한 자료이며, A~H는 각각 특정 국가를 나타낸다. 〈그림〉과 〈조건〉을 근거로 판단할 때, 국가명을 알 수 없는 것은?

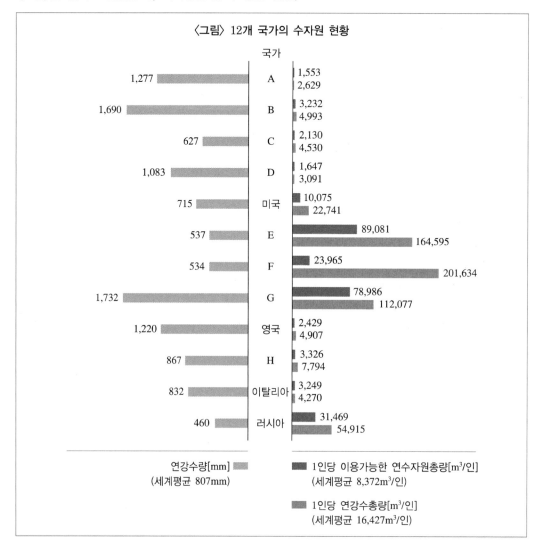

〈그림〉 12개 국가의 수자원 현황

연강수량[mm] (세계평균 807mm)

1인당 이용가능한 연수자원총량[m³/인] (세계평균 8,372m³/인)

1인당 연강수총량[m³/인] (세계평균 16,427m³/인)

○ '연강수량'이 세계평균의 2배 이상인 국가는 일본과 뉴질랜드이다.

○ '연강수량'이 세계평균보다 많은 국가 중 '1인당 이용가능한 연수자원총량'이 가장 적은 국가는 대한민국
  이다.

○ '1인당 연강수총량'이 세계평균의 5배 이상인 국가를 '연강수량'이 많은 국가부터 나열하면 뉴질랜드, 캐
  나다, 호주이다.

○ '1인당 이용가능한 연수자원총량'이 영국보다 적은 국가 중 '1인당 연강수총량'이 세계평균의 25% 이상인
  국가는 중국이다.

○ '1인당 이용가능한 연수자원총량'이 6번째로 많은 국가는 프랑스이다.

① B   ② C
③ D   ④ E
⑤ F

다음은 국내 광고산업에 대한 문화체육관광부의 보도자료이다. 이에 부합하지 않는 자료는?

⟨로고⟩ 문화체육관광부	보도자료	사람이 있는 문화

보도일시	배포 즉시 보도해 주시기 바랍니다.		
배포일시	2020. 2. XX.	담당부서	□□□□국
담당과장	○○○(044-203-○○○○)	담당자	사무관 △△△(044-203-○○○○)

2018년 국내 광고산업 성장세 지속

○ 문화체육관광부는 국내 광고사업체의 현황과 동향을 조사한 '2019년 광고산업조사(2018년 기준)' 결과를 발표했다.

○ 이번 조사 결과에 따르면 2018년 기준 광고산업 규모는 17조 2,119억 원(광고사업체 취급액[*] 기준)으로, 전년 대비 4.5% 이상 증가했고, 광고사업체당 취급액 역시 증가했다.

   [*] 광고사업체 취급액은 광고주가 매체(방송국, 신문사 등)와 매체 외 서비스에 지불하는 비용 전체(수수료 포함)임
   - 업종별로 살펴보면 광고대행업이 6조 6,239억 원으로 전체 취급액의 38% 이상을 차지했으나, 취급액의 전년 대비 증가율은 온라인광고대행업이 16% 이상으로 가장 높다.

○ 2018년 기준 광고사업체의 매체 광고비[*] 규모는 11조 362억 원(64.1%), 매체 외 서비스 취급액은 6조 1,757억 원(35.9%)으로 조사됐다.

   [*] 매체 광고비는 방송매체, 인터넷매체, 옥외광고매체, 인쇄매체 취급액의 합임
   - 매체 광고비 중 방송매체 취급액은 4조 266억 원으로 가장 큰 비중을 차지하고 있으며, 그 다음으로 인터넷매체, 옥외광고매체, 인쇄매체 순으로 나타났다.
   - 인터넷매체 취급액은 3조 8,804억 원으로 전년 대비 6% 이상 증가했다. 특히, 모바일 취급액은 전년 대비 20% 이상 증가하여 인터넷 광고시장의 성장세를 이끌었다.
   - 한편, 간접광고(PPL) 취급액은 전년 대비 14% 이상 증가하여 1,270억 원으로 나타났으며, 그중 지상파TV와 케이블TV 간 비중의 격차는 5%p 이하로 조사됐다.

① 광고사업체 취급액 현황(2018년 기준)

② 인터넷매체(PC, 모바일) 취급액 현황

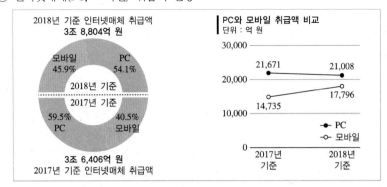

③ 간접광고(PPL) 취급액 현황

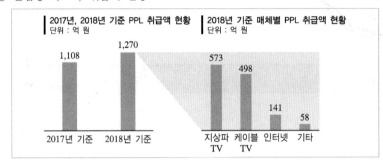

④ 업종별 광고사업체 취급액 현황

(단위 : 개소, 억 원)

구분 업종	2018년 조사(2017년 기준)		2019년 조사(2018년 기준)	
	사업체 수	취급액	사업체 수	취급액
전체	7,234	164,133	7,256	172,119
광고대행업	1,910	64,050	1,887	66,239
광고제작업	1,374	20,102	1,388	20,434
광고전문서비스업	1,558	31,535	1,553	33,267
인쇄업	921	7,374	921	8,057
온라인광고대행업	780	27,335	900	31,953
옥외광고업	691	13,737	607	12,169

⑤ 매체별 광고사업체 취급액 현황(2018년 기준)

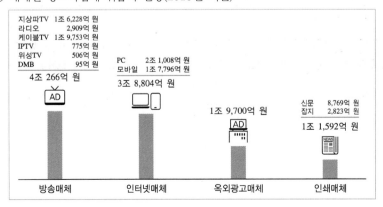

다음은 회계부정행위 신고 및 포상금 지급에 대한 〈보고서〉이다. 이를 작성하기 위해 사용된 자료만을 〈보기〉에서 모두 고르면?

〈보고서〉

2019년 회계부정행위 신고 건수는 모두 64건으로 2018년보다 29건 감소하였다. 회계부정행위 신고에 대한 최대 포상금 한도가 2017년 11월 규정 개정 후에는 1억 원에서 10억 원으로 상향됨에 따라 회계부정행위 신고에 대한 사회적 관심이 증가하여 2018년에는 신고 건수가 전년 대비 크게 증가(111.4%)하였다. 2019년 회계부정행위 신고 건수는 전년 대비 31.2% 감소하였지만 2013년부터 2016년까지 연간 최대 32건에 불과하였던 점을 감안하면 2017년 11월 포상금 규정 개정 전보다 여전히 높은 수준이었다.

• 보기 •

ㄱ. 회계부정행위 신고 현황

(단위 : 건, %)

구분＼연도	2017년	2018년	2019년
회계부정행위 신고 건수	44	93	64
전년 대비 증가율	–	111.4	−31.2

ㄴ. 연도별 회계부정행위 신고 건수 추이(2013 ~ 2016년)

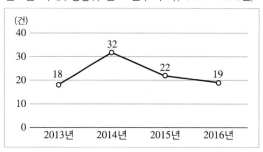

ㄷ. 회계부정행위 신고에 대한 최대 포상금 규정

(단위 : 만 원)

시점＼구분		최대 포상금 한도	
		자산총액 5천억 원 미만 기업	자산총액 5천억 원 이상 기업
2017년 11월 규정 개정	개정 후	50,000	100,000
	개정 전	5,000	10,000

ㄹ. 회계부정행위 신고 포상금 지급 현황

(단위 : 건, 만 원)

구분＼연도	2008 ~ 2015년	2016년	2017년	2018년	2019년	합계
지급 건수	6	2	2	1	2	13
지급액	5,010	2,740	3,610	330	11,940	23,630

① ㄱ, ㄷ
② ㄴ, ㄹ
③ ㄷ, ㄹ
④ ㄱ, ㄴ, ㄷ
⑤ ㄱ, ㄴ, ㄹ

08

다음 〈표〉는 2017 ~ 2019년 '갑'대학의 장학금 유형(A ~ E)별 지급 현황에 대한 자료이다. 이에 대한 〈보기〉의 설명 중 옳은 것만을 모두 고르면?

〈표〉 2017 ~ 2019년 '갑'대학의 장학금 유형별 지급 현황

(단위 : 명, 백만 원)

학기		장학금 유형 구분	A	B	C	D	E
2017년	1학기	장학생 수	112	22	66	543	2,004
		장학금 총액	404	78	230	963	2,181
	2학기	장학생 수	106	26	70	542	1,963
		장학금 총액	379	91	230	969	2,118
2018년	1학기	장학생 수	108	21	79	555	1,888
		장학금 총액	391	74	273	989	2,025
	2학기	장학생 수	112	20	103	687	2,060
		장학금 총액	404	70	355	1,216	2,243
2019년	1학기	장학생 수	110	20	137	749	2,188
		장학금 총액	398	70	481	1,330	2,379
	2학기	장학생 수	104	20	122	584	1,767
		장학금 총액	372	70	419	1,039	1,904

※ '갑'대학의 학기는 매년 1학기와 2학기만 존재함

─● 보 기 ●─

ㄱ. 2017 ~ 2019년 동안 매학기 장학생 수가 증가하는 장학금 유형은 1개이다.

ㄴ. 2018년 1학기에 비해 2018년 2학기에 장학생 수와 장학금 총액이 모두 증가한 장학금 유형은 4개이다.

ㄷ. 2019년 2학기 장학생 1인당 장학금이 가장 많은 장학금 유형은 B이다.

ㄹ. E장학금 유형에서 장학생 수와 장학금 총액이 가장 많은 학기는 2019년 1학기이다.

① ㄱ, ㄴ
② ㄱ, ㄷ
③ ㄴ, ㄷ
④ ㄴ, ㄹ
⑤ ㄷ, ㄹ

다음 〈표〉는 2008~2018년 '갑'국의 황산화물 배출권 거래 현황에 대한 자료이다. 〈표〉를 이용하여 작성한 그래프로 옳지 않은 것은?

〈표〉 2008 ~ 2018년 '갑'국의 황산화물 배출권 거래 현황

(단위 : 건, kg, 원/kg)

연도	전체		무상거래		유상거래				
	거래건수	거래량	거래건수	거래량	거래건수	거래량	거래가격		
							최고	최저	평균
2008	10	115,894	3	42,500	7	73,394	1,000	30	319
2009	8	241,004	4	121,624	4	119,380	500	60	96
2010	32	1,712,694	9	192,639	23	1,520,055	500	50	58
2011	25	1,568,065	6	28,300	19	1,539,765	400	10	53
2012	32	1,401,374	7	30,910	25	1,370,464	400	30	92
2013	59	2,901,457	5	31,500	54	2,869,957	600	60	180
2014	22	547,500	1	2,000	21	545,500	500	65	269
2015	12	66,200	5	22,000	7	44,200	450	100	140
2016	10	89,500	3	12,000	7	77,500	500	150	197
2017	20	150,966	5	38,100	15	112,866	160	100	124
2018	28	143,324	3	5,524	25	137,800	250	74	140

① 2010 ~ 2013년 연도별 전체 거래의 건당 거래량

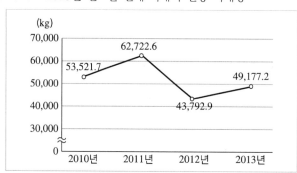

② 2009 ~ 2013년 유상거래 최고 가격과 최저 가격

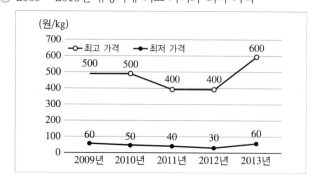

③ 2013 ~ 2017년 유상거래 평균 가격

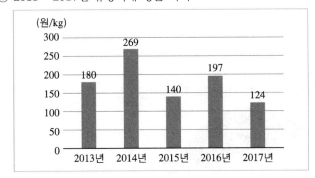

④ 2008년 전체 거래량 구성비

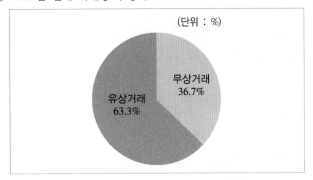

⑤ 2010 ~ 2013년 무상거래 건수와 유상거래 건수

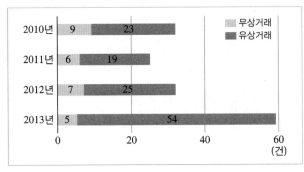

다음 ⟨그림⟩은 '갑'국 6개 지방청 전체의 부동산과 자동차 압류건수의 지방청별 구성비에 대한 자료이다. ⟨그림⟩과 ⟨조건⟩을 근거로 B와 D에 해당하는 지방청을 바르게 나열한 것은?

⟨그림 1⟩ 부동산 압류건수의 지방청별 구성비

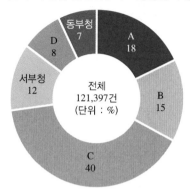

※ 지방청은 동부청, 서부청, 남부청, 북부청, 남동청, 중부청으로만 구성됨

⟨그림 2⟩ 자동차 압류건수의 지방청별 구성비

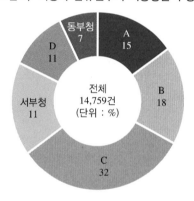

━●조건●━
○ 자동차 압류건수는 중부청이 남동청의 2배 이상이다.
○ 남부청과 북부청의 부동산 압류건수는 각각 2만 건 이하이다.
○ 지방청을 부동산 압류건수와 자동차 압류건수가 큰 값부터 순서대로 각각 나열할 때, 순서가 동일한 지방청은 동부청, 남부청, 중부청이다.

	B	D
①	남동청	남부청
②	남동청	북부청
③	남부청	북부청
④	북부청	남부청
⑤	중부청	남부청

01

⟨22년 민간 ㉓책형 20번⟩ | ○ | △ | × |

다음 글을 근거로 판단할 때, ㉠에 해당하는 수는?

> 甲 : 그저께 나는 만 21살이었는데, 올해 안에 만 23살이 될 거야.
> 乙 : 올해가 몇 년이지?
> 甲 : 올해는 2022년이야.
> 乙 : 그러면 네 주민등록번호 앞 6자리의 각 숫자를 모두 곱하면 ___㉠___ 이구나.
> 甲 : 그래, 맞아!

① 0

② 81

③ 486

④ 648

⑤ 2,916

다음 글을 근거로 판단할 때 옳은 것은?

제00조

① 사업주는 근로자가 조부모, 부모, 배우자, 배우자의 부모, 자녀 또는 손자녀(이하 '가족'이라 한다)의 질병, 사고, 노령으로 인하여 그 가족을 돌보기 위한 휴직(이하 '가족돌봄휴직'이라 한다)을 신청하는 경우 이를 허용하여야 한다. 다만, 대체인력 채용이 불가능한 경우, 정상적인 사업 운영에 중대한 지장을 초래하는 경우, 근로자 본인 외에도 조부모의 직계비속 또는 손자녀의 직계존속이 있는 경우에는 그러하지 아니하다.

② 사업주는 근로자가 가족(조부모 또는 손자녀의 경우 근로자 본인 외에도 직계비속 또는 직계존속이 있는 경우는 제외한다)의 질병, 사고, 노령 또는 자녀의 양육으로 인하여 긴급하게 그 가족을 돌보기 위한 휴가(이하 '가족돌봄휴가'라 한다)를 신청하는 경우 이를 허용하여야 한다. 다만, 근로자가 청구한 시기에 가족돌봄휴가를 주는 것이 정상적인 사업 운영에 중대한 지장을 초래하는 경우에는 근로자와 협의하여 그 시기를 변경할 수 있다.

③ 제1항 단서에 따라 사업주가 가족돌봄휴직을 허용하지 아니하는 경우에는 해당 근로자에게 그 사유를 서면으로 통보하여야 한다.

④ 가족돌봄휴직 및 가족돌봄휴가의 사용기간은 다음 각 호에 따른다.

　　1. 가족돌봄휴직 기간은 연간 최장 90일로 하며, 이를 나누어 사용할 수 있을 것

　　2. 가족돌봄휴가 기간은 연간 최장 10일로 하며, 일 단위로 사용할 수 있을 것. 다만, 가족돌봄휴가 기간은 가족돌봄휴직 기간에 포함된다.

　　3. ○○부 장관은 감염병의 확산 등을 원인으로 심각단계의 위기경보가 발령되는 경우, 가족돌봄휴가 기간을 연간 10일의 범위에서 연장할 수 있다.

---

① 조부모와 부모를 함께 모시고 사는 근로자가 조부모의 질병을 이유로 가족돌봄휴직을 신청한 경우, 사업주는 가족돌봄휴직을 허용하지 않을 수 있다.

② 사업주는 근로자가 신청한 가족돌봄휴직을 허용하지 않는 경우, 해당 근로자에게 그 사유를 구술 또는 서면으로 통보해야 한다.

③ 정상적인 사업 운영에 중대한 지장을 초래하는 경우, 사업주는 근로자의 가족돌봄휴가 시기를 근로자와 협의 없이 변경할 수 있다.

④ 근로자가 가족돌봄휴가를 8일 사용한 경우, 사업주는 이와 별도로 그에게 가족돌봄휴직을 연간 90일까지 허용해야 한다.

⑤ 감염병의 확산으로 심각단계의 위기경보가 발령되고 가족돌봄휴가 기간이 5일 연장된 경우, 사업주는 근로자에게 연간 20일의 가족돌봄휴가를 허용해야 한다.

다음 글을 근거로 판단할 때 옳은 것은?

제00조

① 광역교통위원회는 위원장 1명과 상임위원 1명 및 다음 각 호의 위원을 포함하여 30명 이내로 구성한다.

  1. 대도시권 광역교통 관련 업무를 담당하는 중앙행정기관 소속 고위공무원 중 대통령령으로 정하는 사람

  2. 대도시권에 포함되는 광역지방자치단체의 부단체장 중 대통령령으로 정하는 사람

  3. 그 밖에 광역교통 관련 전문지식과 경험이 풍부한 사람

② 광역교통위원회의 위원장은 국토교통부장관의 제청으로 대통령이 임명하고, 위원은 국토교통부장관이 임명 또는 위촉한다.

제00조

① 실무위원회는 다음 각 호의 사항을 심의한다.

  1. 광역교통위원회에 부칠 안건의 사전검토 또는 조정에 관한 사항

  2. 그 밖에 실무위원회의 위원장이 심의가 필요하다고 인정하는 사항

② 실무위원회의 위원장은 광역교통위원회의 상임위원이 된다.

③ 실무위원회의 위원은 다음 각 호의 사람이 된다.

  1. 기획재정부·행정안전부·국토교통부 및 행정중심복합도시건설청 소속 공무원 중 소속 기관의 장이 지명하는 사람

  2. 대도시권에 포함되는 시·도 또는 시·군·구(자치구를 말한다) 소속 공무원 중 소속 기관의 장이 광역교통위원회와 협의해 지명하는 사람

  3. 교통·도시계획·재정·행정·환경 등 광역교통에 관한 학식과 경험이 풍부한 사람 중에서 광역교통위원회의 위원장이 성별을 고려해 위촉하는 50명 이내의 사람

---

① 실무위원회의 위원 위촉 시 성별은 고려하지 않는다.

② 광역교통위원회의 구성원은 실무위원회의 구성원이 될 수 없다.

③ 광역교통위원회 위원장의 위촉 없이도 실무위원회의 위원이 될 수 있다.

④ 공무원이 아닌 사람은 실무위원회의 위원은 될 수 있으나, 광역교통위원회의 위원은 될 수 없다.

⑤ 광역교통위원회의 위원으로 행정안전부 소속 공무원을 선정하는 경우 행정안전부장관이 임명한다.

다음 글을 근거로 판단할 때, 숫자코드가 될 수 있는 것은?

숫자코드를 만드는 규칙은 다음과 같다.

○ 그림과 같이 작은 정사각형 4개로 이루어진 큰 정사각형이 있고, 작은 정사각형의 꼭짓점마다 1 ∼ 9의 번호가 지정되어 있다.

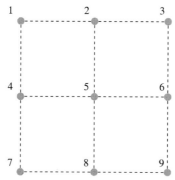

○ 펜을 이용해서 9개의 점 중 임의의 점 하나에서 시작하여(이하 '시작점'이라 한다) 다른 점으로 직선을 그어 나간다.

○ 다른 점에 도달하면 펜을 종이 위에서 떼지 않고 또 다른 점으로 계속해서 직선을 그어 나간다(단, 한번 그은 직선 위에 또 다른 직선을 겹쳐서 그을 수 없다).

○ 시작점을 포함하여 4개 이상의 점에 도달한 후 펜을 종이 위에서 뗄 수 있다(단, 시작점과 동일한 점에서는 뗄 수 없다).

○ 펜을 종이에서 뗀 후, 그어진 직선이 지나는 점의 번호를 순서대로 모두 나열한 것이 숫자코드가 된다. 예를 들어 1번 점에서 시작하여 6번, 5번, 8번 순으로 직선을 그었다면 숫자코드는 1658이다.

① 596

② 15953

③ 53695

④ 642987

⑤ 9874126

다음 글을 근거로 판단할 때, 〈보기〉에서 옳은 것만을 모두 고르면?

제00조

지방자치단체의 장은 행정재산에 대하여 그 목적 또는 용도에 장애가 되지 않는 범위에서 사용 또는 수익을 허가할 수 있다.

제00조

① 행정재산의 사용·수익허가기간은 그 허가를 받은 날부터 5년 이내로 한다.

② 지방자치단체의 장은 허가기간이 끝나기 전에 사용·수익허가를 갱신할 수 있다.

③ 제2항에 따라 사용·수익허가를 갱신 받으려는 자는 사용·수익허가기간이 끝나기 1개월 전에 지방자치단체의 장에게 사용·수익허가의 갱신을 신청하여야 한다.

제00조

① 지방자치단체의 장은 행정재산의 사용·수익을 허가하였을 때에는 매년 사용료를 징수한다.

② 지방자치단체의 장은 행정재산의 사용·수익을 허가할 때 다음 각 호의 어느 하나에 해당하면 제1항에도 불구하고 그 사용료를 면제할 수 있다.

   1. 국가나 다른 지방자치단체가 직접 해당 행정재산을 공용·공공용 또는 비영리 공익사업용으로 사용하려는 경우

   2. 천재지변이나 재난을 입은 지역주민에게 일정기간 사용·수익을 허가하는 경우

제00조

① 지방자치단체의 장은 행정재산의 사용·수익허가를 받은 자가 다음 각 호의 어느 하나에 해당하면 그 허가를 취소할 수 있다.

   1. 지방자치단체의 장의 승인 없이 사용·수익의 허가를 받은 행정재산의 원상을 변경한 경우

   2. 해당 행정재산의 관리를 게을리하거나 그 사용 목적에 위배되게 사용한 경우

② 지방자치단체의 장은 사용·수익을 허가한 행정재산을 국가나 지방자치단체가 직접 공용 또는 공공용으로 사용하기 위하여 필요로 하게 된 경우에는 그 허가를 취소할 수 있다.

③ 제2항의 경우에 그 취소로 인하여 해당 허가를 받은 자에게 손실이 발생한 경우에는 이를 보상한다.

⊸ 보기 ⊸

ㄱ. A시의 장은 A시의 행정재산에 대하여 B기업에게 사용허가를 했더라도 국가가 그 행정재산을 직접 공용으로 사용하기 위해 필요로 하게 된 경우, 그 허가를 취소할 수 있다.

ㄴ. C시의 행정재산에 대하여 C시의 장이 천재지변으로 주택을 잃은 지역주민에게 임시 거처로 사용하도록 허가한 경우, C시의 장은 그 사용료를 면제할 수 있다.

ㄷ. D시의 행정재산에 대하여 사용허가를 받은 E기업이 사용 목적에 위배되게 사용한다는 이유로 허가가 취소되었다면, D시의 장은 E기업의 손실을 보상하여야 한다.

ㄹ. 2014년 3월 1일에 5년 기한으로 F시의 행정재산에 대하여 수익허가를 받은 G가 허가 갱신을 받으려면, 2019년 2월 28일까지 허가 갱신을 신청하여야 한다.

① ㄱ, ㄴ   ② ㄴ, ㄷ

③ ㄷ, ㄹ   ④ ㄱ, ㄴ, ㄹ

⑤ ㄴ, ㄷ, ㄹ

다음 글을 근거로 판단할 때, 〈보기〉에서 옳은 것만을 모두 고르면?

甲은 결혼 준비를 위해 스튜디오 업체(A, B), 드레스 업체(C, D), 메이크업 업체(E, F)의 견적서를 각각 받았는데, 최근 생긴 B업체만 정가에서 10% 할인한 가격을 제시하였다. 아래 〈표〉는 각 업체가 제시한 가격의 총액을 계산한 결과이다(단, A~F 각 업체의 가격은 모두 상이하다).

〈표〉

스튜디오	드레스	메이크업	총액
A	C	E	76만 원
이용 안 함	C	F	58만 원
A	D	E	100만 원
이용 안 함	D	F	82만 원
B	D	F	127만 원

━●보기●━

ㄱ. A업체 가격이 26만 원이라면, E업체 가격이 F업체 가격보다 8만 원 비싸다.

ㄴ. B업체의 할인 전 가격은 50만 원이다.

ㄷ. C업체 가격이 30만 원이라면, E업체 가격은 28만 원이다.

ㄹ. D업체 가격이 C업체 가격보다 26만 원 비싸다.

① ㄱ

② ㄴ

③ ㄷ

④ ㄴ, ㄷ

⑤ ㄷ, ㄹ

다음 글과 〈상황〉을 근거로 판단할 때 옳은 것은?

매매목적물에 하자가 있는 경우, 하자가 있는 사실을 과실 없이 알지 못한 매수인은 매도인에 대하여 하자담보책임을 물어 계약을 해제하거나 손해배상을 청구할 수 있다. 이때 매도인이 하자를 알았는지 여부나 그의 과실 유무를 묻지 않는다. 매매목적물의 하자는 통상 거래상의 관념에 비추어 그 물건이 지니고 있어야 할 품질·성질·견고성·성분 등을 갖추지 못해서 계약의 적합성을 갖지 못한 경우를 말한다. 가령 진품인 줄 알고 매수한 그림이 위작인 경우가 그렇다. 매수인은 이러한 계약해제권·손해배상청구권을 하자가 있는 사실을 안 날로부터 6개월 내에 행사하여야 한다.

한편 계약의 중요 부분에 착오가 있는 경우, 착오에 중대한 과실이 없는 계약당사자는 계약을 취소할 수 있다. 여기서 착오는 계약을 맺을 때에 실제로 없는 사실을 있는 사실로 잘못 알았거나 아니면 실제로 있는 사실을 없는 사실로 잘못 생각하듯이, 계약당사자(의사표시자)의 인식과 그 실제 사실이 어긋나는 경우를 가리킨다. 가령 위작을 진품으로 알고 매수한 경우가 그렇다. 이러한 취소권을 행사하려면, 착오자(착오로 의사표시를 한 사람)가 착오 상태에서 벗어난 날(예 진품이 위작임을 안 날)로부터 3년 이내에, 계약을 체결한 날로부터 10년 이내에 행사하여야 한다. 착오로 인한 취소는 매도인의 하자담보책임과 다른 제도이다. 따라서 매매계약 내용의 중요 부분에 착오가 있는 경우, 매수인은 매도인의 하자담보책임이 성립하는지와 상관없이 착오를 이유로 매매계약을 취소할 수 있다.

●상황●

2018년 3월 10일 매수인 甲은 매도인 乙 소유의 '나루터그림'을 과실 없이 진품으로 믿고 1,000만 원에 매매계약을 체결한 당일 그림을 넘겨받았다. 그 후 2018년 6월 20일 甲은 나루터그림이 위작이라는 사실을 알게 되었다.

① 2018년 6월 20일 乙은 하자를 이유로 甲과의 매매계약을 해제할 수 있다.
② 2019년 6월 20일 甲은 乙에게 하자를 이유로 손해배상을 청구할 수 있다.
③ 2019년 6월 20일 甲은 착오를 이유로 乙과의 매매계약을 취소할 수 없다.
④ 乙이 매매계약 당시 위작이라는 사실을 과실 없이 알지 못하였더라도, 2019년 6월 20일 甲은 하자를 이유로 乙과의 매매계약을 해제할 수 있다.
⑤ 乙이 위작임을 알았더라도 2019년 6월 20일 甲은 하자를 이유로 乙과의 매매계약을 해제할 수 없지만, 착오를 이유로 취소할 수 있다.

다음 글을 근거로 판단할 때 옳은 것은?

제00조

① 재산명시절차의 관할법원은 재산명시절차에서 채무자가 제출한 재산목록의 재산만으로 집행채권의 만족을 얻기에 부족한 경우, 그 재산명시를 신청한 채권자의 신청에 따라 개인의 재산 및 신용에 관한 전산망을 관리하는 공공기관·금융기관·단체 등에 채무자 명의의 재산에 관하여 조회할 수 있다.

② 채권자가 제1항의 신청을 할 경우에는 조회할 기관·단체를 특정하여야 하며 조회에 드는 비용을 미리 내야 한다.

③ 법원이 제1항의 규정에 따라 조회할 경우에는 채무자의 인적 사항을 적은 문서에 의하여 해당 기관·단체의 장에게 채무자의 재산 및 신용에 관하여 그 기관·단체가 보유하고 있는 자료를 한꺼번에 모아 제출하도록 요구할 수 있다.

④ 공공기관·금융기관·단체 등은 정당한 사유 없이 제1항 및 제3항의 조회를 거부하지 못한다.

⑤ 제1항 및 제3항의 조회를 받은 기관·단체의 장이 정당한 사유 없이 거짓 자료를 제출하거나 자료를 제출할 것을 거부한 때에는 결정으로 500만 원 이하의 과태료에 처한다.

제00조

① 누구든지 재산조회의 결과를 강제집행 외의 목적으로 사용하여서는 안 된다.

② 제1항의 규정에 위반한 사람은 2년 이하의 징역 또는 500만 원 이하의 벌금에 처한다.

---

① 채무자 甲이 제출한 재산목록의 재산만으로 집행채권의 만족을 얻기 부족한 경우에는 재산명시절차의 관할법원은 직권으로 금융기관에 甲 명의의 재산에 관해 조회할 수 있다.

② 재산명시절차의 관할법원으로부터 채무자 명의의 재산에 관해 조회를 받은 공공기관은 정당한 사유가 있는 경우 이를 거부할 수 있다.

③ 채무자 乙의 재산조회 결과를 획득한 채권자 丙은 해당 결과를 강제집행 외의 목적으로도 사용할 수 있다.

④ 재산명시절차의 관할법원으로부터 채무자 명의의 재산에 관해 조회를 받은 기관의 장이 정당한 사유 없이 자료제출을 거부하였다면, 법원은 결정으로 500만 원의 벌금에 처한다.

⑤ 채권자 丁이 채무자 명의의 재산에 관한 조회를 신청할 경우, 조회에 드는 비용은 재산조회가 종료된 후 납부하면 된다.

09

다음 글을 근거로 판단할 때, 〈상황〉의 ㉠과 ㉡을 바르게 짝지은 것은?

채용에서 가장 중요한 점은 조직에 적합한 인재의 선발, 즉 필요한 수준의 기본적 직무적성·태도 등 전반적 잠재력을 가진 지원자를 선발하는 것이다. 그러나 채용 과정에서 적합한 사람을 채용하지 않거나, 적합하지 않은 사람을 채용하는 경우도 있다. 적합한 지원자 중 탈락시킨 지원자의 비율을 오탈락률이라 하고, 적합하지 않은 지원자 중 채용한 지원자의 비율을 오채용률이라 한다.

─●상 황●─

甲회사의 신입사원 채용 공고에 1,200명이 지원하여, 이 중에 360명이 채용되었다. 신입사원 채용 후 조사해보니 1,200명의 지원자 중 회사에 적합한 지원자는 800명이었고, 적합하지 않은 지원자는 400명이었다. 채용된 360명의 신입사원 중 회사에 적합하지 않은 인원은 40명으로 확인되었다. 이에 따르면 오탈락률은 ___㉠___%이고, 오채용률은 ___㉡___%이다.

	㉠	㉡
①	40	5
②	40	10
③	55	10
④	60	5
⑤	60	10

10

다음 글을 근거로 판단할 때, A시에서 B시까지의 거리는?

甲은 乙이 운전하는 자동차를 타고 A시에서 B시를 거쳐 C시로 가는 중이었다. A, B, C는 일직선상에 순서대로 있으며, 乙은 자동차를 일정한 속력으로 운전하여 도시 간 최단 경로로 이동했다. A시를 출발한지 20분 후 甲은 乙에게 지금까지 얼마나 왔는지 물어보았다.
"여기서부터 B시까지 거리의 딱 절반만큼 왔어."라고 乙이 대답하였다.
그로부터 75km를 더 간 후에 甲은 다시 물어보았다.
"C시까지는 얼마나 남았지?"
乙은 다음과 같이 대답했다.
"여기서부터 B시까지 거리의 딱 절반만큼 남았어."
그로부터 30분 뒤에 甲과 乙은 C시에 도착하였다.

① 35km　　　　　　② 40km
③ 45km　　　　　　④ 50km
⑤ 55km

CHAPTER

04

Add+ PSAT 주요 빈출 30제

정답 및 해설

01 언어논리 10제

01	⑤	02	③	03	④	04	④	05	④	06	⑤	07	③	08	④	09	②	10	④

01

정답 ⑤

ㄱ. 나를 있게 하는 것의 핵심은 '특정한 정자와 난자의 결합'이다. ㉠과 같이 주장하는 이유는 그 결합 시점을 인위적으로 조절할 수 없기 때문인데, 그 특정한 정자와 난자가 냉동되어 수정 시험이 조절 가능하다면 내가 더 일찍 태어나는 것도 가능하게 된다.

ㄴ. ㉠ : A는 상상할 수 없다.
선택지의 대우명제 : A를 상상할 수 없다면 A가 불가능하다.
결론 : 따라서 A는 불가능하다.
A에 '내가 더 일찍 태어나는 것'을 대입하면 ㉡을 이끌어 낼 수 있다.

ㄷ. ㉢ 태어나기 이전의 비존재는 나쁘다.
선택지의 명제 : 태어나기 이전의 비존재가 나쁘다면, 내가 더 일찍 태어나는 것이 가능하다.
결론 : 내가 더 일찍 태어나는 것이 가능하다.
결론의 명제는 ㉠의 부정과 같다.

> **풀이 TIP**
>
> 삼단논법을 활용한 문제는 매우 자주 출제된다. 이 문제와 같이 각 명제별로 A의 표현이 조금씩 다른 경우에는 표현 그 자체보다는 의미가 일치하는지의 여부로 판단해야 한다. 물론 그것도 애매한 경우에는 위 해설과 같이 A로 치환하여 분석하는 것도 도움이 된다.

02

정답 ③

ㄱ. 만약 세 종류의 자격증을 가진 후보자가 존재한다면 그 후보자는 A와 D를 모두 가지고 있어야 한다. 그런데 두 번째 조건에 의해 이 후보자는 B를 가지고 있지 않으므로 만약 이 후보자가 세 종류의 자격증을 가지기 위해서는 C도 가지고 있어야 한다. 그런데 세 번째 조건에 의해 이는 참이 될 수 없으므로 세 종류의 자격증을 가진 후보자는 존재할 수 없다.

ㄴ. 확정된 조건이 없으므로 가능한 경우를 따져보면 다음과 같다(갑은 ㄱ을 통해 확정할 수 있음).

구분	A	B	C	D
갑	○	×	×	○
을	○	○	×	×

네 번째 조건을 통해서 A와 B를 모두 가지고 있는 후보자가 존재한다는 것을 확인할 수 있으며, 두 번째 조건을 통해서 이 후보자가 D를 가지고 있지 않음을, 세 번째 조건을 통해서 C를 가지고 있지 않음을 확정할 수 있다. 이에 따르면 갑은 B를 가지고 있지 않으며, 을은 D를 가지고 있지 않다.

 ㄷ. 조건을 정리하면 ~D → ~C로 나타낼 수 있으며, 이의 대우는 C → D이다. 따라서 C를 가지고 있다면 D 역시 가지고 있어야 하므로 C만 가지고 있는 후보자는 존재하지 않는다. 그런데 이는 어디까지나 조건에 불과할 뿐이어서 여전히 우리가 알 수 있는 것은 ㄴ의 갑과 을이 존재한다는 것뿐이다.

> **풀이 TIP**
>
> 이 문제와 같이 확정된 조건이 없는 경우에는 제시된 조건에서 끌어낼 수 있는 사례들을 따져보아야 한다. 중요한 점은 여기서 끌어낸 사례들 말고도 다른 것들이 존재할 수 있다는 것이다. 단지 주어진 조건만으로는 더 이상 추론할 수 없을 뿐이다. 최근에는 이런 유형의 문제들이 자주 출제되고 있으니 주의가 필요하다.

03
정답 ④

 먼저 갑은 기획 업무를 선호하는데, 만약 민원 업무를 선호한다면 홍보 업무도 선호하게 되어 최소 세 개 이상의 업무를 선호하게 된다. 따라서 갑은 기획 업무만을 선호해야 한다. 다음으로 을은 민원 업무를 선호하므로 홍보 업무도 같이 선호함을 알 수 있는데, 세 개 이상의 업무를 선호하는 사원이 없다고 하였으므로 을은 민원 업무와 홍보 업무만을 선호해야 한다.
또한 인사 업무만을 선호하는 사원이 있다고 하였으며(편의상 병), 홍보 업무를 선호하는 사원 모두가 민원 업무를 선호하는 것은 아니라고 하였으므로 이를 통해 홍보 업무를 선호하지만 민원 업무는 선호하지 않는 사원이 존재함을 알 수 있다(편의상 정). 이제 이를 정리하면 다음과 같다.

구분	민원	홍보	인사	기획
갑	×	×		○
을	○	○	×	×
병	×	×	○	×
정	×	○		

ㄴ. 을과 정을 통해 최소 2명은 홍보 업무를 선호함을 알 수 있다.
ㄷ. 위 표에서 알 수 있듯이 모든 업무에 최소 1명 이상의 신입 사원이 할당되어 있음을 알 수 있다.

 ㄱ. 민원, 홍보, 기획 업무는 갑과 을이 한 명씩은 선호하고 있으며, 인사 업무는 갑의 선호 여부를 알 수 없다.

> **풀이 TIP**
>
> '민원 업무를 선호하는 신입사원은 모두 홍보 업무를 선호하였지만 그 역은 성립하지 않았다.'의 의미는 무엇일까? 단지 '홍보 업무를 선호하는 신입사원 모두가 민원 업무를 선호하는 것은 아니다.'에서 그쳐서는 안 된다. 여기서 중요한 것은 홍보 업무를 선호하는 신입사원 중 민원 업무를 선호하지 않는 경우가 존재한다는 것이다.

04

 제시문은 서구사회의 기독교적 전통이 이에 속하는 이들은 정상적인 존재, 그렇지 않은 이들은 비정상적인 존재로 구분한 다고 하며, 특히 후자에 해당하는 대표적인 것으로 적그리스도, 이교도들, 나병과 흑사병에 걸린 환자들을 예로 들었다. 빈칸 앞의 내용은 기독교인들이 적그리스도의 모습을 외설스럽고 추악하게 표현하고, 이교도들을 추악한 얼굴의 악마로, 그들이 즐기는 의복이나 음식을 끔찍이 묘사하여 자신들과 구분되는 존재로 만들었으며, 나병과 흑사병에 걸린 환자들은 실제 여부와 무관하게 뒤틀어지고 흉측한 모습으로 형상화시켰다는 것이다. 따라서 빈칸에 들어갈 내용은 이를 요약한 ④가 적절하다.

풀이 TIP

이 문제와 같이 결론 내지는 중심내용을 찾는 제시문의 경우는 세부적인 내용을 꼼꼼히 살피는 독해보다는 뼈대를 중심으로 크게 읽어나가는 독해가 바람직하다. 제시문의 경우는 '두 번째, 마지막'과 같은 표현들이 가장 큰 뼈대가 되는 것들이다. 어찌 보면, 전체적인 내용을 파악하는 것보다 이 표현들을 찾는 것이 더 중요할 수 있다.

05

 제시문에 따르면 4괘가 상징하는 바는 그것이 처음 만들어질 때부터 오늘날까지 변함이 없다. 오늘날 태극기의 우측 하단 에 있는 괘와 고종이 조선 국기로 채택한 기의 우측 하단에 있는 괘는 모두 곤괘로서 땅을 상징한다.

 ① 미국 해군부가 『해상 국가들의 깃발들』이라는 책을 만든 것은 1882년 6월이고 통리교섭사무아문이 각국 공사관에 국기를 배포한 것은 1883년 이후이다.
② 태극 문양을 그린 기는 개항 이전에도 조선 수군이 사용한 깃발 등 여러 개가 있다.
③ 통리교섭사무아문이 배포한 기의 우측 상단의 있는 괘와 조선의 기 좌측 상단에 있는 괘가 상징하는 것이 같다.
⑤ 박영효가 그린 기의 좌측 상단의 있는 괘는 건괘로서 하늘을 상징하고 이응준이 그린 기는 감괘로서 물을 상징한다.

풀이 TIP

흔히들 제시문의 첫 부분에 나오는 구체적인 내용들은 중요하지 않은 정보라고 판단하여 넘기곤 한다. 하지만 첫 부분에 등장하는 내용이 선택지의 문장으로 구성되는 경우가 상당히 많은 편이다. 첫 단락은 글 전체의 흐름을 알게 해주는 길잡이와 같은 역할도 하므로 그것이 지엽적인 정보일지라도 꼼꼼하게 챙기도록 하자.

06

 학습된 안정 반응을 일으키는 경우에 청각시상에서 측핵으로 전달되는 신호의 세기는 매우 미약해진다. 반면, 학습된 공포 반응을 일으키는 경우에 청각시상에서 측핵으로 전달되는 훨씬 센 강도로 증폭된다.

 ① 학습된 안정 반응은 선조체에서 반응이 세게 나타나는 경우에 일어난다.
② 학습된 공포 반응을 일으키지 않는 소리 자극에 대한 정보는 제시되어 있지 않다.
③ 학습된 공포 반응은 청각시상, 측핵, 중핵 등에 의해 나타나는 반응이며 선조체와 관련된 정보는 제시되어 있지 않다.
④ 학습된 안정 반응을 일으키는 청각시상에서 받는 소리 자극 신호와 학습된 공포 반응을 일으키는 청각시상에서 받는 소리 자극 신호 간의 강도 비교에 대한 정보는 제시되어 있지 않다.

07

정답 ③

 ㄱ. 방 1은 음탐지 방해가 없고 방 2는 같은 소리 음탐지 방해가 있는 환경이다. 〈실험 결과〉에 따르면 음탐지 방해가 없는 방 1에서는 A와 B 공격 시간에 유의미한 차이가 없었지만 음탐지 방해가 있는 방 2에서는 A만을 공격했다. 따라서 〈실험 결과〉는 음탐지 방해가 있는 환경에서 X가 초음파탐지 방법을 사용한다는 가설을 강화한다.

ㄴ. 방 2와 방 3은 둘 다 음탐지 방해가 있는 환경이지만 방 2는 같은 소리 음탐지 방해, 방 3은 다른 소리 음탐지 방해가 존재한다. 〈실험 결과〉에 따르면 같은 소리 음탐지 방해가 존재한 방 2에서는 A만 공격했지만, 다른 소리 음탐지 방해가 존재하는 방 3은 그 결과에 있어 방해가 없었던 방 1과 차이가 없었다. 즉, 다른 소리 음탐지 방해는 음탐지 방법에 큰 영향을 미치지 않음을 알 수 있다. 따라서 X가 소리의 종류를 구별할 수 있다는 가설을 강화한다.

 ㄷ. 음탐지 방해가 없는 방 1과 다른 소리 음탐지 방해가 있는 방 3의 〈실험 결과〉는 같고 둘 다 로봇의 종류에 따른 유의미한 차이를 보이지 않는다. 따라서 다른 소리가 들리는 환경에서 X가 초음파탐지 방법을 사용한다는 가설을 강화한다고 할 수 없다.

08

정답 ④

 같은 모어를 사용한다는 것은 동일한 랑그를 사용하는 것과 같은 의미인데, 랑그와 스틸은 서로 연관이 없으므로 동일한 랑그를 사용하더라도 스틸은 다를 수 있다. 따라서 옳은 내용이다.

 ① 랑그는 태어날 때부터 부모가 쓰는 언어이므로 선택권이 없다고 하였다. 하지만 스틸 역시 몸에 각인된 것이어서 주체가 자유롭게 선택할 수 없다고 하였고, 에크리튀르는 우리가 선택할 수 있다고 하였으므로 옳지 않은 내용이다.

② 언어에 대한 개인의 호오 감각에 기인하는 것은 스틸인데, 선택 가능한 방언에 대한 것은 에크리튀르의 영역이어서 둘은 서로 연관이 없다. 따라서 옳지 않은 내용이다.

③ 동일한 에크리튀르를 사용하는 경우는 사회적으로 같은 직업 등을 가지는 상황을 의미하며, 같은 지역 출신이 사용하는 지역방언은 랑그의 범주에 속한다. 따라서 옳지 않은 내용이다.

⑤ 스틸은 내적인 규제이며, 에크리튀르는 외적인 규제와 내적인 규제 사이에 위치한다고 하였으므로 옳지 않은 내용이다.

제시된 정보들을 조건식으로 나타내면 다음과 같다.

- $(A \land B \land C) \rightarrow (D \lor E)$
- $(C \land D) \rightarrow F$
- $\sim E$
- $(F \lor G) \rightarrow (C \land E)$
- $H \rightarrow (\sim F \land \sim G)$

먼저, 확정된 조건(E는 참석하지 않는다)을 시작으로 이 조건식들을 풀이해보자. 이를 위해 네 번째 조건식을 대우로 변환하면 $(\sim C \lor \sim E) \rightarrow (\sim F \land \sim G)$가 되는데, 이 대우와 E×를 결합하면 F와 G가 참석하지 않는다는 중간결론을 얻게 된다. 또한, 두 번째 조건식을 대우로 변환하면 $\sim F \rightarrow (\sim C \lor \sim D)$가 되는데 앞에서 F가 참석하지 않는다고 하였으므로 C 또는 D가 불참한다는 또 하나의 결론을 얻게 된다. 따라서, 최종적으로 E와 F, G는 불참이 확정되었고 C와 D 중에서는 최소 1명 최대 2명이 불참한다는 것을 알 수 있으므로, 대책회의에 최대로 많은 전문가가 참석하기 위해서는 C와 D 중 한 명만이 불참해야 한다. 결론적으로 참석하는 전문가는 A, B, (C 혹은 D), H의 최대 4명이 됨을 알 수 있다.

풀이 TIP

거의 대부분의 논리문제는 대우를 결합하여 숨겨진 논리식을 찾는 수준을 벗어나지 않는다. 따라서 '~라면'이 포함된 조건식이 등장한다면 일단 대우로 바꾼 것을 같이 적어주는 것이 좋다. 조금 더 과감하게 정리한다면 제시된 조건식은 그 자체로는 사용되지 않고 대우로만 사용되는 경우가 대부분이다.

빈칸의 다음 문장에서 법원이 본연의 임무인 재판을 통해 당사자의 응어리를 풀어주어야 한다고 한 부분과 앞 단락에서 사법형 ADR 활성화 정책이 민간형 ADR이 활성화되는 것을 저해한다고 하였다. 따라서 이를 종합하면 ④가 가장 적절한 문장이라고 볼 수 있다.

풀이 TIP

빈칸 채워넣기 유형은 해당 문단 하나만 봐서는 애매한 것들이 많다. 따라서 다른 빈칸들과 계속 연결지어가면서 가장 합리적인 선택지를 선택해야 한다. 이 문제와 달리 빈칸이 복수로 제시된 경우도 종종 출제되는데, 이때는 첫 번째 빈칸은 쉬우면서도 여러 개의 선택지가 모두 가능한 것처럼 느껴지는 경우가 많은 만큼 두 번째 빈칸부터 판단해보는 것도 하나의 방법이다.

02 자료해석 10제

01

 정답 풀이
ㄱ. 기획재정부장관, 보건복지부장관, 여성가족부장관, 국토교통부장관, 해양수산부장관, 문화재청장 등 총 6명이 모두 동의하였다.

 오답 풀이
ㄴ. 25회차에서는 6명이 부동의하였으나 26회차에서는 4명이 부동의하였다.

ㄷ. 전체 위원의 $\frac{2}{3}$ 이상이 동의하기 위해서는 11명 이상이 동의해야 하는데 25회차에서는 10명이 동의하였다.

> **풀이 TIP**
>
> 선택지를 판단할 때 전체 위원 수를 직접 헤아려본 수험생이 있을 것이다. 이는 각주를 꼼꼼하게 읽지 않았기 때문에 생기는 일이다. 각주 1번에서는 전체 위원의 수가 16명으로 명시되어 있다.

02

 정답 풀이
ㄱ. 첫 번째 단락의 두 번째 문장을 작성하기 위해 필요한 자료이다.
ㄴ. 세 번째 단락의 첫 번째 문장을 작성하기 위해 필요한 자료이다.
ㄹ. 마지막 단락을 작성하기 위해 필요한 자료이다.

오답 풀이
ㄷ. 〈표 1〉을 통해 알 수 있으므로 추가로 필요한 자료가 아니다.

> **풀이 TIP**
>
> '추가로 필요한 자료'를 묻는 문제의 경우 선택지의 자료들이 올바르게 작성되었는지를 따져볼 필요는 없다. 자료의 항목이 제대로 반영되어 있다면 수치들을 꼼꼼하게 살펴볼 필요 없이 곧바로 다음 문제로 넘어가도록 하자. 자료의 정오를 따져야 하는 경우는 문제에서 '올바르게 작성된 것은'과 같이 명확하게 표현해준다.

03

 정답 풀이
ㄱ. 2019년의 국내 매출액은 약 123억 원이고, 2020년은 약 136억 원이므로 국내 매출액이 가장 큰 연도는 2020년이다. 그런데 분모가 되는 2020년의 총매출액은 3개 연도 중 가장 크고, 분자가 되는 국외 매출액은 가장 작으므로 총매출액 중 국외 매출액 비중은 2020년이 가장 작다.
ㄴ. '탄약'의 매출액 증가액은 약 600억 원이므로 매출액 증가율은 2~3%인데 나머지 분야는 모두 이에 미치지 못한다.
ㄹ. '적어도' 유형의 문제이다. 2020년 대기업의 국내 매출액은 119,586억 원이고 '항공유도' 분야의 매출액은 49,024억 원이다. 이 둘을 더하면 168,610억 원이 되는데 전체 총매출액은 153,867억 원이므로 이 둘의 차이인 14,743억 원은 '항공유도' 분야이면서 대기업 모두에 해당함을 알 수 있다.

ㄷ. 선택지의 문장이 옳게 되기 위해서는 $\frac{16,612}{27,249}$가 1,012에 4를 곱해 구한 $\frac{4,048}{5,855}$보다 더 커야 한다. 이를 간단하게 비교하기 위해 앞 두자리 유효숫자로 변환하면 $\frac{16}{27}$과 $\frac{40}{58}$이 되는데 분자의 경우 후자가 전자의 2배보다 훨씬 큰 반면, 분모는 2배를 겨우 넘는 수준이다. 따라서 후자가 더 크다.

풀이 TIP

증가율, 대소비교 등 일반적인 경우에는 유효숫자를 활용해 계산을 간단하게 하는 것이 필요하지만 '적어도' 유형의 경우는 이 문제와 같이 엄밀한 계산이 필요한 경우가 자주 있다. 어차피 덧셈 한번과 뺄셈 한번만 하면 되는 것이니 '적어도' 유형을 만나게 되면 정확하게 계산하도록 하자.

04

ㄱ. 산불 발생건당 피해면적은 〈그림 3〉의 세로축에서 확인할 수 있으며 J지역이 가장 크다.
ㄷ. 산불 발생건당 피해액은 〈그림 1〉에서 원점과 각 점을 이은 직선의 기울기로 비교할 수 있으며 D지역이 가장 크고 D지역이 가장 작다.

ㄴ. 산불 발생건당 피해재적은 〈그림 2〉의 세로축에서 확인할 수 있으며 J지역이 가장 크고 G지역이 가장 작다.
ㄹ. 산불 피해면적은 〈그림 3〉의 각 점과 가로축, 세로축으로 이루어지는 사각형의 면적을 통해 확인할 수 있으며 A지역이 가장 크고 E지역이 가장 작다.

풀이 TIP

격자형 그래프를 읽고 선택지를 판단하는 문제는 난도의 차이가 있을지언정 매우 자주 등장하는 유형이다. 특히 이와 같은 격자형 그래프에서는 45° 선과 기울기, 더 나아가 기울기의 역수를 이용한 문제들이 단골로 출제되고 있으니 개념을 확실히 익혀두기 바란다.

05

ⅰ) 첫 번째 조건에 따라 연강수량이 세계평균의 2배 이상인 국가는 B와 G이므로 일본과 뉴질랜드가 B 또는 G이다.
ⅱ) 두 번째 조건에 따라 연강수량이 세계평균보다 많은 국가 중 1인당 이용가능한 연수자원총량이 가장 적은 국가는 대한민국이므로 A가 대한민국이다.
ⅲ) 세 번째 조건에 따라 1인당 연강수총량이 세계평균의 5배 이상인 국가를 연강수량이 많은 국가부터 나열하면 G, E, F이다. 따라서 뉴질랜드가 G, 캐나다가 E, 호주가 F가 되고 B가 일본이 된다.
ⅳ) 네 번째 조건에 따라 1인당 이용가능한 연수자원총량이 영국보다 적은 국가 중 1인당 연강수총량이 세계평균의 25% 이상인 국가는 중국이므로 C가 중국이다.
ⅴ) 마지막 조건에 따라 1인당 이용가능한 연수자원총량이 6번째로 많은 국가는 프랑스이므로 H가 프랑스이다.
따라서 국가명을 알 수 없는 것은 D이다.

풀이 TIP

매칭형 문제는 주어진 조건을 순서대로 살펴보는 것보다 순서를 바꿔가며 풀이하는 것이 효율적인 경우가 많다. 특히 하나의 조건만을 언급하고 있다거나 특정 수치가 주어지는 조건은 대개 후반부에 주어지는 편이므로 이 조건들을 우선적으로 판단하는 것도 하나의 전략이 될 수 있을 것이다.

보도자료 마지막 문장에 의하면 간접광고(PPL) 취급액 중 지상파TV와 케이블TV 간 비중의 격차는 5%p 이하이다. 하지만 2018년 기준 매체별 PPL 취급액 현황에서 지상파TV와 케이블TV 취급액 차이는 573－498＝75억 원으로 전체 간접광고 취급액에서 그 비중은 $\frac{75}{1,270} \times 100 ≒ 5.9\%$p로 5% 이상이다.

> **풀이 TIP**
>
> '자료－보고서'형 문제는 외형적으로는 보고서형 문제이지만 실상은 일반적인 선택지형 문제와 동일한 유형이다. 단지 차이가 있다면 선택지의 정오판단에 거의 영향을 주지 못하는 잉여문장들이 많다는 것이다. 또한 보고서의 내용에 밑줄이 그어진 경우가 있다. 이런 경우 밑줄이 그어지지 않은 부분은 처음부터 아예 읽지도 말고 그냥 넘기기 바란다. 아주 간혹 그 부분이 있어야 의미 파악이 가능한 경우도 있기는 하지만 극소수에 불과하다.

 ㄱ. '2019년 회계부정행위 신고 건수는 모두 64건으로 2018년보다 29건 감소하였다.'라는 부분을 작성하기 위해 사용되었다.
ㄴ. '2013년부터 2016년까지 연간 최대 32건에 불과하였던 점을 감안하면'이라는 부분을 작성하기 위해 사용되었다.
ㄷ. '회계부정행위 신고에 대한 최대 포상금 한도가 2017년 11월 규정 개정 후에는 1억 원에서 10억 원으로 상향됨'이라는 부분을 작성하기 위해 사용되었다.

 ㄹ. 〈보고서〉에서는 신고 건수에 대한 내용만 제시되어 있을 뿐, 신고 포상금 지급 현황에 대한 내용은 언급되어 있지 않다.

> **풀이 TIP**
>
> 간혹 조심성이 지나친 수험생들의 경우 '보고서 작성에 사용되지 않은 자료' 유형의 선택지를 판단할 때 그 자료가 실제와 일치하는지까지 따져보기도 한다. 하지만 이는 불필요한 과정이다. 그런 경우에는 문제에서 '그래프로 올바르게 표현한 것은?'과 같이 명시적으로 풀이방향을 제시한다.

 ㄴ. A, C, D, E유형의 경우 2018년 1학기에 비해 2018년 2학기에 장학생 수와 장학금 총액이 모두 증가하였다.
ㄹ. 〈표〉에 의하면 E장학금의 경우 장학생 수가 2,188명, 장학금 총액이 2,379백만 원으로 가장 많다.

ㄱ. 2017 ～ 2019년 동안 매학기 장학생 수가 증가하는 장학금 유형은 없다.
ㄷ. 계산의 편의를 위해 '장학생 1인당 장학금'을 '장학금 1백만 원당 장학생'으로 변환하여 이 수치가 가장 작은 장학금 유형을 찾아보자. 그런데 B장학금의 경우는 이 수치가 $\frac{20}{70} \left(= \frac{1}{3.5} \right)$이나 A장학금의 경우는 약 $\frac{1}{3.7}$로서 B장학금보다 더 작다.

> **풀이 TIP**
>
> ㄱ, ㄴ, ㄷ, ㄹ형 문제는 ㄱ부터 순차적으로 판단하는 것이 아니라 철저하게 전략적으로 판단해야 한다. 일단 본격적인 풀이에 들어가기에 앞서 각 선택지들을 훑으며 계산 없이 곧바로 판단이 가능한 것들이 있는지를 살피고, 그것이 있다면 정오를 판별한 후 바로 선택지로 넘어가 소거법을 적용해야 한다. 경우에 따라서는 2개만 확인하고도 정답을 찾을 수 있는 경우도 있으니 반드시 선택지를 활용하기 바란다.

**정답
풀이** 2011년의 유상거래 최저 가격은 10원/kg이므로 올바르게 작성되지 않았다.

풀이 TIP

그래프 변환 유형의 문제에서 늘 고민되는 것이 복잡한 계산을 요하는 선택지이다. 가장 기본적인 원칙은 이러한 유형은 해당 선택지를 제외한 나머지를 모두 판단하여 정오가 판별이 되면 굳이 계산을 하지 않는 것이며, 나머지가 모두 맞다면 이 선택지를 곧바로 답으로 체크하는 것이다. 하지만 어느 경우에도 해당하지 않는다면 직접 계산하기보다는 포인트를 잡아 판단하는 것이 필요하다. 즉, ③ 같은 경우는 60%를 기준으로 이를 넘었는지 아닌지를 먼저 판단해보는 것이다(60%는 원래 의 숫자의 절반에 10%를 더한 것이기 때문에 눈어림으로도 판별 가능하다).

 **정답
풀이** 마지막 조건을 먼저 살펴보기 위해 〈그림 1〉과 〈그림 2〉를 통해 압류건수가 큰 값부터 나열해보면, 부동산 압류건수는 C − A − B − 서 − D − 동이며, 자동차 압류건수는 C − B − 서 − A − D − 동임을 확인할 수 있다. 따라서 이를 통해 C와 D가 각각 중부청 혹은 남부청임을 알 수 있으며 이를 두 번째 조건과 결합하면 C가 중부청, D가 남부청임을 알 수 있다. 일단 여기까지 풀이하면 정답은 찾을 수 있으나 계속 진행해보자. 첫 번째 조건을 살펴보면 자동차 압류건수의 경우 중부 청(C)이 남동청보다 2배 이상 많다고 하였으므로 남은 A와 B 중 A가 남동청임을 알 수 있으며 남은 B는 북부청으로 확정된다.

풀이 TIP

매칭형 문제를 해결하기 위해서 가장 먼저 할 일은 주어진 조건을 적절히 조합하여 최대한 빨리 확정되는 변수를 찾아야 한다는 것이다. 평이한 수준이라면 조건 한 개 혹은 두 개를 결합하면 확정되는 변수가 나오기 마련이지만, 난도가 올라간다면 조건들로는 변수가 확정되지 않고 경우의 수를 나누어야 하는 경우를 출제하게 된다.

01

정답 ③

만약 대화 중인 날이 7월 3일이라고 해보자. 그렇다면 어제는 7월 2일이고 그저께는 7월 1일이 되는데, 7월 1일의 만 나이가 21살이고, 같은 해의 어느 날의 만 나이가 23살이 되는 것은 불가능하다. 이는 대화 중인 날이 7월 3일 이후 어느 날이 되었든 마찬가지이므로 이번에는 앞으로 날짜를 당겨보자.

대화 중인 날이 1월 2일이라고 해보자(1월 3일은 7월 3일과 같은 현상이 발생하므로 제외한다). 그렇다면 어제는 1월 1일이고 그저께는 12월 31일이 되는데, 1월 1일과 1월 2일, 그리고 같은 해의 어느 날의 만 나이가 모두 다르게 되는 것은 불가능하다.

이번에는 대화 중인 날이 1월 1일이라고 해보자. 그렇다면 어제는 12월 31일이고 그저께는 12월 30일이 되는데 만약 12월 31일이 생일이라면 대화의 조건을 모두 충족한다.

따라서 甲의 생일은 12월 31일이며, 만 나이를 고려한 출생연도는 1999년이다. 그렇다면 甲의 주민등록번호 앞 6자리는 991231이 되어 각 숫자를 모두 곱하면 486이 된다.

> **풀이 TIP**
>
> 이와 같이 두뇌 테스트 같은 문제들이 종종 출제되곤 한다. 이런 문제를 만나게 되면 논리적으로 풀기보다는 이 문제의 해설과 같이 직관적인 수치를 직접 대입해서 판단하는 것이 훨씬 빠르고 정확하다. 실전에서 사용할 수도 없는 논리적인 틀을 굳이 찾아내려고 하지 말자.

02

정답 ①

제1항 단서에서 근로자 본인 외에도 조부모의 직계비속이 있는 경우에는 가족돌봄휴직을 허용하지 않을 수 있다고 규정하고 있다. 조부모와 부모를 함께 모시고 사는 근로자는 본인 외에도 조부모의 직계비속인 부모가 있으므로 사업주는 가족돌봄휴직을 허용하지 않을 수 있다.

② 제3항에 따르면 사업주가 가족돌봄휴직을 허용하지 아니하는 경우에는 해당 근로자에게 그 사유를 서면으로 통보하여야 한다.

③ 제2항 단서에 따르면 근로자가 청구한 시기에 가족돌봄가를 주는 것이 정상적인 사업 운영에 중대한 지장을 초래하는 경우에는 근로자와 협의하여 그 시기를 변경할 수 있다.

④ 제4항 제2호 단서에 따르면 가족돌봄휴가 기간은 가족돌봄휴직 기간에 포함된다.

⑤ 제4항 제2호에 따르면 가족돌봄휴가 기간은 연간 최장 10일이며 같은 항 제3호에서 감염병의 확산 등을 원인으로 심각단계의 위기경보가 발령되는 경우, 가족돌봄휴가 기간을 연간 10일의 범위에서 연장할 수 있다. 연간 10일에서 감염병 확산을 원인으로 5일 연장되었으므로 사업주는 최장 15일의 가족돌봄휴가를 허용할 수 있다.

> **풀이 TIP**
>
> 상황판단에서는 법령이나 조약을 구체적으로 제시하고 이를 해석할 수 있는지, 사례에 적용할 수 있는지를 묻는 문제가 다수 출제된다. 법조문에 익숙하지 않은 수험생에게는 이 유형의 문제를 처음 접했을 때에는 어렵게 느껴질 수도 있지만, 자세히 들여다보면 법조문 문제 역시 형태를 달리한 '내용일치 문제'에 해당한다. 오히려 일반적인 텍스트와 달리 법조문은 구조가 짜임새 있기 때문에 익숙해지면 더 쉽게 답을 찾을 수 있는 유형이기도 하다.

03

※ 이하에서는 해설의 편의를 위해 첫 번째 제00조를 제1조, 두 번째 제00조를 제2조 등으로 표기하였다.

 제2조 제3항에서 실무위원회의 위원에 대한 사항을 규정하고 있는데, 제1호와 제2호에서는 소속 기관의 장이 지명하는 위원에 대해 규정하고 있다. 따라서 실무위원회의 위원이 되기 위해서 반드시 광역교통위원회 위원장의 위촉이 필요한 것은 아니다.

① 제2조 제3항 제3호에서 '광역교통위원회의 위원장이 성별을 고려해 위촉하는 50명 이내의 사람'이라고 하였다.
② 제2조 제2항에서 '실무위원회의 위원장은 광역교통위원회의 상임위원이 된다.'라고 하였다.
④ 제1조 제1항 제3호에서 '그 밖에 광역교통 관련 전문지식과 경험이 풍부한 사람'이라고 하여 공무원이 아닌 사람 중에서도 위원이 될 수 있음을 규정하고 있다.
⑤ 제1조 제2항에 따르면 광역교통위원회의 위원은 국토교통부장관이 임명한다.

풀이 TIP

법조문 유형의 경우 이와 같이 각각의 조문에 제목이 없이 '제00조'라고만 주어지는 형태가 상당히 많이 출제되고 있다. 이러한 경우는 시각적으로 구분해주기 위해 '제00조' 부분에 동그라미를 쳐두고 문제를 푸는 것이 상당히 도움이 된다. 가능하다면 각 조별로 키워드 하나씩을 뽑아 동그라미를 쳐두는 것이 좋다. 그것이 결국 각 조문의 제목이 되는 것이다.

04

 주어진 조건을 모두 충족하고 있으므로 가능하다.

① 시작점을 포함하여 3개의 점만 거치게 된다.
② 595의 경우는 한번 그은 직선 위에 또 다른 직선을 겹쳐서 그어야 한다.
③ 시작점과 끝점이 5로 동일하다.
④ 6에서 4로 이동하기 위해서는 중간에 5를 거쳐야 하는데 642987에는 5가 누락되어 있다.

풀이 TIP

이와 같이 규칙을 완전히 새로 규정하고 그것을 적용하는 유형은 규칙 자체를 처음부터 이해하려고 하면 곤란하다. 이 문제는 규칙 자체가 매우 쉬운 것이었지만 그렇지 않은 경우에는 규칙을 이해하는 데 너무 많은 시간을 소모하기 마련이다. 따라서 처음 읽을 때에는 흐름만 파악하고 선택지를 직접 대입하면서 풀이하는 것이 좋다. 또한 규칙이 난해한 경우에는 예를 제시하는 경우도 있는데 그런 경우는 제시된 예를 먼저 보면서 규칙을 역으로 파악하는 전략도 필요하다.

ㄱ. 지방자치단체의 장은 사용·수익을 허가한 행정재산을 국가나 지방자치단체가 직접 공용 또는 공공용으로 사용하기 위하여 필요로 하게 된 경우에는 그 허가를 취소할 수 있다.

ㄴ. 지방자치단체의 장은 행정재산의 사용·수익을 허가하였을 때에는 매년 사용료를 징수하여야 하나, 천재지변이나 재난을 입은 지역주민에게 일정기간 사용·수익을 허가하는 경우에는 사용료를 면제할 수 있다.

 ㄷ. 지방자치단체의 장이 허가를 취소할 경우 손실이 발생한 자에게 보상해야 하는 경우는 국가나 지방자치단체가 직접 공용 또는 공공용으로 사용하기 위하여 필요로 하게 된 경우이다. 행정재산을 그 사용 목적에 위배되게 사용한 경우는 취소대상에만 해당될 뿐 손실을 보상해야 하는 경우에 해당하지 않는다.

ㄹ. 수익허가를 갱신 받으려는 자는 수익허가기간이 끝나기 1개월 전에 지방자치단체의 장에게 갱신을 신청하여야 한다. 따라서 허가 종료일인 2019년 2월 28일의 1개월 전인 1월 31일까지 신청하여야 한다.

> **풀이 TIP**
>
> 법조문형 문제는 시간이 무한정 주어진다면 모든 수험생이 다 풀 수 있는 문제이다. 하지만 현실은 그렇지 않기에 어느 정도의 요령이 필요하다. 예를 들어 세 번째 제00조의 2항 같은 경우는 '면제하는 경우'라는 단어 하나만 잡고 곧바로 다음 제00조로 넘어가야 한다. 세부적인 내용은 찬찬히 읽는다고 해서 모두 외워지는 것도 아니고 실제 선택지에서는 그중 한 개만 다뤄지기 때문이다. 선택지를 보고 역으로 올라오라는 의미는 바로 이런 세부사항을 처리하는 방법을 의미하는 것이지, 조문 자체를 아예 읽지도 않고 선택지부터 보라는 의미가 아니다.

 ㄴ. 네 번째와 다섯 번째의 조합에서, D+F=82만 원, B+D+F=127만 원이며 두 식을 차감하면 B=45만 원이다. B업체는 정가에서 10% 할인한 가격이므로 원래의 가격은 50만 원이다.

 ㄱ. 첫 번째와 두 번째의 조합에서, A업체의 가격이 26만 원이라면 C+E=76만 원, C+F=58만 원이며 두 식을 차감하면 E−F=18만 원이다. 즉, E업체의 가격이 F업체의 가격보다 18만원 비싸다.

ㄷ. 두 번째의 조합에서, C업체의 가격이 30만 원이라면 F업체의 가격은 28만 원이다. 그런데 문제의 단서에서 각 업체의 가격이 모두 상이하다고 하였으므로 E업체의 가격은 28만 원은 아니다.

ㄹ. 첫 번째와 세 번째의 조합에서, A+C+E=76만 원, A+D+E=100만 원이며 두 식을 차감하면 C−D=−24만 원이다. 즉, D업체의 가격이 C업체의 가격보다 24만 원 비싸다.

> **풀이 TIP**
>
> 연립방정식을 응용한 문제로, 두 식을 서로 차감하여 변수의 값을 찾아내는 유형이다. 최근에는 연립방정식 자체를 풀이하게 하는 경우보다 이와 같이 식과 식의 관계를 통해 문제를 풀어야 하는 경우가 종종 출제된다. 가장 중요한 것은 변수의 수를 최소화시키는 것이며 이 문제가 가장 전형적인 형태라고 할 수 있다. 유형 자체를 익혀두도록 하자.

07

 정답풀이 하자로 인한 매매계약 해제권은 매수자에게 있지만 착오로 인한 해제는 계약당사자 모두가 가능하다. 또한 2019년 6월 20일은 하자로 인한 계약해제를 할 수 있는 6개월이 지난 시점이므로 하자를 이유로는 매매계약을 해제할 수 없지만, 착오를 이유로 계약을 해제할 수 있는 기간에는 해당한다.

 오답풀이
① 하자담보책임을 물어 계약을 해제할 수 있는 권리는 매수인에게 있는 것이지 매도인이 가지고 있는 것이 아니다.
② 하자로 인한 손해배상청구권은 하자가 있다는 사실을 안 날로부터 6개월 내에 행사하여야 한다. 하지만 2019년 6월 20일은 하자가 있다는 사실을 알게 된 날(2018년 6월 20일)로부터 1년이 지난 시점이다.
③ 착오를 이유로 한 계약취소는 착오에서 벗어난 날로부터 3년 이내에 행사하여야 하는데 2019년 9월 20일은 이 기간 내에 있으므로 매매계약을 취소할 수 있다.
④ 하자로 인한 계약해제는 하자가 있다는 사실을 안 날로부터 6개월 내에 행사하여야 하는데 2019년 6월 20일은 이 기간이 지난 상태이므로 매매계약을 해제할 수 없다.

> **풀이 TIP**
>
> 설명문의 형식으로 구성된 법조문 유형의 문제는 단순히 내용을 이해하고 끝날 것이 아니라 글 자체를 법조문의 형태로 재구성하며 문제를 풀이할 수 있어야 한다. 예를 들어 첫 단락을 1조, 두 번째 단락을 2조와 같이 내용을 분리해서 읽어야 한다는 것이다. 그렇게 하면 불필요할 수식어구들이 사라지면서 핵심적인 내용만 남게 되는데 이렇게 풀이할 수 있으려면 상당히 많은 연습이 있어야 가능하다.

08

 정답풀이 재산명시절차의 관할법원으로부터 조회를 받은 공공기관은 정당한 사유 없이 조회를 거부하지 못한다고 하였으므로 정당한 사유가 있다면 이를 거부할 수 있다고 하였다.

 오답풀이
① 재산명시절차의 관할법원은 재산명시를 신청한 채권자의 신청에 따라 공공기관 등에 채무자 명의의 재산에 관하여 조회할 수 있다.
③ 누구든지 재산조회의 결과를 강제집행 외의 목적으로 사용해서는 안 된다고 하였다.
④ 조회를 받은 기관 등의 장이 정당한 사유 없이 자료제출을 거부한 때에는 법원은 결정으로 500만 원 이하의 과태료에 처한다고 하였다.
⑤ 채권자가 조회신청을 할 경우에는 조회에 드는 비용을 미리 내야 한다고 하였다.

> **풀이 TIP**
>
> 심화된 법률지식을 가지고 있을 필요는 없지만 일부 용어들은 출제의 포인트로 자주 등장하므로 미리 익혀두면 좋다. 예를 들어 이 문제에서 등장한 직권 vs 신청, 벌금 vs 과태료와 같은 용어는 일단 문제에 등장하면 체크를 해두는 것이 좋다. 난도가 낮은 문제일수록 이런 경향이 강하다.

정답 풀이 주어진 상황을 벤다이어그램으로 나타낸 후 계산하면 다음과 같다.

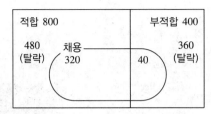

ㄱ 오탈락률 : 480/800＝60%
ㄴ 오채용률 : 40/400＝10%

풀이 TIP

항목의 수가 3개 이하로 주어진 경우에는 벤다이어그램으로 정리하는 것이 바람직하며, 그 이상으로 늘어나는 경우는 논리식을 구성하는 방법을 통해 접근해야 한다. 그러나 일부 조건의 경우는 벤다이어그램 혹은 논리식 그 어느 것으로도 표현할 수 없는 것이 등장할 수 있다. 간혹 일부 수험서에는 이런 것들을 복잡한 논리식으로 표현하게끔 하고 있으나 바람직하지 못하다. 일단 그 조건을 제외한 나머지를 통해 조건을 간결하게 정리한 후 해당 조건을 언어적으로 풀이하는 것이 가장 효율적이다.

 정답 풀이 주어진 상황을 그림으로 정리하면 다음과 같다.

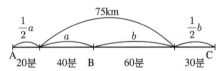

여기서 중요한 것은 첫 번째 대화 지점부터 B까지의 소요시간이 40분이고, B부터 두 번째 대화 지점까지의 소요시간이 60분이라는 점이다. 이는 이 자동차가 '일정한 속력'으로 달린다는 정보를 이용해 추론 가능하다. 즉, 속력이 일정할 때에는 거리가 2배 늘어나면 소요시간도 2배 늘어나게 되는 것이다. 그림에서 볼 수 있듯이 75km를 이동하는 데 100분이 소요되었으므로 A에서 B까지의 소요시간인 60분간 이동한 경우에는 45km를 이동했음을 알 수 있다.

풀이 TIP

거리, 위치 등 공간적인 개념을 다루는 문제는 말로 문제를 이해하려고 하기보다는 위와 같이 그림으로 그려 직관적으로 판단하는 것이 좋다. 단, 그림을 그릴 때 기준에 일관성이 있어야 한다. 통상 이러한 문제는 주어지는 자료가 많은 편인데 어느 부분은 시간단위로, 다른 부분은 분단위로 제시된 경우에 이것을 하나로 통일하는 것이 좋다는 의미이다. 풀이하면서 바꾸면 된다고 생각할 수 있으나 실전에서는 그것이 말처럼 쉽지 않다. 그림으로 정리가 끝난 후에는 기계적인 풀이만 할 수 있게끔 정리하는 것이 좋다.

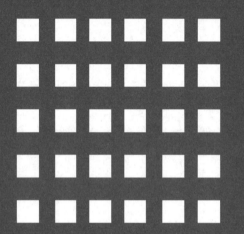

PART

01

PSAT 엄선
150제

PSAT 기출 PLUS NCS

PSAT 150제

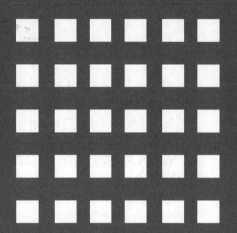

★ 이렇게 공부해볼까요?

1 언어논리는 독해와 논리이다.

최근 NCS 의사소통능력의 독해 지문은 점점 길어지고 복잡해지고 있다. 이에 이 책에서는 PSAT뿐만 아니라 LEET도 함께 다루어 긴 지문에 대비할 수 있도록 하였다.

2 자료해석은 확인과 계산 그리고 추론이다.

단순히 자료를 보고 해석하는 수준을 떠나서 출제자가 의도한 바를 예측하여 문제에 접근함으로써 빠른 풀이가 가능하도록 하였다.

3 상황판단은 상황제시형이다.

주어진 상황을 읽고 풀이하는 것에 그치지 않고, 문제에서 제시하고 있는 핵심을 찾아 그것을 중심으로 정답을 찾는 것이 필요하다.

언어논리 50제

정답 및 해설 p. 2

01

〈19년 PSAT ㉮책형 21번〉 ○ △ ×

다음 글에서 알 수 없는 것은?

> 개항 이후 나타난 서양식 건축물은 양관(洋館)이라고 불렸다. 양관은 우리의 전통 건축 양식보다는 서양식 건축 양식에 따라 만들어진 건축물이었다. 정관헌(靜觀軒)은 대한제국 정부가 경운궁에 지은 대표적인 양관이다. 이 건축물은 고종의 연희와 휴식 장소로 쓰였는데, 한때 태조와 고종 및 순종의 영정을 이곳에 모셨다고 한다.
>
> 정관헌은 중앙의 큰 홀과 부속실로 구성되어 있으며 중앙 홀 밖에는 회랑이 설치되어 있다. 이 건물의 외형은 다음과 같은 점에서 상당히 이국적이다. 우선 처마가 밖으로 길게 드러나 있지 않다. 또한 바깥쪽의 서양식 기둥과 함께 붉은 벽돌이 사용되었고, 회랑과 바깥 공간을 구분하는 난간은 화려한 색채를 띠며 내부에는 인조석으로 만든 로마네스크풍의 기둥이 위치해 있다.
>
> 그럼에도 불구하고 이 건물에서 우리 건축의 맛이 느껴지는 것은 서양에서 사용하지 않는 팔작지붕의 건물이라는 점과 회랑의 난간에 소나무와 사슴, 그리고 박쥐 등의 형상이 보이기 때문이다. 소나무와 사슴은 장수를, 박쥐는 복을 상징하기에 전통적으로 즐겨 사용되는 문양이다. 비록 서양식 정자이지만 우리의 문화와 정서가 녹아들어 있는 것이다. 물론 이 건물에는 이국적인 요소가 많다. 회랑을 덮고 있는 처마를 지지하는 바깥 기둥은 전형적인 서양식 기둥의 모습이다. 이 기둥은 19세기 말 서양의 석조 기둥이 철제 기둥으로 바뀌는 과정에서 갖게 된 날렵한 비례감을 지니고 있다. 이 때문에 그리스의 도리아, 이오니아, 코린트 기둥의 안정감 있는 비례감에 익숙한 사람들에게는 다소 어색해 보이기도 한다.
>
> 그런데 정관헌에는 서양과 달리 철이 아닌 목재가 바깥 기둥의 재료로 사용되었다. 이는 당시 정부가 철을 자유롭게 사용할 수 있을 정도의 재정적 여력을 갖지 못했기 때문이다. 정관헌의 바깥 기둥 윗부분에는 대한제국을 상징하는 오얏꽃 장식이 선명하게 자리 잡고 있다. 정관헌은 건축적 가치가 큰 궁궐 건물이었지만 규모도 크지 않고 가벼운 용도로 지어졌기 때문에 그동안 소홀히 취급되어 왔다.

① 정관헌의 바깥 기둥은 서양식 철 기둥 모양을 하고 있지만 우리 문화와 정서를 반영하기 위해 목재를 사용하였다.
② 정관헌의 난간에 보이는 동식물과 바깥 기둥에 보이는 꽃 장식은 상징성을 지니고 있다.
③ 정관헌은 그 규모와 용도 때문에 건축물로서 지닌 가치에 걸맞은 취급을 받지 못했다.
④ 정관헌에 사용된 서양식 기둥과 붉은 벽돌은 정관헌을 이국적으로 보이게 한다.
⑤ 정관헌은 동서양의 건축적 특징이 조합된 양관으로서 궁궐 건물이었다.

다음 글에서 알 수 있는 것은?

> 　고려의 수도 개경 안에는 궁궐이 있고, 그 주변으로 가옥과 상점이 모여 시가지를 형성하고 있었다. 이 궁궐과 시가지를 둘러싼 성벽을 개경 도성이라고 불렀다. 개경 도성에는 여러 개의 출입문이 있었는데, 서쪽에 있는 문 가운데 가장 많은 사람이 드나든 곳은 선의문이었다. 동쪽에는 숭인문이라는 문도 있었다. 도성 안에는 선의문과 숭인문을 잇는 큰 도로가 있었다. 이 도로는 궁궐의 출입문인 광화문으로부터 도성 남쪽 출입문 방향으로 나 있는 다른 도로와 만나는데, 두 도로의 교차점을 십자가라고 불렀다.
> 　고려 때에는 개경의 십자가로부터 광화문까지 난 거리를 남대가라고 불렀다. 남대가 양편에는 관청의 허가를 받아 영업하는 상점인 시전들이 도로를 따라 나란히 위치해 있었다. 이 거리는 비단이나 신발을 파는 시전, 과일 파는 시전 등이 밀집한 번화가였다. 고려 정부는 이 거리를 관리하기 위해 남대가의 남쪽 끝 지점에 경시서라는 관청을 두었다.
> 　개경에는 남대가에만 시전이 있는 것이 아니었다. 십자가에서 숭인문 방향으로 몇백 미터를 걸어가면 그 도로 북쪽 편에 자남산이라는 조그마한 산이 있었다. 이 산은 도로에서 불과 몇십 미터 떨어져 있지 않은데, 그 산과 남대가 사이의 공간에 기름만 취급하는 시전들이 따로 모인 유시 골목이 있었다. 또 십자가에서 남쪽으로 이어진 길로 백여 미터만 가도 그 길에 접한 서쪽면에 돼지고기만 따로 파는 저전들이 있었다. 이외에도 십자가와 선의문 사이를 잇는 길의 중간 지점에 수륙교라는 다리가 있었는데, 그 옆에 종이만 파는 저시 골목이 있었다.

① 남대가의 북쪽 끝에 궁궐의 출입문이 자리잡고 있었다.
② 수륙교가 있던 곳으로부터 서북쪽 방향에 자남산이 있다.
③ 숭인문과 경시서의 중간 지점에 저시 골목이 위치해 있었다.
④ 선의문과 십자가를 연결하는 길의 중간 지점에 저전이 모여 있었다.
⑤ 십자가에서 유시 골목으로 가는 길의 중간 지점에 수륙교가 위치해 있었다.

다음 글의 ㉠에 해당하는 사례만을 〈보기〉에서 모두 고르면?

'부재 인과', 즉 사건의 부재가 다른 사건의 원인이라는 주장은 일상 속에서도 쉽게 찾아볼 수 있다. 인과 관계가 원인과 결과 간에 성립하는 일종의 의존 관계로 분석될 수 있다면 부재 인과는 인과 관계의 한 유형을 표현한다. 예를 들어, 경수가 물을 주었더라면 화초가 말라죽지 않았을 것이므로 '경수가 물을 줌'이라는 사건이 부재하는 것과 '화초가 말라죽음'이라는 사건이 발생하는 것 사이에는 의존 관계가 성립한다. 인과 관계를 이런 의존 관계로 이해할 경우 화초가 말라죽은 것의 원인은 경수가 물을 주지 않은 것이며 이는 상식적 판단과 일치한다. 하지만 화초가 말라죽은 것은 단지 경수가 물을 주지 않은 것에만 의존하지 않는다. 의존 관계로 인과 관계를 이해하려는 견해에 따르면, 경수의 화초와 아무 상관없는 영희가 그 화초에 물을 주었더라도 경수의 화초는 말라죽지 않았을 것이므로 영희가 물을 주지 않은 것 역시 그 화초가 말라죽은 사건의 원인이라고 해야 할 것이다. 그러나 상식적으로 경수가 물을 주지 않은 것은 그가 키우던 화초가 말라죽은 사건의 원인이지만, 영희가 물을 주지 않은 것은 그 화초가 말라죽은 사건의 원인이 아니다. 인과 관계를 의존 관계로 파악해 부재 인과를 인과의 한 유형으로 받아들이면, 원인이 아닌 수많은 부재마저도 원인으로 받아들여야 하는 ㉠문제가 생겨난다.

─●보 기●─

ㄱ. 어제 영지는 늘 타고 다니던 기차가 고장이 나는 바람에 지각을 했다. 그 기차가 고장이 나지 않았다면 영지는 지각하지 않았을 것이다. 하지만 영지가 새벽 3시에 일어나 직장에 걸어갔더라면 지각하지 않았을 것이다. 그러므로 어제 영지가 새벽 3시에 일어나 직장에 걸어가지 않은 것이 그가 지각한 원인이라고 보아야 한다.

ㄴ. 영수가 야구공을 던져서 유리창이 깨졌다. 영수가 야구공을 던지지 않았더라면 그 유리창이 깨지지 않았을 것이다. 하지만 그 유리창을 향해 야구공을 던지지 않은 사람들은 많다. 그러므로 그 많은 사람 각각이 야구공을 던지지 않은 것을 유리창이 깨어진 사건의 원인이라고 보아야 한다.

ㄷ. 햇빛을 차단하자 화분의 식물이 시들어 죽었다. 하지만 햇빛을 과다하게 쪼이거나 지속적으로 쪼였다면 화분의 식물은 역시 시들어 죽었을 것이다. 그러므로 햇빛을 쪼이는 것은 식물의 성장 원인이 아니라고 보아야 한다.

① ㄱ　　　　　　　　　　② ㄴ
③ ㄱ, ㄷ　　　　　　　　④ ㄴ, ㄷ
⑤ ㄱ, ㄴ, ㄷ

다음 글에서 추론할 수 있는 것은?

종자와 농약을 생산하는 대기업들은 자신들이 유전자 기술로 조작한 종자가 농약을 현저히 적게 사용해도 되기 때문에 농부들이 더 많은 이윤을 낼 수 있다고 주장하였다. 그러나 미국에서 유전자 변형 작물을 재배한 16년(1996년 ~ 2011년) 동안의 농약 사용량을 살펴보면, 이 주장은 사실이 아님을 알 수 있다.

유전자 변형 작물은 해충에 훨씬 더 잘 견디는 장점이 있다. 유전자 변형 작물이 해충을 막기 위해 자체적으로 독소를 만들어내기 때문이다. 독소를 함유한 유전자 변형 작물을 재배함으로써 일반 작물 재배와 비교하여 16년 동안 살충제 소비를 약 56,000톤 줄일 수 있었다. 그런데 제초제의 경우는 달랐다. 처음 4 ~ 5년 동안에는 제초제의 사용이 감소하였다. 그렇지만 전체 재배 기간을 고려하면 일반 작물 재배와 비교할 때 약 239,000톤이 더 소비되었다. 늘어난 제초제의 양에서 줄어든 살충제의 양을 빼면 일반 작물 재배와 비교하여 농약 사용이 재배 기간 16년 동안 183,000톤 증가했다.

M사의 제초제인 글리포세이트에 내성을 가진 유전자 변형 작물을 재배하기 시작한 농부들은 그 제초제를 매년 반복해서 사용했다. 이로 인해 그 지역에서는 글리포세이트에 대해 내성을 가진 잡초가 생겨났다. 이와 같이 제초제에 내성을 가진 잡초를 슈퍼잡초라고 부른다. 유전자 변형 작물을 재배하는 농지는 대부분 이러한 슈퍼잡초로 인해 어려움을 겪게 되었다. 슈퍼잡초를 제거하기 위해서는 제초제를 더 자주 사용하거나 여러 제초제를 섞어서 사용하거나 아니면 새로 개발된 제초제를 사용해야 한다. 이로 인해 농부들은 더 많은 비용을 지불할 수밖에 없었다.

① 유전자 변형 작물을 재배하는 지역에서는 모든 종류의 농약 사용이 증가했다.
② 유전자 변형 작물을 도입한 해부터 그 작물을 재배하는 지역에 슈퍼잡초가 나타났다.
③ 유전자 변형 작물을 도입한 후 일반 작물 재배의 경우에도 살충제의 사용이 증가했다.
④ 유전자 변형 작물 재배로 슈퍼잡초가 발생한 지역에서는 작물 생산 비용이 증가했다.
⑤ 유전자 변형 작물을 재배하는 지역과 일반 작물을 재배하는 지역에서 슈퍼잡초의 발생 정도가 비슷했다.

다음 글의 내용이 참일 때, 반드시 참인 것만을 〈보기〉에서 모두 고르면?

A부서에서는 새로운 프로젝트인 〈하늘〉을 진행할 예정이다. 이 부서에는 남자 사무관 가훈, 나훈, 다훈, 라훈 4명과 여자 사무관 모연, 보연, 소연 3명이 소속되어 있다. 아래의 조건을 지키면서 이들 가운데 4명을 뽑아 〈하늘〉 전담팀을 꾸리고자 한다.

○ 남자 사무관 가운데 적어도 한 사람은 뽑아야 한다.

○ 여자 사무관 가운데 적어도 한 사람은 뽑지 말아야 한다.

○ 가훈, 나훈 중 적어도 한 사람을 뽑으면, 라훈과 소연도 뽑아야 한다.

○ 다훈을 뽑으면, 모연과 보연은 뽑지 말아야 한다.

○ 소연을 뽑으면, 모연도 뽑아야 한다.

─●보기●─

ㄱ. 남녀 동수로 팀이 구성된다.

ㄴ. 다훈과 보연 둘 다 팀에 포함되지 않는다.

ㄷ. 라훈과 모연 둘 다 팀에 포함된다.

① ㄱ
② ㄷ
③ ㄱ, ㄴ
④ ㄴ, ㄷ
⑤ ㄱ, ㄴ, ㄷ

다음 글의 내용과 부합하지 않는 것은?

> 기원전 3천 년쯤 처음 나타난 원시 수메르어 문자 체계는 두 종류의 기호를 사용했다. 한 종류는 숫자를 나타냈고, 1, 10, 60 등에 해당하는 기호가 있었다. 다른 종류의 기호는 사람, 동물, 사유물, 토지 등을 나타냈다. 두 종류의 기호를 사용하여 수메르인들은 많은 정보를 보존할 수 있었다.
>
> 이 시기의 수메르어 기록은 사물과 숫자에 한정되었다. 쓰기는 시간과 노고를 요구하는 일이었고, 기호를 읽고 쓸 줄 아는 사람은 얼마 되지 않았다. 이런 고비용의 기호를 장부 기록 이외의 일에 활용할 이유가 없었다. 현존하는 원시 수메르어 문서 가운데 예외는 하나뿐이고, 그 내용은 기록하는 일을 맡게 된 견습생이 교육을 받으면서 반복해서 썼던 단어들이다. 지루해진 견습생이 자기 마음을 표현하는 시를 적고 싶었더라도 그는 그렇게 할 수 없었다. 원시 수메르어 문자 체계는 완전한 문자 체계가 아니었기 때문이다. 완전한 문자 체계란 구어의 범위를 포괄하는 기호 체계, 즉 시를 포함하여 사람들이 말하는 것은 무엇이든 표현할 수 있는 체계이다. 반면에 불완전한 문자 체계는 인간 행동의 제한된 영역에 속하는 특정한 종류의 정보만 표현할 수 있는 기호 체계다. 라틴어, 고대 이집트 상형문자, 브라유 점자는 완전한 문자 체계이다. 이것들로는 상거래를 기록하고, 상법을 명문화하고, 역사책을 쓰고, 연애시를 쓸 수 있다. 이와 달리 원시 수메르어 문자 체계는 수학의 언어나 음악 기호처럼 불완전했다. 그러나 수메르인들은 불편함을 느끼지 않았다. 그들이 문자를 만들어 쓴 이유는 구어를 고스란히 베끼기 위해서가 아니라 거래 기록의 보존처럼 구어로는 하지 못할 일을 하기 위해서였기 때문이다.

① 원시 수메르어 문자 체계는 구어를 보완하는 도구였다.
② 원시 수메르어 문자 체계는 감정을 표현하는 일에 적합하지 않았다.
③ 원시 수메르어 문자를 당시 모든 구성원이 사용할 줄 아는 것은 아니었다.
④ 원시 수메르어 문자는 사물과 숫자를 나타내는 데 상이한 종류의 기호를 사용하였다.
⑤ 원시 수메르어 문자와 마찬가지로 고대 이집트 상형문자는 구어의 범위를 포괄하지 못했다.

다음 A, B학파에 대한 판단으로 적절하지 않은 것은?

비정규 노동은 파트타임, 기간제, 파견, 용역, 호출 등의 근로형태를 의미한다. IMF 외환위기 이후 정규직과 비정규직 사이의 차별이 사회문제로 대두되었는데 그 중 가장 심각한 문제가 임금차별이다. 정규직과 비정규직 사이의 임금수준 격차는 점차 커져 비정규직 임금이 2001년에는 정규직의 63% 수준이었다가 2016년에는 53.5% 수준으로 떨어졌다. 이 문제를 어떻게 해결할 것인가를 놓고 크게 두 가지 시각이 대립한다.

A학파는 차별적 관행을 고수하는 기업들은 비차별적 기업들과의 경쟁에서 자연적으로 도태되기 때문에 기업 간 경쟁이 임금차별 완화의 핵심이라고 이야기한다. 기업이 노동자 개인의 능력 이외에 다른 잣대를 바탕으로 차별하는 행위는 비합리적이기 때문에, 기업들 사이의 경쟁이 강화될수록 임금차별은 자연스럽게 줄어들 수밖에 없다는 것이다. 예를 들어 정규직과 비정규직 가릴 것 없이 오직 능력에 비례하여 임금을 결정하는 회사는 정규직 또는 비정규직이라는 이유만으로 무능한 직원들을 임금 면에서 우대하고 유능한 직원들을 홀대하는 회사보다 경쟁에서 앞서나갈 것이다.

B학파는 실제로는 고용주들이 비정규직을 차별한다고 해서 기업 간 경쟁에서 불리해지지는 않는 현실을 근거로 A학파를 비판한다. B학파에 따르면 고용주들은 오직 사회적 비용이라는 추가적 장애물의 위협에 직면했을 때에만 정규직과 비정규직 사이의 임금차별 관행을 근본적으로 재고한다. 여기서 말하는 사회적 비용이란, 국가가 제정한 법과 제도를 수용하지 않음으로써 조직의 정당성이 낮아짐을 뜻한다. 기업의 경우 조직의 정당성이 낮아지게 되면 조직의 생존 가능성 역시 낮아지게 된다. 그래서 기업은 임금차별을 줄이는 강제적 제도를 수용함으로써 사회적 비용을 낮추는 선택을 하게 된다는 것이다. 따라서 B학파는 법과 제도에 의한 규제를 통해 임금차별이 줄어들 것이라고 본다.

① A학파에 따르면 경쟁이 치열한 산업군일수록 근로형태에 따른 임금 격차는 더 적어진다.
② A학파는 시장에서 기업 간 경쟁이 약화되는 것을 방지하기 위한 보완 정책이 수립되어야 한다고 본다.
③ A학파는 정규직과 비정규직 사이의 임금차별이 어떻게 줄어드는가에 대해 B학파와 견해를 달리한다.
④ B학파는 기업이 자기 조직의 생존 가능성을 낮춰가면서까지 임금차별 관행을 고수하지는 않을 것이라고 전제한다.
⑤ B학파에 따르면 다른 조건이 동일할 때 기업의 비정규직에 대한 임금차별은 주로 강제적 규제에 의해 시정될 수 있다.

다음 ㉠에 대한 판단으로 적절한 것만을 〈보기〉에서 모두 고르면?

사람의 혈액은 혈구와 혈장으로 구성되어 있는데, 혈구에는 적혈구와 백혈구 그리고 혈소판이 포함되고 혈액의 나머지 액성 물질은 혈장에 포함된다. 혈장의 90 %는 물로 구성되어 있으며 상당량의 무기질 및 유기질 성분들이 함유되어 있다. 혈구를 구성하는 물질 중 99 % 이상이 적혈구이며 백혈구와 혈소판은 1 % 미만을 차지한다.

㉠ 전체 혈액 중 적혈구가 차지하는 비율은 여성보다 남성이 약간 높다. 적혈구는 말초 조직에 있는 세포로 산소를 전달하고, 말초 조직에 있는 세포가 만든 이산화탄소를 폐로 전달하는 역할을 한다. 이러한 역할을 수행하는 적혈구의 수를 혈액 내에서 일정하게 유지하는 것은 정상 상태의 인체를 유지하는 데 매우 중요하다.

하지만 혈액을 구성하는 물질의 조성(組成)은 질병이나 주변 환경 그리고 인체의 상태에 따라 달라질 수 있다. 예를 들면 빈혈은 말초 조직에 있는 세포에서 필요로 하는 산소를 공급하는 적혈구의 수가 충분하지 않을 때 나타난다. 골수계 종양의 하나인 진성적혈구증가증에 걸리면 다른 혈액 성분에 비해 적혈구가 많이 생산된다. 적혈구 총량에는 변동 없이 혈장이 감소하는 가성적혈구증가증도 혈액의 조성에 영향을 준다. 또한 과도한 운동이나 심각한 설사로 체내 혈장의 물이 체내로 유입되는 물보다 더 많이 외부로 유출되면 심한 탈수 현상이 일어난다.

• 보기 •

ㄱ. 심한 운동으로 땀을 많이 흘리면 ㉠이 정상 상태보다 높아진다.
ㄴ. 폐로 유입되는 산소의 농도가 높아지면 ㉠이 정상 상태보다 높아진다.
ㄷ. 진성적혈구증가증에 걸리면 ㉠이 정상 상태보다 높아지는 반면, 가성적혈구증가증에 걸리면 ㉠이 정상 상태보다 낮아진다.

① ㄱ
② ㄷ
③ ㄱ, ㄴ
④ ㄴ, ㄷ
⑤ ㄱ, ㄴ, ㄷ

다음 글의 내용과 부합하지 않는 것은?

1890년 독점 및 거래제한 행위에 대한 규제를 명시한 셔먼법이 제정됐다. 셔먼은 반독점법 제정이 소비자의 이익 보호와 함께 소생산자들의 탈집중화된 경제 보호라는 목적이 있다는 점을 강조했다. 그는 독점적 기업결합 집단인 트러스트가 독점을 통한 인위적인 가격 상승으로 소비자를 기만한다고 보았다. 더 나아가 트러스트가 사적 권력을 강화해 민주주의에 위협이 된다고 비판했다. 이런 비판의 사상적 배경이 된 것은 시민 자치를 중시하는 공화주의 전통이었다.

이후 반독점 운동에서 브랜다이스가 영향력 있는 인물로 부상했다. 그는 독점 규제를 통해 소비자의 이익이 아니라 독립적 소생산자의 경제를 보호하고자 했다. 반독점법의 취지는 거대한 경제 권력의 영향으로부터 독립적 소생산자들을 보호함으로써 자치를 지켜내는 데 있다는 것이다. 이런 생각에는 공화주의 전통이 반영되어 있었다. 브랜다이스는 거대한 트러스트에 집중된 부와 권력이 시민 자치를 위협한다고 보았다. 이 점에서 그는 반독점법이 소생산자의 이익 자체를 도모하는 것보다는 경제와 권력의 집중을 막는 데 초점을 맞추어야 한다고 주장했다.

반독점법이 강력하게 집행된 것은 1930년대 후반에 이르러서였다. 1938년 아놀드가 법무부 반독점국의 책임자로 임명되었다. 아놀드는 소생산자의 자치와 탈집중화된 경제의 보호가 대량 생산 시대에 맞지 않는 감상적인 생각이라고 치부하고, 시민 자치권을 근거로 하는 반독점 주장을 거부했다. 그는 독점 규제의 목적이 권력 집중에 대한 싸움이 아니라 경제적 효율성의 향상에 맞춰져야 한다고 주장했다. 독점 규제를 통해 생산과 분배의 효율성을 증가시키고 그 혜택을 소비자에게 돌려주는 것이 핵심 문제라는 것이다. 이 점에서 반독점법의 목적이 소비자 가격을 낮춰 소비자 복지를 증진시키는 데 있다고 본 것이다. 그는 사람들이 반독점법을 지지하는 이유도 대기업에 대한 반감이나 분노 때문이 아니라, '돼지갈비, 빵, 안경, 약, 배관공사 등의 가격'에 대한 관심 때문이라고 강조했다. 이 시기 아놀드의 견해가 널리 받아들여진 것도 소비자 복지에 대한 당시 사람들의 관심사를 반영했기 때문으로 볼 수 있다. 이런 점에서 소비자 복지에 근거한 반독점 정책은 안정된 법적, 정치적 제도로서의 지위를 갖게 되었다.

① 셔먼과 브랜다이스의 견해는 공화주의 전통에 기반을 두고 있었다.
② 아놀드는 독점 규제의 목적에 대한 브랜다이스의 견해에 비판적이었다.
③ 셔먼과 아놀드는 소비자 이익을 보호한다는 점에서 반독점법을 지지했다.
④ 반독점 주장의 주된 근거는 1930년대 후반 시민 자치권에서 소비자 복지로 옮겨 갔다.
⑤ 브랜다이스는 독립적 소생산자와 소비자의 이익을 보호하여 시민 자치를 지키고자 했다.

다음 글에서 알 수 있는 것은?

김치는 자연 발효에 의해 익어가기 때문에 미생물의 작용에 따라 맛이 달라진다. 김치가 발효되기 위해서는 효모와 세균 등 여러 미생물의 증식이 일어나야 하는데, 이를 위해 김치를 담글 때 찹쌀가루나 밀가루로 풀을 쑤어 넣어 준다. 이는 풀에 들어 있는 전분을 비롯한 여러 가지 물질이 김치 속에 있는 미생물을 쉽게 자랄 수 있도록 해주는 영양분의 역할을 하기 때문이다. 김치는 배추나 무에 있는 효소뿐만 아니라 그 사이에 들어가는 김칫소에 포함된 효소의 작용에 의해서도 발효가 일어날 수 있다.

김치의 발효 과정에 관여하는 미생물에는 여러 종류의 효모, 호기성 세균 그리고 유산균을 포함한 혐기성 세균이 있다. 갓 담근 김치의 발효가 시작될 때 호기성 세균과 혐기성 세균의 수가 두드러지게 증가하지만, 김치가 익어갈수록 호기성 세균의 수는 점점 줄어들어 나중에는 그 수가 완만하게 증가하는 효모의 수와 거의 비슷해진다. 그러나 혐기성 세균의 수는 김치가 익어갈수록 증가하며 결국 많이 익어서 시큼한 맛이 나는 김치에 있는 미생물 중 대부분을 차지한다. 김치를 익히는 데 관여하는 균과 매우 높은 산성의 환경에서도 잘 살 수 있는 유산균이 그 예다.

김치를 익히는 데 관여하는 세균과 유산균뿐만 아니라 김치의 발효 초기에 증식하는 호기성 세균도 독특한 김치맛을 내는 데 도움을 준다. 김치에 들어 있는 효모는 세균보다 그 수가 훨씬 적지만 여러 종류의 효소를 가지고 있어서 김치 안에 있는 여러 종류의 탄수화물을 분해할 수 있다. 또한, 김치를 발효시키는 유산균은 당을 분해해서 시큼한 맛이 나는 젖산을 생산하는데, 김치가 익어가면서 김칫국물의 맛이 시큼해지는 것은 바로 이런 이유 때문이다.

김치가 익는 정도는 재료나 온도 등의 조건에 따라 달라지는데 이는 유산균의 발효 정도가 달라지기 때문이다. 특히 이 미생물들이 만들어내는 여러 종류의 향미 성분이 더해지면서 특색있는 김치 맛이 만들어진다. 김치는 익는 기간에 따라 여러 가지 맛을 내는 것도 모두가 유산균의 발효 정도가 다른 데서 비롯된다.

① 김치를 담글 때 넣는 풀은 효모에 의해 효소로 바뀐다.
② 강한 산성 조건에서도 생존할 수 있는 혐기성 세균이 있다.
③ 김칫국물의 시큼한 맛은 호기성 세균의 작용에 의한 것이다.
④ 특색 있는 김치 맛을 만드는 것은 효모가 만든 향미 성분 때문이다.
⑤ 시큼한 맛이 나는 김치에 있는 효모의 수는 호기성 세균이나 혐기성 세균에 비해 훨씬 많다.

다음 ㉠에 따를 때, 도덕적으로 허용될 수 없는 것만을 〈보기〉에서 모두 고르면?

우리는 어떤 행위를 그것이 가져올 결과가 좋다는 근거만으로 허용할 수는 없다. 예컨대 그 행위 덕분에 더 많은 수의 생명을 구할 수 있다는 사실만으로 그 행위를 허용할 수는 없다는 것이다. ㉠ A원리에 따르면 어떤 행위든 무고한 사람의 죽음 자체를 의도하는 것은 언제나 그른 행위이고 따라서 도덕적으로 허용될 수 없다. 여기서 의도란 단순히 자기 행위의 결과가 어떨지 예상하고 그 내용을 이해한다는 것을 넘어서, 그 행위의 결과 자체가 자신이 그 행위를 선택하게 된 이유임을 의미한다.

예를 들어 우리가 제한된 의료 자원으로 한 명의 환자를 살리는 것과 다수의 환자를 살리는 것 사이에서 선택을 해야만 할 경우, 비록 한 명의 환자가 죽게 되더라도 다수의 환자를 살리는 것이 도덕적으로 허용될 수도 있다. 이때 그의 죽음은 피치 못할 부수적인 결과였기 때문이다. 하지만 만일 그 한 명의 환자를 치료하지 않은 이유가 그가 죽은 후 그의 장기이식을 기다리는 다른 여러 사람에게 이식하기 위한 것이었다면 그 행위는 허용될 수 없다.

• 보 기 •

(a) 적국의 산업 시설을 폭격하면 그 근처에 거주하는 다수의 민간인이 처참하게 죽게 되고 적국 시민이 그 참상에 공포심을 갖게 되어, 전쟁이 빨리 끝날 것이라는 기대감에 폭격하는 행위

(b) 뛰어난 심장 전문의가 어머니의 임종을 지키기 위해 급하게 길을 가던 중 길거리에서 심장마비를 일으킨 사람을 발견했으나 그 사람을 치료하지 않고 어머니에게 가는 행위

(c) 브레이크가 고장난 채 달리고 있는 기관차의 선로 앞에 묶여있는 다섯 명의 어린이를 구하기 위해 다른 선로에 홀로 일하고 있는 인부를 보고도 그 선로로 기관차의 진로를 변경하는 행위

① (a)
② (b)
③ (a), (b)
④ (a), (c)
⑤ (b), (c)

다음 글에서 알 수 있는 것은?

일본이 조선을 지배하게 됨에 따라 삶이 힘들어진 조선인의 일본 본토로의 이주가 급격히 늘었다. 1911년에는 약 2,500명에 불과하던 재일조선인은 1923년에는 9만 명을 넘어섰다. 일본 정부는 재일조선인의 급증에 대해 조선인이 가장 많이 거주하던 오사카에 대책을 지시하였고, 이에 1923년 오사카 내선협화회가 창립되었다. 이후 일본 각지에 협화회가 만들어졌고, 이들을 총괄하는 중앙협화회가 1938년에 만들어졌다. 협화란 협력하여 화합한다는 뜻이다.

재일조선인은 모두 협화회에 가입해야만 하였다. 협화회 회원증을 소지하지 않은 조선인은 체포되거나 조선으로 송환되었다. 1945년 재일조선인은 전시노동동원자를 포함하여 230만 명에 달했는데, 이들은 모두 협화회의 회원으로 편성되어 행동과 사상 일체에 대해 감시를 받았다. 조선에 거주하는 조선인이 군이나 면과 같은 조선총독부하의 일반 행정기관의 통제를 받았다면 재일조선인은 협화회의 관리를 받았다.

협화회는 민간단체였지만 경찰이 주체가 되어 조직한 단체였다. 지부장은 경찰서장이었고 각 경찰서 특별고등과 내선계가 관내의 조선인을 통제하는 구조였다. 재일조선인은 일본의 침략전쟁에 비협력적 태도로 일관하였고, 임금과 주거 등의 차별에 계속 저항하였으며 조선인들끼리 서로 협력하고 연락하는 단체를 1천여 개나 조직하고 있었다. 일본 정부는 이를 용납할 수 없었고, 전쟁에 비협조적이면서 임금문제를 둘러싸고 조직적으로 파업을 일으키는 조선인 집단을 척결 대상으로 삼았다. 이것이 협화회를 조직하는 데 경찰이 주도적인 역할을 한 이유였다.

협화회는 재일조선인에 대한 감시와 사상 관리뿐 아니라 신사참배, 일본 옷 강요, 조선어 금지, 강제예금, 창씨개명, 지원병 강제, 징병, 노동동원 등을 조선 본토보다 더 강압적으로 추진했다. 재일조선인은 압도적으로 다수인 일본인에 둘러싸여 있었고, 협화회에서 벗어나기 어려웠다. 협화회는 재일조선인을 분열시키고 친일분자들을 증대시키기 위해 온갖 노력을 기울였다. 그 결과 학교에서 일본어와 일본사 등의 협화 교육을 받은 조선인 아이들이 조선어를 아예 모르는 경우까지도 생겨났다. 철저한 황민화였다. 하지만 재일조선인들은 집에서는 조선말을 하고 아리랑을 부르는 등 민족 정체성을 지키기 위하여 노력하였고, 일본이 항복을 선언한 후 조선에서와 마찬가지로 태극기를 만들어 축하 행진을 할 수 있었다.

① 협화회는 재일조선인에 대한 교육을 담당하였다.
② 협화회는 조선총독부와 긴밀한 협조체제를 유지하였다.
③ 협화회는 재일조선인에 대한 감시를 자행하였다.
④ 재일조선인은 협화회에 조직적으로 저항하며 민족 정체성을 유지하였다.
⑤ 일본의 민간인뿐만 아니라 일본 경찰에 협력한 조선인 친일분자들이 협화회 간부를 맡기도 하였다.

※ 다음 글을 읽고 물음에 답하시오. [13~14]

오늘날 인류가 왼손보다 오른손을 선호하는 경향은 어디서 비롯되었을까? 무기를 들고 싸우는 결투에서 오른손잡이는 왼손잡이 상대를 만나 곤혹을 치르곤 한다. 왼손잡이 적수가 무기를 든 왼손을 뒤로 감춘 채 오른손을 내밀어 화해의 몸짓을 보이다가 방심한 틈에 공격을 할 수도 있다. 그러나 이런 상황이 왼손에 대한 폭넓고 뿌리 깊은 반감을 다 설명해 준다고는 생각되지 않는다. 예컨대 그런 종류의 겨루기와 거의 무관했던 여성들의 오른손 선호는 어떻게 설명할 것인가?

오른손을 귀하게 여기고 왼손을 천대하는 현상은 어쩌면 산업화 이전 사회에서 배변 후 사용할 휴지가 없었다는 사실과 관련이 있을 법하다. 인류 역사에서 대부분의 기간 동안 배변 후 뒤처리를 담당한 것은 맨손이었다. 맨손으로 배변 뒤처리를 하는 것은 불쾌할 뿐더러 병균을 옮길 위험을 수반하는 일이었다. 이런 위험의 가능성을 낮추는 간단한 방법은 음식을 먹거나 인사할 때 다른 손을 사용하는 것이었다. 기술 발달 이전의 사회에서는 대개 왼손을 배변 뒤처리에, 오른손을 먹고 인사하는 일에 사용했다. 이런 전통에서 벗어난 행동을 보면 사람들은 기겁하지 않을 수 없었다. 오른손과 왼손의 역할 분담에 관한 관습을 따르지 않는 어린아이는 벌을 받았을 것이다.

나는 이런 배경이 인간 사회에서 널리 나타나는 '오른쪽'에 대한 긍정과 '왼쪽'에 대한 반감을 어느 정도 설명해 줄 수 있으리라고 생각한다. 그러나 이 설명은 왜 애초에 오른손이 먹는 일에, 그리고 왼손이 배변 처리에 사용되었는지 설명해주지 못한다. 확률로 말하자면 왼손이 배변 처리를 담당하게 될 확률은 1/2이다. 그렇다면 인간 사회 가운데 절반 정도는 왼손잡이 사회였어야 할 것이다. 그러나 동서양을 막론하고, 왼손잡이 사회는 확인된 바 없다. 세상에는 왜 온통 오른손잡이 사회들뿐인지에 대한 근본적인 설명은 다른 곳에서 찾아야 할 것 같다.

한쪽 손을 주로 쓰는 경향은 뇌의 좌우반구의 기능 분화와 관련되어 있는 것으로 보인다. 보고된 증거에 따르면, 왼손잡이는 읽기와 쓰기, 개념적, 논리적 사고 같은 좌반구 기능에서 오른손잡이보다 상대적으로 미약한 대신 상상력, 패턴 인식, 창의력 등 전형적인 우반구 기능에서는 상대적으로 기민한 경우가 많다.

비비원숭이의 두개골 화석을 연구함으로써 오스트랄로피테쿠스가 어느 손을 즐겨 썼는지를 추정할 수 있다. 이들이 비비원숭이를 몽둥이로 때려서 입힌 상처의 흔적이 남아 있기 때문이다. 연구에 따르면 오스트랄로피테쿠스는 약 80%가 오른손잡이였다. 이는 현대인과 거의 일치한다. 사람이 오른손을 즐겨 쓰듯 다른 동물들도 앞발 중에 더 선호하는 쪽이 있는데, 포유류에 속하는 동물들은 대개 왼발을 즐겨 쓰는 것으로 나타났다. 이들 동물에서도 뇌의 좌우반구 기능은 인간과 본질적으로 다르지 않으며, 좌우반구의 신체 제어에서 좌우 교차가 일어난다는 점도 인간과 다르지 않다.

왼쪽과 오른쪽의 대결은 인간이라는 종의 먼 과거까지 거슬러 올라간다. 나는 이성 대 직관의 힘겨루기, 뇌의 두 반구 사이의 힘겨루기가 오른손과 왼손의 힘겨루기로 표면화된 것이 아닐까 생각한다. 즉 오른손이 원래 왼손보다 더 능숙했기 때문이 아니라 뇌의 좌반구가 인간의 행동을 지배하는 권력을 갖게 되었기 때문에 오른손 선호에 이르렀다는 생각이다. 그리고 이것이 사실이라면 직관적 사고에 대한 논리적 비판은 거시적 관점에서 그 타당성을 의심해 볼 만하다. 어쩌면 뇌의 우반구 역시 좌반구의 권력을 못마땅하게 여기고 있는 지도 모른다. 다만 논리적인 언어로 반론을 펴지 못할 뿐.

윗글에서 알 수 없는 것은?

① 위생에 관한 관습은 명문화된 규범 없이도 형성될 수 있다.

② 직관적 사고보다 논리적 사고가 인간의 행위를 더 강하게 지배해 왔다고 볼 수 있다.

③ 인류를 제외한 대부분의 포유류의 경우에는 뇌의 우반구가 좌반구와의 힘겨루기에서 우세하다고 볼 수 있다.

④ 먹는 손과 배변을 처리하는 손이 다르게 된 이유는 먹는 행위와 배변 처리 행위에 요구되는 뇌 기능이 다르기 때문이다.

⑤ 왼손을 천대하는 관습이 가져다주는 이익이 있다고 해서 오른손잡이가 왼손잡이보다 압도적으로 많은 이유가 설명되는 것은 아니다.

윗글의 논지를 약화하는 진술로 가장 적절한 것은?

① 오스트랄로피테쿠스의 지능은 현생 인류에 비하여 현저하게 뒤떨어지는 수준이었다.

② '왼쪽'에 대한 반감의 정도가 서로 다른 여러 사회에서 왼손잡이의 비율은 거의 일정함이 밝혀졌다.

③ 오른손잡이와 왼손잡이가 뇌의 해부학적 구조에서 유의미한 차이를 보이지 않는다는 사실이 입증되었다.

④ 진화 연구를 통해 인류 조상들의 행동의 성패를 좌우한 것이 언어, 개념과 무관한 시각 패턴 인식 능력이 었음이 밝혀졌다.

⑤ 태평양의 어느 섬에서 외부와 교류 없이 수백 년 동안 존속해 온 원시 부족 사회는 왼손에 대한 반감을 전혀 갖고 있지 않았다.

다음 글에서 알 수 있는 것은?

　　1965년 노벨상 수상자 게리 베커는 '시간의 비용'이 시간을 소비하는 방식에 따라 변화한다고 주장했다. 예를 들어 수면이나 식사활동은 영화 관람에 비해 단위 시간당 시간의 비용이 작다. 그 이유는 수면과 식사가 생산적인 활동에 기여하기 때문이다. 잠을 못 자거나 식사를 제대로 하지 못해 체력이 떨어진다면, 생산적인 활동에 제약을 받기 때문에 수면과 식사활동에 들어가는 시간의 비용이 영화 관람에 비해 작다고 볼 수 있다.

　　베커는 "주말이나 저녁에는 회사들이 문을 닫기 때문에 활용할 수 있는 시간의 길이가 길어지고 이에 따라 특정 행동의 시간의 비용이 줄어든다."고도 지적한다. 시간의 비용이 가변적이라는 개념은, 기대수명이 늘어나서 사람들에게 더 많은 시간이 주어지는 것이 시간의 비용에 영향을 미칠 수 있다는 점에서 의미가 있다. 시간의 비용이 가변적이라고 생각한 이는 베커만이 아니었다. 스웨덴의 경제학자 스테판 린더는 서구인들이 엄청난 경제 성장을 이루고도 여유를 누리지 못하는 이유를 논증한다. 경제가 성장하면 사람들의 시간을 쓰는 방식도 달라진다. 임금이 상승하면 직장 밖 활동에 들어가는 시간의 비용이 늘어난다. 일하는 데 쓸 수 있는 시간을 영화나 책을 보는 데 소비하면 그만큼의 임금을 포기하는 것이다. 따라서 임금이 늘어난 만큼 일 이외의 활동에 들어가는 시간의 비용도 함께 늘어난다는 것이다.

　　베커와 린더는 사람들에게 주어진 시간을 고정된 양으로 전제했다. 1965년 당시의 기대수명은 약 70세였다. 하루 24시간 중 8시간을 수면에 쓰고 나머지 시간에 활동이 가능하다면, 평생 408,800시간의 활동가능 시간이 주어지는 셈이다. 하지만 이 방정식에서 변수 하나가 바뀌면 어떻게 될까? 기대수명이 크게 늘어난다면 시간의 가치 역시 달라져서, 늘 시간에 쫓기는 조급한 마음에도 영향을 주게 되지 않을까?

① 베커에 따르면, 2시간의 수면과 1시간의 영화 관람 중 시간의 비용은 후자가 더 크다.

② 베커에 따르면, 평일에 비해 주말에 단위 시간당 시간의 비용이 줄어드는데, 그 감소폭은 수면이 영화 관람보다 더 크다.

③ 린더에 따르면, 임금이 삭감되었는데도 노동의 시간과 조건이 이전과 동일한 회사원의 경우, 수면에 들어가는 시간의 비용은 이전보다 줄어든다.

④ 베커와 린더 모두 개인이 느끼는 시간의 비용이 작아질수록 주관적인 시간의 길이가 길어진다고 생각한다.

⑤ 베커와 린더 모두 시간의 비용이 가변적이라고 생각했지만, 기대수명이 시간의 비용에 영향을 미치는지 여부에 관해서는 서로 다른 견해를 가지고 있었다.

다음 글에서 알 수 없는 것은?

동아시아 삼국에 외국인이 집단적으로 장기 거주함에 따라 생활의 편의와 교통통신을 위한 근대적 편의시설이 갖춰지기 시작했다. 이른바 문명의 이기로 불린 전신, 우편, 신문, 전차, 기차 등이 그것이다. 민간인을 독자로 하는 신문은 개항 이후 새롭게 나타난 신문물 가운데 하나이다. 신문(新聞) 혹은 신보(新報)라는 이름부터가 그렇다. 물론 그 전에도 정부 차원에서 관료들에게 소식을 전하는 관보가 있었지만 오늘날 우리가 사용하는 의미에서의 신문은 여기서부터 비롯된다.

1882년 서양 선교사가 창간한 《The Universal Gazette》의 한자 표현이 '천하신문'인 데서 알 수 있듯, 선교사들은 가제트를 '신문'으로 번역했다. 이후 신문이란 말은 "마카오의 신문지를 참조하라"거나 "신문관을 설립하자"는 식으로 중국인들이 자발적으로 활발하게 사용하기 시작했다.

상업이 발달한 중국 상하이와 일본 요코하마에서는 각각 1851년과 1861년 영국인에 의해 영자신문이 창간되어 유럽과 미국 회사들에 필요한 정보를 제공했고, 이윽고 이를 모델로 하는 중국어, 일본어 신문이 창간되었다. 상하이 최초의 중국어 신문은 영국의 민간회사 자림양행에 의해 1861년 창간된 《상하이신보》다. 거기에는 선박의 출입일정, 물가정보, 각종 광고 등이 게재되어 중국인의 필요에 부응했다. 이 신문은 '○○신보'라는 용어의 유래가 된 신문이다. 중국에서 자국인에 의해 발행된 신문은 1874년 상인 왕타오에 의해 창간된 중국어 신문 《순후안일보》가 최초이다. 이것은 오늘날 '△△일보'라는 용어의 유래가 된 신문이다.

한편 요코하마에서는 1864년 미국 영사관 통역관이 최초의 일본어 신문 《카이가이신문》을 창간하면서 일본 국내외 뉴스와 광고를 게재했다. 1871년 처음으로 일본인에 의해 일본어 신문인 《요코하마마이니치신문》이 창간되었고, 이후 일본어 신문 창간의 붐이 일었다.

개항 자체가 늦었던 조선에서는 정부 주도하에 1883년 외교를 담당하던 통리아문 박문국에서 최초의 근대적 신문 《한성순보》를 창간했다. 그러나 한문으로 쓰인 《한성순보》와는 달리 그 후속으로 1886년 발행된 《한성주보》는 국한문 혼용을 표방했다. 한글로 된 최초의 신문은 1896년 독립협회가 창간한 《독립신문》이다. 1904년 영국인 베델과 양기탁 등에 의해 《대한매일신보》가 영문판 외에 국한문 혼용판과 한글 전용판을 발간했다. 그밖에 인천에서 상업에 종사하는 사람들을 위한 정보를 알려주는 신문 등 다양한 종류의 신문이 등장했다.

① 중국 상하이와 일본 요코하마에서 창간된 영자신문은 서양 선교사들이 주도적으로 참여하였다.
② 개항 이전에는 관료를 위한 관보는 있었지만, 민간인 독자를 대상으로 하는 신문은 없었다.
③ '○○신보'나 '△△일보'란 용어는 민간이 만든 신문들의 이름에서 기인한다.
④ 일본은 중국보다 자국인에 의한 자국어 신문을 먼저 발행하였다.
⑤ 개항 이후 외국인의 필요에 의해 발행된 신문이 있었다.

다음 글의 내용이 참일 때, 반드시 참인 것은?

> 　　전 세계적 금융위기로 인해 그 위기의 근원지였던 미국의 경제가 상당한 피해를 입었다. 미국에서는 경제 회복을 위해 통화량을 확대하는 양적완화 정책을 실시할 것인지를 두고 논란이 있었다. 미국의 양적완화는 미국 경제회복에 효과가 있겠지만, 국제 경제에 적지 않은 영향을 줄 수 있기 때문이다.
>
> 　　미국이 양적완화를 실시하면, 달러화의 가치가 하락하고 우리나라의 달러 환율도 하락한다. 우리나라의 달러 환율이 하락하면 우리나라의 수출이 감소한다. 우리나라 경제는 대외 의존도가 높기 때문에 경제의 주요지표들이 개선되기 위해서는 수출이 감소하면 안 된다.
>
> 　　또 미국이 양적완화를 중단하면 미국 금리가 상승한다. 미국 금리가 상승하면 우리나라 금리가 상승하고, 우리나라 금리가 상승하면 우리나라에 대한 외국인 투자가 증가한다. 또한 우리나라 금리가 상승하면 우리나라의 가계부채 문제가 심화된다. 가계부채 문제가 심화되는 나라의 국내소비는 감소한다. 국내소비가 감소하면, 경제의 전망이 어두워진다.

① 우리나라의 수출이 증가했다면 달러화 가치가 하락했을 것이다.
② 우리나라의 가계부채 문제가 심화되었다면 미국이 양적완화를 중단했을 것이다.
③ 우리나라에 대한 외국인 투자가 감소하면 우리나라 경제의 전망이 어두워질 것이다.
④ 우리나라 경제의 주요지표들이 개선되었다면 우리나라의 달러 환율이 하락하지 않았을 것이다.
⑤ 우리나라의 국내소비가 감소하지 않았다면 우리나라에 대한 외국인 투자가 감소하지 않았을 것이다.

다음 글의 내용이 참일 때, 반드시 참인 것은?

> 만일 A정책이 효과적이라면, 부동산 수요가 조절되거나 공급이 조절된다. 만일 부동산 가격이 적정 수준에서 조절된다면, A정책이 효과적이라고 할 수 있다. 그리고 만일 부동산 가격이 적정 수준에서 조절된다면, 물가 상승이 없다는 전제 하에서 서민들의 삶이 개선된다. 부동산 가격은 적정 수준에서 조절된다. 그러나 물가가 상승한다면, 부동산 수요가 조절되지 않고 서민들의 삶도 개선되지 않는다. 물론 물가가 상승한다는 것은 분명하다.

① 서민들의 삶이 개선된다.
② 부동산 공급이 조절된다.
③ A정책이 효과적이라면, 물가가 상승하지 않는다.
④ A정책이 효과적이라면, 부동산 수요가 조절된다.
⑤ A정책이 효과적이라도, 부동산 가격은 적정 수준에서 조절되지 않는다.

다음 글에서 알 수 있는 것은?

수명 연장의 꿈을 갖고 제안된 것들 중 하나로 냉동보존이 있다. 이는 낮은 온도에서는 화학적 작용이 완전히 중지된다는 점에 착안해, 지금은 치료할 수 없는 환자를 그가 사망한 직후 액화질소 안에 냉동한 후, 냉동 및 해동에 따른 손상을 회복시키기고 원래의 병을 치료할 수 있을 정도로 의학기술이 발전할 때까지 보관한다는 생각이다. 그러나 인체 냉동보존은 제도권 내에 안착하지 못했으며, 현재는 소수의 열광자들에 의해 계승되어 이와 관련된 사업을 알코어 재단이 운영 중이다.

그런데 시신을 냉동하는 과정에서 시신의 세포 내부에 얼음이 형성되어 심각한 세포 손상이 일어난다는 것이 밝혀졌다. 이를 방지하기 위하여 저속 냉동보존술이 제시되었는데, 이는 주로 정자나 난자, 배아, 혈액 등의 온도를 1분에 1도 정도로 천천히 낮추는 방식이었다. 이 기술에서 느린 냉각은 삼투압을 이용해 세포 바깥의 물을 얼음 상태로 만들고 세포 내부의 물은 냉동되지 않도록 하는 방식이다. 그러나 이 또한 치명적이지는 않더라도 여전히 세포들을 손상시킨다. 최근에는 액체 상태의 체액을 유리질 상태로 변화시키는 방법을 이용해 세포들을 냉각시키는 방법이 개발되었다. 유리질 상태는 고체이지만 결정구조가 아니다. 그것의 물 분자는 무질서한 상태로 남아 있으며, 얼음 결정에서 보이는 것과 같은 규칙적인 격자 형태로 배열되어 있지 않다. 알코어 재단은 시신 조직의 미시적 구조가 손상되는 것을 줄이기 위해 최근부터 유리질화를 이용한 냉동 방법을 활용하고 있다.

하지만 뇌과학자 A는 유리질화를 이용한 냉동보존에 대해서 회의적인 입장이다. 그에 따르면 우리의 기억 이나 정체성을 이루고 있는 것은 신경계의 뉴런들이 상호 연결되어 있는 연결망의 총체로서의 커넥톰이다. 냉동보존된 인간을 다시 살려냈을 때, 그 사람이 냉동 이전의 사람과 동일한 사람이라고 할 수 있기 위해서는 뉴런들의 커넥톰이 그대로 보존되어 있어야 한다. 그러나 A는 이러한 가능성에 대해서 회의적이다. 인공호흡 기로 연명하던 환자를 죽은 뒤에 부검해 보면, 신체의 다른 장기들은 완전히 정상으로 보이지만 두뇌는 이미 변색이 일어나고 말랑하게 되거나 부분적으로 녹은 채로 발견되었다. 이로부터 병리학자들은 두뇌가 신체의 나머지 부분보다 훨씬 이전에 죽는다고 결론을 내렸다. 알코어 재단이 냉동보존할 시신을 수령할 무렵 시신의 두뇌는 최소한 몇 시간 동안 산소 결핍 상태에 있었으며, 살아있는 뇌세포는 하나도 남아있지 않았고 심하게 손상된 상태였다.

① 냉동보존술이 제도권 내에 안착하지 못한 원인은 높은 비용 때문이다.
② 유리질화를 이용한 냉동보존술은 뉴런들의 커넥톰 보존을 염두에 둔 기술이다.
③ 저속 냉동보존술은 정자나 난자, 배아, 혈액을 냉각시킬 때 세포를 손상시키지 않는다.
④ 뇌과학자 A에 따르면 알코어 재단이 시신을 보존하기 시작하는 시점에 뉴런들의 커넥톰은 이미 정상 상태에 있지 않았다.
⑤ 뇌과학자 A에 따르면, 머리 이외의 신체 보존 방식은 저속 냉동보존술이나 유리질화를 이용한 냉동보존술 이나 차이가 없다.

다음 글에서 알 수 있는 것은?

　　김정호에 의해 1861년에 만들어진 대동여지도는 근대적 방식에 의해 만들어진 것이 아님에도 국토의 윤곽이 아주 정확하게 묘사되어 있다. 그래서 김정호가 백두산을 일곱 차례나 오르는 등 피나는 노력 끝에 대동여지도를 만들어 내었다는 일화가 있다. 또한 대동여지도의 자세함에 놀란 흥선대원군이 국가기밀이 누설될 우려가 있다고 하여 지도 목판을 불사르고 김정호를 옥에 가두어 죽게 하였다는 일화도 있다. 이러한 일화들은 1930년대 교과서에 소개된 것으로서, 불굴의 의지와 위대한 업적의 표상으로 김정호를 보여주는 반면에, 지도 목판을 불사르고 김정호를 죽게 만든 우매한 위정자의 모습을 보여주고 있다. 이는 조선의 통치자들을 부정적으로 만들고 일본의 조선 통치를 정당화하려는 일제 식민사관의 논리가 반영된 것이었다. 그런데 최근에 대동여지도의 목판이 발견되는 등 이러한 일화들이 허구임이 밝혀졌다.

　　중국에서는 일찍부터 종이 위에 모눈을 그어 모든 지역이 같은 비율로 나타나도록 표현하는 방식이 고안되었다. 방격법이라 불린 이 방법은 우리나라에 전래되어 우물 정(井)자를 긋는다는 의미로 획정(劃井)이라 불렀다. 17세기의 조선 정부는 북방지역에 대해 커다란 관심을 기울였고, 남구만은 이 방법을 적용하여 함경도의 지도를 만들었다.

　　18세기 초에 정상기가 백리척을 이용한 축적법을 만들어 동국지도를 제작함으로써 조선의 지도 제작 기술은 한 단계 도약하였다. 그는 서울을 중심으로, 서울에서 가까운 지방, 좀 더 먼 지방순으로 차례로 지도를 제작하였다. 이때 각 지역 간의 상대적 거리를 설정해야만 했고, 백리척은 이 과정에서 만들어졌다.

　　18세기 말 정조 대에는 열람과 휴대의 편의를 고려하면서도 합리적 표현을 중시하며 지도를 만들었다. 어떤 한 지역과 다른 지역 사이의 거리만을 중시하던 단계에서 벗어나 지도에 각 지역의 북극 고도를 고려함으로써 지도의 정확성이 높아졌다. 북극 고도는 동양의 천문지식을 활용하여 측정하였다. 이처럼 조선 후기 지도 제작의 역사 속에서 대동여지도를 만들 만한 기술적 여건이 충족되어 있었다. 김정호는 당시 국가가 소장하고 있던 각종 지도와 지도 제작 방법에 관한 자료를 모두 열람할 수 있도록 편의를 제공받았으며, 북극 고도 측정 방법을 비롯하여 그때까지 조선에 축적된 지도 제작 기술과 정보를 배워 대동여지도 제작에 반영하였다.

① 불굴의 의지를 가지고 백두산을 일곱 번 오르는 등의 노력을 한 끝에 김정호는 대동여지도를 제작할 수 있었다.

② 김정호는 대동여지도를 제작하면서 백리척의 축적법은 이용하였으나, 중국에서 전래된 방격법은 사용하지 않았다.

③ 정조 대 이후 조선에서는 천문지식을 활용하여 지도의 정확성을 높였으며, 대동여지도 제작에 이러한 지식이 활용되었다.

④ 지도의 정확성을 높이기 위하여, 정상기는 서울에서부터 지방까지의 거리를 실측해가면서 백리척을 이용하여 동국지도를 만들었다.

⑤ 조선의 중요한 지리 정보가 다른 나라에 누설될 수 있다는 판단 때문에 김정호의 대동여지도 목판이 불태워 없어졌다는 이야기는 대원군때부터 민간에 퍼지기 시작하였다.

다음 글에서 알 수 없는 것은?

11세기 말 이슬람 제국의 고관 알 물크는 어려운 문제에 직면하였다. 페르시아 북부에는 코란에 시아파 신비주의를 접목한 교리를 추종하는 이스마일파가 있었는데, 강력한 카리스마를 지닌 지도자 하사니 사바가 제국의 통치에 염증을 느낀 사람들을 수천 명이나 이스마일파로 개종시킨 것이다. 이스마일파의 영향력이 나날이 커지면서 알 물크의 시름도 깊어갔지만 문제는 그들이 철저하게 비밀리에 활동한다는 것이었다. 누가 이스마일파로 개종했는지조차 알아낼 수 없었다.

그런데 얼마후 알 물크는 이스파한에서 바그다드로 향하던 길에 암살을 당하였다. 누군가가 그가 타고 가던 마차에 접근하더니 단검을 꺼내어 그를 찔렀던 것이다. 그리고 알 물크의 피살이 단순한 행위가 아니라, 이스마일파가 전쟁을 벌이는 방식이라는 사실이 곧 드러났다. 그것은 낯설고도 소름 끼치는 전쟁이었다. 그 뒤 몇 년에 걸쳐 술탄 무함마드 타파르의 주요 각료들이 동일한 방식, 즉 살인자가 군중 속에서 홀연히 나타나 단검으로 치명상을 입히는 방식으로 살해되었다.

테러의 공포가 제국의 지배층을 휩쓸었다. 도대체 누가 이스마일파인지 구분하기는 불가능했다. 어느 누구도 진실을 알 수 없는 상황이었기에 모두가 혐의자가 될 수밖에 없었다. 술탄은 이 악마같은 자와 협상하는 편이 낫겠다는 생각이 들어, 출정을 취소하고 하사니 사바와 화해했다. 수년에 걸쳐 이스마일파의 정치력이 커지면서, 이 종파에 속한 암살자들은 거의 신화적인 존재가 되었다. 한 암살자가 살해에 성공한 뒤 묵묵히 체포되어 고문을 당한 다음 처형당하고 나면 또 다른 암살자가 뒤를 이었다. 그들은 이스마일파 교리에 완전히 매료되어서 종파의 대의를 지키기 위하여 자신의 목숨을 비롯한 모든 것을 바쳤다.

당시 하사니 사바의 목표는 페르시아 북부에 자신의 종파를 위한 국가를 건설하고, 그 국가가 이슬람 제국 내에서 살아남아 번영하도록 만드는 것이었다. 하지만 신자 수가 상대적으로 적은데다 각지에 권력자들이 버티고 있는 상황에서 그는 더 이상 세력을 확장시킬 수가 없었다. 그래서 정치권력에 대항하여 역사상 최초로 테러 전쟁을 조직화하는 전략을 고안했던 것이다. 이스마일파의 세력은 사실상 매우 취약했다. 그러나 부하들을 꾸준히 제국의 심장부 깊숙이 침투시킴으로써, 자신들이 어디에나 도사리고 있는 듯한 착각을 만들어 냈다. 그리하여 하사니 사바가 통솔하던 기간 동안 암살 행위는 총 50회에 불과했지만, 그 정치적 영향력은 수십만 대군을 거느린 것처럼 대단하였다.

① 이스마일파의 테러는 소수 집단의 한계를 극복하는 방안의 하나로서 사용되었다.
② 이스마일파의 테러리스트들은 자신이 신봉하는 대의를 지키기 위해 희생을 마다하지 않았다.
③ 이스마일파의 테러가 효과적이었던 이유는 제국 곳곳에 근거지를 확보할 수 있었기 때문이다.
④ 이스마일파의 테러를 통해 제국의 지배층에 공포 분위기를 조성함으로써 커다란 정치력을 발휘하였다.
⑤ 이스마일파의 구성원을 식별할 수 없었기 때문에 이슬람 제국의 지배층은 테러에 효과적으로 대응할 수 없었다.

다음 글의 내용과 상충하는 것은?

토크빌이 미국에서 관찰한 정치 과정 가운데 가장 놀랐던 것은 바로 시민들의 정치적 결사였다. 미국인들은 어려서부터 스스로 단체를 만들고 스스로 규칙을 제정하여 그에 따라 행동하는 것을 관습화해왔다. 이에 미국인들은 어떤 사안이 발생할 경우 국가기관이나 유력자의 도움을 받기 전에 스스로 단체를 결성하여 집합적으로 대응하는 양상을 보인다. 미국의 항구적인 지역 자치의 단위인 타운, 시티, 카운티조차도 주민들의 자발적인 결사로부터 형성된 단체였다.

미국인들의 정치적 결사는 결사의 자유에 대한 완벽한 보장을 기반으로 실현된다. 일단 하나의 결사로 뭉친 개인들은 언론의 자유를 보장받으면서 자신들의 집약된 견해를 널리 알린다. 이러한 견해에 호응하는 지지자들의 수가 점차 늘어날수록 이들은 더욱 열성적으로 결사를 확대해간다. 그런 다음에는 집회를 개최하여 자신들의 힘을 표출한다. 집회에서 가장 중요한 요소는 대표자를 선출하는 기회를 만드는 것이다. 집회로부터 선출된 지도부는 물론 공식적으로 정치적 대의제의 대표는 아니다. 하지만 이들은 도덕적인 힘을 가지고 자신들의 의견을 반영한 법안을 미리 기초하여 그것이 실제 법률로 제정되게끔 공개적으로 입법부에 압력을 가할 수 있다.

토크빌은 이런 정치적 결사가 갖는 의미에 대해 독특한 해석을 펼친다. 그에 따르면, 미국에서는 정치적 결사가 다수의 횡포에 맞서는 보장책으로서의 기능을 수행한다. 미국의 입법부는 미국 시민의 이익을 대표하며, 의회 다수당은 다수 여론의 지지를 받는다. 이를 고려하면 언제든 '다수의 이름으로' 소수를 배제한 입법권의 행사가 가능해짐에 따라 입법 활동에 대한 다수의 횡포가 나타날 수 있다. 토크빌은 이러한 다수의 횡포를 제어할 수 있는 정치 제도가 없는 상황에서 소수 의견을 가진 시민들의 정치적 결사는 다수의 횡포에 맞설 수 있는 유일한 수단이라고 보았다. 더불어 토크빌은 시민들의 정치적 결사가 소수자들이 다수의 횡포를 견제할 수 있는 수단으로 온전히 기능하기 위해서는 도덕의 권위에 호소해야 된다고 보았다. 왜냐하면 힘이 약한 소수자가 호소할 수 있는 것은 도덕의 권위뿐이기 때문이다.

① 미국 정치는 다수에 의한 지배를 정당화하는 체제를 토대로 한다.
② 미국에서는 처음에 자발적 결사로 시작된 단체도 항구적 자치단체로 성장할 수 있다.
③ 미국 시민들은 정치적 결사를 통해 실제 법률 제정과 관련하여 입법부에 압력을 행사할 수 있다.
④ 토크빌에 따르면, 미국에서 소수자는 도덕의 권위에 도전함으로써 다수의 횡포에 저항해야 한다.
⑤ 토크빌에 따르면, 미국에서 정치적 결사는 시민들의 소수 의견이 배제된 입법 활동을 제어하는 역할을 한다.

다음 글의 내용이 참일 때, 반드시 참인 것만을 〈보기〉에서 모두 고르면?

이번에 K부서에서는 자기 부서의 정책을 홍보하기 위해 책자를 제작해 배포하였다. 이 홍보 사업에 참여한 K부서의 팀은 A와 B 두 팀이다. 두 팀은 각각 500권의 정책홍보책자를 제작하였다. 그러나 책자를 어떤 방식으로 배포할 것인지에 대해 두 팀 간에 차이가 있었다. A팀은 자신들이 제작한 K부서의 모든 정책홍보책자를 서울이나 부산에 배포한다는 지침에 따라 배포하였다. 한편, B팀은 자신들이 제작한 K부서 정책홍보책자를 서울에 모두 배포하거나 부산에 모두 배포한다는 지침에 따라 배포하였다. 사업이 진행된 이후 배포된 결과를 살펴보기 위해서 서울과 부산을 조사하였다. 조사를 담당한 한 직원은 A팀이 제작·배포한 K부서 정책홍보책자 중 일부를 서울에서 발견하였다. 한편, 또 다른 직원은 B팀이 제작·배포한 K부서 정책홍보책자 중 일부를 부산에서 발견하였다. 그리고 배포 과정을 검토해 본 결과, 이번에 A팀과 B팀이 제작한 K부서 정책홍보책자는 모두 배포되었다는 것과, 책자가 배포된 곳과 발견된 곳이 일치한다는 것이 확인되었다.

─● 보기 ●─

ㄱ. 부산에는 500권이 넘는 K부서 정책홍보책자가 배포되었다.

ㄴ. 서울에 배포된 K부서 정책홍보책자의 수는 부산에 배포된 K부서 정책홍보책자의 수보다 적다.

ㄷ. A팀이 제작한 K부서 정책홍보책자가 부산에서 발견되었다면, 부산에 배포된 K부서 정책홍보책자의 수가 서울에 배포된 수보다 많다.

① ㄱ
② ㄷ
③ ㄱ, ㄴ
④ ㄴ, ㄷ
⑤ ㄱ, ㄴ, ㄷ

다음 글에 대한 분석으로 적절한 것만을 〈보기〉에서 모두 고르면?

어떤 사람들은 강한 존재가 약한 존재를 먹고 산다는 것을 의미하는 '약육강식'에 근거하여 동물을 잡아먹는 것을 도덕적으로 정당화하고자 한다. 그들의 논증은 다음과 같다. ⓐ 약육강식은 자연법칙이다. 그러므로 ⓑ 생태계 피라미드에서 상층의 존재들은 하층의 존재들을 마음대로 이용해도 된다. 그런데 ⓒ 인간은 생태계 피라미드에서 가장 높은 위치에 있는 존재이다. 결론적으로 ⓓ 인간은 다른 동물들을 얼마든지 잡아먹어도 된다. 그런데 이러한 논증에는 여러 문제점이 있고, 그것들에 대해서 다음과 같이 지적할 수 있다.

(가) 자연법칙이란 보편적으로 받아들여지는 것이다. 설령 약육강식을 자연법칙으로 받아들이던 시기가 있었다고 할지라도 오늘날에 그것을 자연법칙으로 받아들이는 사람은 거의 없다.

(나) 어떤 행동이 자연법칙에 따르는 것이라고 해서 그 행동이 도덕적으로 옳은 것이라는 결론으로 나아갈 수는 없다. 사실에 대한 판단에서 도덕적인 판단을 이끌어내는 것은 오류이기 때문이다.

(다) 물론 인간은 지금 자신의 지능을 활용하여 다른 동물들을 잡아먹거나 포획할 수 있다. 하지만 먼 옛날에는 오히려 인간이 육식동물들의 좋은 먹잇감이었다. 이런 점만 생각해 보아도 생태계 피라미드라는 것은 인간의 입장에서 만들어 놓은 일종의 형식이지 그러한 피라미드가 실제로 존재하는 것은 아니라는 것을 알 수 있다.

(라) 인간이 생태계에서 가장 높은 위치에 있다는 이유로 다른 존재를 잡아먹는 것이 도덕적으로 허용된다고 해보자. 그렇다면, 생태계에서 인간보다 높은 위치에 있는 존재가 나타날 경우 그들이 인간을 잡아먹는 것도 도덕적인 잘못이 아니라고 결론지어야 한다. 그러나 이러한 결론에 동의할 사람은 없다. 즉, 생태계에서 인간보다 높은 위치의 존재가 나타났다고 할지라도 그들이 인간을 잡아먹는 것을 도덕적으로 허용하는 사람은 없다는 것이다.

─● 보 기 ●─

ㄱ. (가)의 주장이 참이면, ⓐ는 거짓이다.

ㄴ. (나)의 주장은, ⓑ에서 ⓓ를 이끌어내는 것이 오류라는 것이다.

ㄷ. (다)의 주장이 참이면, ⓒ가 거짓이다.

ㄹ. (라)의 주장은, ⓑ와 ⓒ를 받아들일 경우 우리가 받아들이기 힘든 결론이 도출된다는 것이다.

① ㄱ, ㄴ ② ㄱ, ㄷ
③ ㄷ, ㄹ ④ ㄱ, ㄷ, ㄹ
⑤ ㄴ, ㄷ, ㄹ

PSAT 언어 150제 | NCS 핵심영역 120제 | NCS 선택영역 60제

다음 글에서 알 수 있는 것은?

현존하는 족보 가운데 가장 오래된 것은 성종 7년(1476)에 간행된 안동 권씨의 《성화보(成火譜)》이다. 이 족보의 간행에는 달성 서씨인 서거정이 깊이 관여하였는데, 그가 안동 권씨 권근의 외손자였기 때문이다. 조선 전기 족보의 가장 큰 특징을 바로 여기에서 찾을 수 있다. 《성화보》에는 모두 9,120명이 수록되어 있는데, 이 가운데 안동 권씨는 9.5%인 867명에 불과하였다. 배우자가 다른 성씨라 하더라도 절반 정도는 안동 권씨이어야 하는데 어떻게 이런 현상이 나타났을까?

그것은 당시의 친족 관계에 대한 생각이 이 족보에 고스란히 반영되었기 때문이다. 우선 《성화보》에서는 아들과 딸을 차별하지 않고 출생 순서대로 기재하였다. 이러한 관념이 확대되어 외손들도 모두 친손과 다름없이 기재되었다. 안동 권씨가 당대의 유력 성관이고, 안동 권씨의 본손은 물론이고, 인척관계의 결연으로 이루어진 외손까지 상세히 기재하다보니, 조선 건국에서부터 당시까지 과거 급제자의 절반 정도가 《성화보》에 등장한다.

한편 《성화보》의 서문에서 서거정은 매우 주목할 만한 발언을 하고 있다. 즉 "우리나라는 자고로 종법이 없고 족보가 없어서 비록 거가대족(巨家大族)이라도 기록이 빈약하여 겨우 몇 대를 전할 뿐이므로 고조나 증조의 이름과 호(號)도 기억하지 못하는 이가 있다."라고 한 것이다. 《성화보》 역시 시조 쪽으로 갈수록 기록이 빈약한 편이다.

《성화보》 이후 여러 성관의 족보가 활발히 편찬되면서 양반들은 대개 족보를 보유하게 되었다. 하지만 가계의 내력을 정확하게 파악할 수 있는 자료가 충분하지 않아서 조상의 계보와 사회적 지위를 윤색하거나 은폐하기도 하였다. 대다수의 양반 가계가 족보를 편찬하면서 중인은 물론 평민들도 족보를 보유하고자 하였다.

① 족보를 보유하면 양반 가문으로 인정받았다.
② 조선시대 이전에는 가계 전승 기록이 존재하지 않았다.
③ 《성화보》는 조선 후기와 달리 모계 중심의 친족 관계를 반영하였다.
④ 《성화보》 간행 이후 족보의 중요성이 인식되어 거가대족의 족보는 정확하게 작성되었다.
⑤ 태조부터 성종 때까지 유력 성관과 친인척 관계인 과거 급제자들이 많았다.

다음 글에서 알 수 있는 것은?

> 그리스의 대표적 도시국가인 스파르타는 어떤 정치체제를 가지고 있었을까? 정치체제의 형성은 단순히 정치 이념뿐만 아니라 어떤 생활방식을 선택하느냐의 문제와도 연결되어 있다. 기원전 1200년경 남하해 온 도리아 민족이 선주민을 정복하여 생긴 것이 스파르타이다. 지배계급과 피지배계급이 스파르타만큼 확실히 분리되고 지속된 도시국가는 없었다. 스파르타에서 지배계급과 피지배계급의 차이는 권력의 유무 이전에 민족의 차이였다.
>
> 우선, 지배계급은 '스파르타인'으로 1만 명 남짓한 자유시민과 그 가족뿐이다. 순수한 혈통을 가진 스파르타인들의 유일한 직업은 군인이었고, 참정권도 이들만이 가지고 있었다. 두 번째 계급은 상공업에만 종사하도록 되어 있는 '페리오이코이'라고 불리는 자유인이다. 이들은 도리아인도, 선주민도 아니었으며, 도리아 민족을 따라와 정착한 타지방 출신의 그리스인이었다. 이들은 시민권을 받지 못했으므로 참정권과 선거권이 없었지만, 병역 의무는 주어졌다. 그리스의 도시국가들에서는 일반적으로 병역에 종사하는 시민에게 참정권이 주어졌다. 하지만 페리오이코이는 일개 병졸로만 종사했으므로, 스파르타인이 갖는 권리와는 차이가 있었다. 스파르타인의 세 번째 계급은 '헬로트'라고 불리는 농노들로, 도리아인이 침략하기 전에 스파르타 지역에 살았던 선주민이다. 이들의 유일한 직업은 스파르타인이 소유한 농장에서 일하는 것으로, 비록 노예는 아니었지만 생활은 비참했다. 이들은 결혼권을 제외하고는 참정권, 사유재산권, 재판권 같은 시민의 권리를 전혀 가지지 못했고, 병역의 의무도 없었다.
>
> 스파르타인과 페리오이코이와 헬로트의 인구 비율은 1 : 7 : 16 정도였다. 스파르타인이 농업과 상공업을 피지배계급들에게 맡기고 오직 군무에만 종사한 것은, 전체의 24분의 1밖에 안 되는 인구로 나머지를 지배해야 하는 상황이 낳은 방책이었을 것이다. 피지배계급 중에서도 특히 헬로트는 스파르타인에게 적대적인 태도를 보이고 있었다. 이 때문에 스파르타는 우선 내부의 잠재적인 불만세력을 억압해야 할 필요성이 있었고, 군사대국으로 불리는 막강한 군사력을 가진 나라가 되었던 것이다.

① 스파르타에서는 구성원의 계급에 따라 직업 선택이 제한되어 있었다.
② 스파르타에서는 병역 의무를 이행한 사람들에게는 참정권을 부여하였다.
③ 스파르타가 막강한 군사대국이 될 수 있었던 것은 농업과 상공업을 발전시켰기 때문이다.
④ 스파르타에서는 페리오이코이에게 병역 의무를 부여함으로써 지배층의 인구를 늘리려 하였다.
⑤ 스파르타의 시민권을 가지지 못한 헬로트는 의무만 있었으므로, 실질적으로는 노예나 마찬가지였다.

다음 글에서 알 수 있는 것은?

식수오염의 방지를 위해서 빠른 시간 내 식수의 분변오염 여부를 밝히고 오염의 정도를 확인하기 위한 목적으로 지표생물의 개념을 도입하였다. 병원성 세균, 바이러스, 원생동물, 기생체 소낭 등과 같은 병원체를 직접 검출하는 것은 비싸고 시간이 많이 걸릴 뿐 아니라 숙달된 기술을 요구하지만, 지표생물을 이용하면 이러한 문제를 많이 해결할 수 있다.

식수가 분변으로 오염되어 있다면 분변에 있는 병원체 수와 비례하여 존재하는 비병원성 세균을 지표생물로 이용한다. 이에 대표적인 것은 대장균이다. 대장균은 그 기원이 전부 동물의 배설물에 의한 것이므로, 시료에서 대장균의 균체 수가 일정 기준보다 많이 검출되면 그 시료에는 인체에 유해할 만큼의 병원체도 존재한다고 추정할 수 있다. 그러나 온혈동물에게서 배설되는 비슷한 종류의 다른 세균들을 배제하고 대장균만을 측정하기는 어렵다. 그렇기 때문에 대장균이 속해 있는 비슷한 세균군을 모두 검사하여 분변오염 여부를 판단하고, 이 세균군을 총대장균군이라고 한다.

총대장균군에 포함된 세균이 모두 온혈동물의 분변에서 기원한 것은 아니지만, 온혈동물의 배설물을 통해서도 많은 수가 방출되고 그 수는 병원체의 수에 비례한다. 염소 소독과 같은 수질 정화과정에서도 병원체와 유사한 저항성을 가지므로 식수, 오락 및 휴양 용수의 수질 결정에 좋은 지표이다. 지표생물로 사용하는 또다른 것은 분변성 연쇄상구균군이다. 이는 대장균을 포함하지는 않지만, 사람과 온혈동물의 장에 흔히 서식하므로 물의 분변오염 여부를 판정하는 데 이용된다. 이들은 잔류성이 높고 장 밖에서는 증식하지 않기 때문에 시료에서도 그 수가 일정하게 유지되어 좋은 상수 소독 처리지표로 활용된다.

---

① 온혈동물의 분변에서 기원되는 균은 모두 지표생물이 될 수 있다.

② 수질 정화과정에서 총대장균군은 병원체보다 높은 생존율을 보인다.

③ 채취된 시료 속의 총대장균군의 세균 수와 병원체 수는 비례하여 존재한다.

④ 지표생물을 검출하는 것은 병원체를 직접 검출하는 것보다 숙달된 기술을 필요로 한다.

⑤ 분변성 연쇄상구균군은 시료 채취 후 시간이 지남에 따라 시료 안에서 증식하여 정확한 오염지표로 사용하기 어렵다.

다음 글에서 알 수 없는 것은?

'캐리 벅 사건'(1927)은 버지니아주에서 시행하는 강제불임시술의 합헌성에 대한 판단을 다룬 것이다. 버지니아주에서는 정신적 결함을 가진 사람들의 불임시술을 강제하는 법을 1924년에 제정하여 시행하고 있었다. 이 법은 당시 과학계에서 받아들여지던 우생학의 연구결과를 반영한 것인데, 유전에 의해 정신적으로 결함이 있는 자들에게 강제불임시술을 함으로써 당사자의 건강과 이익을 증진하는 것을 목적으로 하였다. 우생학은 인간의 유전과 유전형질을 연구하여, 결함이 있는 유전자를 제거하여 인류를 개선하는 것이 주목적이었는데, 정신이상자, 정신박약자, 간질환자 등을 유전적 결함을 가진 대상으로 보았다.

이 사건의 주인공인 캐리 벅은 10대 후반의 정신박약인 백인 여성으로서 정신박약자들을 수용하기 위한 시설에 수용되어 있었다. 법에 따르면, 캐리 벅은 불임시술을 받지 않으면 수십 년동안 수용시설에 갇혀 기본적인 의식주만 공급받고 다른 사회적 권리와 자유가 제약받을 수밖에 없는 상황이었다.

미국 연방대법원은 강제불임시술을 규정한 버지니아주의 주법을 합헌으로 판단하였다. 이 사건의 다수의견을 작성한 홈즈 대법관은 판결의 이유를 다음과 같이 밝혔다. "사회 전체의 이익 때문에 가장 우수한 시민의 생명을 희생시키는 일도 적지 않다. 사회가 무능력자로 차고 넘치는 것을 막고자 이미 사회에 부담이 되는 사람들에게 그보다 작은 희생을 요구하는 것이 금지된다고 할 수는 없다. 사회에 적응할 능력이 없는 사람들의 출산을 금지하는 것이 사회에 이익이 된다. 법률로 예방접종을 하도록 강제할 수 있는 것과 같은 원리로 나팔관 절제도 강제할 수 있다고 해야 한다."

이 사건은 사회적 파장이 매우 컸다. 당시 미국의 주들 가운데는 강제불임시술을 규정하고 있는 주들이 있었지만 그 중 대부분의 주가 이러한 강제불임시술을 실제로는 하고 있지 않았다. 하지만 연방대법원의 이 사건 판결이 나자 많은 주가 새로운 법률을 제정하거나, 기존의 법률을 개정해서 버지니아주법과 유사한 법률을 시행하게 되었다. 버지니아주의 강제불임시술법은 1974년에야 폐지되었다.

① 당시 우생학에 따르면 캐리 벅은 유전적 결함을 가진 사람이었다.
② 버지니아주법은 정신박약이 유전되는 것이라는 당시의 과학 지식을 반영하여 제정된 것이었다.
③ 버지니아주법에 의하면 캐리 벅에 대한 강제불임시술은 캐리 벅 개인의 이익을 위한 것이다.
④ 홈즈에 따르면 사회가 무능력자로 넘치지 않기 위해서는 사회에 부담이 되는 사람들에게 희생을 요구할 수 있다.
⑤ 버지니아주법이 합헌으로 판단되기 이전, 불임시술을 강제하는 법을 가지고 있던 다른 주들은 대부분 그 법을 집행하고 있었다.

다음 글에서 알 수 있는 것은?

> 인삼은 한국 고유의 약용 특산물이었으며, 약재로서의 효능과 가치가 매우 높은 물건이었다. 중국과 일본에서는 조선 인삼에 대한 수요가 폭발적으로 증가하였다. 이에 따라 인삼을 상품화하여 상업적 이익을 도모하는 상인들이 등장하였다. 특히 개인 자본을 이용하여 상업 활동을 하던 사상(私商)들이 평안도 지방과 송도를 근거지로 하여 인삼 거래에 적극적으로 뛰어들었는데, 이들을 삼상(蔘商)이라고 하였다.
>
> 인삼은 매우 희귀한 물품이었으므로 조선 정부는 인삼을 금수품(禁輸品)으로 지정하여 자유로운 매매와 국외 유출을 억제하였다. 대신 삼상의 인삼 재배를 허가해 주고 그에 따른 세금을 거두어 들였다. 또한 삼상의 특정 지역 출입을 엄격하게 통제하였다. 가령 평안도 강계부는 개마고원과 백두산 지역의 인삼이 모이는 거점이었는데, 삼상이 이곳에 출입하기 위해서는 먼저 일종의 여행증명서인 황첩(黃帖)을 호조에서 발급받아야 하였다. 그리고 강계부에 도착할 때까지 강계부를 관할하는 평안도 감영은 물론 평안도의 주요 거점에서 황첩을 제시해야 하였다. 강계부에 도착해서는 강계부의 관원에게 황첩을 확인받고, 이어 매입하려는 인삼량을 신고한 뒤 그에 따른 세금을 강계부에 선납한 후에야 비로소 인삼을 구매할 수 있었다. 강계부는 세금을 납부한 삼상들의 명단을 작성하고, 이들이 어느 지역의 어떤 사람과 거래하였는지, 그리고 거래량은 얼마인지를 일일이 파악하여 중앙의 비변사에 보고하였다. 황첩이 없거나 거래량을 허위로 신고한 삼상은 밀매업자인 잠상(潛商)으로 간주되어 처벌되었으며, 황첩이 없는 상인의 거래를 허가한 강계부사도 처벌되었다.
>
> 삼상은 이렇게 사들인 인삼을 경상도 동래의 왜관으로 가지고 와 왜인들에게 팔았다. 이때도 삼상은 동래부에 세금을 내야 하였으며, 인삼 판매도 매달 여섯 차례 열리는 개시(開市)때만 가능했다. 정부는 개시에서 판매하는 인삼의 가격까지 통제하였으며, 숙종 6년에는 판매할 수 있는 상인의 수도 20명으로 제한하였다.
>
> 이렇듯 여러 가지 까다로운 절차와 세금, 인원수의 제한에 따라 많은 상인이 합법적인 인삼 매매와 무역을 포기하고 잠상이 되었다. 더군다나 잠상은 합법적으로 인삼을 거래할 때보다 많은 이윤을 얻을 수 있었다. 한양에서 70냥에 팔리는 인삼이 일본 에도에서는 300냥에 팔리기도 하였기 때문이다.

① 황첩을 위조하여 강계부로 잠입하는 잠상들이 많았다.
② 정부는 잠상을 합법적인 삼상으로 전환시키기 위해 노력하였다.
③ 상인들은 송도보다 강계부에서 인삼을 더 싸게 구입할 수 있었다.
④ 왜관에서의 인삼거래는 한양에서의 거래보다 삼상에게 4배 이상의 매출을 보장해 주었다.
⑤ 중앙정부는 강계부에서 삼상에게 합법적으로 인삼을 판매한 백성이 어느 지역 사람인지를 파악할 수 있었다.

다음 글에서 알 수 있는 것은?

> 정도전은 불교와 도교를 이단으로 배척하며 이른바 벽이단론(闢異端論)의 실천운동과 이론적 체계화에 앞장섰다. 《심기리편(心氣理篇)》은 이단 배척에 대한 그의 대표작 중의 하나이다. 《심기리편》에서 정도전은 불교와 도교 및 유교의 중심 개념을 각각 마음(心), 기운(氣), 이치(理)로 표출시키고, 그 개념이 지니는 가치의식의 정당성을 평가하였다. 그에 따르면 불교에서는 '마음'을 신령하며 무궁한 변화에 대응하는 것이라고 보지만, '기운'은 물질의 욕망일 뿐이라고 하였다. 이에 반해 도교에서는 기운은 천진하고 자연스러운 것이지만, 마음은 타산적이고 근심에 사로잡힌 것이라고 하였다. 이에 대해 유교에서는 '이치'를 마음과 기운의 근거로 보고, 이치가 없이는 마음도 욕심에 빠지고 기운도 동물적인 데로 빠진다고 보았다. 정도전은 《심리기편》에서, 불교의 마음과 도교의 기운이 서로 비난하게 하면서 유교의 이치가 양자를 올바르게 주재해야 한다고 주장하였으며, 이를 통해 불교와 도교에 대한 유교의 우월함을 강조하였다.
>
> 정도전은 《심리기편》에서 불교와 도교에 대해 날카로운 비판을 이어갔다. 그는 정념이 일어나는 것을 두려워하여 적멸(寂滅)에로 돌아가려 한다고 불교를 비판하였다. 동시에 "어린 아이가 우물로 기어가는 것을 보면 측은히 여기는 감정[인(仁)의 단서]이 일어나니, 유교는 정념이 일어나는 것을 두려워하지 않는다."라고 하면서 정념에 대한 유교의 긍정적 인식을 제기하였다. 정도전은 수련을 통해 장생(長生)을 꾀하는 도교도 비판하였다. 그는 "죽어야 할 때 죽는 것은 의리가 신체보다 소중하기 때문이니, 군자는 자기 몸을 죽여서 인을 이룬다."라고 하며, 유교에서는 신체의 죽음을 넘어선 의리(義理)가 있음을 말하였다. "의롭지 못하면서 장수하는 것[도교의 양생(養生)]은 거북이나 뱀과 같으며, 졸면서 앉아 있는 것[불교의 좌선(坐禪)]은 흙이나 나무와 같다."라는 정도전의 말은 도교와 불교의 기본 수양 방법을 비판한 것이다. 정도전은 "마음을 간직하면 맑고 밝게 될 것이요, 기운을 기르면 호연한 기상이 일어날 것이다."라고 하면서 유교적인 마음과 기운의 배양을 통해 도교와 불교의 이상이 올바르게 성취될 수 있음을 강조하였다.

① 정도전은 보편적 이치가 성립하려면 감정을 배제할 것을 주장하였다.
② 정도전은 불교와 도교를 모두 비판하였지만 상대적으로 불교를 더 비판하였다.
③ 정도전은 도교를 비판하면서 살신성인(殺身成仁)을 가치 있는 일로 간주하였다.
④ 정도전은 불교와 도교의 가치의식이 잘못된 근본 이유를 수행 방법에서 찾았다.
⑤ 정도전은 도교와 불교가 서로의 장점을 흡수할 때 자신들의 이상을 성취할 수 있다고 보았다.

다음 글에서 알 수 있는 것은?

고전주의적 관점에서는 보편적 규칙에 따라 고전적 이상에 일치시켜 대상을 재현한 작품에 높은 가치를 부여한다. 반면 낭만주의적 관점에서는 예술가 자신의 감정이나 가치관, 문제의식 등을 자유로운 방식으로 표현한 것에 가치를 부여한다.

그렇다면 예술작품을 감상할 때에는 어떠한 관점을 취해야 할까? 예술작품을 감상한다는 것은 예술가를 화자로 보고, 감상자를 청자로 설정하는 의사소통 형식으로 가정할 수 있다. 고전주의적 관점에서는 재현 내용과 형식이 정해지기 때문에 화자인 예술가 중심이 된 의사소통 행위가 아니라 청자가 중심이 된 의사소통 행위라 할 수 있다. 즉, 예술작품 감상에 있어서 청자인 감상자는 보편적 규칙과 정형적 재현 방식을 통해 쉽게 예술작품을 수용하고 이해할 수 있게 된다. 그런데 의사소통 상황에서 청자가 중요시되지 않는 경우도 흔히 발견된다. 가령 스포츠 경기를 볼 때 주변 사람과 관련 없이 자기 혼자서 탄식하고 환호하기도 한다. 또한, 독백과 같이 특정한 청자를 설정하지 않는 발화 행위도 존재한다. 낭만주의적 관점에서 예술작품을 이해하고 감상하는 것도 이와 유사하다. 낭만주의적 관점에서는, 예술작품을 예술가가 감상자를 고려하지 않은 채 자신의 생각이나 느낌을 자유롭게 표현한 것으로 보아야만 작품의 본질을 오히려 잘 포착할 수 있다고 본다.

낭만주의적 관점에서 올바른 작품 감상을 위해서는 예술가의 창작의도나 창작관에 대한 이해가 필요하다. 비록 관람과 감상을 전제하고 만들어진 작품이라 하더라도 그 가치는 작품이 보여주는 색채나 구도 등에 대한 감상자의 경험을 통해서만 파악되는 것이 아니다. 현대 추상회화 창시자의 한 명으로 손꼽히는 몬드리안의 예술작품을 보자. 구상적 형상 없이 선과 색으로 구성된 몬드리안의 작품들은, 그가 자신의 예술을 발전시켜 나가는 데 있어서 관심을 쏟았던 것이 무엇인지를 알지 못하면 이해하기 어렵다.

① 고전주의적 관점과 낭만주의적 관점의 공통점은 예술작품의 재현 방식이다.
② 고전주의적 관점에서 볼 때, 예술작품을 감상하는 것은 독백을 듣는 것과 유사하다.
③ 낭만주의적 관점에서 볼 때, 예술작품 창작의 목적은 감상자 위주의 의사소통에 있다.
④ 낭만주의적 관점에서 볼 때, 예술작품의 창작의도에 대한 충분한 소통은 작품 이해를 위해 중요하다.
⑤ 고전주의적 관점에 따르면 예술작품의 본질은 예술가 자신의 생각이나 느낌을 창의적으로 표현하는 데 있다.

다음 글에서 알 수 있는 것은?

> 카발리는 윌슨이 모계 유전자인 mtDNA 연구를 통해 발표한 인류 진화 가설을 설득력있게 확인시켜 줄 수 있는 실험을 제안했다. 만약 mtDNA와는 서로 다른 독립적인 유전자 가계도를 통해서도 같은 결론에 도달할 수 있다면 윌슨의 인류 진화에 대한 가설을 강화할 수 있다는 것이다.
>
> 이에 언더힐은 Y염색체를 인류 진화 연구에 이용하였다. 그가 Y염색체를 연구에 이용한 이유가 있다. 그것은 Y염색체가 하나씩 존재하는 특성이 있어 재조합을 일으키지 않고, 그 점은 연구 진행을 수월하게 하기 때문이다. 그는 Y염색체를 사용한 부계 연구를 통해 윌슨이 밝힌 연구결과와 매우 유사한 결과를 도출했다. 언더힐의 가계도도 윌슨의 가계도와 마찬가지로 아프리카 지역의 인류 원조 조상에 뿌리를 두고 갈라져 나오는 수형도였다. 또 그 수형도는 인류학자들이 상상한 장엄한 떡갈나무가 아니라 윌슨이 분석해 내놓은 약 15만 년밖에 안 된 키 작은 나무와 유사하였다.
>
> 별개의 독립적인 연구로 얻은 두 자료가 인류의 과거를 똑같은 모습으로 그려낸다면 그것은 대단한 설득력을 지닌다. mtDNA와 같은 하나의 영역만이 연구된 상태에서는 그 결과가 시사적이기는 해도 결정적이지는 않다. 그 결과의 양상은 단지 DNA의 특정 영역에 일어난 특수한 역사만을 반영하는 것일 수도 있기 때문이다. 하지만 언더힐이 Y염색체에서 유사한 양상을 발견함으로써 그 불완전성은 크게 줄어들었다. 15만 년 전에 아마도 전염병이나 기후 변화로 인해 유전자 다양성이 급격하게 줄어드는 현상이 일어났을 것이다.

① 윌슨의 mtDNA 연구결과는 인류 진화 가설에 대한 결정적인 증거였다.
② 부계 유전자 연구와 모계 유전자 연구를 통해 얻은 각각의 인류 진화 수형도는 매우 비슷하다.
③ 윌슨과 언더힐의 연구결과는 현대 인류 조상의 기원에 대한 인류학자들의 견해를 뒷받침한다.
④ 언더힐은 우리가 갖고 있는 Y염색체 연구를 통해 인류가 아프리카에서 유래했다는 것을 부정했다.
⑤ 언더힐이 Y염색체를 인류 진화 연구에 이용한 것은 염색체 재조합으로 인해 연구가 쉬워졌기 때문이다.

다음 글에서 알 수 없는 것은?

조선은 국가적인 차원에서 산림을 보호하고 목재를 안정적으로 확보하기 위해 노력하였다. 특히 가장 중요한 목재인 소나무를 보호하기 위하여 소나무의 사적인 벌목을 금지하는 금산(禁山)을 곳곳에 지정하였다. 양인(良人)들도 조상들의 분묘를 중심으로 한 일정한 구역 내에서 타인의 경작, 채취, 건축, 묘지조성 등을 금지시키는 분산수호권(墳山守護權)과, 그 범위 내에 있는 산림 특히 소나무를 기르고 독점할 수 있는 금양권(禁養權)을 가질 수 있었다. 이러한 권리를 통해 이들은 그 구역을 사양산(私養山)이라 칭하면서 여기에서 나는 버섯, 꿀, 약용식물 등의 여러 경제적 산물을 배타적으로 소유하였다.

그런데 산림의 경제성이 증대됨에 따라 18세기에는 목재를 불법적으로 베어가는 투작(偸斫)이 광범위하게 확산되었다. 특히 사양산은 금산에 비해 통제가 약하였기 때문에 투작의 피해가 더욱 클 수밖에 없었다. 투작은 신분을 가리지 않고 시도되었다. 힘 있는 사족(士族)들은 본인이 소유한 사양산의 경계를 넘어 투작하거나 친족의 나무를 도둑질하여 팔았다. 또한, 이들은 몰락한 양반 또는 돈 많은 평민들의 사양산이나 분묘 주변에서 다수의 인원을 동원하여 강제로 투작하는 늑작(勒斫)을 행하기도 하였다. 지방 향리층의 투작에는 정해진 숫자를 초과해 벌목하는 난작(亂斫)이 많았다. 그러나 사족이나 향리층의 투작은 한 사람의 소규모 투작에서 수십 명이 작당하는 대규모 투작까지 그 종류와 규모가 다양하였다. 일례로 충청도 임천에서는 산주가 출타한 틈을 타 인근 마을에 사는 평민들이 작당하고 27명을 동원하여 소나무 200여 그루를 투작하기도 하였다.

이러한 투작 현상을 확대시키는 데 일조한 것은 목상(木商)들의 활동이었다. 목상들은 운반이 편리하며 굵고 큰 금산의 나무를 선호하였는데, 이들에 의해 유통된 목재는 개인 소유 선박인 사선의 제작에 주로 사용되었다. 이에 따라 수군의 병선 제작이나 관선 제작이 어려움을 겪을 정도였다. 목상의 활동으로 인해 피해를 입은 것은 사양산의 소나무도 예외는 아니었다. 선박 한 척을 만드는데 많을 경우 400여 그루의 소나무가 필요하였기 때문에 목상들은 닥치는 대로 나무를 구매하여 유통시켰다. 이에 목상들에게 판매하기 위한 소나무를 확보하기 위하여 금산이나 사양산을 가리지 않고 무차별적인 투작이 행해졌다. 투작은 가난한 평민들이 손쉽게 큰돈을 만질 수 있는 수단이었으나 그로 인해 전국의 산림은 크게 황폐해져 갔다.

① 금산보다는 사양산에서 투작하기가 더 쉬웠다.
② 수군의 병선이나 관선을 제작할 때 금산의 소나무가 사용되었다.
③ 목상들의 활동은 전국의 산림을 황폐하게 만드는 데 일조하였다.
④ 사족의 투작보다 향리층의 투작이, 향리층의 투작보다 평민층의 투작이 더 큰 사회문제를 초래했다.
⑤ 사족들은 자신들의 분산수호권 범위 내에서 산출되는 약용식물을 다른 사람이 가져갈 수 없게 하는 권리가 있었다.

다음 글의 내용과 부합하지 않는 것은?

디지털 연산은 회로의 동작으로 표현되는 논리적 연산에 의해 진행되며 아날로그 연산은 소자의 물리적 특성에 의해 진행된다. 하지만 디지털 연산의 정밀도는 정보의 연산 과정에서 최종적으로 정보를 출력할 때 필요한 것보다 항상 같거나 높게 유지해야 하므로 동일한 양의 연산을 처리해야 하는 경우라면 디지털 방식이 아날로그 방식에 비해 훨씬 더 많은 소자를 필요로 한다. 아날로그 연산에서는 회로를 구성하는 소자 자체가 연산자이므로 온도 변화에 따르는 소자 특성의 변화, 소자 간의 특성 균질성, 전원 잡음 등의 외적 요인들에 의해 연산 결과가 크게 달라질 수 있다. 그러나 디지털 연산에서는 회로의 동작이 0과 1을 구별할 정도의 정밀도만 유지하면 되므로 회로를 구성하는 소자 자체의 특성 변화에 거의 영향을 받지 않는다. 또한 상대적으로 쉽게 변경 가능하고 프로그램하기 편리한 점도 있다.

사람의 눈이나 귀 같은 감각기관은 아날로그 연산에 바탕을 둔 정보 처리 조직을 가지고 있지만 이로부터 발생되는 정보는 디지털 정보이다. 감각기관에 분포하는 수용기는 특별한 목적을 가지는 아날로그-디지털 변환기로 볼 수 있는데, 이것은 전달되는 입력의 특정 패턴을 감지하여, 디지털 신호와 유사한 부호를 발생시킨다. 이 신호는 다음 단계의 신경세포에 입력되고, 이 과정이 거미줄처럼 연결된 무수히 많은 신경세포의 연결 구조 속에서 반복되면서 뇌의 다양한 인지 활동을 형성한다. 사람의 감각기관에서 일어나는 아날로그 연산은 감각되는 많은 양의 정보 중에서 필요한 정보만을 걸러 주는 역할을 한다. 그렇기 때문에 실제 신경세포를 통해 뇌에 전달되는 것은 지각에 꼭 필요한 내용만이 축약된 디지털 정보이다. 사람의 감각은 감각기관의 노화 등으로 인한 생체 조직 구조의 변화에 따라 둔화될 수 있다. 그럼에도 불구하고 노화된 사람의 감각기관은 여전히 아날로그 연산이 가지는 높은 에너지 효율을 얻을 수 있다.

① 사람의 신경세포는 디지털화된 정보를 뇌로 전달한다.
② 디지털 연산은 소자의 물리적 특성을 연산자로 활용한다.
③ 사람의 감각기관은 아날로그 연산을 기초로 정보를 처리한다.
④ 디지털 연산은 소자 자체의 특성 변화에 크게 영향을 받지 않는다.
⑤ 사람의 감각기관이 감지하는 것은 외부에서 전달되는 입력 정보의 패턴이다.

다음 실험 결과를 가장 잘 설명하는 가설은?

포유동물에서 수컷과 암컷의 성별은 나중에 외부생식기로 발달할 전구체인 기관 A에 성호르몬이 작용하는 데서 결정된다. 성호르몬은 배아가 어미 속에서 성적 특성을 보이기 시작하는 시기에 작용하며, 개체의 성장, 발생, 생식 주기, 그리고 성행동을 조절한다. 포유동물의 경우 원시생식소로부터 분화되어 형성된 생식소인 정소와 난소로부터 성호르몬이 분비된다. 이들 생식소는 안드로겐, 에스트로겐, 프로게스틴의 세 가지 종류의 성호르몬을 생산하고 분비한다. 이 점에서는 남성과 여성 사이에 차이가 없다. 하지만 이들 호르몬의 비율은 성별에 따라 매우 다르며, 이 비율의 차이가 사춘기 남성과 여성의 성징을 나타내는 데 중요한 역할을 하는 것으로 알려져 있다.

남성과 여성의 외부생식기 발달과정을 파악하기 위한 실험은 다음과 같았다. 토끼를 대상으로 XY 염색체를 가진 수컷 배아와 XX 염색체를 가진 암컷 배아에서 각각 원시생식소를 제거하였다. 이 시술은 배아가 성적인 차이를 보이기 전 행해졌다. 원시생식소를 제거한 경우와 제거하지 않은 경우 외부생식기의 성별은 다음과 같았다.

구분	원시생식소 보존	원시생식소 제거
XY 염색체	수컷	암컷
XX 염색체	암컷	암컷

① 기관 A가 발달한 외부생식기의 성별은 염색체에 의해 결정된다.
② 기관 A는 성호르몬의 작용이 없다면 암컷의 외부생식기로 발달하도록 되어 있다.
③ 기관 A가 발달한 외부생식기의 성별은 원시생식소가 정소나 난소가 되기 전에 결정된다.
④ 기관 A에 작용하는 성호르몬의 비율 차이에 따라 원시생식소는 정소 또는 난소로 발달한다.
⑤ 기관 A가 정소 또는 난소 중 어떤 것으로 발달되는지에 따라 외부생식기의 성별 차이가 나타난다.

다음 글의 문맥상 (가)와 (나)에 들어가기에 가장 적절한 것을 〈보기〉에서 골라 알맞게 짝지은 것은?

자연발생설이란 적당한 유기물과 충분한 공기가 있는 환경이라면 생명이 없는 물질로부터 생명체가 생겨날 수 있다는 학설을 말한다. 17세기 이후 자연발생설에 대한 비판은 주로 실험을 통해서 진행되었다. 18세기 생물학자 스팔란차니는 우유나 나물죽과 같은 유기 물질을 충분히 끓이면 그 속에 있는 미생물들이 모두 파괴될 것이라고 가정했다. 그리고 끓인 유기 물질을 담은 플라스크를 금속으로 용접하여 밀폐한 뒤 유기 물질이 부패하는지 관찰하였다. 실험 결과 유기 물질의 부패를 관찰할 수 없었던 스팔란차니는 미생물이 없는 유기 물질에서는 새로운 미생물이 발생할 수 없다고 결론 내렸다. 하지만 이 결과가 자연발생설 지지자들의 주장을 결정적으로 논박한 것은 아니었다. 왜냐하면 자연발생설 지지자들은 ((가)   )고 할 수 있었기 때문이다.

이 문제에 직면한 몇몇 19세기 생물학자들은 새로운 실험을 진행하였다. 그들은 우선 스팔란차니의 가정을 받아들였다. 즉 당시 자연발생설 지지자들이나 비판자들 모두 유기 물질을 끓이면 그 속의 미생물은 모두 파괴된다는 것을 받아들였다. 따라서 스팔란차니의 실험과 마찬가지로 유기 물질을 담은 플라스크를 가열하여 유기 물질을 끓였다. 이때 플라스크 안의 공기는 전부 밖으로 빠져나가도록 장치하였다. 그리고 수은을 이용해 정화된 공기를 플라스크에 충분히 주입하였다. 그 뒤 플라스크에 미생물이 발생하는지 관찰하였다. 그러나 이런 실험들의 결과는 엇갈렸다. 어떤 실험에서는 미생물이 발견되기도 하였고, 어떤 실험에서는 미생물이 발견되지 않기도 하였던 것이다. 이런 실험 결과에 대해서 자연발생설의 지지자들과 비판자들은 자신들에게 유리한 방향으로 각각의 실험 결과들을 해석하였다. 가령, 미생물이 발견되지 않은 실험에 대해서 자연발생설의 지지자들은 ((나)   )고 결론 내렸으며, 미생물이 발견된 실험에 대해서 자연발생설의 비판자들은 공기를 정화하는 데 사용된 수은이 미생물에 오염되어 있었다고 결론 내렸다.

• 보 기 •

ㄱ. 유기 물질을 부패하게 만들지 않는 미생물도 존재한다
ㄴ. 플라스크 속에는 생명체의 발생에 필요한 만큼의 공기가 없었다
ㄷ. 유기 물질을 끓일 때 유기물 중 미생물의 발생에 필요한 성분도 파괴되었다
ㄹ. 유기 물질을 끓인다고 하더라도 그 속에 있던 미생물은 사멸하지 않는다

	(가)	(나)
①	ㄱ	ㄷ
②	ㄱ	ㄹ
③	ㄴ	ㄱ
④	ㄴ	ㄷ
⑤	ㄹ	ㄴ

다음 글의 내용과 부합하는 것만을 〈보기〉에서 모두 고르면?

지역 주민들로 이루어진 작은 집단에 국한된 고대 종교에서는 성찬을 계기로 신자들이 함께 모일 수 있었다. 그 중에서도 특히 고대 셈족에게 성찬은 신의 식탁에 공동으로 참석해서 형제의 관계를 맺음을 의미했다. 사람들은 실제로 자신의 몫만을 배타적으로 먹고 마심에도 불구하고, 같은 것을 먹고 마신다는 생각을 통해서 공동의 피와 살을 만든다는 원시적인 표상이 만들어진다. 빵을 예수의 몸과 동일시한 기독교의 성찬식에 이르러서 신화의 토대 위에 비로소 '공동 식사'라는 것의 새로운 의미가 형성되고 이를 통해서 참가자들 사이에 고유한 연결 방식이 창출되었다. 이러한 공동 식사 중에는 모든 참가자가 각기 자기만의 부분을 차지하는 것이 아니라, 전체를 분할하지 않고 누구나 함께 공유한다는 생각을 함으로써 식사 자체의 이기주의적 배타성이 극복된다.

공동 식사는 흔히 행해지는 원초적 행위를 사회적 상호 작용의 영역과 초개인적 의미의 영역으로 고양시킨다는 이유 때문에 과거 여러 시기에서 막대한 사회적 가치를 획득했다. 식탁 공동체의 금지 조항들이 이를 명백히 보여 준다. 이를테면 11세기의 케임브리지 길드는 길드 구성원을 살해한 자와 함께 먹고 마시는 사람에게 무거운 형벌을 가했다. 또한 강한 반유대적 성향 때문에 1267년의 비엔나 공의회는 기독교인들은 유대인들과 같이 식사를 할 수 없다고 규정했다. 그리고 인도에서는 낮은 카스트에 속하는 사람과 함께 식사를 함으로써 자신과 자신의 카스트를 더럽히는 사람은 때로 죽임을 당하기까지 했다. 서구 중세의 모든 길드에서는 공동으로 먹고 마시는 일이 오늘날 우리가 상상할 수 없을 정도로 중요했다. 아마도 중세 사람들은 존재의 불확실성 가운데서 유일하게 눈에 보이는 확고함을 같이 모여서 먹고 마시는 데서 찾았을 것이다. 당시의 공동 식사는 중세 사람들이 언제나 공동체에 소속되어 있다는 확신을 얻을 수 있는 상징이었던 것이다.

─●보기●─
ㄱ. 개별 집단에서 각기 이루어지는 공동 식사는 집단 간의 배타적인 경계를 강화시켜 주는 역할을 한다.
ㄴ. 일반적으로 공동 식사는 성스러운 음식을 공유함으로써 새로운 종교가 창출되는 계기로 작용했다.
ㄷ. 공동 식사는 식사가 본질적으로 이타적인 행위임을 잘 보여 주는 사례이다.

① ㄱ
② ㄷ
③ ㄱ, ㄴ
④ ㄴ, ㄷ
⑤ ㄱ, ㄴ, ㄷ

다음 글의 내용과 부합하는 것은?

호락논쟁(湖洛論爭)은 중국으로부터 건너온 성리학을 온전히 우리 스스로의 역사적 경험과 실천 가운데 소화해 낸 그야말로 적공의 산물이다. 그것은 이제 펼쳐질 새로운 근대 세계를 앞두고 최종적으로 성취해 낸 우리 정신사의 한 정점이다. 낙학(洛學)과 호학(湖學)이 정립된 시기는 양란을 거치면서 사대부의 자기 확인이 절실히 필요한 시대였다.

낙학의 정신은 본체로 향하고 있다. 근원적 실재인 본체에 접근하는 낙학의 방법은 이론적 탐색이 아니라 강력하고 생생한 주관적 체험이었다. 그들은 본체인 본성에 대한 체험을 통해 현실 세계 속에서 실천하는 주체적인 자아로 자신을 정립하고자 하였다. 그 자아는 바로 사대부의 자아를 의미한다. 본체를 실천하는 주체에 대한 낙학의 관심은 마음에 대한 탐구로 나타났다. 낙학은 이론의 구성에서는 주희의 마음 이론을 표준으로 삼았지만 호학이라는 또 하나의 조선 성리학 전통과의 논쟁을 통해 형성된 것이었다.

호학은 현실 세계를 규율하는 원리와 규범에 집중하였다. 그들에게 절박했던 것은 규범의 현실성이며, 객관성이었다. 본체인 본성은 현실 세계를 객관적, 합법적으로 강제하는 규범의 근저로서 주관적 체험의 밖에 존재한다. 본체의 인식은 마음의 체험을 통해서가 아니라 세계에 대한 객관적 인식의 축적에 의해 달성되는 것이다. 그런 점에서 호학의 정신은 이성주의라 할 수 있다.

호학의 정신은 기질의 현실 세계, 곧 생산 계층인 농민들의 우연적이고 다양한 욕망의 세계를 객관 규범에 의해 제어하면서 왕권까지도 규범의 제약 아래 두려한다는 점에서 역시 사대부의 자아 정립과 관련이 깊다. 객관 규범에 대한 호학의 강조는 왕권마저 본체의 제약을 받아야 한다는 의미를 함축하고 있는 것이다.

① 낙학이 본체를 주관적 체험 대상으로 보았던 반면, 호학은 본체를 규범의 근저로 보았다.
② 호학은 본체의 실현이 마음의 체험을 통해 궁극적으로 달성되는 것으로 이해하였다.
③ 낙학이 사대부의 자아 정립과 관련이 깊은 반면, 호학은 왕권강화와 관련이 깊다.
④ 낙학이 본체를 본성으로 보았던 반면, 호학은 본체를 마음으로 이해하였다.
⑤ 낙학은 주희의 마음 이론에 대한 비판을 통해 형성되었다.

다음 빈칸에 들어갈 말로 가장 적절한 것은?

테러리스트가 시내 번화가에 설치한 시한폭탄이 발견되었다. 48시간 뒤에 폭발하도록 되어 있는 이 폭탄은 저울 위에 고정되어 있는데, 저울이 나타내는 무게가 30% 이상 증가하거나 감소하면 폭발하게 되어 있다. 해체가 불가능해 보이는 이 폭탄을 무인 로켓에 실어 우주 공간으로 옮겨 거기서 폭발하도록 하자는 제안이 나왔고, 이 방안에 대해 다음과 같은 토론이 진행되었다.

A : 그 계획에는 문제가 있습니다. 우주선이 지구에서 멀어짐에 따라 중력이 감소할 것이고, 그렇다면 폭탄의 무게가 감소하게 될 것입니다. 결국, 안전한 곳까지 도달하기 전에 폭발할 것입니다.

B : 더 심각한 문제가 있습니다. 로켓이 지구를 탈출하려면 엄청난 속도까지 가속되어야 하는데, 이 가속도 때문에 저울에 얹혀 있는 폭탄의 무게는 증가합니다. 이 무게가 30%만 변하면 끝장이지요.

C : 그런 문제들은 해결할 수 있을 것입니다. 아인슈타인의 등가원리에 따르면, 외부와 차단된 상태에서는 중력에 의한 효과와 가속운동에 의한 효과를 서로 구별할 수 없지요. 그러니 일단 로켓의 속도를 적당히 조절하기만 하면 그 안에서는 로켓이 지구 위에 멈춰 있는지 가속되고 있는지조차 알 수 없습니다. 그러므로 폭탄을 안전하게 우주로 보내기 위해 사용할 수 있는 방법은 (   ) 입니다.

---

① 지구의 중력이 0이 되는 높이까지 로켓을 가속하는 것

② 로켓에 미치는 중력과 가속도를 일정하게 증가시키는 것

③ 로켓에 미치는 중력과 가속도를 일정하게 감소시키는 것

④ 지구로부터 멀어짐에 따라 중력이 감소하는 만큼 로켓을 가속하는 것

⑤ 로켓의 속도가 감소하는 만큼 로켓에 미치는 중력의 크기를 증가시키는 것

다음 글에서 알 수 있는 것은?

어떤 사람이 러시아 여행을 가려고 하는데 러시아어를 전혀 모른다. 그래서 그는 러시아 여행 시 의사소통을 하기 위해 특별한 그림책을 이용할 계획을 세웠다. 그 책에는 어떠한 언어적 표현도 없고 오직 그림만 들어 있다. 그는 그 책에 있는 사물의 그림을 보여줌으로써 의사소통을 하려고 한다. 예를 들어 빵이 필요하면 상점에 가서 빵 그림을 보여주는 것이다. 그 책에는 다양한 종류의 빵 그림뿐 아니라 여행할 때 필요한 것들의 그림이 빠짐없이 담겨 있다. 과연 이 여행자는 러시아 여행을 하면서 의사소통을 성공적으로 할 수 있을까? 유감스럽게도 그럴 수 없을 것이다. 예를 들어 그가 자전거 상점에 가서 자전거 그림을 보여준다고 해보자. 자전거 그림을 보여주는 게 자전거를 사겠다는 의미로 받아들여질 것인가, 아니면 자전거를 팔겠다는 의미로 받아들여질 것인가? 결국 그는 자신이 뭘 원하는지 분명하게 전달할 수 없는 곤란한 상황에 처하게 될 것이다.

구매자를 위한 그림과 판매자를 위한 그림을 간단한 기호로 구별하여 이런 곤란을 극복하려고 해볼 수도 있다. 예컨대 자전거 그림 옆에 화살표 기호를 추가로 그려서, 오른쪽을 향한 화살표는 구매자를 위한 그림을, 왼쪽을 향한 화살표는 판매자를 위한 그림임을 나타내는 것이다. 하지만 이런 방법은 의사소통에 여전히 도움이 되지 않는다. 왜냐하면 기호가 무엇을 의미하는지는 약속에 의해 결정되기 때문이다. 상대방은 어떤 것이 판매를 의미하는 화살표이고, 어떤 것이 구매를 의미하는 화살표인지 전혀 알 수 없을 것이다. 설령 상대방에게 화살표가 의미하는 것을 전달했다 하더라도, 자전거를 사려는 사람이 책을 들고 있는 여행자의 바로 옆에 있는 사람이 아니라 바로 여행자 자신이라는 것은 또 무엇을 통해 전달할 수 있을까? 여행자가 사고 싶어 하는 물건이 자전거를 그린 그림이 아니라 진짜 자전거라는 것은 또 어떻게 전달할 수 있을까?

① 언어적 표현의 의미는 확정될 수 없다.
② 약속에 의해서도 기호의 의미는 결정될 수 없다.
③ 한 사물에 대한 그림은 여러 의미로 이해될 수 있다.
④ 의미가 확정된 표현이 없어도 성공적인 의사소통은 가능하다.
⑤ 상이한 사물에 대한 그림들은 동일한 의미로 이해될 수 없다.

다음 글에서 이끌어 낼 수 없는 것은?

《논어》가운데 해석상 가장 많은 논란을 일으킨 구절은 '극기복례(克己復禮)'이다. 이 구절을 달리 해석하는 A학파와 B학파는 문장의 구절을 구분하는 것부터 견해가 다르다. A학파는 '극기'와 '복례'를 하나의 독립된 구절로 구분한다. 그들에 따르면, '극'과 '복'은 서술어이고, '기'와 '예'는 목적어이다. 이에 반해 B학파는 '극'을 서술어로 보고 '기복례'는 목적어구로 본다. 두 학파가 동일한 구절을 이와 같이 서로 다르게 구분하는 이유는 '극'과 '기' 그리고 '예'에 대한 이해가 다르기 때문이다.

A학파는 천리(天理)가 선천적으로 마음에 내재해 있다는 심성론에 따라 이 구절을 해석한다. 그들은 '극'은 '싸워서 이기다.'로, '복'은 '회복하다.'로 해석한다. 그리고 '기'는 '몸으로 인한 개인적 욕망'으로 '예'는 '천리에 따라 행위하는 것'으로 규정한다. 따라서 '극기'는 '몸의 개인적 욕망을 극복하다.'로 해석하고, '복례'는 '천리에 따라 행위하는 본래 모습을 회복하다.'로 해석한다.

이와 달리 B학파는 심성론에 따라 해석하지 않고 예를 중심으로 해석한다. 이들은 '극'을 '능숙하다.'로, '기'는 '몸'으로 이해한다. 또 '복'을 '한 번 했던 동작을 거듭하여 실천하다.'로 풀이한다. 그리고 예에 대한 인식도 달라서 '예'를 천리가 아닌 '본받아야 할 행위'로 이해한다. 예를 들면 제사에 참여하여 어른들의 행위를 모방하면서 자신의 역할을 수행하는 것이 이에 해당한다. 따라서 이들의 해석에 따르면, '기복례'는 '몸이 본받아야 할 행위를 거듭 실행함'이 되고, '극'과 연결하여 해석하면 '몸이 본받아야 할 행위를 거듭 실행하여 능숙하게 되다.'가 된다.

두 학파가 동일한 구절을 달리 해석하는 또 다른 이유는 그들이 지향하는 철학적 관심이 다르기 때문이다. A학파는 '극기'를 '사욕의 제거'로 해석하면서, 용례상으로나 구문론상으로 "왜 꼭 그렇게 해석해야만 하는가?"라는 질문에 답하는 대신 자신들의 철학적 체계에 따른 해석을 고수한다. 그들의 관심은 악의 문제를 어떻게 설명할 것인가라는 문제에 집중되고 있다. B학파는 '극기복례'에 사용된 문자 하나하나의 용례를 추적하여 A학파의 해석이 《논어》가 만들어졌을 당시의 유가 사상과 거리가 있다는 것을 밝히려 한다. 그들은 욕망의 제거가 아닌 '모범적 행위의 창안'이라는 맥락에서 유가의 정통성을 찾으려 한다.

① A학파는 '기'를 극복의 대상으로 삼고, 천리를 행위의 기준으로 삼을 것이다.
② A학파에 의하면, '예'의 실천은 태어날 때부터 마음에 갖추고 있는 원리에 따라 이루어질 것이다.
③ B학파는 마음의 본래 모습을 회복함으로써 악을 제거하려 할 것이다.
④ B학파는 '기'를 숙련 행위의 주체로 이해하며, 선인의 행위를 모범으로 삼을 것이다.
⑤ B학파에 의하면, '예'의 실천은 구체적 상황에서 규범 행위의 모방과 재연을 통해서 이루어질 것이다.

다음 글의 내용과 부합하는 것은?

조선시대 우리의 전통적인 전술은 흔히 장병(長兵)이라고 불리는 것이었다. 장병은 기병(騎兵)과 보병(步兵)이 모두 궁시(弓矢)나 화기(火器)같은 장거리 무기를 주무기로 삼아 원격전(遠隔戰)에서 적을 제압하는 것이 특징이었다. 이에 반해 일본의 전술은 창과 검을 주무기로 삼아 근접전(近接戰)에 치중하였기에 단병(短兵)이라 일컬어졌다. 이러한 전술상의 차이로 인해 임진왜란 이전에는 조선의 전력(戰力)이 일본의 전력을 압도하는 형세였다. 조선의 화기 기술은 고려 말 왜구를 효과적으로 격퇴하는 방도로 수용된 이래 발전을 거듭했지만, 단병에 주력하였던 일본은 화기 기술을 습득하지 못하고 있었다.

그러나 이러한 전력상의 우열관계는 임진왜란 직전 일본이 네덜란드 상인들로부터 조총을 구입함으로써 역전되고 말았다. 일본의 새로운 장병 무기가 된 조총은 조선의 궁시나 화기보다도 사거리나 정확도 등에서 훨씬 우세하였다. 조총은 단지 조선의 장병 무기류를 압도하는데 그치지 않고 일본이 본래 가지고 있던 단병 전술의 장점을 십분 발휘하게 하였다. 조선이 임진왜란때 육전(陸戰)에서 참패를 거듭한 것은 정치, 사회 전반의 문제가 일차적 원인이겠지만, 이러한 전술상의 문제에도 전혀 까닭이 없지 않았던 것이다. 그러나 일본은 근접전이 불리한 해전(海戰)에서 조총의 화력을 압도하는 대형 화기의 위력에 눌려 끝까지 열세를 만회하지 못했다. 일본은 화약무기 사용의 전통이 길지 않았기 때문에 해전에서도 조총만을 사용하였다. 반면 화기 사용의 전통이 오래된 조선의 경우 비록 육전에서는 소형 화기가 조총의 성능을 당해내지 못했지만, 해전에서는 함선에 탑재한 대형 화포의 화력이 조총의 성능을 압도하였다. 해전에서 조선 수군이 거둔 승리는 이순신의 탁월한 지도력에도 힘입은 바 컸지만, 이러한 장병 전술의 우위가 승리의 기본적인 토대가 되었던 것이다.

① 장병 무기인 조총은 일본의 근접 전투 기술을 약화시켰다.
② 조선의 장병 전술은 고려 말 화기의 수용으로부터 시작되었다.
③ 임진왜란 당시 조선은 육전에서 전력상 우위를 점하고 있었다.
④ 원격전에 능한 조선 장병 전술의 장점이 해전에서 잘 발휘되었다.
⑤ 임진왜란 때 조선군이 참패한 일차적인 원인은 무기 기술의 열세에 있었다.

다음 글의 내용과 부합하지 않는 것은?

프랑스의 과학기술자인 브루노 라투르는 아파트 단지 등에서 흔히 보이는 과속방지용 둔덕을 통해 기술이 인간에게 어떤 역할을 수행하는지를 흥미롭게 설명한다. 운전자들은 둔덕 앞에서 자연스럽게 속도를 줄인다. 그런데 운전자가 이렇게 하는 이유는 이웃을 생각해서가 아니라, 빠른 속도로 둔덕을 넘었다가는 차에 무리가 가기 때문이다. 즉 둔덕은 "타인을 위해 과속을 하면 안 된다."는 (사람들이 잘 지키지 않는) 도덕적 심성을 "과속을 하면 내 차에 고장이 날 수 있다."는 (사람들이 잘 지키는) 이기적 태도로 바꾸는 역할을 한다. 라투르는 과속방지용 둔덕을 '잠자는 경찰'이라고 부르면서, 이것이 교통경찰의 역할을 대신한다고 보았다. 이렇게 라투르는 인간이 했던 역할을 기술이 대신 수행함으로써 우리 사회의 훌륭한 행위자가 된다고 하였다.

라투르는 총기의 예도 즐겨 사용한다. 총기 사용 규제를 주장하는 사람들은 총이 없으면 일어나지 않을 살인 사건이 총 때문에 발생한다고 주장한다. 반면에 총기 사용 규제에 반대하는 그룹은 살인은 사람이 저지르는 것이며, 총은 중립적인 도구일 뿐이라고 주장한다. 라투르는 전자를 기술결정론, 후자를 사회결정론으로 분류하면서 이 두 가지 입장을 모두 비판한다. 그의 주장은 사람이 총을 가짐으로써 사람도 바뀌고 총도 바뀐다는 것이다. 즉 총과 사람의 합체라는 잡종이 새로운 행위자로 등장하며, 이 잡종 행위자는 이전에 가졌던 목표와는 다른 목표를 가지게 된다. 예를 들어 원래는 다른 사람에게 겁만 주려 했는데, 총이 손에 쥐어져 있어 살인을 저지르게 되는 식이다.

라투르는 서양의 학문이 자연, 사회, 인간만을 다루어 왔다고 강하게 비판한다. 라투르에 따르면 서양의 학문은 기술과 같은 '비인간'을 학문의 대상에서 제외했다. 과학이 자연을 탐구하려면 기술이 바탕이 되는 실험기기에 의존해야 하지만, 과학은 기술을 학문 대상이 아닌 도구로 취급했다. 사회 구성 요소 중에 가장 중요한 것은 기술이지만, 사회과학자들은 기술에는 관심이 거의 없었다. 철학자들은 인간을 주체/객체로 나누면서, 기술을 저급하고 수동적인 대상으로만 취급했다. 그 결과 기술과 같은 비인간이 제외된 자연과 사회가 근대성의 핵심이 되었다. 결국 라투르는 행위자로서 기술의 능동적 역할에 주목하면서 이를 통해 서구의 근대적 과학과 철학이 범했던 자연/사회, 주체/객체의 이분법을 극복하고자 하였다.

① 라투르는 총과 사람의 합체로 탄생되는 잡종 행위자를 막기 위해서는 총기 사용을 규제해야 한다고 주장했다.
② 라투르는 서양의 학문이 자연, 사회, 인간만을 다루고 학문의 대상에서 기술을 제외했다고 비판했다.
③ 라투르는 행위자로서의 기술의 능동적 역할에 주목하여 자연과 사회의 이분법을 극복하고자 하였다.
④ 라투르는 과속방지용 둔덕이 행위자로서의 능동적 역할을 한다고 주장했다.
⑤ 라투르는 인간이 맡았던 역할을 기술이 대신 수행하는 것을 인정했다.

다음 글에서 추론할 수 없는 것은?

우리 민족은 고유한 성(姓)과 더불어 성 씨 앞에 특정 지역의 명칭을 붙여 사용하고 있다. 이를 본관이라고 하는데, 본관의 사용은 고려시대부터 시작되었다. 고려전기 본관제(本貫制)의 기능은 무엇보다 민(民)에 대한 통제책과 밀접하게 관련되어 있었다. 민의 거주지를 파악하기 위한 수단이었음은 물론 신분, 계층, 역(役) 등을 파악하고 통제하는 수단이 되었다. 운영원리로 볼 때 지역 간 또는 지역 내의 위계적인 지배방식과도 관련되어 있었다. 그리고 그것은 국가권력의 의사가 개별 민에게 일방적으로 관철되는 방식이 아니라 향촌 사회에 존재하고 있던 공동체적 관계를 통해 관철되는 방식이었다.

12세기부터 향촌사회에서 향촌민이 몰락하여 계급분화가 심화되고 유망(流亡) 현상이 극심하게 일어나면서, 본관제를 통한 거주지 통제정책은 느슨해져 갔다. 이러한 상황에 대처하여 고려정부는 민이 거주하고 있는 현재의 거주지를 인정하고 그 거주지의 민을 호적에 올려 수취를 도모하는 정책을 시도하게 되었다. 이에 따라 지역 간 위계를 두는 지배방식을 유지하기 어렵게 되었다. 향, 소, 부곡과 같은 특수행정구역이 감소되었으며, 부곡민도 일반 군현민과 서로 교류하고 이동할 정도로 군현민과의 신분적인 차이가 미미해졌다.

향촌사회의 변동은 많은 변화를 초래하였다. 먼저 향리층이 이전처럼 향촌질서를 주도하기 어려워졌다. 향리층은 본관을 떠나 이동하였고, 토착적 성격이 희박해진 속성(續姓)이 증가하였다. 이들은 살기 좋은 곳을 찾아 이주하거나 외향(外鄕-어머니의 고향)이나 처향(妻鄕)에서 지역 기반을 마련하는 경우가 많았다. 향리 층은 아전층인 이족(吏族)과 재지품관층인 사족(士族)으로 분화하기 시작하였고, 이후 사족은 지방관과 함께 향촌사회 지배의 일부를 담당했다. 또한 본관이 점차 관념적인 혈연을 의미하는 것으로 바뀌게 되었고, 동성 (同姓)은 본래 동본(同本)이었다는 관념이 커지게 되었다. 동성동본 관념은 성관(姓貫)의 통합을 촉진시켰고, 군소 성관들이 본래의 본관을 같은 성(姓)의 유력 본관에 따라 고치는 현상을 확대시켰다.

본관제의 성격이 변화함에 따라, 죄지은 자를 자기 본관으로 돌려보내는 귀향형(歸鄕刑)이나 특정한 역에 편입시키는 충상호형(充常戶刑)과 같은 법제는 폐지되었다. 그러한 법제는 본관제의 기능과 관련해서만 유의미한 것이었기 때문이다.

① 향촌사회의 변화에 따라 사족은 향촌사회 지배의 일부를 담당했다.
② 이족과 사족의 분화는 동성동본 관념이 발생하는 원인이 되었다.
③ 귀향형이나 충상호형은 민에 대한 통제정책, 위계적인 지역지배와 관련된 것이었다.
④ 향촌민의 몰락과 유망 등 사회적 변동으로 인해 본관제의 통제적 성격은 점차 약화되어 갔다.
⑤ 12세기 이후 향, 소, 부곡과 같은 특수행정구역은 줄어들기 시작하였으며, 부곡민과 일반 군현민의 신분적 차이도 줄어들었다.

다음 글의 내용과 부합하지 않는 것은?

국가의 정체(政體)를 규명할 때 공화정과 민주제를 혼동하지 않으려면 다음 두 가지를 구분해야 한다. 첫째, 국가의 최고 권력을 갖고 있는 통치자, 다시 말해 주권자가 누구인가? 둘째, 국가의 최고 권력이 실행되는 방식이 무엇인가? 첫 번째 질문에 대한 답으로 세 가지 정체만을 말할 수 있다. 통치자가 단 한 명인 군주제, 일부 특정 소수가 통치자인 귀족제, 모든 사람이 통치자인 민주제이다. 두 번째 질문에 대한 답으로 정부의 두 가지 형태만을 말할 수 있다. 공화정과 전제정이다. 공화정에서는 입법부에서 정부의 집행권(행정권)이 분리된다. 전제정에서는 정부가 법률을 제정할 뿐만 아니라 그것을 독단적으로 집행한다. 전제정은 공적 의지에 따른 행정이지만, 사실상 통치자의 개인적 의지와 동일하다. 민주제는 '민주(民主)'라는 그 의미에서 알 수 있듯이 필연적으로 전제정이다. 민주제에서는 설사 반대 의견을 가진 개인이 존재하더라도, 형식상 그 반대자를 포함한 국민 전체가 법률을 제정하여 집행하기 때문이다. 이 경우 국민 전체는 실제로 전체가 아니라 단지 다수일 뿐이다.

대의(代議) 제도를 따르지 않은 어떤 형태의 정부도 진정한 정체라 말할 수 없다. 군주제와 귀족제는 통치 방식이 기본적으로 대의적이지는 않지만, 대의 제도에 부합하는 통치 방식을 따를 수 있는 여지가 있다. 그러나 민주제에서는 대의 제도가 실현되기 어렵다. 왜냐하면 민주제에서는 국민 모두가 통치자이기를 바라기 때문이다. 한 국가의 통치자의 수가 적으면 적을수록 그리고 그들이 국민을 실제로 대표하면 할수록 그 국가의 정부는 공화정에 접근할 수 있다. 그리고 점진적 개혁에 의해 공화정에 근접할 것으로 기대할 수도 있다. 이런 이유로 완벽하게 합법적 정체인 공화정에 도달하는 것이 군주제보다는 귀족제에서 더 어려우며 민주제에서는 폭력 혁명이 아니면 도달하는 것이 불가능하다.

국민에게는 통치 방식이 매우 중요하다. 정부의 형태가 진정한 정체가 되려면 대의 제도를 실현해야 하고 그 제도를 통해서만 공화정이 가능하다. 대의 제도가 없는 정부의 형태는 전제정이나 폭정이 된다. 고대의 어떤 공화정도 대의 제도의 의의를 알지 못했고, 따라서 필연적으로 한 개인이 권력을 독점하는 절대적 전제주의가 되었다.

① 민주제는 반드시 전제정이 될 수밖에 없다.
② 대의 제도는 공화정이 되기 위한 필요조건이다.
③ 공화정의 가능성은 통치자의 수가 적을수록 커진다.
④ 민주제는 귀족제나 군주제와는 다르게 점진적 개혁을 통해 대의 제도를 실현한다.
⑤ 입법부에서 정부의 집행권이 분리되는가의 여부에 따라 공화정과 전제정을 구분할 수 있다.

다음 글의 내용과 부합하지 않는 것은?

글쓰기 양식은 글 내용을 담는 그릇으로 내용을 강제한다. 이런 측면에서 다산 정약용이 '원체(原體)'라는 문체를 통해 정치라는 내용을 담고자 했던 '양식 선택의 정치학'은 특별한 의미를 갖는다.

원체는 작가가 당대(當代)의 정치적 쟁점이 되는 핵심 개념을 액자화하여 새롭게 의미를 환기하려는 의도를, 과학적 방식에 의거하여 설득하려는 정치·과학적 글쓰기라고 할 수 있다. 당나라 한유가 다섯 개의 원체 양식의 문장을 지은 이후 후대의 학자들은 이를 모범으로 삼았다. 원체는 고문체는 아니지만 새롭게 부상한 문체로서, 당대 사상의 핵심 개념에 대해 정체성을 추구하는 분석적이고 학술적인 글쓰기이자 정치적 글쓰기로 정립되었다. 다산은 원체가 가진 이러한 정치·과학적 힘을 인식하고 《원정(原政)》이라는 글을 남겼다.

그런데 다산은 단순히 개인적인 차원에서 원체를 선택한 것이 아니었다. 그것은 새로운 시각의 정식화라는 당대의 문화적 추세를 반영한 것이었다. 다산의 원체와 유비될 수 있는 것으로 당시 새롭게 등장한 미술 사조인 정선(鄭敾)의 진경(眞景) 화법을 들 수 있다. 진경 화법에서 다산의 글쓰기와 구조적으로 유사한 점들을 찾을 수 있다. 진경 화법의 특징은 경관(景觀)을 모사하는 사경(寫景)에 있는 것이 아니라 회화적 재구성을 통하여 경관에서 받은 미적 감흥을 창조적으로 구현하는 데 있다. 이와 같은 진경 화법은 각 지방의 무수한 사경에서 터득한 시각의 정식화를 통해 만들어졌다. 실경을 새로운 기법을 통하여 정식화한 진경 화법은 다산이 전통적인 시무책(時務策) 형식을 탈피하고 새로운 관점으로 정치를 포착하고 표현하기 위해 채택한 원체의 글쓰기와 다를 바 없다. 다산이 쓴 《원정》은 기존 정치 개념의 답습 또는 모방이 아니라 정치의 정체성에 대한 질문을 통하여 그가 생각하는 정치에 관한 새로운 관점을 정식화하여 제시한 것이다.

① 원체는 분석적이고 과학적인 글쓰기 양식이다.
② 다산의 원체는 당대의 문화적 추세를 반영한다.
③ 진경 화법은 경관에서 받은 미적 감흥을 창조적으로 구현하였다.
④ 실물을 있는 그대로 모사하는 진경 화법은 《원정》과 구조적으로 유사하다.
⑤ 다산은 《원정》에서 기존의 정치 개념을 그대로 모방하기보다는 정치에 관한 새로운 관점을 제시하였다.

다음 글에 제시된 내용을 〈보기〉에서 모두 고르면?

지구에 도달하는 태양풍의 대부분은 지구의 자기장 밖으로 흩어지고, 일부는 지구의 자기장에 끌려 붙잡히기도 한다. 이렇게 붙잡힌 태양풍을 구성하는 전기를 띤 대전입자들은 자기장을 따라 자기의 북극과 남극 방향으로 지구 대기에 들어온다. 이 입자들은 자기장을 타고 나선형으로 맴돌면서 지구의 양쪽 자기극으로 쏟아진다. 하강한 대전입자는 고도 $100 \sim 500km$ 상공에서 대기와 충돌하면서 기체(원자와 분자)를 이온화하는 과정에서 가시광선과 자외선 및 적외선 영역의 빛을 낸다. 우리는 이 중 가시광선 영역의 오로라를 보는 것이다.

오로라의 스펙트럼을 분석해보면, 대기 중의 질소분자, 질소분자이온, 그리고 산소원자를 발견할 수 있다. 오로라에 포함되어 있는 이러한 이온화된 기체는 제각기 다른 파장의 빛을 낸다. 태양 흑점의 극대기에 나타나는 오로라에서 수소 원자 스펙트럼이 검출되는 경우가 있는데, 이것은 태양에서 날아오는 수소 원자 때문이다. 밤하늘의 수채화처럼 빛나는 오로라는 바로 태양이 보낸 그림엽서인 셈이다.

오로라는 TV 화면을 생각하면 이해하기 쉽다. TV 브라운관에서 전기장과 자기장에 의해 제어된 전자의 흐름이 스크린에 닿으면, 스크린에 코팅된 화학물질에 따라서 각각 다른 색깔로 빛나게 된다. 오로라의 발광도 대전입자, 특히 전자가 지구의 자기장을 따라 내려오며 발생한다. 오로라의 다양한 색깔은 대전입자와 충돌하는 원자의 성질에 따라 결정된다.

오로라가 가장 잘 나타나는 지역은 지구자기의 북극을 중심으로 $20 \sim 25$도 정도 떨어진 곳인데 이를 '오로라 대'라고 한다. 오로라 대는 지구자기 위도 $65 \sim 70$도에서 계란형의 타원을 이룬다. 오로라 대에서는 오로라 현상이 매년 100회 이상 빈번히 나타난다. 오로라 대에 속하는 지역은 시베리아 북부 연안, 알래스카 중부, 캐나다 중북부와 허드슨 만, 래브라도 반도, 아이슬란드 남방, 스칸디나비아 반도 북부 등이다.

오로라는 공기밀도가 희박한 상층부 $80 \sim 160km$ 높이의 열권에서 주로 발생하지만, 나타나는 시기와 모양에 따라 고도가 다르고, 상하의 범위도 $200 \sim 250km$, 드물게는 $1,000km$에 달하는 경우가 있다.

● **보 기** ●

ㄱ. 오로라의 발생 원인
ㄴ. 모양에 따른 오로라의 분류
ㄷ. 오로라의 색깔을 결정하는 요인
ㄹ. 오로라가 잘 나타나는 위도 범위
ㅁ. 태양 흑점의 크기와 오로라의 크기 사이의 상관관계

① ㄱ, ㄴ, ㄷ   ② ㄱ, ㄴ, ㅁ
③ ㄱ, ㄷ, ㄹ   ④ ㄴ, ㄹ, ㅁ
⑤ ㄷ, ㄹ, ㅁ

다음 글에서 갑이 세운 가설로 가장 적절한 것은?

식물학자 갑은 빨간색 꽃 또는 분홍색 꽃을 피우는 식물 종 A를 대상으로 연구하고 있다. 갑은 식물 종 A가 조사지역에 골고루 분포하며, 대체로 분홍색 꽃을 피운다는 것을 관찰하였다. 그런데 조사지역 내의 다른 식물 종 B가 자라고 있는 특정지역에는 A가 빨간색 꽃을 피우고 있음을 알아냈다. 즉 B가 자라지 않는 곳에서는 분홍색 꽃 A가, B가 자라는 곳에서는 빨간색 꽃 A가 분포하는 것을 확인하였다. 갑은 A의 꽃 색깔이 B의 분포와 연관이 있음을 인지하였다. 갑은 A의 꽃 색깔과 순종의 보존 즉 교잡되지 않는 순종의 재생산 사이의 관계를 설명하는 가설을 세우고 아래의 ⟨실험⟩을 실시하였다. 갑은 ⟨실험⟩의 결과가 그의 가설을 잘 지지하는 것을 확인하였다.

⟨실험⟩

분홍색 꽃 A와 빨간색 꽃 A를 똑같은 수로 B가 분포하는 지역에 파종해 보았다. 이 두 A종은 각각 분홍색 꽃과 빨간색 꽃을 피운 후 거의 같은 수의 씨앗을 만들어 냈다. 분홍색 꽃과 빨간색 꽃에서 수확한 씨앗들을 분석해 본 결과, 분홍색 꽃 A의 씨앗 중 40%는 분홍색 꽃 A와 B의 교잡종 씨앗이고 나머지는 순종 씨앗이었다. 빨간색 꽃 A의 씨앗 중 3%는 빨간색 꽃 A와 B의 교잡종 씨앗이고 나머지는 순종 씨앗이었다.

① B가 분포하는 지역에서는 빨간색 꽃 A보다 B가 순종의 보존에 유리하다.
② B가 분포하는 지역에서는 분홍색 꽃 A보다 B가 순종의 보존에 유리하다.
③ B의 분포 여부와 무관하게 분홍색 꽃 A가 빨간색 꽃 A보다 순종의 보존에 유리하다.
④ B가 분포하는 지역에서 빨간색 꽃 A는 분홍색 꽃 A보다 교잡을 줄여 순종의 보존에 유리한 씨앗을 만든다.
⑤ B가 분포하는 지역에서 분홍색 꽃 A는 빨간색 꽃 A보다 교잡을 늘려 순종의 보존에 유리한 씨앗을 만든다.

다음 글을 읽고 알 수 있는 사실로 적절하지 않은 것은?

우주의 크기는 인류의 오랜 관심사였다. 천문학자들은 이를 알아내기 위하여 먼 별들의 거리를 측정하려고 하였다. 18세기 후반에 허셜은 별의 '고유 밝기'가 같다고 가정한 뒤, 지구에서 관측되는 '겉보기 밝기'가 거리의 제곱에 비례하여 어두워진다는 사실을 이용하여 별들의 거리를 대략적으로 측정하였다. 그 결과 별들이 우주 공간에 균질하게 분포하는 것이 아니라, 전체적으로 납작한 원반 모양이지만 가운데가 위아래로 볼록한 형태를 이루며 모여 있음을 알게 되었다. 이 경우, 원반의 내부에 위치한 지구에서 사방을 바라본다면 원반의 납작한 면과 나란한 방향으로는 별이 많이 관찰되고 납작한 면과 수직인 방향으로는 별이 적게 관찰될 것인데, 이는 밤하늘에 보이는 '은하수'의 특징과 일치한다. 이에 착안하여 천문학자들은 지구가 포함된 천체들의 집합을 '은하'라고 부르게 되었다. 별들이 모여 있음을 알게 된 이후에는 그 너머가 빈 공간인지 아니면 또 다른 천체가 존재하는 공간인지 의문을 갖게 되었으며, '성운'에 대한 관심도 커졌다.

성운은 망원경으로 보았을 때, 뚜렷한 작은 점으로 보이는 별과는 다르게 얼룩처럼 번져 보인다. 성운이 우리 은하 내에 존재하는 먼지와 기체들이고 별과 그 주위의 행성이 생성되는 초기 모습인지, 아니면 우리 은하처럼 수많은 별이 모인 또 다른 은하인지는 오랜 논쟁거리였다. 앞의 가설을 주장한 학자들은 성운이 은하의 납작한 면 바깥에서는 많이 관찰되지만 정작 그 면 안에서는 거의 관찰되지 않는다는 사실을 근거로 내세웠다. 그들에 따르면, 성운이란 별이 형성되는 초기의 모습이므로 이미 별들의 형성이 완료되어 많은 별이 존재하는 은하의 납작한 면 안에서는 성운이 거의 관찰되지 않는다. 반면에 이들과 반대되는 가설을 주장한 학자들은 원반 모양의 우리 은하를 멀리서 비스듬한 방향으로 보면 타원형이 되는데, 많은 성운도 타원 모양을 띠고 있으므로 우리 은하처럼 독립적인 은하일 것이라고 생각하였다. 그들에 따르면, 성운이 우주 전체에 고루 퍼져 있음에도 우리 은하의 납작한 면 안에서 거의 관찰되지 않는 이유는 납작한 면 안의 수많은 별과 먼지, 기체들에 의해 약한 성운의 빛이 가려졌기 때문이다.

두 가설 중 어느 것이 맞는지는 지구와 성운 사이의 거리를 측정하면 알 수 있다. 이 거리를 측정하는 방법은 밝기가 변하는 별인 변광성의 연구로부터 나왔다. 주기적으로 밝기가 변하는 변광성 중에는 쌍성이 있는데, 밝기가 다른 두 별이 서로의 주위를 도는 쌍성은 지구에서 볼 때 두 별이 서로를 가리지 않는 시기, 밝은 별이 어두운 별 뒤로 가는 시기, 어두운 별이 밝은 별 뒤로 가는 시기마다 각각 관측되는 밝기에 차이가 생긴다. 이 경우에 별의 밝기는 시간에 따라 대칭적으로 변화한다. 한편, 또 다른 특성을 지닌 변광성도 존재하는데, 이 변광성의 밝기는 시간에 따라 비대칭적으로 변화한다. 이와 같은 비대칭적 밝기 변화는 두 별이 서로를 가리는 경우와 다른 것으로, 별의 중력과 복사압 사이의 불균형으로 인하여 별이 팽창과 수축을 반복할 때 방출되는 에너지가 주기적으로 변화하며 발생한다. 이러한 변광성을 세페이드 변광성이라고 한다.

1910년대에 마젤란 성운에서 25개의 세페이드 변광성이 발견되었다. 이들은 최대 밝기가 밝을수록 밝기의 변화주기가 더 길고, 둘 사이에는 수학적 관계가 있음이 알려졌다. 이러한 관계가 모든 세페이드 변광성에 대해 유효하다면, 하나의 세페이드 변광성의 거리를 알 때 다른 세페이드 변광성의 거리는 그 밝기 변화 주기로부터 고유 밝기를 밝혀내어 이를 겉보기 밝기와 비교함으로써 알 수 있다. 이를 바탕으로 어떤 성운에 속한 변광성을 찾아 거리를 알아냄으로써 그 성운의 거리도 알 수 있게 되었는데, 1920년대에 허블은 안드로메다 성운에 속한 세페이드 변광성을 찾아내어 그 거리를 계산한 결과 지구와 안드로메다 성운 사이의 거리가 우리 은하 지름의 열 배에 이른다고 밝혔다. 이로부터 성운이 우리 은하 바깥에 존재하는 독립된 은하임이 분명해지고 우주의 범위가 우리 은하 밖으로 확장되었다.

① 성운은 우주 전체에 고루 퍼져 분포한다.
② 안드로메다 성운은 별 주위에 행성이 생성되는 초기의 모습이다.
③ 밤하늘을 관찰할 때 은하수 안보다 밖에서 성운이 더 많이 관찰된다.
④ 밤하늘에 은하수가 관찰되는 이유는 우리 은하가 원반 모양이기 때문이다.
⑤ 타원 모양의 성운은 성운이 독립된 은하라는 가설을 뒷받침하는 증거이다.

다음 글의 내용으로 보아 적절하지 않은 것은?

조선 성종 8년(1477) 조정에서는 여성의 재가(再嫁)를 둘러싸고 토론이 벌어졌다. 그 계기가 된 것은 이심의 처 조 씨 사건이었다. 이 사건은 조 씨의 오빠인 조식이 전 칠원현감 김주가 과부인 누이집에 와서 유숙한 것을 두고 강간이라고 고발하면서 시작되었다. 조사 결과 김주와 조 씨는 이미 성혼한 사이였으나, 중매를 거치지는 않았다. 조식은 과부가 된 누이를 돌보지 않다가 그 누이의 재산을 차지하려고 무고한 것이었다. 이렇게 끝날 뻔했던 사건이 부녀자의 재가 문제로 논제가 옮겨가면서 양상이 달라졌다. 당시 성종이 전, 현직 고위 관료 46명을 불러 부녀자의 재가에 대한 의견을 들었는데, 다음이 대표적인 의견들이었다.

영동녕부사 노사신 등이 아뢰기를 "부인의 덕은 한 남편을 섬기는 것보다 더 큰 것이 없습니다. 그러나 젊은 나이에 과부가 된 자에게 재가를 허락하지 않는다면, 부모와 자식이 없어 의지할 곳이 없는 사람은 오히려 절개를 잃게 될 것입니다. 그런 이유로 국가에서 부녀자가 재가하는 것을 금지하지 않았으니 그전대로 하는 것이 편하겠습니다."라고 하였다.

지중추부사 구수영 등이 아뢰기를 "사족(士族)의 여자가 일찍 과부가 되어 생계가 막막해서 부득이 재가한 경우와 부모의 명으로 재가한 경우는 형세상 어쩔 수 없는 것이므로 《경국대전》에서도 세 번 시집가는 것에 대해서만 금지하고 있습니다. 그러나 자식이 있고, 집이 가난하지 않은데도 스스로 재가하는 자가 있으니 이는 정욕을 이기지 못한 것입니다. 금후 이 경우는 세 번 시집간 사례로 적용하는 것이 어떻겠습니까?"라고 하였다.

예조참판 이극돈 등이 아뢰기를 "《경국대전》에, '재가한 부녀자에게 작위를 주지 않고, 세 번 시집간 자는 실행(失行)한 자와 한가지로 아들과 손자에게 과거 응시와 현관(顯官 : 특정한 요직) 제수를 허락하지 않는다.'라고 하였으니, 이는 정상을 참작하여 법을 만든 것으로 풍속을 경계하고 장려하기에 족합니다. 결혼한 여자가 한 남편을 끝까지 섬기는 것이 마땅하지만, 불행히 일찍 과부가 되어서 의탁할 곳이 없으면 그 재가가 부득이 한데서 나온 것입니다. 국가에서 사람마다 절의를 가지고 책임지우는 것은 마땅한 일이지만, 일일이 논죄한다면 또한 어려울 것이니 《경국대전》에 따라서 시행함이 어떻겠습니까?"라고 하였다.

무령군 유자광 등이 아뢰기를 "예전에 정자(程子)가 가로되, '재가는 후세에 굶어 죽을 것을 두려워하여 하는 것이다. 절개를 잃는 것은 지극히 큰 일이고, 굶어 죽는 것은 지극히 작은 일이다.'라고 하였습니다. 세상 풍속이 절의를 돌아보지 않고 재가하고, 국가에 금령이 없어 절개를 잃은 자의 자손이 현관의 직에 오르는 일이 풍속을 이루며, 혼인을 주선하는 자가 없는데도 스스로 지아비를 구하는 자까지 있습니다. 금후 로는 부녀자들의 재가를 금지하고, 이를 어기는 자가 있으면 모두 실행한 것으로 처벌하고, 그 자손도 관직에 오르지 못하게 해야 합니다."라고 하였다.

유자광의 의견에 동조한 사람은 세 명뿐이었다. 성종은 "전(傳)에 이르기를 '신(信)은 부녀자의 덕이니 한 번 함께 하였으면 종신토록 고치지 않는다.'고 하였다. 그리하여 삼종지의(三從之義)라는 말이 있는 것인데 세상의 도리가 날로 비속해져 사족의 여자가 예의를 돌보지 않고 스스로 중매하여 다른 사람을 따르니, 이는 가풍을 무너뜨릴 뿐 아니라 유학의 가르침을 더럽히는 것이다. 이제부터는 재가한 여자의 자손은 관직에 임용되지 못하도록 하여 풍속을 바로잡도록 하라."라고 명하였다. 그에 따라 성종 16년(1485)에 수정된 《경국대전》에서는 재가한 여자의 아들과 손자는 과거에 응시하지 못하고 어떤 관직에도 임용되지 못하도록 규정되었다.

한편, 이심의 처 조 씨는 친척이 혼인을 주선하지 않았음에도 스스로 시집간 죄로, 김주는 조 씨와 혼인하되 예를 갖추지 않은 죄로 《대명률》의 "화간(和姦)한 자는 장 80에 처한다."라는 조항에 따라 모두 처벌하고 이혼시켰다. 조 씨 사건으로 촉발된 논의는 결과적으로 여성의 지위가 하락하게 되는 결정적 계기가 되었다. 이 논의 과정에서 재가의 상대가 된 남성이나 재혼한 남성에 대한 처벌은 언급조차 되지 않은 점도 당시 사회 분위기를 잘 보여 준다고 할 것이다.

① 당시에는 《경국대전》에 직접적인 처벌 조항이 없어도 다른 법률을 이용하여 처벌하는 것이 가능하였다.

② 수정된 《경국대전》은 세 번 시집간 여자에 대한 제재 규정을 두 번 시집간 여자에게 그대로 적용한 것이었다.

③ 《경국대전》에서 재가를 규정하는 조항은 관직에 오를 자격이 없는 신분의 사람에게는 실효성이 없었을 것이다.

④ 성종은 부녀자의 재가가 유학의 기준으로 볼 때 풍속을 타락시키는 것이라고 판단하여 소수 의견을 받아들였다.

⑤ 《경국대전》에서는 여자가 세 번 시집가는 것에 대해 실행의 경우와 마찬가지로 그 자손들에게 불이익을 주도록 하였다.

자료해석 50제

정답 및 해설 p. 42

01

〈19년 PSAT ㉠책형 2번〉   ○ △ ×

다음 〈표〉는 2018년 '갑'국 도시 A ~ F의 폭염주의보 발령일수, 온열질환자 수, 무더위 쉼터 수 및 인구수에 관한 자료이다. 이에 대한 〈보기〉의 설명 중 옳은 것만을 모두 고르면?

〈표〉 도시별 폭염주의보 발령일수, 온열질환자 수, 무더위 쉼터 수 및 인구수

도시 \ 구분	폭염주의보 발령일수 (일)	온열질환자 수 (명)	무더위 쉼터 수 (개)	인구수 (만 명)
A	90	55	92	100
B	30	18	90	53
C	50	34	120	89
D	49	25	100	70
E	75	52	110	80
F	24	10	85	25
전체	( )	194	597	417

● 보 기 ●

ㄱ. 무더위 쉼터가 100개 이상인 도시 중 인구수가 가장 많은 도시는 C이다.

ㄴ. 인구수가 많은 도시일수록 온열질환자 수가 많다.

ㄷ. 온열질환자 수가 가장 적은 도시와 인구수 대비 무더위 쉼터 수가 가장 많은 도시는 동일하다.

ㄹ. 폭염주의보 발령일수가 전체 도시의 폭염주의보 발령일수 평균보다 많은 도시는 2개이다.

① ㄱ, ㄴ
② ㄱ, ㄷ
③ ㄴ, ㄹ
④ ㄱ, ㄷ, ㄹ
⑤ ㄴ, ㄷ, ㄹ

02

다음 〈표〉는 1996 ~ 2015년 생명공학기술의 기술분야별 특허건수와 점유율에 관한 자료이다. 〈표〉와 〈조건〉에 근거하여 A ~ D에 해당하는 기술분야를 바르게 나열한 것은?

〈표〉 1996 ~ 2015년 생명공학기술의 기술분야별 특허건수와 점유율

(단위 : 건, %)

기술분야 \ 구분	전세계 특허건수	미국 점유율	한국 특허건수	한국 점유율
생물공정기술	75,823	36.8	4,701	6.2
A	27,252	47.6	1,880	( )
생물자원탐색기술	39,215	26.1	6,274	16.0
B	170,855	45.6	7,518	( )
생물농약개발기술	8,122	42.8	560	6.9
C	20,849	8.1	4,295	( )
단백질체기술	68,342	35.1	3,622	5.3
D	26,495	16.8	7,127	( )

※ 해당국의 점유율(%)= $\dfrac{\text{해당국의 특허건수}}{\text{전세계 특허건수}} \times 100$

● 조건 ●

• '발효식품개발기술'과 '환경생물공학기술'은 미국보다 한국의 점유율이 높다.
• '동식물세포배양기술'에 대한 미국 점유율은 '생물농약개발기술'에 대한 미국 점유율보다 높다.
• '유전체기술'에 대한 한국 점유율과 미국 점유율의 차이는 41%p 이상이다.
• '환경생물공학기술'에 대한 한국의 점유율은 25% 이상이다.

	A	B	C	D
①	동식물세포배양기술	유전체기술	발효식품개발기술	환경생물공학기술
②	동식물세포배양기술	유전체기술	환경생물공학기술	발효식품개발기술
③	발효식품개발기술	유전체기술	동식물세포배양기술	환경생물공학기술
④	유전체기술	동식물세포배양기술	발효식품개발기술	환경생물공학기술
⑤	유전체기술	동식물세포배양기술	환경생물공학기술	발효식품개발기술

다음 ⟨그림⟩과 ⟨표⟩는 '갑'국 맥주 소비량 및 매출액 현황에 관한 자료이다. 이에 대한 ⟨보고서⟩의 설명 중 옳지 않은 것은?

⟨그림⟩ 2010 ~ 2018년 국산맥주 소비량 및 수입맥주 소비량

※ 맥주 소비량(만 kL)=국산맥주 소비량+수입맥주 소비량

⟨표⟩ '갑'국 전체 맥주 매출액 대비 브랜드별 맥주 매출액 비중 순위

(단위 : %)

순위	2017년			2018년		
	브랜드명	비중	비고	브랜드명	비중	비고
1	파아스	37.4	국산	파아스	32.3	국산
2	하이프	15.6	국산	하이프	15.4	국산
3	드로이C	7.1	국산	클라우스	8.0	국산
4	막스	6.6	국산	막스	4.7	국산
5	프라이	6.5	국산	프라이	4.3	국산
6	아사리	3.3	수입	드로이C	4.1	국산
7	하이네펜	3.2	수입	R맥주	4.0	수입
8	R맥주	3.0	수입	아사리	3.8	수입
9	호가튼	2.0	수입	하이네펜	3.4	수입
10	갓포로	1.3	수입	파울러나	1.9	수입

　⊙ '갑'국 맥주 소비량은 2014년 이후 매년 꾸준하게 증가되어, 2013년 총 195만 7천 kL였던 맥주 소비량이 2018년에는 221만 6천 kL에 이르렀다. 이는 수입맥주 소비량의 증가가 주요 원인 중 한 가지로 파악된다.
　ⓛ 2010년 '갑'국 맥주 소비량 중 2 % 미만이었던 수입맥주 소비량 비중이 2018년에는 7 % 이상이 되었다.
　ⓒ 2014 ~ 2018년 '갑'국 수입맥주 소비량의 전년 대비 증가율 역시 매년 커지고 있다.
　2017년과 2018년 브랜드별 '갑'국 맥주시장 매출액 비중순위를 살펴보면 국산맥주 브랜드가 1 ~ 5위를 차지하여 매출액 비중 순위에서 강세를 나타냈다. 그럼에도 불구하고 ⓔ 맥주 매출액 상위 10개 브랜드 중 수입맥주 브랜드가 '갑'국 전체 맥주 매출액에서 차지하는 비중은 2017년보다 2018년에 커졌다. 그리고 ⓜ '갑'국 전체 맥주 매출액에서 상위 5개 브랜드가 차지하는 비중은 2017년에 비해 2018년에 작아졌다.

① ⊙
② ⓛ
③ ⓒ
④ ⓔ
⑤ ⓜ

04　　　　　　　　　　　　　　　　　〈19년 PSAT ㉮책형 25번〉　○ △ ✕

다음 〈표〉는 수면제 A ~ D를 사용한 불면증 환자 '갑' ~ '무'의 숙면시간을 측정한 결과이다. 이에 대한 〈보기〉의 설명 중 옳은 것만을 모두 고르면?

〈표〉 수면제별 숙면시간

(단위 : 시간)

수면제 ＼ 환자	갑	을	병	정	무	평균
A	5.0	4.0	6.0	5.0	5.0	5.0
B	4.0	4.0	5.0	5.0	6.0	4.8
C	6.0	5.0	4.0	7.0	( )	5.6
D	6.0	4.0	5.0	5.0	6.0	( )

● 보기 ●

ㄱ. 평균 숙면시간이 긴 수면제부터 순서대로 나열하면 C, D, A, B 순이다.
ㄴ. 환자 '을'과 환자 '무'의 숙면시간 차이는 수면제 C가 수면제 B보다 크다.
ㄷ. 수면제 B와 수면제 D의 숙면시간 차이가 가장 큰 환자는 '갑'이다.
ㄹ. 수면제 C의 평균 숙면시간보다 수면제 C의 숙면시간이 긴 환자는 2명이다.

① ㄱ, ㄴ
② ㄱ, ㄷ
③ ㄴ, ㄹ
④ ㄱ, ㄴ, ㄷ
⑤ ㄴ, ㄷ, ㄹ

다음 ⟨표⟩와 ⟨그림⟩은 '갑' 요리대회 참가자의 종합점수 및 항목별 득점기여도 산정 방법과 항목별 득점 결과이다. 이에 대한 ⟨보기⟩의 설명 중 옳은 것만을 모두 고르면?

⟨표⟩ 참가자의 종합점수 및 항목별 득점기여도 산정 방법

항목	가중치
맛	6
향	4
색상	4
식감	3
장식	3

※ 종합점수＝(항목별 득점×항목별 가중치)의 합계

※ 항목별 득점기여도＝$\dfrac{\text{항목별 득점×항목별 가중치}}{\text{종합점수}}$

⟨그림⟩ 전체 참가자의 항목별 득점 결과

(단위 : 점)

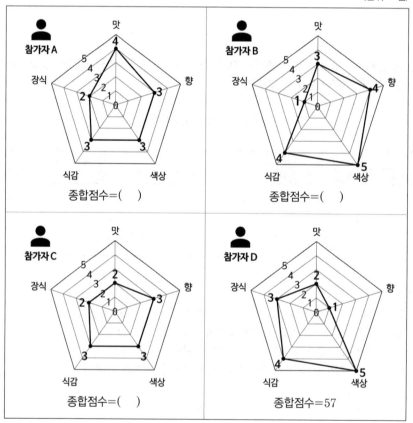

※ 종합점수가 클수록 순위가 높음

ㄱ. 참가자 A의 '색상' 점수와 참가자 D의 '장식' 점수가 각각 1점씩 상승하여도 전체 순위에는 변화가 없다.

ㄴ. 참가자 B의 '향' 항목 득점기여도는 참가자 A의 '색상' 항목 득점기여도보다 높다.

ㄷ. 참가자 C는 모든 항목에서 1점씩 더 득점하더라도 가장 높은 순위가 될 수 없다.

ㄹ. 순위가 높은 참가자일수록 '맛' 항목 득점기여도가 높다.

① ㄱ, ㄴ   ② ㄱ, ㄷ

③ ㄱ, ㄹ   ④ ㄴ, ㄷ

⑤ ㄴ, ㄹ

다음 〈표〉는 2016 ~ 2018년 '갑' 국 매체 A ~ D의 종사자 현황 자료이다. 이와 〈조건〉을 근거로 2018년 전체 종사자가 많은 것부터 순서대로 나열하면?

〈표〉 매체 A ~ D의 종사자 현황

(단위 : 명)

연도	매체	정규직			비정규직		
		여성	남성	소계	여성	남성	소계
2016	A	6,530	15,824	22,354	743	1,560	2,303
	B	3,944	12,811	16,755	1,483	1,472	2,955
	C	3,947	7,194	11,141	900	1,650	2,550
	D	407	1,226	1,633	31	57	88
2017	A	5,957	14,110	20,067	1,017	2,439	3,456
	B	2,726	11,280	14,006	1,532	1,307	2,839
	C	3,905	6,338	10,243	1,059	2,158	3,217
	D	370	1,103	1,473	41	165	206
2018	A	6,962	17,279	24,241	966	2,459	3,425
	B	4,334	13,002	17,336	1,500	1,176	2,676
	C	6,848	10,000	16,848	1,701	2,891	4,592
	D	548	1,585	2,133	32	593	625

● 조건 ●

• 2017년과 2018년 '통신'의 비정규직 종사자는 전년대비 매년 증가하였다.
• 2017년 여성 종사자가 가장 많은 매체는 '종이신문'이다.
• 2018년 '방송'의 정규직 종사자 수 대비 비정규직 종사자 수의 비율은 20 % 미만이다.
• 2016년에 비해 2017년에 남성 종사자가 감소했고 여성 종사자가 증가한 매체는 '인터넷신문'이다.

① 종이신문 – 방송 – 인터넷신문 – 통신
② 종이신문 – 인터넷신문 – 방송 – 통신
③ 통신 – 종이신문 – 인터넷신문 – 방송
④ 통신 – 인터넷신문 – 종이신문 – 방송
⑤ 인터넷신문 – 방송 – 종이신문 – 통신

다음 〈표〉는 조선시대 태조 ~ 선조 대 동안 과거 급제자 및 '출신신분이 낮은 급제자' 중 '본관이 없는 자', '3품 이상 오른 자'에 대한 자료이다. 이에 대한 〈보기〉의 설명 중 옳은 것만을 모두 고르면?

〈조선시대 과거 급제자〉

(단위 : 명)

왕대	전체 급제자	출신신분이 낮은 급제자		
			본관이 없는 자	3품 이상 오른 자
태조・정종	101	40	28	13
태종	266	133	75	33
세종	463	155	99	40
문종・단종	179	62	35	16
세조	309	94	53	23
예종・성종	478	106	71	33
연산군	251	43	21	13
중종	900	188	39	69
인종・명종	470	93	10	26
선조	1,112	186	11	40

※ 급제자는 1회만 급제한 것으로 가정함

●보기●

ㄱ. 태조・정종 대에 '출신신분이 낮은 급제자' 중 '본관이 없는 자'의 비율은 70％이지만, 선조 대에는 그 비율이 10％ 미만이다.

ㄴ. 태조・정종 대의 '출신신분이 낮은 급제자' 가운데 '본관이 없는 자'이면서 '3품 이상 오른 자'는 한 명 이상이다.

ㄷ. '전체 급제자'가 가장 많은 왕 대에 '출신신분이 낮은 급제자'도 가장 많다.

ㄹ. 중종 대의 '전체 급제자' 중에서 '출신신분이 낮은 급제자'가 차지하는 비율은 20％ 미만이다.

① ㄱ, ㄴ　　　　　　　② ㄱ, ㄷ
③ ㄴ, ㄷ　　　　　　　④ ㄱ, ㄴ, ㄹ
⑤ ㄴ, ㄷ, ㄹ

다음 〈표〉는 2011 ~ 2015년 군 장병 1인당 1일 급식비와 조리원 충원인원에 관한 자료이다. 이에 대한 설명으로 옳지 않은 것은?

〈군 장병 1인당 1일 급식비와 조리원 충원인원〉

연도 구분	2011	2012	2013	2014	2015
1인당 1일 급식비(원)	5,820	6,155	6,432	6,848	6,984
조리원 충원인원(명)	1,767	1,924	2,024	2,123	2,195
전년대비 물가상승률(%)	5	5	5	5	5

※ 2011 ~ 2015년 동안 군 장병 수는 동일함

① 2012년 이후 군 장병 1인당 1일 급식비의 전년대비 증가율이 가장 큰 해는 2014년이다.
② 2012년의 조리원 충원인원이 목표 충원인원의 88%라고 할 때, 2012년의 조리원 목표 충원인원은 2,100명보다 많다.
③ 2012년 이후 조리원 충원인원의 전년대비 증가율은 매년 감소한다.
④ 2011년 대비 2015년의 군 장병 1인당 1일 급식비의 증가율은 2011년 대비 2015년의 물가상승률보다 낮다.
⑤ 군 장병 1인당 1일 급식비의 5년(2011 ~ 2015년) 평균은 2013년 군 장병 1인당 1일 급식비보다 적다.

다음 〈그림〉과 〈규칙〉은 아마추어 야구대회에 참가한 A ~ E팀이 현재까지 치른 경기의 중간 결과와 대회 규칙을 나타낸 것이다. 이에 대한 〈보기〉의 설명 중 옳은 것만을 모두 고르면?

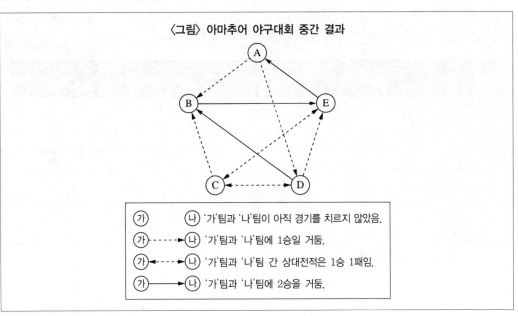

〈그림〉 아마추어 야구대회 중간 결과

가 ━━ 나	'가'팀과 '나'팀이 아직 경기를 치르지 않았음.
가 ┅┅▶ 나	'가'팀과 '나'팀에 1승일 거둠.
가 ┅┅▶ 나	'가'팀과 '나'팀 간 상대전적은 1승 1패임.
가 ━━▶ 나	'가'팀과 '나'팀에 2승을 거둠.

● 규 칙 ●

• 야구대회 기간 동안 A ~ E팀은 자신을 제외한 모든 팀과 두 번씩 경기를 하며, 각 경기에 무승부는 없다.
• 최종 승수는 모든 경기를 치른 후 팀별로 집계한다.

● 보 기 ●

ㄱ. 현재까지 치러지지 않은 경기는 모두 여섯 경기이다.
ㄴ. 현재까지 가장 많은 경기를 치른 팀은 B팀이다.
ㄷ. A팀이 남은 경기를 모두 승리한다면, 다른 팀들의 남은 경기 결과에 관계없이 A팀의 최종 승수가 가장 많다.
ㄹ. A팀이 남은 경기를 모두 승리하고 E팀이 남은 경기를 모두 패배한다면, D팀의 최종 승수는 4승이다.

① ㄱ, ㄴ　　　　　　　　　　② ㄱ, ㄷ
③ ㄴ, ㄹ　　　　　　　　　　④ ㄱ, ㄷ, ㄹ
⑤ ㄴ, ㄷ, ㄹ

다음은 8개 기관별 장애인 고용 현황에 관한 자료이다. 자료와 〈조건〉에 근거하여 A ~ D에 해당하는 기관을 바르게 나열한 것은?

〈기관별 장애인 고용 현황〉

(단위 : 명, %)

기관	전체 고용인원	장애인 고용의무인원	장애인 고용인원	장애인 고용률
남동청	4,013	121	58	1.45
A	2,818	85	30	1.06
B	22,323	670	301	1.35
북동청	92,385	2,772	1,422	1.54
C	22,509	676	361	1.60
D	19,927	598	332	1.67
남서청	53,401	1,603	947	1.77
북서청	19,989	600	357	1.79

※ 장애인 고용률(%) = $\dfrac{\text{장애인 고용인원}}{\text{전체 고용인원}} \times 100$

─● 조건 ●─

- 동부청의 장애인 고용의무인원은 서부청보다 많고, 남부청보다 적다.
- 장애인 고용률은 서부청이 가장 낮다.
- 장애인 고용의무인원은 북부청이 남부청보다 적다.
- 동부청은 남동청보다 장애인 고용인원은 많으나, 장애인 고용률은 낮다.

	A	B	C	D
①	동부청	서부청	남부청	북부청
②	동부청	서부청	북부청	남부청
③	서부청	동부청	남부청	북부청
④	서부청	동부청	북부청	남부청
⑤	서부청	남부청	동부청	북부청

다음은 2012년 34개국의 국가별 1인당 GDP와 학생들의 수학성취도 자료이다. 이에 대한 ⟨보기⟩의 설명 중 옳은 것만을 모두 고른 것은?

⟨국가별 1인당 GDP와 수학성취도⟩

(단위 : 천 달러, 점)

국가	1인당 GDP	수학성취도	국가	1인당 GDP	수학성취도
룩셈부르크	85	490	한국	29	554
카타르	77	( )	이스라엘	27	466
싱가포르	58	573	포르투갈	26	487
미국	47	481	체코	25	499
노르웨이	45	489	헝가리	21	477
네덜란드	42	523	폴란드	20	518
아일랜드	41	501	러시아	20	482
호주	41	504	칠레	17	423
덴마크	41	500	아르헨티나	16	388
캐나다	40	518	터키	16	448
스웨덴	39	478	멕시코	15	413
독일	38	514	말레이시아	15	421
핀란드	36	519	불가리아	14	439
일본	35	536	브라질	13	391
프랑스	34	495	태국	10	427
이탈리아	32	485	인도네시아	5	( )
스페인	32	484	베트남	4	511

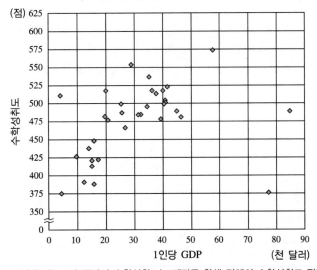

⟨국가별 1인당 GDP와 수학성취도⟩

※ 국가별 학생 수는 동일하지 않고, 각 국가의 수학성취도는 해당국 학생 전체의 수학성취도 평균이며, 34개국 학생 전체의 수학성취도 평균은 500점임

ㄱ. 1인당 GDP가 체코보다 높은 국가 중에서 수학성취도가 체코보다 높은 국가의 수와 낮은 국가의 수는 같다.

ㄴ. 수학성취도 하위 7개 국가의 1인당 GDP는 모두 2만 달러 이하이다.

ㄷ. 1인당 GDP 상위 5개 국가 중에서 수학성취도가 34개국 학생 전체의 평균보다 높은 국가는 1개이다.

ㄹ. 수학성취도 상위 2개 국가의 1인당 GDP 차이는 수학성취도 하위 2개 국가의 1인당 GDP 차이보다 크다.

① ㄱ, ㄴ   ② ㄱ, ㄷ

③ ㄴ, ㄷ   ④ ㄴ, ㄹ

⑤ ㄱ, ㄷ, ㄹ

다음은 2008 ~ 2013년 '갑'국 농·임업 생산액과 부가가치 현황에 관한 자료이다. 이에 대한 ⟨보기⟩의 설명 중 옳은 것만을 모두 고른 것은?

⟨농·임업 생산액 현황⟩

(단위 : 10억 원, %)

구분 \ 연도		2008	2009	2010	2011	2012	2013
농·임업 생산액		39,663	42,995	43,523	43,214	46,357	46,648
분야별 비중	곡물	23.6	20.2	15.6	18.5	17.5	18.3
	화훼	28.0	27.7	29.4	30.1	31.7	32.1
	과수	34.3	38.3	40.2	34.7	34.6	34.8

※ 1) 분야별 비중은 농·임업 생산액 대비 해당 분야의 생산액 비중임
　 2) 곡물, 화훼, 과수는 농·임업의 일부 분야임

⟨농·임업 부가가치 현황⟩

(단위 : 10억 원, %)

구분 \ 연도		2008	2009	2010	2011	2012	2013
농·임업 부가가치		22,587	23,540	24,872	26,721	27,359	27,376
GDP 대비 비중	농업	2.1	2.1	2.0	2.1	2.0	2.0
	임업	0.1	0.1	0.2	0.1	0.2	0.2

※ 1) GDP 대비 비중은 GDP 대비 해당 분야의 부가가치 비중임
　 2) 농·임업은 농업과 임업으로만 구성됨

• 보기 •

ㄱ. 농·임업 생산액이 전년보다 작은 해에는 농·임업 부가가치도 전년보다 작다.
ㄴ. 화훼 생산액은 매년 증가한다.
ㄷ. 매년 곡물 생산액은 과수 생산액의 50% 이상이다.
ㄹ. 매년 농업 부가가치는 농·임업 부가가치의 85% 이상이다.

① ㄱ, ㄴ　　　　　　　　　② ㄱ, ㄷ
③ ㄴ, ㄷ　　　　　　　　　④ ㄴ, ㄹ
⑤ ㄷ, ㄹ

식물학자 '갑'은 2016년 2월 14일 A지역에 위치한 B지점에 X식물을 파종하였다. 다음 〈조건〉과 자료를 근거로 산정한 X식물의 발아예정일로 옳은 것은?

● 조건 ●

• A지역 기온측정 기준점의 고도는 해발 110m이고, B지점의 고도는 해발 710m이다.
• A지역의 날씨는 지점에 관계없이 동일하나, 기온은 고도에 의해서 변한다. 지점의 고도가 10m 높아질 때마다 기온은 0.1℃씩 낮아진다.
• 발아예정일 산정방법
  1) 파종 후, 일 최고기온이 3℃ 이상인 날이 연속 3일 이상 존재한다.
  2) 1)을 만족한 날 이후, 일 최고기온이 0℃ 이하인 날이 1일 이상 존재한다.
  3) 2)를 만족한 날 이후, 일 최고기온이 3℃ 이상인 날이 존재한다.
  4) 발아예정일은 3)을 만족한 최초일에 6일을 더한 날이다. 단, 1)을 만족한 최초일 다음날부터 3)을 만족한 최초일 사이에 일 최고기온이 0℃ 이상이면서 비가 온 날이 있다면 그 날 수만큼 발아예정일이 앞당겨진다.

〈2016년 A지역의 날씨 및 기온측정 기준점의 일 최고기온〉

날짜	일 최고기온(℃)	날씨	날짜	일 최고기온(℃)	날씨
2월 15일	3.8	맑음	3월 6일	7.9	맑음
2월 16일	3.3	맑음	3월 7일	8.0	비
2월 17일	2.7	흐림	3월 8일	5.8	비
2월 18일	4.0	맑음	3월 9일	6.5	맑음
2월 19일	4.9	흐림	3월 10일	5.3	흐림
2월 20일	5.2	비	3월 11일	4.8	맑음
2월 21일	8.4	맑음	3월 12일	6.8	맑음
2월 22일	9.1	맑음	3월 13일	7.7	흐림
2월 23일	10.1	맑음	3월 14일	8.7	맑음
2월 24일	8.9	흐림	3월 15일	8.5	비
2월 25일	6.2	비	3월 16일	6.1	흐림
2월 26일	3.8	흐림	3월 17일	5.6	맑음
2월 27일	0.2	흐림	3월 18일	5.7	비
2월 28일	0.5	맑음	3월 19일	6.2	흐림
2월 29일	7.6	맑음	3월 20일	7.3	맑음
3월 1일	7.8	맑음	3월 21일	7.9	맑음
3월 2일	9.6	맑음	3월 22일	8.6	흐림
3월 3일	10.7	흐림	3월 23일	9.9	맑음
3월 4일	10.9	맑음	3월 24일	8.2	흐림
3월 5일	9.2	흐림	3월 25일	11.8	맑음

① 2016년 3월 7일
② 2016년 3월 8일
③ 2016년 3월 19일
④ 2016년 3월 27일
⑤ 2016년 3월 29일

14

다음은 학생 '갑'~'정'의 시험 성적에 관한 자료이다. 자료와 순위산정방식을 이용하여 순위를 산정할 때, 〈보기〉의 설명 중 옳은 것만을 모두 고른 것은?

〈'갑'~'정'의 시험 성적〉

(단위 : 점)

과목 학생	국어	영어	수학	과학
갑	75	85	90	97
을	82	83	79	81
병	95	75	75	85
정	89	70	91	90

〈순위산정방식〉

• A방식 : 4개 과목의 총점이 높은 학생부터 순서대로 1, 2, 3, 4위로 하되, 4개 과목의 총점이 동일한 학생의 경우 국어 성적이 높은 학생을 높은 순위로 함
• B방식 : 과목별 등수의 합이 작은 학생부터 순서대로 1, 2, 3, 4위로 하되, 과목별 등수의 합이 동일한 학생의 경우 A방식에 따라 산정한 순위가 높은 학생을 높은 순위로 함
• C방식 : 80점 이상인 과목의 수가 많은 학생부터 순서대로 1, 2, 3, 4위로 하되, 80점 이상인 과목의 수가 동일한 학생의 경우 A방식에 따라 산정한 순위가 높은 학생을 높은 순위로 함

●보 기●

ㄱ. A방식과 B방식으로 산정한 '병'의 순위는 동일하다.
ㄴ. C방식으로 산정한 '정'의 순위는 2위이다.
ㄷ. '정'의 과학점수만 95점으로 변경된다면, B방식으로 산정한 '갑'의 순위는 2위가 된다.

① ㄱ
② ㄴ
③ ㄷ
④ ㄱ, ㄴ
⑤ ㄱ, ㄴ, ㄷ

다음은 2011 ~ 2015년 국가공무원 및 지방자치단체공무원 현황과 국가공무원 및 지방자치단체공무원 중 여성 비율에 관한 자료이다. 이에 대한 설명으로 옳지 않은 것은?

〈국가공무원 및 지방자치단체공무원 현황〉

(단위 : 명)

연도 구분	2011	2012	2013	2014	2015
국가공무원	621,313	622,424	621,823	634,051	637,654
지방자치단체 공무원	280,958	284,273	287,220	289,837	296,193

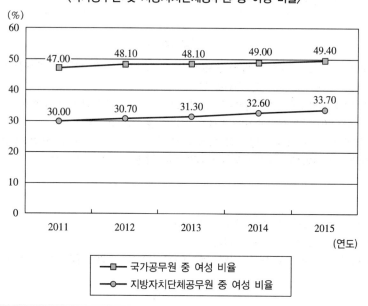

〈국가공무원 및 지방자치단체공무원 중 여성 비율〉

① 매년 국가공무원 중 여성 수는 지방자치단체공무원 중 여성 수의 3배 이상이다.

② 지방자치단체공무원 중 여성 수는 매년 증가하였다.

③ 매년 국가공무원 중 여성 수는 지방자치단체공무원 수보다 많다.

④ 국가공무원 중 남성 수는 2013년이 2012년보다 적다.

⑤ 국가공무원 중 여성 비율과 지방자치단체공무원 중 여성 비율의 차이는 매년 감소한다.

다음은 A ~ D지역으로만 이루어진 '갑'국의 2015년 인구 전입·전출과 2015, 2016년 지역별 인구에 관한 자료이다. 이에 대한 보고서의 내용 중 옳은 것만을 모두 고른 것은?

〈2015년 인구 전입·전출〉

(단위 : 명)

전출지＼전입지	A	B	C	D
A		190	145	390
B	123		302	260
C	165	185		110
D	310	220	130	

※ 1) 전입·전출은 A ~ D지역 간에서만 이루어짐
2) 2015년 인구 전입·전출은 2015년 1월 1일부터 12월 31일까지 발생하며, 동일인의 전입·전출은 최대 1회만 가능함
3) 예시 : '190'은 A지역에서 190명이 전출하여 B지역으로 전입하였음을 의미함

〈2015, 2016년 지역별 인구〉

(단위 : 명)

지역＼연도	2015	2016
A	3,232	3,105
B	3,120	3,030
C	2,931	( )
D	3,080	( )

※ 1) 인구는 매년 1월 1일 0시를 기준으로 함
2) 인구변화는 전입·전출에 의해서만 가능함

〈보고서〉

'갑'국의 지역 간 인구 이동을 파악하기 위해 2015년의 전입·전출을 분석한 결과 총 2,530명이 주소지를 이전한 것으로 파악되었다. '갑'국의 4개 지역 가운데 ㉠ 전출자 수가 가장 큰 지역은 A이다. 반면, ㉡ 전입자 수가 가장 큰 지역은 A, B, D지역으로부터 총 577명이 전입한 C이다. 지역 간 인구 이동은 지역경제 활성화에 따른 일자리 수요와 밀접하게 연관된다. 2015년 인구이동 결과, ㉢ 2016년 인구가 가장 많은 지역은 D이며, ㉣ 2015년과 2016년의 인구 차이가 가장 큰 지역은 A이다.

① ㉠, ㉡
② ㉠, ㉢
③ ㉡, ㉣
④ ㉢, ㉣
⑤ ㉠, ㉢, ㉣

다음은 OECD 주요 국가별 삶의 만족도 및 관련 지표를 나타낸 자료이다. 이에 대한 설명으로 옳지 않은 것은?

〈OECD 주요 국가별 삶의 만족도 및 관련 지표〉

(단위 : 점, %, 시간)

국가＼구분	삶의 만족도	장시간 근로자비율	여가·개인 돌봄시간
덴마크	7.6	2.1	16.1
아이슬란드	7.5	13.7	14.6
호주	7.4	14.2	14.4
멕시코	7.4	28.8	13.9
미국	7.0	11.4	14.3
영국	6.9	12.3	14.8
프랑스	6.7	8.7	15.3
이탈리아	6.0	5.4	15.0
일본	6.0	22.6	14.9
한국	6.0	28.1	14.6
에스토니아	5.4	3.6	15.1
포르투갈	5.2	9.3	15.0
헝가리	4.9	2.7	15.0

※ 장시간 근로자비율은 전체 근로자 중 주 50시간 이상 근무한 근로자의 비율임

① 삶의 만족도가 가장 높은 국가는 장시간 근로자비율이 가장 낮다.
② 한국의 장시간 근로자비율은 삶의 만족도가 가장 낮은 국가의 장시간 근로자비율의 10배 이상이다.
③ 삶의 만족도가 한국보다 낮은 국가들의 장시간 근로자비율의 산술평균은 이탈리아의 장시간 근로자비율보다 높다.
④ 여가·개인 돌봄시간이 가장 긴 국가와 가장 짧은 국가의 삶의 만족도 차이는 0.3점 이하이다.
⑤ 장시간 근로자비율이 미국보다 낮은 국가의 여가·개인 돌봄시간은 모두 미국의 여가·개인 돌봄시간보다 길다.

다음은 지역별 마약류 단속 건수에 관한 자료이다. 이에 대한 설명으로 옳은 것은?

〈지역별 마약류 단속 건수〉

(단위 : 건, %)

지역＼마약류	대마	마약	향정신성 의약품	합	비중
서울	49	18	323	390	22.1
인천·경기	55	24	552	631	35.8
부산	6	6	166	178	10.1
울산·경남	13	4	129	146	8.3
대구·경북	8	1	138	147	8.3
대전·충남	20	4	101	125	7.1
강원	13	0	35	48	2.7
전북	1	4	25	30	1.7
광주·전남	2	4	38	44	2.5
충북	0	0	21	21	1.2
제주	0	0	4	4	0.2
전체	167	65	1,532	1,764	100.0

※ 1) 수도권은 서울과 인천·경기를 합한 지역임
2) 마약류는 대마, 마약, 향정신성 의약품으로만 구성됨

① 대마 단속 전체 건수는 마약 단속 전체 건수의 3배 이상이다.
② 수도권의 마약류 단속 건수는 마약류 단속 전체 건수의 50% 이상이다.
③ 마약류 단속 건수가 없는 지역은 5곳이다.
④ 향정신성 의약품 단속 건수는 대구·경북 지역이 광주·전남 지역의 4배 이상이다.
⑤ 강원 지역은 향정신성 의약품 단속 건수가 대마 단속 건수의 3배 이상이다.

PSAT 엄선 150제 | NCS 학습영역 120제 | NCS 선택영역 60제

다음은 2009 ~ 2012년 도시폐기물량 상위 10개국의 도시폐기물량지수와 한국의 도시폐기물량에 관한 자료이다. 이에 대한 〈보기〉의 설명 중 옳은 것만을 모두 고른 것은?

〈도시폐기물량 상위 10개국의 도시폐기물량지수〉

순위	2009년		2010년		2011년		2012년	
	국가	지수	국가	지수	국가	지수	국가	지수
1	미국	12.05	미국	11.94	미국	12.72	미국	12.73
2	러시아	3.40	러시아	3.60	러시아	3.87	러시아	4.51
3	독일	2.54	브라질	2.85	브라질	2.97	브라질	3.24
4	일본	2.53	독일	2.61	독일	2.81	독일	2.78
5	멕시코	1.98	일본	2.49	일본	2.54	일본	2.53
6	프랑스	1.83	멕시코	2.06	멕시코	2.30	멕시코	2.35
7	영국	1.76	프랑스	1.86	프랑스	1.96	프랑스	1.91
8	이탈리아	1.71	영국	1.75	이탈리아	1.76	터키	1.72
9	터키	1.50	이탈리아	1.73	영국	1.74	영국	1.70
10	스페인	1.33	터키	1.63	터키	1.73	이탈리아	1.40

※ 도시폐기물량지수 = (해당연도 해당 국가의 도시폐기물량) / (해당연도 한국의 도시폐기물량)

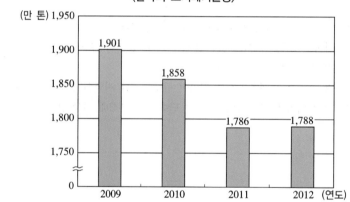

〈한국의 도시폐기물량〉

(만 톤)

- 2009: 1,901
- 2010: 1,858
- 2011: 1,786
- 2012: 1,788

(연도)

━● 보 기 ●━

ㄱ. 2012년 도시폐기물량은 미국이 일본의 4배 이상이다.
ㄴ. 2011년 러시아의 도시폐기물량은 8,000만 톤 이상이다.
ㄷ. 2012년 스페인의 도시폐기물량은 2009년에 비해 감소하였다.
ㄹ. 영국의 도시폐기물량은 터키의 도시폐기물량보다 매년 많다.

① ㄱ, ㄷ
② ㄱ, ㄹ
③ ㄴ, ㄷ
④ ㄱ, ㄴ, ㄹ
⑤ ㄴ, ㄷ, ㄹ

다음은 2015년과 2016년 '갑' 회사의 강사 A ~ E의 시급과 수강생 만족도에 관한 자료이다. 자료와 〈조건〉에 근거한 설명으로 옳은 것은?

〈강사의 시급 및 수강생 만족도〉

(단위 : 원, 점)

연도 / 구분 / 강사	2015		2016	
	시급	수강생 만족도	시급	수강생 만족도
A	50,000	4.6	55,000	4.1
B	45,000	3.5	45,000	4.2
C	52,000	( )	54,600	4.8
D	54,000	4.9	59,400	4.4
E	48,000	3.2	( )	3.5

● 조건 ●

당해 연도 시급 대비 다음 연도 시급의 인상률은 당해 연도 수강생 만족도에 따라 아래와 같이 결정됨(단, 강사가 받을 수 있는 시급은 최대 60,000원임)

수강생 만족도	4.5점 이상	4.0점 이상 4.5점 미만	3.0점 이상 4.0점 미만	3.0점 미만
인상률	10% 인상	5% 인상	동 결	5% 인하

① 강사 E의 2016년 시급은 45,600원이다.
② 2017년 시급은 강사 D가 강사 C보다 높다.
③ 2016년과 2017년 시급 차이가 가장 큰 강사는 C이다.
④ 강사 C의 2015년 수강생 만족도 점수는 4.5점 이상이다.
⑤ 2017년 강사 A와 강사 B의 시급 차이는 10,000원이다.

다음은 2013 ~ 2016년 기관별 R&D 과제 건수와 비율에 관한 자료이다. 자료를 이용하여 작성한 그래프로 옳지 않은 것은?

〈2013 ~ 2016년 기관별 R&D 과제 건수와 비율〉

(단위 : 건, %)

연도 구분 기관	2013		2014		2015		2016	
	과제 건수	비율	과제 건수	비율	과제 건수	비율	과제 건수	비율
기업	31	13.5	80	9.4	93	7.6	91	8.5
대학	47	20.4	423	49.7	626	51.4	526	49.3
정부	141	61.3	330	38.8	486	39.9	419	39.2
기타	11	4.8	18	2.1	13	1.1	32	3.0
전체	230	100.0	851	100.0	1,218	100.0	1,068	100.0

① 연도별 기업 및 대학 R&D 과제 건수

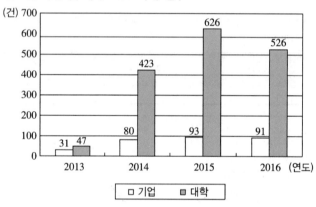

② 연도별 정부 및 전체 R&D 과제 건수

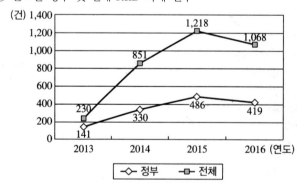

③ 2016년 기관별 R&D 과제 건수 구성비

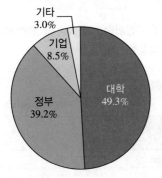

④ 전체 R&D 과제 건수의 전년 대비 증가율(2014 ~ 2016년)

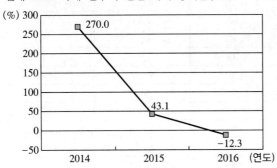

⑤ 연도별 기업 및 정부 R&D 과제 건수의 전년 대비 증가율(2014 ~ 2016년)

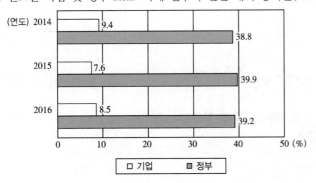

다음은 2010 ～ 2012년 남아공, 멕시코, 브라질, 사우디, 캐나다, 한국의 이산화탄소 배출량에 관한 자료이다. 다음 〈조건〉을 근거로 하여 A ～ D에 해당하는 국가를 바르게 나열한 것은?

〈2010 ～ 2012년 국가별 이산화탄소 배출량〉

(단위 : 천만 톤, 톤/인)

국가 \ 구분		연도 2010	2011	2012
한국	총배출량	56.45	58.99	59.29
	1인당 배출량	11.42	11.85	11.86
멕시코	총배출량	41.79	43.25	43.58
	1인당 배출량	3.66	3.74	3.75
A	총배출량	37.63	36.15	37.61
	1인당 배출량	7.39	7.01	7.20
B	총배출량	41.49	42.98	45.88
	1인당 배출량	15.22	15.48	16.22
C	총배출량	53.14	53.67	53.37
	1인당 배출량	15.57	15.56	15.30
D	총배출량	38.85	40.80	44.02
	1인당 배출량	1.99	2.07	2.22

※ 1인당 배출량(톤/인)＝$\dfrac{총배출량}{인구}$

┌─● 조건 ●─────────────────────────────────
• 1인당 이산화탄소 배출량이 2011년과 2012년 모두 전년 대비 증가한 국가는 멕시코, 브라질, 사우디, 한국이다.
• 2010 ～ 2012년 동안 매년 인구가 1억 명 이상인 국가는 멕시코와 브라질이다.
• 2012년 인구는 남아공이 한국보다 많다.
└──────────────────────────────────────

	A	B	C	D
①	남아공	사우디	캐나다	브라질
②	남아공	브라질	캐나다	사우디
③	캐나다	사우디	남아공	브라질
④	캐나다	브라질	남아공	사우디
⑤	캐나다	남아공	사우디	브라질

다음은 우리나라의 시·군 중 2013년 경지 면적, 논 면적, 밭 면적 상위 5개 시·군에 대한 자료이다. 이에 대한 〈보기〉의 설명 중 옳은 것만을 모두 고른 것은?

〈2013년 경지 면적, 논 면적, 밭 면적 상위 5개 시·군〉

(단위 : ha)

구분	순위	시·군	면적
경지 면적	1	해남군	35,369
	2	제주시	31,585
	3	서귀포시	31,271
	4	김제시	28,501
	5	서산시	27,285
논 면적	1	김제시	23,415
	2	해남군	23,042
	3	서산시	21,730
	4	당진시	21,726
	5	익산시	19,067
밭 면적	1	제주시	31,577
	2	서귀포시	31,246
	3	안동시	13,231
	4	해남군	12,327
	5	상주시	11,047

※ 1) 경지 면적=논 면적+밭 면적
  2) 순위는 면적이 큰 시·군부터 순서대로 부여함

━● 보 기 ●━

ㄱ. 해남군의 논 면적은 해남군 밭 면적의 2배 이상이다.
ㄴ. 서귀포시의 논 면적은 제주시 논 면적보다 크다.
ㄷ. 서산시의 밭 면적은 김제시 밭 면적보다 크다.
ㄹ. 상주시의 논 면적은 익산시 논 면적의 90% 이하이다.

① ㄱ, ㄴ ② ㄴ, ㄷ
③ ㄴ, ㄹ ④ ㄱ, ㄷ, ㄹ
⑤ ㄴ, ㄷ, ㄹ

다음은 2013년 '갑'국의 식품 수입액 및 수입 건수 상위 10개 수입상대국 현황에 관한 자료이다. 이에 대한 설명 중 옳은 것은?

〈2013년 '갑'국의 식품 수입액 및 수입 건수 상위 10개 수입상대국 현황〉

(단위 : 조 원, 건, %)

수입액				수입 건수			
순위	국가	금액	점유율	순위	국가	건수	점유율
1	중국	3.39	21.06	1	중국	104,487	32.06
2	미국	3.14	19.51	2	미국	55,980	17.17
3	호주	1.10	6.83	3	일본	15,884	4.87
4	브라질	0.73	4.54	4	프랑스	15,883	4.87
5	태국	0.55	3.42	5	이탈리아	15,143	4.65
6	베트남	0.50	3.11	6	태국	12,075	3.70
7	필리핀	0.42	2.61	7	독일	11,699	3.59
8	말레이시아	0.36	2.24	8	베트남	10,558	3.24
9	영국	0.34	2.11	9	영국	7,595	2.33
10	일본	0.17	1.06	10	필리핀	7,126	2.19
-	기타 국가	5.40	33.53	-	기타 국가	69,517	21.33

① 식품의 총 수입액은 17조 원 이상이다.

② 수입액 상위 10개 수입상대국의 식품 수입액 합이 전체 식품 수입액에서 차지하는 비중은 70% 이상이다.

③ 식품 수입액 상위 10개 수입상대국과 식품 수입 건수 상위 10개 수입상대국에 모두 속하는 국가 수는 6개이다.

④ 식품 수입 건수당 식품 수입액은 중국이 미국보다 크다.

⑤ 중국으로부터의 식품 수입 건수는 수입 건수 상위 10개 수입상대국으로부터의 식품 수입 건수 합의 45% 이하이다.

25

다음은 '갑' 택지지구의 개발 적합성 평가 기초 자료이다. 〈조건〉을 이용하여 '갑' 택지지구 내 A~E지역의 개발 적합성 점수를 계산했을 때, 개발 적합성 점수가 가장 낮은 지역과 가장 높은 지역을 바르게 나열한 것은?

〈'갑' 택지지구의 개발 적합성 평가 기초 자료〉

A~E지역 위치

	A			
		B		
C				
	D			
				E

토지이용 유형
(1-산림, 2-농지, 3-주택지)

1	1	2	2	2
1	2	2	2	3
2	2	2	3	3
2	2	3	3	3
2	3	3	3	3

경사도(%)

15	15	20	20	20
15	15	20	20	20
10	15	15	15	20
10	10	15	15	15
10	10	10	15	15

토지소유 형태
(1-국유지, 2-사유지)

2	2	2	2	2
1	1	1	1	1
1	1	1	1	1
2	2	2	2	2
2	2	2	2	2

※ 음영 지역(■)은 개발제한구역을 의미함

●조건●

- 평가 점수=(0.6×토지이용 기준 점수)+(0.4×경사도 기준 점수)
- 토지이용 기준 점수는 유형에 따라 산림 5점, 농지 8점, 주택지 10점이다.
- 경사도 기준 점수는 경사도 10%이면 10점, 나머지는 5점이다.
- 개발 적합성 점수는 토지소유 형태가 사유지이면 '평가 점수'의 80%를 부여하고, 국유지이면 100%를 부여한다. 단, 토지소유 형태와 상관없이 개발제한구역의 개발 적합성 점수는 0점으로 한다.

	가장 낮은 지역	가장 높은 지역
①	A	B
②	A	C
③	A	E
④	D	C
⑤	D	E

다음은 A ～ C차량의 연료 및 경제속도 연비, 연료별 리터당 가격에 관한 자료이다. ⟨조건⟩을 적용하였을 때, A ～ C차량 중 두 번째로 높은 연료비가 소요되는 차량과 해당 차량의 연료비를 바르게 나열한 것은?

⟨A ～ C차량의 연료 및 경제속도 연비⟩

(단위 : km/L)

차량 \ 구분	연료	경제속도 연비
A	LPG	10
B	휘발유	16
C	경유	20

※ 차량 경제속도는 60km/h 이상 90km/h 미만임

⟨연료별 리터당 가격⟩

(단위 : 원/L)

연료	LPG	휘발유	경유
가격	1,000	2,000	1,600

● 조건 ●

• A ～ C차량은 모두 아래와 같이 각 구간을 한 번씩 주행하고, 각 구간별 주행속도 범위 내에서만 주행한다.

구간	1구간	2구간	3구간
주행거리(km)	100	40	60
주행속도(km/h)	30 이상 60 미만	60 이상 90 미만	90 이상 120 미만

• A ～ C차량의 주행속도별 연비적용률은 다음과 같다.

차량	주행속도(km/h)	연비적용률(%)
A	30 이상 60 미만	50.0
	60 이상 90 미만	100.0
	90 이상 120 미만	80.0
B	30 이상 60 미만	62.5
	60 이상 90 미만	100.0
	90 이상 120 미만	75.0
C	30 이상 60 미만	50.0
	60 이상 90 미만	100.0
	90 이상 120 미만	75.0

※ 연비적용률이란 경제속도 연비 대비 주행속도 연비를 백분율로 나타낸 것임

	차량	연료비		차량	연료비
①	A	27,500원	②	A	31,500원
③	B	24,500원	④	B	35,000원
⑤	C	25,600원			

다음은 국가 A ~ H의 GDP와 에너지사용량에 관한 자료이다. 이에 대한 설명으로 옳지 않은 것은?

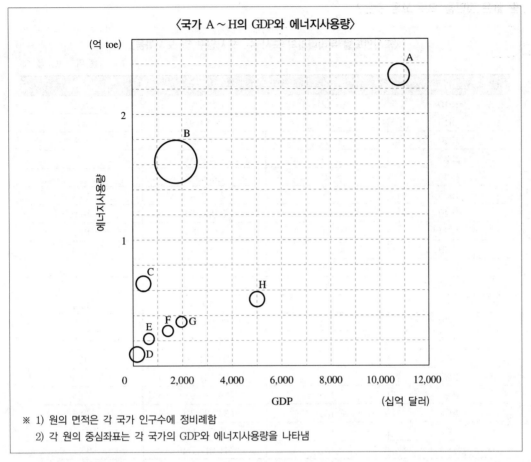

〈국가 A ~ H의 GDP와 에너지사용량〉

※ 1) 원의 면적은 각 국가 인구수에 정비례함
2) 각 원의 중심좌표는 각 국가의 GDP와 에너지사용량을 나타냄

① 에너지사용량이 가장 많은 국가는 A국이고 가장 적은 국가는 D국이다.
② 1인당 에너지사용량은 C국이 D국보다 많다.
③ GDP가 가장 낮은 국가는 D국이고 가장 높은 국가는 A국이다.
④ 1인당 GDP는 H국이 B국보다 높다.
⑤ 에너지사용량 대비 GDP는 A국이 B국보다 낮다.

다음은 조사연도별 우리나라의 도시 수, 도시인구 및 도시화율에 대한 자료이다. 이에 대한 〈보기〉의 설명 중 옳은 것만을 모두 고른 것은?

〈조사연도별 우리나라의 도시 수, 도시인구 및 도시화율〉

(단위 : 개, 명, %)

조사연도	도시 수	도시인구	도시화율
1910	12	1,122,412	8.4
1915	7	456,430	2.8
1920	7	508,396	2.9
1925	19	1,058,706	5.7
1930	30	1,605,669	7.9
1935	38	2,163,453	10.1
1940	58	3,998,079	16.9
1944	74	5,067,123	19.6
1949	60	4,595,061	23.9
1955	65	6,320,823	29.4
1960	89	12,303,103	35.4
1966	111	15,385,382	42.4
1970	114	20,857,782	49.8
1975	141	24,792,199	58.3
1980	136	29,634,297	66.2
1985	150	34,527,278	73.3
1990	149	39,710,959	79.5
1995	135	39,882,316	82.6
2000	138	38,784,556	84.0
2005	151	41,017,759	86.7
2010	156	42,564,502	87.6

※ 1) 도시화율(%) = $\frac{도시인구}{전체인구} \times 100$ 2) 평균 도시인구 = $\frac{도시인구}{도시 수}$

─● 보 기 ●─

ㄱ. 1949~2010년 동안 직전 조사연도에 비해 도시 수가 증가한 조사연도에는 직전 조사연도에 비해 도시화율도 모두 증가한다.

ㄴ. 1949~2010년 동안 직전 조사연도 대비 도시인구 증가폭이 가장 큰 조사연도에는 직전 조사연도 대비 도시화율 증가폭도 가장 크다.

ㄷ. 전체인구가 처음으로 4천만 명을 초과한 조사연도는 1970년이다.

ㄹ. 조사연도 1955년의 평균 도시인구는 10만 명 이상이다.

① ㄱ, ㄴ
② ㄱ, ㄷ
③ ㄴ, ㄷ
④ ㄴ, ㄹ
⑤ ㄱ, ㄷ, ㄹ

다음은 성인 500명이 응답한 온라인 도박과 오프라인 도박 관련 조사결과이다. 이에 대한 ⟨보기⟩의 설명 중 옳은 것만을 모두 고른 것은?

⟨온라인 도박과 오프라인 도박 관련 조사결과⟩

(단위 : 명)

온라인＼오프라인	×	△	○	합
×	250	21	2	( )
△	113	25	6	144
○	59	16	8	( )
계	422	( )	( )	500

※ 1) × : 경험이 없고 충동을 느낀 적도 없음
　2) △ : 경험은 없으나 충동을 느낀 적이 있음
　3) ○ : 경험이 있음

● 보 기 ●

ㄱ. 온라인 도박 경험이 있다고 응답한 사람은 83명이다.
ㄴ. 오프라인 도박에 대해, '경험은 없으나 충동을 느낀 적이 있음'으로 응답한 사람은 전체 응답자의 10% 미만이다.
ㄷ. 온라인 도박 경험이 있다고 응답한 사람 중 오프라인 도박 경험이 있다고 응답한 사람의 비중은 전체 응답자 중 오프라인 도박 경험이 있다고 응답한 사람의 비중보다 크다.
ㄹ. 온라인 도박에 대해, '경험이 없고 충동을 느낀 적도 없음'으로 응답한 사람은 전체 응답자의 50% 이하 이다.

① ㄱ, ㄴ
② ㄱ, ㄷ
③ ㄷ, ㄹ
④ ㄱ, ㄴ, ㄷ
⑤ ㄱ, ㄷ, ㄹ

다음은 2000 ~ 2013년 동안 세대문제 키워드별 검색 건수에 대한 자료이다. 이에 대한 〈보기〉의 설명 중 옳은 것만을 모두 고른 것은?

〈세대문제 키워드별 검색 건수〉

(단위 : 건)

연도	부정적 키워드		긍정적 키워드		전체
	세대갈등	세대격차	세대소통	세대통합	
2000	575	260	164	638	1,637
2001	520	209	109	648	1,486
2002	912	469	218	1,448	3,047
2003	1,419	431	264	1,363	3,477
2004	1,539	505	262	1,105	3,411
2005	1,196	549	413	1,247	3,405
2006	940	494	423	990	2,847
2007	1,094	631	628	1,964	4,317
2008	1,726	803	1,637	2,542	6,708
2009	2,036	866	1,854	2,843	7,599
2010	2,668	1,150	3,573	4,140	11,531
2011	2,816	1,279	3,772	4,008	11,875
2012	3,603	1,903	4,263	8,468	18,237
2013	3,542	1,173	3,809	4,424	12,948

● 보 기 ●

ㄱ. 부정적 키워드 검색 건수에 비해 긍정적 키워드 검색 건수가 많았던 연도의 횟수는 8번 이상이다.

ㄴ. '세대소통' 키워드의 검색 건수는 2005년 이후 매년 증가하였다.

ㄷ. 2001 ~ 2013년 동안 전년대비 전체 검색 건수 증가율이 가장 높은 해는 2002년이다.

ㄹ. 2002년에 전년대비 검색 건수 증가율이 가장 낮은 키워드는 '세대소통'이다.

① ㄱ, ㄴ   ② ㄱ, ㄷ

③ ㄴ, ㄹ   ④ ㄱ, ㄷ, ㄹ

⑤ ㄴ, ㄷ, ㄹ

다음은 수자원 현황에 대한 자료이다. 이를 바탕으로 작성한 보고서의 내용 중 옳은 것만을 모두 고른 것은?

〈지구상 존재하는 물의 구성〉

구분	총량	해수(바닷물)	담수		
			빙설(빙하, 만년설 등)	지하수	지표수(호수, 하천 등)
부피(백만 km^3)	1,386.1	1,351.0	24.0	11.0	0.1
비율(%)	100.000	97.468	1.731	0.794	0.007

〈세계 각국의 강수량〉

구분	한국	일본	미국	영국	중국	캐나다	세계평균
연평균 강수량 (mm)	1,245	1,718	736	1,220	627	537	880
1인당 강수량 (m^3/년)	2,591	5,107	25,022	4,969	4,693	174,016	19,635

〈주요 국가별 1인당 물사용량〉

국가	독일	덴마크	프랑스	영국	일본	이탈리아	한국	주
1인당 물사용량 (L/일)	132	246	281	323	357	383	395	480

〈보고서〉

급격한 인구증가와 지구온난화로 인하여 인류가 사용할 수 있는 물의 양이 줄어들면서 물 부족 문제가 심화되고 있다. ㉠ 지구상에 존재하는 물의 97% 이상이 해수이고, 나머지는 담수의 형태로 존재한다. ㉡ 담수의 3분의 2 이상은 빙하, 만년설 등의 빙설이고 나머지도 대부분 땅속에 있기 때문에, 손쉽게 이용 가능한 지표수는 매우 적다.

최근 들어 강수량 및 확보 가능한 수자원이 감소되고 있는 실정이다. UN 조사에 따르면 이러한 상황이 지속될 경우 20년 후 세계 인구의 3분의 2는 물 스트레스 속에서 살게 될 것으로 전망된다. ㉢ 한국의 경우, 연평균 강수량은 세계평균의 1.4배 이상이지만, 1인당 강수량은 세계평균의 12% 미만이다. 또한 연강수량의 3분의 2가 여름철에 집중되어 수자원의 계절별, 지역별 편중이 심하다.

이와 같이 수자원 확보의 어려움에 직면하고 있으나 ㉣ 한국의 1인당 물사용량은 독일의 2.5배 이상이며, 프랑스의 1.4배 이상으로 오히려 다른 나라에 비해 높은 편이다.

① ㉠, ㉡
② ㉠, ㉢
③ ㉢, ㉣
④ ㉠, ㉡, ㉣
⑤ ㉡, ㉢, ㉣

다음은 2012년 5월 공항별 운항 및 수송현황에 관한 자료이다. 자료와 〈보기〉를 근거로 하여 A ~ E에 해당하는 공항을 바르게 나열한 것은?

〈공항별 운항 및 수송현황〉

공항 \ 구분	운항편수(편)	여객 수(천 명)	화물량(t)
인천	20,818	3,076	249,076
A	11,924	1,836	21,512
B	6,406	( )	10,279
C	11,204	1,820	21,137
D	( )	108	1,582
광주	944	129	1,290
E	771	121	1,413
전체	52,822	7,924	306,289

※ 전체 공항은 광주, 김포, 김해, 대구, 인천, 제주, 청주공항으로 구성됨

• 보기 •

• 김포공항과 제주공항 여객 수의 합은 인천공항 여객 수보다 많다.
• 화물량이 많은 공항부터 순서대로 나열하면 제주공항이 세 번째이다.
• 김해공항 여객 수는 광주공항 여객 수의 6배 이상이다.
• 운항편수가 적은 공항부터 순서대로 나열하면 대구공항이 두 번째이다.
• 광주공항과 청주공항 운항편수의 합은 전체 운항편수의 5% 미만이다.

	A	B	C	D	E
①	김포	김해	제주	대구	청주
②	김포	김해	제주	청주	대구
③	김포	청주	제주	대구	김해
④	제주	청주	김포	김해	대구
⑤	제주	김해	김포	청주	대구

다음은 '갑' 도시의 인접한 두 지하철역 간 거리와 출발역에서 도착역까지의 소요시간에 관한 자료이다. 이에 대한 〈보기〉의 설명 중 옳은 것만을 모두 고른 것은?

〈인접한 두 지하철역 간 거리〉

하행 →

A   B   C   D   E   F

1.5km   1.6km   2.9km   8.2km   3.1km

← 상행

〈출발역에서 도착역까지의 소요시간〉

도착역 \ 출발역	A	B	C	D	E	F
A		1분 52초	4분 6초	7분 6초	13분 41초	16분 51초
B	1분 44초		1분 49초	4분 49초	11분 24초	14분 34초
C	3분 55초	1분 46초		2분 35초	9분 10초	12분 20초
D	6분 55초	4분 46초	2분 35초		6분 10초	9분 20초
E	13분 30초	11분 21초	9분 10초	6분 10초		2분 45초
F	16분 49초	14분 40초	12분 29초	9분 29초	2분 54초	

※ 1) 지하철은 모든 역에서 정차함
    2) 두 역 사이의 소요시간에는 출발역과 도착역을 제외하고 중간에 경유하는 모든 역에서의 정차시간이 포함되어 있음
       예를 들어, 〈표〉에서 B열과 D행이 만나는 4분 46초는 B역에서 출발하여 C역까지의 소요시간 1분 46초, C역에서의 정차시간, C역에서 D역까지의 소요시간 2분 35초가 더해진 것임

● 보 기 ●

ㄱ. 하행의 경우 B역에서의 정차시간은 25초이다.
ㄴ. 인접한 두 역 간 거리가 짧을수록 두 역 간 하행의 소요시간도 짧다.
ㄷ. 인접한 두 역 간 상행과 하행의 소요시간이 동일한 구간은 C ↔ D 구간뿐이다.

① ㄱ
② ㄴ
③ ㄱ, ㄴ
④ ㄴ, ㄷ
⑤ ㄱ, ㄴ, ㄷ

다음은 '가' 대학 2013학년도 2학기 경영정보학과의 강좌별 성적분포를 나타낸 것이다. 이에 대한 〈보기〉의 설명 중 옳은 것만을 모두 고른 것은?

〈2013학년도 2학기 경영정보학과의 강좌별 성적분포〉

(단위 : 명)

분야	강좌	담당 교수	교과목명	A+	A0	B+	B0	C+	C0	D+	D0	F	수강 인원
전공 기초	DBA-01	이성재	경영정보론	3	6	7	6	3	2	0	0	0	27
	DBA-02	이민부	경영정보론	16	2	29	0	15	0	0	0	0	62
	DBA-03	정상훈	경영정보론	9	9	17	13	8	10	0	0	0	66
	DEA-01	황욱태	회계학원론	8	6	16	4	9	6	0	0	0	49
전공 심화	MIC-01	이향옥	JAVA 프로그래밍	4	2	6	5	2	0	2	0	4	25
	MIG-01	김신재	e-비즈니스 경영	13	0	21	1	7	3	0	0	1	46
	MIH-01	황욱태	IT거버넌스	4	4	7	7	6	0	1	0	0	29
	MIO-01	김호재	CRM	14	0	23	8	2	0	2	0	0	49
	MIP-01	이민부	유비쿼터스 컴퓨팅	14	5	15	2	6	0	0	0	0	42
	MIZ-01	정상훈	정보보안관리	8	8	15	9	2	0	0	0	0	42
	MSB-01	이성재	의사결정 시스템	2	1	4	1	3	2	0	0	1	14
	MSD-01	김신재	프로젝트관리	3	3	6	4	1	1	0	1	0	19
	MSX-01	우희준	소셜네트워크 서비스	9	7	32	7	0	0	0	0	0	55

●보 기●

ㄱ. A(A+, A0)를 받은 학생 수가 가장 많은 강좌는 전공심화 분야에 속한다.

ㄴ. 전공기초 분야의 강좌당 수강인원은 전공심화 분야의 강좌당 수강인원보다 많다.

ㄷ. 강좌별 수강인원 중 A+를 받은 학생의 비율이 가장 낮은 강좌는 황욱태 교수의 강좌이다.

ㄹ. 전공기초 분야에 속하는 각 강좌에서는 A(A+, A0)를 받은 학생 수가 C(C+, C0)를 받은 학생 수보다 많다.

① ㄱ, ㄴ
② ㄱ, ㄷ
③ ㄱ, ㄹ
④ ㄴ, ㄹ
⑤ ㄷ, ㄹ

다음은 조선시대 화포인 총통의 종류별 제원에 관한 자료이다. 이에 대한 설명으로 옳지 않은 것은?

〈조선시대 총통의 종류별 제원〉

제원 \ 종류		천자총통	지자총통	현자총통	황자총통
전체길이(cm)		129.0	89.5	79.0	50.4
약통길이(cm)		35.0	25.1	20.3	13.5
구경	내경(cm)	17.6	10.5	7.5	4.0
	외경(cm)	22.5	15.5	13.2	9.4
사정거리		900보 ( )	800보 (1.01km)	800보 (1.01km)	1,100보 (1.39km)
사용되는 화약무게		30냥 (1,125g)	22냥 (825g)	16냥 (600g)	12냥 (450g)
총통무게		452근 8냥 (271.5kg)	155근 (93.0kg)	89근 (53.4kg)	36근 ( )
제조연도		1555	1557	1596	1587

① 전체길이가 짧은 총통일수록 사용되는 화약무게가 가볍다.
② 황자총통의 총통무게는 21.0kg 이하이다.
③ 제조연도가 가장 늦은 총통이 내경과 외경의 차이가 가장 크다.
④ 전체길이 대비 약통길이의 비율이 가장 큰 총통은 지자총통이다.
⑤ 천자총통의 사정거리는 1.10km 이상이다.

다음은 25 ~ 54세 기혼 비취업여성 현황과 기혼여성의 경력단절 사유에 관한 자료이다. 이를 이용하여 작성한 그래프로 옳지 않은 것은?

〈표 1〉 연령대별 기혼 비취업여성 현황

(단위 : 천 명)

연령대	기혼여성	기혼 비취업여성	실업자	비경제활동 인구
25 ~ 29세	570	306	11	295
30 ~ 34세	1,403	763	20	743
35 ~ 39세	1,818	862	23	839
40 ~ 44세	1,989	687	28	659
45 ~ 49세	2,010	673	25	648
50 ~ 54세	1,983	727	20	707
계	9,773	4,018	127	3,891

※ 기혼여성은 취업여성과 비취업여성으로 분류됨

〈표 2〉 기혼 경력단절여성의 경력단절 사유 분포

(단위 : 천 명)

연령대	개인·가족 관련 이유	결혼	임신·출산	자녀교육	기타	육아	가사	합
25 ~ 29세	179	85	68	1	25	58	9	246
30 ~ 34세	430	220	137	10	63	189	21	640
35 ~ 39세	457	224	107	29	97	168	55	680
40 ~ 44세	339	149	38	24	128	71	74	484
45 ~ 49세	322	113	14	12	183	32	80	434
50 ~ 54세	323	88	10	7	218	20	78	421
계	2,050	879	374	83	714	538	317	2,905

※ 1) 기혼 경력단절여성은 기혼 비취업여성 중에서 개인·가족 관련 이유, 육아, 가사 등의 이유로 인해 직장을 그만둔 상태에 있는 여성임
　2) 경력단절 사유에 복수로 응답한 경우는 없음

① 연령대별 기혼여성 중 경제활동인구

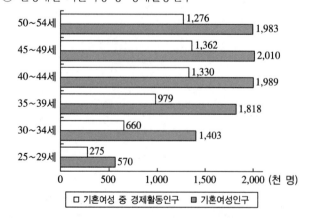

※ 경제활동인구＝취업자＋실업자

② 연령대별 기혼여성 중 비취업여성과 경력단절여성

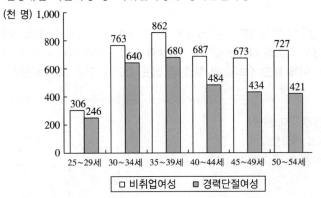

③ 25 ~ 54세 기혼 취업여성의 연령대 구성비

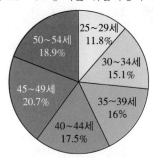

④ 30 ~ 39세 기혼 경력단절여성의 경력단절 사유 분포

(단위 : 천 명)

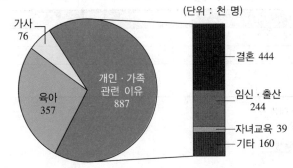

⑤ 25 ~ 54세 기혼 경력단절여성의 연령대 구성비

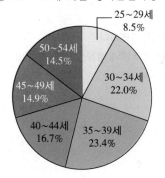

교수 A ~ C는 주어진 〈조건〉에서 학생들의 보고서를 보고 공대생 여부를 판단하는 실험을 했다. 다음은 교수 A ~ C가 공대생으로 판단한 학생의 집합을 나타낸 벤다이어그램과 실험 결과에 따라 교수 A ~ C의 정확도와 재현도를 계산한 자료이다. 이에 대한 〈보기〉의 설명 중 옳은 것만을 모두 고른 것은?

┌─● 조건 ●──┐

• 학생은 총 150명이며, 이 중 100명만 공대생이다.

• 학생들은 모두 1인당 1개의 보고서를 제출했다.

• 실험에 참가하는 교수 A ~ C는 150명 중 공대생의 비율을 알지 못한다.
└───┘

〈교수 A ~ C가 공대생으로 판단한 학생들의 집합〉

(단위 : 명)

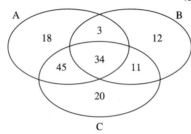

〈교수 A ~ C의 정확도와 재현도〉

교수	정확도	재현도
A	( )	( )
B	1	( )
C	$\dfrac{8}{11}$	$\dfrac{4}{5}$

※ 1) 정확도 = $\dfrac{\text{공대생으로 판단한 학생 중에서 공대생 수}}{\text{공대생으로 판단한 학생 수}}$

2) 재현도 = $\dfrac{\text{공대생으로 판단한 학생 중에서 공대생 수}}{\text{전체 공대생 수}}$

┌─● 보기 ●───────────────────────────────────────┐

ㄱ. A, B, C 세 교수 모두가 공대생이 아니라고 공통적으로 판단한 학생은 7명이다.

ㄴ. A, C 두 교수 모두가 공대생이라고 공통적으로 판단한 학생들 중에서 공대생의 비율은 60% 이상이다.

ㄷ. A교수의 재현도는 $\dfrac{1}{2}$ 이상이다.
└───┘

① ㄱ   ② ㄴ

③ ㄱ, ㄴ   ④ ㄴ, ㄷ

⑤ ㄱ, ㄴ, ㄷ

다음은 '갑'국의 2013년 복지종합지원센터, 노인복지관, 자원봉사자, 등록노인 현황에 관한 자료이다. 이에 대한 〈보기〉의 설명 중 옳은 것만을 모두 고른 것은?

〈복지종합지원센터, 노인복지관, 자원봉사자, 등록노인 현황〉

(단위 : 개소, 명)

구분 지역	복지종합지원센터	노인복지관	자원봉사자	등록노인
A	20	1,336	8,252	397,656
B	2	126	878	45,113
C	1	121	970	51,476
D	2	208	1,388	69,395
E	1	164	1,188	59,050
F	1	122	1,032	56,334
G	2	227	1,501	73,825
H	3	362	2,185	106,745
I	1	60	529	27,256
전국	69	4,377	30,171	1,486,980

┌─● 보 기 ●─────────────────────────────────
│ ㄱ. 전국의 노인복지관, 자원봉사자 중 A지역의 노인복지관, 자원봉사자의 비중은 각각 25% 이상이다.
│ ㄴ. A~I지역 중 복지종합지원센터 1개소당 노인복지관 수가 100개소 이하인 지역은 A, B, D, I이다.
│ ㄷ. A~I지역 중 복지종합지원센터 1개소당 자원봉사자 수가 가장 많은 지역과 복지종합지원센터 1개소당
│   등록노인 수가 가장 많은 지역은 동일하다.
│ ㄹ. 노인복지관 1개소당 자원봉사자 수는 H지역이 C지역보다 많다.
└──

① ㄱ, ㄴ   ② ㄱ, ㄷ

③ ㄱ, ㄹ   ④ ㄴ, ㄷ

⑤ ㄴ, ㄹ

다음은 2013년 A시 '가' ~ '다' 지역의 아파트 실거래 가격지수에 관한 자료이다. 이에 대한 설명으로 옳은 것은?

〈2013년 A시 '가' ~ '다' 지역의 아파트 실거래 가격지수〉

월＼지역	가	나	다
1	100.0	100.0	100.0
2	101.1	101.6	99.9
3	101.9	103.2	100.0
4	102.6	104.5	99.8
5	103.0	105.5	99.6
6	103.8	106.1	100.6
7	104.0	106.6	100.4
8	105.1	108.3	101.3
9	106.3	110.7	101.9
10	110.0	116.9	102.4
11	113.7	123.2	103.0
12	114.8	126.3	102.6

※ N월 아파트 실거래 가격지수 = $\dfrac{\text{해당지역의 N월 아파트 실거래 가격}}{\text{해당지역의 1월 아파트 실거래 가격}} \times 100$

① '가' 지역의 12월 아파트 실거래 가격은 '다' 지역의 12월 아파트 실거래 가격보다 높다.

② '나' 지역의 아파트 실거래 가격은 다른 두 지역의 아파트 실거래 가격보다 매월 높다.

③ '다' 지역의 1월 아파트 실거래 가격과 3월 아파트 실거래 가격은 같다.

④ '가' 지역의 1월 아파트 실거래 가격이 1억 원이면 '가' 지역의 7월 아파트 실거래 가격은 1억 4천만 원이다.

⑤ 2013년 7 ~ 12월 동안 아파트 실거래 가격이 각 지역에서 매월 상승하였다.

다음은 '갑'국의 주택보급률 및 주거공간 현황에 대한 자료이다. 이에 대한 〈보기〉의 설명 중 옳은 것만을 모두 고른 것은?

〈'갑'국의 주택보급률 및 주거공간 현황〉

연도	가구 수(천 가구)	주택보급률(%)	주거공간	
			가구당(m²/가구)	1인당(m²/인)
2000	10,167	72.4	58.5	13.8
2001	11,133	86.0	69.4	17.2
2002	11,928	96.2	78.6	20.2
2003	12,491	105.9	88.2	22.9
2004	12,995	112.9	94.2	24.9

※ 1) 주택보급률(%) $= \dfrac{\text{주택 수}}{\text{가구 수}} \times 100$

2) 가구당 주거공간(m²/가구) $= \dfrac{\text{주거공간 총면적}}{\text{가구 수}}$

3) 1인당 주거공간(m²/인) $= \dfrac{\text{주거공간 총면적}}{\text{인구 수}}$

• 보기 •

ㄱ. 주택 수는 매년 증가하였다.
ㄴ. 2003년 주택을 두 채 이상 소유한 가구 수는 2002년보다 증가하였다.
ㄷ. 2001 ~ 2004년 동안 1인당 주거공간의 전년 대비 증가율이 가장 큰 해는 2001년이다.
ㄹ. 2004년 주거공간 총면적은 2000년 주거공간 총면적의 2배 이상이다.

① ㄱ, ㄴ
② ㄱ, ㄷ
③ ㄴ, ㄹ
④ ㄱ, ㄷ, ㄹ
⑤ ㄴ, ㄷ, ㄹ

41

다음은 조선시대 지역별·시기별 시장 수에 관한 자료이다. 이에 대한 〈보기〉의 설명 중 옳은 것만을 모두 고른 것은?

〈조선시대 지역별·시기별 시장 수〉

(단위 : 개)

지역 \ 읍 수 \ 시기	읍 수	1770년	1809년	1830년	1908년
경기도	34	101	102	93	102
충청도	53	157	157	158	162
전라도	53	216	214	188	216
경상도	71	276	276	268	283
황해도	23	82	82	109	82
평안도	42	134	134	143	134
강원도	26	68	68	51	68
함경도	14	28	28	42	28
전국	316	1,062	1,061	1,052	1,075

※ 읍 수는 시기에 따라 변동이 없고, 시장은 읍에만 있다고 가정함

• 보 기 •

ㄱ. 1770년 대비 1908년의 시장 수 증가율이 가장 큰 지역은 경상도이다.
ㄴ. 지역별로 시장 수를 살펴보면 3개 이상의 시기에서 시장 수가 같은 지역은 4곳이다.
ㄷ. 시기별 시장 수 하위 5개 지역의 시장 수 합은 해당 시기 전체 시장 수의 50% 미만이다.
ㄹ. 1830년 각 지역의 읍당 시장 수를 살펴보면 함경도의 읍당 시장 수는 다섯 번째로 많다.

① ㄱ, ㄹ
② ㄴ, ㄷ
③ ㄴ, ㄹ
④ ㄱ, ㄴ, ㄷ
⑤ ㄴ, ㄷ, ㄹ

다음은 응시생 A∼J의 화학경시대회 성적에 관한 자료이다. 이에 대한 설명 중 옳은 것만을 모두 고른 것은?

⟨화학경시대회 성적⟩

응시생 \ 구분	정답 문항 수	오답 문항 수	풀지 않은 문항 수	점수(점)
A	19	1	0	93
B	18	2	0	86
C	17	1	2	83
D	( )	2	1	( )
E	( )	3	0	( )
F	16	1	3	78
G	16	( )	( )	76
H	( )	( )	( )	75
I	15	( )	( )	71
J	( )	( )	( )	64

※ 1) 총 20문항으로 100점 만점임
  2) 정답인 문항에 대해서는 각 5점의 득점, 오답인 문항에 대해서는 각 2점의 감점이 있고, 풀지 않은 문항에 대해서는 득점과 감점이 없음

•보 기•

ㄱ. 응시생 I의 '풀지 않은 문항 수'는 3이다.
ㄴ. '풀지 않은 문항 수'의 합은 20이다.
ㄷ. 80점 이상인 응시생은 5명이다.
ㄹ. 응시생 J의 '오답 문항 수'와 '풀지 않은 문항 수'는 동일하다.

① ㄱ, ㄴ
② ㄱ, ㄷ
③ ㄱ, ㄹ
④ ㄴ, ㄷ
⑤ ㄴ, ㄹ

43

다음은 2013년 말 미국기업, 중국기업, 일본기업이 A씨에게 제시한 2014 ~ 2016년 연봉과 2014 ~ 2016년 예상환율을 나타낸 자료이다. 이에 대한 설명으로 옳지 않은 것은?

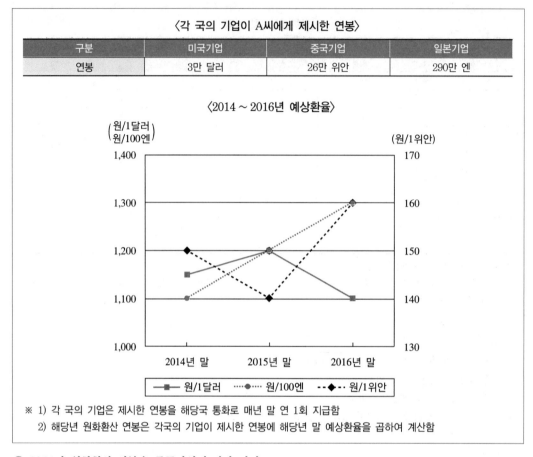

〈각 국의 기업이 A씨에게 제시한 연봉〉

구분	미국기업	중국기업	일본기업
연봉	3만 달러	26만 위안	290만 엔

〈2014 ~ 2016년 예상환율〉

※ 1) 각 국의 기업은 제시한 연봉을 해당국 통화로 매년 말 연 1회 지급함
   2) 해당년 원화환산 연봉은 각국의 기업이 제시한 연봉에 해당년 말 예상환율을 곱하여 계산함

① 2014년 원화환산 연봉은 중국기업이 가장 많다.
② 2015년 원화환산 연봉은 일본기업이 가장 적다.
③ 2016년 원화환산 연봉은 일본기업이 미국기업보다 많다.
④ 2015년 대비 2016년 중국기업의 원화환산 연봉의 증가율은 2014년 대비 2016년 일본기업의 원화환산 연봉의 증가율보다 크다.
⑤ 2015년 대비 2016년 미국기업의 원화환산 연봉의 감소율은 2014년 대비 2015년 중국기업의 원화환산 연봉의 감소율보다 크다.

다음은 A회사의 직급별 1인당 해외 여비지급 기준액과 해외 출장계획을 나타낸 자료이다. 이에 대한 〈보기〉의 설명 중 옳지 않은 것만을 모두 고른 것은?

〈직급별 1인당 해외 여비지급 기준액〉

직급	숙박비($/박)	일비($/일)
부장 이상	80	90
과장 이하	40	70

〈해외 출장계획〉

구분	내용
출장팀	부장 2인, 과장 3인
출장기간	3박 4일
예산한도	$4,000

※ 1) 해외 출장비＝숙박비＋일비＋항공비
　 2) 출장기간이 3박 4일이면 숙박비는 3박, 일비는 4일을 기준으로 지급함
　 3) 항공비는 직급에 관계없이 왕복 기준 1인당 $200을 지급함

─●보 기●─
ㄱ. 1인당 항공비를 50% 더 지급하면 출장팀의 해외 출장비는 예산한도를 초과한다.
ㄴ. 직급별 1인당 일비 기준액을 $10씩 증액하면 출장팀의 해외 출장비가 $200 늘어난다.
ㄷ. 출장기간을 4박 5일로 늘려도 출장팀의 해외 출장비는 예산한도를 초과하지 않는다.
ㄹ. 부장 이상 1인당 숙박비, 일비 기준액을 각 $10씩 줄이면, 부장 1명을 출장팀에 추가해도 출장팀의 해외 출장비는 예산한도를 초과하지 않는다.

① ㄱ, ㄷ　　　　　　　　　　② ㄱ, ㄹ
③ ㄴ, ㄷ　　　　　　　　　　④ ㄴ, ㄹ
⑤ ㄱ, ㄷ, ㄹ

다음 그림과 같이 3개의 항아리가 있다. 이를 이용하여 아래 〈조건〉을 만족시키면서 수행순서의 모든 단계를 완료한 후, '10L 항아리'에 남아 있는 물의 양을 구하면?

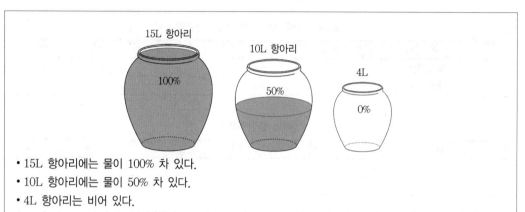

- 15L 항아리에는 물이 100% 차 있다.
- 10L 항아리에는 물이 50% 차 있다.
- 4L 항아리는 비어 있다.

●조건●

- 한 항아리에서 다른 항아리로 물을 부을 때, 주는 항아리가 완전히 비거나 받는 항아리가 가득 찰 때까지 물을 붓는다.
- 수행순서 각 단계에서 물의 손실은 없다.

〈수행순서〉

- 1단계 : 15L 항아리의 물을 4L 항아리에 붓는다.
- 2단계 : 15L 항아리의 물을 10L 항아리에 붓는다.
- 3단계 : 4L 항아리의 물을 15L 항아리에 붓는다.
- 4단계 : 10L 항아리의 물을 4L 항아리에 붓는다.
- 5단계 : 4L 항아리의 물을 15L 항아리에 붓는다.
- 6단계 : 10L 항아리의 물을 15L 항아리에 붓는다.

① 4L   ② 5L
③ 6L   ④ 7L
⑤ 8L

※ 다음은 동일한 산업에 속한 기업 중 '갑', '을', '병', '정', '무'의 경영현황과 소유구조에 관한 자료와 기업 '갑' ~ '무'의 경영현황에 대한 정보이다. 이어지는 질문에 답하시오. [46~47]

〈경영현황〉

(단위 : 억 원)

기업	자기자본	자산	매출액	순이익
A	500	1,200	1,200	48
B	400	600	800	80
C	1,200	2,400	1,800	72
D	600	1,200	1,000	36
E	200	800	1,400	28
산업 평균	650	1,500	1,100	60

〈소유구조〉

(단위 : %, 명, 천 주, 억 원)

구분 기업	대주주		소액 주주		기타 주주		총발행 주식 수	시가 총액
	지분율	주주 수	지분율	주주 수	지분율	주주 수		
A	40	3	40	2,000	20	20	3,000	900
B	20	1	50	2,500	30	30	2,000	500
C	50	2	20	4,000	30	10	10,000	500
D	30	2	30	3,000	40	10	1,000	600
E	15	5	40	8,000	45	90	5,000	600

※ 1) 해당 주주의 지분율(%)= $\dfrac{\text{해당 주주의 보유주식 수}}{\text{총발행주식 수}} \times 100$

　 2) 시가총액=1주당 가격×총발행주식 수

　 3) 해당 주주의 주식시가평가액=1주당 가격×해당 주주의 보유주식 수

　 4) 전체 주주는 대주주, 소액주주, 기타 주주로 구성함

〈정보〉

a. '병'의 매출액은 산업 평균 매출액보다 크다.

b. '갑'의 자산은 '무'의 자산의 70% 미만이다.

c. '정'은 매출액 순위와 순이익 순위가 동일하다.

d. 자기자본과 산업 평균 자기자본의 차이가 가장 작은 기업은 '을'이다.

위 자료와 정보의 내용을 근거로 자산 대비 매출액 비율이 가장 작은 기업과 가장 큰 기업을 바르게 나열한 것은?

	가장 작은 기업	가장 큰 기업
①	을	병
②	정	갑
③	정	병
④	무	을
⑤	무	병

자료의 내용을 근거로 〈보기〉의 설명 중 옳은 것만을 모두 고른 것은?

─● 보기 ●─

ㄱ. 소액주주 수가 가장 적은 기업에서 기타 주주의 1인당 보유주식 수는 30,000주이다.

ㄴ. 전체 주주 수는 E가 C보다 적다.

ㄷ. B의 대주주의 보유주식 수는 400,000주이다.

ㄹ. 기타 주주 주식시가평가액의 합은 A가 D보다 크다.

① ㄱ, ㄴ   ② ㄱ, ㄷ

③ ㄱ, ㄹ   ④ ㄴ, ㄹ

⑤ ㄷ, ㄹ

〈14년 민간 Ⓐ책형 08번〉 ○ △ ×

다음은 '갑'국의 연도별 연구개발비에 관한 자료이다. 이에 대한 설명으로 옳은 것은?

〈연도별 연구개발비〉

구분＼연도	2006	2007	2008	2009	2010
연구개발비(십억 원)	27,346	31,301	34,498	37,929	43,855
전년 대비 증가율(%)	13.2	14.5	10.2	9.9	15.6
공공부담 비중(%)	24.3	26.1	26.8	28.7	28.0
인구 만 명당 연구개발비(백만 원)	5,662	6,460	7,097	7,781	8,452

※ 연구개발비＝공공부담 연구개발비＋민간부담 연구개발비

① 연구개발비의 공공부담 비중은 매년 증가하였다.
② 전년에 비해 인구 만 명당 연구개발비가 가장 많이 증가한 해는 2010년이다.
③ 2009년에 비해 2010년 '갑'국 인구는 증가하였다.
④ 전년 대비 연구개발비 증가액이 가장 작은 해는 2009년이다.
⑤ 연구개발비의 전년 대비 증가율이 가장 작은 해와 연구개발비의 민간부담 비중이 가장 큰 해는 같다.

PSAT 엄선 150제 | NCS 핵심영역 120제 | NCS 선택영역 60제

다음은 지난 1개월간 패밀리레스토랑 방문경험이 있는 20 ~ 35세 여성 113명을 대상으로 연령대별 방문횟수와 직업을 조사한 자료이다. 이에 대한 설명으로 옳은 것은?

〈응답자의 연령대별 방문횟수 조사결과〉

(단위 : 명)

방문횟수 \ 연령대	20 ~ 25세	26 ~ 30세	31 ~ 35세	합
1회	19	12	3	34
2 ~ 3회	27	32	4	63
4 ~ 5회	6	5	2	13
6회 이상	1	2	0	3
계	53	51	9	113

〈응답자의 직업 조사결과〉

(단위 : 명)

직업	응답자
학생	49
회사원	43
공무원	2
전문직	7
자영업	9
가정주부	3
계	113

※ 복수응답과 무응답은 없음

① 전체 응답자 중 20 ~ 25세 응답자가 차지하는 비율은 50% 이상이다.
② 26 ~ 30세 응답자 중 4회 이상 방문한 응답자 비율은 15% 이상이다.
③ 31 ~ 35세 응답자의 1인당 평균 방문횟수는 2회 미만이다.
④ 전체 응답자 중 직업이 학생 또는 공무원인 응답자 비율은 50% 이상이다.
⑤ 전체 응답자 중 20 ~ 25세인 전문직 응답자 비율은 7% 미만이다.

다음은 '갑'국의 2013년 11월 군인 소속별 1인당 월지급액에 대한 자료이다. 이에 대한 설명으로 옳지 않은 것은?

〈2013년 11월 군인 소속별 1인당 월지급액〉

(단위 : 원, %)

구분 \ 소속	육군	해군	공군	해병대
1인당 월지급액	105,000	120,000	125,000	100,000
군인 수 비중	30	20	30	20

※ 1) '갑'국 군인의 소속은 육군, 해군, 공군, 해병대로만 구분됨
    2) 2013년 11월, 12월 '갑'국의 소속별 군인 수는 변동 없음

① 2013년 12월에 1인당 월지급액이 모두 동일한 액수만큼 증가한다면, 전월 대비 1인당 월지급액 증가율은 해병대가 가장 높다.

② 2013년 12월에 1인당 월지급액이 해군 10%, 해병대 12% 증가한다면, 해군의 전월 대비 월지급액 증가분은 해병대의 전월 대비 월지급액 증가분과 같다.

③ 2013년 11월 '갑'국 전체 군인의 1인당 월지급액은 115,000원이다.

④ 2013년 11월 육군, 해군, 공군의 월지급액을 모두 합하면 해병대 월지급액의 4배 이상이다.

⑤ 2013년 11월 공군과 해병대의 월지급액 차이는 육군과 해군의 월지급액 차이의 2배 이상이다.

01

<19년 PSAT ㉮책형 6번> ○ △ ×

다음 글과 〈상황〉을 근거로 판단할 때 옳은 것은?

제00조(과세대상) 주권(株券)의 양도에 대해서는 이 법에 따라 증권거래세를 부과한다.

제00조(납세의무자) 주권을 양도하는 자는 납세의무를 진다. 다만 금융투자업자를 통하여 주권을 양도하는 경우에는 해당 금융투자업자가 증권거래세를 납부하여야 한다.

제00조(과세표준) 주권을 양도하는 경우에 증권거래세의 과세표준은 그 주권의 양도가액(주당 양도금액에 양도 주권수를 곱한 금액)이다.

제00조(세율) 주권의 양도에 대한 세율은 양도가액의 1천분의 5로 한다.

제00조(탄력세율) X 또는 Y증권시장에서 양도되는 주권에 대하여는 제00조(세율)의 규정에도 불구하고 다음의 세율에 의한다.

1. X증권시장 : 양도가액의 1천분의 1.5
2. Y증권시장 : 양도가액의 1천분의 3

• 상 황 •

투자자 甲은 금융투자업자 乙을 통해 다음 3건의 주권을 양도하였다.

• A회사의 주권 100주를 주당 15,000원에 양수하였다가 이를 주당 30,000원에 X증권시장에서 전량 양도하였다.

• B회사의 주권 200주를 주당 10,000원에 Y증권시장에서 양도하였다.

• C회사의 주권 200주를 X 및 Y증권시장을 통하지 않고 주당 50,000원에 양도하였다.

① 증권거래세는 甲이 직접 납부하여야 한다.

② 납부되어야 할 증권거래세액의 총합은 6만 원 이하다.

③ 甲의 3건의 주권 양도는 모두 탄력세율을 적용받는다.

④ 甲의 A회사 주권 양도에 따른 증권거래세 과세표준은 150만 원이다.

⑤ 甲이 乙을 통해 Y증권시장에서 C회사의 주권 200주 전량을 주당 50,000원에 양도할 수 있다면 증권거래세액은 2만 원 감소한다.

다음 글을 근거로 판단할 때 옳은 것은?

○○국 의회의 의원 정수는 40명이다. 현재는 4개의 선거구(A ~ D)로 이루어져 있고 각 선거구에서 10명씩 의원을 선출한다. 정당은 각 선거구별로 정당별 득표율에 따라 의석을 배분받는다. 각 선거구에서 정당별 의석수는 정당별 득표율에 그 선거구의 총 의석수를 곱한 수에서 소수점 이하를 제외한 정수만큼 의석을 각 정당에 배분하고, 잔여 의석은 소수점 이하가 큰 순서대로 1석씩 차례로 배분한다. 그런데 유권자 1표의 가치 차이를 조정하기 위해 선거 제도를 개편할 필요성이 제기되었고, X안이 논의 중이다.

X안은 현재의 4개 선거구를 2개의 선거구로 통합하되, 이 경우 두 선거구 유권자수가 1 : 1이 되도록 A, C선거구와 B, D선거구를 각각 통합한다. 이때 통합된 A・C선거구와 B・D선거구의 의석수는 각각 20석이다. 선거구별 정당 의석 배분 방식은 현행제도와 동일하다. 다음은 ○○국에서 최근 실시된 의원 선거의 각 선거구별 유권자수와 정당 득표수이다.

〈선거구별 유권자수〉

(단위 : 천 명)

선거구	A	B	C	D	합계
유권자수	200	400	300	100	1,000

〈선거구별 정당 득표수〉

(단위 : 천 표)

정당 \ 선거구	A	B	C	D
甲	80	120	150	40
乙	60	160	60	40
丙	40	40	90	10
丁	20	80	0	10
합계	200	400	300	100

※ 특정 선거구 '유권자 1표의 가치'는 해당 선거구 의원 의석수를 해당 선거구 유권자수로 나눈 값임

① 최근 실시된 의원 선거에서 유권자 1표의 가치가 가장 큰 곳은 B선거구이다.
② 최근 실시된 의원 선거의 결과에 X안을 적용할 경우, 丁정당의 의석수는 현행제도보다 늘어난다.
③ 최근 실시된 의원 선거의 결과에 X안을 적용할 경우, 甲정당의 의석수는 현행제도와 차이가 없다.
④ 최근 실시된 의원 선거의 결과에 X안을 적용할 경우, A선거구 유권자 1표의 가치가 현행제도보다 커진다.
⑤ 최근 실시된 의원 선거의 결과에 X안을 적용할 경우, 乙정당과 丙정당은 의석수에 있어서 현행제도가 X안보다 유리하다.

다음 글을 근거로 판단할 때 옳은 것은?

전문가 6명(A ~ F)의 〈회의 참여 가능 시간〉과 〈회의 장소 선호도〉를 반영하여, 〈조건〉을 충족하는 회의를 월 ~ 금요일 중 개최하려 한다.

〈회의 참여 가능 시간〉

전문가＼요일	월요일	화요일	수요일	목요일	금요일
A	13:00 ~ 16:20	15:00 ~ 17:30	13:00 ~ 16:20	15:00 ~ 17:30	16:00 ~ 18:30
B	13:00 ~ 16:10	-	13:00 ~ 16:10	-	16:00 ~ 18:30
C	16:00 ~ 19:20	14:00 ~ 16:20	-	14:00 ~ 16:20	16:00 ~ 19:20
D	17:00 ~ 19:30	-	17:00 ~ 19:30	-	17:00 ~ 19:30
E	-	15:00 ~ 17:10	-	15:00 ~ 17:10	-
F	16:00 ~ 19:20	-	16:00 ~ 19:20	-	16:00 ~ 19:20

※ - : 참여 불가

〈회의 장소 선호도〉

(단위 : 점)

장소＼전문가	A	B	C	D	E	F
가	5	4	5	6	7	5
나	6	6	8	6	8	8
다	7	8	5	6	3	4

● 조건 ●

- 전문가 A ~ F 중 3명 이상이 참여할 수 있어야 회의 개최가 가능하다.
- 회의는 1시간 동안 진행되며, 회의 참여자는 회의 시작부터 종료까지 자리를 지켜야 한다.
- 회의 시간이 정해지면, 해당 일정에 참여 가능한 전문가들의 선호도를 합산하여 가장 높은 점수가 나온 곳을 회의 장소로 정한다.

① 월요일에는 회의를 개최할 수 없다.
② 금요일 16시에 회의를 개최할 경우 회의 장소는 '가'이다.
③ 금요일 18시에 회의를 개최할 경우 회의 장소는 '다'이다.
④ A가 반드시 참여해야 할 경우 목요일 16시에 회의를 개최할 수 있다.
⑤ C, D를 포함하여 4명 이상이 참여해야 할 경우 금요일 17시에 회의를 개최할 수 있다.

다음 글을 근거로 판단할 때 옳은 것은?

　□□학과는 지망자 5명(A ~ E) 중 한 명을 교환학생으로 추천하기 위하여 각각 5회의 평가를 실시하고, 그 결과에 바탕을 둔 추천을 하기로 했다. 평가 및 추천 방식과 현재까지 진행된 평가 결과는 아래와 같다.
- 매 회 100점 만점으로 10점 단위의 점수를 매기며, 100점을 얻은 지망자에게는 5장의 카드, 90점을 얻은 지망자에게는 2장의 카드, 80점을 얻은 지망자에게는 1장의 카드를 부여한다. 70점 이하를 얻은 지망자에게는 카드를 부여하지 않는다.
- 5회차 평가 이후 각 지망자는 자신이 받은 모든 카드에 본인의 이름을 적고, 추첨함에 넣는다. 다만 5번의 평가의 총점이 400점 미만인 지망자는 본인의 카드를 추첨함에 넣지 못한다.
- □□학과장은 추첨함에서 한 장의 카드를 무작위로 뽑아 카드에 이름이 적힌 지망자를 □□학과의 교환학생으로 추천한다.

〈평가 결과〉

(단위 : 점)

구분	1회	2회	3회	4회	5회
A	90	90	90	90	
B	80	80	70	70	
C	90	70	90	70	
D	70	70	70	70	
E	80	80	90	80	

① A가 5회차 평가에서 80점을 얻더라도 다른 지망자의 점수에 관계없이 추천될 확률이 가장 높다.
② B가 5회차 평가에서 90점을 얻는다면 적어도 D보다는 추천될 확률이 높다.
③ C가 5회차 평가에서 카드를 받지 못하더라도 B보다는 추천될 확률이 높다.
④ D가 5회차 평가에서 100점을 받고 다른 지망자가 모두 80점을 받는다면 D가 추천될 확률은 세 번째로 높다.
⑤ E가 5회차 평가에서 카드를 받지 못하더라도 E는 추첨 대상에 포함될 수 있다.

다음 글을 근거로 판단할 때, 甲이 지불할 관광비용은?

- 甲은 경복궁에서 시작하여 서울시립미술관, 서울타워 전망대, 국립중앙박물관까지 관광하려 한다. '경복궁 → 서울시립미술관'은 도보로, '서울시립미술관 → 서울타워 전망대' 및 '서울타워 전망대 → 국립중앙박물관'은 각각 지하철로 이동해야 한다.
- 입장료 및 지하철 요금

경복궁	서울시립미술관	서울타워 전망대	국립중앙박물관	지하철
1,000원	5,000원	10,000원	1,000원	1,000원

※ 지하철 요금은 거리에 관계없이 탑승할 때마다 일정하게 지불하며, 도보 이동 시에는 별도 비용 없음

- 관광비용은 입장료, 지하철 요금, 상품가격의 합산액이다.
- 甲은 관광비용을 최소화하고자 하며, 甲이 선택할 수 있는 상품은 다음 세 가지 중 하나이다.

상품	가격	혜택				
		경복궁	서울시립미술관	서울타워 전망대	국립중앙박물관	지하철
스마트 교통카드	1,000원	–	–	50% 할인	–	당일무료
시티 투어A	3,000원	30% 할인	30% 할인	30% 할인	30% 할인	당일무료
시티 투어B	5,000원	무료	–	무료	무료	–

① 11,000원
② 12,000원
③ 13,000원
④ 14,900원
⑤ 19,000원

다음 글을 근거로 판단할 때, 길동이가 오늘 아침에 수행한 아침 일과에 포함될 수 없는 것은?

길동이는 오늘 아침 7시 20분에 기상하여, 25분 후인 7시 45분에 집을 나섰다. 길동이는 주어진 25분을 모두 아침 일과를 쉼 없이 수행하는 데 사용했다.

아침 일과를 수행하는 데 정해진 순서는 없으며, 같은 아침 일과를 두 번 이상 수행하지 않는다.

단, 머리를 감았다면 반드시 말리며, 각 아침 일과 수행 중에 다른 아침 일과를 동시에 수행할 수는 없다. 각 아침 일과를 수행하는 데 소요되는 시간은 아래와 같다.

아침 일과	소요 시간
샤워	10분
세수	4분
머리 감기	3분
머리 말리기	5분
몸치장 하기	7분
구두 닦기	5분
주스 만들기	15분
양말 신기	2분

① 세수   ② 머리 감기
③ 구두 닦기   ④ 몸치장 하기
⑤ 주스 만들기

다음 글을 근거로 판단할 때, 사과 사탕 1개와 딸기 사탕 1개를 함께 먹은 사람과 戊가 먹은 사탕을 옳게 짝지은 것은?

사과 사탕, 포도 사탕, 딸기 사탕이 각각 2개씩 있다. 다섯 명의 사람(甲 ~ 戊) 중 한 명이 사과 사탕 1개와 딸기 사탕 1개를 함께 먹고, 다른 네 명이 남은 사탕을 각각 1개씩 먹었다. 이 사실만을 알고 甲 ~ 戊는 차례대로 다음과 같이 말했으며, 모두 진실을 말하였다.

甲 : 나는 포도 사탕을 먹지 않았어.

乙 : 나는 사과 사탕만을 먹었어.

丙 : 나는 사과 사탕을 먹지 않았어.

丁 : 나는 사탕을 한 종류만 먹었어.

戊 : 너희 말을 다 듣고 아무리 생각해봐도 나는 딸기 사탕을 먹은 사람 두 명 다 알 수는 없어.

---

① 甲, 포도 사탕 1개

② 甲, 딸기 사탕 1개

③ 丙, 포도 사탕 1개

④ 丙, 딸기 사탕 1개

⑤ 戊, 사과 사탕 1개와 딸기 사탕 1개

다음 〈조건〉을 근거로 판단할 때, A에서 가장 멀리 떨어진 도시는?

┌─ • 조건 • ──┐
- 甲지역에는 7개의 도시(A ~ G)가 있다.
- E, F, G는 정남북 방향으로 일직선상에 위치하며, B는 C로부터 정동쪽으로 250 km 떨어져 있다.
- C는 A로부터 정남쪽으로 150 km 떨어져 있다.
- D는 B의 정북쪽에 있으며, B와 D 간의 거리는 A와 C 간의 거리보다 짧다.
- E와 F 간의 거리는 C와 D 간의 직선거리와 같다.
- G는 D로부터 정동쪽으로 350 km 거리에 위치해 있으며, A의 정동쪽에 위치한 도시는 F가 유일하다.
- 모든 도시는 동일 평면상에 있으며, 도시의 크기는 고려하지 않는다.
└──┘

① B
② D
③ E
④ F
⑤ G

다음 〈상황〉을 근거로 판단할 때, 〈보기〉에서 옳은 것만을 모두 고르면?

● 상 황 ●

- 체육대회에서 8개의 종목을 구성해 각 종목에서 우승 시 얻는 승점을 합하여 각 팀의 최종 순위를 매기고자 한다.
- 각 종목은 순서대로 진행하고, 3번째 종목부터는 각 종목 우승 시 받는 승점이 그 이전 종목들의 승점을 모두 합한 점수보다 10점 더 많도록 구성하였다.
- 승점은 각 종목의 우승 시에만 얻을 수 있으며, 모든 종목의 승점은 자연수이다.

● 보 기 ●

ㄱ. 1번째 종목과 2번째 종목의 승점이 각각 10점, 20점이라면 8번째 종목의 승점은 1,000점을 넘게 된다.

ㄴ. 1번째 종목과 2번째 종목의 승점이 각각 100점, 200점이라면 8번째 종목의 승점은 10,000점을 넘게 된다.

ㄷ. 1번째 종목과 2번째 종목의 승점에 상관없이 8번째 종목의 승점은 6번째 종목 승점의 네 배이다.

ㄹ. 만약 3번째 종목부터 각 종목 우승 시 받는 승점이 그 이전 종목들의 승점을 모두 합한 점수보다 10점 더 적도록 구성한다면, 1번째 종목과 2번째 종목의 승점에 상관없이 8번째 종목의 승점은 6번째 종목 승점의 네 배보다 적다.

① ㄱ, ㄷ
② ㄱ, ㄹ
③ ㄴ, ㄷ
④ ㄱ, ㄴ, ㄹ
⑤ ㄴ, ㄷ, ㄹ

다음 글과 선거 결과를 근거로 판단할 때 옳은 것은?

○○국 의회의원은 총 8명이며, 4개의 선거구에서 한 선거구당 2명씩 선출된다. 선거제도는 다음과 같이 운용된다.

각 정당은 선거구별로 두 명의 후보 이름이 적힌 명부를 작성한다. 유권자는 해당 선거구에서 모든 정당의 후보 중 한 명에게만 1표를 행사하며, 이를 통해 개별 후보자의 득표율이 집계된다.

특정 선거구에서 각 정당의 득표율은 그 정당의 해당 선거구 후보자 2명의 득표율의 합이다. 예를 들어 한 정당의 명부에 있는 두 후보가 각각 30%, 20% 득표했다면 해당 선거구에서 그 정당의 득표율은 50%가 된다. 그리고 각 후보의 득표율에 따라 소속 정당 명부에서의 순위(1번, 2번)가 결정된다.

다음으로 선거구별 2개의 의석은 다음과 같이 배분한다. 먼저 해당 선거구에서 득표율 1위 정당의 1번 후보에게 1석이 배분된다. 그리고 만약 1위 정당의 정당 득표율이 2위 정당의 정당 득표율의 2배 이상이라면, 정당 득표율 1위 정당의 2번 후보에게 나머지 1석이 돌아간다. 그러나 1위 정당의 정당 득표율이 2위 정당의 정당 득표율의 2배 미만이라면 정당 득표율 2위 정당의 1번 후보에게 나머지 1석을 배분한다.

〈선거 결과〉

○○국의 의회의원선거 제1 ～ 4선거구의 선거 결과를 요약하면 다음과 같다. 수치는 선거구별 득표율(%)이다.

구분	제1선거구	제2선거구	제3선거구	제4선거구
A정당	41	50	16	39
1번 후보	30	30	12	20
2번 후보	11	20	4	19
B정당	39	30	57	28
1번 후보	22	18	40	26
2번 후보	17	12	17	2
C정당	20	20	27	33
1번 후보	11	11	20	18
2번 후보	9	9	7	15

① A정당은 모든 선거구에서 최소 1석을 차지했다.
② B정당은 모든 선거구에서 최소 1석을 차지했다.
③ C정당 후보가 당선된 곳은 제3선거구이다.
④ 각 선거구마다 최다 득표를 한 후보가 당선되었다.
⑤ 가장 많은 당선자를 낸 정당은 B정당이다.

다음 〈조건〉과 2월 날씨를 근거로 판단할 때, 2월 8일과 16일의 실제 날씨로 가능한 것을 옳게 짝지은 것은?

─● 조 건 ●─

• 날씨 예측 점수는 매일 다음과 같이 부여한다.

실제 \ 예측	맑음	흐림	눈·비
맑음	10점	6점	0점
흐림	4점	10점	6점
눈·비	0점	2점	10점

• 한 주의 주중(월~금) 날씨 예측 점수의 평균은 매주 5점 이상이다.
• 2월 1일부터 19일까지 요일별 날씨 예측 점수의 평균은 다음과 같다.

요일	월	화	수	목	금
날씨 예측 점수 평균	7점 이하	5점 이상	7점 이하	5점 이상	7점 이하

〈2월 날씨〉

구분	월	화	수	목	금	토	일
날짜			1	2	3	4	5
예측			맑음	흐림	맑음	눈·비	흐림
실제			맑음	맑음	흐림	흐림	맑음
날짜	6	7	8	9	10	11	12
예측	맑음	흐림	맑음	맑음	맑음	흐림	흐림
실제	흐림	흐림	?	맑음	흐림	눈·비	흐림
날짜	13	14	15	16	17	18	19
예측	눈·비	눈·비	맑음	눈·비	눈·비	흐림	흐림
실제	맑음	맑음	맑음	?	눈·비	흐림	눈·비

※ 위 달력의 같은 줄을 한 주로 한다.

	2월 8일	2월 16일
①	맑음	흐림
②	맑음	눈·비
③	눈·비	흐림
④	눈·비	맑음
⑤	흐림	흐림

다음 글을 근거로 판단할 때, 〈보기〉에서 옳은 것만을 모두 고른 것은?

- 甲~丁은 다음 그림과 같은 과녁에 각자 보유한 화살을 쏜다. 과녁은 빨간색, 노란색, 초록색, 파란색의 칸으로 4등분되어 있다. 화살은 반드시 4개의 칸 중 하나의 칸에 명중하며, 하나의 칸에 여러 개의 화살이 명중할 수 있다.

- 화살을 쏜 사람은 그 화살이 명중한 칸에 쓰인 점수를 받는다.
- 화살의 색과 화살이 명중한 칸의 색이 일치하면 칸에 쓰인 점수보다 1점을 더 받는다.
- 노란색 화살이 파란색 칸에 명중하는 경우에만 칸에 쓰인 점수보다 1점을 덜 받는다.
- 甲~丁이 보유한 화살은 다음과 같으며, 각자가 보유한 화살을 전부 쏘아 얻은 점수를 합하여 최종 점수를 계산한다. 단, 각 화살은 한 번씩만 쏜다.

사람	보유 화살
甲	빨간색 화살 1개, 노란색 화살 1개
乙	초록색 화살 2개
丙	노란색 화살 1개, 초록색 화살 1개
丁	초록색 화살 1개, 파란색 화살 1개

●보 기●

ㄱ. 乙의 최종 점수의 최댓값과 丁의 최종 점수의 최댓값은 같다.
ㄴ. 甲과 丙의 최종 점수가 10점으로 같았다면, 노란색 화살들은 모두 초록색 칸에 명중한 것이다.
ㄷ. 乙의 최종 점수의 최솟값은 甲의 최종 점수와는 다를 것이다.
ㄹ. 丙과 丁의 화살 4개가 모두 같은 칸에 명중했고 최종 점수가 같았다면, 그 칸은 파란색일 것이다.

① ㄱ, ㄷ   ② ㄴ, ㄷ
③ ㄴ, ㄹ   ④ ㄱ, ㄴ, ㄹ
⑤ ㄱ, ㄷ, ㄹ

다음 관람 위치 배정방식과 상황을 근거로 판단할 때 옳은 것은?

- 공연장의 좌석은 총 22개이며 좌측 6개석, 중앙 10개석, 우측 6개석으로 구성된다.

무대											

	좌				중앙						우

앞줄				계단				A	계단		
뒷줄											B

- 입장은 공연일 정오에 마감되며, 해당 시점까지 공연장에 도착한 관람객을 대상으로 관람 위치를 배정한다.
- 좌석배정은 선착순으로 이루어지며, 가장 먼저 온 관람객부터 무대에 가까운 앞줄의 맨 좌측 좌석부터 맨 우측 좌석까지, 그 후 뒷줄의 맨 우측 좌석부터 맨 좌측 좌석까지 순서대로 이루어진다.
- 관람객이 22명을 초과할 경우, 초과인원 중 먼저 도착한 절반은 좌측 계단에, 나머지 절반은 우측 계단에 순서대로 앉힌다.

〈상황〉

- 공연장에 가장 먼저 온 관람객은 오전 2시 10분에 도착하였다.
- 오전 4시 30분까지는 20분 간격으로 관람객이 공연장에 도착하였다.
- 오전 4시 30분부터 오전 6시까지는 10분 간격으로 관람객이 공연장에 도착하였다.
- 오전 6시 이후에는 30분 간격으로 관람객이 공연장에 도착하였다.
- 공연장에 가장 마지막으로 온 관람객은 오전 11시 30분에 도착하였다.
- 관람객은 공연장에 한 명씩 도착하였다.
- ※ 위 상황은 모두 공연일 하루 동안 발생한 것이다.

① 우측 계단에 앉은 관람객이 중앙 좌석에 앉기 위해서는 지금보다 적어도 3시간, 최대 4시간은 일찍 도착해야 한다.
② 공연일 오전 9시부터 공연일 오전 10시까지 도착한 관람객은 모두 좌측 계단에 앉는다.
③ A에 앉은 관람객과 B에 앉은 관람객의 도착시간은 50분 차이가 난다.
④ 공연일 오전 6시에 도착한 관람객은 앞줄 좌석에 앉는다.
⑤ 총 30명의 관람객이 공연장에 도착하였다.

다음 글을 근거로 판단할 때, 〈보기〉에서 인증이 가능한 경우를 모두 고른 것은?

○○국 친환경농산물의 종류는 3가지로, 인증기준에 부합하는 재배방법은 각각 다음과 같다.
1) 유기농산물의 경우 일정 기간(다년생 작물 3년, 그 외 작물 2년) 이상을 농약과 화학비료를 사용하지 않고 재배한다.
2) 무농약농산물의 경우 농약을 사용하지 않고, 화학비료는 권장량의 2분의 1 이하로 사용하여 재배한다.
3) 저농약농산물의 경우 화학비료는 권장량의 2분의 1 이하로 사용하고, 농약은 살포시기를 지켜 살포 최대 횟수의 2분의 1 이하로 사용하여 재배한다.

〈농산물별 관련 기준〉

종류	재배기간 내 화학비료 권장량 (kg/ha)	재배기간 내 농약 살포 최대횟수 (회)	농약 살포시기
사과	100	4	수확 30일 전까지
감귤	80	3	수확 30일 전까지
감	120	4	수확 14일 전까지
복숭아	50	5	수확 14일 전까지

※ 1ha=10,000m², 1t=1,000kg

●보기●

ㄱ. 甲은 5km²의 면적에서 재배기간 동안 농약을 전혀 사용하지 않고 20t의 화학비료를 사용하여 사과를 재배하였으며, 이 사과를 수확하여 무농약농산물 인증신청을 하였다.

ㄴ. 乙은 3ha의 면적에서 재배기간 동안 농약을 1회 살포하고 50kg의 화학비료를 사용하여 복숭아를 재배하였다. 하지만 수확시기가 다가오면서 병충해 피해가 나타나자 농약을 추가로 1회 살포하였고, 열흘 뒤 수확하여 저농약농산물 인증신청을 하였다.

ㄷ. 丙은 지름이 1km인 원 모양의 농장에서 작년부터 농약을 전혀 사용하지 않고 감귤을 재배하였다. 작년에는 5t의 화학비료를 사용하였으나, 올해는 전혀 사용하지 않고 감귤을 수확하여 유기농산물 인증신청을 하였다.

ㄹ. 丁은 가로와 세로가 각각 100m, 500m인 과수원에서 감을 재배하였다. 재배기간 동안 총 2회(올해 4월 말과 8월 초) 화학비료 100kg씩을 뿌리면서 병충해 방지를 위해 농약도 함께 살포하였다. 丁은 추석을 맞아 9월 말에 감을 수확하여 저농약농산물 인증신청을 하였다.

① ㄱ, ㄹ　　　　　　　　　　② ㄴ, ㄷ
③ ㄱ, ㄴ, ㄹ　　　　　　　　④ ㄱ, ㄷ, ㄹ
⑤ ㄴ, ㄷ, ㄹ

다음 글을 근거로 판단할 때, 〈보기〉에서 옳은 것을 모두 고른 것은?(단, 주어진 조건 외에 다른 조건은 고려하지 않는다)

- 내전을 겪은 甲국은 2015년 1월 1일 평화협정을 통해 4개국(A ~ D)으로 분할되었다. 평화협정으로 정한 영토분할 방식은 다음과 같다.
  - 甲국의 영토는 정삼각형이다.
  - 정삼각형의 한 꼭짓점에서 마주 보는 변(이하 '밑변'이라 한다)까지 가상의 수직이등분선을 긋고, 그 선을 4등분하는 3개의 구분점을 정한다.
  - 3개의 구분점을 각각 지나는 3개의 직선을 밑변과 평행하게 긋고, 이를 국경선으로 삼아 기존 甲국의 영토를 4개의 영역으로 나눈다.
  - 나누어진 4개의 영역 중 가장 작은 영역부터 가장 큰 영역까지 차례로 각각 A국, B국, C국, D국의 영토로 한다.
- 모든 국가의 쌀 생산량은 영토의 면적에 비례하며, A국의 영토에서는 매년 10,000가마의 쌀이 생산된다.
- 각국은 영토가 작을수록 국력이 강하고, 국력이 약한 국가는 자국보다 국력이 한 단계 강한 국가에게 매년 연말에 각각 10,000가마의 쌀을 공물로 보낸다.
- 4개국의 인구는 모두 동일하며 변하지 않는다. 각국은 매년 10,000가마의 쌀을 소비한다.
- 각국의 쌀 생산량은 홍수 등 자연재해가 없는 한 변하지 않으며, 2015년 1월 1일 현재 각국은 10,000가마의 쌀을 보유하고 있다.

● 보 기 ●

ㄱ. 2016년 1월 1일에 1년 전보다 쌀 보유량이 줄어든 국가는 D국뿐이다.

ㄴ. 2017년 1월 1일에 4개국 중 가장 많은 쌀을 보유한 국가는 A국이다.

ㄷ. 만약 2015년 여름 홍수로 인해 모든 국가의 2015년도 쌀 생산량이 반으로 줄어든다고 하여도, 2016년 1월 1일 기준 각 국가의 쌀 보유량은 0보다 크다.

---

① ㄱ　　　　　　　　　　　② ㄴ

③ ㄷ　　　　　　　　　　　④ ㄱ, ㄷ

⑤ ㄴ, ㄷ

다음 글을 근거로 판단할 때 옳은 것은?

○○시에서 택시기사 면허증을 취득하기 위해서는 약 2만 5천 개나 되는 도로와 수천 개의 주요 장소를 알고 있어야 한다. 이 모든 지식을 익히는 데는 보통 3 ~ 4년의 교육 기간이 소요된다. 그리고 여러 번의 시험에 합격해야만 면허증을 취득할 수 있다. 신경학자들은 교육을 받아 시험에 합격한 집단, 교육은 받았지만 시험에는 불합격한 집단, 교육을 받지 않은 집단을 대상으로 뇌 해마의 성장을 비교하였다. 그 결과 교육을 받아 시험에 합격한 집단만 해마의 회색질이 증가함을 확인하였다. 연령·학력·지능에 있어서는 세 집단 간에 두드러진 차이가 없었다. 한편 교육을 받은 집단 간 비교에서 전체 교육 기간의 차이는 거의 없으나, 주당 교육 시간에는 차이가 현격했다. 시험에 합격한 사람들의 주당 교육 시간은 평균 34.5시간이었고, 시험에 불합격한 사람들의 경우에는 평균 16.7시간에 불과했다.

또 다른 실험에서는 참가자들을 두 그룹으로 나누어 아래의 단어 전체를 동시에 30초간 제시하였다.

던지다 – 망치 – 반짝이다 – 이순신 – 달리다 – 돌 – 생각하다 – 자동차 – 진드기 – 사랑하다 – 구름 – 마시다 – 보이다 – 책 – 불 – 뼈 – 먹다 – 유관순 – 바다 – 철

'그룹1'은 명사와 동사를 구분하고, '그룹2'는 명사와 동사를 구분하는 것뿐만 아니라 명사는 고유명사와 일반명사로 동사는 자동사와 타동사로 구분하도록 하였다. 다음날 모든 참가자에게 그들이 기억할 수 있는 단어를 모두 말하도록 한 결과, 상대적으로 복잡한 과제를 수행한 집단이 더 많은 단어를 기억하였다.

※ 해마 : 대뇌 변연계의 양쪽 측두엽에 존재하며 기억을 담당

① 교육 시간이 길어질수록 뇌 해마의 회색질이 감소할 것이다.
② 단어 기억 실험에서 '그룹2'가 더 많은 단어를 기억했을 것이다.
③ 기억력에 미치는 영향은 개인의 교육 수준보다 연령이 더 클 것이다.
④ 선천적으로 기억력이 좋은 사람만 ○○시의 택시기사 면허 시험에 통과하였을 것이다.
⑤ ○○시 택시기사 면허 시험에 합격한 집단의 전체 교육 기간 평균은 시험에 불합격한 집단의 평균보다 두 배가량 길었을 것이다.

다음 글을 근거로 판단할 때, 〈보기〉에서 옳은 것만을 모두 고른 것은?

1989년 독일 통일 직후, 체제가 다른 구동독에서 교육받아 양성되고 활동했던 판사·검사들의 자격유지를 둘러싸고 논쟁이 벌어졌다.

판사·검사들의 자격유지에 반대하는 주장의 논거는 다음과 같다.

논거 1 : 구동독에서 전체주의 국가의 체제지도이념에 따라 소송을 수행해 온 판사·검사들은 자유민주주의적 법치국가에 부합하는 국가관이 결여되어 있고, 오히려 그들은 과거 관여한 재판의 결과로 야기된 체제 불법에 대하여 책임을 져야 한다.

논거 2 : 구동독과 구서독은 법체제뿐만 아니라 소송의 전 과정에 큰 차이가 있었기 때문에, 구동독에서 법학 교육을 받고 판사·검사로 양성된 자들을 구서독 질서를 기준으로 작동하고 있는 통일독일의 사법체제 내로 받아들인다는 것은 소송수행능력 차원에서도 인정되기 어렵다.

판사·검사들의 자격유지에 찬성하는 주장의 논거는 다음과 같다.

논거 1 : 구동독 출신 판사·검사들을 통일독일의 사법체제 내로 받아들이지 않는다면, 당장 상당히 넓은 지역에서 재판 정지상태가 야기될 것이다.

논거 2 : 구서독 출신 판사·검사들은 구동독 지역의 생활관계의 고유한 관점들을 고려하지 못하여 구동독 주민들로부터 신뢰받기 어렵고, 이러한 점은 재판에서 불복과 다툼의 원인이 될 것이다.

한편, 구동독 지역인 튀링겐 주의 경우 1990년 10월 3일 판사·검사의 자격유지 여부를 위한 적격심사를 한 결과, 전체 194명의 판사 중 101명이, 141명의 검사 중 61명이 심사를 통과하여 판사·검사로 계속 활동하게 되었다.

● 보 기 ●

ㄱ. 구동독 판사·검사의 자격유지를 반대하는 입장에서는, 이들이 구동독 전체주의 체제에서 오랜 기간 교육받고 생활하면서 형성된 국가관을 가지고 있다는 점을 문제로 제기했을 것이다.

ㄴ. 구동독 판사·검사의 자격유지를 찬성하는 입장에서는, 기존 판사·검사들의 공백으로 인한 재판업무의 마비를 우려했을 것이다.

ㄷ. 구동독 판사·검사의 자격유지를 찬성하는 입장에서는, 구동독 주민들의 관점에서 이들의 생활관계상 특수성을 이해하고 주민들의 신뢰를 받을 수 있는 판사·검사가 필요하다고 주장했을 것이다.

ㄹ. 튀링겐 주의 경우 1990년 10월 3일 적격심사 결과, 판사들보다 검사 중 통일독일의 판사·검사로서 적합한 인물이 더 많았다고 할 수 있다.

① ㄱ, ㄴ   ② ㄱ, ㄴ, ㄷ
③ ㄱ, ㄴ, ㄹ   ④ ㄱ, ㄷ, ㄹ
⑤ ㄴ, ㄷ, ㄹ

다음 글과 평가표를 근거로 판단할 때 옳은 것은?

1년 이상 A국에 합법적으로 체류 중인 전문인력 외국인 중 평가표에 의한 총점이 80점 이상인 경우, A국에서의 거주자격을 부여받게 된다. '점수제에 의한 거주자격 부여 제도'는 1년 이상 A국에 합법적으로 체류 중인 전문인력 외국인으로서 가점을 제외한 연령·학력·A국 어학능력·연간소득 항목에서 각각 최소의 점수라도 얻을 수 있는 자(이하 '대상자'라 한다)를 대상으로 한다. 평가표 기준(단, 가점 제외)에 해당하지 않는 자는 '점수제에 의한 거주자격 부여 제도'의 대상자에 포함될 수 없다. 예를 들어, 기본적인 의사소통도 불가능한 사람은 이 제도를 통하여 거주자격을 부여받을 수 없다.

아래 평가표에서 연령·학력·A국 어학능력·연간소득의 항목별 점수를 합산하고, 가점 항목에 해당하는 경우 가점도 합산하여 총점을 구한다.

〈평가표〉

- 연령

연령대	18 ~ 24세	25 ~ 29세	30 ~ 34세	35 ~ 39세	40 ~ 44세	45 ~ 50세	51세 이상
점수	20점	23점	25점	23점	20점	18점	15점

- 학력

최종학력	박사 학위 2개 이상	박사 학위 1개	석사 학위 2개 이상	석사 학위 1개	학사 학위 2개 이상	학사 학위 1개	2년제 이상 전문 대학 졸업
점수	35점	33점	32점	30점	28점	26점	25점

- A국 어학능력

A국 어학능력	사회생활에서 충분한 의사소통	친숙한 주제 의사소통	기본적인 의사소통
점수	20점	15점	10점

- 연간소득

연간소득	3천만 원 미만	3천만 원 이상 ~ 5천만 원 미만	5천만 원 이상 ~ 8천만 원 미만	8천만 원 이상 ~ 1억 원 미만	1억 원 이상
점수	5점	6점	7점	8점	10점

- 가점

가점 항목	A국 유학경험					A국 사회봉사활동			해외전문분야 취업경력		
세부 항목	어학 연수	전문 학사	학사	석사	박사	1년 미만	1 ~ 2년 미만	2년 이상	1년 미만	1 ~ 2년 미만	2년 이상
점수	3점	5점	7점	9점	10점	1점	3점	5점	1점	3점	5점

※ A국 유학경험 항목의 경우, 2개 이상의 세부 항목에 해당된다면 가장 높은 점수만을 부여한다.

① 대상자가 받을 수 있는 최저점수는 70점이다.
② 대상자가 가점으로 받을 수 있는 최고점수는 52점이다.
③ 가점 항목을 제외한 4개의 항목 중 배점이 두 번째로 작은 항목은 연령이다.
④ 대상자 甲은 가점을 획득하지 못해도 연령, 학력, A국 어학능력에서 최고점을 받는다면, 연간소득 항목에서 최저점수를 받더라도 거주자격을 부여받을 수 있다.
⑤ 박사 학위를 소지한 33세 대상자 乙은 A국 대학에서 다른 분야의 박사 학위를 취득하고 기본적인 의사소통을 한다면 거주자격을 부여받지 못한다.

다음 글과 상황을 근거로 판단할 때 옳은 것은?

제00조(포상금의 지급) 국세청장은 체납자의 은닉재산을 신고한 자에게 그 신고를 통하여 징수한 금액에 다음 표의 지급률을 적용하여 계산한 금액을 포상금으로 지급할 수 있다. 다만 포상금이 20억 원을 초과하는 경우, 그 초과하는 부분은 지급하지 아니한다.

징수금액	지급률
2,000만 원 이상 2억 원 이하	100분의 15
2억 원 초과 5억 원 이하	3,000만 원+2억 원 초과 금액의 100분의 10
5억 원 초과	6,000만 원+5억 원 초과 금액의 100분의 5

제00조(고액·상습체납자 등의 명단 공개) 국세청장은 체납발생일부터 1년이 지난 국세가 5억 원 이상인 체납자의 인적사항, 체납액 등을 공개할 수 있다. 다만 체납된 국세가 이의신청·심사청구 등 불복청구 중에 있거나 그 밖에 대통령령으로 정하는 사유가 있는 경우에는 그러하지 아니하다.

제00조(관허사업의 제한) ① 세무서장은 납세자가 국세를 체납하였을 때에는 허가·인가·면허 및 등록과 그 갱신(이하 '허가 등'이라 한다)이 필요한 사업의 주무관서에 그 납세자에 대하여 그 허가 등을 하지 아니할 것을 요구할 수 있다.

② 세무서장은 허가 등을 받아 사업을 경영하는 자가 국세를 3회 이상 체납한 경우로서 그 체납액이 500만 원 이상일 때에는 그 주무관서에 사업의 정지 또는 허가 등의 취소를 요구할 수 있다.

③ 제1항 또는 제2항에 따른 세무서장의 요구가 있을 때에는 해당 주무관서는 정당한 사유가 없으면 요구에 따라야 하며, 그 조치결과를 즉시 해당 세무서장에게 알려야 한다.

제00조(출국금지 요청 등) 국세청장은 정당한 사유 없이 5,000만 원 이상 국세를 체납한 자에 대하여 법무부장관에게 출국금지를 요청하여야 한다.

〈상황〉

- 甲은 허가를 받아 사업을 경영하고 있음
- 甲은 법령에서 정한 정당한 사유 없이 국세 1억 원을 1회 체납하여 법령에 따라 2012. 12. 12. 체납액이 징수되었음
- 甲은 국세인 소득세(납부기한 : 2013. 5. 31.) 2억 원을 법령에서 정한 정당한 사유 없이 2015. 2. 7. 현재까지 체납하고 있음
- 甲은 체납국세와 관련하여 불복청구 중이거나 행정소송이 계류 중인 상태가 아니며, 징수유예나 체납처분 유예를 받은 사실이 없음

---

① 국세청장은 甲의 인적사항, 체납액 등을 공개할 수 있다.

② 세무서장은 법무부장관에게 甲의 출국금지를 요청하여야 한다.

③ 국세청장은 甲에 대하여 허가의 갱신을 하지 아니할 것을 해당 주무관서에 요구할 수 있다.

④ 2014. 12. 12. 乙이 甲의 은닉재산을 신고하여 국세청장이 甲의 체납액을 전액 징수할 경우, 乙은 포상금으로 3,000만 원을 받을 수 있다.

⑤ 세무서장이 甲에 대한 사업허가의 취소를 해당 주무관서에 요구하면 그 주무관서는 요구에 따라야 하고, 그 조치결과를 즉시 해당 세무서장에게 알려야 한다.

다음 글과 상황을 근거로 판단할 때, A가 지급하여야 하는 총액은?

중세 초기 아일랜드 법체계에는 자유의 몸인 사람을 모욕할 경우 모욕한 사람이 모욕당한 사람에게 지급해야 하는 배상금인 '명예가격'이 존재했고, 액수도 천차만별이었다. 예를 들어 영주의 명예가격은 5쿠말이었다. 이는 주교의 명예가격과 동일했다. 주교를 모욕했을 경우 젖소 10마리나 은 20온스를 지급해야 했다. 부유한 농민의 명예가격은 젖소 2.5마리에 그 사람에게 딸린 하인 한 사람당 젖소 0.5마리를 더한 것이었다.

명예가격은 사람 목숨에 대한 배상금과 별도로 지급했다. 만일 누군가 사람을 죽였다면, 그 범죄자는 살해에 대한 배상인 10쿠말 외에 명예가격을 따로 얹어 지급해야 했다. 그를 죽임으로써 그의 존엄을 짓밟았기 때문이다. 부상에 대한 배상도 마찬가지였다. 다른 사람에게 어떤 종류든 상처나 부상을 입히면 그 상해에 대한 가격에 명예가격까지 지급해야 했다. 왕이나 영주 또는 주교에게 상해를 가했을 경우 2쿠말, 부유한 농민의 경우는 젖소 2마리, 소작농이나 다른 남자의 경우는 젖소 1마리, 그리고 여성이나 아이의 경우 은 1온스를 상해에 대한 배상으로 지급해야 했다. 이와 비슷하게 어떤 사람이 다른 사람의 재물을 훔치거나 손해를 끼쳤을 경우, 훔치거나 손해를 끼친 재산가치의 세 배의 배상액에 소유자의 명예가격을 더하여 지급해야 했다.

영주의 보호를 받는 소작농이나 영주의 아내 또는 딸을 다치게 하거나 죽이는 행위는 피해자의 명예를 훼손한 것이 아니라 그 피해자를 보호하는 사람의 명예를 훼손하는 것이었다. 따라서 이러한 살해, 부상 또는 손해 등에 대한 영주의 명예가격도 해당 사안 각각에 따로 청구되었다.

〈상황〉

A는 자신이 살고 있는 지역의 주교를 죽이고, 영주의 얼굴에 상처를 입히고, 영주의 아내 다리를 부러뜨리고, 각각 하인을 10명씩 거느리고 있는 부유한 농민 2명을 죽이는 큰 사고를 냈다.

① 은 209온스
② 은 219온스
③ 은 229온스
④ 은 239온스
⑤ 은 249온스

다음 글과 상황을 근거로 판단할 때 옳은 것은?

형사소송절차에서 화해는 형사사건의 심리 도중 피고인과 피해자 사이에 민사상 다툼에 관하여 합의가 성립한 경우, 신청에 의하여 그 합의내용을 공판조서에 기재하면 민사소송상 확정판결과 동일한 효력을 부여하는 제도이다. 예컨대 사기를 당한 피해자는 사기범이 형사처벌을 받더라도 사기로 인한 피해를 배상받으려면 그를 피고로 하여 민사소송절차를 밟아야 하는 것이 원칙이다. 이는 민사소송절차와 형사소송절차가 분리되어 있기 때문이다. 그런데 만약 형사소송절차 도중 피해자가 피고인과 피해배상에 관하여 합의한 경우, 별도의 민사소송을 거치지 않고 피해를 구제받을 수 있게 한다면 범죄 피해자는 신속하고 간편하게 범죄로 인한 피해배상을 받을 수 있게 된다. 이것이 바로 형사소송절차상 화해제도의 취지이다.

합의의 대상은 형사사건 피고인과 피해자 사이의 해당 사건과 관련된 피해에 관한 다툼을 포함하는 민사상 다툼으로 한정된다. 피고인과 피해자가 합의를 하면 그 형사사건이 계속 중인 1심 또는 2심 법원의 변론종결 전까지 피해자와 피고인이 공동으로 합의내용을 공판조서에 기재하여 줄 것을 서면으로 신청할 수 있다. 합의가 피고인의 피해자에 대한 금전 지급을 내용으로 하는 경우에는 피고인 외의 자(이하 '보증인'이라 한다)가 피해자에 대하여 그 지급을 보증할 수 있다. 이때에는 위 신청과 함께 보증인은 그 취지를 공판조서에 기재하여 줄 것을 신청할 수 있다. 이와 같은 합의가 기재된 공판조서는 민사소송상 확정판결과 동일한 효력이 있으므로, 피해자는 그 공판조서에 근거하여 강제집행을 할 수 있다.

※ 공판조서 : 법원사무관 등이 공판기일에 진행된 소송절차의 경과를 기재한 조서

〈상황〉

甲은 친구 乙이 丙에게 빌려준 500만 원을 변제받지 못하고 있다는 이야기를 듣고 대신 받아주려고 丙을 만났는데, 丙이 격분하여 甲을 폭행하였다. 그로 인해 甲은 병원치료비 200만 원을 지출하게 되었다. 이후 甲은 丙을 폭행죄로 고소하여 현재 丙을 피고인으로 한 형사소송절차가 진행 중이다.

① 甲과 丙이 피해배상을 합의하면 그 합의는 공판조서에 기재되지 않더라도 민사소송상의 확정판결과 동일한 효력이 있다.

② 형사소송 2심 법원의 변론종결 후에 甲과 丙이 피해배상에 대해 합의하면, 그 합의내용을 공판조서에 기재해 줄 것을 구술로 신청할 수 있다.

③ 丙이 乙에게 변제할 500만 원과 甲의 치료비 200만 원을 丙이 지급한다는 합의내용을 알게 된 법관은 신청이 없어도 이를 공판조서에 기재할 수 있다.

④ 공판조서에 기재된 합의금에 대해 甲이 강제집행을 하기 위해서는 별도의 민사소송상 확정판결이 있어야 한다.

⑤ 丙이 甲에게 지급할 금액을 丁이 보증한다는 내용이 공판조서에 기재된 경우, 甲은 그 공판조서에 근거하여 丁의 재산에 대해서 강제집행할 수 있다.

다음 글을 근거로 판단할 때 옳은 것은?

> 제00조 이 법에서 '외국인'이란 다음 각 호의 어느 하나에 해당하는 개인·법인 또는 단체를 말한다.
>   1. 대한민국의 국적을 보유하고 있지 않은 개인
>   2. 다음 각 목의 어느 하나에 해당하는 법인 또는 단체
>   가. 외국 법령에 따라 설립된 법인 또는 단체
>   나. 사원 또는 구성원의 2분의 1 이상이 제1호에 해당하는 자인 법인 또는 단체
>   다. 임원(업무를 집행하는 사원이나 이사 등)의 2분의 1 이상이 제1호에 해당하는 자인 법인 또는 단체
>
> 제00조 ① 외국인이 대한민국 안의 토지를 취득하는 계약(이하 '토지취득계약'이라 한다)을 체결하였을 때에는 계약체결일부터 60일 내에 토지 소재지를 관할하는 시장·군수 또는 구청장에게 신고하여야 한다.
> ② 제1항에도 불구하고 외국인이 취득하려는 토지가 다음 각 호의 어느 하나에 해당하는 구역·지역 등에 있으면 토지취득계약을 체결하기 전에 토지 소재지를 관할하는 시장·군수 또는 구청장으로부터 토지취득의 허가를 받아야 한다.
>   1. 군사시설 및 군사시설보호법에 따른 군사기지 및 군사시설 보호구역
>   2. 문화재보호법에 따른 지정문화재와 이를 위한 보호물 또는 보호구역
>   3. 자연환경보전법에 따른 생태·경관보전지역
> ③ 제2항을 위반하여 체결한 토지취득계약은 그 효력이 발생하지 아니한다.
>
> 제00조 외국인은 상속·경매로 대한민국 안의 토지를 취득한 때에는 토지를 취득한 날부터 6개월 내에 토지 소재지를 관할하는 시장·군수 또는 구청장에게 신고하여야 한다.
>
> 제00조 대한민국 안의 토지를 가지고 있는 대한민국 국민이나 대한민국 법령에 따라 설립된 법인 또는 단체가 외국인으로 변경된 경우, 그 외국인이 해당 토지를 계속 보유하려는 경우에는 외국인으로 변경된 날부터 6개월 내에 토지 소재지를 관할하는 시장·군수 또는 구청장에게 신고하여야 한다.

① 대한민국 국적을 보유하지 않은 甲이 전남 무안군에 소재하는 토지를 취득하는 계약을 체결한 경우, 전라남도지사에게 신고하여야 한다.

② 충북 보은군에 토지를 소유하고 있는 乙이 대한민국 국적을 포기하고 외국 국적을 취득한 경우, 그 토지를 계속 보유하려면 외국 국적을 취득한 날부터 6개월 내에 보은군수의 허가를 받아야 한다.

③ 사원 50명 중 대한민국 국적을 보유하지 않은 자가 30명인 丙법인이 사옥을 신축하기 위해 서울 금천구에 있는 토지를 경매로 취득한 경우, 경매를 받은 날부터 60일 내에 서울특별시장에게 신고하여야 한다.

④ 외국 법령에 따라 설립된 丁법인이 자연환경보전법에 따른 생태·경관보전지역 내의 토지(강원 양양군 소재)를 취득하는 계약을 체결한 경우, 계약체결 전에 양양군수의 허가를 받지 않았다면 그 계약은 무효이다.

⑤ 대한민국 법령에 따라 설립된 戊법인의 임원 8명 중 5명이 2012. 12. 12. 외국인으로 변경된 후, 戊법인이 2013. 3. 3. 경기 군포시에 있는 토지를 취득하는 계약을 체결한 경우, 戊법인은 2013. 9. 3.까지 군포시장에게 신고하여야 한다.

다음 글과 〈조건〉을 근거로 판단할 때, A부에서 3인 4각 선수로 참가해야 하는 사람만을 모두 고른 것은?

甲사에서는 부서 대항 체육대회를 개최한다. 甲사의 A부는 종목별로 아래 인원이 참가하기로 했다.

오래달리기	팔씨름	3인 4각	공굴리기
1명	4명	3명	4명

A부는 종목별 선수 명단을 확정하려고 한다. 선수 후보는 가영, 나리, 다솜, 라임, 마야, 바다, 사랑이며, 개인별 참가 가능 종목은 아래와 같다.

종목 / 선수 후보	가영	나리	다솜	라임	마야	바다	사랑
오래달리기	O	✕	O	✕	✕	✕	✕
팔씨름	O	✕	O	O	O	✕	✕
3인 4각	✕	O	O	O	O	✕	O
공굴리기	O	✕	O	✕	O	O	O

※ ○ : 참가 가능, ✕ : 참가 불가능
※ 어떤 종목도 동시에 진행하지 않는다.

─●조건●─
• 한 사람이 두 종목까지 참가할 수 있다.
• 모든 사람이 한 종목 이상 참가해야 한다.

① 가영, 나리, 바다
② 나리, 다솜, 마야
③ 나리, 다솜, 사랑
④ 나리, 라임, 사랑
⑤ 다솜, 마야, 사랑

다음 〈조건〉과 예시를 근거로 판단할 때, 문자메시지가 의미하는 실제접선시각은?

─●조건●─

- 비밀요원 가영은 문자메시지를 보내 나리와 접선하려 한다. 가영과 나리는 시침과 분침이 독립적으로 조작되는 모형 아날로그시계를 사용하는 위장코드를 고안했다.
- 고안한 위장코드를 해독하는 방법은 다음과 같다.

  (1) C_n : 시계 정가운데를 중심으로 하여 시계방향으로 시침과 분침을 각각 $\dfrac{360°}{n}$ 만큼 회전

  (2) N : 12시와 6시를 잇는 직선을 축으로 시침과 분침을 각각 좌우 대칭 이동

  (3) W : 3시와 9시를 잇는 직선을 축으로 시침과 분침을 각각 상하 대칭 이동

- 문자메시지는 위장접선시각과 위장코드로 구성된다. 해독할 때는 먼저 모형 아날로그시계의 시침과 분침을 위장접선시각에 정확히 위치시킨다. 그리고 위장코드를 왼쪽부터 해독하여 모형 아날로그시계에 적용한다. 위장코드 모두를 적용한 이후 실제접선시각의 시(時)는 시침이 의미하는 시각의 시(時)를 사용하고, 실제접선시각의 분(分)은 분침이 의미하는 분(分)을 사용한다.
- 가영은 나리에게 위장접선시각과 위장코드가 순서대로 배열된 문자메시지를 보낸다.
- 가영과 나리는 늘 오후에만 접선한다.
- ※ 모형 아날로그시계는 12시간 표시 방식이다.
- ※ 그 외 조건은 고려하지 않는다.

〈예시〉

문자메시지 '7시 30분 C_4'가 의미하는 실제접선시각을 구하기 위해 먼저 모형 아날로그시계의 시침과 분침을 위장접선시각인 7시 30분에 위치시킨다. 그리고 시침을 시계방향으로 90° 회전시켜 10과 11 사이에 위치시키며, 분침을 시계방향으로 90° 회전시켜 45분에 위치시킨다. 위장코드를 적용한 이후 시침이 의미하는 시각의 시(時)는 10시이고 분침이 의미하는 분(分)은 45분이다. 따라서 실제접선시각은 오후 10시 45분이 된다.

〈문자메시지〉

9시 16분 N C_6 W

① 오후 1시 34분

② 오후 1시 36분

③ 오후 2시 34분

④ 오후 2시 36분

⑤ 오후 3시 34분

25

다음 글을 근거로 판단할 때 옳은 것은?

> 북독일과 남독일의 맥주는 맛의 차이가 분명하다. 북독일 맥주는 한마디로 '강한 맛이 생명'이라고 표현할 수 있다. 맥주를 최대한 발효시켜 진액을 거의 남기지 않고 당분을 낮춘다. 반면 홉(Hop) 첨가량은 비교적 많기 때문에 '담백하고 씁쓸한', 즉 강렬한 맛의 맥주가 탄생한다. 이른바 쌉쌀한 맛의 맥주라고 할 수 있다. 이에 반해 19세기 말까지 남독일의 고전적인 뮌헨 맥주는 원래 색이 짙고 순하며 단맛이 감도는 특징이 있었다. 이 전통을 계승하여 만들어진 뮌헨 맥주는 홉의 쓴맛보다 맥아 본래의 순한 맛에 역점을 둔 '강하지 않고 진한' 맥주다.
>
> 옥토버페스트(Oktoberfest)는 맥주 축제의 대명사이다. 옥토버페스트의 기원은 1810년에 바이에른의 시골에서 열린 축제이다. 바이에른 황태자와 작센에서 온 공주의 결혼을 축하하기 위해 개최한 경마대회가 시초이다. 축제는 뮌헨 중앙역에서 서남서로 2km 떨어진 곳에 있는 테레지아 초원에서 열린다. 처음 이곳은 맥주와 무관했지만, 4년 후 놋쇠 뚜껑이 달린 도기제 맥주잔에 맥주를 담아 판매하는 노점상이 들어섰고, 다시 몇 년이 지나자 테레지아 왕비의 기념 경마대회는 완전히 맥주 축제로 변신했다.
>
> 축제가 열리는 동안 세계 각국의 관광객이 독일을 찾는다. 그래서 이 기간에 뮌헨에 숙박하려면 보통 어려운 게 아니다. 저렴하고 좋은 호텔은 봄에 이미 예약이 끝난다. 축제는 2주간 열리고 10월 첫째 주 일요일이 마지막 날로 정해져 있다.
>
> 뮌헨에 있는 오래된 6대 맥주 회사만이 옥토버페스트 축제장에 텐트를 설치할 수 있다. 각 회사는 축제장에 대형 텐트로 비어홀을 내는데, 두 곳을 내는 곳도 있어 텐트의 개수는 총 9~10개 정도이다. 텐트 하나에 5천 명 정도 들어갈 수 있고, 텐트 전체로는 5만 명을 수용할 수 있다. 이 축제의 통계를 살펴보면, 기간 14일, 전체 입장객 수 650만 명, 맥주 소비량 510만 리터 등이다.

① ○○년 10월 11일이 일요일이라면 ○○년의 옥토버페스트는 9월 28일에 시작되었을 것이다.

② 봄에 호텔을 예약하지 않으면 옥토버페스트 기간에 뮌헨에서 호텔에 숙박할 수 없다.

③ 옥토버페스트는 처음부터 맥주 축제로 시작하여 약 200년의 역사를 지니게 되었다.

④ 북독일 맥주를 좋아하는 사람이 뮌헨 맥주를 '강한 맛이 없다.'고 비판한다면, 뮌헨 맥주를 좋아하는 사람은 맥아가 가진 본래의 맛이야말로 뮌헨 맥주의 장점이라고 말할 것이다.

⑤ 옥토버페스트에서 총 10개의 텐트가 설치되고 각 텐트에서의 맥주 소비량이 비슷하다면, 2개의 텐트를 설치한 맥주 회사에서 만든 맥주는 하루에 평균적으로 약 7천 리터가 소비되었을 것이다.

다음 글과 상황에 근거할 때, 〈보기〉에서 옳은 것만을 모두 고른 것은?

　A시에서는 친환경 건축물 인증제도를 시행하고 있다. 이는 건축물의 설계, 시공 등의 건설과정이 쾌적한 거주환경과 자연환경에 미치는 영향을 점수로 평가하여 인증하는 제도로, 건축물에 다음과 같이 인증등급을 부여한다.

〈평가점수별 인증등급〉

평가점수	인증등급
80점 이상	최우수
70점 ~ 80점 미만	우수
60점 ~ 70점 미만	우량
50점 ~ 60점 미만	일반

　또한 친환경 건축물 최우수, 우수 등급이면서 건축물 에너지효율 1등급 또는 2등급을 추가로 취득한 경우, 다음과 같은 취·등록세액 감면 혜택을 얻게 된다.

〈취·등록세액 감면 비율〉

구분	최우수 등급	우수 등급
에너지효율 1등급	12%	8%
에너지효율 2등급	8%	4%

※ 경제적 이익 또는 손실＝취·등록세 감면액－추가 투자액
※ 기타 비용과 이익은 고려하지 않는다.

〈상황〉

• 甲은 A시에 건물을 신축하고 있다. 현재 이 건물의 예상되는 친환경 건축물 평가점수는 63점이고 에너지효율은 3등급이다.
• 친환경 건축물 평가점수를 1점 높이기 위해서는 1,000만 원, 에너지효율 등급을 한 등급 높이기 위해서는 2,000만 원의 추가 투자비용이 든다.
• 甲이 신축하고 있는 건물의 감면 전 취·등록세 예상액은 총 20억 원이다.
• 甲은 경제적 이익을 극대화하고자 한다.

● 보 기 ●

ㄱ. 추가 투자함으로써 경제적 이익을 얻을 수 있는 최소 투자금액은 1억 1,000만 원이다.
ㄴ. 친환경 건축물 우수 등급, 에너지효율 1등급을 받기 위해 추가 투자할 경우 경제적 이익이 가장 크다.
ㄷ. 친환경 건축물 등급과는 상관없이, 에너지효율 2등급을 받기 위해 추가 투자하는 것이 3등급을 받는 것보다 甲에게 경제적으로 더 이익이다.

① ㄱ
② ㄷ
③ ㄱ, ㄴ
④ ㄴ, ㄷ
⑤ ㄱ, ㄴ, ㄷ

甲, 乙, 丙이 다음 〈조건〉에 따라 게임을 할 때, 〈보기〉에서 옳은 것만을 모두 고른 것은?

┌─ ●조건● ───┐

• 게임은 1부터 7까지의 숫자가 각각 적힌 7장의 카드 3벌(21장)을 섞어서 3명이 7장씩 나누어 가지고 시작한다.

• 게임은 甲부터 시작하여 甲 → 乙 → 丙 → 甲 → 乙 → 丙 → ⋯의 차례로 진행된다.

• 차례에 따라 손에 든 카드를 1장씩 내며, 이때 바로 전 사람이 낸 카드의 숫자와 같거나 더 큰 숫자의 카드만 낼 수 있다.

• 이미 낸 카드는 다시 가져올 수 없다.

• 자신의 차례에 낼 카드가 손에 없으면 게임에서 빠지며, 남은 사람은 계속 이어서 게임을 진행하고, 가장 늦게까지 게임에 남아 있는 사람이 우승자가 된다.

• 甲, 乙, 丙은 우승하기 위해 최선을 다한다.

• 甲이 받은 카드는 1️⃣1️⃣3️⃣5️⃣6️⃣6️⃣7️⃣이다.

└──┘

┌─ ●보기● ───┐

ㄱ. 누구든 7️⃣카드를 2장 갖고 있으면 반드시 우승할 수 있다.

ㄴ. 甲이 게임 시작과 동시에 7️⃣카드를 냈을 때 우승할 확률은 약 33%이다.

ㄷ. 甲이 게임 시작과 동시에 6️⃣카드를 냈을 때 우승할 확률은 약 33%이다.

└──┘

① ㄱ

② ㄴ

③ ㄱ, ㄴ

④ ㄴ, ㄷ

⑤ ㄱ, ㄴ, ㄷ

다음 글을 근거로 판단할 때, 〈보기〉에서 옳은 것을 모두 고른 것은?

A4(210mm×297mm)를 비롯한 국제표준 용지 규격은 독일 물리학자 게오르크 리히텐베르크에 의해 1786년에 처음으로 언급되었다. 이른바 A시리즈 용지들의 면적은 한 등급 올라갈 때마다 두 배로 커진다. 한 등급의 가로는 그 위 등급의 세로의 절반이고, 세로는 그 위 등급의 가로와 같으며, 모든 등급들의 가로 대 세로 비율은 동일하기 때문이다. 용지들의 가로를 W, 세로를 L이라고 하면, 한 등급의 가로 대 세로 비율과 그 위 등급의 가로 대 세로의 비율이 같아야 한다는 것은 등식 W/L=L/2W이 성립해야 한다는 것과 같다. 다시 말해 $L^2=2W^2$이 성립해야 하므로 가로 대 세로 비율은 1 대 $\sqrt{2}$가 되어야 한다. 요컨대 세로가 가로의 $\sqrt{2}$배여야 한다. $\sqrt{2}$는 대략 1.4이다.

이 비율 덕분에 우리는 A3 한 장을 축소 복사하여 A4 한 장에 꼭 맞게 출력할 수 있다. A3를 A4로 축소할 때의 비율은 복사기의 제어판에 70%로 표시된다. 왜냐하면 그 비율은 길이를 축소하는 비율을 의미하고, $1/\sqrt{2}$은 대략 0.7이기 때문이다. 이 비율로 가로와 세로를 축소하면 면적은 1/2로 줄어든다.

반면 미국과 캐나다에서 쓰이는 미국표준협회 규격 용지들은 가로와 세로가 인치 단위로 정해져 있으며, 레터용지(8.5인치×11.0인치), 리걸용지(11인치×17인치), 이그제큐티브용지(17인치×22인치), D레저용지(22인치×34인치), E레저용지(34인치×44인치)가 있다. 미국표준협회 규격 용지의 경우, 한 용지와 그보다 두 등급 위의 용지는 가로 대 세로 비율이 같다.

●보기●

ㄱ. 국제표준 용지 중 A2 용지의 크기는 420mm×594mm이다.

ㄴ. A시리즈 용지의 경우, 가장 높은 등급의 용지를 잘라서 바로 아래 등급의 용지 두 장을 만들 수 있다.

ㄷ. A시리즈 용지의 경우, 한 등급 위의 용지로 확대 복사할 때 복사기의 제어판에 표시되는 비율은 130% 이다.

ㄹ. 미국표준협회 규격 용지의 경우, 세로를 가로로 나눈 값은 $\sqrt{2}$이다.

① ㄱ
② ㄱ, ㄴ
③ ㄴ, ㄹ
④ ㄱ, ㄴ, ㄷ
⑤ ㄱ, ㄷ, ㄹ

다음 글을 근거로 판단할 때 옳은 것은?

우리나라는 경주시, 부여군, 공주시, 익산시를 고도(古都)로 지정하고 이를 보존·육성하기 위해 고도 특별보존지구 및 보존육성지구에서의 행위를 다음과 같이 제한하고 있다.

○○법 제00조 ① 특별보존지구에서는 다음 각 호의 어느 하나에 해당하는 행위를 할 수 없다. 다만 문화체육관광부 장관의 허가를 받은 행위는 할 수 있다.
　　1. 건축물이나 각종 시설물의 신축·개축·증축·이축 및 용도 변경
　　2. 택지의 조성, 토지의 개간 또는 토지의 형질 변경
　　3. 수목(樹木)을 심거나 벌채 또는 토석류(土石類)의 채취·적치(積置)
　　4. 그 밖에 고도의 역사문화환경의 보존에 영향을 미치거나 미칠 우려가 있는 행위로서 대통령령으로 정하는 행위
② 보존육성지구에서 다음 각 호의 어느 하나에 해당하는 행위를 하려는 자는 해당 시장·군수의 허가를 받아야 한다.
　　1. 건축물이나 각종 시설물의 신축·개축·증축 및 이축
　　2. 택지의 조성, 토지의 개간 또는 토지의 형질 변경
　　3. 수목을 심거나 벌채 또는 토석류의 채취
③ 제2항에도 불구하고 건조물의 외부형태를 변경시키지 아니하는 내부시설의 개·보수 등 대통령령으로 정하는 행위는 시장·군수의 허가를 받지 아니하고 할 수 있다.

○○법 시행령 제△△조 ① 법 제00조 제1항 제4호에서 '대통령령으로 정하는 행위'란 다음 각 호의 어느 하나에 해당하는 행위를 말한다.
　　1. 토지 및 수면의 매립·절토(切土)·성토(盛土)·굴착·천공(穿孔) 등 지형을 변경시키는 행위
　　2. 수로·수질 및 수량을 변경시키는 행위
② 법 제00조 제3항에서 '대통령령으로 정하는 행위'란 다음 각 호의 어느 하나에 해당하는 행위를 말한다.
　　1. 건조물의 외부형태를 변경시키지 아니하는 내부시설의 개·보수
　　2. $60m^2$ 이하의 토지 형질 변경
　　3. 고사(枯死)한 수목의 벌채

① 경주시의 특별보존지구에서 과수원을 하고 있는 甲이 과수를 새로 심기 위해서는 시장의 허가를 받아야 한다.

② 익산시의 보존육성지구에 토지를 소유한 乙은 시장의 허가 없이 $60m^2$의 토지 형질을 변경할 수 있다.

③ 공주시의 특별보존지구에서 농사를 짓고 있는 丙은 문화체육관광부장관의 허가 없이 수로를 변경할 수 있다.

④ 공주시의 보존육성지구에서 채석장을 운영하고 있는 丁이 일정 기간 채석장에 토석류를 적치하기 위해서는 시장의 허가를 받아야 한다.

⑤ 부여군의 보존육성지구에 건조물을 가지고 있는 戊가 건조물의 외부형태를 변경시키지 않는 내부시설 보수를 하기 위해서는 군수의 허가를 받아야 한다.

다음 글과 규정을 근거로 판단할 때, 〈보기〉에서 옳은 것만을 모두 고른 것은?

지방자치단체는 자율적으로 지방행정을 처리하지만, 지방행정도 중앙행정과 마찬가지로 국가행정의 일부이다. 따라서 지방자치는 국가의 법질서 테두리 내에서만 인정되는 것이므로 지방자치단체가 국가차원의 감독, 통제를 받는 것은 불가피하다. 국회는 지방자치에 관하여 중요하고 본질적인 사항을 직접 결정해야 하므로, 지방자치에 관한 입법권한을 모두 지방자치단체에 위임할 수는 없다.

그러므로 지방의회가 제정하는 조례와 지방자치단체장이 제정하는 규칙의 형식적 효력은 국회가 제정한 법률이나 중앙행정기관이 제정한 명령보다 하위에 있으며, 조례와 규칙은 법률과 명령을 위반해서는 안 된다.

〈규정〉

헌법 제00조 ① 지방자치단체는 주민의 복리에 관한 사무를 처리하고 재산을 관리하며, 법령의 범위 안에서 자치에 관한 규정을 제정할 수 있다.

② 지방자치단체의 종류는 법률로 정한다.

헌법 제00조 ① 지방자치단체에 의회를 둔다.

② 지방의회의 조직·권한·의원선거와 지방자치단체장의 선임방법 기타 지방자치단체의 조직과 운영에 관한 사항은 법률로 정한다.

지방자치법 제00조 지방자치단체는 법령의 범위 안에서 그 사무에 관하여 조례를 제정할 수 있다. 다만 주민의 권리 제한 또는 의무 부과에 관한 사항이나 벌칙을 정할 때에는 법률의 위임이 있어야 한다.

지방자치법 제00조 지방자치단체장은 법령이나 조례가 위임한 범위에서 그 권한에 속하는 사무에 관하여 규칙을 제정할 수 있다.

※ 법령이란 법률과 명령을 의미함

● 보 기 ●

ㄱ. 주민의 복리에 관한 조례는 법령의 범위 안에서 지방자치단체에 따라 상이할 수 있다.

ㄴ. 헌법을 개정하지 않더라도 법률의 개정으로 지방자치단체의 종류를 변경할 수 있다.

ㄷ. 지방의회는 공석이 된 지방자치단체장의 선임방법을 조례로만 정해야 한다.

ㄹ. 지방자치단체장은 지방의회의 조직을 임의로 정할 수 있다.

① ㄱ, ㄴ　　　　　　　　　　② ㄷ, ㄹ

③ ㄱ, ㄴ, ㄷ　　　　　　　　④ ㄴ, ㄷ, ㄹ

⑤ ㄱ, ㄴ, ㄷ, ㄹ

다음 글과 입찰가격 평가방법을 근거로 판단할 때, 〈보기〉에서 옳지 않은 것만을 모두 고른 것은?

　甲사무관은 국제회의 행사대행 용역업체 선정을 위해 아래와 같이 입찰업체에 대한 평가를 하고자 한다.
- 기술능력 평가와 입찰가격 평가의 합산점수가 가장 높은 업체가 우선협상 대상자가 된다.
- 현재 A, B, C업체에 대한 기술능력 평가가 끝나고, 입찰가격 평가만을 남겨두고 있다.
- 발주기관이 당해 입찰에서 예상하는 추정가격은 4억 원이다.

평가 항목		배점	업체		
			A	B	C
기술능력 평가	제안서 평가	60	55	52	49
	서면 평가	20	14	18	15
입찰가격 평가		20	?	?	?
계		100	?	?	?

〈입찰가격 평가방법〉

- 당해 입찰가격이 추정가격의 100분의 80 이상인 경우

$$평점 = 20 \times \left(\frac{\text{최저 입찰가격}}{\text{당해 입찰가격}} \right)$$

　※ 최저 입찰가격 : 입찰자 중 최저 입찰가격
　※ 당해 입찰가격 : 당해 평가대상자의 입찰가격

- 당해 입찰가격이 추정가격의 100분의 80 미만인 경우

$$평점 = 20 \times \left(\frac{\text{최저 입찰가격}}{\text{추정가격의 80\%}} \right) + \left[2 \times \left(\frac{\text{추정가격의 80\% - 당해 입찰가격}}{\text{추정가격의 80\% - 추정가격의 60\%}} \right) \right]$$

　※ 최저 입찰가격 : 입찰자 중 최저 입찰가격
　※ 당해 입찰가격 : 당해 평가대상자의 입찰가격으로 하되, 입찰가격이 추정가격의 100분의 60 미만일 경우에는 100분의 60으로 계산

• 보 기 •

ㄱ. B업체가 세 업체 중에 가장 낮은 가격을 입찰하면, B업체는 어떤 경우에도 우선협상 대상자가 된다.

ㄴ. 입찰업체가 낮은 가격으로 입찰할수록 해당 업체의 입찰가격 평가점수는 항상 높아진다.

ㄷ. A업체에서 추정가격의 60% 미만으로 입찰하고, B업체가 3억 2천만 원으로 입찰하면, C업체의 입찰가격과 관계없이 B업체가 우선협상 대상자가 된다.

① ㄱ
② ㄴ
③ ㄱ, ㄷ
④ ㄴ, ㄷ
⑤ ㄱ, ㄴ, ㄷ

다음 글과 상황을 근거로 추론할 때 옳지 않은 것은?(단, 월·일은 양력 기준이다)

　절기(節氣)는 태양의 주기에 기초해서 1개월에 2개씩 지정되는 것으로 1년에 총 24개의 절기가 있다. 24절기는 12절기와 12중기로 이루어져 있는데, 각 달의 첫 번째는 절기, 두 번째는 중기라 한다. 절기를 정하는 방법으로 정기법이 있다. 정기법은 황도상의 해당 지점인 태양황경을 기준으로 태양이 동쪽으로 15도 간격으로 이동할 때마다, 즉 15도씩 증가할 때마다 절기와 중기를 매겨 나가는 방법이다. 황경은 지구에서 태양을 보았을 때, 태양이 1년 동안 하늘을 한 바퀴 도는 길인 황도를 지나가는 각도이다. 춘분은 황경의 기점이 되며, 황경이 0도일 때이다.

양력	절기	중기	양력	절기	중기
1월	소한	대한	7월	소서	대서
2월	입춘	우수	8월	입추	처서
3월	경칩	춘분	9월	백로	추분
4월	청명	곡우	10월	한로	상강
5월	입하	소만	11월	입동	소설
6월	망종	하지	12월	대설	동지

　계절은 3개월마다 바뀌고, 각 계절마다 6개의 절기가 있다. 입춘, 입하, 입추, 입동은 봄, 여름, 가을, 겨울이 시작되는 첫날이다. 절기 사이에는 15일의 간격이 있다. 그런데 일부 절기 사이의 간격은 하루가 늘거나 줄기도 한다.

〈상황〉

• 올해는 입하, 망종, 하지, 대서, 입추, 백로, 한로가 앞 절기와 16일 간격이고, 대한과 대설은 앞 절기와 14일 간격이다.
• 올해 춘분은 3월 21일이다.
• 올해 2월은 28일까지 있다.

① 올해 여름의 첫날은 5월 5일이다.
② 절기의 양력 날짜는 매년 고정적인 것은 아니다.
③ 올해 태양황경이 60도가 되는 날은 5월 중기인 소만이다.
④ 올해 7월 24일은 태양황경이 120도에서 135도 사이에 있는 날이다.
⑤ 올해 입춘부터 곡우까지의 날짜 간격은 한로부터 동지까지의 날짜 간격보다 길다.

甲은 가격이 1,000만 원인 자동차 구매를 위해 A, B, C 세 은행에서 상담을 받았다. 다음 상담 내용에 따를 때, 〈보기〉에서 옳은 것을 모두 고른 것은?(단, 총비용으로는 은행에 내야 하는 금액과 수리비만을 고려하고, 등록비용 등 기타 비용은 고려하지 않는다)

- A은행 : 고객님이 자동차를 구입하여 소유권을 취득하실 때, 저희 은행이 자동차 판매자에게 즉시 구입금액 1,000만 원을 지불해 드립니다. 그리고 그 날부터 매월 1,000만 원의 1%를 이자로 내시고, 1년이 되는 시점에 1,000만 원을 상환하시면 됩니다.
- B은행 : 저희는 고객님이 원하시는 자동차를 구매하여 고객님께 전달해 드리고, 고객님께서는 1년 후에 자동차 가격에 이자를 추가하여 총 1,200만 원을 상환하시면 됩니다. 자동차의 소유권은 고객님께서 1,200만 원을 상환하시는 시점에 고객님께 이전되며, 그때까지 발생하는 모든 수리비는 저희가 부담합니다.
- C은행 : 저희는 고객님이 원하시는 자동차를 구매하여 고객님께 임대해 드립니다. 1년 동안 매월 90만 원의 임대료를 내시면 1년 후에 그 자동차는 고객님의 소유가 되며, 임대기간 중에 발생하는 모든 수리비는 저희가 부담합니다.

●보기●

ㄱ. 자동차 소유권을 얻기까지 은행에 내야 하는 총금액은 A은행의 경우가 가장 적다.
ㄴ. 1년 내에 사고가 발생해 50만 원의 수리비가 소요될 것으로 예상한다면 총비용 측면에서 A은행보다 B·C은행을 선택하는 것이 유리하다.
ㄷ. 최대한 빨리 자동차 소유권을 얻고 싶다면 A은행을 선택하는 것이 가장 유리하다.
ㄹ. 사고 여부와 관계없이 자동차 소유권 취득 시까지의 총비용 측면에서 B은행보다 C은행을 선택하는 것이 유리하다.

---

① ㄱ, ㄴ　　　　　　　　　　　　② ㄴ, ㄷ
③ ㄷ, ㄹ　　　　　　　　　　　　④ ㄱ, ㄴ, ㄹ
⑤ ㄱ, ㄷ, ㄹ

甲, 乙, 丙, 丁이 공을 막대기로 쳐서 구멍에 넣는 경기를 하였다. 다음 규칙과 경기결과에 근거하여 판단할 때, 〈보기〉에서 옳은 것을 모두 고른 것은?

〈규칙〉

- 경기 참가자는 시작점에 있는 공을 막대기로 쳐서 구멍 안에 넣어야 한다. 참가자에게는 최대 3번의 기회가 주어지며, 공을 넣거나 3번의 기회를 다 사용하면 한 라운드가 종료된다.
- 첫 번째 시도에서 공을 넣으면 5점, 두 번째 시도에서 공을 넣으면 2점, 세 번째 시도에서 공을 넣으면 0점을 받게 되며, 세 번째 시도에서도 공을 넣지 못하면 −3점을 받게 된다.
- 총 2라운드를 진행하여 각 라운드에서 획득한 점수를 합산하여 높은 점수를 획득한 참가자 순서대로 우승, 준우승, 3등, 4등으로 결정한다.
- 만일 경기결과 동점이 나올 경우, 1라운드 고득점 순서대로 동점자의 순위를 결정한다.

〈경기결과〉

아래는 네 명이 각 라운드에서 공을 넣기 위해 시도한 횟수를 표시하고 있다.

구분	1라운드	2라운드
甲	3회	3회
乙	2회	3회
丙	2회	2회
丁	1회	3회

• 보기 •

ㄱ. 甲은 다른 선수의 경기결과에 따라 3등을 할 수 있다.
ㄴ. 乙은 다른 선수의 경기결과에 따라 준우승을 할 수 있다.
ㄷ. 丙이 우승했다면 1라운드와 2라운드 합쳐서 네 명이 구멍 안에 넣은 공은 최소 5개 이상이다.
ㄹ. 丁이 우승했다면 획득한 점수는 5점이다.

① ㄱ, ㄷ
② ㄴ, ㄷ
③ ㄱ, ㄹ
④ ㄱ, ㄴ, ㄹ
⑤ ㄴ, ㄷ, ㄹ

다음 글과 자료에 근거할 때, 〈보기〉에서 옳게 추론한 것을 모두 고른 것은?

- 한 국가의 선거제도를 평가함에 있어 '비례성'이라는 개념이 있다. 대의기관인 의회를 구성하는 데 있어 선거제도가 유권자의 의사를 잘 반영할수록 그 제도의 비례성은 높다고 할 수 있다.
- 학자 X는 한 정당이 획득한 득표율과 그 정당의 의회 내 의석률이 근접하도록 하는 선거제도는 비례성이 높다고 주장했다. 즉, 각 정당들의 득표율과 의석률 차이의 절댓값의 합인 x지수가 작다면, 그 선거제도의 비례성이 높다고 평가할 수 있다는 것이다. 반면 x지수가 크다면 그 선거제도의 비례성은 낮을 것이라고 한다.

$$x\text{지수} = \sum | \text{득표율} - \text{의석률} |$$

- 학자 Y는 의회 내에서의 정당 수와 정당 크기에 기초하여 의회 내 유효 정당 수를 측정하는 y지수를 개발했으며, 그 공식은 다음과 같다.

$$y\text{지수} = \frac{1}{\text{의회 내 각 정당의 의석률을 제곱한 값의 합}}$$

그에 따르면 y지수가 큰 국가일수록 비례성이 높은 선거제도를 운용하고 있을 가능성이 높고, 반면 y지수가 작은 국가일수록 비례성이 낮은 선거제도를 운용하고 있을 가능성이 높다.

〈각 국 의회 내 정당의 득표율(%)과 의석률(%)〉

구분	A정당		B정당		C정당		D정당	
	득표율	의석률	득표율	의석률	득표율	의석률	득표율	의석률
甲국	30	30	30	25	20	25	20	20
乙국	20	10	25	10	15	20	40	60
丙국	40	50	20	10	20	20	20	20
丁국	30	40	30	40	20	10	20	10

※ 甲, 乙, 丙, 丁국의 각 정당명은 A ~ D로 동일하다고 가정한다.

● 보기 ●

ㄱ. x지수에 의하면 丙국보다 丁국 선거제도의 비례성 정도가 낮을 것이다.
ㄴ. y지수에 의하면 甲국보다 丙국 선거제도의 비례성 정도가 높을 것이다.
ㄷ. 甲국은 x, y지수 모두에서 선거제도의 비례성 정도가 4개국 중 가장 높을 것이다.
ㄹ. 乙국은 x, y지수 모두에서 선거제도의 비례성 정도가 4개국 중 가장 낮을 것이다.

① ㄱ, ㄴ
② ㄱ, ㄹ
③ ㄴ, ㄷ
④ ㄱ, ㄷ, ㄹ
⑤ ㄴ, ㄷ, ㄹ

다음 글을 근거로 판단할 때 옳지 않은 것은?

• 납부번호 구성

납부번호는 4자리의 분류기호, 3자리의 기관코드, 4자리의 납부연월(납부기한 포함), 1자리의 결정구분코드, 2자리의 세목으로 구성된다. 납부연월은 납세의무자가 실제 납부하는 연도와 달을, 납부기한은 납세의무자가 납부하여야 할 연도와 달을 의미한다.

예시)　0000　–　000　–　0000　–　0　–　00
　　　 분류기호　 기관코드　 납부연월　 결정구분코드　 세목코드

• 결정구분코드

항목	코드	내용
확정분 자진납부	1	확정신고, 전기신고 등 정기기간(예정, 중간예납기간 제외)이 있는 모든 세목으로서 정상적인 자진신고납부분(수정신고분 제외)의 본세 및 그 부가가치세(코드 4의 원천분 자진납부 제외)
수시분 자진납부	2	코드 1의 확정분 자진납부, 코드 3의 예정신고 자진납부 및 코드 4의 원천분 자진납부 이외 모든 자진납부
중간예납 및 예정신고	3	예정신고 또는 중간예납 기간이 있는 모든 세목으로서 정상적인 자진신고납부분(수정신고분 제외)의 본세 및 그 부가가치세
원천분 자진납부	4	모든 원천세 자진납부분
정기분고지	5	양도소득세 정기결정고지, 코드 1의 확정분 자진납부에 대한 무(과소)납부고지
수시분고지	6	코드 5의 정기분 고지, 코드 7의 중간예납 및 예정고지를 제외한 모든 고지
중간예납 및 예정고지	7	법인세 및 종합소득세 중간예납고지, 부가가치세 예정고지, 코드 3의 중간예납 및 예정신고 자진납부에 대한 무(과소)납부고지

※ 신고는 납세의무자가 법에서 정한 기한 내에 과세표준과 세액을 세무서에 알리는 것
※ 고지는 세무서장이 세액, 세목, 납부기한과 납부장소 등을 납세의무자에게 알리는 것

• 세목코드

세목	코드	세목	코드
종합소득세	10	양도소득세	22
사업소득세	13	법인세	31
근로소득세(갑종)	14	부가가치세	41
근로소득세(을종)	15	특별소비세	42
퇴직소득세	21	개별소비세	47

① 수정신고 자진납부분은 결정구분코드 2에 해당한다.

② 2011년 3월 확정분 개별소비세를 4월에 자진신고 납부한 경우, 납부번호의 마지막 7자리는 1104–1–47이다.

③ 2010년 제1기 확정신고분 부가가치세를 당해 9월에 무납부 고지한 경우, 납부번호의 마지막 7자리는 1009–6–41이다.

④ 2012년 10월에 양도소득세를 예정신고 자진납부하는 경우, 납부번호의 마지막 7자리는 1210–3–22이다.

⑤ 2010년 2월에 2009년 갑종근로소득세를 연말정산하여 원천징수한 부분을 자진납부한 경우, 납부번호의 마지막 7자리는 1002–4–14이다.

다음 글과 상황에 근거할 때, 〈보기〉에서 옳은 것을 모두 고른 것은?

공공도서관이 갖추어야 하는 시설과 도서관 자료의 구비 기준은 다음과 같다.

〈공공도서관 시설 및 도서관 자료 구비 기준〉

봉사대상 인구(명)	시설		도서관 자료	
	건물면적(m^2)	열람석(석)	기본장서(권)	연간증서(권)
· · ·	· · ·	· · ·	· · ·	· · ·
10만 이상 ~ 30만 미만	1,650 이상	350 이상	30,000 이상	3,000 이상
30만 이상 ~ 50만 미만	3,300 이상	800 이상	90,000 이상	9,000 이상
50만 이상	4,950 이상	1,200 이상	150,000 이상	15,000 이상

1. 봉사대상 인구란 도서관이 설치되는 해당 시의 인구를 말한다. 연간증서(年間增書)는 설립 다음 해부터 매년 추가로 늘려야 하는 장서로서 기본장서에 포함된다.
2. 전체 열람석의 10% 이상을 노인과 장애인 열람석으로 할당하여야 한다.
3. 공공도서관은 기본장서 외에 다음 각 목에서 정하는 자료를 갖추어야 한다.
　가. 봉사대상 인구 1천 명당 1종 이상의 연속간행물
　나. 봉사대상 인구 1천 명당 10종 이상의 시청각자료

○○부는 신도시인 A시에 2014년 상반기 개관을 목표로 공공도서관 건설을 추진 중이다. A시의 예상 인구 추계는 다음과 같다.

구분	2012년	2015년	2020년	2030년
예상 인구(명)	13만	15만	30만	50만

※ A시 도서관은 예정대로 개관한다.
※ 2012년 인구는 실제 인구이며, 인구는 해마다 증가한다고 가정한다.

• 보기 •

ㄱ. A시 도서관 개관 시 확보해야 할 최소 기본장서는 30,000권이다.
ㄴ. A시의 예상 인구 추계자료와 같이 인구가 증가한다면, 2015년에는 노인 및 장애인 열람석을 2014년에 비해 35석 추가로 더 확보해야 한다.
ㄷ. A시의 예상 인구 추계자료와 같이 인구가 증가하고, 2015 ~ 2020년에 매년 같은 수로 인구가 늘어난다면, 2018년에는 최소 240종 이상의 연속간행물과 2,400종 이상의 시청각자료를 보유해야 한다.
ㄹ. 2020년 실제 인구가 예상 인구의 80% 수준에 불과하다면, 개관 이후 2020년 말까지 추가로 보유해야 하는 총 연간증서는 최소 18,000권이다.

① ㄱ, ㄴ　　　　　　　　　　② ㄱ, ㄷ
③ ㄴ, ㄹ　　　　　　　　　　④ ㄱ, ㄷ, ㄹ
⑤ ㄴ, ㄷ, ㄹ

7명의 여행자(A ~ G)가 5인승 승용차 3대에 나눠 타고 여행을 떠난다. 다음 여행자 특성과 원칙을 선택적으로 적용할 때 옳지 않은 것은?

〈여행자 특성〉

구분	나이	성별	면허보유기간	운전기간	키
A	33세	남	4년	4년	큼
B	32세	남	7년	7년	큼
C	30세	남	5년	0년	작음
D	28세	남	3년	3년	작음
E	26세	여	5년	2년	큼
F	31세	여	8년	3년	큼
G	25세	남	1년	1년	작음

〈원칙〉

ㄱ. 운전자는 운전기간이 긴 사람을 우선으로 선택한다.
ㄴ. 모든 차량의 앞쪽 좌석에는 키 큰 사람이 1명 이상 승차한다.
ㄷ. 다른 성별끼리 같은 차량에 타지 않는다.
ㄹ. 여성이 운전하는 차량이 1대 이상이 되도록 한다.
ㅁ. 운전자는 면허보유기간이 긴 사람을 우선으로 선택한다.
ㅂ. 운전자만 승차하는 차량이 존재한다.
ㅅ. 여성이 탄 차량에는 반드시 남성 두 명이 타도록 한다.
ㅇ. 앞쪽 좌석에는 운전자만 승차한다.

① ㄱ→ㄹ→ㄷ→ㅂ의 순서로 원칙을 적용하는 경우 C, D, G는 같은 차량에 승차한다.
② ㄱ→ㄷ의 순서로 원칙을 적용하는 경우 F가 운전하게 된다.
③ ㄹ→ㅅ→ㅂ의 순서로 원칙을 적용하는 경우 남성 운전자 혼자 타는 차량이 존재한다.
④ ㄷ 원칙을 우선 적용하면, ㄱ과 ㅁ 중 어떤 원칙이 적용되어도 F가 운전하는 차량이 존재한다.
⑤ ㅁ→ㅇ→ㄴ→ㅅ의 순서로 원칙을 적용하는 경우 F의 차량에는 4명이 승차한다.

다음 〈조건〉에 따라 A팀과 B팀이 왼손 팔씨름 시합을 한다. 첫 번째 경기 시작 전에 B팀에서는 A팀이 첫 번째 경기에 장사를 출전시킨다는 확실한 정보를 입수했다고 할 때, 옳은 것을 〈보기〉에서 모두 고른 것은?

─● 조 건 ●─

- A팀과 B팀은 각각 장사 1명, 왼손잡이 1명, 오른손잡이 2명(총 4명)으로 구성되어 있다.
- 한 사람당 한 경기에만 출전할 수 있으며, 총 네 번의 경기를 치러 승점의 합이 많은 팀이 우승을 차지한다. 이때 이길 경우 3점, 비길 경우 1점, 질 경우는 0점의 승점이 주어진다.
- 양 팀은 첫 번째 경기 시작 전에 각 경기별 출전선수 명단을 심판에게 제출해야 하며, 제출한 선수명단은 바꿀 수 없다.
- 각 팀에 속하는 팀원의 특징은 아래와 같다.
  - 장사 : 왼손잡이, 오른손잡이 모두에게 이긴다.
  - 왼손잡이 : 장사에게는 지고 오른손잡이에게는 이긴다.
  - 오른손잡이 : 장사, 왼손잡이 모두에게 진다.
- 누구든 같은 특징의 상대를 만나면 비긴다.

─● 보 기 ●─

ㄱ. B팀도 첫 번째 경기에 장사를 출전시키면 최대 승점 5점을 얻을 수 있다.
ㄴ. B팀이 첫 번째 경기에 왼손잡이를 출전시키면 최대 승점 4점을 얻을 수 있다.
ㄷ. B팀이 첫 번째 경기에 오른손잡이를 출전시키면 최대 승점 7점을 얻을 수 있다.
ㄹ. A팀이 첫 번째 경기에 장사를 출전시키고 두 번째 경기에 왼손잡이를 출전시킨다는 확실한 정보를 B팀이 입수한다면, B팀은 우승할 수 있으며 이때의 승점은 7점이다.

① ㄱ, ㄷ
② ㄴ, ㄷ
③ ㄴ, ㄹ
④ ㄱ, ㄴ, ㄹ
⑤ ㄱ, ㄷ, ㄹ

5명(A ~ E)이 순서대로 퀴즈게임을 해서 벌칙을 받을 사람 1명을 선정하고자 한다. 다음 게임 규칙과 결과에 근거할 때, 항상 옳은 것을 〈보기〉에서 모두 고른 것은?

〈게임 규칙〉

• A→B→C→D→E 순서대로 퀴즈를 1개씩 풀고, 모두 한 번씩 퀴즈를 풀고 나면 한 라운드가 끝난다.
• 퀴즈 2개를 맞힌 사람은 벌칙에서 제외되고, 다음 라운드부터는 게임에 참여하지 않는다.
• 라운드를 반복하여 맨 마지막까지 남는 한 사람이 벌칙을 받는다.
• 벌칙을 받을 사람이 결정되면 라운드 중이라도 더 이상 퀴즈를 출제하지 않는다.
• 게임 중 동일한 문제는 출제하지 않는다.

〈결과〉

3라운드에서 A는 참가자 중 처음으로 벌칙에서 제외되었고, 4라운드에서는 오직 B만 벌칙에서 제외되었으며, 벌칙을 받을 사람은 5라운드에서 결정되었다.

─● 보 기 ●─
ㄱ. 5라운드까지 참가자들이 정답을 맞힌 퀴즈는 총 9개이다.
ㄴ. 게임이 종료될 때까지 총 22개의 퀴즈가 출제되었다면, E는 5라운드에서 퀴즈의 정답을 맞혔다.
ㄷ. 게임이 종료될 때까지 총 21개의 퀴즈가 출제되었다면, 퀴즈를 푸는 순서가 벌칙을 받을 사람 선정에 영향을 미친 것으로 볼 수 있다.

① ㄱ   ② ㄴ
③ ㄱ, ㄷ   ④ ㄴ, ㄷ
⑤ ㄱ, ㄴ, ㄷ

다음 글에 근거할 때, 옳은 것을 〈보기〉에서 모두 고른 것은?

○○연구재단은 지난 2000년부터 인문사회연구역량의 세부사업으로 12개의 사업을 추진하고 있는데, 그 중 하나로 학제 간 융합연구사업을 추진하고 있다. 학제 간 융합연구사업은 연구와 교육을 연계한 융합연구의 전문인력 양성을 주요 목적으로 하며, 인문사회분야와 이공계분야 간의 학제 간 융합연구를 지원대상으로 하고 있다. 연구지원 신청자격은 연구책임자를 포함한 6인 이상의 연구팀이나 사업단(센터)에 부여되며, 그 연구팀이나 사업단에는 동일 연구분야의 전공자 비율이 70%를 넘지 않아야 하는 동시에 2개 이상 연구분야의 전공자가 참여하는 것이 기본요건이다.

이와 같은 학제 간 융합연구 지원사업은 씨앗형 사업과 새싹형 사업으로 이원화되어 추진되고 있으나, 연구의 저변확대를 위해 씨앗형 사업에 중점을 두고 있다. 씨앗형 사업과 새싹형 사업은 기본적으로 연구자의 창의성을 장려한다는 목적으로 지원자들이 자유주제를 선정하여 신청하는 상향식 지원방식을 채택하고 있다. 그러나 새싹형 사업은 국가차원의 전략적 과제의 원활한 수행을 위해 지정과제 공모식의 하향식 연구지원방식도 포함하고 있다.

연구지원기간은 씨앗형 사업의 경우 1년으로 완료되며, 사업완료 후 평가를 거쳐 새싹형 사업으로 진입할 수 있도록 하고 있다. 새싹형 사업은 최대 5년(기본 3년+추가 2년)간 연구지원을 하고 있다. 지난 2009년까지는 기본 3년의 연구수행결과에 대한 1단계 평가를 통해 강제탈락제도를 시행하여 왔으나, 2010년부터는 매년 연차평가를 실시하여 계속지원 여부를 결정하고 있다. 새싹형 사업의 연구지원방식은 씨앗형 사업완료 후 평가를 거쳐 새싹형 사업을 추진하는 방법과 씨앗형 사업을 거치지 않고 새싹형 사업을 바로 지원할 수 있는 방식을 취하고 있다. 학제 간 융합연구사업의 선정평가는 씨앗형 사업과 새싹형 사업 모두 1단계 요건심사, 2단계 전공심사, 3단계 종합심사의 동일한 과정으로 구성되어 있다.

● 보기 ●

ㄱ. 철학 전공자 2명과 물리학 전공자 4명으로 구성된 연구팀은 학제 간 융합연구사업을 신청할 수 있다.
ㄴ. 국가차원의 전략적 과제로서 생명공학의 사회적·윤리적 문제에 대한 지정과제 연구는 씨앗형 사업에 해당된다.
ㄷ. 2008년에 실시된 1단계 평가에서 탈락한 새싹형 사업 과제의 연구지원기간은 최소 5년이다.
ㄹ. 2011년에 실시된 연차평가에서 탈락한 새싹형 사업 과제의 연구지원기간은 1년일 수 있다.
ㅁ. 씨앗형 사업과 새싹형 사업의 선정평가는 모두 3단계로 이루어져 있다.

① ㄱ, ㄴ
② ㄴ, ㄹ
③ ㄱ, ㄷ, ㄹ
④ ㄱ, ㄹ, ㅁ
⑤ ㄴ, ㄷ, ㅁ

다음 글을 읽고 〈조건〉에 따라 추론할 때, 하나의 조건을 추가하면 조선왕조의궤가 세계기록유산으로 지정된 연도를 알 수 있다고 한다. 다음 중 이 하나의 조건이 될 수 있는 것은?

UNESCO(국제연합교육과학문화기구)는 세계 여러 나라의 기록물들 가운데 미적·사회적·문화적 가치가 높은 자료들을 선정하여 세계기록유산으로 지정해 왔다. 2010년 현재 UNESCO가 지정한 대한민국의 세계기록유산은 총 7개로 동의보감, 승정원일기, 조선왕조실록, 조선왕조의궤, 직지심체요절, 팔만대장경판, 훈민정음이다. UNESCO는 1997년에 2개, 2001년에 2개, 2007년에 2개, 2009년에 1개를 세계기록유산으로 지정하였다.

⌐●조 건●──────────
- 조선왕조실록은 승정원일기와 팔만대장경판보다 먼저 지정되었다.
- 훈민정음은 단독으로 지정되지 않았다.
- 직지심체요절은 단독으로 지정되지 않았다.
- 동의보감은 조선왕조의궤보다 먼저 지정되지 않았다.
- 2002년 한·일 월드컵은 승정원일기가 지정된 이후에 개최되었다.
- 직전의 지정이 있은 때로부터 직지심체요절이 지정되기까지의 시간 간격은 가장 긴 간격이 아니었다.
- ※ 동일 연도에 세계기록유산으로 지정된 기록물들은 같이 지정된 것으로 본다.

① 훈민정음은 2002년 이전에 지정되었다.
② 동의보감은 2002년 이후에 지정되었다.
③ 직지심체요절은 2002년 이전에 지정되었다.
④ 팔만대장경판은 2002년 이후에 지정되었다.
⑤ 팔만대장경판은 동의보감보다 먼저 지정되었다.

43

4명의 참가자(A ~ D)가 음악경연을 한다. 다음 〈조건〉에 근거할 때, 옳지 않은 것은?

┌─ **조건** ───

• 탈락자는 심사위원 점수와 국민 참여 문자투표 득표수를 반영하여 선정된다.

• 심사위원 점수의 합산점수와 국민 참여 문자투표의 점유율(%)의 수치를 점수로 간주한 값(환산점수)을 더하여 참가자들 각각의 총점을 산출한다.

• 총점이 가장 낮은 참가자가 탈락하며, 이때 그 수가 2인 이상인 경우 그들 모두를 탈락자로 한다.

• 甲, 乙, 丙 총 3명의 심사위원 점수와 10만 명이 문자투표한 국민 참여 문자투표 득표수는 아래와 같다.

〈심사위원 점수〉

(100점 만점)

심사위원＼참가자	A	B	C	D
甲	90점	85점	88점	89점
乙	88점	85점	88점	86점
丙	85점	?	90점	90점

〈국민 참여 문자투표 득표수〉

구분	A	B	C	D
득표수	25,000표	?	17,500표	?
환산점수	25점	?	17.5점	?

└──

① A는 탈락하지 않을 것이다.

② D가 C보다 국민 참여 문자투표를 1,500표 더 받았다면 탈락하지 않는다.

③ D가 국민 참여 문자투표에서 42,500표를 받았다면 B가 탈락했을 것이다.

④ B와 D의 국민 참여 문자투표 득표수가 같다면 B와 C 중에서 탈락자가 결정된다.

⑤ 공동 탈락자가 생길 수 있다.

다음 규정에 근거할 때, 옳은 것은?

제00조(목적) 이 법은 적의 침투·도발이나 그 위협에 대응하기 위하여 국가 총력전의 개념을 바탕으로 국가방위요소를 통합·운용하기 위한 통합방위대책을 수립·시행하기 위하여 필요한 사항을 규정함을 목적으로 한다.

제00조(정의) 이 법에서 사용하는 용어의 뜻은 다음과 같다.

1. "통합방위사태"란 적의 침투·도발이나 그 위협에 대응하여 제2호부터 제4호까지의 구분에 따라 선포하는 단계별 사태를 말한다.
2. "갑종사태"란 일정한 조직체계를 갖춘 적의 대규모 병력 침투 또는 대량살상무기 공격 등의 도발로 발생한 비상사태로서 통합방위본부장 또는 지역군사령관의 지휘·통제 하에 통합방위작전을 수행하여야 할 사태를 말한다.
3. "을종사태"란 일부 또는 여러 지역에서 적이 침투·도발하여 단기간 내에 치안을 회복하기 어려워 지역군사령관의 지휘·통제 하에 통합방위작전을 수행하여야 할 사태를 말한다.
4. "병종사태"란 적의 침투·도발 위협이 예상되거나 소규모의 적이 침투하였을 때에 지방경찰청장, 지역군사령관 또는 함대사령관의 지휘·통제 하에 통합방위작전을 수행하여 단기간 내에 치안이 회복될 수 있는 사태를 말한다.

제00조(통합방위사태의 선포) ① 통합방위사태는 갑종사태, 을종사태 또는 병종사태로 구분하여 선포한다.
② 제1항의 사태에 해당하는 상황이 발생하면 다음 각 호의 구분에 따라 해당하는 사람은 즉시 국무총리를 거쳐 대통령에게 통합방위사태의 선포를 건의하여야 한다.

1. 갑종사태에 해당하는 상황이 발생하였을 때 또는 둘 이상의 특별시·광역시·도·특별자치도(이하 "시·도"라 한다)에 걸쳐 을종사태에 해당하는 상황이 발생하였을 때 : 국방부장관
2. 둘 이상의 시·도에 걸쳐 병종사태에 해당하는 상황이 발생하였을 때 : 행정안전부장관 또는 국방부장관

③ 대통령은 제2항에 따른 건의를 받은 때에는 중앙협의회와 국무회의의 심의를 거쳐 통합방위사태를 선포할 수 있다.
④ 지방경찰청장 또는 지역군사령관은 을종사태나 병종사태에 해당하는 상황이 발생한 때에는 즉시 시·도지사에게 통합방위사태의 선포를 건의하여야 한다.
⑤ 시·도지사는 제4항에 따른 건의를 받은 때에는 시·도 협의회의 심의를 거쳐 을종사태 또는 병종사태를 선포할 수 있다.

① 국무회의에서는 병종사태에 대해서는 심의할 수 없고 갑종과 을종사태에 대해서 심의한다.
② 행정안전부장관은 모든 유형의 통합방위사태에 대하여 대통령에게 통합방위사태의 선포를 건의할 수 있다.
③ 갑종사태 또는 을종사태가 발생한 경우에는 통합방위본부장이 통합방위작전을 지휘한다.
④ A광역시와 B광역시에 걸쳐서 통합방위사태가 발생한 경우에 통합방위사태를 선포할 수 있는 사람은 대통령이다.
⑤ C광역시 D구와 E구에 대하여 적이 도발을 기도하는 것으로 정보당국에 의해 포착되었다면, 행정안전부장관이나 국방부장관은 대통령에게 통합방위사태 선포를 건의하여야 한다.

甲사무관은 청사 이전 공사를 위해 조달청 입찰시스템에 등록하고자 하는 A~E업체 중 하나를 선택하여 계약을 맺으려 한다. 다음을 근거로 판단할 때 옳지 않은 것을 〈보기〉에서 모두 고른 것은?

─● 조건 ●─

- 甲사무관은 조달청 입찰시스템에 등록하지 않은 업체와는 계약할 수 없다.
- 甲사무관은 조달청 입찰시스템에 등록하려는 각 업체의 정보는 알 수 있지만 각 업체별 사전평가점수는 모른다.
- 甲사무관은 순편익이 가장 높은 업체를 선택하며, 이때 순편익은 청사 이전 편익에서 공사비용을 뺀 값이다.
- 조달청은 사전평가점수 총점이 60점 이상인 업체만을 입찰시스템에 등록시키고, 평가항목 중 하나에서라도 분류배점의 40% 미만이 나올 경우에는 등록 자체를 허용하지 않는다.
- 공사 착공일은 3월 1일이며, 어떠한 일이 있어도 같은 해 7월 10일까지 공사가 완공되어야 한다.

〈업체의 정보〉

구분	A업체	B업체	C업체	D업체	E업체
공사소요기간(일)	120	100	140	125	130
공사비용(억 원)	16	10	18	13	11
청사이전 편익(억 원)	18	12	25	17	16
안전성	上	中	上	中	下

〈입찰시스템에 등록하려는 업체별 사전평가점수〉

평가항목	분류배점	A업체	B업체	C업체	D업체	E업체
가격	30	18	26	17	18	25
품질	20	17	16	15	13	12
수요기관 만족도	20	14	7	15	13	11
서비스	30	22	27	18	15	27
총점	100	71	76	65	59	75

─● 보기 ●─

ㄱ. 甲사무관은 E업체와 계약을 맺을 것이다.
ㄴ. 만약 D업체가 친환경인증으로 품질부문에서 가산점 2점을 얻는다면 甲사무관은 D업체와 계약을 맺을 것이다.
ㄷ. 만약 甲사무관이 순편익은 고려하지 않고 공사완공이 빨리 되는 것만 고려한다면 B업체와 계약을 맺을 것이다.
ㄹ. 만약 안전성이 下인 업체를 제외시킨다면 甲사무관은 A업체와 계약을 맺을 것이다.
ㅁ. 안전성이 上일 경우 2억 원의 청사이전 편익이 추가로 발생한다면 甲사무관은 A업체와 계약을 맺을 것이다.

① ㄱ, ㄴ, ㄷ
② ㄱ, ㄹ, ㅁ
③ ㄴ, ㄷ, ㄹ
④ ㄴ, ㄷ, ㅁ
⑤ ㄷ, ㄹ, ㅁ

甲국은 곧 실시될 2011년 지역구국회의원선거에서 다음 규정과 상황에 근거하여 세 정당(A, B, C)에게 여성추천보조금을 지급하고자 한다. 각 정당이 지급받을 금액으로 옳은 것은?

제00조 ① 국가는 임기만료에 의한 지역구국회의원선거(이하 '국회의원선거'라 한다)에서 여성후보자를 추천하는 정당에 지급하기 위한 보조금(이하 '여성추천보조금'이라 한다)으로 직전 실시한 임기만료에 의한 국회의원선거의 선거권자총수에 100원을 곱한 금액을 임기만료에 의한 국회의원선거가 있는 연도의 예산에 계상하여야 한다.

② 여성추천보조금은 국회의원선거에서 여성후보자를 추천한 정당에 대하여 다음 각 호의 기준에 따라 배분·지급한다. 이 경우 제1항의 규정에 의하여 당해 연도의 예산에 계상된 여성추천보조금의 100분의 50을 국회의원선거의 여성추천보조금 총액(이하 '총액'이라고 한다)으로 한다.

  1. 여성후보자를 전국지역구총수의 100분의 30 이상 추천한 정당이 있는 경우

    총액의 100분의 50은 지급 당시 정당별 국회의석수의 비율만큼, 총액의 100분의 50은 직전 실시한 임기만료에 의한 국회의원선거에서의 득표수의 비율만큼 배분·지급한다.

  2. 여성후보자를 전국지역구총수의 100분의 30 이상 추천한 정당이 없는 경우

    가. 여성후보자를 전국지역구총수의 100분의 15 이상 100분의 30 미만을 추천한 정당

      제1호의 기준에 따라 배분·지급한다.

    나. 여성후보자를 전국지역구총수의 100분의 5 이상 100분의 15 미만을 추천한 정당

      총액의 100분의 30은 지급 당시 정당별 국회의석수의 비율만큼, 총액의 100분의 30은 직전 실시한 임기만료에 의한 국회의원선거에서의 득표수의 비율만큼 배분·지급한다. 이 경우 하나의 정당에 배분되는 여성추천보조금은 '가목'에 의하여 각 정당에 배분되는 여성추천보조금 중 최소액을 초과할 수 없다.

〈상황〉

1. 직전 실시한 임기만료에 의한 지역구국회의원선거의 선거권자총수는 4,000만 명이다.
2. 2011년 현재 전국지역구총수는 200개이다.
3. 2011년 지역구국회의원선거에서 여성후보자를 A정당은 50명, B정당은 30명, C정당은 20명을 추천했다.
4. 현재 국회의원 의석수의 비율은 A정당 50%, B정당 40%, C정당 10%이다.
5. 직전 실시한 임기만료에 의한 지역구국회의원선거의 득표수 비율은 A정당 40%, B정당 40%, C정당 20%였다.

	A	B	C
①	4억 5천만 원	4억 원	9천만 원
②	5억 4천만 원	4억 4천만 원	1억 6천 8백만 원
③	5억 4천만 원	4억 4천만 원	1억 8천만 원
④	9억 원	8억 원	1억 6천 8백만 원
⑤	9억 원	8억 원	1억 8천만 원

A, B, C, D국가의 대표가 각 1명씩 참석하는 4개국 회의가 개최 중이다. 다음을 근거로 추론한 내용 중 옳지 않은 것은?

〈경제 현황〉

구분＼국가	A국	B국	C국	D국
1인당 GDP($)	45,000	3,000	40,000	20,000
경제성장률(%)	2	10	0	4
실업률(%)	9	4	5	3.5
금리(%)	3	5	2	2
물가상승률(%)	1	7	0	3
A국에 대한 수출(백만 $)	–	220	100	40
B국에 대한 수출(백만 $)	80	–	130	90
C국에 대한 수출(백만 $)	50	100	–	20
D국에 대한 수출(백만 $)	30	60	50	–
총수출(백만 $)	1,100	1,200	600	360
총수입(백만 $)	1,600	1,000	550	330

〈발언내용〉

甲 : 우리나라는 본 회의 참가국들로부터의 수입 총액이 가장 적습니다.

乙 : B국이 외환시장에 지속적으로 개입하여 자국 화폐의 가치를 상대적으로 낮게 유지하는 바람에 우리나라의 B국에 대한 경상수지 적자가 다른 나라에 대한 경상수지 적자보다 크게 발생하고 있습니다.

丙 : 우리나라는 회의에 참가한 국가 중 고통지수가 가장 낮습니다.

丁 : A국의 경상수지 적자는 A국에 내재된 문제 때문입니다. 우리나라의 환율은 경제상황을 정확하게 반영하고 있을 뿐입니다.

※ 경상수지＝수출－수입

※ 고통지수＝물가상승률＋실업률

① 丙은 C국 대표이다.

② 甲의 출신국 경상수지는 흑자이다.

③ 丁의 출신국은 甲의 출신국에 대해서 경상수지 흑자를 보이고 있다.

④ 乙의 출신국은 B국에 대해 1억 달러 이상의 경상수지 적자를 보이고 있다.

⑤ 丁은 A국의 경상수지 적자가 B국뿐만 아니라 C국, D국에 대해서도 발생하고 있음을 추가적으로 언급할 수 있다.

다음 법규정에 근거할 때 가능한 것을 〈보기〉에서 모두 고른 것은?

제00조(입학전형) ① 고등학교 신입생의 선발은 전기와 후기로 나누어 행하되, 전문계 고등학교, 예·체능계 고등학교, 특수목적 고등학교, 특성화 고등학교, 자율형 사립 고등학교(이하 '전기 고등학교')는 전기에 선발하며, 후기에 선발하는 고등학교는 전기에 해당되지 아니하는 모든 고등학교(이하 '후기 고등학교')로 한다.
② 평준화지역의 전기 고등학교 및 비평준화지역의 모든 고등학교는 입학전형을 실시한다.
③ 평준화지역의 후기 고등학교에 입학하고자 하는 자는 학교를 선택할 필요 없이 해당 지역의 교육감에게 입학의사를 밝히면 된다.

제00조(입학전형의 지원) ① 평준화지역의 전기 고등학교 및 비평준화지역의 고등학교의 입학전형에 응시하고자 하는 자는 그가 졸업한 혹은 졸업 예정인 중학교가 소재하는 지역의 1개 학교를 선택하여 해당 학교에 지원하여야 한다. 다만 다음 각 호의 어느 하나에 해당하는 자는 그가 거주하는 지역의 1개 학교를 선택하여 해당 학교에 지원하여야 한다.
　　1. 특성화 중학교 졸업예정자 및 졸업자
　　2. 자율학교로 지정받은 중학교 졸업예정자 및 졸업자
② 제1항의 규정에도 불구하고 전기 고등학교 중 다음 각 호의 어느 하나에 해당하는 고등학교의 입학전형에 응시하려는 자는 그가 졸업한 혹은 졸업 예정인 중학교가 소재하는 지역(제1항 각 호의 어느 하나에 해당하는 자는 그가 거주하는 지역)에 관계없이 1개 고등학교를 선택하여 해당 고등학교에 지원하여야 한다.
　　1. 특수목적 고등학교
　　2. 특성화 고등학교
③ 제1항 본문의 규정에 불구하고 비평준화지역의 후기 고등학교에 입학하고자 하는 자는 2개 이상의 학교를 선택하여 지원할 수 있다.

•보기•
ㄱ. A지역에 거주하고, B지역에 위치한 특성화 중학교 졸업 예정인 가영이는 C지역에 위치한 특수목적 고등학교에 지원하였다.
ㄴ. B지역에 위치한 일반 중학교 졸업 예정인 나희는 D지역에 위치한 자율형 사립 고등학교에 지원하였다.
ㄷ. C지역에 거주하고, C지역에 위치한 중학교를 졸업한 다미는 C지역에 위치한 3개의 고등학교에 지원하였다.
ㄹ. D지역에 거주하는 라진이는 C지역에 위치한 특성화 고등학교에 지원하였다가 떨어진 후 D지역 교육감에게 입학의사를 밝혀 D지역의 자율형 공립 고등학교에 진학하였다.
※ A와 C는 비평준화지역, B와 D는 평준화지역임

① ㄱ, ㄴ
② ㄱ, ㄷ
③ ㄴ, ㄹ
④ ㄱ, ㄷ, ㄹ
⑤ ㄴ, ㄷ, ㄹ

다음은 공간도형의 위치관계에 대한 정의이다. 이를 참조하여 〈보기〉에서 옳은 것만을 모두 고른 것은? (α, β, γ는 각각 임의의 평면을 뜻하며 x, y, z는 각각 임의의 직선을 뜻한다)

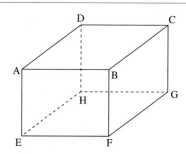

- 평행 : 위쪽의 직육면체에서 두 직선 AB와 EF는 평면 ABFE 위의 직선으로 서로 만나지 않는다. 이와 같이 한 평면 위의 두 직선이 서로 만나지 않을 때, 두 직선을 평행하다고 한다.

  직선 DC는 평면 ABFE에 포함되지 않는다. 이와 같이 직선이 평면과 만나지 않는 경우 직선과 평면은 평행하다고 한다.

  평면 ABFE와 평면 DCGH와 같이 두 평면이 만나지 않을 때, 두 평면은 평행하다고 한다.
- 꼬인 위치 : 두 직선 AB와 CG는 만나지 않지만 한 평면 위의 직선이 아니다. 이와 같이 만나지 않는 두 직선이 한 평면 위에 있지 않을 때, 서로 꼬인 위치에 있다고 한다.
- 교선 : 평면 ABFE와 평면 BCGF와 같이 두 평면이 만날 때 직선 BF는 두 평면의 교선이라 한다.

● 보기 ●

ㄱ. 평면 γ가 서로 평행한 두 평면 α, β와 만날 때 생기는 두 교선은 평행하다.

ㄴ. 직선 x와 평면 α가 평행할 때, x를 포함하는 평면 β와 평면 α의 교선 y는 x와 꼬인 위치에 있다.

ㄷ. 두 직선 x, y가 평행할 때, y를 포함하고 x를 포함하지 않는 평면 α는 x와 평행하다.

ㄹ. 세 직선 x, y, z가 동일 평면에 있지 않을 때, x와 y가 평행하고, y와 z가 평행한 경우에도 x와 z는 꼬인 위치에 있을 수 있다.

① ㄱ, ㄴ
② ㄱ, ㄷ
③ ㄴ, ㄹ
④ ㄱ, ㄷ, ㄹ
⑤ ㄴ, ㄷ, ㄹ

다음 글과 상황을 근거로 판단할 때, 〈보기〉에서 옳은 것만을 모두 고른 것은?

민사분쟁을 해결하는 대표적인 제도는 법원의 재판을 통해 분쟁을 해결하는 민사소송이지만, 그 외에도 다음과 같은 분쟁해결제도가 있다.

- 제소 전 화해 : 민사분쟁의 당사자 한 쪽이 지방법원(또는 시·군법원)에 화해신청을 하여 단독판사 주재 하에 행하는 것으로, 화해가 성립하여 화해조서가 작성되면 분쟁이 해결된다. 화해가 성립되지 않으면 당사 자는 민사소송을 제기하기 위한 소제기 신청을 할 수 있는데, 이 소제기 신청이 있으면 화해신청을 한 때에 민사소송이 제기된 것으로 본다.
- 중재 : 민사분쟁을 법관이 아닌 중재인의 판단으로 해결한다. 즉 분쟁에 대한 판단을 분쟁당사자의 합의에 의해 중재인에게 맡기고 그의 판단(중재판정)에 의해 분쟁을 해결하는 제도이다.
- 조정 : 법관이나 조정위원회(판사와 민간인 조정위원 2인으로 구성됨)가 민사분쟁의 당사자 사이에 개입하여 화해로 이끄는 절차이다. 분쟁당사자는 지방법원(또는 시·군법원)에 조정을 신청한다. 조정이 성립되어 조정조서가 작성되면 분쟁은 해결된다. 그러나 조정이 성립되지 않고 종결된 때는 조정을 신청한 때에 민사소송이 제기된 것으로 본다.
- 독촉절차 : 금전(金錢)을 지급받을 것을 목적으로 하는 청구와 관련된 제도이다. 채권자가 지방법원(시·군법원)에 신청을 하면, 법원은 채무자를 심문하지 않고 채무자에게 지급명령을 한다. 채무자가 지급명령에 대하여 이의신청을 하지 않으면 채권자는 확정된 지급명령에 의하여 채무자의 재산에 대해 강제집행을 신청할 수 있다.

〈상황〉

甲은 乙에게 자신의 X주택을 임대하여 주었다. 임대차계약기간이 종료하자 甲은 乙에게 여러 차례 X주택을 비워줄 것을 요구하였지만, 乙은 X주택에서 계속 생활하고 있다.

━● 보기 ●━

ㄱ. 甲이 중재를 이용하기 위해서는 乙과의 합의가 있어야 한다.
ㄴ. 甲이 제소 전 화해나 조정을 신청한 경우, 조정은 조정위원회가 개입할 수 있다는 점에서 법관만이 개입하는 제소 전 화해와 차이가 있다.
ㄷ. 甲은 법원에 독촉절차를 신청하여 乙에게 지급명령을 받게 한 후 乙이 이의를 제기하지 않으면, X주택에 대한 강제집행을 신청할 수 있다.
ㄹ. 甲은 乙과의 분쟁을 화해, 조정, 중재로 해결할 수 있는데, 법관이 이 절차를 모두 진행한다.
ㅁ. 甲이 2009년 5월 1일 조정을 신청하였지만, 그 조정이 성립되지 않아 2009년 8월 10일 조정절차가 종료되었다. 이 경우 甲과 乙 사이에 2009년 8월 10일에 민사소송이 제기된 것으로 본다.

① ㄱ, ㄴ
② ㄱ, ㄷ
③ ㄱ, ㄴ, ㅁ
④ ㄴ, ㄷ, ㄹ
⑤ ㄷ, ㄹ, ㅁ

PART

02

NCS 핵심영역
120제

PSAT 기출 PLUS NCS
NCS 120제

1 의사소통능력

문서의 이해와 작성은 문서의 독해 및 수정을 요하는 유형이지만, 다양한 지문에 적용될 수 있으므로 긴 지문 독해에 익숙해져야 한다. 청취능력과 의사표현능력은 상황제시형으로 등장할 수 있다.

2 수리능력

응용수리보다는 자료해석에 비중을 두고 학습하는 것이 좋지만, 자료해석에도 응용수리에 사용되는 공식 등이 다양하게 적용되므로 여러 시각에서 볼 수 있어야 한다.

3 문제해결능력

참·거짓, 논리게임, 상황제시형 등의 다양한 유형이 출제되는데, 풀이법이 사전 학습되어 있으면 오히려 시간을 가장 많이 단축시킬 수 있는 부분이다. 따라서 각 유형에 대한 필승 풀이법이 필요하다.

의사소통능력 40제

정답 및 해설 p. 99

※ 다음의 지문을 읽고 이어지는 질문에 답하시오. [1~3]

상업광고는 기업은 물론이고 소비자에게도 ⓐ 요긴하다. 기업은 마케팅 활동의 주요한 수단으로 광고를 적극 이용하여 기업과 상품의 인지도를 높이려 한다. 소비자는 소비 생활에 필요한 상품의 성능, 가격, 판매 조건 등의 정보를 광고에서 얻을 수 있다. 그러나 광고에서 기업과 소비자의 이익이 ⓑ 상충되는 경우가 발생할 수 있다. 따라서 이러한 광고의 폐해를 예방하고 광고로 인해 피해를 받는 경우가 생기지 않도록 다양한 규제 방식이 모색되었다.

이때 문제가 된 것은 과연 광고로 인한 피해를 책임질 당사자로서 누구를 ⓒ 상정할 것인가 하는 것이었다. 초기에는 '소비자 책임 부담 원칙'에 따라 광고 정보를 활용한 소비자의 구매 행위에 대해 소비자가 책임을 져야 한다고 보았다. 만약 광고에 과장이나 허위적인 사실이 있다고 하더라도 소비자는 그것을 그대로 받아들여서는 안 되며, 구매를 할 때에는 본인의 이성적 판단을 거쳐 책임감 있게 구매해야 한다고 생각한 것이다. 그래서 기업은 광고에 의존하여 물건을 구매한 소비자가 입은 피해에 대해 책임지지 않았고, 광고의 기만성에 대한 입증 책임도 광고의 내용을 최종적으로 판단하고 구매를 결정한 소비자에게 있었다.

책임 주체로 기업을 상정하여 '기업 책임 부담 원칙'이 ⓓ 부상하게 된 배경은 복합적이다. 시장의 독과점 상황이 광범위해지면서 소비자의 자유로운 선택이 어려워졌고, 상품에 응용된 과학 기술이 복잡해지고 첨단화되면서 상품 정보에 대한 소비자의 정확한 이해도 기대하기 어려워졌다. 이러한 상황은 광고로부터 소비자를 보호해야 한다는 ⓔ 당위를 바탕으로 기업이 광고에 대해 책임을 져야 한다는 생각을 불러 일으켰다.

오늘날 행해지고 있는 여러 광고 규제는 이런 공감대 속에서 나온 것인데 크게 보아 법적 규제와 자율 규제로 나눌 수 있고, 그 외에 주목할 만한 규제로 소비자 규제를 들 수 있다. 구체적인 법 조항을 통해 광고를 규제하는 법적 규제는 광고 또한 사회적 활동의 일환이라는 점을 바탕으로 하고 있다. 특히 자본주의 사회에서는 기업이 시장 점유율을 높여 다른 기업과의 경쟁에서 승리하는 것을 목적으로 사실에 반하는 광고나 소비자를 현혹하는 광고를 할 가능성이 높다.

01

다음 중 윗글을 읽은 독자가 정리한 내용으로 올바른 것은?

① 원식 : 이 글은 광고 규제를 둘러싼 사회적 갈등을 규제의 도입 배경과 원인을 중심으로 말하고 있어.
② 재환 : 이 글은 광고 규제의 순기능과 역기능을 언급하면서 광고 규제의 문제점을 진단하고 개선 방안을 제시하고 있어.
③ 학연 : 이 글은 광고 규제의 배경과 유형을 피해 책임의 주체와 규제의 주체를 중심으로 설명하고 있어.
④ 택운 : 이 글은 시대에 따른 소비자의 역할을 중심으로 광고 규제의 필요성과 의의를 설명하고 있어.
⑤ 홍빈 : 이 글은 광고 규제에 대한 대립적 시각을 소개하며 기업과 소비자의 이익 극대화 방안을 제시하고 있어.

02

다음 중 윗글에 이어질 내용으로 가장 적절한 것은?

① 자율 규제와 소비자 규제의 의미와 효과
② 광고 심의가 등장하게 된 배경
③ 잘못된 광고의 예시와 피해 사례
④ 책임 주체에 따른 규제의 등장 배경
⑤ 상업 광고에 다양한 규제 방식이 모색된 이유

03

다음 중 ⓐ ~ ⓔ를 활용하여 만든 문장으로 올바르지 않은 것은?

① ⓐ : 외환 보유액은 국가의 부도를 막아주는 안전판 역할을 하는 데에 매우 <u>요긴</u>하다.
② ⓑ : 사회 성원들 간의 이해와 욕구가 <u>상충</u>할 경우 사회는 이를 조정하고 통제해야 한다.
③ ⓒ : 국회에서는 철도청장의 권한을 강화하는 국유 철도 경영 개선안을 <u>상정</u>할 계획이다.
④ ⓓ : 법무부가 국회에 제출한 고위공직자 범죄수사처 법안이 연말 국회의 최대 현안으로 <u>부상</u>할 전망이다.
⑤ ⓔ : 국가가 국민의 생명과 안전을 지켜야 한다는 것은 국가 존립의 기본적인 <u>당위</u>이다.

※ 다음의 지문을 읽고 이어지는 질문에 답하시오. [4~6]

발명의 사전적 의미는 '아직까지 없던 기술이나 물건을 새로 생각하여 만들어 냄'이다. 그러므로 발명에는 다양한 방법으로 기존의 구성 요소를 변화시켜 유용한 효과를 갖는 새로운 것이 모두 포함된다고 할 수 있다. 그런데 '(㉠   )'라는 말이 있듯이, 해당 발명은 특허법이 규정한 요건들을 충족시키는지를 따져보고 특허로 등록되어야 의미가 있다. 이를 위해 갖춰야 하는 요건은 무엇일까?

첫 번째 요건은 산업적 이용 가능성이다. '산업'이란 유용하고 실용적인 기술에 속하는 모든 활동을 포함한다. 따라서 학술적으로 이용되는 기술이나 인간의 정신 작용과 같은 추상적 관념 등은 산업적 이용 가능성을 충족시키지 못하기 때문에 특허로 인정받을 수 없다. 또한 수술 방법이나 진단 방법 등도 산업적 이용 가능성을 충족시키지 못한다고 할 수 있다. 인류의 건강 증진을 고려하여 그와 같은 기술을 누구나 자유롭게 사용하는 것이 바람직하다는 판단 때문이다. 하지만 수술이나 진단을 위한 도구, 장비 등에 대해서는 특허권을 인정하고 있다.

두 번째 요건은 신규성이다. 신규성이란 특정 발명이 그 이전의 공지기술과 동일성이 없어야 한다는 요건이다. '공지기술'이란 국내외에서 공지되었거나 공공연히 실시된 발명, 간행물에 제시된 발명, 전기통신회선을 통해 일반 사람들이 이용할 수 있게 된 발명 등을 의미한다. 따라서 신규성 요건을 충족시키려면 '공지기술'과의 차이점이 뚜렷하게 존재해야 한다.

세 번째 요건은 진보성이다. 특허법에서는 해당 분야의 전문가나 종사자라면 용이하게 발명할 수 있는 기술일 경우 특허를 받을 수 없다고 명시하고 있다. 즉, 해당 기술 분야에서 통상의 지식을 보유한 사람이라면 능히 만들어낼 수 있는 기술은 진보성이 없다고 판단한다. 특허 요건으로 진보성을 요구하는 이유는 기술적 진보가 미미한 발명에 대해서도 특허권을 부여한다면 특허권 난립으로 인하여 산업 발전이 저해될 수 있기 때문이다.

이러한 요건들 중에 가장 중요한 요소는 진보성이다. 진보성이란 그 분야의 선행 기술보다 목적이 특이하고, 효과가 현저하게 나타나는지 등을 보아 종합적으로 검토해야 한다. 하지만 사실 진보성을 판단하는 것은 매우 어렵다. 그래서 특허청에서는 보다 정확한 판단을 위해 각 분야 전문가를 심사관으로 채용하고 이들로 하여금 특허 교육을 받게끔 하고 있다. 또한 별도로 '특허심사지침서'를 제작·배포하여 심사관들의 자의적인 판단에 의한 오류를 최소화하는 등의 다각적인 노력을 기울이고 있다.

04

다음 중 윗글의 내용과 일치하지 않는 것은?

① 병원에서 수술이나 진단을 위해 도구를 발명했다면 이는 특허권을 인정받을 수 있다.
② 새로운 기술이 학술적으로 이용되는 기술인 경우에도 특허권을 인정받을 수 있다.
③ 학술적 기술과 인간의 정신 작용의 경우에는 특허권은 인정받을 수 없다.
④ 동일한 기술이라도 선행 기술보다 목적이 특이하다면 특허권을 인정받을 수 있다.
⑤ 해당 기술 분야에서 통상의 지식을 보유한 사람이 능히 만들어 낼 수 있는 기술은 특허권을 인정받을 수 없다.

다음 중 윗글을 읽은 독자가 〈보기〉의 사례를 보고 판단한 것으로 올바르지 않은 것은?

┌─ ●보기 ●
│ A도시에서는 원기둥 모양의 연필만이 생산되고 판매되고 있다. 하 씨는 원기둥 모양의 연필이 쉽게 굴러가
│ 책상 밖으로 떨어지는 문제점을 발견하고 팔각기둥 모양의 연필을 만들었다. 이는 기존의 원통형 연필에
│ 비해 목적, 구성, 효과 면에서 유용하고 실용적임을 인정받았다. 또한 기존의 원통형 구성에서 팔각기둥 형상
│ 을 착안하는 것이 용이하지 않고, 그 구성을 적용한 결과, 현저한 효과가 있음을 인정받아 특허를 받았다.
│   얼마 뒤, 이 씨는 팔각기둥의 연필이 경사가 조금만 급해지면 굴러간다는 문제점을 발견하고, 경사진 곳에
│ 서 팔각기둥보다 안정된 효과가 있는 육각기둥 연필을 만들어 특허를 신청하였다.
└─

① 지훈 : 이 씨의 육각기둥 연필에 특허를 허하는 것은 진보성에 대한 판단의 차이로 인하여 논란이 될
         수 있겠어.
② 민현 : 이 씨의 육각기둥 연필은 다각형의 수를 줄여 구름 방지 효과를 향상시켰다는 측면에서 진보성을
         인정한다면 특허권을 인정받을 수 있을 것 같아.
③ 대휘 : 육각기둥 연필은 연필의 구름 방지를 목적으로 한다는 점에서 팔각기둥 연필과 그 목적이 동일해.
         따라서 이 씨의 육각기둥 연필은 특허권을 인정받을 수 없을 것 같아.
④ 진영 : 이미 팔각기둥 연필이 나와서 많은 사람들이 사용하고 있는 기술이므로 신규성 측면에서 이 씨의
         육각기둥 연필은 특허권을 인정할 수 없을 것 같아.
⑤ 성운 : 이 씨의 육각기둥 연필은 이미 사용되고 있는 기술이기는 하지만, 각의 차이가 있으니 특허권을
         인정할 수 있을 것 같아.

다음 중 ⊙에 들어갈 속담으로 적절한 것은?

① 등잔 밑이 어둡다
② 쇠귀에 경 읽기
③ 천 리 길도 한 걸음부터
④ 구슬이 서 말이라도 꿰어야 보배
⑤ 돌도 십 년을 보고 있으면 구멍이 뚫린다

(가) 소송에서는 이런 요건들을 입증해야 한다. 소송에서 입증은 주장하는 사실을 법관이 의심 없이 확신하도록 만드는 일이다. 어떤 사실의 존재 여부에 대해 법관이 확신을 갖지 못하면, 다시 말해 입증되지 않으면 원고와 피고 가운데 누군가는 패소의 불이익을 당하게 된다. 이런 불이익을 받게 될 당사자는 입증의 부담을 안을 수밖에 없고, 이를 입증 책임이라 부른다.

(나) 일반적으로 법률에서는 일정한 법률 효과와 함께 그것을 일으키는 요건을 규율한다. 이를테면, 민법 제750조에서는 불법 행위에 따른 손해 배상 책임을 규정하는데, 그 배상 책임의 성립 요건을 다음과 같이 정한다. '고의나 과실'로 말미암은 '위법 행위'가 있어야 하고, '손해가 발생'하여야 하며, 바로 그 위법 행위 때문에 손해가 생겼다는, 이른바 '인과 관계'가 있어야 한다. 이 요건들이 모두 충족되어야, 법률 효과로서 가해자는 피해자에게 손해를 배상할 책임이 생기는 것이다.

(다) 공해 소송에서도 인과 관계에 대한 입증 책임은 여전히 피해자인 원고에 있다. 판례도 이 원칙을 바꾸지는 않는다. 다만 입증 되었다고 보는 정도를 낮추어 인과 관계 입증의 어려움을 덜어 주려 한다. 곧 공해 소송에서는 예외적으로 인과 관계의 입증에 관하여 의심 없는 확신의 단계까지 요구하지 않고, 다소 낮은 정도의 규명으로도 입증되었다고 인정하는 판례가 등장하는 것이다. 이렇게 해서 인과 관계가 인정되면 가해자인 피고는 인과 관계의 성립을 방해하는 증거를 제출하여 책임을 면해야 한다.

(라) 이들 요건 가운데 인과 관계는 그 입증의 어려움 때문에 공해 사건 등에서 문제가 된다. 공해에 관하여는 현재의 과학 수준으로도 해명되지 않는 일이 많다. 그런데도 피해자에게 공해와 손해 발생 사이의 인과 관계를 하나하나의 연결 고리까지 자연과학적으로 증명하도록 요구한다면, 사실상 사법적 구제를 거부하는 일이 될 수 있다. 더구나 관련 기업은 월등한 지식과 기술을 가지고 훨씬 더 쉽게 원인 조사를 할 수 있는 상황이기에, 피해자인 상대방에게만 엄격한 부담을 지우는 데 대한 형평성 문제도 제기된다.

07

○	△	×

다음 중 윗글의 순서를 올바르게 배열한 것은?

① (가) – (라) – (나) – (다)
② (가) – (라) – (다) – (나)
③ (나) – (가) – (다) – (라)
④ (나) – (가) – (라) – (다)
⑤ (다) – (나) – (가) – (라)

08

○ △ ×

다음 중 윗글의 제목으로 가장 적절한 것은?

① 위법 행위와 손해 사이의 인과 관계
② 불법 행위에 따른 손해 배상 책임의 성립 요건에 대한 입증 책임
③ 공해 사건의 인과 관계 입증의 어려움
④ 소송에서의 손해 배상 요건과 소송 절차
⑤ 불법 행위와 위법 행위의 차이점과 손해 배상 성립 요건

09

○ △ ×

다음 중 공문서 작성 방법에 관한 내용으로 올바르지 않은 것은?

① 일반적으로 사용하는 기안문은 두문, 본문, 결문으로 구성한다.
② 추상적이고 일반적인 용어보다는 구체적이고 개별적인 용어를 쓴다.
③ 본문 내용의 마지막에는 한 글자(2타)를 띄우고 '끝' 표시를 한다.
④ 문서에 다른 서식 등이 첨부되는 경우에는 본문의 내용이 끝난 줄 다음에 '붙임' 표시를 하고 내용을 적는다.
⑤ 문서의 편의성을 위하여 원래의 용어 대신 준말이나 줄임말을 기재해 사용한다.

다음은 블록체인과 관련한 신문 기사이다. 이를 읽고 나눈 대화 중 빈칸에 들어갈 말로 올바른 것은?

○○일보

○○일보 제 5667호	2017년 0월 0일		www.abcdef.com

블록체인, 금융시스템의 신 플랫폼으로 등장
금융 넘어 보험·공공·미디어 등 전 산업으로 확산 중

    골드만삭스(Goldman Sachs), 모건 스탠리(Morgan Stanley) 등 40여 글로벌 대형 은행이 블록체인(Block Chain)을 위해 의기투합했다. 이들은 각 회원사끼리 블록체인 정보를 공유·활용해 송금, 결제 등 금융 업무에 적용할 시스템을 개발하고 있다. 미래 기술·사회 변화 전문가인 돈 탭스콧은 블록체인을 "향후 세계 경제 변화를 주도할 충분한 잠재력이 있는 기술"이라면서 "블록체인이 인공지능(AI), 사물인터넷(IoT), 자율주행차보다 인류에게 더 많은 변화를 가져다 줄 것"이라 전망했다. WEF(World Economic Forum)에 따르면 블록체인을 도입하면 금융기관이 보안과 비용 절감이라는 두 마리 토끼를 잡을 수 있다고 보았다.
    하지만 블록체인을 실제로 적용하기 위해서는 처리속도나 기술적 제약 등의 문제점들을 파악하고 해결해야 한다. 처리속도의 경우 블록체인은 현재 초당 7건의 거래만이 가능한데 자본시장 관련 거래는 100만분의 1초 수준의 속도로 처리가 되기 때문에 빠른 속도가 필수다. 또 10분마다 거래내역들을 기록한 블록을 만들어 검증을 받아야 하는 등 현행 자본시장 거래에 적용하기에 기술적 제약이 따른다. 그러므로 실제 적용에 앞선 충분한 테스트와 시범 적용을 통해 문제점을 파악하고 철저한 대책을 마련하는 준비가 요구된다.

김지아 기자 | hangang123@bitcoin.com

석진 : 블록체인이 도입된다면 어떻게 안전한 금융 거래를 할 수 있는 것일까?
철수 : 중앙 집중식으로 거래 장부를 쓰지 않고 사용자 모두가 함께 장부를 관리하기 때문이지. 거래 장부를 위·변조하려면 과반수를 동시에 공격해야 하는데, 이는 사실상 불가능해.
석진 : 그럼 해킹은 거의 불가능하겠네. 또 좋은 점은 뭐가 있어?
철수 : 기존에 중앙 집중형이었던 전자 금융 거래가 분산형으로 운영되기 때문에 거래 정보가 투명해질 수 있어. 이런 특성 때문에 다양한 서비스에도 적용이 가능할 거야. 예를 들어 (   )
석진 : 블록체인이 실생활에 도입된다면, 공유경제가 갖는 가장 큰 한계점인 보안과 신뢰의 문제가 모두 해결되겠네.

① 정부 자산이나 주택을 블록체인으로 관리한다면 그 거래 내역을 모든 참여자가 확인할 수 있기 때문에 투명성을 확보할 수 있을 거야.
② 기존의 공인인증서 기반의 전자 서명과 달리 복잡한 프로그램 없이도 블록체인을 이용해서 간편하고 빠르게 인터넷 거래가 가능하지.
③ 암호 화폐의 거래가 활성화되면서 시세 조작이 이루어지거나 비정상적인 투기의 대상이 될 수도 있어.
④ 숙박공유에 블록체인을 적용하면 에어비앤비와 같은 숙박임대중개업체를 거치지 않고 암호화된 메시지로 개인간 거래를 하기에 개인정보를 지키고 수수료를 줄일 수 있어.
⑤ 자율 주행자동차나 헬스 정보를 수집하는 웨어러블 디바이스 등의 사물인터넷의 보안 문제를 해결하여 보다 안정적이고 폭넓게 활용될 수 있어.

다음 문서를 수정한 내용으로 올바르지 않은 것은?

PSAT 압산 150원제

NCS 학심영역 120제

NCS 선택영역 60제

교육부
2019년 자유학기제 현장 포럼 개최 안내

문서번호 : 제2019-3호

1. 관련 : 교육부 자유학기지원실-2863 (2019. 9. 2)
2. 교육부가 자유학기제 질적 제고를 위해 추진하는 '2019년 제3회 자유학기제 현장 포럼'을 아래와 같이 안내하오니 업무 담당자와 교사 그리고 관심있는 분들이 참석할 수 있도록 협조 바랍니다.

– 다음(아래) –

가. 주제 : 자유학기제 확대 발전 계획 및 내실 운영 방안 모색
나. 일시 : 2019년 9월 22일 금요일. 오후 1시 30분 ～ 오후 4시
다. 장소 : 더케이호텔 거문고홀(A, B)
라. 참석대상 : 자유학기제 중학교 교원, 교육 전문가 등 약 200명
　　※ 교육(지원)청 SW교육 담당 장학사 및 학교별 자유학기제 SW교육 관련 프로그램 운영 교사는 필히 참석 요망
마. 주최/주관 : 교육부/한국과학창의재단
　　※ 문의 : 한국과학창의재단 자유학기제 지원센터(☎02-123-1234)

붙임 2019년 자유학기제 현장포럼 개최 계획 1부.　끝.

발 신 명 의

기안자 (직위/직급) 서명　　　　검토자 (직위/직급) 서명　　　　결재권자 (직위/직급) 서명
협조자 (직위/직급) 서명
시행 처리과명-연도별 일련번호(시행일)　　　　　　접수 처리과명-연도별 일련번호(접수일)
우　　　　도로명주소　　　　　　　　　　　　　　　　　/ 홈페이지 주소
전화번호(　)　　　　　　팩스번호(　)　　　　　/ 공무원의 전자우편주소 / 공개 구분

① '현장 포럼 개최 안내', '현장 포럼 개최 계획'과 같이 불필요한 단어가 사용된 경우에는 삭제하여 '현장 포럼 안내', '현장 포럼 계획'으로 고친다.
② 문서에 쓰는 날짜는 숫자로 표기하되 연·월·일의 글자는 생략하는 것이 적절하므로 '2019. 9. 22.(금)'으로 수정한다.
③ 시각은 24시각제에 따라 '13:30 ～ 16:00'로 수정한다.
④ 본문 다음에 내용이 이어질 경우, 별도의 '다음(아래)' 표시를 삭제한다.
⑤ 기안문 본문의 시작은 제목의 첫 글자와 같은 위치에서 시작하는 것이 적절하므로 본문에 들여쓰기를 한다.

다음 신문 기사에서 밑줄 친 ⑦ ~ ⑩의 수정사항으로 적절하지 않은 것은?

아르바이트 청년 10명 중 6명 "최저임금도 못 받아"
서울시 아르바이트 현장방문 모니터링 포럼서 밝혀 … 4대 보험 가입자 평균 40% 수준

　서울시 아르바이트 청년 10명 중 6명은 최저임금에 못 미치는 임금을 받은 것으로 나타났다. ⑦ 서울노동권익센터는 지난 1일 오후 중구 청년일자리센터에서 '서울시 아르바이트 현장방문 모니터링 포럼'이 개최되었다. 이들은 이날 포럼에서 '2017년 서울시 아르바이트 현장 실태조사 결과'를 공개했다.

　응답자 643명이 약정임금을 ⓛ 기록했는데 평균 약정시급은 6천807원이었다. 올해 최저임금(6천470원)을 약간 ⓒ 윗돈다. ② 그래서 이 중 63.9%가 "약정임금 미만을 받았다."고 답했다. 이는 임금체불이 적지 않다는 의미로 사용자가 주휴수당과 연장근로수당을 지급한다고 해 놓고 실제로는 지급하지 않은 것이다. 최저임금의 위반이 가장 많은 곳은 프랜차이즈 가맹점이었다. ⑩ 아르바이트 노동 조건 향상 개선 법안이 시급히 마련되어야 함을 알 수 있다.

---

① ⑦ : 잘못된 피동표현이 사용되었으므로 '~을 개최했다'로 수정한다.

② ⓛ : 의미상 적절하지 않은 단어가 사용되었으므로 '기재'로 수정한다.

③ ⓒ : 맞춤법의 사용이 잘못되었으므로 '웃돈다'로 수정한다.

④ ② : 접속어의 사용이 잘못되었으므로 '그러나'로 수정한다.

⑤ ⑩ : 조사나 어미가 과도하게 생략되었으므로 '아르바이트 노동 조건을 향상시키기 위한 개선 법안'으로 수정한다.

다음은 보도자료의 일부이다. ㉠~㉤의 사용이 올바르지 않은 것으로 묶인 것은?

⊙ 국토교통부		**보 도 자 료**	
		배포일시	2017. 11. 7.(화) 총 5매(본문3)
담당 부서	국토교통부 공공기관지방 이전추진단 기획총괄과	**담 당 자**	• 과장 이○○, 사무관 양△△, 주무관 김□□　☎ (044) 123-1234, 5678, 9012
보 도 일 시		2017년 11월 8일(수) 조간부터 보도하여 주시기 바랍니다.　※ 통신·방송·인터넷은 11. 7.(화) 11:00 이후 보도 가능	

『혁신도시특별법』 시행령 개정안 입법예고

– 지역인재 채용목표제 도입, 2022년까지 30%로 단계적 확대 –

□ 국토교통부는 혁신도시 등 지방 이전 공공기관이 지역인재를 의무적으로 채용하도록 『혁신도시 건설 및 지원에 관한 특별법』(법률 제14937호, 17. 10. 24. ㉠ <u>공표</u>)이 ㉡ <u>개정됨</u>에 따라 그 시행에 필요한 법률 ㉢ <u>위임</u> 사항 등을 ㉣ <u>규정</u>하기 위해 동법 시행령 ㉤ <u>개정안이 마련되고</u> 11월 8일 입법예고(40일간) 했다고 밝혔다.

… 후략 …

① ㉠, ㉤　　　　　　　　　　　　　　② ㉠, ㉢

③ ㉡, ㉣　　　　　　　　　　　　　　④ ㉢, ㉣

⑤ ㉣, ㉤

※ 다음 글을 읽고 이어지는 질문에 답하시오. [14~15]

　　지식기반사회의 진전, 과학 산업의 부상 등으로 기초과학의 중요성이 증대되고 있다. 하지만 현재 국내 기초과학 육성정책 ⓐ 뿐만아니라 기초과학 연구기관의 현황 및 연구실태 분석, 그리고 개선방안을 강구하는 것에 대한 연구는 미흡한 실정이다. 따라서 이것들에 대한 분석을 바탕으로 국내 기초과학 육성 및 기초과학 연구기관의 육성 방안을 마련할 필요가 있다.

　　기초과학은 전통적으로 수학, 물리, 화학, 생물, 지구과학 등 자연계의 기본원리를 탐구하는 학문 분야를 말한다. 우리나라에서 기초과학에 대한 지원이 본격적으로 시작된 것은 1980년대 과학재단이 설립되면서 대학에 연구비 지원이 ⓑ 증가된 때로 볼 수 있다. 하지만 우리나라에서 기초과학에 대한 본격적인 정부 지원이 이루어진 것은 1990년대부터이다. 교육인적자원부와 과학기술부의 양대 지원체제가 확립되어 과학기술부는 목적지향적인 기초연구를 중심으로 지원하고 교육인적자원부는 순수학술연구 및 단기기반연구를 중심으로 지원하도록 조정되었다. 기초과학 육성과 관련하여 최근에는 범부처 차원에서 기초연구 진흥 종합계획을 세우는 등 육성정책 강화를 모색하고 있다.

　　기초과학에 대한 지원예산에 대한 체계적인 통계가 없는 관계로 기초연구 지원예산과 사업을 중심으로 살펴보면 다음과 같다. 우리나라 연구개발비 중 기초연구비의 비중은 15.3%이다. 미국이 18.7%, 독일이 20.7%, 프랑스가 24.1%인 것에 비해서는 낮은 수준이다. ⓒ 하지만 우리나라 기초연구비의 비중은 매년 조금씩 증가하고 있으며, 정부의 기초연구에 대한 예산 투자 확대 추진은 앞으로 당분간 지속될 것으로 보이며, 기초 연구의 중요성에 대한 재인식을 토대로 기초연구의 활성화를 위한 다양한 정책방안 마련 및 정책수단 개발도 이루어질 것으로 예상된다. 그러나 보다 종합적이고 체계적인 지원이 이루어지기 위해서는 다음과 같은 점들이 개선될 필요가 있다.

　　과학기술부 기초과학지원사업은 총 15개 사업으로 사업비 총 규모가 약 ⓓ 2,840억원에 이르고 있으며, 교육인적자원부의 기초과학지원사업은 9개 사업, ⓓ 4,310억원에 이르고 있다. 두 부처의 예산을 합하면 ⓓ 7,150억원으로 적지 않은 예산이지만 사업 수는 24개로 다양하게 추진되고 있어 이를 보다 체계화할 필요가 있다. 부처를 뛰어넘어 유사사업 또는 연관사업은 조정하여 사업의 수를 조정하고 체계화하는 것이 바람직하다.

　　이에 대해 교육인적자원부와 과학기술부가 지원사업을 조정하고 있으나 이 두 부처 간의 역할조정 문제가 지속적으로 ⓔ 제고되고 있다. 두 부처 사업 간의 연계 및 조정이 원활하지 못해 종합적인 체계성이 높지 못한 상태인 것이다. 사업 간 연계성 미흡은 동일 부처 내 사업 간에도 나타나고 있어 이들 사업의 연계적 추진이 모색되어야 한다.

　　기초과학지원사업은 장기간에 걸쳐 지속되어야 하나 대학연구센터의 자립화 등을 조건으로 일정기간 지원되어 사업이 종료된 이후 연구센터들의 연구 활동이 원활히 이루어지지 못하고 있는 것도 문제점이다. 기초과학분야 지원 방식을 타 분야의 지원 방식과 차별화하여 지원 종료 사업에 대한 추가 지원 등의 방안도 검토되어야 할 것이다.

　　이러한 현실들을 종합적으로 볼 때, 정부 차원에서 국가 기초과학의 획기적 육성을 위해서는 기존의 기초과학 연구기관 및 조직을 넘어서는 새로운 기초과학 전문 연구기관 및 조직의 설립·구성을 검토할 필요가 있다.

다음 중 윗글의 내용과 일치하지 않는 것은?

① 기초과학의 중요성이 증대되고 있지만 기초과학을 육성하고, 연구기관을 지원하는 것에 무관심하다.

② 우리나라에서 기초과학에 대한 본격적인 정부 지원이 이루어진 것은 1990년대부터이다.

③ 이 글은 기초과학에 대한 지원예산의 체계적인 통계를 바탕으로 우리나라의 기초과학에 관한 지원을 살펴보고 있다.

④ 부처에 구애받지 않고 유사사업이나 연관사업은 서로 조정하는 것이 필요하다.

⑤ 기초과학지원사업은 장기간에 걸쳐 지속되기 때문에 지원 종료된 사업에 대한 추가지원 검토도 필요하다.

다음 중 윗글의 ⓐ~ⓔ를 수정한 내용으로 적절하지 않은 것은?

① ⓐ : 보조사 '뿐'에 다시 보조사 '만'이 붙은 것이므로 앞 단어와 붙여 쓰고 '아니라'는 띄어 쓰도록 한다.

② ⓑ : 불필요한 피동 표현이 사용되었으므로 '증가한'으로 수정한다.

③ ⓒ : 한 문장의 길이가 너무 길어 의미가 명확하게 전달되지 않으므로 여러 문장으로 나누어 작성한다.

④ ⓓ : 화폐 단위를 나타내는 말 '원'은 앞말과 띄어 쓰는 것이 적절하므로 '억 원'으로 수정한다.

⑤ ⓔ : 단어의 쓰임이 적절하지 않으므로 '제기되고 있다'로 수정한다.

A씨는 명절을 맞이하여 승차권을 구매하려고 한다. 다음 내용과 일치하지 않는 것은?

2020년 설 명절승차권 예매 안내

대상기간 : '20. 1. 23.(목) ~ 1. 25.(토, 설) ~ 1. 27.(월), 5일간
무궁화호 이상(관광전용열차 포함) 모든 열차승차권

일시		매체	대상노선
'19. 12. 24.(화)	06:00 ~ 15:00	홈페이지	경부, 경전, 동해, 대구, 충북, 경의, 경원, 경북, 동해남부선
	09:00 ~ 11:00	지정역, 대리점	
'19. 12. 25.(수)	06:00 ~ 15:00	홈페이지	호남, 전라, 경강, 장항, 중앙, 태백, 영동, 경춘선
	09:00 ~ 11:00	지정역, 대리점	

※ 잔여석 판매(역·홈페이지·코레일톡 등) : '19. 12. 25.(수) 16:00부터
※ 코레일톡·철도고객센터(ARS포함)·자동발매기에서는 잔여석 판매 시부터 예매 가능
※ 예매 매수 : 1인당 최대 12매(1회당 6매 이내, 동반석 1세트는 4매로 산정)
※ 결제기간 : 19. 12. 25.(수) 16:00 ~ 12. 29.(일) 24:00
※ 미결제 시 자동 취소
※ 반환수수료

구분	출발 전				출발 후		
	~ 결제기한	결제기한 종료 후 ~ 2일 전	1일 전 ~ 3시간 전	2시간 59분 ~ 출발 전	~ 20분	~ 60분	60분 ~ 도착
인터넷	무료	400원	5%	10%	역에서 반환		
역	400원				15%	40%	70%

기타 안내사항

● 예매 홈페이지(www.letskorail.com)는 19. 12. 20.(금) 14시부터 운영합니다.
● 명절승차권은 KTX 마일리지, 일반열차 할인쿠폰 적립 대상에서 제외합니다.
● 할인상품(동반유아, 단체, 인터넷특가, 청소년 드림 등), 자유석(2/14 포함), 노인석, 자전거거치대석, 전달하기는 운영을 중지합니다.
● 동일 시간대 중복 예매, 단거리 구간 예매, 승차구간 축소를 제한합니다.
● 도중 역에서 하차하는 경우 잔여구간 운임을 반환하지 않습니다.
● 통근열차의 승차권은 예매 대상에서 제외됩니다.
※ 기타 자세한 사항은 홈페이지나, 철도고객센터(☎1234-5678)로 문의

① 명절승차권은 예매를 한 후, 결제기간 내에 결제를 하지 않으면 자동 취소된다.
② 부산이 목적지인 승객과 춘천이 목적지인 승객은 예매 날짜가 다르므로 확인한 후 예매해야 한다.
③ 명절승차권을 126,000원에 구입한 A씨가 출발 1일 전에 반환하게 되면 총 119,700원을 반환받을 수 있다.
④ 열차가 출발한 후라고 하더라도 인터넷이나 가까운 지정역에서 반환수수료를 제하고 일정금액을 반환받을 수 있다.
⑤ 이번 설 명절승차권은 예매를 하더라도 할인쿠폰 적립 대상이 아니므로 확인한 후 예매할 필요가 있다.

다음 글의 내용과 일치하지 않는 것은?

법무부가 가상화폐 투기 광풍을 잠재우기 위해 거래소를 폐쇄하는 방안을 추진하기로 했다. 특별법을 제정해 거래소를 통한 가상화폐 거래를 금지하겠다는 초강수를 꺼내든 것이다. 박상기 법무부 장관은 11일 기자간담회에서 "가상화폐 거래가 사실상 투기, 도박과 비슷한 양상으로 이뤄지고 있다."며 "거래소 폐쇄까지 목표로 하는 법안을 준비하고 있다."고 밝혔다. 정부가 거래소 폐쇄라는 극약처방까지 검토하게 된 것은 가상화폐 투기 열풍이 위험수위를 넘어섰다고 판단했기 때문이다. 가상화폐 투기 광풍은 유독 한국에서만 심하다. 대학생부터 주부, 70대 노인까지 '묻지마 투자'에 나서며 하루 종일 가격 동향만 살피는 '가상화폐 좀비'들이 300만 명이 넘는다. 한국에서 거래되는 가상화폐는 국제 시세보다 30 ~ 50% 비싼 '김치 프리미엄'으로 미국 가상화폐 정보업체가 가격 통계에서 제외할 정도다. 시장 규모도 코스닥을 능가할 정도로 커졌다. 누가 봐도 투기이자 거품을 우려할 수밖에 없는 상황이다.

현재 가상화폐 거래소는 별다른 설립요건이 없어 신고만 하면 누구나 세울 수 있다. 지난 2년 새 100여 개의 거래소가 생겼지만 관리는 전무한 상태다. 증권거래소와 비슷한 형태지만 실제로는 인터넷 쇼핑업체나 다를 게 없다. 게다가 가상화폐 거래소는 수수료에 대한 과세 부담이 없어 연간 1조 원이 넘는 수익을 챙기고 있다. 무엇보다 걱정스러운 것은 투자자를 보호할 아무런 안전장치가 없다는 점이다. 가상화폐 거래소는 해킹에 취약할 뿐 아니라 서버가 중단돼 투자자들이 피해를 입는 사례가 빈발하고 있다. 지난해 6월 빗썸에서는 회원 3만 6,000여 명의 개인정보가 유출됐고, 지난해 말 유빗은 해킹으로 170억 원대의 손실을 입고 파산을 선언했다. 가상화폐 거래시장은 그야말로 무법천지나 다름없다.

가상화폐 거래시장이 '돈 놓고 돈 먹는' 거대한 투기판으로 변질된 데는 그동안 규제 사각지대로 방치해온 정부와 금융당국의 책임이 작지 않다. 경고음이 수차례 울렸는데도 손을 놓고 있다가 거래소 폐쇄라는 극약처방까지 거론한 것은 '뒷북 대책'의 전형이란 비판을 피하기 어렵다. 더군다나 박 장관이 거래소 폐쇄 방침을 밝히자 청와대가 "정부 차원에서 조율된 입장이 아니다."라고 부인하고 나서는 등 혼선을 빚는 것은 납득할 수 없다.

정부는 가상화폐 거래에 세금을 부과하고 거래소를 인가제로 바꾸면서 연착륙을 유도한 일본과 영국, 독일처럼 근본적인 대책 마련에 주력해야 한다. 지금 필요한 것은 가상화폐 투기 광풍을 막을 적절하고도 질서 있는 출구전략이다.

① 가상화폐 거래소는 수수료에 대한 과세 부담이 없어 연간 1조 원이 넘는 수익을 챙기고 있다.
② 정부는 가상화폐 거래가 투기나 도박과 비슷한 양상을 보이고 있다는 점에서 거래소를 폐쇄하기로 결정했다.
③ 우리나라에서 거래되는 가상화폐는 국제 시세보다 20 ~ 50% 비싸게 거래되고 있다.
④ 가상화폐 거래소는 신고만으로 누구나 설립할 수 있어서 지난 2년간 100여 개의 거래소가 생겼다.
⑤ 지난해 빗썸에서 회원들의 개인정보가 유출됐고, 유빗은 해킹 때문에 큰 손실을 입고 파산한 경우까지 있다.

다음 글의 내용과 일치하지 않는 내용을 말한 직원을 모두 고른 것은?

각종 정부 보조금에 대한 재정누수를 차단하고 사립학교 관련 부패행위를 근절하기 위해 오는 9월 1일부터 11월 30일까지 3개월간 '보조금 부정수급 및 사학비리' 집중신고 기간이 운영된다. 국민권익위원회(위원장 박은정, 이하 국민권익위)는 31일 사립학교 관련 부패행위를 신고할 수 있도록 올해 4월 '부패방지 및 국민권익위원회의 설치와 운영에 관한 법률(이하 부패방지권익위법)'이 개정됨에 따라 이 기간 동안 정부 보조금 부정수급과 사학비리에 대한 집중신고를 받는다고 밝혔다.

정부 보조금은 국가가 특정 산업의 육성이나 시책의 장려와 같이 일정한 행정 목적을 달성하기 위해 공공·민간영역에 지급하는 지원금이다. 부패방지권익위법 개정('17. 4. 18.) 이후부터 발생하는 사립학교와 관련된 공금횡령, 계약부정, 직권남용 등 부패행위를 신고할 수 있다.

국민권익위는 '복지·보조금 부정 신고센터'가 출범한 2013년 10월 이후부터 현재까지 총 1,186건의 신고 사건이 접수되었으며, 부정수급 환수금액은 587억 원에 달한다고 밝혔다. 집중 신고대상은 ① 일자리 창출분야 보조금 부정수급, ② 연구개발(R&D) 및 기술개발 분야 보조금 부정수급, ③ 복지 분야(요양급여, 복지시설, 어린이집 등) 보조금 부정수급, ④ 농·축·임업분야 보조금 부정수급, ⑤ 사학 등 교육 분야 보조금 부정수급, ⑥ 기타 분야(여성가족·중소기업·환경·해양수산 등) 보조금 부정수급, ⑦ 사학(교직원 인사·채용, 학교급식 등) 관련 부패행위이다. 신고 접수는 방문·우편, 인터넷(권익위 홈페이지 www.acrc.go.kr), 팩스, 모바일 앱(부패·공익신고 앱) 등을 통해서 가능하다. 또한 전국 어디서나 국번 없이 '정부대표 민원전화 110' 또는 '부패공익신고전화 1398'로도 신고상담이 가능하다. 국민 누구나 국민권익위에 신고할 수 있고, 신고자는 관련 법령에 따라 철저한 신분보장 및 신변보호와 함께 최대 30억 원의 보상금 또는 최대 2억 원의 포상금을 받을 수 있다.

A사원 : "이번 내용은 2017년 4월 18일 이후에 발생한 공금횡령, 계약부정, 직권남용 등의 부패행위만 신고할 수 있네요."

B과장 : "2013년 10월 이후부터 지금까지 부정수급 환수금액이 687억 원이나 된다고 하니, 부패행위가 많은가 봅니다."

C부장 : "학교급식과 관련된 정부보조금 부정수급도 있네요. 학교까지 부패행위가 퍼져 있는 것을 알 수 있군요."

D사원 : "신고상담을 하고 싶으면, 민원전화 110이나 부패공익신고전화 1398 또는 홈페이지 게시판으로 하면 될 것 같아요."

E주임 : "신고자는 최대 30억 원의 보상금 또는 최대 2억 원의 포상금을 받을 수 있다니 제 주변도 잘 살펴봐야 할 것 같아요."

① A사원, B과장
② B과장, C부장, D사원
③ A사원, C부장, D사원
④ C부장, E주임
⑤ B과장, D사원

○ △ ✕

다음 글을 통해 알 수 있는 내용으로 올바른 것은?

고대 그리스인들은 모든 물질이 '원자'라는 더 이상 쪼갤 수 없는 미세한 구성 원소로 이루어져 있다고 생각했다. 그들은 몇 종류의 원자들이 다양한 조합으로 결합하여 방대하고 다양한 물질 세계가 형성되었다고 생각했다. 많은 시간이 흐르는 동안 최소 단위에 대한 개념은 많은 변화를 겪었지만, 고대 그리스인들이 세웠던 물질관은 여전히 진리로 받아들여지고 있다.

19C 과학자들은 물질의 최소 단위로 생각되는 미세한 요소들을 발견하고 거기에 그리스인으로부터 물려받은 '원자'라는 이름을 붙였다. 그러나 이것이 물질의 최소 단위는 아니었다. 1940년대에 이르러 원자는 양성자와 중성자로 이루어진 원자핵의 주변을 전자들이 돌고 있는 구조로 된 복합체라는 사실이 밝혀진 것이다. 이후로 한동안 물리학자들은 양성자와 중성자, 그리고 전자가 바로 그리스인들이 생각했던 최소 단위, 즉 원자일 것이라고 생각했다. 그러나 1960년대 버클리 선형 가속기 센터의 실험에 의해 양성자와 중성자조차도 물질의 최소 단위가 아니라는 충격적인 사실이 밝혀졌다. 양성자와 중성자는 '다운 쿼크'와 '업 쿼크'라고 이름 지어진 두 가지 입자들의 결합으로 이루어져 있다는 것이다. 이후 과학자들은 더욱 강력한 기구를 발명하여 여러 개의 새로운 입자들을 찾아냈다.

도대체 자연계에는 왜 이렇게 여러 종류의 입자들이 있는 것일까? 각각의 입자들이 갖고 있는 값들 사이에는 외관상 아무런 규칙성이 없는데, 그 이유는 무엇일까? 여기다가 입자들 사이에 작용하는 힘을 고려하면 의문은 더 커진다. 입자들 사이에는 중력, 전자기력, 강력, 약력이라는 4가지 힘이 작용하는데, 이들은 그 크기와 성질이 모두 다르다. 도대체 왜 이런 4종류의 힘이 존재하는 것일까?

이러한 의문들을 해결할 만한 이론의 후보로 '초끈 이론'을 들 수 있다. 초끈 이론의 기본 개념은 모든 물질이 진동하는 '끈'으로 이루어져 있다는 것이다. 초끈 이론에 의하면 만물의 최소 단위인 끈이 진동하는 방식에 따라 겉으로 나타나는 형태가 달라진다. 따라서 기존의 과학자들이 발견해 낸 입자들은 모두 '진동하는 끈의 여러 가지 얼굴들'이라는 것이다. 그리고 이러한 생각은 네 종류의 힘에도 그대로 적용된다.

이전의 과학자들은 물질의 최소 단위로 생각되는 여러 가지 입자들이 저마다 고유한 형태와 특성을 가지고 있다고 생각해 왔다. 그러나 초끈 이론은 이런 생각을 완전히 뒤집어엎었다. 물질의 최소 단위인 끈들은 모두 동일한 존재이기 때문이다. 만일 이것이 사실이라면 수없이 많은 끈들이 서로 다른 방식으로 진동하고 있는 이 우주는, 하나의 웅장한 '우주 교향곡'이 연주되고 있는 거대한 무대인 셈이다.

① 입자들 사이에 작용하는 힘은 이론적으로는 4가지이지만 실제로는 그 이상이다.
② 과학자들이 발견해 낸 입자들의 존재는 그리스인들이 이미 예상했던 것이다.
③ 초끈 이론은 우주 생성의 비밀을 밝혀 주었다.
④ 물질의 형태에 따라 그것이 보여 주는 힘의 성질이 달라진다.
⑤ 초끈 이론은 물질과 힘을 하나의 원리로 설명하려는 이론이다.

다음 글을 읽고 본문의 내용과 일치하지 않는 것을 고르면?

인간의 우주선 중에서 가장 빠른 보이저(시속 약 6만 km)도 태양계에서 가장 가까운 센타우르스 자리 알파별(거리 4.3광년)까지 가는 데 무려 8만 년이나 걸린다. 이곳에 10년 안에 도달하기 위해서는 광속의 2분의 1 이상의 속도가 필요하다. 하지만 우주선은 광속에 접근함에 따라 질량이 늘어나게 되어 추진력을 증가시켜도 별로 가속되지 않는다. 이처럼 멀고 먼 항성 간 우주 비행에 필요한 에너지는 지금까지의 우주 비행에서와 엄청난 차이가 있다. 항성 간 우주 비행에 기존의 화학 로켓을 사용한다는 것은 도저히 생각할 수 없다. 따라서 강력한 추진력을 낼 수 있는 우주 추진 시스템이 연구되어야 한다.

제2차 세계 대전이 2개의 원자탄으로 막을 내리자 과학자들은 원자탄의 또 다른 가능성에 매료되었다. 1950년대 말 미국 프린스턴 연구소의 프리맨 다이슨을 포함한 일단의 과학자들은 항성 간 우주선의 추진 장치로 원자탄을 사용할 수 있을 것이라고 제안하였다. '오리온 계획'이라 명명된 이 계획은 매초 수천 개의 원자탄을 우주선 후미에서 폭발시키고, 이 폭발 에너지로 추진판을 밀어 내 우주선을 추진시킨다는 것이다. 실제로 다이슨 등은 1959년 화약을 이용한 실험 로켓 '핫 로드'를 수백 미터 비행시키는 데 성공하기도 했다. 여기에 고무된 이들은 1970년까지 토성을 향하여 실제 우주선을 발사할 계획을 세우기도 하였으나, 대기 중 핵 실험 금지 조약에 묶여 1965년 중단되고 말았다.

다이슨은 1968년 오리온 계획을 수정하여 수소 폭탄을 이용하는 계획을 다시 발표하였다. 수소 폭탄 우주 선은 최대 광속의 3% 속도로 날 수 있고, 센타우르스 알파별까지는 130년 정도면 도착할 수 있을 것이라는 게 그들의 계산이었다.

최근에는 폭발력을 이용하는 방법과 달리 원자로에서 만들어지는 열로 추진체를 가열하여 배출하면서 추진하는 핵 열로켓도 구상되고 있다. 핵 열로켓이 다른 화학 로켓보다 뛰어난 이유는 이 시스템이 화학 로켓과 같은 온도나 저온에서도 화학 로켓보다 훨씬 큰 배기 속도를 낼 수 있기 때문이다. 현재의 우주 왕복선 엔진과 같이 수소와 산소 연료를 쓰는 로켓 엔진의 온도는 약 2,700도, 비추력은 약 450초이다. 이에 비하여 핵 열로켓은 추진제인 수소를 직접 배출하기 때문에 비추력은 900초 이상 된다. 로켓의 성능이 두 배로 향상되는 것이다. 실제로 핵 열로켓을 위하여 1960년대에 NASA에서 시험용 엔진이 제작되었다. 1968년과 1969년 네바다 사막에서 이루어진 분사 실험에서 만족할 만한 성과를 얻자, 추력 약 34t, 비추력 825초의 비행용 엔진을 설계하게 된다. 그러나 1973년 다시 정치적인 이유로 미국 정부에 의하여 중단되었다.

최근 들어 다시 핵 열추진에 주목하는 것은 핵폭탄을 이용하는 기술만큼 실현 가능성이 높은 미래의 추진 기술이 없기 때문이다. 이미 30년 전에 시험을 해 보았으며, 그동안 원자로 제작 기술이 더욱 향상되어 왔다. 최초의 핵 열로켓 엔진의 시험용 원자로 이름은 '키위'였다. 날개가 도태되어 날지 못하는 새의 이름을 따왔다고 하는데, 21세기 '키위'는 어쩌면 날개를 달고 드넓은 우주를 날게 될 수도 있을 것이다.

① 핵 열로켓은 현재의 로켓 엔진과 비추력을 비교해 보면 약 2배 이상이라고 할 수 있다.
② 다이슨이 1968년 계획한 수소 폭탄 우주선은 최대 광속의 2% 속도로 날 수 있다는 것이다.
③ 다이슨을 포함한 과학자들이 처음으로 항성간 우주선의 추진 장치로 생각한 것은 원자탄이다.
④ 현재의 우주선은 광속에 접근하게 되면 질량이 늘어나 별로 가속되지 않는다.
⑤ 최근 과학자들이 핵 열추진에 다시 주목하는 것은 이 기술이 제일 실현 가능성이 높기 때문이다.

귀하는 한국○○공사의 사원이다. 이번에 상사의 지시로 '보험료 체제 부과 개편안'을 만들었다. 이 개편안의 내용과 맞지 않는 것을 고르면?

〈보험료 체제 부과 개편안〉

● 직장가입자의 경우

Q1. 고액의 월급을 받는 소득자와 월급 외 종합과세소득이란 어떤 수준을 말하나요?

    – 2017년 12월 기준으로 ① 월급이 월 800만 원 이상(세전 소득)이거나 ② 월급 이외에 임대, 이자, 배당소득 등 연간 종합과세소득이 2인 가구 기준 연 6,500만 원을 초과하는 경우입니다.

Q2. 정부안에 따르면, 월급 고소득자와 월급 외 고액의 종합과세소득자로 새롭게 편입되는 직장인가입자 수(비율)는 얼마나 되나요?

    – 전체 직장인가입자의 2.5%에 해당됩니다. 2017년 12월 기준, 직장인가입자 23만 세대입니다.

Q3. 월급 고소득자와 월급 외 고액의 종합과세소득자에 해당되면, 건강보험료는 얼마인가요?

    – 기존 월 평균 40만 원에서 월 평균 54만 원으로 약 14만 원 인상됩니다.

● 지역가입자의 경우

Q1. 재산 보험료는 구체적으로 얼마나 인하되는 건가요?

    – 시가 3억 원 이하의 자가 주택, 1억 9,900만 원 이하의 무주택 전월세에 재산 보험료를 면제할 계획입니다. 또한, 재산에 보험료를 부과할 때도 시가 3,500만 원에서부터 시작하여 시가 2억 원까지 단계적으로 공제금액을 높일 예정입니다.

Q2. 자동차 보험료는 구체적으로 얼마나 인하되는 건가요?

    – 5천만 원 이상의 고가 차에만 보험료를 부과하도록 단계적으로 축소해 나갈 것입니다. 가장 우선적으로, 배기량 1,600cc 이하 소형차(3천만 원 이하), 10년 이상의 자동차, 또는 승합차·화물·특수자동차에 자동차 보험료를 면제할 것입니다.

Q3. 저소득 지역가입자의 부담은 얼마나 줄어드나요?

    – 지역가입자 85%(총 세대수 678만 세대)의 건강보험료가 평균 월 3만 원 줄어듭니다. 지금은 연령이나 성별에 부과되던(평가소득) 보험료로 인해 형편에 관계없이 보험료가 많이 부과되는 경우도 있었습니다. 개편안이 적용되면 평가소득 제도가 폐지되고, 재산 보험료, 자동차 보험료 또한 축소되어 저소득 지역가입자의 보험료는 내려갑니다. 또한 연소득 100만 원 이하(필요경비율 최대 90% 고려 시, 총수입 최대 연 1,000만 원 이하)의 가구에는 월 12,200원 수준의 최저보험료를 도입합니다.

---

① 지역가입자의 경우 3천만 원 이하의 소형차는 앞으로 자동차 보험료가 면제될 예정이다.

② 지역가입자인 A씨가 시가 2억 5천만 원짜리 자가 주택에 살 경우 재산 보험료는 면제된다.

③ 총수입 연 1,000만 원 이하의 지역가입자는 앞으로 월 12,200원의 보험료만 내면 된다.

④ 직장에서 월급 850만 원(세전 소득)을 받으며 건강보험료 42만 원을 내던 B씨는 앞으로 건강보험료를 약 57만 원 내야 한다.

⑤ 저소득 지역가입자였던 C씨는 앞으로 건강보험료가 약 3만 원 줄어든다.

다음 내용에 대한 사원들의 대화 내용 중 올바른 것을 모두 고르면?

> 한국도로공사는 지난 5일 평창 동계올림픽 조직위원회와 '올림픽 성공 개최 지원' 업무 협약을 맺었다고 밝혔다. 이를 통해 한국도로공사는 조직위원회에 약 50억 원을 지원하기로 했다. 39억 원은 현금으로 기부하고, 11억 원은 패럴림픽이 끝나는 올 3월 말까지 대회 행사차량의 고속도로 통행료를 면제하는 방법으로 이뤄진다. 또, 직원 50명을 파견해 인원관리, 수송대책 수립 등의 업무를 지원하게 된다.
>
> 대회기간 동안에는 정부 공약사항으로 영동고속도로를 이용하는 대회 행사차량 외 일반차량에 대해서도 통행료가 면제되며, 시행방안은 이달 중 정부에서 최종 확정하게 된다.
>
> 도로공사는 영동 – 중부 고속도로 전면 개량(4,638억 원), 교통관리시설 개선(133억 원), 다차로 하이패스 구축(21억 원) 등 '평창 가는 길'을 더 안전하고 쾌적하게 만드는 사업에 5,109억 원을 투입했다.
>
> 지난 2016년부터 공사에 들어간 영동 – 중부고속도로 전면 개량사업은 지난달 22일 모두 마무리됐다. 노후화된 도로의 콘크리트 포장을 승차감이 우수한 아스팔트로 다시 포장하는 한편, 중앙분리대 · 가드레일 · 방음벽 등 안전시설을 개량하고 가로등과 터널등도 LED등으로 바꿔 고속도로 주행 시 안전성과 쾌적성이 대폭 향상됐다. 교통정보 등을 제공하는 VMS, CCTV 등 교통관리시설도 새 것으로 교체하고 그 수도 늘렸다.
>
> 올림픽에 대비한 특별제설대책도 마련했다. 영동(원주 – 강릉) · 동해(삼척 – 속초) · 서울 ~ 양양(동홍천 – 양양) 고속도로 297.3km 구간 내 제설 장비, 자재, 인력을 추가 확보, 편성해 24시간 대기토록 했다. 지난해 10월에는 행정안전부, 국토교통부 등 유관기관과 민간기관, 군 부대의 협조를 받아 폭설 대응 합동 훈련을 실시하기도 했다.
>
> 평창 동계올림픽 분위기를 고조시키고 휴게소 이용 편의성을 높이기 위한 사업에도 216억 원을 투입했다. 평창으로 향하는 주요 관문 톨게이트 6곳(대관령 · 강릉 · 북강릉 · 면온 · 진부 · 평창)의 캐노피를 동계올림픽을 상징하는 디자인으로 개선했다. 올림픽 성공 기원 메시지를 담은 평창 동계올림픽 슬로건과 이미지를 교통표지판, 고속도로 시설물, 도로전광판(VMS), 홈페이지, 블로그, 입간판 등을 통해 표출하고 있다.
>
> 영동고속도로 평창 · 강릉 등 12곳 휴게소의 리뉴얼도 끝냈다. 노후화된 휴게소 시설을 개선하고 매장을 재구성해 산뜻한 느낌을 줄 수 있게 했다. 또, 외국인을 위한 메뉴를 새로 개발하고 전용 메뉴판을 설치해 외국인의 휴게소 이용 편의성을 높였다.

● 보기 ●

Ⓐ "한국도로공사가 올림픽 조직위원회에 약 50억 원을 현금으로 지원하고, 직원들을 파견하여 업무 지원도 한다고 합니다."

Ⓑ "휴게소 이용 편의를 위해 216억 원을 투입했고, 톨게이트 6곳의 캐노피를 동계올림픽을 상징하는 디자인으로 바꿨군요."

Ⓒ "'평창 가는 길'을 더 안전하고 쾌적하게 만드는 사업에 5,000억 원 이상을 투입했고, 특히 교통관리시설 개선에 가장 많은 돈을 투입했네요."

Ⓓ "영동고속도로 12곳 휴게소의 리뉴얼도 끝냈다고 합니다. 특히 휴게소에서 외국인들을 위한 전용 메뉴판을 설치하고, 외국인들을 위한 특별 가격 할인도 진행한다고 합니다."

Ⓔ "도로의 콘크리트 포장을 아스팔트 포장으로 교체하고 안전시설을 크게 확충했네요."

① Ⓑ, Ⓔ

② Ⓐ, Ⓒ, Ⓔ

③ Ⓒ, Ⓓ

④ Ⓑ, Ⓓ

⑤ Ⓐ, Ⓑ

다음 내용과 일치하지 않는 것을 고르면?

주택연금 신규가입자가 5만 명을 넘어섰다. 이는 지난 2007년 7월 상품 출시 이후 10년 5개월여 만이다. 한국주택금융공사는 부산시 남구에 거주하는 김○○(73세), 김○○(70세) 부부의 주택연금 가입신청 건을 최종 승인해 지난 9일 주택연금 5만 번째 가입자가 탄생했다고 밝혔다. 주택연금에 5만 번째로 가입한 김 씨 부부는 내 집에 살면서 평생 동안 매월 연금을 받으며 사망 시 재산이 남으면 상속이 가능하다는 점 때문에 주택연금에 가입하였고, 5만 번째 고객이 되는 행운을 얻었다. 공사는 5만 번째 가입자인 김 씨 부부를 초청하여 감사를 표시하고 축하금 100만 원을 전달했다.

□ **지난해 주택연금 가입자, 상품 출시 이후 최고치 기록**

한편, 지난해 주택연금 신규가입자는 1만 386명으로 역대 최고치를 기록했다. 출시년도인 2007년(515명) 대비 약 20배가 넘는 수치이다. 2007년 7월 주택연금 출시 이후 지난해 말까지 누적 가입 건수는 4만 9,815건에 달한 것으로 나타났다.

□ **주택연금 평균 가입연령은 71.9세이며 2억 8,700만 원 주택으로 월 98만 9,000원 받아**

주택연금 출시(2007년 7월) 이후 지난 12월 말까지 주택연금 가입자의 특성을 분석한 결과, 평균 71.9세(부부의 경우 낮은 연령 기준)에 평균 2억 8,700만 원의 주택을 소유하고 있으며 가입 후 평균 98만 9,000원의 월지급금을 받는 것으로 나타났다. 이는 60세 이상 가구 평균 근로소득(127만 원)[*]의 77%에 이른다.

□ **울릉도에서도 주택연금 첫 가입자 나와**

주택연금 인지도가 꾸준히 높아지고 있는 가운데 주택연금 출시 이후 최초로 울릉도에서 주택연금 가입자가 나왔다. 1억 3,600만 원짜리 단독주택을 소유한 78세 어르신이 지난 11월 주택연금에 가입해 매월 68만 원(전후후박형)을 받게 됐다.

[*] 출처 : 통계청 국가통계포털, '17년도 3분기 가구주 연령별 가구당 월평균 가계수지

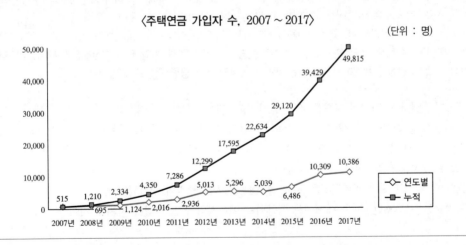

〈주택연금 가입자 수, 2007 ~ 2017〉 (단위 : 명)

① 주택연금 평균 가입연령은 71.9세이며 월 98만 9,000원을 받는 것으로 조사되었다.
② 공사는 5만 번째 가입자인 김 씨 부부를 초청하여 감사를 표시하고 축하금 100만 원을 전달했다.
③ 주택연금 누적 가입자 수는 2017년이 2007년보다 48,300명 더 많다.
④ 매월 받는 주택연금은 사망 시 재산이 남으면 상속도 가능하다.
⑤ 울릉도의 주택연금 첫 가입자는 매월 68만 원을 받게 되었다.

다음 내용과 일치하는 것을 고르면?

> 풍력발전(風力發電)은 풍력터빈을 이용해서 바람(풍력)을 전력으로 바꾸는 일이다. 오늘날 풍력은 수많은 국가에서 상대적으로 값이 싼 재생 가능 에너지원을 제공하며 탄소가 거의 없는 전기를 생산한다.
>
> 2010년 말 기준으로 전 세계적으로 풍력발전을 통해 총 141.5GW의 전력이 생산되었다. 이는 전체 전력 생산의 3.5%를 차지하는 양인데, 풍력발전을 통한 전력 생산 비율은 매우 빠른 속도로 증가하고 있다. 2006년에서 2010년 사이의 4년간 풍력발전을 통한 전력 생산량은 4배가 증가했다. 몇몇 국가에서는 풍력발전을 통한 전기 생산 비율이 상대적으로 높은데, 2010년 기준으로 스웨덴에서는 21%의 전력을 풍력발전을 통해 생산하고 있고, 영국과 프랑스는 각각 14%, 독일과 뉴질랜드는 각각 10%의 전력을 풍력발전을 이용해서 생산하고 있다. 2010년 10월 기준으로 총 70개 국가에서 상업적으로 풍력을 이용해서 전력을 생산하고 있다.
>
> 풍력발전의 종류는 4가지가 있다.
>
> 첫째, 다리우스형(Darrieus Type)이다. 1920년 프랑스에서 개발된 다리우스 풍력터빈은 바람에 의해 안과 밖으로 회전하는 수직 회전블레이드 구조이다. 수평축 터빈보다 높은 효율로 작동할 수 있으며, 구조가 단순하고 바람의 방향에 영향을 받지 않는다는 장점이 있다.
>
> 둘째, 사보니우스형(Savonius Type)이다. 1922년 핀란드에서 개발된 사보니우스 터빈은 구조적으로 가장 단순한 풍력터빈 중의 하나이다. 반원통의 날개를 마주보게 하여 구동하는 구조로서 위에서 보면 단면이 'S'자 모양을 가지고 있다. 비교적 천천히 회전하지만 큰 회전력을 갖고 있어 에너지 추출 효율보다 풍속계처럼 설치비용 및 내구성이 중요시되는 곳에 적용된다.
>
> 셋째, 자이로밀형(Giromil Type)이다. 자이로밀형 터빈은 수직으로 붙여진 대칭형 블레이드가 바람 방향에 따라 자동적으로 최적의 반각 영각을 얻는 구조의 풍력발전이다. 쉬운 설계 및 설치가 가능하지만, 다리우스 풍력터빈에 비해 효율이 낮고 더 높은 풍속조건이 요구되는 단점이 있다.
>
> 넷째, 헬리컬형(Helical Type)이다. 미국에서 수력터빈용으로 개발된 헬리컬 터빈은 다리우스 터빈의 진보된 형식이다. 두 개의 날개가 나선형으로 올라가는 구조로 모든 위치에서 제어가 가능하고 다리우스 터빈에 비해 소음, 진동의 특성이 개선되었지만, 아직 발전용으로 보급되지는 못하고 있다.
>
> 아직까지 2010년 기준으로 풍력발전율은 세계에서 생산되는 에너지의 비율 중에서 2%에도 미치지 못한다. 2025년엔 이 수치가 19.5%까지 오를 것으로 전망되고 이로 인해 20억 톤의 이산화탄소 배출량이 줄어들 것이다. 2050년에는 세계에서 생산되는 에너지의 43%를 담당할 것으로 전망된다.

① 구조가 단순하고 바람의 영향을 거의 받지 않는 것은 '사보니우스형'이다.

② 다리우스 풍력터빈에 비해 소음, 진동의 특성이 개선된 것은 '자이로밀형'이다.

③ 2010년 10월 기준으로 약 70개 국가에서 상업적으로 풍력을 이용하고 있고, 스웨덴 – 영국 – 프랑스의 순으로 풍력발전을 많이 이용하고 있다.

④ 2010년 말 기준으로 풍력발전을 통해 총 141.5GW의 전력이 생산되었다.

⑤ 풍력발전은 2050년경에는 세계에서 생산되는 에너지의 절반 이상을 차지할 것이다.

○ △ ✕

귀하는 한국○○공사의 사원이다. 이번에 상사의 지시에 의해 고객 응대 매뉴얼을 만들게 되었는데, 이에 대한 사원들의 대화 내용으로 잘못된 것을 모두 고르면?

Q : 광역상수도와 지방상수도 물값이 차이가 많이 나는 이유는 무엇인가요?

A : 지방상수도 관련 통계자료('12년 상수도통계)에 의하면 지방상수도 요금의 전국 평균은 649.1원/m^3입니다. 이에 비해 광역상수도 정수 요금은 413.0원/m^3('13. 1. 1.)으로 지방상수도 요금의 64% 수준입니다. 그러나, 광역상수도는 배수지까지의 도매요금인데 비해 지방상수도 요금은 배수지 이후 각 고객까지의 공급비용이 추가된 소매요금이므로 직접적인 비교는 어렵습니다. 한편, 광역상수도 요금은 전국적으로 동일한데 비해 각 지방상수도 요금은 취수원과의 거리, 수요자 수 및 밀집도, 광역상수도 이용정도, 지자체의 요금정책 등 제반 여건에 따라 차이가 있습니다.

Q : 수질에 따른 차등 요금을 부과하는 제도는 없나요?

A : 우리 공사에서는 현실적으로 수질에 대한 주민불만이 큰 점을 고려하여 서울대학교 한국행정대학연구원에 수질 차등 요금제 시행방안 용역을 추진하고('02. 9. 6. ~ '03. 3. 16.), 전문가 토론회 및 공청회 개최를 통하여 해당 지방자치단체 등으로부터 광범위한 의견수렴의 기회를 거쳐, 대안적 정책방안으로 수질이 3급수 이하(BOD 3ppm 초과)인 경우에 지원하는 수질 차등 지원제를 2004년 1월 1일부터 시행하고 있습니다.

한편 수질을 판정하는 기준에는 BOD, COD, 탁도 등 여러 가지 요소가 있으나 법상 수질환경기준 항목 중 수질을 대표할 수 있는 객관적인 항목으로 BOD를 측정기준으로 삼은 것이며 이는 낙동강 수계법의 고도정수처리비용의 지원기준(BOD 3ppm 초과)과도 일치하는 것입니다.

Q : 명의변경 신청 시 매도자, 매수자 본인이 반드시 직접 내방해야 합니까?

A : 대리인도 가능하나 매도자는 원칙적으로 본인이 직접 매도의사를 표시하여야 하며, 부득이한 사정으로 방문이 어려울 때에는 반드시 본인이 직접 발급받은 매도용 인감증명서와 매수·매도자 각 명의변경 신청에 따른 위임장을 제출하여야 합니다.

Q : 물 사랑 공모전은 언제 개최되며, 응모자격에 제한이 있나요?

A : 물 사랑 공모전은 사전 홍보 기간을 거친 후 매년 9 ~ 10월 사이에 작품을 접수하고 있으며 그 이후 심사와 시상식, 작품집 배포 등이 이어집니다. 공모전에는 물을 사랑하는 분이면 누구나 다 참여하실 수 있습니다. 단, 문예의 경우 응모자격에 제한이 있으니 자세한 사항은 그 해의 공모요강을 참고하시기 바랍니다.

윤 주임 : "수질 차등 지원제는 수질이 3급수 이하인 경우에만 가능하고 2004년부터 시행 중이라고 합니다."

정 과장 : "물 사랑 공모전은 모든 분야에 특별한 자격제한 없이 누구나 참여가 가능하며, 매년 9 ~ 10월에 작품을 접수하네요."

강 과장 : "수질을 판정하는 기준은 BOD만 측정기준으로 삼는다고 합니다."

이 주임 : "명의변경을 신청할 때에는 원칙적으로 본인이 직접 내방하여 매도의사를 표시하여야 하며, 대리인이 방문 시에는 대리인의 인감증명서도 함께 가져와야 하네요."

송 부장 : "지방상수도 요금은 취수원과의 거리, 수요자 수 및 밀집도, 광역상수도 이용정도, 지자체의 요금정책 등에 따라 차이가 발생하는군요."

① 윤 주임, 정 과장, 강 과장　　② 정 과장, 송 부장
③ 이 주임, 송 부장　　④ 정 과장, 이 주임
⑤ 이 주임

다음 글의 내용과 일치하지 않는 것을 고르면?

국민연금공단은 창립 30주년을 맞아 9월 7일부터 27일까지 5060세대인 신중년*과 함께하는 '노후준비 아카데미'를 전국 순회 형식으로 개최한다고 밝혔다.

이번 행사는 9월 7일 수원을 시작으로 부산, 서울(광화문·잠실), 대전, 광주를 거쳐 9월 27일 대구까지 총 7회 진행되며, 각계 전문가와 한국주택금융공사, 한국건강관리협회 등 10여 개 관계기관이 참여하여 참가자들에게 다채로운 프로그램을 제공할 예정이다.

특히 이번 행사는 '우리 이제 다시 배울 시간'이라는 모토 아래 5060세대가 한자리에 모여 노후준비 교육과 진단·상담서비스를 경험할 수 있도록 마련되었다.

이와 함께, 지역별로 저마다 특색 있는 테마로 행사를 진행한다.

○ (수원) '30일간의 노후일주'라는 테마로 4주 동안 대인관계, 여가생활 등 다양한 주제의 강의로 노후준비 아카데미 진행

○ (부산) '조금 더 건강해지는 하루를 당신에게 선물하세요.'라는 테마로 체력측정, 간단검진 등 건강 관련 다양한 체험 활동 마련

○ (서울 - 광화문) '100세 시대, 노후를 디자인하다.'라는 테마로 사전에 '1인 1책 쓰기' 진행 후 행사 당일에는 '시니어 출판기념회' 개최

○ (서울 - 잠실) '몸 튼튼! 마음 튼튼! 행복한 100세 인생'이라는 테마로 공단 사진동호회의 재능기부를 통해 '프로필 사진 촬영' 프로그램 운영

○ (대전) '국민연금과 함께하는 행복한 노후준비'라는 테마로 국민연금 제도 강의와 상담을 실시

○ (광주) '국민연금 노후 樂 페스티벌'이라는 테마로 송정역에서 팝업스토어를 운영하여 지역주민에게 국민연금 제도 안내

○ (대구) '어제보다 더 나은 내일, 당신의 오늘을 응원합니다.'라는 테마로 5060세대가 공감할 수 있는 노래교실 운영으로 국민연금 제도 강의와 상담 실시

* 신중년 : 경제활동인구 중 노년기 진입 직전의 50 ~ 60대이며, 우리나라 고도성장의 주역인 동시에 부모 부양과 자녀 양육의 이중고를 겪는 세대

---

① '신중년'은 부모 부양과 자녀 양육의 이중고를 겪는 5060세대를 의미한다.

② '국민연금 노후 樂 페스티벌'이라는 테마로 팝업스토어를 운영하는 곳은 '광주'이다.

③ 공단 사진동호회의 재능기부를 통해 '프로필 사진 촬영' 프로그램 운영하는 곳은 '서울 - 광화문'이다.

④ 이번 행사는 9월 7일부터 27일까지 총 7회 진행된다.

⑤ 5060세대가 공감할 수 있는 노래교실 운영으로 국민연금 제도 강의와 상담을 실시하는 곳은 '대구'이다.

다음 내용에서 알 수 있는 사실과 거리가 먼 것을 고르면?

그리스의 수학자 유클리드가 집대성해 2천 년 이상 생명을 누려온 유클리드 기하학이 '프랙탈' 기하학의 등장으로 큰 도전을 받고 있다. 점·선·면과 같은 종래 유클리드 기하학의 언어로는 이해하기 어려웠던 혼돈스럽고 불규칙한 자연 현상들이 프랙탈 기하학을 통해 수학적으로 해석되고 표현될 수 있다는 연구 결과가 국내외 수학계에서 잇따라 나오면서 돌풍을 일으키고 있는 것이다.

특히 프랙탈 기하학을 컴퓨터 그래픽 분야에 도입하면, 대단히 복잡한 자연의 이미지조차도 단 몇십 줄의 프로그램으로 간단히 그려낼 수 있어 전산 전문가들 사이에서도 뜨거운 관심을 끌고 있다.

'프랙탈'이란 말의 기원은 이 기하학의 개념을 정립한 선구자인 미국의 수학자 만델브로트가 1975년 '수학 및 자연계의 비정규적 패턴에 대한 체계적 고찰'을 담은 자신의 에세이집 표제를 '프랙탈'이라고 붙인 데서 출발한다.

기존의 유클리드 기하학은 0차원, 1차원, 2차원처럼 정수의 차원을 가진 형태만 기하학적으로 의미가 있다고 보고, 수학적으로 미분이 되지 않는 1.26 또는 1.48차원과 같은 기하학적 형태는 흉측한 '괴물'로 여겨 왔다. 그러나 만델브로트는 자연계에 존재하는 대부분의 무질서한 혹은 비정규적인 형태나 운동은 오히려 정수의 차원이 아닌 모양을 갖고, 또 이런 기하학적 형태를 따라 운동한다는 충격적 주장을 함으로써 전 세계 수학계의 주목을 끌기 시작한 것이다. 즉 삼라만상이 온통 불규칙하고 혼돈스럽게 운동하고 있는 것처럼 보이지만 프랙탈 기하학이란 새로운 수학적 언어로 이를 자세히 들여다보면, 이것이 규칙성을 가지고 자기 유사성을 반복해 나간다는 것을 알 수 있다는 것이다. 예를 들어 고사리의 잎을 보면 큰 가지에 곁가지가 달려 있지만, 그 일부를 다시 확대해 현미경으로 들여다봐도 역시 거의 같은 모양이 되풀이된다는 것이다.

① 유클리드 기하학은 규칙적인 질서를 가진 형태만을 대상으로 한다.
② 유클리드 기하학은 자연 현상에 대한 수학적 이해를 거부한다.
③ 프랙탈 기하학은 비정규적 패턴의 규칙성을 발견하고자 한다.
④ 프랙탈 기하학은 수학 이외의 분야에도 응용될 가능성이 높다.
⑤ 유클리드 기하학은 점·선·면과 같은 언어를 사용하는 학문이다.

○ △ ×

다음 글의 내용과 일치하는 것을 〈보기〉에서 모두 고르면?

덕평 휴게소에 빛의 향연을 즐길 수 있는 4만 6천 m² 규모의 테마파크가 생겼다. 11월 중순에는 상공 40m까지 오르내리는 기구를 타고 탁 트인 전망을 감상할 수 있는 에어로바가 아시아 최초로 설치된다.

한국도로공사는 26일 영동고속도로 덕평 휴게소에 테마파크 '별빛정원 우주'를 개장했다고 밝혔다. '별빛정원 우주'는 4만 6천 m² 규모의 도로 잔여부지에 조성됐다. 첨단 조명으로 정원, 숲, 우주공간 등을 표현한 10가지 콘텐츠로 구성되어 이용객이 뜸한 야간시간대 특히 인기를 끌 것으로 기대된다.

'플라워가든'은 조명꽃이 가득한 꽃밭으로 바람이 불면 조명꽃들이 별빛처럼 반짝인다. '반딧불이 숲'에서는 사람의 움직임을 감지하는 센서가 있어 살아있는 것 같은 반딧불이 체험을 할 수 있다. '터널 갤럭시 101'은 101m 길이의 조명 터널로 국내에서 가장 긴 빛의 터널이다. '별빛오케스트라'에서는 음악에 따라 빛이 움직이는 라이팅쇼가 펼쳐진다. '아트큐브'는 손으로 만지고 체험할 수 있는 실내 전시 공간이다. 이밖에도 터널 인터스텔라, 시크릿가든, 우주 놀이터, 바이올렛 판타지, 로맨틱가든 등이 있다.

11월 중순에는 아시아 최초로 에어로바도 들어선다. 이는 삼각형 형태의 기둥 3개 사이로 원형의 기구형태의 전망시설을 타고 오르내릴 수 있는 조형물이다. 16명이 탑승할 수 있고, 최대 40m까지 상승해 음료를 즐기며 탁 트인 전망을 감상할 수 있다.

별빛정원 우주의 운영시간은 오전 11시부터 오후 11시까지이며 주간 5,000원, 야간 12,000원으로 입장할 수 있지만, 당일 덕평 휴게소 구매 영수증을 지참하면 할인받을 수 있다. 에어로바는 별도의 요금으로 체험이 가능하다.

덕평 휴게소는 상행선과 하행선 양방향에서 이용이 가능한 통합형 휴게소로, 반려견 놀이터(달려라 코코), 덕평 숲길, 쇼핑몰, 야외정원 등의 편의시설이 갖춰져 있다.

● 보 기 ●

Ⓐ 덕평 휴게소에는 반려견 놀이터도 있어서 반려견을 데리고 여행하는 고객들에게 유용할 전망이다.

Ⓑ '플라워가든'은 조명꽃이 가득한 꽃밭이다. 바람이 불면 조명꽃이 별빛처럼 반짝이게 만든 것으로 면적은 4만 6천 m² 규모이다.

Ⓒ '에어로바'는 16명이 탑승할 수 있고, A씨 가족 3명이 야간에 입장하려면 36,000원을 내야 이용이 가능하다.

Ⓓ 별빛정원 우주의 운영시간은 오전 10시부터 오후 11시까지이며, 주간과 야간의 이용요금이 다르다.

Ⓔ '아트큐브'에서는 음악에 따라 빛이 움직이는 라이팅쇼가 펼쳐진다.

① Ⓑ, Ⓔ
③ Ⓓ
⑤ Ⓐ, Ⓑ
② Ⓐ
④ Ⓑ, Ⓓ

다음 글을 통해 알 수 있는 내용으로 올바른 것은?

조선시대의 양반 계층에 있어서 유교의 가르침을 실천하는 일은 생활의 근본이었다. 효도는 자식의 도리였으며, 조상 봉사(封祀)는 모든 사람이 지켜야 할 원칙이었다. 조선시대 양반 계층의 주거는 이러한 유교의 가르침에 따르는 엄격한 의례적 생활에서 계획되었던 것으로 보인다. 또한 경제력이 풍부하였기 때문에 권위를 표현하기 위해 큰 규모의 집을 짓고 화려한 장식을 할 수 있었다. 이들은 서울을 중심으로 한 세도가들의 집 모양을 모방하기도 했고, 개인적 취향을 곁들여 나름대로 독특한 형태의 주택을 지으려고도 했다. 반면에 농업이나 수공업, 어업 등 직접적인 생산 활동으로 생계를 유지하면서 경제적으로도 궁핍한 생활을 할 수밖에 없었던 일반 백성들은 유교의 가르침에 따르는 의례적인 생활보다는 생산 활동을 도와줄 수 있고, 주변 환경에 잘 적응할 수 있는 실용적인 주택이 필요하였다.

그러나 조선 후기에 이르러 봉건적인 신분 질서가 약해지고 농업 생산을 통하여 재산을 모은 농민들이 중농(中農) 또는 부농(富農) 계층으로 성장하게 되었다. 이와 같은 경제력을 기반으로 이들은 지역적인 주택 형식에 상류 계층 주택의 요소를 부분적으로 가미하여 주택을 건설함으로써 같은 지역 안에서도 경제력에 따라 여러 유형의 주택들이 만들어질 수 있었다. 즉 경제력의 향상에 따라 다양한 주거 공간이 요구되었고, 지역의 자연 환경에도 적응해야 했기 때문에 기후, 토지, 취락구조 등의 주변 여건에 대응하여 독특한 형식으로 발전시켜 나갈 수 있게 되었다.

집중형 주거란 모든 주거 공간을 하나의 건물에 모아서 만든 집을 말하는데, 혹독한 추위에 잘 견딜 수 있도록 열효율을 높이고, 외부의 적으로부터 쉽게 보호될 수 있도록 폐쇄적인 형태로 지어진 것이다. 한편 대규모의 농사를 짓기 위해서는 많은 가구가 모여 조밀하게 마을을 이루는 이른바 집촌형(集村型) 취락 구조를 갖게 된다. 이러한 마을 구조 속에서는 각 집의 경계가 분명하고, 따라서 외부에 노출되기 쉬운 주거 생활을 보호하기 위해 건물과 마당을 둘러싸주는 대문과 담장이 발달하게 되었다. 남부지방에서는 가난한 집이라도 건물과 마당 둘레에 울타리나 사립문같은 것을 허술하게나마 설치하는데, 이것이 바로 분산형 주거의 특색이다. 분산형 주거에서는 살림채 안에 많은 공간이 있을 필요가 없기 때문에 살림채의 규모가 비교적 작고, 통풍에 유리한 홑집이 발달하게 되었다.

이처럼 한반도의 주거 문화는 북부 지방의 집중형과 남부 지방의 분산형으로 대별된다. 그런데 두 문화가 접촉하게 되는 지역에서는 문화의 접촉 변용에 의한 변화가 발생할 수 있고, 기후 조건 또한 중간적인 성격을 띠기 때문에 두 가지 주거 문화의 혼합 형태인 절충적인 주거 문화가 발달하게 되었다. 이 지역에서의 절충 방법은 집중형 주거에서 살림채와 부속채가 분리되면서 두 건물 사이가 담장으로 연결되기도 하고, 평면 형태는 '홑집'이지만 마구간과 같은 부속 공간을 살림채 안에 둠으로써 보온이나 방어에 중점을 둔 분산형 주거의 성격이 나타나기도 한다.

① 분산형 주거형태는 넉넉한 경제력을 바탕으로 형성된 것이다.
② 집중형 주거형태는 무더운 기후 조건을 극복하고자 형성된 것이다.
③ 조선 후기의 주택은 지역에 관계없이 일정한 형태로 발전하게 되었다.
④ 조선시대 양반 계층의 주거형태는 지역적인 환경의 영향을 크게 받았다.
⑤ 두 문화가 인접한 지역의 주거형태는 문화의 접촉 변용에 의해 절충형을 취하게 된다.

다음 내용과 일치하지 않는 것을 고르면?

LH는 판교 제2테크노밸리(판교 2밸리) 도시첨단산업단지 내 첨단기업 클러스터인 기업성장센터 내 아파트형 공장시설에 입주할 유망 강소기업 97개사를 모집한다고 17일 밝혔다. 기업성장센터는 정부가 혁신·창업의 선도거점으로 조성 중인 판교 2밸리 내 혁신성장 공간 구현을 위해 LH가 건축하는 공공지식산업센터로 입주 대상 기업을 사업시행자인 LH가 직접 선정하게 된다.

금번에 공급되는 아파트형 공장시설은 전용면적 $67m^2 \sim 180m^2$ 규모 총 221개 호실이다. 중·소규모 이하 시설이 대부분이며, 기업의 다양한 수요를 감안한 일괄 공급으로 대규모 4개(전용 $746m^2$ 이상), 중·소 규모 93개(전용 $84 \sim 308m^2$)로 공급면적을 다양화하였다.

임대보증금 및 임대료는 시세의 80% 수준으로 $3.3m^2$당 평균 임대보증금은 360천 원, 월임대료는 27천 원이며, 호실별 임대보증금과 임대료는 층수 및 위치에 따라 차이가 있다.

〈임대보증금 및 월 임대료〉

(단위 : 원)

구분	임대보증금	월임대료	비고
$3.3m^2$ 기준 평균금액	360,000	27,000	부가세 별도

최초 임대기간은 5년이며, 임대기간 종료 후에도 5년 범위 내에서 계약 갱신이 가능하기 때문에 최대 10년까지 안정적인 사업 공간 확보가 가능하다.

모집 대상은 창업 3 ~ 7년 차 수도권 소재기업(개인사업자 포함)이며, 판교 2밸리 산업단지계획 및 관리 기본 계획에서 허용하는 업종(첨단제조업, 지식·문화·정보통신·미래성장동력 산업)을 영위하고 있는 기업이다. 특히, AI·빅데이터 등 4차 산업혁명 관련 업종을 영위하는 기업에 대해서는 임대공간을 지정·구획하여 별도로 공급할 예정이다.

임대 신청은 신청서 등 필요 서류를 준비한 후 2월 1일(목)부터 9일(금)까지 LH 경기지역본부 판교도시첨단사업단에서 방문 접수만 가능하다.

2월 중 업종 심사 및 사업계획서 평가를 거쳐 23일(금) 입주 대상 기업을 선정할 계획이며, 선정된 기업은 판교 2밸리 산업단지 관리기관인 경기도시공사와 입주 계약을 우선 체결하고, 그 후에 사업시행자인 LH와 임대차 계약을 체결하고 4월 말부터 입주가 가능하다.

〈입주 기업 모집 일정〉

입주 기업 모집공고	신청서 접수	업종 심사 및 사업계획서 평가	선정 발표	계약 체결
2018. 1. 17.(수)	2018. 2. 1.(목) ~ 2018. 2. 9.(금)	2018. 2. 12.(월) ~ 2018. 2. 14.(수)	2018. 2. 23.(금)	2018. 2. 26.(월) ~ 2018. 3. 12.(월)

① 이번에 공급되는 아파트형 공장시설은 전용면적 $67m^2 \sim 180m^2$ 규모 총 221개 호실이다.

② 임대 신청은 필요 서류를 준비한 후 접수기간 9일 안에 방문 접수를 해야 한다.

③ 모집공고일부터 계약 체결까지는 총 약 41 ~ 55일 정도가 소요된다.

④ $3.3m^2$당 평균 임대보증금은 360천 원, 월임대료는 27천 원이므로, $6.6m^2$를 3개월간 임대하려면 약 872,000원이 필요하다.

⑤ 모집 대상은 창업 3 ~ 7년 차 수도권 소재 기업이 해당된다.

※ 다음은 철도안전법의 일부내용이다. 다음을 읽고, 이어지는 질문에 답하시오. [31~32]

〈철도안전법〉

제11조(운전면허의 결격사유) 다음 각 호의 어느 하나에 해당하는 사람은 운전면허를 받을 수 없다.

1. 19세 미만인 사람
2. 철도차량 운전상의 위험과 장해를 일으킬 수 있는 정신질환자 또는 뇌전증환자로서 대통령령으로 정하는 사람
3. 철도차량 운전상의 위험과 장해를 일으킬 수 있는 약물(「마약류 관리에 관한 법률」 제2조 제1호에 따른 마약류 및 「화학물질관리법」 제22조 제1항에 따른 환각물질을 말한다. 이하 같다) 또는 알코올 중독자로서 대통령령으로 정하는 사람
4. 두 귀의 청력을 완전히 상실한 사람, 두 눈의 시력을 완전히 상실한 사람, 그 밖에 대통령령으로 정하는 신체장애인
5. 운전면허가 취소된 날부터 2년이 지나지 아니하였거나 운전면허의 효력정지기간 중인 사람

제20조(운전면허의 취소·정지 등)

① 국토교통부장관은 운전면허 취득자가 다음 각 호의 어느 하나에 해당할 때에는 운전면허를 취소하거나 1년 이내의 기간을 정하여 운전면허의 효력을 정지시킬 수 있다. 다만, 제1호부터 제4호까지의 규정에 해당할 때에는 운전면허를 취소하여야 한다.
   1. 거짓이나 그 밖의 부정한 방법으로 운전면허를 받았을 때
   2. 제11조 제2호부터 제4호까지의 규정에 해당하게 되었을 때
   3. 운전면허의 효력정지기간 중 철도차량을 운전하였을 때
   4. 운전면허증을 다른 사람에게 대여하였을 때
   5. 철도차량을 운전 중 고의 또는 중과실로 철도사고를 일으켰을 때
   5의2. 제40조의2 제1항 또는 제5항을 위반하였을 때
   6. 술을 마시거나 약물을 사용한 상태에서 철도차량을 운전하였을 때
   7. 술을 마시거나 약물을 사용한 상태에서 업무를 하였다고 인정할 만한 상당한 이유가 있음에도 불구하고 국토교통부장관 또는 시·도지사의 확인 또는 검사를 거부하였을 때
   8. 이 법 또는 이 법에 따라 철도의 안전 및 보호와 질서유지를 위하여 한 명령·처분을 위반하였을 때
② 국토교통부장관이 제1항에 따라 운전면허의 취소 및 효력정지 처분을 하였을 때에는 국토교통부령으로 정하는 바에 따라 그 내용을 해당 운전면허 취득자와 운전면허 취득자를 고용하고 있는 철도운영자등에게 통지하여야 한다.
③ 제2항에 따른 운전면허의 취소 또는 효력정지 통지를 받은 운전면허 취득자는 그 통지를 받은 날부터 15일 이내에 운전면허증을 국토교통부장관에게 반납하여야 한다.
④ 국토교통부장관은 제3항에 따라 운전면허의 효력이 정지된 사람으로부터 운전면허증을 반납 받았을 때에는 보관하였다가 정지기간이 끝나면 즉시 돌려주어야 한다.
⑤ 제1항에 따른 취소 및 효력정지 처분의 세부기준 및 절차는 그 위반의 유형 및 정도에 따라 국토교통부령으로 정한다.
⑥ 국토교통부장관은 국토교통부령으로 정하는 바에 따라 운전면허의 발급, 갱신, 취소 등에 관한 자료를 유지·관리하여야 한다.

다음 철도안전법 시행령을 참고할 때, 다음 중 철도차량 운전면허를 취득할 수 없는 사람은?

〈철도안전법 시행령〉

제12조(운전면허를 받을 수 없는 사람)

① 법 제11조 제2호 및 제3호에서 '대통령령으로 정하는 사람'이란 해당 분야 전문의가 정상적인 운전을 할 수 없다고 인정하는 사람을 말한다.

② 법 제11조 제4호에서 '대통령령으로 정하는 신체장애인'이란 다음 각 호의 어느 하나에 해당하는 사람을 말한다.

  1. 말을 하지 못하는 사람

  2. 한쪽 다리의 발목 이상을 잃은 사람

  3. 한쪽 팔 또는 한쪽 다리 이상을 쓸 수 없는 사람

  4. 다리·머리·척추 또는 그 밖의 신체장애로 인하여 걷지 못하거나 앉아 있을 수 없는 사람

  5. 한쪽 손 이상의 엄지손가락을 잃었거나 엄지손가락을 제외한 손가락을 3개 이상 잃은 사람

---

① A는 올해 20세로 성인이 되었지만, 개인 사정으로 인해 현재 고등학교에 재학 중이다.

② 정신과 전문의는 우울증을 겪고 있는 B가 일상생활을 하는 데에는 큰 어려움이 없다고 판단했다.

③ 태어날 때부터 왼쪽 눈이 보이지 않았던 C는 오른쪽 눈의 시력도 좋지 않은 편이다.

④ 어릴 적 교통사고로 두 번째 손가락을 잃었던 D는 얼마 전 작업 중에 네 번째 손가락마저 잃었다.

⑤ E는 지난해 동료에게 면허증을 대여해 준 사실이 적발되어 운전면허가 취소되었다.

다음 중 철도차량 운전면허의 취소·정지와 관련된 국토교통부장관의 역할로 적절하지 않은 것은?

① 운전면허의 발급, 갱신, 취소 등에 관한 자료를 관리한다.

② 부정한 방법으로 운전면허를 받은 운전자의 운전면허 효력을 정지시킨다.

③ 운전면허 정지 처분을 받은 운전자의 운전면허증을 보관한다.

④ 운전면허 취소 처분을 받은 운전자가 속한 기관에 해당 내용을 통지한다.

⑤ 취소 및 효력정지 처분의 세부기준 및 절차를 정한다.

※ 다음 글을 읽고, 이어지는 질문에 답하시오. [33~34]

7개 질병군 포괄수가제란 환자가 입원해서 퇴원할 때까지 발생하는 진료에 대하여 질병마다 미리 정해진 금액을 내는 제도로, 2013년 7월부터 전국의 모든 의료기관(의원, 병원, 종합병원, 상급종합병원)에서 시행되고 있다.

이를 통해 환자의 본인부담금이 줄어들었고, 건강보험의 보장성은 확대되었다. 그동안은 병원비가 어느 정도 나올지 가늠하기 힘들었지만, 포괄수가제가 시행되면서 병원비를 미리 가늠할 수 있어 계산도 간편해졌다. 의료기관은 꼭 필요한 진료만 하게 되어 효율적인 경영이 이루어지고, 진료비 심사로 인한 마찰은 줄어들었다. 또한 병원의 진료비 청구와 계산 방법이 간소화됨에 따라 건강보험 진료비 지급도 빨라졌다.

현재 포괄수과제는 안과, 이비인후과, 외과, 산부인과 4개 진료과의 7개 질병군을 대상으로 한다. 적용대상 질병군으로는 백내장 수술(수정체 수술), 편도 수술 및 아데노이드 수술, 항문 수술(치질 등), 탈장 수술(서혜 및 대퇴부), 맹장 수술(충수 절제술), 제왕절개 분만, 자궁 및 자궁 부속기관(난소, 난관 등) 수술(악성종양 제외)이 있다.

입원환자의 치료에 필요한 의료행위, 치료 재료, 약제비용에 대한 포괄수가도 적용된다. 7개 질병군으로 입원한 환자의 수술과 관련된 진료뿐 아니라 수술로 인한 합병증이나 환자가 입원 당시 같이 앓고 있던 질병의 치료까지 포함된다. 그동안 환자가 전부 부담하던 항목들은 아래 항목을 제외하고 20%만 부담하면 된다.
 − 단순 피로 등 일상생활에 지장이 없는 질환
 − 미용 목적
 − 본인 희망의 건강검진 등 예방 진료
 − 상급 병실료 차액
 − 전문의 선택 진료료 등
 − 응급진료를 위하여 앰뷸런스를 이용하면서 받는 응급의료 이송 처치료

33

윗글의 내용과 일치하지 않는 것은?

① 포괄수가제는 7개 진료과의 질병군을 대상으로 한다.
② 포괄수가제는 질병에 따라 미리 정해진 금액을 내는 제도이므로 병원비를 미리 가늠할 수 있다.
③ 제왕절개 분만으로 인한 합병증 치료에도 포괄수가가 적용된다.
④ 본인이 희망하여 건강검진을 받은 경우에는 포괄수가가 적용되지 않는다.
⑤ 포괄수가제는 건강보험 진료비 지급에 소요되는 시간을 단축시켰다.

34

다음 중 환자가 진료비의 20%만 부담하는 경우는?

① 맹장 수술을 받기 위해 이동하는 앰뷸런스에서 응급의료 이송 처치를 받은 때의 진료비
② 백내장 수술을 위해 특정 전문의를 선택하여 진료 받은 진료비
③ 탈장 수술을 받기 위해 입원하여 받은 건강검진 진료비
④ 편도 수술을 받기 위해 입원했을 때 VIP 병실로 배정받기 위해 지불한 진료비 차액
⑤ 맹장 수술을 받은 뒤 피로 해소를 위해 수액을 처방받은 진료비

인간의 손가락처럼 움직이는 로봇 H가 개발되었다. 공압식 손가락 로봇인 H에는 정교한 촉각과 미끄러짐을 감지하는 감각 시스템이 내장돼 있어 물건을 적절한 압력으로 섬세하게 쥐는 인간의 능력을 모방할 수 있다. H는 크기와 모양이 불규칙하거나 작고 연약한 물체를 다루는 데 어려움을 겪는 농업 및 물류 자동화 분야에서 가치를 발휘할 것으로 예상된다.

물류 자동화에 보편적으로 사용되는 관절 로봇은 복합적인 '움켜쥐기 알고리즘' 및 엔드 이펙터(손가락)의 정확한 배치와 물건을 쥐기 위한 고가의 센서 기기 및 시각 센서 등을 필요로 한다. 공기압을 통해 제어되는 H의 손가락은 구부리거나 힘을 가할 수 있으며, 각 손가락의 촉각 센서에 따라 개별적으로 제어된다. 따라서 H의 손가락은 (   ) 인간의 손이 물건을 쥘 때와 마찬가지로 우선 손가락이 물건에 닿을 때까지 다가가 위치를 파악하고 해당 위치에 맞게 손가락 위치를 조정하여 물건을 쥐는 것이다. 이때 물건이 떨어지면 이를 즉각적으로 인식할 수 있으며, 물건이 미끄러지는 것을 감지하면 스스로 손가락의 힘을 더 높일 수 있다. 여기서 한걸음 더 나아가 기존 로봇이 쥐거나 포장할 수 있었던 물건의 종류와 수도 확대되었다.

실리콘 재질로 만들어진 H의 내부는 비어있으며, 새롭게 적용된 센서들이 손가락 모양의 실리콘 성형 과정에서 내장되고 공기 실(Air Chamber)이 중심을 지나간다. H의 유연한 손가락 표면은 식품을 만져도 안전하며, 쉽게 세척이 가능하다. 또한 손가락이 손상되거나 마모되더라도 저렴한 비용으로 교체할 수 있도록 개발됐다.

로봇 개발 업체 관계자는 "집품 및 포장 작업으로 인력에 크게 의존하는 물류산업은 항상 직원의 고용 및 부족 문제를 겪고 있다. 물류 체인의 집품 및 포장 자동화가 대규모 자동화보다 뒤떨어진 상황에서 H의 감각 시스템은 물체 선별 작업이나 자동화 주문을 처음부터 끝까지 이행할 수 있도록 하는 물류 산업 분야의 혁명이 될 것이다."라고 말했다.

35

다음 중 로봇 H에 대한 설명으로 적절하지 않은 것은?

① 내장된 감각 시스템을 통해 작고 연약한 물체도 섬세하게 쥘 수 있다.
② 손가락의 촉각 센서를 통해 물건의 위치를 정확히 파악한다.
③ 손가락의 센서들은 물건이 미끄러지는 것을 감지하여 손가락의 힘을 뺀다.
④ 손가락 표면의 교체 비용은 비교적 저렴한 편이다.
⑤ H는 세척이 용이하다.

다음 중 빈칸에 들어갈 내용으로 가장 적절한 것은?

① 고가의 센서 기기를 필요로 한다.

② 기존 관절 로봇보다 쉽게 구부러질 수 있다.

③ 밀리미터 단위의 정확한 위치 지정을 필요로 하지 않는다.

④ 가까운 곳에 위치한 물건을 멀리 있는 물건보다 더 쉽게 잡을 수 있다.

⑤ 무거운 물건도 간단하게 잡을 수 있다.

※ 실업자 A씨는 일자리를 알아보던 중 최근 정부일자리 지원 사업으로 내일배움카드제(구직자)가 있다는 사실을 알게 되었다. 다음 내일배움카드에 대한 설명을 참고하여, 이어지는 질문에 답하시오. **[37~38]**

〈내일배움카드제(구직자)〉

개요	구직자(신규실업자, 전직실업자)에게 일정한 금액을 지원하고, 그 한도 내에서 직업능력개발 훈련에 참여할 수 있도록 하며, 훈련이력 등을 개인별로 통합 관리하는 제도
대상	• 구직신청을 한 만 15세 이상의 실업자 • 국민기초생활보장법 제7조에 따른 급여의 일부 또는 전부를 받은 사람(시장·군수·구청장이 통지한 취업대상자, 자활급여수급자) • 여성가장(배우자가 없는 사람, 미혼여성 중 부모가 없거나 부양능력이 없는 사람 등) • 사업기간이 1년 이상이면서 연 매출액이 15,000만 원 미만인 개인사업자 또는 특수형태근로종사자 • 비진학 예정의 고교 3학년 재학생(소속학교장의 인정 필요) • 다음연도 9월 1일 이전 졸업이 가능한 대학(교) 재학생 • 일용근로자로서 최근 2개월 동안의 일용 근로내역일수가 1개월 간 10일 미만 • 농·어업인으로서 농·어업 이외의 다른 직업에 취업하려는 사람과 그 가족 • 1개월 간 소정근로시간이 60시간 미만(주 15시간 미만 포함)인 근로자로서 고용보험 피보험자가 아닌 사람 • 군 전역예정인 중·장기복무자 • 결혼이민자와 이주청소년, 난민인정자 등
제출 서류	• [필수] 내일배움카드 발급 신청서 • [필수] 개인정보 수집 및 이용 동의서 • [선택] 훈련과정 탐색 결과표 • [선택] 재취업 활동 내역서(취업 목적용) • [선택] 자영업 활동 내역서(창업 목적용) • [선택] 신청자 의견서
발급 신청 단계	• 구직신청, 동영상교육 이수 → 계좌발급 신청, 사전심의제, 훈련상담(고용센터) → 훈련과정 탐색, 일자리 정보 수집 → 계좌발급 결정(고용센터), 내일배움카드 수령 → 훈련수강 신청(훈련기관) → 훈련비·훈련장려금 지원(고용센터)

[1차 기초상담]
• 거주지 관할 고용센터 방문하여 1차 기초상담 실시
• 1차 기초상담은 신청대상여부 확인, 훈련참여에 필요한 지참서류 및 요건 등을 확인
• 기초상담을 받지 않고 본인이 필요한 서류를 지참하여 2차 상담을 곧바로 할 수 있으나, 요건 미비로 재방문할 수 있으므로 고용센터를 우선 방문하여 기초상담을 받는 것이 바람직함

[2차 심층 상담 시 필요한 구비서류 및 요건]
• 구직신청
  워크넷 개인회원 가입 후 이력서 작성 ▶ 구직신청 ▶ 구직인증(고용센터)
  직업심리검사(고용센터에서 요구한 경우) ▶ 결과출력
• 동영상 시청
  HRD-Net 개인회원 가입 후 '훈련안내 동영상' 시청 ▶ 시청확인증 출력
• 훈련과정 탐색
  HRD-Net 접속하여 내일배움카드제(실업자) 훈련과정을 검색 ▶ 훈련기관 방문 상담(비용, 과정내용, 시설 등 확인) ▶ 훈련과정탐색결과표 작성(선택사항)
• 구비서류
  신분증, 개인정보 수집이용 동의서, 내일배움카드 발급신청서, 동영상 시청 확인증(출력), 본인명의 통장(신한, 농협, 우리, 제일, 우체국 중 1개)

37

○ △ ×

다음 중 내일배움카드제를 제대로 이해하지 못한 사람은?

① A : 지원 한도가 나와 있지 않아 최대 얼마까지 받을 수 있는지 확인할 수는 없군.
② B : 미성년자라도 내일배움카드제를 이용해서 지원 받을 수 있어.
③ C : 내일배움카드를 발급받아도 배우고자 하는 곳의 신청은 고용센터에 먼저 등록해야 하는군.
④ D : 대학 진학을 하지 않을 고등학생 모두가 지원할 수 있는건 아니군.
⑤ E : 내가 사당에서 살고 있고 남양주로 일자리를 구하려고 할 때, 1차 상담은 사당 고용센터에서 받아야
하겠군.

38

○ △ ×

A씨는 내일배움카드제에 지원을 해보려고 한다. A씨가 다음과 같이 지원신청을 진행한다고 할 때, 옳지
않은 것은?(단, A씨는 취업을 목적으로 하고 있다)

① A씨는 1차 기초상담을 받지 않는 채로 바로 2차 상담신청을 진행하였다.
② A씨는 반드시 HRD-Net에 회원가입이 되어 있어야 한다.
③ 2차 상담 전에 A씨가 받아할 강좌(온라인 강좌 포함)는 1개이다.
④ 만약, 2차 상담이 진행되는 동안 직업심리검사를 받아야 한다고 한다면, A씨가 2차 상담 후 제출해야할
필수 서류는 모두 6개이다.
⑤ 상담이 모두 끝난 후에 A씨가 제출할 서류 개수는 최대 8개이다.

다음 기사에 나타난 직장생활에서의 원만한 의사소통을 저해하는 요인으로 적절한 것은?

한 취업 포털에서 20 ~ 30대 남녀 직장인 350명에게 설문 조사한 결과 어떤 상사와 대화할 때 가장 답답함을 느끼는지 질문에 직장 내에서 막내에 해당하는 사원급 직장인들은 '주구장창 자기 할 말만 하는 상사(27.3%)'와 대화하기 가장 어렵다고 호소했다. 덧붙여 직장 내에서 부하 직원과 상사 간, 그리고 직원들 간에 대화가 잘 이뤄지지 않는 이유에 대해 '일방적으로 상사만 말을 하는 대화방식 및 문화(34.3%)'가 가장 큰 원인이라고 답했다.

따라서 직장 내 상사와 부하 직원 간의 대화가 원활해지려면 지시나 명령하는 말투가 아닌 의견을 묻는 대화법 사용하기(34.9%), 서로를 존대하는 말투와 호칭 사용하기(31.4%) 등의 기본 대화 예절을 지켜야 한다고 답했다.

① 평가적이며 판단적인 태도
② 선입견과 고정관념
③ 잠재적 의도
④ 의사소통 기법의 미숙
⑤ 과거의 경험

다음은 신입사원 A가 작성한 보고서의 일부이다. 신입사원 A의 보고서를 확인한 상사 B는 띄어쓰기가 적절하게 사용되지 않은 것을 보고, 신입사원 A에게 문서 작성 시 유의해야 할 띄어쓰기에 대해 조언을 하려고 한다. 다음 중 상사 B가 조언할 내용으로 적절하지 않은 것은?

국내의 한 운송 업체는 총무게가 만톤에 달하는 고대 유적을 안전한 장소로 이전하는 해외 프로젝트에 성공하였습니다.

이번 프로젝트는 댐 건설로 인해 수몰 위기에 처한 지역의 고대 유적을 약 5km 가량 떨어진 문화공원으로 옮기는 문화유적 이송 프로젝트입니다.

운송 업체 관계자인 김민관 씨는 "글로벌 종합물류 기업에 걸맞은 시너지 효과를 창출하기 위해 더욱 더 노력하겠다."라고 말했습니다.

① 관형사는 뒷말과 띄어 써야 하므로 모두 합하여 몇임을 나타내는 관형사인 '총'은 '총 무게'와 같이 띄어 써야 합니다.
② 단위를 나타내는 명사는 앞말과 띄어 써야 하므로 '만톤'은 '만 톤'으로 띄어 써야 합니다.
③ '-여, -쯤, -가량'과 같은 접미사는 앞말과 붙여 써야 하므로 '5km 가량'은 '5km가량'으로 붙여 써야 합니다.
④ 성과 이름 그리고 이에 덧붙는 호칭어, 관직명 등은 모두 붙여 써야 하므로 '김민관 씨'는 '김민관씨'와 같이 붙여 써야 합니다.
⑤ 한 단어는 붙여 써야 하므로 '더욱'을 강조하는 단어인 '더욱더'는 붙여 써야 합니다.

수리능력 40제

정답 및 해설 p. 109

01

⃝ — △ — ✕

다음은 한국도로공사 소속 김 대리가 2010년부터 5년간 A지역 도로 사고에 대한 통계를 작성하였다. 김 대리가 보고서를 작성하기 위하여 분석한 내용으로 올바른 것만 묶은 것은?(단, 소수점 이하 셋째 자리에서 반올림한다)

〈A지역 도로 사고 통계〉

(단위 : 건)

구분		2010년	2011년	2012년	2013년	2014년
합계		586	529	478	506	503
민·형사사고		170	172	182	182	191
행정처분	계	39	31	32	25	21
	속도위반	7	6	7	3	4
	신호위반	26	24	24	20	17
	안전벨트 미착용	6	1	1	2	–
형사처분	계	131	141	150	157	170
	중앙선침범	2	3	5	4	8
	뺑소니	1	2	2	2	1
	음주운전	128	136	143	151	161
전방주시태만		416	357	296	324	312

●보기●

㉠ 형사처분으로 이어진 사고는 매년 증가하지만 행정처분으로 이어진 사고는 매년 감소하였다.
㉡ 2013년 대비 2014년 민·형사사고는 4.5% 이상 증가하였다.
㉢ 전방을 태만히 보고 운전하다가 사고가 난 경우는 매년 감소하였다.
㉣ 형사처분 사건에 해당하는 모든 사고는 매년 증가하고 있다.
㉤ 형사처분 사건과 행정처분 사건의 차이는 매년 증가하고 있다.

① ㉠, ㉢
② ㉡, ㉣
③ ㉢, ㉤
④ ㉡, ㉤
⑤ ㉢, ㉣

아래 자료는 A국의 2019년 의료사고 종별 분쟁·신청 처리 현황이다. 국민건강보험공단 의료사고대응 TF팀은 향후 의료분쟁 조정·중재, 의료사고 감정 등 다양한 사건에 대응하기 위해 세미나를 개최하려 한다. 아래 〈보기〉는 자료를 분석하고 토의를 진행하는 팀원들의 대화 내용이다. 이 중 잘못된 분석만 모은 것은?(단, 소수점 이하 둘째 자리에서 반올림한다)

〈2019년 의료기관별 분쟁·신청 처리 현황〉

(단위 : 건)

구분	계	조정·중재 절차 불개시			조정·중재 절차개시											참여 미확정
		소계	각하	취하	소계	중재 판정	취하	각하	조정하지 아니하는 결정	합의 조서	조정결정				진행	
											소계	성립	불성립	미확정		
계	505	312	305	7	193	1	21	–	12	92	65	37	28	–	2	–
상급 종합병원	104	79	75	4	25	–	1	–	–	8	16	11	5	–	–	–
종합병원	134	94	94	–	40	1	5	–	3	16	15	9	6	–	–	–
병원	92	47	46	1	45	–	4	–	–	23	17	9	8	–	1	–
치과병원	4	–	–	–	4	–	1	–	–	2	1	–	1	–	–	–
한방병원	9	4	4	–	5	–	2	–	–	2	1	1	–	–	–	–
요양병원	10	5	5	–	5	–	–	–	–	3	1	–	1	–	–	–
의원	96	58	57	1	38	–	4	–	4	20	9	6	3	–	1	–
치과의원	44	19	19	–	25	–	–	–	5	15	4	–	4	–	–	–
한의원	9	5	5	–	4	–	1	–	–	2	1	1	–	–	–	–
약국	1	–	–	–	1	–	–	–	–	1	–	–	–	–	–	–
기타[1]	2	1	–	1	1	–	1	–	–	–	–	–	–	–	–	–

1) 기타 : 보건소, 보건의료원, 보건지소, 보건진료소, 조산원, 한국희귀의약품센터

● 보 기 ●

㉠ 치아 관련 분쟁은 전체 분쟁 건수 중 약 9.5%를 차지하고 있는 걸 보면 결코 적지 않은 것 같아요. 치아 관련 분쟁에 대해 적절한 매뉴얼이 필요할 것 같습니다.

㉡ 전체 조정·중재 절차개시 건수에서 조정결정이 이루어진 건수가 차지하는 비율은 100건 중 33건 이상 조정결정이 이루어진 비율과 같네요.

㉢ 치과와 약국·기타를 제외한 모든 병원과 치과의원을 제외한 모든 의원의 분쟁·신청 비율이 x : 1이라고 할 때, x는 3.2입니다.

㉣ 요양병원에서 조정·중재 절차개시 후 조정결정이 난 건수가 차지하는 비중은 총 50%입니다.

㉤ 조정·중재가 개시되지 않은 모든 사고 중 각하된 비율은 상급종합병원과 종합병원이 같습니다.

① ㉠, ㉢
② ㉡, ㉢, ㉣
③ ㉡, ㉤
④ ㉡, ㉣, ㉤
⑤ ㉢, ㉣, ㉤

03

남춘천에 살고 있는 귀하는 평소 ITX청춘열차를 타고 왕십리로 출근한다. 남춘천역에 도착하여 열차를 기다리는 중에 열차에 문제가 생겼다는 방송 안내가 나왔다. 귀하는 경춘선과 경의중앙선을 이용하여 출근해야 하는 상황에 놓였다. 각 전철 운행시간표와 주어진 조건을 보고 왕십리에 있는 회사에 8시 50분까지 출근하려면 늦어도 몇 시에는 열차에 타야 하는가?

경춘선 노선도	경의중앙선 노선도

〈경춘선 운행시간표〉

	춘천발
5	42 54
6	07 19 31 42 52
7	01 10 19 26 33 44 49 54 59
8	04 09 14 19 25 30 36 41 47 52 58
9	03 09 14 21 28 35 42 49 56

〈경의중앙선 운행시간표〉

	상봉발
5	25 36 47 58
6	03 09 14 20 25 31 36 41 45 49 54 58
7	03 07 11 16 20 25 29 33 38 42 47 51 55
8	00 04 09 13 17 22 26 31 35 39 45 51 56
9	02 08 13 19 25 30 36 42 47 53 59

• 조건 •

- 집에서부터 지하철, 지하철역부터 회사까지의 시간은 계산하지 않는다.
- 지하철 전동차의 역과 역 사이의 이동시간은 3분이다.
- 환승시간은 5분이다.

① 7시 19분
② 7시 29분
③ 7시 33분
④ 7시 44분
⑤ 7시 49분

○	△	×

다음 자료는 스마트폰 사용으로 인한 사고 발생을 줄이기 위한 보고서이다. 다음 중 보고서를 뒷받침할 첨부자료로 올바르지 않은 것은?

〈보고서〉

　최근 스마트폰을 하면서 주의를 기울이지 않아 엘리베이터에 다리가 끼는 사고가 발생하였다. 사고 발생 후 스마트폰 사용자는 다리를 사용하지 못할 정도로 심한 부상을 입었다. 또 스마트폰을 하다가 지하철 선로에 추락하여 가까스로 화를 면한 사용자도 매년 발생하고 있다. 특히 스마트폰을 사용하는 연령층이 낮을수록 사고 발생 건수가 증가하는데, 19세 이하 청소년들이 30.3%로 가장 높은 비율을 차지하고 있고 그 뒤는 20.1%로 20대 연령층이다.

　스마트폰을 사용하며 걷거나 움직이면 인지거리가 짧아지게 된다. 스마트폰을 사용하지 않고 일반적으로 걸을 때의 인지거리가 12.5 ~ 15m 이상인 데 반해, 게임이나 SNS를 이용하게 되면 인지거리가 10m 이하로 급격히 짧아지게 된다. 가장 취약한 연령대는 50대로 다른 연령대에 비해 스마트폰을 사용하지 않아도 인지거리가 짧은데, 스마트폰 문자/게임, 음악감상 등을 하면서 이동하면 2.5m로 급격하게 짧아진다.

　스마트폰 중독에 의한 이용이 많아지면서 사고 발생도 증가하고 있다. 스마트폰 사용으로 인한 중독자는 한국이 인구 만 명당 151.6명으로 국제사회에서도 높은 순위에 위치하고 있으며, 그 다음으로 UAE, 싱가포르가 위치한다. 이는 스마트폰 보급률이 높은 나라와 비슷한 순위이다. 스마트폰이 빠르게 먼저 보급된 나라일수록 스마트폰 사용으로 인한 사고 발생이 빈번하게 일어나고 있다. 특히 2013년 스마트폰 보급률이 가장 높은 나라인 UAE는 74%의 보급률을 보이며, 이어 한국 73%, 싱가포르 72%로 그 뒤를 잇고 있어 스마트폰 보급률이 높은 나라일수록 관련 사고를 미연에 방지할 수 있도록 조치를 취해야 한다.

---

① 연령별 스마트폰 사용 중 사고 발생비율

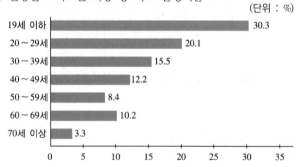

② 스마트폰 연령 및 사용상황별 인지거리

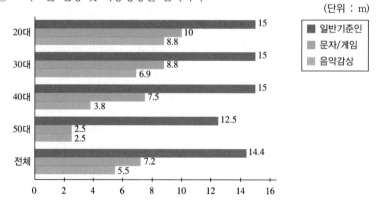

③ 나라별 인구 만 명당 스마트폰 사용 중독자 수

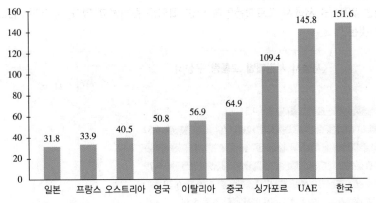

(단위 : 인구 만 명당 중독자 수)

④ 2013년 스마트폰 보급률 상위 10개국

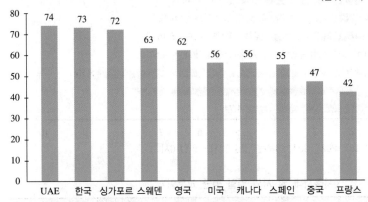

(단위 : %)

⑤ 스마트폰 이용 이유

(단위 : %)

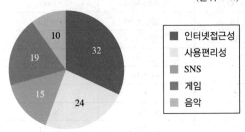

○○교통공사 사원인 귀하는 2019년 서울시 도로교통망에 대한 회의를 준비하고 있다. 주어진 자료를 보고 옳지 않은 것을 고른 것은?

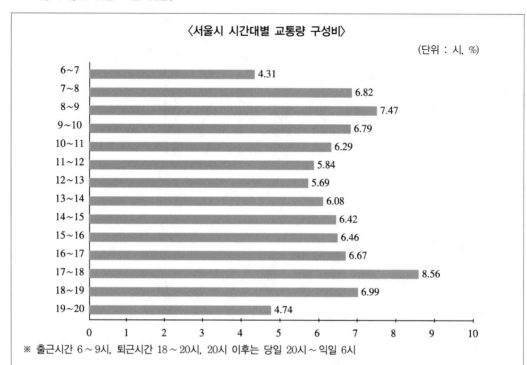

〈서울시 시간대별 교통량 구성비〉

(단위 : 시, %)

시간대	구성비
6~7	4.31
7~8	6.82
8~9	7.47
9~10	6.79
10~11	6.29
11~12	5.84
12~13	5.69
13~14	6.08
14~15	6.42
15~16	6.46
16~17	6.67
17~18	8.56
18~19	6.99
19~20	4.74

※ 출근시간 6~9시, 퇴근시간 18~20시, 20시 이후는 당일 20시~익일 6시

〈서울시내 및 시외 일일 평균 교통량〉

구분		서울시내 교통권		서울시외 교통권	
		교통량(대)	비율(%)	교통량(대)	비율(%)
합계		1,036,781	100.00	1,940,954	100.00
승용차		644,029	62.12	1,299,046	66.93
택시		131,507	12.68	133,911	6.90
오토바이		37,577	3.62	29,198	1.50
승합차		50,161	4.84	94,842	4.89
버스	중형	4,817	0.46	8,228	0.42
	대형	55,368	5.34	60,145	3.10
화물	소형	97,101	9.37	229,294	11.81
	중형	10,012	0.97	41,884	2.16
	대형	4,668	0.45	26,830	1.38
트레일러		1,541	0.15	17,576	0.91

※ 서울시내 교통권 : 서울시내에서만 이동하는 차량 교통현황
※ 서울시외 교통권 : 서울시내에서 서울시 외곽으로 이동하는 차량 교통현황
  예 서울 → 경기도, 인천

• 보 기 •

㉠ 출근시간 교통량이 20시 이후 교통량보다 적다.

㉡ 외곽으로 이동하는 차량이 서울 도심 내에서 이동하는 차량보다 많다.

㉢ 승용차의 교통량은 버스와 택시 등의 대중교통 교통량의 4배 이상이다.

㉣ 서울시내·외 택시의 교통량이 서울시 시간대별 교통량 구성비와 같을 때, 17 ~ 18시에 2만 대 미만의 교통량을 보인다.

① ㉠, ㉡

② ㉠, ㉢

③ ㉠, ㉣

④ ㉡, ㉢

⑤ ㉢, ㉣

06

<table><tr><td>○</td><td>△</td><td>×</td></tr></table>

다음은 비트코인 발행 및 거래 현황 자료이다. 자료에 대한 분석으로 옳지 않은 것은?

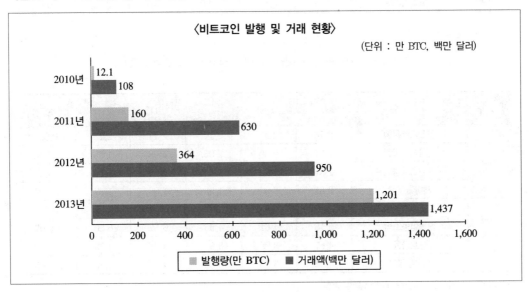

〈비트코인 발행 및 거래 현황〉

(단위 : 만 BTC, 백만 달러)

① 2012년 전년 대비 비트코인 발행량 증가율이 거래액 증가율보다 크다.

② 2011 ~ 2013년 중 전년 대비 비트코인 발행량에 대한 증가율이 가장 높은 해는 2013년이다.

③ 2010년 1BTC당 800달러인 경우 총 발행된 비트코인의 금액보다 같은 해 총 거래액이 더 높다.

④ 2012, 2013년 비트코인 거래액의 증가 추이와 거래액에 대한 증가율의 추이는 같다.

⑤ 2013년 1BTC당 1,200달러인 경우 총 발행된 비트코인의 금액이 같은 해 총 거래액의 10배 이상이다.

※ A기업 전략기획실 김 과장은 2020년 신규 지점을 개설하기 위해 은행권 금리 관련 보고서를 작성 중이다. 이어지는 질문에 답하시오. **[7~8]**

〈예금은행의 가중평균금리〉

(단위 : 연%, %p)

구분		2017. 12	2018. 12	2019. 6	2019. 7	2019. 8	월중 등락
신규 취급액 기준	저축성수신 금리	2.16	1.72	1.44	1.32	1.31	−0.01
	− 순수저축성예금	2.16	1.72	1.43	1.31	1.31	0.00
	− 시장형금융상품	2.17	1.75	1.49	1.35	1.35	0.00
	대출금리	3.91	3.46	4.31	4.13	4.23	0.10
	− 기업대출	4.07	3.62	3.41	4.37	4.38	0.01
	• 대기업 대출	3.77	3.29	3.06	4.08	4.03	−0.05
	• 중소기업 대출	4.26	3.83	3.64	4.53	4.56	0.03
	− 가계대출	3.55	3.23	3.06	3.96	3.95	−0.01
	• 주택담보대출	3.33	3.12	2.77	3.66	3.70	0.04
	− 공공 및 기타 대출	3.50	2.81	2.84	4.00	3.98	−0.02
잔액 기준	총수신금리	1.92	1.39	1.26	1.23	1.21	−0.02
	총대출금리	4.21	3.54	3.44	3.40	3.37	−0.03

〈비은행금융기관의 주요 예금 및 대출 금리(신규취급액 기준)〉

(단위 : 연%, %p)

구분		2017. 12	2018. 12	2019. 6	2019. 7	2019. 8	월중 등락
예금	상호저축은행	2.76	2.47	2.10	2.11	2.13	0.02
	신용협동조합	2.67	2.09	2.05	1.98	1.95	−0.03
	상호금융	2.37	1.72	1.65	1.52	1.51	−0.01
	새마을금고	2.61	2.02	1.98	1.89	1.87	−0.02
대출	상호저축은행	11.66	11.46	10.93	15.20	15.44	0.24
	신용협동조합	5.18	4.61	4.55	6.57	6.50	−0.07
	상호금융	4.67	3.98	3.87	4.81	4.79	−0.02
	새마을금고	4.62	3.95	3.85	4.89	4.83	−0.06

※ 예금은 정기예금, 대출은 일반대출을 말함

07

○ △ ×

2019년 8월에 50억 원의 대출을 실행할 때, 대기업일 때보다 중소기업일 때 한 달에 납부해야 할 이자가 얼마나 더 많은가?(단, 금리는 고정금리이며 원 단위 이하 절사한다)

① 2,106,320원

② 2,208,340원

③ 2,356,150원

④ 2,368,150원

⑤ 2,398,910원

08

○ △ ×

김 대리는 전략기획실에서 얻은 자료를 보고 2019년 8월에 내 집 장만에 도움이 될 가계대출에 대해 검색을 해보았다. 하지만 은행금융기관에서의 대출은 이미 한도가 넘어 더 이상 대출 진행이 불가능해졌고, 비은행금융기관에서 대출을 진행하기로 하였다. 아래 〈조건〉을 보고 김 대리가 대출을 진행하였을 때, 납부해야 할 월 최저 이자금액은 얼마인가?(단, 원 단위 이하 절사하며, 김 대리의 연봉은 3천만 원이다)

●조건●
- 상호저축은행 : 전 등급 대출 진행 가능, 연봉의 300%까지 가능
- 신용협동조합, 상호금융, 새마을금고 : 6등급 이하만 가능, 타 금융기관 대출을 대환(타 금융기관에서 대출한 금액까지 합쳐서 해당 금융기관의 금리로 갚는 것)하는 조건

※ 김 대리의 대출 진행 요약
  – 은행금융기관에서 대출 실행 중인 신용대출 : 5천만 원(금리 2.78%)
  – 필요 자금 : 3천만 원
  – 신용등급 : 6등급
  – 비은행금융기관을 선택할 때 가장 금리가 낮은 곳을 선택
---

① 318,320원

② 319,330원

③ 320,150원

④ 321,320원

⑤ 322,340원

다음은 수도권 지하철 내 이산화탄소 평균농도 및 서울 지역구별 미세먼지 발생농도, 주요 국가별 미세먼지 법정기준을 나타낸 자료이다. 다음 자료에 대한 분석으로 옳지 않은 것은?

〈수도권 지하철 내 이산화탄소 평균농도〉

(단위 : ppm)

1호선 : 3,201	2호선 : 4,269	3호선 : 2,025
4호선 : 4,738	5호선 : 2,858	6호선 : 2,605
7호선 : 2,625	8호선 : 2,725	지상 : 470

※ 다중이용시설의 실내 공기질 기준 : 1,000ppm

〈서울 지역구별 연평균 미세먼지 발생농도〉

(단위 : $\mu g/m^3$)

성동구	마포구	은평구	도봉구	동대문구	성북구	서대문구	구로구	강북구
83	78	77	76	74	70	66	61	61

〈주요 국가별 연평균 미세먼지 법정기준 농도〉

(단위 : $\mu g/m^3$)

한국	미국	스위스	싱가포르	대만	홍콩	EC 권고
70	50	70	50	65	55	30

① 일부 지하철 내 이산화탄소 평균농도는 지상보다 10배 이상 높은 수치를 보인다.

② 한국의 미세먼지 법정기준 농도는 EC 권고 기준보다 2배 이상 높다.

③ 미세먼지 발생농도가 우리나라의 연평균 미세먼지 법정기준 농도를 초과하는 구는 주어진 구의 50% 이상을 차지한다.

④ 임의의 열차를 선정하여 비교할 때 8호선이 7호선보다 이산화탄소의 양이 더 많다.

⑤ 성동구는 구로구보다 연평균 미세먼지 발생농도가 22$\mu g/m^3$만큼 더 높다.

다음은 2019년 대한민국의 연령대별 남성과 여성의 인구수와 지역별 성비를 나타낸 자료이다. 다음 자료를 분석한 내용으로 옳은 것은?

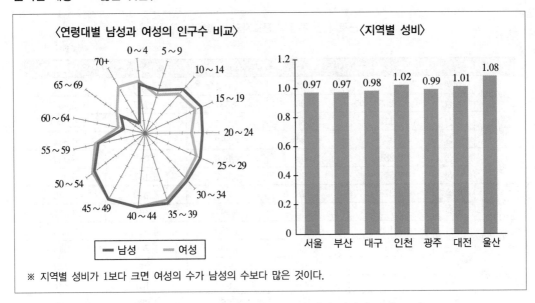

〈연령대별 남성과 여성의 인구수 비교〉

〈지역별 성비〉

※ 지역별 성비가 1보다 크면 여성의 수가 남성의 수보다 많은 것이다.

① 70대 이상의 여성이 남성에 비해 인구수가 많은 것은 울산의 영향이 가장 크다.
② 30대 이하는 대체로 여성의 인구수가 남성의 인구수보다 많다.
③ 서울의 인구수가 1,000만 명이고 부산의 인구수가 300만 명이라면 서울과 부산의 여성 인구수의 합은 각각 650만 명 미만일 것이다.
④ 광주와 대전지역이 같은 지역구로 묶인다면 성비는 1.00이 될 것이다.
⑤ 70대 이상 노인에 대한 경로우대 정책을 펼 때의 남성과 여성에 대한 각각의 예산 책정 기준이 성별 인구수에 비례한다고 할 때, 여성에 대한 예산 책정금액은 남성의 2배 미만이다.

다음은 2013년부터 2019년까지 일반 근로자 및 전문직 근로자의 성별 연봉 현황을 나타낸 표이다. 〈보기〉 중 표를 해석한 것으로 옳지 않은 것을 모두 고르면?

〈일반 근로자 및 전문직 근로자의 성별 연봉 현황〉

(단위 : 만 원)

구분		일반 근로자 평균	의사	변호사	회계사	변리사
2013년	여성	1,973	6,881	4,091	4,190	5,753
	남성	2,255	7,495	4,637	4,707	6,457
2014년	여성	2,119	7,386	4,680	4,927	5,590
	남성	2,459	8,734	4,593	5,769	6,944
2015년	여성	2,281	7,498	4,896	4,216	5,963
	남성	2,547	8,593	4,947	5,157	6,377
2016년	여성	2,378	7,478	4,057	4,289	5,945
	남성	2,718	8,123	4,999	5,469	6,541
2017년	여성	2,409	7,386	4,680	4,927	5,590
	남성	3,159	8,280	4,593	5,769	6,944
2018년	여성	2,691	7,498	4,896	4,216	5,963
	남성	3,547	8,593	4,947	5,157	7,377
2019년	여성	2,969	7,478	4,057	4,289	5,945
	남성	3,718	9,375	3,999	5,469	7,541

※ 의사, 변호사, 회계사, 변리사는 전문직 근로자이다.

• 보 기 •

㉠ 일반 근로자 및 전문직 근로자 모두 여성의 연봉이 남성보다 낮다.
㉡ 전문직 근로자의 연봉이 일반 근로자 연봉보다 항상 높다.
㉢ 2019년 의사의 남녀 연봉의 비는 1 : 0.8 정도이다.
㉣ 2013년 대비 2019년 여성의 연봉 증가율이 가장 큰 것은 의사이다.

① ㉠, ㉢
② ㉠, ㉣
③ ㉢, ㉣
④ ㉡, ㉣
⑤ ㉢, ㉣

다음은 A국의 연료수단별 자동차 비중 예측 그래프이다. A국의 자동차 비중이 아래와 같이 예측되었을 때, 분석한 내용으로 옳지 않은 것은?

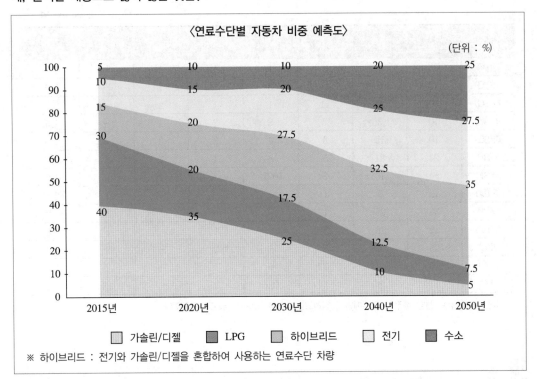

〈연료수단별 자동차 비중 예측도〉

① 2050년 가솔린/디젤 차량이 차지하는 비중은 2015년에 수소차가 차지하는 비중과 같아질 것으로 예측된다.
② 2050년 연료수단별 비중이 큰 차량은 하이브리드차, 전기차, 수소차, LPG차, 가솔린/디젤차 순으로 예측된다.
③ 2020년 가장 낮은 비중을 차지하는 연료수단이 2040년에도 가장 낮은 비중을 차지할 것으로 보인다.
④ 2015년 대비 2050년에 비중의 변화량이 가장 큰 연료수단은 가솔린/디젤차가 될 것으로 보인다.
⑤ 2015년 대비 2030년 차량의 수가 2배가 된다면, 수소차량의 수는 4배가 될 것이다.

〈2019년 ○○농구단 선수 성적 및 연봉〉

(단위 : 경기, 점, 개, 억 원)

선수 (포지션)	출전 경기 수	득점	도움	스틸	실책	3점 숏	리바운드	연봉
가(PG)	38	5	8	1	1	1	–	4.5
나(PG)	12	2	11	3	–	1	–	1.2
다(SG)	30	8	11	1	1	2	–	2.1
라(SG)	10	3	7	2	2	1	–	1.5
마(SG)	10	15	3	4	3	3	–	1.0
바(SF)	24	21	5	–	1	3	1	1.7
사(SF)	14	10	2	0.5	–	1	2	1.2
아(SF)	12	5	1	–	–	–	1	3.5
자(PF)	38	25	1	–	–	1	4	0.8
차(PF)	12	18	3	–	1	–	5	0.5
카(C)	23	32	5	–	2	–	9	1.0
타(C)	10	7	3	–	1	–	7	1.5
파(C)	17	8	1	0.2	2	–	12	1.2

※ 출전 경기 수는 선발 출전일 경우에만 산정하고, 나머지 항목은 경기당 평균이다.

13

새로운 시즌을 시작하기 전에 선수들과 연봉협상을 진행 중이다. 아래 〈조건〉을 참고하여 가장 높은 연봉을 받는 선수로 알맞은 것은?

─● 조건 ●─

- 시즌성적=(PG는 도움, SG는 3점 숏, SF는 득점, PF는 득점과 리바운드의 평균, C는 리바운드)×3점
- 같은 포지션 내에서 순위를 산정하는 데 1순위는 100% 연봉 상승, 2순위는 동결, 3순위는 50% 연봉 삭감이며, 포지션이 2명 이내일 경우 1순위는 100% 연봉 상승, 2순위는 50% 연봉 삭감

① 가 선수　　　　　　　② 다 선수
③ 바 선수　　　　　　　④ 자 선수
⑤ 타 선수

○○농구단은 이번 시즌 부족한 포지션인 PG 또는 PF를 소화할 수 있는 용병을 스카우트하려고 한다. 구단 총 연봉이 아래 〈조건〉의 샐러리 캡에 적용되지 않으면서, 스카우트할 수 있는 가장 비싼 용병은 누구인가?

┌─●조건●───┐
│ • 샐러리 캡 : 이번 시즌부터 각 구단은 선수단의 총 연봉이 작년 총 연봉의 130%를 넘어설 수 없다. │
└──┘

① 에밋(PG), 연봉 5.6억 원
② 스미스(PG), 연봉 3.5억 원
③ 에드워드(PF), 연봉 4.1억 원
④ 마이크(PF), 연봉 7.0억 원
⑤ 워런(PF), 연봉 2.1억 원

○ △ ✕

다음은 ○○지역에 분양 중인 아파트 브랜드별 평가 점수이다. 아파트를 분양받고자 하는 김 대리는 아래 〈조건〉에 의해 점수를 산정하여 결정하려고 한다. 김 대리가 선택할 아파트는 어느 브랜드인가?(단, 소수점 이하 둘째 자리에서 반올림한다)

〈브랜드별 아파트 분양 평가 점수〉

(단위 : 점)

평가항목 아파트 브랜드	층간소음도	안전성	내구성
A	70	75	65
B	60	50	90
C	80	65	75
D	75	90	65
E	55	85	70

● 조 건 ●

• 종합점수는 층간소음도, 안전성, 내구성의 평균점수이다.
• 종합점수+(브랜드별 층간소음도−60)=최종점수
• 최종점수가 가장 높은 브랜드를 결정한다.

① A브랜드　　　　　　　　　② B브랜드
③ C브랜드　　　　　　　　　④ D브랜드
⑤ E브랜드

다음은 국가별 2018년 주요 거시경제지표 전망을 나타낸 자료이다. 자료를 보고 보고서를 작성하였을 때, 수정이 필요한 것은?

〈국가별 2018년 주요 거시경제지표 전망〉

국가	실질GDP	국내투자	소비재	수출	수입	무역흑자
A	7.5	15.7	12.0	−2.9	10.8	6.8
B	6.2	13.2	15.8	−14.8	10.3	4.5
C	9.8	20.2	11.1	5.5	−2.3	1.2
D	2.4	13.4	9.8	3.0	4.1	0.8
E	−1.6	9.3	6.5	2.8	1.0	−10.6

※ 전망은 2017년 대비 증가율을 나타낸다.

〈보고서〉

㉠ A국가는 수출의 비중이 감소세로 돌아설 전망이지만 무역흑자는 6% 이상 증가할 것으로 예측하여 안정성을 보다 확보할 수 있고, ㉡ B국가는 실질GDP가 6.2% 증가하였고, 국내투자 증가율이 소비재 증가율보다 더 낮을 것으로 예측되어 우려를 표하고 있다. ㉢ C국가는 전년 대비 수입이 줄어들 것으로 보이고, 국내투자 부분에서 가장 큰 상승률을 보이는 등 내수부진을 씻을 수 있을 것으로 보인다. ㉣ E국가는 실질GDP가 유일하게 감소할 것으로 예상되는 국가로 교역조건을 다시 한 번 따져볼 필요가 있다. ㉤ 실질GDP의 증가율이 높을수록 무역흑자의 증가율도 높아지는 것으로 보아 둘은 서로 양의 상관관계에 놓여있다.

① ㉠

② ㉡

③ ㉢

④ ㉣

⑤ ㉤

2019년 하반기에 정부는 전국 가구유형을 조사하여 미래 가구의 구성을 파악하려 한다. 다음 자료는 과거 2015년부터 미래 예측 가능한 2045년까지 전국 가구유형별 가구 및 구성비를 나타낸 것이다. 이에 대한 분석으로 옳지 않은 것을 〈보기〉에서 고른 것은?

〈전국 가구유형별 가구 및 구성비〉

(단위 : 천 가구, %)

구분			가구					구성비				
			2015년	2019년	2025년	2035년	2045년	2015년	2019년	2025년	2035년	2045년
전국		계	19,014	19,524	21,014	22,067	22,317	100.0	100.0	100.0	100.0	100.0
	친족 가구	계	13,620	13,735	14,039	14,164	13,928	71.7	70.3	66.8	64.2	62.4
		부부	2,952	3,130	3,849	4,560	4,742	15.5	16.0	18.3	20.7	21.2
		부부+자녀	6,132	5,933	5,075	4,248	3,541	32.3	30.4	24.1	19.2	15.9
		한부모+자녀	2,052	2,127	2,303	2,343	2,257	10.8	10.9	11.0	10.6	10.1
		3세대 이상	1,034	1,000	859	746	645	5.5	5.1	4.1	3.4	2.9
		기타	1,450	1,545	1,953	2,267	2,743	7.6	7.9	9.3	10.3	12.3
	1인 가구		5,180	5,562	6,701	7,635	8,098	27.2	28.5	31.9	34.6	36.3
	비친족 가구		214	227	274	268	291	1.1	1.2	1.3	1.2	1.3

※ 한부모 가구: 부모 중 한 명과 자녀로 구성된 가구

─● 보 기 ●─

㉠ 2019년 친족가구 중 가장 높은 가구 구성비를 나타내는 것은 부부+자녀 가구이다.

㉡ 전국에서 한부모 가정의 가구의 구성비는 2025년까지 증가하다가 이후에는 매년 감소할 것으로 예측된다.

㉢ 해가 지날수록 가구 수가 증가하는 것을 볼 때 전국의 인구수도 증가할 것으로 예측된다.

㉣ 2015년 대비 2045년 전체 가구 구성비가 가장 많이 증가한 가구는 1인 가구로서 9.1%p 증가할 것으로 예측된다.

① ㉠, ㉡
② ㉡, ㉢
③ ㉢, ㉣
④ ㉠, ㉢
⑤ ㉡, ㉣

○ △ ✕

다음 자료는 A국가의 2019년 통신사별 무선통신 가입자 현황과 선호도, 순이익 현황을 나타낸 것이다. 옳지 않은 것을 고른 것은?

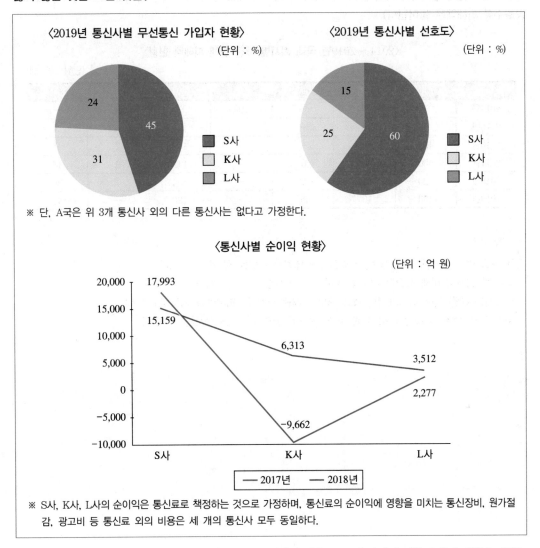

〈2019년 통신사별 무선통신 가입자 현황〉 (단위 : %)

〈2019년 통신사별 선호도〉 (단위 : %)

※ 단, A국은 위 3개 통신사 외의 다른 통신사는 없다고 가정한다.

〈통신사별 순이익 현황〉 (단위 : 억 원)

※ S사, K사, L사의 순이익은 통신료로 책정하는 것으로 가정하며, 통신료의 순이익에 영향을 미치는 통신장비, 원가절감, 광고비 등 통신료 외의 비용은 세 개의 통신사 모두 동일하다.

① 2019년 통신사별 선호도를 보면 선호도가 높은 통신사의 경우 2019년 가입자 현황 순위에 영향을 미치는 것을 알 수 있다.

② 2018년 S사의 순이익은 나머지 두 통신사의 순이익을 합친 금액보다 높다.

③ 2020년에 S사와 L사가 가입자의 이탈 없이 합병되어도 K사 가입자의 2배 미만이다.

④ K사는 2017년 대비 2018년에 순이익이 1조 5,975억 원이 상승하였다.

⑤ 2017년에 비해 2018년에는 K사와 L사의 순이익이 증가하였고, S사의 순이익은 감소하였다.

다음 자료는 국내 회사별 해킹 침해 피해액에 관한 자료이다. 이에 대한 〈보기〉의 설명 중 옳지 않은 것을 모두 고른 것은?(단, 해킹 피해에 잘 대처할수록 해킹 피해로 인한 피해액은 줄어들고, 대처가 적절하지 않을수록 피해액은 늘어난다)

〈2014 ～ 2019년 국내 회사별 해킹 침해 피해액 현황〉

(단위 : 억 원)

구분	A사	B사	C사	D사	E사	F사	G사
2014년	–	–	–	104	56	–	–
2015년	–	–	–	–	87	11	3
2016년	498	–	–	–	102	7	9
2017년	450	301	1,012	–	142	9	14
2018년	420	313	1,293	–	154	7	26
2019년	453	107	452	–	198	–	47

• 보 기 •

㉠ 해킹 피해 후 다른 회사에 비해 확실하게 대처하고 있는 회사는 D사이다.
㉡ 다른 회사에 비해 적절한 대처를 취하고 있지 못한 회사는 E사와 G사이다.
㉢ C사는 해킹 침해 피해가 발생했을 때부터 매년 가장 큰 피해액을 기록하고 있다.
㉣ 2018년 대비 2019년 해킹 침해 피해액의 증가율이 가장 큰 회사는 G사이다.

① ㉠
② ㉡
③ ㉢
④ ㉠, ㉡
⑤ ㉡, ㉢

다음은 기술별 중소형 디스플레이 시장 점유율 전망에 대한 자료이다. 자료에 대한 내용으로 옳지 않은 것을 고른 것은?

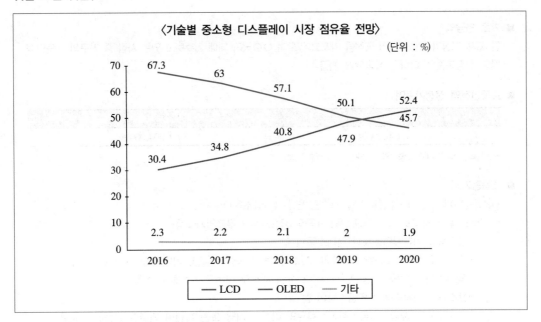

〈기술별 중소형 디스플레이 시장 점유율 전망〉

① 디스플레이 시장 중 LCD 기술은 2019년까지 50% 이상 점유할 것으로 전망한다.
② 2020년에 기타 디스플레이의 점유율은 2% 미만으로 떨어질 것으로 보인다.
③ 2016년 대비 2020년 OLED 디스플레이의 점유율은 22% 상승할 것이다.
④ 2020년에 OLED 디스플레이와 LCD 디스플레이 점유율의 순위가 뒤바뀔 것으로 전망하고 있다.
⑤ OLED 디스플레이 점유율의 증가율이 가장 크게 증가하는 해는 2019년일 것이다.

다음은 ○○국가에서 지원하는 기초연금제도 중 일부 소득인정액에 대한 자료이다. 다음 자료를 보고 〈보기〉의 사람 중 기초연금액이 지급되는 가구로 올바른 것은?(단, 재산의 소득환산액은 0원이라고 가정한다)

■ **기초 연금액**

만 65세 이상이고 ○○국가 국적을 가지고 있으며 ○○국가 내에 거주하고 있는 사람 중 가구의 소득인정액이 선정기준액 이하인 사람에게 지급

■ **소득인정액 선정기준액**

단독가구	부부가구
1,190,000원	1,904,000원

※ (소득인정액)=(소득평가액)+(재산의 소득환산액)

■ **소득평가액**

- (소득평가액)=[0.7×{(근로소득)−60만 원}]+(기타소득)
- (기타소득)=(사업소득)+(재산소득)+(공적이전소득)+(무료임차소득)
  - ㉠ 사업소득 : 기타사업소득과 임대소득의 합
    - 기타사업소득 : 도매업, 소매업, 제조업, 농업, 어업, 임업, 기타사업에서 얻는 소득
    - 임대소득 : 부동산, 동산, 권리, 그 밖의 재산의 대여로 발생하는 소득
  - ㉡ 재산소득 : 이자소득과 연금소득의 합
    - 이자소득 : 예금·적금·주식·채권의 이자와 배당 또는 할인에 의하여 발생하는 소득
    - 연금소득 : 민간 연금보험, 연금저축 등에 의해 정기적으로 발생하는 소득
  - ㉢ 공적이전소득 : 각종 법령의 규정에 의해 정기적으로 지급되는 각종 수당·연금·급여·기타 금품 (국민연금, 공무원연금, 군인연금, 사립학교교직원연금, 산재급여)
  - ㉣ 무료임차소득 : 자녀 소유의 고가 주택에 거주하는 본인 또는 배우자에 대하여 임차료에 상응하여 소득으로 인정하는 금액
    - 적용 예시

주택 시가표준액	6억 원	7억 원	8억 원	9억 원	10억 원	15억 원	20억 원	30억 원 이상
무료임차 소득	39만 원	45.5만 원	52만 원	58.5만 원	65만 원	97.5만 원	130만 원	150만 원

• 보 기 •

A : 단독가구 / 월 150만 원 근로소득 / 국민연금 30만 원 수급 / 자녀 소유의 집(시가표준액 6억 원)에 거주

B : 부부가구 / 본인 월 100만 원, 배우자 월 120만 원 근로소득/ 국민연금 본인 28만 원 수급 / 본인 임대수입 월 70만 원

C : 단독가구 / 월 220만 원 근로소득 / 국민연금 22만 원 수급

D : 부부가구 / 본인 월 230만 원 근로소득, 배우자 근로소득 없음 / 군인연금 본인 118만 원 수급

① A   ② B

③ B, C   ④ C, D

⑤ A, C, D

다음은 2019년 A회사 임직원에게 지급되는 수당에 대한 자료이다. 이번에 쌍둥이인 두 자녀를 중학교에 입학시킨 갑 과장은 연봉으로 6,000만 원을 받는다. 그리고 혼자 살면서 회사 앞에서 자취하고 있는 을 대리는 연봉으로 4,800만 원을 받고 있다. 갑 과장은 자가용으로 출퇴근하며 을 대리는 대중교통을 이용하고 있을 때, 두 사람이 일 년 동안 받는 총임금 차이는 얼마인가?(단, 기본급은 연봉을 12로 나눈 값이다)

<임직원 수당 지급기준>

구분	지급액	지급기준	비고
명절휴가비	기본급의 60%	매년 3회 지급	설날, 추석, 하계휴가
정액급식비	200,000원	매월 1회 지급	직급 구분 없이 모두 지급
교통보조비	• 이사급 : 1,000,000원 • 부장급 : 700,000원 • 과장급 : 500,000원 • 대리급 : 300,000원 • 사원급 : 200,000원	매월 1회 지급	자가 또는 대중교통수단
직급보조비	• 이사급 : 5,000,000원 • 부장급 : 3,500,000원 • 과장급 : 2,500,000원 • 대리급 : 1,500,000원 • 사원급 : 500,000원	매년 1회 지급	–
육아지원비	200,000원	매월 1자녀 1회 지급	3자녀까지 지급
유류지원비	100,000원	매월 1회 지급	자가만 지원되며 교통보조비와 중복지급

※ (기본급)=(연봉)÷12
※ (총임금)=(연봉)+(임직원별 수당)

① 2,150만 원
② 2,320만 원
③ 2,850만 원
④ 3,050만 원
⑤ 3,350만 원

다음 상황을 읽고 C214호에 묵는 A대리와 B사원의 대화 중 빈칸에 들어갈 날짜로 올바른 것은?

〈안내〉

감독관 : 안녕하세요. ○○회사 신입사원 여러분. 진심으로 환영합니다. 이번 2월 교육연수에 다수 인원이 참여하여 세탁 등 공용시설 이용이 혼잡스러울 것으로 예상됩니다. 이를 최소화하기 위해 다음과 같이 관련 사항을 공유하고자 합니다. 우선 세탁에 대해서 말씀드리겠습니다. 세탁물은 각 호실에 할당된 날짜에만 취급되며, 지정된 장소에 내놓아 주시면 외부업체에서 회수해 일괄 세탁하여 되돌려줄 것입니다. 앞서 배부한 세탁일정표를 보시면 언제 세탁을 할 수 있는지 알 수 있습니다. 다음으로는 ……

〈2월 세탁일정표〉

월요일	화요일	수요일	목요일	금요일	토요일	일요일
						1 본사 집결 및 연수원 이동
2 연수 1일 차	3 연수 2일 차 A101 ~ A107	4 연수 3일 차 A108 ~ A114	5 연수 4일 차 B101 ~ B107	6 연수 5일 차 B108 ~ B114	7 연수 6일 차 B115 ~ B116 C201 ~ 205	8 연수 7일 차 세탁 없음
9 연수 8일 차 C206 ~ C212	10 연수 9일 차 C213 ~ C219	11 연수 10일 차 C301 ~ C307	12 연수 11일 차 A101 ~ A107	13 연수 12일 차 A108 ~ A114	14 연수 13일 차 B101 ~ B107	15 연수 14일 차 세탁 없음
16 연수 15일 차 B108 ~ B114	17 연수 16일 차 B115 ~ B116 C201 ~ 205	18 연수 17일 차	19 연수 18일 차	20 연수 19일 차	21 연수 20일 차 A101 ~ A107	22 연수 21일 차 A108 ~ 114
23 연수 22일 차 B101 ~ B107	24 연수 23일 차 B108 ~ B114	25 연수 24일 차 B115 ~ B116 C201 ~ 205	26 연수 25일 차 세탁 없음	27 연수 26일 차	28 연수 27일 차	29 연수 28일 차

※ ○○년 2월이며, 윤달이다.

● 보 기 ●

A대리 : 어떡해. 일정표에 커피를 쏟았어.

B사원 : 몇몇 군데 얼룩이 져서 세탁일정을 알 수가 없습니다. 어떡하죠?

A대리 : 조금 전에 봤을 때, 일자별로 호실을 지정하는 규칙이 있는 것 같던데.

B사원 : 맞아요. 살펴보니 (   )에 마지막으로 세탁을 할 수 있어요.

① 2월 19일　　　　　　　　　② 2월 20일
③ 2월 27일　　　　　　　　　④ 2월 28일
⑤ 2월 29일

○○공사 가평지사에서 근무하는 김 대리는 최근 경기도 구리지사로 발령이 났다. 당분간 새집을 마련하기 전까지 가평에서 출퇴근을 해야 하는 상황이다. 발령 첫날 환영회식으로 새벽 12시 22분에 구리에서 택시를 타고 가평 자택으로 이동하였는데, 새벽 1시 14분에 도착하였다. 다음 중 택시운임으로 올바른 것은?

■ 택시 주행정보

	12:22	12:34	12:40		12:58 01:02		01:14
구리	평균 75km/h 주행	평균 10km/h 주행	평균 70km/h 주행		평균 15km/h 주행	평균 65km/h 주행	가평
	0km	15km	16km		37km 38km		51km

■ 택시 운임제도

구분	운임 비용	비고
일반택시	• 기본운임 : 2km까지 3,000원 • 추가운임 : 2km 이후 200m당 150원, 40초당 100원(15km/h 이하) • 시계외할증 : 구리시 외 구간으로 도착 시 전체 요금의 20% 할증 • 심야할증 : 00:00 ~ 04:00에 택시를 이용할 경우 20% 할증	시계외할증과 심야할증 중복적용 ※ 단, 심야할증을 한 금액에 시계외할증을 적용함

① 35,000원
② 37,350원
③ 40,350원
④ 45,500원
⑤ 57,240원

다음은 종류별 열차의 정보와 정 사원이 생각한 과정을 나타낸 것이다. 정 사원은 급한 출장 업무를 받고 회사에서 출장 지역으로 이동하게 됐다. 전철역에 도착해보니 표를 예매하지 못해서 직행이 아닌 세 열차 A, B, C만 남았다. 다음 A, B, C 세 열차에 관한 정보를 보고 정 사원이 잘못 판단한 것은?(단, 현재 시각은 10시 38분이다)

〈열차 정보〉

종류	A열차	B열차	C열차
구간	250km	190km	310km
노선	가 – (나) – 다	가 – (라) – 다	가 – (마) – 다
평균 속도	120km/h	150km/h	200km/h
멈추는 역	5개	3개	9개
멈추는 시간	5분	4분	3분

※ "다"는 출장지가 있는 역이고, (나), (라), (마)는 각 열차가 지나는 노선에 포함되어 있는 터널이다.

출장 지역에 오후 2시까지는 도착해야 하고 도착한 역에서 출장 지역까지 30분이 소요될테니 ① 열차로 이동하는 시간이 2시간 52분 이내여야 해. 그러려면 먼저 멈추는 시간이 얼마나 걸릴지 계산해야겠군. ② 역에서 멈추는 시간이 가장 긴 열차는 C열차야. 실제 구간을 가는 데 걸리는 시간도 계산해봐야지. 출장 지역까지 가려면 A열차의 경우 900m의 (나) 터널을 지나야 하고, B열차는 1km의 (라) 터널, C열차 역시 1km의 (마) 터널을 지나가야 하는군. ③ 그렇게 되면 터널을 지나는 데 가장 짧은 시간이 걸리는 것은 C열차야. 터널은 언제나 질색인데 다들 터널의 길이가 비슷하네. ④ 그래도 급한 출장이니만큼 가장 빨리 도착할 수 있는 B열차를 타야겠어. 이런 B열차가 방금 매진됐군. ⑤ 그렇다면 출장 지역에 최대한 빠르게 가기 위해 A열차를 타야겠어.

다음은 2019년 주요 행정구역의 농가 수 및 농가 인구에 대한 자료이다. 이 자료에 근거하여 〈보기〉 중 옳지 않은 설명은 모두 몇 개인가?

〈2019년 주요 행정구역의 농가 수 및 농가 인구〉

(단위 : 가구, 명)

행정구역	농가 수	농가 인구수		
			남성	여성
서울	3,410	9,375	4,784	4,591
부산	7,716	19,133	9,741	9,392
대구	16,554	42,395	21,276	21,119
인천	11,962	29,991	14,532	15,459
광주	10,940	26,761	13,080	13,681
대전	9,127	23,272	12,148	11,124
울산	12,070	30,577	14,753	15,824
세종	3,918	14,821	7,465	7,356
제주	32,200	86,463	42,889	43,574

●보 기●

㉠ 농가 수가 많을수록 농가 인구수가 많다.
㉡ 남성 농가 인구수 대비 여성 농가 인구수가 가장 큰 행정구역은 제주이다.
㉢ 모든 행정구역에서 농가 인구수는 농가 수의 두 배 이상이다.
㉣ 농가당 농가 인구수가 가장 많은 곳은 제주이다.

① 1개
② 2개
③ 3개
④ 4개
⑤ 없음

다음은 어느 나라의 출산휴가 및 육아휴직 변경 전, 후의 대체임금지급표를 나타낸 표이다. 〈보기〉의 A사원이 지급받을 수 있는 총 출산휴가급여 및 육아휴직급여가 변경 전보다 변경 후에 얼마나 상승하였는가?

〈대체임금지급표〉

(단위 : 개월, %)

구분	출산휴가		육아휴직	
	최대 기간	임금대체율	최대 기간	임금대체율
변경 전	1	100	10	60
변경 후	3	100	12	80

● 보기 ●

월 240만 원씩 받고 있는 A사원은 곧 출산을 앞두고 있다. 출산휴가와 육아휴직을 최대로 모두 사용하고 싶지만 현실적으로 쉽지 않아 출산휴가는 최대한 사용하되, 육아휴직은 6개월만 사용하고 복직하기로 하였다.

① 684만 원
② 718만 원
③ 768만 원
④ 826만 원
⑤ 1,104만 원

○○공단에서는 겨울철 화재사고에 대비하기 위해 노후화된 소방시설과 소화기를 점검하고 필요한 부분은 교체 및 수리, 충전하기 위하여 현황을 조사하였다. 아래 현황과 〈보기〉를 보고 교체 및 수리, 충전을 위하여 발생하는 총비용을 계산한 것으로 알맞은 것은?

〈노후화 소방시설 및 소화기 현황〉

구분	소화전 수압 미달	소화전 파손	소화기 교체 필요	소화기 충전 필요	유지
1F	1	–	15	5	–
2F	1	–	8	3	1
3F	–	–	7	10	2
4 ~ 7F	1	–	5	16	3
식당	1	–	3	4	–
경비실	–	1	1	1	–
탕비실	–	–	1	2	1

• 보 기 •

- 소화기 교체 비용 : 25,000원
- 소화기 충전 비용 : 10,000원
- 소화전 수압 조정 비용 : 150,000원
- 소화전 교체 비용 : 340,000원
- 소화기 유지 비용 : 2,000원

① 2,128,000원 ② 2,164,000원
③ 2,214,000원 ④ 2,318,000원
⑤ 2,364,000원

A대리는 부산 출장이 예정되어 있어 하루 전날 17시에 업무를 마치고 미리 내려가 있을 예정이다. 버스와 비행기 중 출발 당일 내에 도착하고 그중 가장 저렴한 교통편을 선택한다면, 다음 시간표를 참고하여 A대리가 사용할 교통비로 올바른 것은?(단, 출발장소로 이동하는 데 걸리는 시간은 동서울터미널은 30분, 남부터미널은 40분, 김포공항은 1시간이며, 이동에 필요한 비용은 모두 2,500원이다)

〈버스 시간표〉

버스	출발 시각	도착 시각	출발장소	도착장소	등급
A101	17:00	22:00	남부터미널	부산 노포터미널	일반
B211	17:20	21:30	동서울터미널	부산 노포터미널	우등
C101	18:10	22:30	남부터미널	부산 해운대구	프리미엄
B303	20:00	00:30(익일)	동서울터미널	부산 해운대구	우등

〈비행기 시간표〉

비행기	출발 시각	도착 시각	출발장소	도착장소	좌석등급
AF291	17:00	18:05	김포공항	김해공항	비지니스
VD491	17:50	19:03	김포공항	김해공항	이코노미
FR391	19:00	19:58	김포공항	김해공항	퍼스트 클래스
AF103	19:55	20:00	김포공항	김해공항	비지니스
AL013	21:00	22:02	김포공항	김해공항	이코노미
PF371	23:00	00:58(익일)	김포공항	김해공항	퍼스트 클래스

〈교통비 지급 기준〉

버스 운임표(원)			비행기 운임표(원)		
일반	우등	프리미엄	퍼스트 클래스	비지니스	이코노미
38,000	43,000	63,500	178,000	86,000	59,800

① 59,800원
③ 63,500원
⑤ 88,500원

② 62,300원
④ 66,000원

A씨는 최근 신도시 내 아파트를 분양받기 위해 모델하우스를 방문하여 상담을 받았다. 상담직원에게 청약 가점제에 대한 설명을 듣고 다음과 같은 가점항목표를 받았다. 미혼인 A씨는 아프신 노부모를 봉양하며 외벌이로 가정을 책임지고 있다. 직장 근처 원룸을 소유하고 있고 청약통장은 가입한 지 만 10년 2개월이 되었다. A씨가 받을 가점은 총 몇 점인가?

〈2017년 주택 청약 가점항목표〉

가점항목	가점기준	점수	가점기준	점수
무주택기간	1년 미만	2	9년 이상 ~ 10년 미만	20
	1년 이상 ~ 2년 미만	4	10년 이상 ~ 11년 미만	22
	2년 이상 ~ 3년 미만	6	11년 이상 ~ 12년 미만	24
	3년 이상 ~ 4년 미만	8	12년 이상 ~ 13년 미만	26
	4년 이상 ~ 5년 미만	10	13년 이상 ~ 14년 미만	28
	5년 이상 ~ 6년 미만	12	14년 이상 ~ 15년 미만	30
	6년 이상 ~ 7년 미만	14	15년 이상 ~ 16년 미만	32
	7년 이상 ~ 8년 미만	16	16년 이상 ~ 17년 미만	34
	8년 이상 ~ 9년 미만	18	17년 이상	36
장애인 및 노부모 봉양	장애인	10	–	–
	노부모 봉양	5	–	–
신혼부부	신혼부부(3년 이내)	10	–	–
부양가족 수	0명	5	4명	25
	1명	10	5명	30
	2명	15	6명 이상	35
	3명	20	–	–
청약통장 가입기간	6월 미만	1	8년 이상 9년 미만	10
	6월 이상 1년 미만	2	9년 이상 10년 미만	11
	1년 이상 2년 미만	3	10년 이상 11년 미만	12
	2년 이상 3년 미만	4	11년 이상 12년 미만	13
	3년 이상 4년 미만	5	12년 이상 13년 미만	14
	4년 이상 5년 미만	6	13년 이상 14년 미만	15
	5년 이상 6년 미만	7	14년 이상 15년 미만	16
	6년 이상 7년 미만	8	15년 이상	17
	7년 이상 8년 미만	9	–	–

※ 부양가족 수는 본인을 제외한 수이며, 0명은 본인 혼자 거주 및 등록되어 있을 때이다.

① 24점
② 28점
③ 32점
④ 36점
⑤ 40점

다음은 도로별 하루평균 교통량에 대한 자료이다. 이에 대한 설명으로 옳지 않은 것은?

〈고속국도의 하루평균 교통량〉

(단위 : 대)

구분	2014년	2015년	2016년	2017년	2018년
승용차	28,864	31,640	32,593	33,605	35,312
버스	1,683	1,687	1,586	1,594	1,575
화물차	13,142	11,909	12,224	13,306	13,211
합계	43,689	45,236	46,403	48,505	50,098

〈일반국도의 하루평균 교통량〉

(단위 : 대)

구분	2014년	2015년	2016년	2017년	2018년
승용차	7,951	8,470	8,660	8,988	9,366
버스	280	278	270	264	256
화물차	2,945	2,723	2,657	2,739	2,757
합계	11,176	11,471	11,587	11,991	12,399

〈국가지원지방도의 하루평균 교통량〉

(단위 : 대)

구분	2014년	2015년	2016년	2017년	2018년
승용차	5,169	5,225	5,214	5,421	5,803
버스	230	219	226	231	240
화물차	2,054	2,126	2,059	2,176	2,306
합계	7,453	7,570	7,499	7,828	8,349

① 조사기간 중 고속국도와 일반국도의 하루평균 버스 교통량의 증감 추이는 같다.

② 일반국도의 평균 화물차 교통량은 2016년까지 감소하다가 2017년부터 다시 증가하고 있다.

③ 2016 ~ 2018년 중 국가지원지방도의 평균 버스 교통량 중 전년 대비 증감률이 가장 큰 연도는 2018년이다.

④ 조사기간 중 고속국도의 하루평균 승용차 교통량은 일반국도와 국가지원지방도의 하루평균 승용차 교통량의 합보다 항상 많았다.

⑤ 2018년 고속국도의 하루평균 화물차 교통량은 2018년 일반국도와 국가지원지방도의 하루평균 화물차 교통량의 합의 2.5배 이상이다.

다음은 연구개발비에 대한 자료이다. 이에 대한 〈보기〉의 설명 중 옳은 것을 모두 고르면?

〈주요 산업국 연도별 연구개발비 추이〉

(단위 : U.S 백만 달러)

구분	2014년	2015년	2016년	2017년	2018년	2019년
한국	23,587	28,641	33,684	31,304	29,703	37,935
중국	29,898	37,664	48,771	66,430	84,933	-
일본	151,270	148,526	150,791	168,125	169,047	-
독일	69,317	73,737	84,148	97,457	92,552	92,490
영국	39,421	42,693	50,016	47,138	40,291	39,924
미국	325,936	350,923	377,594	403,668	401,576	-

〈2018년 연구개발비 분포〉

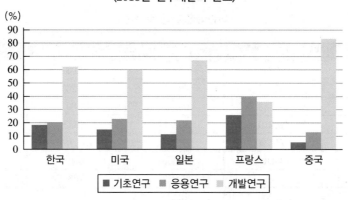

─●보 기●─

ㄱ. 2018년에 전년 대비 연구개발비가 감소한 곳은 4곳이다.

ㄴ. 2014년 대비 2018년의 연구개발비 증가율이 가장 높은 곳은 중국이고, 가장 낮은 곳은 일본이다.

ㄷ. 전년 대비 2016년 한국의 연구개발비 증가율은 독일보다 높고, 중국보다 낮다.

① ㄱ

② ㄴ

③ ㄱ, ㄴ

④ ㄱ, ㄷ

⑤ ㄴ, ㄷ

다음은 2019년의 만 3세부터 초등학교 취학 전까지 유아를 교육하는 방법에 대한 자료이다. 이를 바탕으로 작성한 그래프로 옳지 않은 것은?(단, 교육방법에 중복은 없다)

〈유치원 유아 수 현황〉
(단위 : 명, %)

구분	합계		만 3세		만 4세		만 5세 이상	
	유아 수	비율	유아 수	비율	유아 수	비율	유아 수	비율
합계	704,138	100.0	174,907	24.8	253,076	35.9	276,155	39.2
국립	258	100.0	49	19.0	88	34.1	121	46.9
공립	170,091	100.0	27,813	16.4	57,532	33.8	84,746	49.8
사립	533,789	100.0	147,045	27.5	195,456	36.6	191,288	35.8

※ 모든 비율은 소수점 둘째 자리에서 반올림한다.
※ 비율의 합은 ±0.1 오차가 있을 수 있다.

〈어린이집 유아 수 현황〉
(단위 : 명, %)

구분	합계	만 3세	만 4세	만 5세 이상
비율	100.0	43.6	29.8	26.7
국·공립	108,032	39,560	35,265	33,207
사회복지법인	59,423	23,824	17,897	17,702
법인·단체 등	29,210	10,766	8,993	9,451
민간	374,720	173,991	107,757	92,972
가정	3,410	2,356	630	424
부모협동	2,527	1,017	768	742
직장	27,909	12,138	8,945	6,826
합계	605,231	263,652	180,255	161,324

〈가정양육 유아 수 현황〉
(단위 : 명, %)

구분	합계		만 3세		만 4세		만 5세 이상	
	유아 수	비율	유아 수	비율	유아 수	비율	유아 수	비율
유아 수	146,762	100.0	47,840	32.6	34,711	23.7	64,211	43.8

① 국립, 공립, 사립 유치원에서 교육받는 유아의 비율

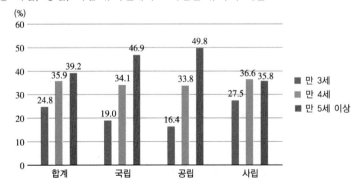

② 어린이집 중 국·공립, 사회복지법인, 법인·단체 등의 교육기관 원생 수 현황

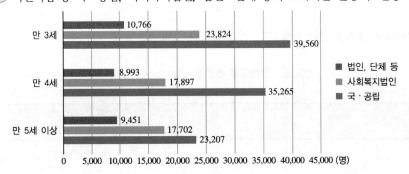

③ 각 교육기관별 유아 수의 비율

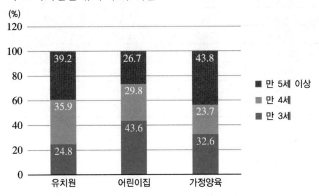

④ 민간 어린이집 유아 연령별 현황

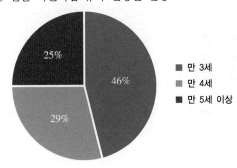

⑤ 우리나라 2019년 연령별 유아 수(단위 : 명)

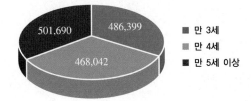

○ △ ×

다음은 연도별 및 연령대별 흡연율 관련 자료이다. 이를 나타낸 그래프로 옳지 않은 것은?

〈연도별 · 연령대별 흡연율〉

(단위 : %)

구분	연령대				
	20대	30대	40대	50대	60대 이상
2009년	28.4	24.8	27.4	20.0	16.2
2010년	21.5	31.4	29.9	18.7	18.4
2011년	18.9	27.0	27.2	19.4	17.6
2012년	28.0	30.1	27.9	15.6	2.7
2013년	30.0	27.5	22.4	16.3	9.1
2014년	24.2	25.2	19.3	14.9	18.4
2015년	13.1	25.4	22.5	15.6	16.5
2016년	22.2	16.1	18.2	13.2	15.8
2017년	11.6	25.4	13.4	13.9	13.9
2018년	14.0	22.2	18.8	11.6	9.4

① 40대, 50대 연도별 흡연율

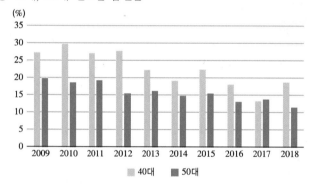

② 2015 ~ 2018년 연령대별 흡연율

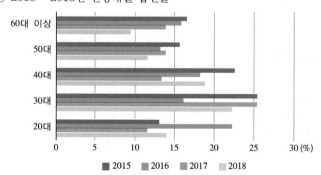

③ 2013 ~ 2018년 60대 이상 연도별 흡연율

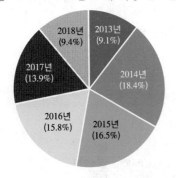

④ 20대, 30대 연도별 흡연율

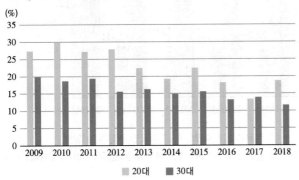

⑤ 2018년 연령대별 흡연율

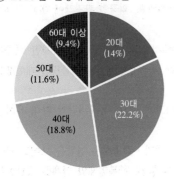

다음은 궁능원 관람객 수 추이에 관한 자료이다. 이에 대한 옳지 않는 설명을 한 사람은?

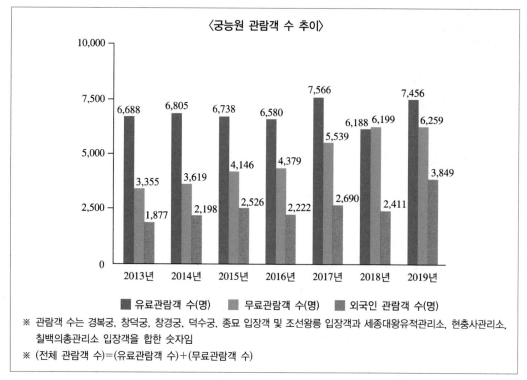

〈궁능원 관람객 수 추이〉

※ 관람객 수는 경복궁, 창덕궁, 창경궁, 덕수궁, 종묘 입장객 및 조선왕릉 입장객과 세종대왕유적관리소, 현충사관리소, 칠백의총관리소 입장객을 합한 숫자임
※ (전체 관람객 수)=(유료관람객 수)+(무료관람객 수)

① A씨 : 2019년 외국인 관람객 수는 2013년에 비해 104% 이상 증가했네요. 외국인 관광객에 대한 콘텐츠 개발을 더욱더 확충했으면 좋겠어요.

② B씨 : A씨의 의견이 맞는 것 같아요. 2019년의 전체 관람객 수에서 외국인 관람객이 차지한 비중이 2013년에 비해 10% 이상 증가했네요. 외국인 관람객을 위한 외국어 안내문과 팸플릿을 개선했으면 좋겠네요.

③ C씨 : 유료관람객은 2018년을 제외하고 항상 많은 비중을 차지하고 있어요. 유료관람객 확대 유치를 위한 콘텐츠가 필요해요.

④ D씨 : C씨의 의견에 덧붙이자면, 유료관람객 수는 2013년 이후로 증가·감소하는 경향을 보이고 있어요. 유료관람객 수의 지속적인 증가를 위해 지역주민에 대한 할인, 한복업체와 연계한 생활한복 무료대여 행사같이 여러 이벤트를 확대하면 좋겠어요.

⑤ E씨 : 무료관람객 수의 경우 2013년 이후 지속적으로 증가하는 양상을 보이네요. 2017년에는 전년 대비 가장 많은 성장폭을 보였으나, 2019년에는 전년 대비 가장 부진한 성장폭을 보였어요. 무료관람객 수의 감소 방지를 위해 문화재 관련 전통행사 등 다양한 정책이 필요한 것 같습니다.

다음은 A국과 B국의 축구 대결을 앞두고 양국의 골키퍼, 수비(중앙 수비, 측면 수비), 미드필드, 공격(중앙 공격, 측면 공격) 능력을 각 영역별로 평가한 결과이다. 이에 대한 설명으로 옳지 않은 것은?(단, 원 중심에서 멀어질수록 점수가 높아진다)

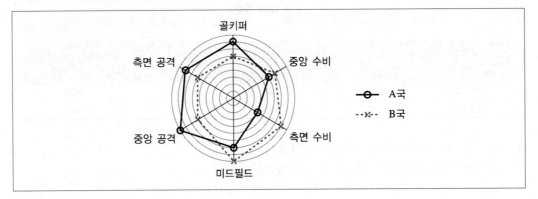

① A국은 공격보다 수비에 약점이 있다.
② B국은 미드필드보다 수비에서의 능력이 뛰어나다.
③ A국과 B국은 측면 수비 능력에서 가장 큰 차이가 난다.
④ A국과 B국 사이에 가장 작은 차이를 보이는 영역은 중앙 수비이다.
⑤ 골키퍼의 역량이 보다 뛰어난 국가는 A국이다.

어느 도서관에서 일정기간 도서 대여 횟수를 작성한 자료이다. 자료를 통해 얻을 수 있는 내용으로 옳지 않은 것은?

〈도서 대여 횟수〉

(단위 : 회)

구분	비소설		소설	
	남자	여자	남자	여자
40세 미만	520	380	450	600
40세 이상	320	400	240	460

① 소설을 대여한 수가 비소설을 대여한 수보다 많다.
② 40세 미만보다 40세 이상이 대여를 더 적게 했다.
③ 소설을 대여한 남자의 수가 소설을 대여한 여자의 수의 70% 이상이다.
④ 40세 미만 전체 대여 수에서 비소설 대여 수가 차지하는 비율은 40%를 넘는다.
⑤ 40세 이상 전체 대여 수에서 소설 대여 수가 차지하는 비율은 50% 미만이다.

다음은 A, B상품의 일 년 동안의 계절별 판매량을 나타낸 그래프이다. 그래프의 내용과 다른 것은?

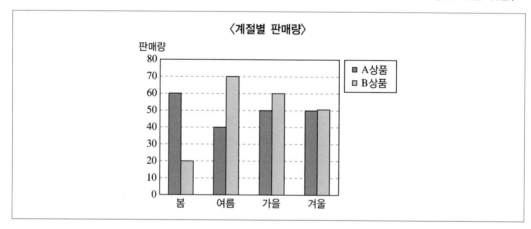

① A상품과 B상품의 연간 판매량은 모두 200 이상이다.
② A상품 판매량의 표준편차가 B상품보다 크다.
③ A상품과 B상품의 판매량의 합이 가장 적은 계절은 봄이다.
④ 두 상품의 판매량의 차는 봄에서부터 시간이 지남에 따라 감소한다.
⑤ B상품은 여름에 잘 팔리는 물건이다.

다음은 K기업의 재화 생산량에 따른 총 생산비용의 변화를 나타낸 자료이다. 기업의 생산 활동과 관련하여 옳은 설명을 〈보기〉에서 모두 고른 것은?(단, 재화 1개당 가격은 7만 원이다)

생산량(개)	0	1	2	3	4	5
총 생산비용(만 원)	5	9	12	17	24	33

●보기●

ㄱ. 2개와 5개를 생산할 때의 이윤은 동일하다.

ㄴ. 이윤을 극대화할 수 있는 최대 생산량은 4개이다.

ㄷ. 4개에서 5개로 생산량을 증가시킬 때 이윤은 증가한다.

ㄹ. 1개를 생산하는 것보다 생산을 하지 않는 것이 손해가 적다.

① ㄱ, ㄴ
② ㄱ, ㄷ
③ ㄴ, ㄷ
④ ㄴ, ㄹ
⑤ ㄷ, ㄹ

다음은 주택전세가격 동향에 대한 자료이다. 이에 대한 설명으로 옳지 않은 것은?

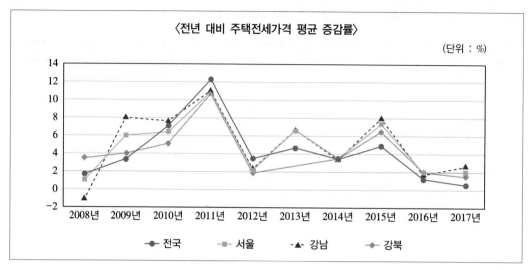

〈전년 대비 주택전세가격 평균 증감률〉

(단위 : %)

— ● — 전국　— ■ — 서울　- ▲ - 강남　— ◆ — 강북

① 전국 주택전세가격은 2008년부터 2017년까지 매년 증가하고 있다.

② 2011년 강북의 주택전세가격은 2009년과 비교해 20% 이상 증가했다.

③ 2014년 이후 서울의 주택전세가격 증가율은 전국 평균 증가율보다 높다.

④ 강남 지역의 전년 대비 주택전세가격 증가율이 가장 높은 시기는 2011년이다.

⑤ 2008년부터 2017년까지 전년 대비 주택전세가격이 감소한 적이 있는 지역은 한 곳뿐이다.

문제해결능력 40제

정답 및 해설 p. 123

01

다음은 전국에 대형 할인 매장을 가지고 있는 유통회사에서 5개 도시를 분석한 도시별 소비자 성향에 대한 내용이다. 이 결과를 근거로 하여 각 도시의 차별화된 판매 전략을 세우려 한다. 도시별 소비자 성향에 따른 판매전략으로 옳은 것을 구하면?

○ A도시 소비자 성향
 – 외국 제품보다는 국내산 제품에 대한 선호도가 높다
 – A도시 주변 지역의 특산물에 대한 선호도가 높다.
○ B도시 소비자 성향
 – 외국 유명 브랜드 제품의 선호도가 높다.
 – 제품의 가격보다는 제품 디자인이나 특색 있는 제품의 선호도가 높다.
○ C도시 소비자 성향
 – 제품 가격에 민감하여 저렴한 제품의 선호도가 높다.
 – 유명 회사 제품보다는 실용적인 제품의 선호도가 높다.
○ D도시 소비자 성향
 – 사용이 용이하고 단순한 디자인의 제품을 선호한다.
 – 묶음으로 판매하는 제품의 선호도가 높다.
○ E도시 소비자 성향
 – 유행하는 제품의 선호도가 높다.
 – 생활필수품 위주의 소량으로 포장된 제품에 대한 선호도가 높다.

① A도시 : 제품의 우수성과 특성을 강조한다.
② B도시 : 저가 제품의 가격 대비 성능이나 기능이 우수하다는 점을 강조한다.
③ C도시 : 할인쿠폰제 등을 이용한 가격할인 행사를 자주 실시한다.
④ D도시 : 웰빙(Well-being) 제품을 대대적으로 홍보한다.
⑤ E도시 : 제품의 포장을 고급화하고 여러 종류의 제품을 홍보한다.

글의 내용으로 볼 때, 가장 적절하지 않은 것은?

커피전문점을 운영하고 있는 박 씨는 커피전문점이 번창하여 다른 지역에 분점을 내려고 계획하고 개점할 분점의 매장 규모를 고민하고 있다. 개점을 계획 중인 분점은 50평, 70평, 100평 세 가지 규모 중 하나를 선택하려고 한다. 최종 결정은 개점할 분점 주위에 하루 유동인구의 상황에 맞춰서 결정하려고 한다. 박 씨는 하루 유동인구가 70만 명 정도일 때와 약 100만 명 정도일 때, 130만 명 정도일 때의 3가지 경우로 나누어 유동인구에 따른 분점 규모별 월별 예상 이익 및 손실을 예측해 보았다.

하루 유동인구가 약 70만 명 정도인 경우 분점 규모가 50평일 때는 300만 원 이익, 70평인 경우에는 50만 원 손실, 100평인 경우에는 200만 원 손실을 볼 것으로 예상하였고, 하루 유동인구가 100만 명 정도일 때 50평인 경우 500만 원 이익, 70평인 경우에는 700만 원 이익, 그리고 100평인 경우에는 1,000만 원의 이익을 얻을 것으로 예상하였다. 그리고 하루 유동인구가 130만 명 정도일 때 매장 규모가 50평인 경우에는 1,000만 원의 이익, 70평인 경우 1,300만 원의 이익, 100평인 경우 1,800만 원의 이익을 얻을 것으로 예상하였다(단, 박 씨는 다른 조건은 고려하지 않고 오직 유동인구에 따른 기대이익만으로 결정한다고 가정한다).

〈유동인구별 기대이익〉

규모 ＼ 유동인구	70만 명 정도	100만 명 정도	130만 명 정도
50평	300만 원 이익	500만 원 이익	1,000만 원 이익
70평	50만 원 손실	700만 원 이익	1,300만 원 이익
100평	200만 원 손실	1,000만 원 이익	1,800만 원 이익

① 박 씨가 하루 유동인구에 관계없이 손실이 발생하지 않게 하려면 매장 규모를 50평으로 결정하여야 한다.
② 박 씨가 하루 유동인구가 상대적으로 많은 130만 명 정도일 것이라고 예상한다면 매장 규모를 100평으로 결정할 가능성이 높다.
③ 박 씨가 하루 유동인구가 상대적으로 작은 70만 명 정도일 것이라고 예상한다면 매장 규모를 50평으로 결정할 가능성이 높다.
④ 박 씨는 하루 유동인구 상황의 발생가능성이 동일하다고 가정하고 유동인구별 평균 기대이익을 기준으로 결정한다면 매장 규모를 되도록 작은 쪽으로 결정하는 것이 유리할 것이다.
⑤ 박 씨가 예상한 유동인구별 기대이익을 제외한 다른 추가적인 정보가 없다면 매장 규모를 결정할 확실한 근거가 있는 것은 아니다.

다음은 K회사의 신입사원 공개채용시험 결과이다. 주어진 채용기준에 의해 합격자를 정한다고 할 때, 최종 합격자를 올바르게 나열한 것은?

〈채용기준〉

• 한 영역이라도 과락이 있으면 불합격 처리된다.
• 시험 점수에 영역별 가중치를 부여한다.
• 가중치를 부여한 시험 점수의 평균이 높은 순서로 2명만 합격자로 선발한다(단, 평균 점수는 소수점 이하 둘째 자리에서 반올림하고, 동점자가 있는 경우엔 문제해결능력 점수가 높은 사람을 선발한다).

〈영역별 가중치 및 과락 기준 점수〉

영역	가중치	과락 기준 점수
자원관리능력	20%	50점
의사소통능력	40%	60점
수리능력	30%	45점
문제해결능력	50%	55점

〈지원자별 시험 점수〉

지원자 영역	A	B	C	D	E
자원관리능력	72.1점	65점	49점	70.5점	75.6점
의사소통능력	61점	60점	72.3점	62.3점	67점
수리능력	69점	75점	68점	52점	58점
문제해결능력	66.6점	68점	65.8점	54점	69점

① A, B
② B, E
③ C, E
④ A, E
⑤ B, D

A회사 영업부에 근무하는 박 씨는 연봉총액이 5,040만 원이고, 봉급 이외에 회사에서 식비 보조금으로 매월 6만 원과 차량운영 보조금으로 매월 15만 원을 받고 있다. 다음 보험료 산정 기준표에 의하여 올해 (2019년) 회사에서 납부해야 할 박 씨의 건강보험료와 장기요양보험료 월 납부액 총액은?(단, 박 씨는 근로소득 이외에 이자, 배당, 사업, 근로 연금, 기타소득은 없다고 가정한다)

〈보험료 산정 기준〉

◇ 보수월액 보험료(2019년도 기준)
　– 건강보험료＝보수월액×보험료율(6.12%＝근로자 3.06%＋사용자 3.06%)
　– 장기요양보험료＝건강보험료×장기요양보험료율(6.55%)
◇ 소득월액 보험료(2019년도 기준)
　– 건강보험료＝[소득월액×보험료율(6.12%)]×0.5
　– 장기요양보험료＝건강보험료×장기요양보험료율(6.55%)
◇ 보수월액
　– 직장가입자가 당해 연도에 받은 보수총액을 근무월수로 나눈 금액
　– 하한선 : 가입자의 보수월액이 28만 원 미만은 28만 원 적용
　– 상한선 : 가입자의 보수월액이 7,810만 원 초과는 7,810만 원 적용
◇ 소득월액
　– 보수월액에 포함된 보수를 제외한 직장가입자의 소득으로 이자, 배당, 사업, 연금, 기타소득을 12로 나눈 금액
　– 근로소득, 연금소득 : 20% 적용
　– 상한선 : 가입자의 소득월액이 7,810만 원 초과는 7,810만 원 적용
◇ 보험료율(2019년도 기준)
　– 건강보험료율 : 6.12%
　– 장기요양보험료율 : 6.55%(근로자, 사용자 모두 6.55%)

구분	보수월액 산정 기준
보험료 산정에 포함되는 금품	• 근로의 제공으로 인하여 받는 봉급, 급료, 보수, 세비, 임금 상여, 수당과 이와 유사한 성질의 금품 • 직장가입자 본인 및 자녀의 학자금 　(소득세법시행령 제11조 규정에 의한 학자금은 제외) • 소득세법 제12조 제3호 규정에 의한 비과세 중 　– 차목 : 외국정부 또는 국제기관에 근무하는 외국인이 받는 급여 　– 파목 : 작전임무 수행을 위하여 외국에 주둔 중인 군인, 군무원이 받는 급여 　– 거목 : 국외 또는 북한지역에서 근로를 제공하고 받는 근로소득 중 비과세소득
보험료 산정에 포함되지 않는 금품	• 퇴직금 • 현상금, 번역료 및 원고료 • 「소득세법」에 따른 비과세 근로소득. 다만, 제12조 제3호 차목, 거목 및 파목은 제외 　　　　　　　　– 비과세 예시 – • 식대 : 식사, 기타 음식물을 제공받지 아니하는 근로자가 받는 월 10만 원 이하의 식사대 • 자가운전보조금(교통비) : 근로자 본인 소유차량(부부공동명의 포함)으로 근로자가 직접 운전하여 사용자의 업무수행에 이용하고, 실제 여비를 받는 대신 소요경비를 사업장의 규칙에 의해 지급받는 금액 중 월 20만 원 이내의 금액 • 생산직 근로자가 받는 야간근로수당 : 소득세법 시행령 제17조 제1항에 의거 월정급여 150만 원 이하로서 직전과세기간의 총급여액이 2,500만 원 이하인 생산직 근로자가 근로기준법에 의해 연장, 야간 또는 휴일근로로 인하여 통상임금에 가산하여 받는 급여 중 연 240만 원 한도에서 보수 제외

※ 원 단위 미만 절사

① 128,522원   ② 257,046원
③ 136,938원   ④ 132,720원
⑤ 265,442원

05

인사과에 근무하는 김 대리는 올해 입사한 A, B, C, D, E 5명의 신입사원들에게 직장예절에 대한 교육을 진행하려고 한다. 교육장에는 1번부터 5번까지 5개의 좌석이 있고 다음 〈조건〉과 같이 신입사원 5명을 각 좌석에 배정하려고 할 때, 1 ~ 4번 좌석에 해당하는 사람을 올바르게 나열한 것은?

• 조건 •
- 친한 사람끼리는 바로 옆 좌석에 배정하고, 친하지 않은 사람은 바로 옆 좌석에 배정하지 않는다.
- A사원과 B사원은 서로 친하다.
- C사원과 B사원은 서로 친하지 않다.
- A사원과 C사원은 서로 친하다.
- C사원과 E사원은 서로 친하지 않다.
- D사원과 E사원은 서로 친하고 D사원은 5번 좌석에 배정한다.

〈좌석〉

좌석 번호	1	2	3	4	5
사원					D

	1	2	3	4
①	A	B	C	E
②	B	A	C	E
③	A	C	B	E
④	C	A	B	E
⑤	C	B	A	E

아이스크림 전문점을 개업하려는 박 씨는 아이스크림 기계를 임대하려고 A와 B 두 업체의 임대조건을 비교해 보았다. 비교한 내용으로 옳은 것은?

구분	A업체	B업체
대여료	80,000원/월	130,000원/월
아이스크림 재료	9,000원/kg	6,000원/kg

※ 선정된 업체에서 반드시 월 재료 기본 구매량만큼 사야 한다.
　– A업체 : 12kg, B업체 : 10kg
※ B업체의 경우 6개월 이상 임대계약 시 아이스크림 재료가격이 20% 할인됨
※ 사용되지 않고 남은 아이스크림 재료는 구매한 달에 폐기하고 이때 폐기비용은 발생하지 않는다.

① 1개월 임대 시 B업체가 저렴하다.
② 3개월 임대 시 A업체가 B업체보다 12,000원 저렴하다.
③ 5개월 임대 시 A업체가 더 저렴하다.
④ 6개월 임대 시 두 임대 업체의 임대비용이 같다.
⑤ 7개월 임대 시 B업체가 A업체보다 50,000원 저렴하다.

○○전자는 A상가에 신규 대리점을 오픈하고 A상가 매장을 계약하였다. 월 임대료는 고정된 임대료에 매출액에 대한 일정비율을 더하여 지불하는 비율임대차로 계약하였고, 계약 내용은 다음과 같다. 이번 달 대리점의 월 매출액이 6,170만 원인 경우, 다음 달 매장 임대인에게 지불해야 할 임대료는 얼마인가?

〈비율임대차계약 내용〉

• 기본 임대료는 부가세 포함하여 월 500만 원으로 한다.
• 월 매출액이 5,500만 원 초과 시, 초과분에 대하여 부가세 별도로 3%의 추가 임대료를 지불한다.
• 월 매출액이 5,500만 원 미만 시, 기본 임대료를 지불한다.
※ 개업 후 영업시작일은 월초이다.
※ 월 매출액은 매월 1일부터 매월 말일로 계산하고, 추가 임대료의 10%를 부가세로 한다.

① 5,701,200원
② 5,520,000원
③ 5,221,100원
④ 5,752,100원
⑤ 5,627,000원

다음 ○○기업 사옥에 설치된 승강기 운영 상황을 근거로 판단할 때, 가장 적절한 것은?(단, 두 승강기가 1층에서 동시에 출발한다고 가정한다)

> ○○기업 본사 사옥은 지하 1층 지상 5층으로 된 건물이다. 지하층에는 승강기가 없고 지상 1층에서 5층까지 승강기 A, B 두 대가 운영되고 있다. A승강기는 층마다 정차하고 B승강기는 짝수 층에는 정차하지 않고 홀수 층에만 정차한다. A, B 두 승강기는 중간층에 대기하는 사용자가 없는 경우 그 층에는 정차하지 않는다. 1층에서 두 대가 동시에 정차하여 5층으로 출발할 수 있고, 3층에서 승강기를 이용하려는 사용자는 A와 B승강기 중 먼저 도착하는 승강기에 탑승하고 뒤따르는 승강기는 3층에 정차하지 않는다. A승강기는 한 층을 이동하는 데 3초가 걸리고 B승강기는 두 층을 이동하는 데 8초가 걸린다. A와 B 두 승강기 모두 한 층에 도착하여 문이 열린 후 닫히는 데 15초가 소요되고 임의로 시간을 연장시키거나 단축시킬 수 없으며, 이 시간 안에 모든 이용자가 승하차한다.
>
> 예를 들어 A승강기가 1층에서 출발하여 중간에 2층과 3층에 두 번 정차하고 5층에 도착하는 데 걸리는 총소요시간은 $3 \times 4 + 15 \times 2 = 42$초이다(단, A, B승강기 모두 1층에서 출발한다고 가정한다).

① A와 B승강기가 1층에서 동시에 출발할 때 2층에 대기자가 있고 3층, 4층에는 대기자가 없는 경우에는 A승강기가 먼저 5층에 도착한다.

② 2층과 3층에 대기자가 모두 있고 4층에는 대기자가 없다고 하면 A승강기가 먼저 5층에 도착한다.

③ 2층, 3층, 4층에 대기자가 모두 없는 경우 1층에서 출발하여 5층까지 도착할 때까지 소요되는 시간은 B승강기가 더 짧다.

④ 2층과 3층에만 대기자가 있는 경우 B승강기가 1층에서 출발하여 5층에 도착할 때까지 걸리는 시간은 39초이다.

⑤ 3층에만 대기자가 있는 경우 A승강기가 5층까지 도착하는 데 걸리는 시간은 24초이다.

○○포장 이사센터는 다음과 같은 방법으로 물건을 포장하려 한다. 〈보기〉에서 옳은 것만을 모두 고르면? (단, 다른 조건은 고려하지 않는다)

다양한 무게의 이삿짐 10개를 아래의 방법에 따라 최소 개수의 상자에 넣으려고 한다. 각각의 이삿짐 무게는 아래와 같고, 왼쪽부터 가까운 거리에 이삿짐이 놓여 있다. 하나의 이삿짐을 분리하여 여러 상자에 나누어 넣을 수 없으며, 포장된 상자에는 이삿짐을 추가로 넣을 수 없다.

6, 5, 5, 4, 3, 3, 4, 5, 7, 8 (단위: kg)

방법 1. 가까운 거리에 있는 이삿짐을 상자에 넣는다. 이삿짐을 상자에 넣어 10kg이 넘을 경우, 그 이삿짐을 넣지 않고 상자를 포장한다. 그 후 이삿짐을 다음 다른 상자에 넣는다.

방법 2. 모든 이삿짐을 무게 순으로 재배열한 후 무거운 이삿짐부터 순서대로 상자에 넣는다. 이삿짐을 상자에 넣어 10kg이 넘을 경우, 그 이삿짐을 넣지 않고 상자를 포장한다. 그 후 이삿짐을 다음 상자에 넣는다.

┌ ● 보기 ●
│ (가) 방법 1에서 필요한 상자의 개수는 8개이다.
│ (나) 방법 1의 경우, 10kg까지 채워지지 않은 상자들에 들어간 짐의 무게의 합은 30kg이다.
│ (다) 방법 2의 경우, 10kg이 채워진 상자의 수는 2개이다.
│ (라) 방법 2의 경우 필요한 상자의 개수가 방법 1보다 많다.
└

① (나), (라) 　　　　　　　　② (다), (라)
③ (가), (나) 　　　　　　　　④ (가), (다)
⑤ (나), (다)

다음은 올해 우리나라 어느 프로 스포츠리그에 관한 내용이다. 올바르게 판단한 것은?

○○리그는 10개의 경기장에서 진행되는데, 각 경기장은 서로 다른 도시에 있다. 또 이 10개 도시 중 6개는 대도시이고 4개는 중소도시이다. 매일 10개 경기장에서 각각 한 경기가 열리며 시즌당 각 경기장에서 열리는 경기의 횟수는 10개 경기장 모두 동일하다.

대도시의 경기장은 최대 수용인원이 3만 명이고, 중소도시의 경기장은 최대 수용인원이 2만 명이다. 대도시 경기장의 경우는 매 경기 70%의 좌석 점유율을 보이는 반면 중소도시 경기장의 경우는 매 경기 65%의 좌석 점유율을 보이고 있다. 특정 경기장의 관중 수는 그 경기장의 좌석 점유율에 최대 수용인원을 곱하여 구한다.

① ○○리그의 1일 최대 관중 수는 12만 명이다.
② 중소도시 경기장의 좌석 점유율이 15%p 높아지고 대도시 경기장의 좌석 점유율이 5%p 낮아지면 대도시 경기장 한 곳의 관중 수보다 중소도시 경기장 한 곳의 관중 수가 더 많아진다.
③ 내년 시즌부터 4개의 대도시와 6개의 중소도시에서 경기가 열린다면 ○○리그의 1일 평균 관중 수는 올해 시즌 대비 10% 이상 줄어든다.
④ 대도시 경기장의 좌석 점유율이 중소도시 경기장과 같게 65%로 낮아지고 최대 수용인원은 그대로라면, ○○리그의 1일 평균 관중 수는 16만 명 이하가 된다.
⑤ 중소도시 경기장의 최대 수용인원이 대도시 경기장과 같고 좌석 점유율은 그대로라면, ○○리그의 1일 평균 관중 수는 11만 명을 초과하게 된다.

영업부에 근무하는 박 씨는 최근 자동차가 필요하여 아래와 같은 상황으로 자동차를 구매하여 운행하려고 한다. 연간 자동차 유지비용은 〈조건〉에 따라 계산한다고 할 때, 박 씨가 1년간 자동차를 유지하는 데 필요한 총비용을 올바르게 계산한 것은?

〈상황〉

1. 박 씨는 1,000만 원에 중고 소형차를 구매하여 바로 운행을 시작하려고 한다.
2. 박 씨는 현재부터 10년 동안 자동차를 운행할 계획이고, 운행 가능 기간 종료 시 자동차의 잔존가치는 100만 원이다.
3. 박 씨의 운전경력은 3년 4개월이며 구매할 자동차에는 블랙박스가 설치되어 있다.
4. 박 씨는 매달 300km씩 자동차를 운행할 예정이다.

● 조건 ●

1. 연간 자동차 유지비는 연 감가상각비, 연간 자동차 보험료, 연간 주유비용, 연간 소모품 교환비용의 합이며 그 외의 다른 비용은 고려하지 않는다.
2. 연 감가상각비는 [(자동차 구매비용)−(운행 가능 기간 종료 시 잔존가치)]÷[운행 가능 기간(년)]으로 계산한다.
3. 연 자동차 보험료

(단위: 만 원)

구분		차종		
		소형차	중형차	대형차
보험 가입 시 운전 경력	1년 미만	130	160	210
	1년 이상 3년 미만	120	145	190
	3년 이상 5년 미만	110	130	170
	5년 이상	100	115	150

※ 차량 구매 시 보험 가입은 의무이며 1년 단위로 가입한다.
※ 보험 가입 시 해당 차량의 블랙박스가 설치되어 있으면 보험료는 5% 할인된다.

4. 주유비용
1리터당 12km를 운행할 수 있으며, 리터당 연료비는 1년 동안 1,600원으로 일정하다.
5. 소모품 교환비용
자동차 운행에 필요한 각종 소모품 교환비용은 연간 10만 원이다.

① 2,580,000원
② 2,585,000원
③ 2,520,000원
④ 2,525,000원
⑤ 2,460,000원

최근 미세먼지와 황사로 인하여 ○○부서에서는 쾌적한 근무환경을 조성하기 위해 사무실에 공기청정기를 설치하려고 5개 종류의 공기청정기 임대비용을 비교하였다. 임대비용이 다음과 같을 때, 가장 경제적인 제품은?(단, 공기청정 능력은 5개 제품 모두 동일하다고 가정한다)

〈공기청정기 제품별 임대비용 및 제반비용〉

(단위 : 원)

구분	보증금	월 임대료	필터 교체비용	비고
A제품	200,000	10,000	25,000	첫 필터 교체비용 무료, 필터 교체주기 6개월
B제품	200,000	10,000	20,000	첫 달 임대료 무료, 필터 교체주기 6개월
C제품	150,000	15,000	25,000	필터 교체주기 12개월
D제품	100,000	13,000	30,000	필터 교체주기 12개월
E제품	없음	20,000	35,000	필터 교체주기 6개월

※ 임대계약 완료 시에는 바로 사용 가능하도록 필터 포함 완제품 상태로 설치된다.
※ 보증금은 임대계약 시 지불한다(단, 임대비용 계산 시 보증금은 연 2.4%의 이자로 비용으로 처리한다).
※ 임대 약정기간은 3년이며, 위의 조건 외에 다른 조건이나 비용은 없다.
※ 약정기간 만료 시 사용 중인 공기청정기는 필터 교체 없이 그대로 반납한다.

① A제품
② B제품
③ C제품
④ D제품
⑤ E제품

다음은 관광지 운영시간 및 이동시간을 나타낸 것이다. 아래 〈조건〉에 의하여 관광하려고 할 때, 〈보기〉 중 옳은 것을 모두 고른 것은?(단, 장소 아래 제시된 시간과 선 위의 시간은 각각 운영시간과 이동 시 소요되는 시간이며 관광과 이동 이외에 소요되는 다른 시간은 없다고 가정한다)

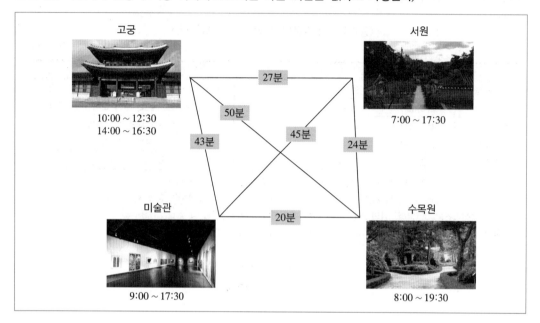

───● 조 건 ●───

• 4개의 관광지를 하루에 모두 관람하여야 하며 관광순서는 임의대로 정할 수 있다.
• 고궁은 관광가이드와 함께 관람이 가능하며, 입장시각 10시와 14시에 도착하지 못하면 고궁에 입장할 수 없다.
• 각 관광지를 관람하는 데 소요되는 시간은 2시간 30분이며, 관광지 운영시간 내에만 관람할 수 있다.

───● 보 기 ●───

(가) 처음 관광을 시작하여야 하는 관광지는 서원이다.
(나) 마지막 관광이 종료하는 시각은 18시 30분 이후이다.
(다) 미술관과 수목원은 관광순서가 바뀌어도 하루에 4개 관광지를 모두 관광하는 데 지장이 없다.

① (가), (다)
③ (가), (나)
⑤ (나)

② (나), (다)
④ (가), (나), (다)

14

○ △ ✕

다음 상황을 주어진 평가결과에 의하여 판단할 때 〈보기〉 중 옳지 않은 것을 모두 고른 것은?

〈상황〉

현재 정부의 재정지원을 받는 A부터 D까지 4개의 물류시설을 대상으로 다섯 가지의 항목(물류시설 선진화, 안전체계구축, 물류복지, 기반시설조성, 중장기발전계획)에 대하여 종합적인 평가를 진행하였다. 평가점수는 각 평가항목에 대하여 A ~ D 해당 시설이 받은 항목별 점수에 해당 평가항목별 가중치를 곱한 점수를 모두 더한 점수로 한다.

총점이 90점 이상이면 1등급, 80점 이상 90점 미만이면 2등급, 70점 이상 80점 미만이면 3등급, 60점 이상 70점 미만이면 4등급, 50점 이상 60점 미만이면 5등급으로 한다.

평가결과 등급이 1등급 시설이면 재정지원을 10%를 늘리고, 2등급 시설인 경우에는 특별한 조치를 취하지 않으며, 3등급 시설은 관리정원의 5%를 감축하고, 4등급인 시설에는 관리정원의 10% 감축을, 5등급 이하인 시설에 대하여는 관리정원의 15% 감축과 재정지원이 중단된다.

〈평가결과〉

평가항목	가중치	A시설	B시설	C시설	D시설
물류시설 선진화	20%	90점	75점	85점	90점
안전체계구축	30%	95점	70점	70점	90점
물류복지	20%	90점	60점	75점	80점
기반시설조성	10%	90점	60점	75점	70점
중장기발전계획	20%	85점	55점	80점	65점

─● 보 기 ●─

(가) A시설은 관리정원을 감축하지 않아도 되며 재정지원이 증가된다.
(나) B시설은 5%의 관리정원을 감축하여야 한다.
(다) C시설은 평가항목에서 '중장기발전계획'의 가중치가 20%에서 30%로 변경되면 관리정원 감축을 하지 않아도 된다.
(라) D시설은 아무런 조치를 받지 않는다.

① (가), (나)
② (나)
③ (다), (라)
④ (다)
⑤ (가), (라)

다음은 휴가 때 해외여행을 계획 중인 박 씨와 김 씨가 나눈 대화 내용이다. 대화 내용을 보고 여행사의 여행상품에서 박 씨가 선택할 여행지로 올바른 것은?

김 씨 : 다음 달 둘째 주에 연휴가 있던데 그때 여행계획 있으세요?

박 씨 : 글쎄요, 이번에는 여행을 꼭 가고 싶어요. 수요일과 금요일이 공휴일이어서 화요일과 목요일에 연차를 쓰면 주말 포함해서 최대 6일을 쉴 수가 있는데요. 저는 연차가 하루밖에 남지 않아서 길게는 못 갈 것 같아요.

김 씨 : 여행갈 곳은 정하셨어요?

박 씨 : 저는 장소는 상관없지만 비행기를 오래 타는 것이 힘들어서 편도로 6시간 이내로 직항노선이 있는 곳이 좋을 거 같아요.

김 씨 : 그러면 여행은 며칠 정도 갈 계획이세요?

박 씨 : 남은 연차가 하루 밖에 없어서 연차를 잘 써서 되도록 길게 다녀올까 생각하고 있어요. 여행사에서 보내준 해외 여행상품 중에서 골라서 가려고 합니다.

〈여행사 해외 여행상품〉

여행지	여행기간	편도 총 비행시간	비행기 환승 여부
대만	3박 4일	3시간	직항
모스크바	5박 6일	6시간	직항
방콕	4박 5일	5시간	직항
두바이	5박 6일	7시간	직항
팔라우	4박 5일	7시간	1회 환승

① 대만
② 모스크바
③ 방콕
④ 두바이
⑤ 팔라우

서울시 A공공기관에 근무하는 박 사무관이 공공기관 출장여비 지급기준에 의하여 지난 달 출장여비로 받을 수 있는 출장여비 총액은?

〈A공공기관 출장여비 지급기준〉

출장여비는 출장수당과 교통비의 합계로 한다.
1) 서울시 출장
   - 출장수당 : 2만 원
   - 교통비 : 1만 5천 원(단, 관용 차량 사용 시 교통비 미지급)
2) 서울시 이외의 출장
   - 출장수당 : 4만 원(단, 18시 이후 출장 시작 시에는 1만 원 추가)
   - 교통비 : 3만 원(단, 관용 차량 사용 시 1만 원 차감)

〈지난 달 박 사무관 출장 내역〉

구분	출장지	출장 시작 및 종료 시각	비고
출장 1	고양시	14시 ~ 17시	
출장 2	서울시	13시 ~ 16시 30분	관용 차량 사용
출장 3	과천시	18시 이후	
출장 4	인천시	10시 ~ 15시 30분	관용 차량 사용

① 17만 원
② 19만 원
③ 21만 원
④ 23만 원
⑤ 25만 원

박 씨와 김 씨가 다음과 같은 게임을 한다. 다음 〈보기〉 중 옳은 것을 모두 고르면?

다음과 같이 1, 2, 3, 4의 번호가 적힌 4개의 칸이 있다.

| 1 | 2 | 3 | 4 |

4개의 칸에 박 씨가 먼저 ♡를 넣을 연속한 두 개의 칸을 정하고 김 씨는 네 개의 칸 중에서 하나의 칸을 선택한다. 박 씨와 김 씨가 동시에 자신이 정한 칸의 번호를 말한다. 그 결과 박 씨가 ♡를 넣을 칸을 김 씨가 말하면 김 씨가 승리한 것으로 하고 김 씨가 다른 칸을 말하면 박 씨가 승리한 것으로 한다.

예를 들면, 박 씨가 ②③을 선택하고 김 씨가 ② 또는 ③을 선택하여 말한 경우에는 김 씨가 승리한다. 만약에 박 씨가 ①②를 김 씨가 ③ 또는 ④을 선택하여 말하면 박 씨가 승리한다.

● 보기 ●

(가) 김 씨는 ①보다는 ③을 고르는 것이 승리할 확률이 높다.
(나) 박 씨는 ②③에 ♡을 넣는 것보다는 ③④에 ♡를 넣는 것이 승리할 확률이 높다.
(다) 박 씨가 선택할 수 있는 경우의 수는 3가지이며 김 씨가 선택할 수 있는 경우의 수가 4가지이므로 김 씨가 승리할 경우의 수가 더 많다.

① (가)   ② (나)
③ (다)   ④ (가), (나)
⑤ (가), (나), (다)

최근 화훼사업을 시작한 박 씨는 A∼E의 5가지 화훼 종류별 재배온도와 상품가치를 다음과 같이 파악하였다. 파악된 상황에 따라 가장 많은 화훼를 재배할 수 있는 온도와 상품가치의 총합이 가장 큰 온도를 옳게 짝지은 것은?(단, 화훼의 상품가치를 결정하는 것은 온도뿐이며 화훼 재배 시 주어진 조건 외에 다른 조건은 없다고 가정한다)

- A∼E까지 같은 온실에서 5가지 화훼를 동시에 재배하고 재배가능 온도와 그에 따른 상품가치는 다음과 같다.

화훼 종류	재배가능 온도(℃)	상품가치(원)
A	15 이상 20 이하	15,000
B	0 이상 20 이하	25,000
C	30 이상 50 이하	50,000
D	10 이상 35 이하	35,000
E	25 이상 40 이하	60,000

	가장 많은 화훼를 재배할 수 있는 온도	상품가치의 총합이 가장 큰 온도
①	18℃	20℃
②	18℃	23℃
③	25℃	26℃
④	31℃	29℃
⑤	31℃	32℃

다음 명제가 성립할 때, 항상 성립한다고 볼 수 있는 것은?

성격이 좋은 사람은 인맥도 넓다.
주변에 친구가 많은 사람은 성격이 좋다.
인맥이 넓은 사람들은 대체로 사업 수단이 좋다.

① 인맥이 넓은 사람들은 성격이 좋다.
② 인맥이 좁은 사람들은 주변에 친구가 많지 않다.
③ 주변에 친구가 많은 사람은 인맥이 좁다.
④ 인맥이 넓은 사람은 주변에 친구가 많다.
⑤ 성격이 좋지 않은 사람들은 대체로 인기가 많다.

다음은 전자기기 판매 및 수리를 하는 M사 고객관리팀의 안내서와 수리 가격에 대한 설명이다. 권순현 씨는 수리를 부탁하기 위해 M사에 제품을 보내고, 다음과 같은 견적서를 받았다. (A)에 들어갈 말로 올바른 것은?

〈안내서〉

1) 무상 A/S 기간은 1년입니다(단, 보증서를 보유하고 있는 경우에 한하여 적용되며, 부품비용은 별도로 청구됩니다).
2) 보증서가 없으시거나, 무상 A/S 기간이 지난 후에는 책정된 수리비의 5%가 수수료로 추가 청구되는 점, 양해 부탁드립니다.
3) 택배로 보내드려야 하는 경우에는 책정된 수리비에 3,000원의 추가 배송료가 붙습니다.
   제주, 산간지역은 5,000원의 추가 배송료가 붙습니다(착불은 받지 않습니다).
4) 40% 이하의 손실은 수리로, 그보다 큰 경우에는 교체로 안내해드리고 있습니다. 양해 바랍니다.
5) 수리 견적서는 문자나 이메일로 보내드리고 있으니, 핸드폰 번호나 이메일 주소를 꼭 기입해주시길 바랍니다.

〈부품별 수리 가격 안내〉

부품	수리비용	교체비용
A부품	15,000원	30,000원
B부품	7,000원	12,000원
C부품	10,000원	16,000원
D부품	12,000원	20,000원
E부품	5,000원	8,000원

〈견적서〉

안녕하세요, 권순현 고객님.
고객님께서 맡기신 제품의 수리 견적을 다음과 같이 알려드립니다.
고객님께서 맡기신 제품의 부품 손실률은 다음과 같습니다.

- A부품 - 26%
- B부품 - 35%
- C부품 - 29%
- D부품 - 50%
- E부품 - 45%

위 부품들의 손실률에 따른 저희 회사 규정에 근거하여 금액이 책정되었습니다.
또한, A부품은 품질 보증서가 없으시고, D부품은 무상 A/S 기간이 지나서 추가 비용이 발생했음을 알려드립니다.
고객님께서 서울 성북구 종암동 자택으로 택배를 신청하셨습니다.
안전하게 배송받으실 수 있도록 전달하였습니다.
저희 측에 결제해주셔야 할 금액은 다음과 같습니다.

(A   )

감사합니다.

---

① 48,750원
② 52,350원
③ 60,000원
④ 64,750원
⑤ 70,250원

※ M회사에서는 A, B, C, D 네 개의 팀이 체육대회에 참가했다고 한다. 각 종목과 순위에 따른 점수는 〈보기 1〉과 같고, 현재까지의 종목별 순위는 〈보기 2〉와 같다고 한다. 이어지는 질문에 답하시오. [21~22]

●보기1●

종목	순위	점수
축구	1위	5점
	2위	4점
	3위	3점
야구	1위	11점
	2위	7점
	3위	4점
족구	1위	7점
	2위	6점
	3위	5점
탁구	1위	6점
	2위	4점
	3위	2점

※ 4위는 점수가 없다.

●보기2●

종목	A팀	B팀	C팀	D팀
족구	2위	–	3위	1위
탁구	1위	3위	–	2위
축구	3위	1위	2위	–

21

경기가 야구만 남았다고 할 때, 중간 순위가 높은 순으로 올바르게 나열한 것은?

① A – D – C – B
② A – D – B – C
③ B – A – C – D
④ D – A – B – C
⑤ D – B – A – C

야구 경기를 통해 나올 수 있는 결과로 옳지 않은 것은?

① 중간 순위 4위 팀이 야구에서 1위를 하고, 중간 순위 1위 팀이 3위를 하면 중간 순위 1위 팀과 4위 팀의 순위는 뒤바뀐다.

② 중간 순위 2위 팀이 1위를 하고, 중간 순위 3위 팀이 2위, 중간 순위 1위 팀이 3위를 하면 중간 순위에 비해 2개 팀의 순위가 바뀐다.

③ 경우에 따라 중간 순위 1위 팀과 4위 팀의 점수 차는 두 팀 모두 3위 안에 들었을 때, 최대 15점까지 날 수 있다.

④ 경우에 따라 중간 순위 1위 팀과 4위 팀의 점수 차는 두 팀 모두 3위 안에 들었을 때, 최저 1점까지 날 수 있다.

⑤ 야구 경기의 결과에 따라 중간 순위가 뒤바뀔 수 있다.

다음에 주어진 문장들이 모두 참이라고 할 때, 옳은 것은?

> ㄱ. 집중력이 강하면 시험 점수가 높다.
> ㄴ. 집안이 화목하면 성격이 좋다.
> ㄷ. 노력하지 않는 학생은 성격이 좋지 않다.
> ㄹ. 집중력이 약한 것은 노력을 많이 하지 않기 때문이다.
> ㅁ. 성격이 좋으면 친구들이 많다.

① 시험 점수가 높으면 성격이 좋다.

② 성격이 좋으면 집중력이 약하다.

③ 집안이 화목하면 학생들의 시험 점수가 높다.

④ 집중력이 약하면 친구들이 많다.

⑤ 성격이 좋지 않으면 친구들이 없다.

※ L보험사의 보험설계사인 하돈 씨는 다음과 같은 보험 상품을 판매하고 있다. 이어지는 질문에 답하시오.
[24~25]

1) 직장인 전용 상해보험(만기 환급) (일부)

납입 나이	월 납입액
20 ~ 29세	25,000원
30 ~ 39세	27,000원
40 ~ 49세	30,000원
50 ~ 59세	35,000원

※ 중도 해지에 따른 기간별 환급률은 아래의 표와 같다.

납입 기간	환급률(총 납입액 기준)
1년 이상 ~ 3년 미만	25.5%
3년 이상 ~ 6년 미만	35%
6년 이상 ~ 9년 미만	55%
10년 이상 ~ 20년 미만	96%
20년 이상	110%

※ 만 60세에 만기 환급한다.
※ 1년 이상 납입 시에 보험금 지급 가능
※ 계약했을 때의 납입 나이 기준으로 중도 해지하지 않는다면 만기까지 같은 금액으로 납입한다.
※ 9년 이상 납입 시에는 고객이 원하는 다른 종류의 보험상품으로 이전이 가능하다(단, 납입 금액이 초과되면 환급을, 모자라면 추가로 내야한다).
※ 납입 기간이 20년이 넘지 않더라도, 만기 시까지 납입했다면 환급률은 20년에 맞춰서 지급한다(단, 납입 기간이 15년 이상은 되어야 한다).

2) 직장인을 위한 연금저축보험(만기 환급) (일부)
   ① 매달 납입 금액이 10만 원인 경우

납입 기간	만기 시 이율	중도 해지 시 이율
5 ~ 10년	5%	6%
11 ~ 15년	10%	4%
16 ~ 20년	14%	2%
21 ~ 25년	20%	1%

   ② 매달 납입 금액이 15만 원인 경우

납입 기간	만기 시 이율	중도 해지 시 이율
5 ~ 10년	5.5%	6%
11 ~ 15년	11%	4%
16 ~ 20년	15%	2%
21 ~ 25년	22%	1%

   ③ 매달 납입 금액이 20만 원인 경우

납입 기간	만기 시 이율	중도 해지 시 이율
5 ~ 10년	6%	8%
11 ~ 15년	11.5%	6%
16 ~ 20년	17%	3%
21 ~ 25년	24%	2%

※ 몇 세에 납입을 시작하든, 납입한 기간에 따른 이율이 다르다. 또한, 중도 해지 시 이율도 고려한다.
※ 만기는 만 60세가 되는 순간이다.
※ 만 60세가 되기 전이나, 상황에 따라 중도 해지 시에는 납입 기간의 연도의 만 연도를 기준으로, 개월별로 비례해서
 계산한다.
※ 중도 해지 시 이율은 최종금액을 기준으로 한다.
 예 22년 10개월＝20년까지의 이율＋(21 ~ 25년에 해당되는 만기 시 이율을 개월 수에 따라 비례 적용)
※ 받을 수 있는 금액은 다음과 같이 계산한다.

(연 납입액)×(기간)×(만기 시 연금이율)×$(1-\dfrac{중도해지\ 시\ 이율}{100})$ (단, 중도해지에 한하여 중도해지 시 이율을
적용)

24

기왕 씨는 9년 전 만 40세가 되었을 때, 하돈 씨를 통해 직장인 전용 상해보험에 가입했다. 기왕 씨는
9년 동안 다친 적이 없고, 얼마 전 재배치받은 부서는 상해가 발생할 가능성이 매우 낮은 곳이라 매달
납입하는 것이 손해라는 느낌이 들어 해약하겠다는 의사를 전달했다. 다음 중 고객인 기왕 씨의 손해가
발생하지 않기 위해 하돈 씨가 해줄 수 있는 말은?

① 언제 다칠지 모릅니다. 만기까지 넣으시는 게 좋을 것 같습니다.
② 기왕 씨, 1년만 참고 더 넣으셔서 차라리 96%를 환급받으시죠.
③ 차라리 만기까지 가시면 환급률이 100%가 넘어갑니다. 11년만 더 부으세요.
④ 9년 이상 납입하셨으니, 환급을 받을 수 있는 다른 종류의 보험으로 이전시켜드리면 어떨까요?
⑤ 지금 해약하시고 환급받으시는 것이 어떨까요?

25

하돈 씨를 통해 연금저축보험을 25년 만기로 가입하여 현재 매달 20만 원씩 19년 동안 납입하고 있는
선영 씨는 지인을 통해 A예금을 소개받았다. A예금은 1,000만 원 이상을 3년 이상만 넣어놓게 되면 매년
1%씩 6년까지 연이율이 올라간다고 한다. 연금은 6년 후가 만기이고, A예금 역시 6년까지만 거치가 가능
하다고 할 때, 어떠한 선택이 더 도움이 되겠는가?(단, A예금을 가입하려면 연금저축보험을 해약해야 하고
해약한 금액은 전액 예금하여야 하며, 예금 만기 시 이율은 3년 예치 시 9%, 4년 예치 시 10%, 5년 예치
시 11%, 6년 예치 시 12%이다)

① 6년 동안 연금을 납입하여 만기까지 한다.
② 연금을 해약하여, 6년 동안 A예금에 예치시킨다.
③ 1년 동안 연금을 납입하고, 해약한 후, A예금에 5년 동안 예치시킨다.
④ 2년 동안 연금을 납입하고, 해약한 후, A예금에 4년 동안 예치시킨다.
⑤ 3년 동안 연금을 납입하고, 해약한 후, A예금에 3년 동안 예치시킨다.

※ 다음은 핸드폰을 수리하는 W사 고객만족센터에서 근무하는 신입사원들을 평가하기 위한 점수표이다. 이어지는 질문에 답하시오. [26~27]

1) 최종 점수=(방문 고객 점수)+(전화 상담 고객 점수)+(동료 평가 점수)
   ※ 각 점수는 5점 만점의 평균으로 계산한다.

2) 방문 고객 점수 반영 방법

구분	매우 만족	만족	보통	불만족	매우 불만족
친절도	5점	4점	3점	2점	1점
기술적인 해결	5점	4점	3점	2점	1점

3) 전화 상담 고객 점수 반영 방법

구분	매우 만족	만족	보통	불만족	매우 불만족
친절도	5점	4점	3점	2점	1점
답변 만족도	5점	4점	3점	2점	1점

4) 동료 평가 점수 반영 방법

구분	매우 만족	만족	보통	불만족	매우 불만족
사교성	5점	4점	3점	2점	1점
업무성	5점	4점	3점	2점	1점
성실성	5점	4점	3점	2점	1점

26

고객 응대부에서 근무하는 신입사원 유경 씨와 범희 씨에 대한 방문 고객 점수의 부분별 평균 점수를 확인하니 다음 표와 같았다. 이에 대해 상사들이 두 신입사원에게 해줄 수 있는 조언으로 올바른 것은?

유경 씨의 방문 고객 점수		범희 씨 방문 고객 점수		신입사원 전체 평균	
친절도	2.8점	친절도	4.6점	친절도	4.0점
기술적인 해결	5점	기술적인 해결	3.6점	기술적인 해결	4.6점

① 유경 씨는 사교성을 좀 더 키우면 좋을 것 같아요.
② 범희 씨는 고객을 대할 때 좀 더 친절하면 어떨까 싶어요.
③ 범희 씨는 전화 상담을 할 때 좀 더 친절하면 좋을 것 같아요.
④ 유경 씨는 기술적인 면은 참 좋은데, 고객에게 좀 더 친절하게 대하는 편이 좋겠어요.
⑤ 유경 씨는 기술적인 부분을 좀 더 연구해야할 것 같아요.

다음은 신입사원 5명 중 나머지 3명에 대한 결과를 표로 나타낸 것이다. 결과에 따라 신청해야하는 특강이 있다고 할 때, 특강이 필요한 사원과 강사를 맞게 짝지은 것은?

〈신입사원별 점수 결과〉

김다형 사원	방문 고객 점수	3.5점
	전화 상담 고객 점수	3.2점
	동료 평가 점수	4.4점
이건철 사원	방문 고객 점수	4.8점
	전화 상담 고객 점수	3.9점
	동료 평가 점수	4.6점
이언주 사원	방문 고객 점수	4.7점
	전화 상담 고객 점수	5.0점
	동료 평가 점수	3.8점

▶ 특강 안내

강사명	특강 주제
양지혜 강사	고객의 마음을 꿰뚫어 볼 수 있는 대화법
안종수 강사	10가지로 정리되는 전화 매뉴얼
오정환 강사	입소문, 바이럴 마케팅 극대화
유수인 강사	팀워크, 칭찬하고 칭찬받자
권민찬 강사	정확한 의사전달을 위한 5계명

※ 점수에 따라 필요하신 특강을 선택하셔야합니다. 업무별로 4점 이상인 경우에는 그 업무와 관련된 특강을 신청하실 필요는 없습니다.

① 김다형 사원 – 유수인 강사
② 이건철 사원 – 양지혜 강사
③ 이건철 사원 – 안종수 강사
④ 이언주 사원 – 오정환 강사
⑤ 김다형 사원 – 권민찬 강사

28

Y회사 K대리는 이번에 출시한 상품에 대한 이미지를 만들기 위해 토론회 형식의 광고 제작을 준비하고 있다. 토론회 참가자들 4명에게 리얼리티를 강조한 미션을 주기 위해 전화를 하려고 한다. 다음 〈조건〉에 맞게 전화를 걸어야 한다고 할 때, 어떤 순서로 걸어야 하는가?

● 조건 ●

(가) 첫 번째 ~ 세 번째의 순서는 면접, 자소서, 전공의 순서로 전화한다.
(나) 같은 과목이면 경력이 많은 순서대로 순서를 정한다.
(다) 네 번째는 나머지 인원 중에 과목에 상관없이 참가 횟수가 제일 많은 참가자에게 전화한다.
※ (가), (나), (다) 순서로 적용한다.

참가자	분야	경력	참가 횟수
A	전공	5년	3회
B	자소서	3년	2회
C	면접	10년	8회
D	면접	8년	없음
E	전공	4년	2회
F	면접	5년	4회
G	자소서	7년	5회

① C − B − A − G
② C − G − E − B
③ C − A − E − B
④ C − B − E − A
⑤ C − G − A − F

29

소설책, 위인전, 수험서가 각각 한 권씩 있다. 이 세 권의 책을 A, B, C 세 사람에게 하나씩 나누어 주고, 세 사람 중 한 사람만 진실을 말하도록 하였더니 책을 받고 난 세 사람이 다음과 같이 말하였다. 소설책, 위인전, 수험서를 받은 사람을 차례대로 나열한 것은?

A : 나는 위인전을 가지고 있다.
B : 나는 위인전을 가지고 있지 않다.
C : 나는 수험서를 가지고 있지 않다.

① A, B, C
② A, C, B
③ B, A, C
④ C, B, A
⑤ C, A, B

S고등학교에서는 9월 30일에 체육 대회를 하였다. 그중 한 종목인 200m 빨리 달리기를 한 4명의 학생인 소리, 상흔, 광균, 진주가 경기를 마치고 기록을 위해 이름을 적다보니, 성을 적는 것을 깜빡하였다. 네 명의 성은 가나다순으로 '김', '문', '박', '이'라고 할 때, 다음 사실에 따라 성과 이름을 바르게 연결한 것은?

- 이 씨 성의 여학생은 "내가 넘어지지만 않았어도……."라며 아쉬워했다.
- 광균이는 성이 '문'인 학생보다 빨리 도착했지만, 소리보다는 늦게 도착했다.
- 김 씨 성을 가진 여학생이 1등을 했다며 친구들이 기뻐했다.
- 상흔이는 꼴찌가 아니다.
- 소리와 진주만 여자이다.

① 김진주, 문광균, 이소리, 박상흔
② 이진주, 문광균, 김소리, 박상흔
③ 김소리, 문상흔, 박광균, 이진주
④ 이소리, 박광균, 문상흔, 김진주
⑤ 이소리, 김진주, 박광균, 문상흔

※ B공단은 올해 5가지의 프로젝트를 추진할 계획이다. 다음을 보고 이어지는 질문에 답하시오. **[31~33]**

〈B공단 프로젝트 계획〉

프로젝트	소요예산	소요기간	소요인력	우선순위
농가소득 증대	8천만 원	12개월	20명	2
아름다운 마을 가꾸기	1억 2천만 원	3개월	40명	3
농산물 제값 받기	5천만 원	3개월	30명	1
귀농귀촌 활성화	6천만 원	5개월	15명	4
스마트팜 확대	1억 5천만 원	2개월	10명	5

※ 프로젝트는 기간이 겹치더라도 동시에 진행할 수 있다.
※ 투입가능 예산은 총 3억 원, 투입가능 인원은 한 달에 최대 50명이다.

31

B공단은 다른 조건(기간, 인력, 우선순위)은 배제하고, 예산 범위 내에서 최대한 많은 프로젝트를 진행하려고 할 때, 다음 중 같이 진행할 수 있는 프로젝트의 경우를 고르면?

① 아름다운 마을 가꾸기, 귀농귀촌 활성화, 농가소득 증대
② 스마트팜 확대, 농산물 제값 받기, 아름다운 마을 가꾸기
③ 귀농귀촌 활성화, 스마트팜 확대, 아름다운 마을 가꾸기, 농가소득 증대
④ 농산물 제값 받기, 귀농귀촌 활성화, 농가소득 증대, 스마트팜 확대
⑤ 농가소득 증대, 귀농귀촌 활성화, 농산물 제값 받기, 아름다운 마을 가꾸기

32

B공단은 다른 조건(예산, 기간, 우선순위)은 고려하지 않고, 투입가능 인원 범위 내에서 동시에 프로젝트를 진행한다면 최대 몇 개까지 진행할 수 있겠는가?

① 1개 　　　　　　　　　　　　　② 2개
③ 3개 　　　　　　　　　　　　　④ 4개
⑤ 5개

33

모든 조건과 우선순위를 고려하여 1년 동안 최대한 많은 프로젝트를 진행할 수 있는 경우는?

① 농산물 제값 받기, 농가소득 증대
② 농산물 제값 받기, 아름다운 마을 가꾸기
③ 농산물 제값 받기, 농가소득 증대, 아름다운 마을 가꾸기
④ 농산물 제값 받기, 농가소득 증대, 귀농귀촌 활성화
⑤ 농산물 제값 받기, 귀농귀촌 활성화, 스마트팜 확대

※ 다음은 Z회사의 출장비 지급규정이다. 다음을 보고 이어지는 질문에 답하시오. [34~35]

〈출장비 지급규정〉

- 일비는 각 직급별로 지급되는 금액을 기준으로 출장일수에 맞게 지급한다.
- 교통비는 대중교통(버스, 기차 등) 및 택시를 이용한 금액만 실비로 지급한다.
- 숙박비는 1박당 제공되는 숙박비를 넘지 않는 선에서 실비로 지급한다.
- 식비는 각 직급별로 지급되는 금액을 기준으로 1일당 3식으로 계산하여 지급한다.

〈출장 시 지급 비용〉

(단위 : 원)

구분	일비(1일)	숙박비(1박)	식비(1식)
사원	20,000	100,000	6,000
대리	30,000	120,000	8,000
과장	50,000	150,000	10,000
부장	60,000	180,000	10,000

34

대리 1명과 과장 1명이 2박 3일간 부산으로 출장을 다녀왔다면, 지급받을 수 있는 출장비는 총 얼마인가?

〈부산 출장 지출내역〉

- 서울 시내버스 및 지하철 이동 : 3,200원(1인당)
- 서울 – 부산 KTX 이동(왕복) : 121,800원(1인당)
- 부산 ○○호텔 스탠다드 룸 : 150,000원(1인당, 1박)
- 부산 시내 택시 이동 : 10,300원

① 1,100,300원
② 1,124,300원
③ 1,179,300원
④ 1,202,300원
⑤ 1,220,300원

35

사원 2명과 대리 1명이 1박 2일간 강릉으로 출장을 다녀왔다면, 지급받을 수 있는 출장비는 총 얼마인가?

〈강릉 출장 지출내역〉

- 서울 – 강릉 자가용 이동(왕복) : 주유비 100,000원
- 강릉 ○○호텔 트리플룸 : 80,000원(1인당, 1박)
- 식비 : 총 157,000원

① 380,000원
② 480,000원
③ 500,000원
④ 537,000원
⑤ 637,000원

※ A공사의 시설점검팀은 하반기 점검을 맞아 각 지부로 출장을 갈 직원을 결정하고자 한다. 다음 자료를 읽고 이어지는 질문에 답하시오. [36~37]

〈정보〉

- 시설점검팀은 A팀장, B대리, C주임, D주임, E사원 이렇게 5명의 직원으로 구성되어 있다.
- 하반기에 시설점검팀에서 점검을 위해 방문해야 할 지부는 강릉지부, 대구지부, 광주지부, 부산지부이다.
- 업무규모에 따라 지부별로 방문해야 하는 직원 수는 다음과 같다.

지부	강릉지부	대구지부	광주지부	부산지부
필요 인원	2명	2명	2명	3명

- 각 직원은 최소 한 개의 지부에 대한 출장에 참여해야 하며, 일정상 직원 1인당 최대 두 지부까지 방문가능하다.
- 각 직원들은 각자의 업무분야를 고려하여 업무관련성이 있는 경우에만 해당 지부로 출장을 간다. 각 직원들의 지부별 업무관련 여부는 다음과 같다.

직원＼지부	강릉지부	대구지부	광주지부	부산지부
A팀장	×	○	×	○
B대리	○	×	○	○
C주임	×	○	×	×
D주임	×	○	○	○
E사원	○	×	×	○

36

시설점검팀 직원들 및 지부에 대한 정보들을 고려할 때, 다음 중 옳은 것은?

① A팀장은 한 곳으로만 출장을 간다.
② B대리는 광주지부와 부산지부로 출장을 간다.
③ A팀장과 D주임은 대구지부로 출장을 간다.
④ A팀장과 C주임이 함께 출장을 가는 지부가 있다.
⑤ C주임과 D주임이 함께 출장을 가는 지부가 있다.

지부별 점검사항 변경으로 인해 지부별로 방문해야 하는 직원 수가 다음과 같이 변경되었다. 이에 따를 때, 〈보기〉의 설명 중 옳지 않은 것을 모두 고른 것은?

〈지부별 방문필요 직원 수 변경〉

• 종전의 방문필요 직원 수

지부	강릉지부	대구지부	광주지부	부산지부
필요 인원	2명	2명	2명	3명

• 변경된 방문필요 직원 수

지부	강릉지부	대구지부	광주지부	부산지부
필요 인원	1명	3명	2명	2명

● 보 기 ●

ㄱ. A팀장은 반드시 한 곳의 지부에만 출장을 간다.
ㄴ. B대리가 부산지부로 출장을 가는 경우에는 D주임 혹은 E사원과 함께 간다.
ㄷ. D주임은 대구지부와 광주지부로 출장을 간다.
ㄹ. 서로 출장지가 완전히 동일한 직원은 없다.

① ㄱ, ㄴ
② ㄱ, ㄷ
③ ㄴ, ㄷ
④ ㄴ, ㄹ
⑤ ㄷ, ㄹ

※ A은행 직원들은 조합원 초청행사 안내 현수막을 설치하려고 한다. 다음 자료를 보고 이어지는 질문에 답하시오. [38~39]

구분	동사무소	O회사	우체국	주유소	마트
설치가능 일자	3월 31일	3월 29일	3월 30일	3월 31일	4월 2일
게시기간	3월 31일 ~ 4월 15일	3월 29일 ~ 4월 18일	3월 30일 ~ 4월 8일	3월 31일 ~ 4월 8일	4월 2일 ~ 4월 25일
하루평균 유동인구	230명	300명	260명	270명	310명
설치비용	200만 원	300만 원	250만 원	200만 원	300만 원
게시비용	10만 원/일	8만 원/일	12만 원/일	12만 원/일	7만 원/일

- 현수막 설치 후보 장소 : 동사무소, O회사, 우체국, 주유소, 마트
- 현수막 설치일자 : 3월 29일 ~ 3월 31일

※ 현수막은 유동인구가 가장 많은 2곳에 설치 예정
※ 유동인구가 하루 20명 이상 차이나지 않는 경우 게시기간이 긴 장소에 설치
※ 설치비용은 한 번만 지불

38

다음 중 안내 현수막을 설치할 장소들을 모두 고른 것으로 옳은 것은?(단, 설치장소 선정에 설치 및 게시비용은 고려하지 않는다)

① 동사무소, O회사
② O회사, 우체국
③ 주유소, O회사
④ 주유소, 마트
⑤ 마트, 우체국

39

조합장의 지시로 다른 조건은 모두 배제하고 설치 및 게시비용만 고려하여 가장 저렴한 곳에 현수막을 설치하기로 하였다. 현수막을 설치할 장소는?(단, 현수막은 장소마다 제시되어 있는 게시기간 모두 사용한다)

① 동사무소
② O회사
③ 우체국
④ 주유소
⑤ 마트

다음은 정보공개 대상별 정보공개수수료에 대한 자료이다. 다음 표에 따를 때, 〈보기〉의 정보열람인 중 정보공개수수료를 가장 많이 지급하는 사람부터 순서대로 나열한 것은?(단, 정보열람인들이 열람한 정보는 모두 공개대상인 정보이다)

〈정보공개 대상별 정보공개 방법 및 수수료〉

공개대상	열람·시청	사본(종이 출력물)·인화물·복제물
문서, 도면, 사진 등	• 열람 　– 1일 1시간 이내 : 무료 　– 1시간 초과 시 30분마다 1,000원	• 사본(종이 출력물) 　– A3 이상 300원(1장 초과 시 100원/장) 　– B4 이하 250원(1장 초과 시 50원/장)
필름, 테이프 등	• 녹음테이프(오디오자료)의 청취 　– 1건이 1개 이상으로 이루어진 경우 　　: 1개(60분 기준)마다 1,500원 　– 여러 건이 1개로 이루어진 경우 　　: 1건(30분 기준)마다 700원 • 영화필름의 시청 　– 1편이 1캔 이상으로 이루어진 경우 　　: 1캔(60분 기준)마다 3,500원 　– 여러 편이 1캔으로 이루어진 경우 　　: 1편(30분 기준)마다 2,000원 • 사진필름의 열람 　– 1장 : 200원 　– 1장 초과 시 50원/장	• 녹음테이프(오디오자료)의 복제 　– 1건이 1개 이상으로 이루어진 경우 　　: 1개마다 5,000원 　– 여러 건이 1개로 이루어진 경우 　　: 1건마다 3,000원 • 사진필름의 복제 　– 1컷마다 6,000원 • 사진필름의 인화 　– 1컷마다 500원
마이크로필름, 슬라이드 등	• 마이크로필름의 열람 　– 1건(10컷 기준)1회 : 500원 　– 10컷 초과 시 1컷마다 100원 • 슬라이드의 시청 　– 1컷마다 200원	• 사본(종이 출력물) 　– A3 이상 300원(1장 초과 시 200원/장) 　– B4 이하 250원(1장 초과 시 150원/장) • 마이크로필름의 복제 　– 1롤마다 1,000원 • 슬라이드의 복제 　– 1컷마다 3,000원

보기

• A : 공시지가에 관련된 문서와 지가비공개 대상에 대한 문서를 하루 동안 각각 3시간 30분씩 열람하고, 공시지가 관련 문서를 A3용지로 총 25장에 걸쳐 출력하였다.
• B : 한 캔에 포함된 두 편의 영화필름 중 20분짜리 독립유공자 업적 관련 한 편의 영화를 시청하고, 13컷으로 구성된 관련 슬라이드를 시청하였으며, 해당 슬라이드의 1컷부터 6컷까지를 복제하였다.
• C : 공단 사업연혁과 관련된 마이크로필름 2롤과 3건(1건이 1개)으로 이루어진 녹음테이프 자료를 복제하였고, 최근 해외협력사업과 관련된 사진필름 8장을 열람하였다.
• D : 하반기 공사 입찰계약과 관련된 문서의 사본을 B4용지로 35장을 출력하고, 작년 공사 관련 사진필름을 22장 열람하였다.

① A – B – C – D
② A – B – D – C
③ B – A – C – D
④ B – C – A – D
⑤ D – C – A – B

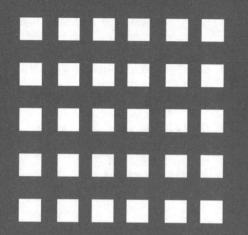

PART

03

NCS 선택영역 60제

NCS 60제

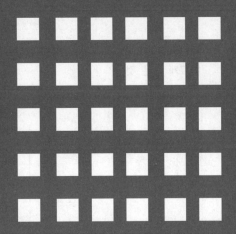

★ 이렇게 공부해볼까요?

1 자원관리능력

시간, 예산, 물적자원, 인적자원 등 각 자원에 대한 물음도 있지만, 여러 개의 자원이 통합된 문제도 출제된다. 대표적으로는 경로, 일정 예약, 비용 계산 등이 있으며, 일반적으로 최솟값을 물어보므로 기준을 설정하여 비교하면서 소거하는 방법으로 풀이해야 한다.

2 정보능력

컴퓨터활용능력의 비중이 높은데, 주로 사용하는 소프트웨어의 단축키나 함수식 등이 출제된다. 또한 업무 중 발생하는 상황에 대해 정보능력과 관련지어 물으므로 여러 상황에 대한 준비가 되어 있어야 한다.

3 기술능력

주로 매뉴얼 문제가 많이 출제되는데 대체로 하위능력 중 이해능력에 해당한다. 내용 일치의 비중이 높았지만 추후에는 이해를 넘어 선택과 적용까지 물어볼 수 있기 때문에 전공자의 경우 전공지식을 이용한 문제도 풀 수 있어야 한다.

4 조직이해능력

경영, 조직, 업무와 관련된 내용을 주로 묻고, 간혹 전공지식을 요하는 문제도 출제된다. 또한 상황제시형으로 적절한 답을 고르는 유형도 출제되기에 이에 대비하여야 한다.

자원관리능력 15제

정답 및 해설 p. 136

01

| ○ | △ | × |

시간관리 매트릭스를 고려해 다음 상황에서 자신이 취할 수 있는 가장 좋은 행동과 가장 좋지 않은 행동을 바르게 묶은 것은?

〈시간관리 매트릭스〉

	긴급한 일	긴급하지 않은 일
중요한 일	제1사분면	제2사분면
중요하지 않은 일	제3사분면	제4사분면

〈현재 상황〉

4명의 팀원들과 공동으로 맡은 대형 프로젝트가 있다. 임원 회의에서 프로젝트 발표 결과에 따라 팀원 전체의 승진이 결정되는 상황인데, 팀원 중 한 명이 교통사고가 나서 입원을 하게 되었다. 나머지 3명 모두 개별적으로 맡고 있는 업무가 있으며, 지금 귀하는 경쟁사 바이어와 점심 미팅이 잡혀 있는 상황이다. 지난 미팅 때 협의한 내용들의 문제점에 대해 이야기하고, 다시 협의할 점을 이야기하기 위해 보고서를 작성해야 한다. 점심시간까지는 1시간이 남아 있으며, 프로젝트 발표는 오후 5시로 예정되어 있다.

번호	행동
1	3명의 팀원들과 프로젝트에 관해 논의한 후 분담해 작성을 시작한다.
2	미팅 자료를 준비한 후, 팀원들과 업무 진행 상황을 논의해 우선순위를 정해 프로젝트를 작성한다.
3	3명의 팀원들에게 상황을 설명한 후, 도움을 요청한 뒤 미팅 때 사용할 보고서를 준비한다.
4	3명의 팀원들에게 업무 상황을 묻고 우선순위를 정한 뒤 미팅 때 사용할 보고서를 준비한다.

① Best : 2, Worst : 1
② Best : 3, Worst : 2
③ Best : 4, Worst : 1
④ Best : 4, Worst : 2
⑤ Best : 3, Worst : 1

S회사는 노후된 복사기 10대를 새로운 제품으로 교체하려고 한다. 제품 선정 기준은 복사기 10대를 사용하여 양면 10,000장을 가장 빠르게 복사하는 것으로 구매할 예정이다. 다음과 같은 특징을 고려했을 때, A~E제품 중 어떤 것을 구매하겠는가?

구분	특징
A제품	1분간 100매 양면 연속 복사 가능(연속 복사 후 5초 휴식)
B제품	1분간 200매 단면 연속 복사 가능(연속 복사 후 10초 휴식)
C제품	1분간 500매 단면 연속 복사 가능(연속 복사 후 30초 휴식)
D제품	1분간 500매 양면 연속 복사 가능(연속 복사 후 60초 휴식)
E제품	1분간 250매 양면 연속 복사 가능(연속 복사 후 10초 휴식)

① A제품   ② B제품
③ C제품   ④ D제품
⑤ E제품

H마트 물류담당팀장은 동탄에 있는 5개 지점 중에서 최적의 장소에 물류 거점을 세우고자 한다. 다음 자료를 참고하였을 때, 물류 거점 장소로 가장 적절한 곳은?(단, 출발 지점에 따라 같은 거리라도 이동 시간이 달라질 수 있다)

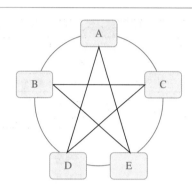

〈거점 상황〉

1. A↔B, A↔E, B↔C, C↔D, D↔E를 이동하는 시간은 모두 10분으로 동일하다.
2. A→C 이동 시간은 12분, A→D 이동 시간은 15분이다.
3. C→A 이동 시간은 15분, B→E 이동 시간은 20분이다.
4. B→D 이동 시간은 15분, C→E 이동 시간은 17분이다.
5. D→A 이동 시간은 12분, D→B 이동 시간은 17분이다.
6. E→B 이동 시간은 20분, E→C 이동 시간은 15분이다.

① A ② B
③ C ④ D
⑤ E

A업체는 행사장을 운영하고 있으며, 최근 여러 기업에서 문의를 받아 1월 예약일정을 접수받고 있다. 다음과 같은 문의가 있을 때, B기업에게 추천할 장소로 가장 적합한 곳은?

〈문의 사항〉

안녕하세요. 저희 회사는 1월 초에 'B기업 신입사원 환영식'을 개최하려 합니다. 그래서 행사장을 예약하려 하는데, 총인원은 300명이고 월·수·금 중 하루였으면 합니다. 행사는 아침 9시부터 오후 3시까지 진행할 예정입니다.

〈1월 행사장 예약현황〉

일요일	월요일	화요일	수요일	목요일	금요일	토요일
1 퍼플(11) 그린(15)	2 그린(13)	3 핑크(13) 그린(16)	4 그린(9)	5 퍼플(10) 블루(15)	6 핑크(9) 블루(16)	7 핑크(15) 그린(18)
8 핑크(13) 옐로우(17)	9 핑크(18)	10 그린(19)	11 옐로우(9) 퍼플(12)	12 옐로우(9) 블루(15)	13 퍼플(13) 그린(17)	14 핑크(9) 퍼플(11)

※ ( )에 표시된 숫자는 행사 시작 시간을 의미함

〈행사장 현황〉

구분	최대 수용인원	최소 투입인력	1타임당 이용시간
핑크	350명	30명	3시간
옐로우	350명	25명	2시간
퍼플	300명	25명	3시간
그린	300명	20명	2시간
블루	300명	27명	3시간

〈이용 조건〉

1. A업체의 영업시간은 오전 9시부터 저녁 9시까지이다.
2. A업체가 지원 가능한 행사진행 투입인력은 총 50명이다.
3. 동시에 여러 행사장을 운영할 수 있으며, 동시간대 투입 가능한 인력은 총원을 넘지 못한다.
4. 행사진행시간에 맞춰 이동 없이 하나의 행사장에서만 진행한다.

① 2일 핑크 2타임
② 4일 옐로우 2타임
③ 6일 퍼플 2타임
④ 11일 블루 2타임
⑤ 13일 핑크 2타임

※ 물류 회사에 근무 중인 A는 운송 계획을 세우고 있다. 전체 노선의 길이는 1,000km이고, 완행열차 기준으로 역과 역 사이의 거리는 동일하다. 모든 노선은 출발역과 도착역을 제외하고 역마다 5분씩 정차한다. 다음 질문에 답하시오. [5~6]

〈철도 노선도〉

완행	A	−	B	−	C	−	D	−	E	−	F	−	G	−	H
보통	A	=	B	=	=	=	D	=	=	=	F	=	=	=	H
우등	A	~	~	~	C	~	D	~	E	~	~	~	~	~	H
급행	A	→	B	→	→	→	→	→	E	→	→	→	→	→	H
특급	A	⇒	⇒	⇒	⇒	⇒	D	⇒	⇒	⇒	⇒	⇒	⇒	⇒	H

〈노선 정보〉

구분	평균속력(km/h)	연료	1리터당 연료비(원)	연비(km/L)
완행	100	벙커C유	800	2
보통	120	중유	1,000	4
우등	140	가솔린	1,500	6
급행	180	경유	1,800	8
특급	240	휘발유	2,000	10

※ 연비는 해당 연료 1L로 달릴 수 있는 거리를 나타낸다.
※ 계산에서 나오는 소수점은 모두 무시한다.

05

⭕ △ ✕

A역에서 물건을 실어 H역까지 배송할 때, 가장 빨리 도착하는 노선과 가장 늦게 도착하는 노선의 시간 차이는?

① 5시간 30분
② 5시간 45분
③ 6시간 10분
④ 6시간 25분
⑤ 7시간 10분

06

⭕ △ ✕

A역에서 화물을 실어 H역까지 배송할 때, 연료비가 가장 저렴한 노선은?

① 완행
② 보통
③ 우등
④ 급행
⑤ 특급

※ 건조기를 판매하는 A사에서 1분기 최적 판매 계획을 세우고 있다. 1분기 광고비로 책정된 총 예산은 500만 원이며, 1분기 제품 생산 능력은 600개이다. 다음 자료를 읽고 이어지는 질문에 답하시오.
[7~8]

〈판매망별 이익/비용표(원)〉

판매망	1대당 판매 이익	1대당 광고비	1대당 판매 인건비
홈쇼핑	50,000	7,000	6,500
대리점	40,000	6,000	7,000
온라인	60,000	5,000	5,500
대형마트	30,000	8,000	7,500
백화점	80,000	10,000	8,500

07

위의 자료에서 제시한 조건에 적합하며, 순이익이 가장 높은 판매망은?

① 홈쇼핑
② 대리점
③ 온라인
④ 대형마트
⑤ 백화점

08

회사가 1분기 성장을 목표로 광고 전략을 바꾸어 광고비 총 예산을 두 배인 1,000만 원으로 상향했다고 한다. 이에 맞춰 최대 이익을 거둘 수 있는 판매 전략을 다시 세울 경우, 순이익이 가장 높은 판매망과 총이익을 올바르게 계산한 것은?

	판매망	총이익
①	홈쇼핑	21,900,000원
②	홈쇼핑	22,800,000원
③	백화점	36,900,000원
④	백화점	35,900,000원
⑤	대형마트	35,000,000원

※ A회사는 정수기를 생산하고 있다. A회사가 생산비 절감을 위해 제품 생산비용을 분석했더니 정수기 필터 생산을 위한 비용이 전체 제품 생산비용의 50%를 차지하고 있는 것으로 밝혀졌다. 정수기 필터에 과도한 비용이 들어가고 있다고 판단한 임원진은 생산비용의 절감을 위한 방안 마련에 들어갔다. 정수기 필터를 생산하는 기계는 한 달 기준 전기 사용료가 85만 원, 연료비는 100만 원이 드는 상황이다. 다음 회사들의 조건을 고려해 이어지는 질문에 답하시오. [9~10]

구분	'가' 회사 설비	'나' 회사 설비
설치비용	1,000만 원	2,000만 원
연료비용 절감(1달 기준)	75만 원 절감	한 달 기준 80만 원 절감
전력비용 절감(1달 기준)	–	20% 감소

09

임원진 회의를 통해 '가' 회사의 설비를 설치하기로 결정했다면, 최소 몇 개월을 사용해야 손해를 보지 않을 수 있는가?(단, 전력비용은 고려하지 않는다)

① 13개월
② 14개월
③ 15개월
④ 16개월
⑤ 17개월

10

'나' 회사의 설비를 설치해 3년간 사용했는데, 그 후 정수기 필터 기계를 교체하게 되면서 설비를 다른 회사에 700만 원에 판매하게 되었다면 손익은 얼마인가?

① 2,006만 원 이익
② 2,192만 원 이익
③ 2,336만 원 이익
④ 2,006만 원 손해
⑤ 2,336만 원 손해

귀하는 1월 1일 오전 9시에 인천 공항에 도착해 싱가포르 시각으로 저녁 9시 전에 싱가포르 창이 공항에 도착해야 한다. 도착 시각이 계획보다 3시간 이상 늦어지지 않으며, 비용이 10만 원 이상 저렴할 경우 경유를 해서 갈 생각이다. 귀하의 상황에 가장 적절한 노선은?

노선	출발 시각	경유 여부 및 소요시간	티켓 비용
A	1일 오전 10시	직항	380,000원
B	1일 오후 2시	홍콩 경유 3시간 30분 소요	250,000원
C	1일 오전 11시	직항	390,000원
D	1일 오후 1시	홍콩 경유 3시간 소요	270,000원
E	1일 오후 1시	태국 경유 2시간 소요	320,000원

※ 한국은 싱가포르보다 1시간 빠르며, 인천 – 창이 직항의 경우 5시간이 소요된다.

① A
② B
③ C
④ D
⑤ E

※ S백화점에서 이번 겨울 롱패딩을 론칭하려고 한다. 각 제품의 특성을 확인한 후 이어지는 질문에 답하시오. [12~13]

구분	A	B	C	D	E
브랜드 인지도	★★★★★	★★★★	★★★	★★	★★★★
디자인	★★★★	★★★★★	★★★	★★★★	★★★
착용감	★★★	★★★★	★★★	★★★★	★★★
실용성	★★★★	★★★★	★★★★	★★★★	★★★★
가격	★	★★	★★★	★★★★★	★★★

※ ★★★★★ 매우 좋음, ★★★★ 좋음, ★★★ 보통, ★★ 아쉬움, ★ 매우 아쉬움

12

10대 고객은 브랜드 인지도가 높고 실용적인 좋은 옷을 선호한다고 한다. 위의 특성을 고려해 10대 고객에게 롱패딩을 판매한다면 어떤 제품이 가장 좋은가?

① A
② B
③ C
④ D
⑤ E

13

이번 시즌 롱패딩이 유행할 것을 예감한 Q회사에서는 신제품을 출시하려고 한다. 다음 〈조건〉에 맞추어 협력업체를 결정하려고 할 때, 가장 적절한 곳은?

─● 조건 ●─

1. 제품 1개당 생산 단가가 가장 저렴한 것이 1순위다.
2. 제품 1개 생산 시의 단가 차이가 9,000원 이하일 경우 방수력이 좋은 제품으로 한다.
3. 롱패딩 1개 제작 시 같은 종류의 원단 3단위가 사용된다.

구분	A	B	C	D	E
원단가격	12,000원	11,000원	10,000원	12,000원	9,000원
방수력	★★★★★	★★★★	★★★	★★★★	★★

※ ★★★★★ 매우 좋음, ★★★★ 좋음, ★★★ 보통, ★★ 아쉬움, ★ 매우 아쉬움

① A
② B
③ C
④ D
⑤ E

※ A경비업체는 경비 업무의 효율성을 위해 계획을 세우려고 한다. 경비 업무는 24시간 진행된다. 다음 자료를 보고 이어지는 질문에 답하시오. [14~15]

〈시간대별 소요 경비인력 수〉

시간대	소요인력
24 ～ 4시	10명
4 ～ 8시	20명
8 ～ 12시	24명
12 ～ 16시	30명
16 ～ 20시	25명
20 ～ 24시	9명

〈근무 수칙〉

1. 휴게 시간 포함 8시간 연속 근무를 원칙으로 한다.
2. 8시간씩 3교대 근무를 원칙으로 한다.

14

경비인력 계획에 따라 포트폴리오를 구성할 경우, 필요한 최소 경비인력은 몇 명인가?

① 35명
② 43명
③ 49명
④ 56명
⑤ 59명

15

자정 이후 시간대에 도난 사건이 많이 발생해 24시부터 4시까지 경비 인력을 10명 더 확충하기로 했다. 요청 사항에 맞추어 포트폴리오를 재구성할 경우, 필요한 최소 경비인력은 몇 명인가?

① 58명
② 62명
③ 65명
④ 69명
⑤ 74명

정답 및 해설 p. 141

01

김무열 씨는 ○○은행 인터넷뱅킹에 접속했지만 다음과 같은 팝업창이 열려 확인을 누른 후, 보안 프로그램 설치 페이지로 접속하였다. 김무열 씨가 은행 업무를 보기 위해 〈보기〉 중 설치하지 않아도 되는 프로그램을 모두 고른 것은?

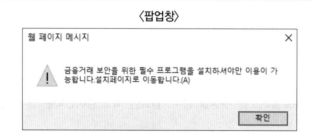

〈보안 프로그램 설치 페이지〉

■ 고객님의 안전한 서비스 이용을 위해 보안 프로그램을 설치해야 합니다.

프로그램명	기능	설치
통합 설치 프로그램	○○은행에서 제공하는 각종 보안 프로그램들에 대해서 통합 설치 관리 기능을 제공합니다.	선택
공인인증서 보안 프로그램	다양한 환경의 PC에 설치되는 사용자 모듈과 전자서명 업무 및 제출된 공인인증서의 유효성 검증을 수행하는 프로그램입니다.	필수
개인PC 방화벽	비인가된 접근을 차단하고 해킹툴 및 바이러스를 검색하고 치료해주는 프로그램입니다.	필수
IP추적 프로그램	사용자가 별도의 보안 소프트웨어를 설치할 필요 없이 특정 웹페이지에 접속하는 것으로 전자금융 부정 접속 및 거래에 대한 방지와 고객이 지정한 단말기 이외의 접속을 방지해주는 보안 솔루션입니다.	필수
키보드 보안 프로그램	키보드를 통해 입력되는 정보가 유출되거나 변조되지 않도록 보호해주는 프로그램입니다.	선택

┌─● 보기 ●─────────────────────────────────────┐
ㄱ 통합 설치 프로그램   ㄴ 공인인증서 보안 프로그램
ㄷ 개인PC 방화벽   ㄹ IP추적 프로그램
ㅁ 키보드 보안 프로그램
└──┘

① ㄱ, ㄴ   ② ㄴ, ㄷ
③ ㄷ, ㅁ   ④ ㄱ, ㄹ
⑤ ㄱ, ㅁ

회계부서에 근무하고 있는 A사원은 업무상 한글 프로그램을 자주 활용한다. 최근 입사한 신입사원이 자료를 정리하는 도중 수식을 입력·편집하는 것을 힘들어 하자 가르쳐주고자 한다. 〈보기〉와 같은 수식을 쓰기 위해 가장 먼저 사용해야 할 단축키로 올바른 것은 무엇인가?

┌─ ● 보 기 ●──────────────────────────────────┐
│ $$\frac{x+y}{xy} = 2x^2 + y - z$$ │
└──┘

① Ctrl+n, m
② Shift+Alt, a
③ Ctrl+n, t
④ Shift+Alt, n
⑤ Ctrl+n, o

세미나를 주최하고자 하는 A과장은 자신의 노트북 배터리가 모두 소진된 것을 발견했다. 회의시작 5분 전에 다행히 USB에 따로 저장해둔 파일이 있어 같은 팀 B대리에게 노트북을 빌려 서둘러 설치하였다. 하지만 B대리의 노트북에서 시작메뉴가 보이지 않았다. 시작메뉴를 불러내기 위한 단축키는 무엇인가?

① Shift+F1
② Alt+Enter
③ Ctrl+Esc
④ Ctrl+Alt+Del
⑤ Ctrl+W

○○회사 A사원은 회사 내부 E-mail로 업무를 보고한다. 다음 E-mail 화면을 보고 올바른 E-mail 예절을 지킨 제목으로 알맞은 것을 고르면?

수신인 : 과장 김석규, 대리 김아중   참조 : 사원 A
발신인 : 사원 A
첨부파일 : 2019결산보고서.hwp, 2019결산보고서.pdf
제목 : _____
내용 : 지난주 목요일에 지시하신 보고서 제출합니다. 첨부파일을 확인해 주십시오.
첨부파일 내용 중 전년도 결산보고서와 비교하여 급등한 매출내역과 급감한 매출내역은 빨간색으로 표시하였으니 참고하시기 바랍니다. 감사합니다.

---

① 지시하신 관련 보고서 배달합니다~ 룰루~^^
② 저번에 요청하신 관련 보고서입니다. 감사합니다.
③ 대리님~ 보고서 제출합니당~♬ 끝나고 회식? ㅋㅋ
④ [20191228] 2019년 결산보고서. 첨부파일 확인요망
⑤ 김 과장님! 김 대리님~! 사랑스러운 A입니다~

A대리는 최근 자신의 컴퓨터에 바이러스가 많이 침투해 속도가 느려지고 부팅이 잘되지 않아 업무를 진행하는 데 어려움을 겪고 있다. 이러한 상황을 해결하고자 컴퓨터 바이러스 감염 예방법을 찾아 실천하기로 하였다. 〈보기〉 중 A대리가 행할 방법으로 적절한 것을 모두 고르면?

● 보기 ●

㉠ 백신 프로그램을 설치하고 자주 업데이트한다.
㉡ 전자우편(E-mail)은 안전하므로 바로 열어서 확인한다.
㉢ 인터넷에서 자료를 받았을 때는 바이러스 검사 후에 사용한다.
㉣ 좋은 자료가 많은 폴더는 정보공유를 위해 무조건 서로 공유하여 사용한다.
㉤ 무료로 배포하는 백신프로그램이 많으니 굳이 유료백신을 구입하여 설치할 필요는 없다.

---

① ㉠, ㉡   ② ㉠, ㉢
③ ㉡, ㉤   ④ ㉢, ㉣
⑤ ㉢, ㉤

IT회사에 근무하고 있는 박 대리는 대학교 1학년 후배들을 위해 기초적인 교육을 하고 있다. 아래와 같이 소스를 입력한 뒤, 마지막 두 줄에 어떤 것을 입력해야 소스가 완성되는지를 고르고, 소스를 실행하였을 때 어떤 프로그램이 실행되는지 〈보기〉에서 올바르게 고른 것은?

```c
int main(){
    int i;
    int j;
    int k;
    int m;

    m = 0;

    for (i = 1; i <= 15; i += m) {
        for (j = 1; j <= 9; j++) {
            printf("%d * %d = %d", i, j, i * j);

            for(k = 0; k < m; k++) {
                printf("\t");
                printf("%d * %d = %d", (i + k + 1), j, (i + k +1) * j);
            }
            printf("\n");
        }

        m++;

    }
```

• 보기 •

| return 1; | return 0; | } | printf("/n"); | 구구단 | 피보나치 수열 |

① return 0;　　　피보나치 수열
② return 1;　　　구구단
③ return 0;　　　피보나치 수열
④ return 1;　　}　　구구단
⑤ return 0;　　}　　구구단

다음 글을 읽고 이와 유사한 사례로 볼 수 있는 것을 고르면?

> 최근 ○○학교의 A선생님은 수능출제위원으로 선정되어 가족들에게는 출장이라고 말하고 개인 짐을 꾸려 연수원으로 들어오라는 통보를 받았다. 수능출제위원장인 B교수는 A선생님에게 연수원에서는 개인 스마트폰과 노트북은 따로 보관하며, 별도로 제공하는 인터넷이 되지 않는 기기만을 사용할 수 있다고 알려주었다.

① 자리를 비울 때 또는 외부로 노트북을 가지고 나갈 때는 항상 화면보호기에 비밀번호를 걸어놓는다.
② 항상 메모하는 습관을 들여 책상 위에 잘 보이도록 둔다.
③ 개발팀의 출입문은 여닫을 때 별도의 보안키가 필요하므로 출입 편의성을 높일 수 있도록 만능키를 옆에 숨겨두고 다닌다.
④ 인가된 저장매체나 비인가 저장매체나 큰 차이가 없으므로 굳이 인가받지 않는다.
⑤ 웹 또는 각종 비밀번호는 잊어버리기 쉬우니 항상 전화번호와 동일하게 설정한다.

다음과 같이 한글 프로그램으로 표를 편집하던 중 각 셀의 너비를 동일하게 정렬하려면 어떤 단축키를 이용해야 하는가?

번호	순위	소속부서	전년도 순위	성과분석	성과급 지급율
1	2	인사	3	A	300%
2	3	R&D	1	A−	200%
3	4	총무	2	B+	100%
4	1	영업	4	A+	400%

번호	순위	소속부서	전년도 순위	성과분석	성과급 지급율
1	2	인사	3	A	300%
2	3	R&D	1	A−	200%
3	4	총무	2	B+	100%
4	1	영업	4	A+	400%

① F7
② F5 세 번+W
③ F5 세 번+H
④ F4+L
⑤ F5 한 번+L

09

회사 서버에 바이러스가 침입하여 회사 내부 정보가 유출되고 있다는 공지사항이 올라왔다. 다음 중 A사원이 즉시 실시해야 할 조치사항으로 올바르지 않은 것은?

① 바이러스 백신 프로그램을 신속하게 업데이트하여 실시간 검사 및 정밀 검사를 실시한다.
② 인터넷 선을 바로 제거하고 현재 설치되어 있는 바이러스 백신 프로그램을 실행한다.
③ 회사 내의 다른 직원들 PC와 내 PC가 증상이 같은지 문의하고, 증상을 빠르게 공지한다.
④ 정보보호 전문가 초빙을 요청하여 정보보호 관련 교육을 실시한다.
⑤ 내부 인트라넷망만을 이용하여 회사 내의 남은 일들을 신속하게 처리한 후 컴퓨터의 자료를 검사한다.

10

예전의 바이러스는 컴퓨터에 침입하여 일부 또는 전체 파일을 유출해 나가든지 아니면 해커 스스로 보안망을 뚫었다는 자부심으로 아무런 피해 없이 보안망을 뚫었다는 메시지만 남기는 경향이 있었다. 하지만 최근에는 컴퓨터에 침입한 뒤 정보와 파일들을 모두 암호화하여 사용자가 사용할 수 없도록 한 후 금전을 요구하는 지능형 해커들이 증가하고 있다. 이러한 바이러스를 무엇이라고 하는가?

① 웜 바이러스
② 랜섬웨어
③ 매크로 바이러스
④ 트로이목마
⑤ 스푸핑 공격

○ △ ×

기본적인 알고리즘을 설명하기 위하여 아래와 같은 순서도를 만들었다. 출력값으로 옳은 것은?

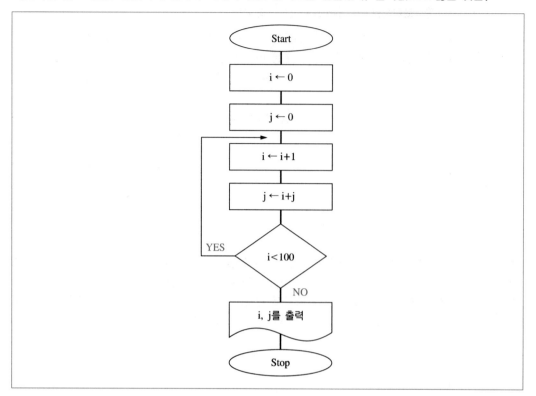

① I=100, J=5,050
② I=100, J=4,950
③ I=101, J=5,150
④ I=101, J=5,050
⑤ I=100, J=4,950

다음 〈보기〉에서 설명하고 있는 것은?

┌─ •보기•───┐

　　현대사회는 은행, 보험사, 포털사이트, 회사, 신문사, 관공서 등 여러 기관과 일상의 환경에서 많은 데이터들을 수집, 관리, 활용하고 있다. 이러한 많은 데이터를 효율적으로 활용하기 위해서는 "이것"이 필요하다. 사람이 수작업으로 할 수 있는 "이것"의 구축은 한계가 있기 때문에 컴퓨터를 활용하여 전문가와 함께 구축하여야 한다. "이것"은 계층형, 관계형, 객체지향과 XML, NoSOL형 타입으로 구분되어 현대사회에서 아주 중요한 역할을 수행하고 있다.

└──┘

① 빅데이터　　　　　　　　　　　② LTE
③ 데이터베이스　　　　　　　　　④ AI
⑤ 사물인터넷

김 대리는 최근 냉장고, TV, 스피커 등 서로 연결되어 정보를 교환하는 기기들의 출시를 보게 되었다. 이러한 인터넷을 기반으로 사물과 사물을 연결하여 상호 정보를 소통하는 기술을 말하는 것으로 인터넷을 확장하여 사물은 물론이고 현실과 가상세계의 모든 정보와 상호작용하는 개념으로 진화한 단계인 이것은 무엇인가?

① 빅데이터　　　　　　　　　　　② 키오스크
③ AI　　　　　　　　　　　　　　④ 유비쿼터스
⑤ ICT

A전자회사 김 대리는 다음과 같은 보고서를 작성하고 있다. 빈칸에 들어갈 것으로 알맞은 것은?

소셜미디어 상호작용, 스마트폰 등 인터넷 연결기기의 폭증, 멀티미디어 콘텐츠의 활용 증대로 인해 (   )의 시대가 도래하고 있다. IDC의 Digital Universe Study에 따르면 2009년 0.8제타바이트(ZB)였던 데이터량이 2020년 35ZB로 44배 규모로 증가할 것으로 예측하고 있다.

(   ) 분석을 통해 의미있는 정보를 실시간으로 도출해서 트렌드 파악, 마케팅, 의사결정 등 다양한 분야에서 활용이 증가하여 소비자 취향과 행동, 사람을 통하지 않는 신속한 의사결정을 지원하여 산업구조와 경쟁양상을 변화시키고 있다. 기존에는 대용량 데이터 처리를 위한 시간과 비용이 많이 소요되어 실시간 처리가 어려웠으나, 클라우드 기술의 등장으로 실시간 (   ) 처리가 가능해졌다.

(   ) 활용이 정보통신, 교육, 의료, 금융 등 사회 각 분야로 확산되면서 사회 전반의 생산성 향상에 기여할 전망이다. EU의 경우, 15 ~ 20%의 공공관리 비용 감소, 2 ~ 4천 달러의 가치창출, 10년간 0.5% 생산성 증가효과를 기대하고, 제조업 적용 시 상품개발 및 조립비용을 50% 이상 절감 가능하여 운용 자본도 7% 이상 절감할 것으로 기대하고 있다. 또한 개인의 LBS 정보는 바이트당 부가가치가 높아 2020년경에는 약 7,000억 달러의 가치 창출을 유발할 것이다.

---

① 인공지능
② 사물인터넷
③ 빅데이터
④ 유비쿼터스
⑤ ICT

다음과 같은 사례를 보고 나눈 대화 중 사례를 올바르게 이해하지 못한 사람은?

- **개인정보 유출**

　M사는 자사 회원인 G씨의 개인정보를 G씨의 동의 없이 유관회사인 S사에 제공하였으며, S사는 G씨에게 광고성 이메일을 수차례 발송하였다. G씨는 S사에 개인정보를 얻은 경위를 확인한 결과 M사로부터 유출된 것임을 알고 법원에 손해배상을 청구했다. 법원은 G씨의 사생활 비밀과 자유를 침해했고 정신적 고통을 주었다며 M사와 S사에 손해배상을 판결하였으며 정보통신부는 M사를 고발하고, S사에게는 과태료 부과를 부과했다.

- **운전면허번호 유출**

　게임사이트에 가입하려던 K군은 누군가가 이미 자신의 주민등록번호로 회원가입하여 해당 사이트를 이용할 수 없음을 알았다. 이에 게임사이트 운영자에게 사실을 확인한 결과 회원 추천 시 제공하는 마일리지를 받기 위해 주위사람이 도용한 것임이 밝혀졌다. K군은 복잡한 본인 확인과정을 거쳐 도용한 사람의 ID 등을 삭제하고 서비스에 가입할 수 있었다.

- **카드 3사 개인정보 유출**

　2014년 1월 8일, 카드 3사 개인정보 유출이 언론에 보도되었다. 이후 자신의 개인정보가 유출됐는지 확인하려는 사람들로 인해 해당 카드사의 홈페이지와 콜센터에 접속이 폭주했다. 오프라인 창구 역시 재발급을 요구하는 고객들로 북새통을 이뤘으며, 이 같은 현상은 이후 한 달여 이상 계속됐다.

① 주민등록번호를 함부로 적어서는 안 되겠어.
② 관공서에서 발급받은 등본이나 초본 등을 그냥 쓰레기통에 버렸는데 이젠 철저하게 분쇄해서 버려야겠어.
③ 보이스피싱이 갈수록 지능화된다는데 내 개인정보를 소중히 여기고 개인정보 유출에 대해 경각심을 일깨워야겠어.
④ 우리 가족 ID와 주민등록번호, 은행계좌 등 모든 것을 내가 관리해야겠어. 그래야 유출이 되지 않을 테니까.
⑤ 스팸메일을 아무런 생각 없이 클릭하거나 출처가 불분명한 사이트에서 다운로드하는 행위는 다시는 하지 않아야겠어.

CHAPTER 03 기술능력 15제

정답 및 해설 p. 144

01

다음은 한 회사에서 전화 응대에 필요한 사항들을 작성해 놓은 메모이다. 메모에 적힌 내용을 바탕으로 하여 대화내용을 볼 때 적절하지 않은 것은?

〈전화 응대 매뉴얼〉

　기본적으로 전화 응대 5원칙에 따라 신속하고 정확하고 간단하고 정중하게 그리고 비록 보이지 않더라도 미소로 응답한다.

• 전화가 오는 즉시 응대하도록 하며 전화벨이 3번 울리기 전에 받고 이를 지키지 못했을 시에는 정중히 사과하거나 '기다려 주셔서 감사합니다.'와 같은 인사를 건넨다.

• 전화를 받음과 동시에 감사 인사와 함께 회사명을 밝힌다.

• 용건을 물은 후에는 간결하게 필요한 내용만 육하원칙에 따라 메모한다.

• 중요한 내용은 다시 한 번 상대에게 확인하도록 한다.

• 전화를 끊을 때도 간단한 안부 인사를 통해 통화를 종료한다.

(Ring×4)

A : 기다리게 해서 죄송합니다. ○○회사 영업부입니다.

B : 안녕하세요. 저는 □□회사 김△△ 대리입니다.

A : 네! 안녕하세요. 저는 영업부 최△△ 사원입니다. 어떤 용무로 전화주셨나요?

B : 이번에 납품해 주시기로 한 물품 견적서에 문제가 좀 생겨서요. 혹시 조 대리님과 통화할 수 있을까요?

A : 아, 지금 잠시 외근 나가셨습니다. 간단히 메모 남겨드리겠습니다.

B : 감사합니다. 제 개인 핸드폰 010 – 1234 – 5678로 연락주셨으면 합니다.

A : 네, 010 – 1234 – 56780이 맞는지 확인 부탁드립니다.

B : 맞습니다. 감사합니다.

A : 전화 주셔서 감사합니다. 좋은 하루 보내세요.

---

① 전화벨이 4번 이상 울렸으니 상대방에게 정중히 사과한다.

② 용무를 묻기 전 회사명을 밝힌다.

③ 상대방이 원하는 용무에 대해 최대한 자세하게 메모해 놓도록 한다.

④ 핸드폰 번호는 오류가 생길 수 있으니 다시 한 번 묻도록 한다.

⑤ 자연스럽게 전화를 끊을 수 있도록 끝맺음 인사를 한다.

다음은 담당자가 부재중일 때 담당자를 찾는 전화에 대한 응대 매뉴얼이다. 메모와 두 사람의 대화를 보고 나눈 대화로 올바르지 않은 것은?

〈담당자가 부재중일 때 전화 응대 매뉴얼〉

- 담당자가 부재중일 경우 정중한 사과와 함께 상대방의 소속을 확인 후 용건을 묻는다.
- 담당자를 대신하여 상대방이 용건을 전달해 올 경우에는 간단명료하게 메모를 작성하도록 한다.
- 메모가 끝난 후에는 상대방에게 더 전할 내용이나 다른 업무 등의 처리가 필요한지 물어 본다.
- 통화를 끝낼 쯤에는 혹시 생길 일에 대비하여 책임소재를 분명히 하기 위해 대신 전화를 응대한 사람의 소속과 이름을 상대방에게 말한다.
- 상대방이 전화를 끊은 것을 확인한 후 끊는다.

A : 안녕하세요, 이번에 보내주신 계약서에 대해서 문의하고 싶습니다.
B : 전화해 주셔서 감사합니다. 저는 □□부서의 한×× 사원입니다.
　　현재 담당자가 자리에 없습니다. 용건 남기시겠습니까?
A : 네, 전달 부탁드립니다.
B : 메모하여 전하겠습니다. 전하실 내용을 말씀해 주십시오.
A : 이번 계약서에 빠진 내용이 있습니다. 메일로 첨부하였으니 확인 후 저에게 다시 연락해달라고 전해주셨으면 좋겠습니다.
B : 실례지만 어느 분께 연락이 왔다고 전해드리면 될까요?
A : ☆☆기획 마케팅 부서 차△△ 대리입니다.
B : 이○○ 사원이 돌아오는 대로 신속히 내용을 전달하도록 하겠습니다.
A : 네, 감사합니다.
B : 좋은 하루 되십시오.

---

① 상대방이 용건을 전달하고자 했으니 메모를 해야겠어.
② 메모는 이름, 소속, 시간, 용건 등을 적으면 되겠어.
③ 매뉴얼에 따라 상대방에게 다른 용무가 더 있는지 물어봤다면 좋았을 것 같아.
④ 책임소재를 분명히 하기 위해 전화를 건 상대방의 소속을 꼭 물어봐야 해.
⑤ 매뉴얼에 따르자면 A가 먼저 전화를 끊었을 거야.

| ○ | △ | × |

다음은 불만사항이 있는 고객의 전화에 대한 대응 매뉴얼이다. 이를 읽고 매뉴얼의 내용과 일치하지 않는 것을 고르면?

> 고객에게서 항의 전화를 받았을 땐, 고객의 불만사항에 대해 사과하고 불편사항에 공감해야 한다. 경청의 자세로 고객의 입장을 충분히 들은 후에 문제점 혹은 항의사항에 대해 공감 또는 재사과를 한다. 문제를 일으킨 원인 분석 후 해결책을 제시하고, 제시한 해결책에 대한 고객의 동의를 구한다. 자신의 업무가 아니거나 내가 처리하지 못할 경우 상사에게 도움을 요청한다. 통화를 종료하기 전 고객에게 거듭 사과하고 감사를 표현한 후 전화를 끊는다.

① 공감 표현은 상대방의 감정이 더 이상 상하지 않도록 하기 위함이다.
② 항의내용은 끝까지 들어야 하며 녹음이나 메모를 한다.
③ 항의내용에 대해 이치에 맞지 않는 경우 중간에 정정한다.
④ 본인이 판단할 수 없는 내용일 땐 상사와의 논의 후 대안을 찾아 다시 연락한다.
⑤ 본인 영역의 업무가 아니더라도 화를 내거나 언성을 높이지 않는다.

다음은 한 회사의 건조기에서 기능적으로 문제가 있을 시 유추되는 문제점들에 대해 정리한 내용이다. 제품에서 경고음이 나는 경우로 올바른 것은?

■ **작동이 안돼요**
- 건조기의 문이 열린 경우
- 전원이 들어오지 않은 경우
- 전원에 전류가 공급되지 않은 경우
- 물통이나 필터에 문제가 있는 경우
- 안전 모드가 작동된 경우

■ **배수가 안돼요**
- 호스가 꼬여있는 경우
- 호스가 얼어있는 경우

■ **건조기가 작동시간보다 미리 꺼져요**
- 빨래의 양이 적은 경우

■ **건조기에서 '삑―'하는 소리가 나요**
- 직물별 분류가 안 된 경우
- 빨래가 너무 많거나 적어서 회전이 원활치 않은 경우
- 제품 주변의 온도가 영상 10도 미만인 경우

■ **건조기 작동 시 시끄러워요**
- 건조기 내에 이물질이 들어간 경우
- 건조기가 잘못 설치된 경우

---

① 집안 내에 차단기가 정전에 의해 잠시 내려간 경우
② 아이가 건드릴 것을 우려하여 안전 모드를 작동시킨 경우
③ 정기적으로 물통을 갈고 필터를 세척한 경우
④ 무거운 빨래와 가벼운 빨래를 구분하여 넣은 경우
⑤ 겨울철에 건조기가 설치된 베란다의 온도가 8도인 경우

※ 다음은 한 전자회사의 최신형 김치냉장고에 대한 설명서이다. 설명서를 읽고 이어지는 질문에 답하시오. [5~7]

〈설치 시 주의사항〉

- 교류 250V / 70Hz / 정격전류 20A 이상인 콘센트를 사용해 주세요.
- 안전을 위해 반드시 접지하여 주시고 가스관, 수도관과 겹치지 않도록 주의해 주세요.
- 설치 시에는 전선이 벗겨질 위험이 없는지 전원 플러그를 확인 후 냉장고를 밀어 넣도록 하세요.
- 전원 코드의 길이를 연장하거나 임의로 변경하지 마세요.
- 전원 플러그는 코드가 아래로 가도록 설치하세요.
- 번개가 칠 때는 전원 플러그를 빼두시는 것이 좋습니다.
- 젖은 손으로는 전원 플러그를 만지지 마세요.
- 휘발성이 있는 재료나 가연성 물질을 제품 주변에 두지 마세요.
- 전기 부품에 물이 들어가거나 이상한 소리 혹은 냄새가 나면 전원을 꺼 주세요.
- 여러 제품을 동시에 꽂아서 사용하면 발열의 원인이 될 수 있으므로 전원 콘센트에는 본 제품의 플러그만 꽂아 주세요.

〈사용 시 주의사항〉

- 동결의 위험이 있으니 온도가 급변하는 장소에서 사용하지 마세요(적정온도인 6도 이상 43도 이하를 지켜 주세요).
- 내용물은 반드시 전용 용기에 담아 보관해 주세요.
- 보관 온도가 다른 식품을 함께 보관하지 마세요.
- 송풍기를 막지 않도록 하기 위해 벽과는 10cm 이상의 틈이 있어야 합니다.
- 전선이 무리하게 구부러지거나 무거운 물체에 눌리지 않도록 해 주세요.
- 열기구, 습기, 기름, 먼지 많은 곳이나 직사광선이 비치는 곳에서는 사용하지 마세요.
- 정기적으로 전원 플러그의 이물질 등은 마른 천으로 닦아 주세요.

〈운반 시 주의사항〉

- 냉동기능을 사용할 시 깨지거나 터질 수 있는 물건을 넣지 마세요.
- 내부 건조를 위해 전기도구를 사용하거나 냄새제거를 위해 허용되지 않은 약품이나 물건을 넣지 마세요.
- 제품에 알코올이나 물, 시너 등을 묻히지 마세요.
- 장시간 전원을 켜지 않은 경우에는 냉동실에 물이 생기지 않도록 주의하세요.
- 제품을 운반할 때는 수평 조절 나사를 조정하세요.
- 이사 등 장거리나 장시간의 운반이 필요한 경우에는 제품을 눕히지 말고 세워서 운반하세요.
- 애완동물들이 전선을 건드리지 않도록 주의해 주세요.
- 제품 운반 시에 제품 뒷면 송풍구의 청결을 유지해 주세요.

05

다음은 김치냉장고 설치 요령을 읽고 지켜야 할 사항들을 적어놓은 것이다. 감전을 일으킬 수 있는 원인이 될 만한 사항은?

① 제품의 구분이 쉽도록 주변에 설치된 제품들을 멀티탭에 한 번에 꽂아놓고 사용했다.
② 냉장고 설치 시 전선의 늘림이나 긁힘을 없애기 위해 전원을 뽑은 채 운반했다.
③ 플라스틱 수도관을 피해 접지해야 하므로 부엌 베란다에 설치하지 않았다.
④ 설치 후 습기나 먼지를 최소화하기 위해 빨래 건조대를 옮겼다.
⑤ 시중에 판매되는 모기약이나 해충약은 되도록 제품과 멀리 떨어뜨려 놓는다.

06

김치냉장고를 사용할 때 주의해야 할 사항을 읽고 잘못 이해한 것은?

① 김치냉장고 설치는 온도가 약 20도로 유지되는 작은방에 설치한다.
② 육류와 채소는 서로 보관 온도가 다르므로 전용 용기에 넣어 따로 보관한다.
③ 기계에서 나오는 열이 있으므로 통풍이 잘되는 곳에 벽과의 거리를 두고 설치한다.
④ 전선이 너무 길어서 사용이 불편할 수 있으므로 전선을 묶어서 고정시켜 놓는다.
⑤ 전원 코드의 위생 관리를 위해 보이는 곳에 플러그를 꽂는다.

07

새로운 아파트로 이사를 오면서 김치냉장고를 새로 산 김 씨는 사용한지 얼마 되지 않아 냉장고의 이상을 감지했다. 김치냉장고의 고장을 일으킬 만한 원인으로 적절한 것은?

① 배송받을 때 김치냉장고를 단단히 고정하기 위해 눕혀서 운반했다.
② 집에서 키우는 고양이가 전선을 긁지 않도록 안 보이게 접지해 놓았다.
③ 냉매 파이프에 새는 곳이 없는지 사용 전에 미리 확인했다.
④ 새 제품을 청소할 때는 마른 수건으로 닦는다.
⑤ 제품을 사용하지 않을 땐 냉동고의 얼음이 녹아 흐르지 않게 얼음을 뺀다.

※ 다음은 건조기 표시등에서 나타날 수 있는 여러 가지 표시에 관한 내용들이다. 내용을 읽고 이어지는 질문에 답하시오. [8~9]

〈건조기 표시등의 이런 표시들은 유의해주세요!〉

- AP : 공기온도 시스템에 오류 발생
- DO : 건조기 문이 열려있음
- WP : 건조 물통에 물이 가득 참
- 4E : 전류 공급이 원활하지 않음
- FD : 건조기에 빨래가 가득 참
- DD : 건조기에 빨래가 부족함
- IP : 다림 기능 혹은 압축기에 열이 충분히 공급되지 않음

〈제품의 고장이나 옷의 손상을 막기 위해 지켜주세요!〉

- 건조 전
  - 사용했던 필터를 점검해 주세요.
  - 혹시 모를 사고에 대비하여 전원이 켜진 후에 안전 모드 버튼을 눌러 작동시켜 주세요.
  - 건조기 다이얼을 참고하시어 정해진 용량에 맞게 빨래별로 분류하여 건조기를 작동시켜 주세요(섬유에 따라 작동시간과 용량이 다릅니다).
    ※ 본 제품에는 다음과 같은 다이얼들이 있습니다(최대 용량 표시).
    - 합성섬유 모드(3kg), 울 모드(4kg), 운동복 모드(3kg), 이불 모드(10kg), 청바지 모드(4kg), 표준 모드(면과 린넨 소재(4kg)), 섬세의류 모드(얇은 속옷(1kg)), 타월 모드(3kg)
  - 얇은 옷을 건조할 때는 낮은 온도로 설정해 주세요.
  - 금속이 기계에 직접적으로 닿지 않게 주의해 주세요.
  - 옷에 묻어 있던 이물질이 기계에 직접 닿지 않도록 확인 후 건조해 주세요.
  - 탈수된 옷감만 넣어서 건조해 주세요.

- 건조 후
  - 사용 후에는 필터를 분리하여 필터망을 청소해 주세요.
  - 열 전환기와 물통 비우기 표시를 확인하시고, 필요하다면 열 전환기를 끄시고 물통을 비워 주세요.

다음 중 표시등과 문제 해결 방법을 올바르게 연결하지 못한 것은?

① AP : 열 교환기나 필터를 교체해 본다.
② DO : 건조기 문을 닫고 다시 시작한다.
③ WP : 물통에 물을 빼준다.
④ 4E : 전원 버튼을 껐다 켠다.
⑤ DD : 원활한 작동을 위해 빨래를 더 추가한다.

옷감이 상할 만한 상황이나 제품의 고장을 일으킬 만한 사항에 해당하는 것은?

① 빨래 양이 적을 때는 한 번에 넣고 표준모드로 설정한다.
② 얇은 면 속옷과 면티는 같은 면이지만 함께 건조하지 않도록 한다.
③ 단추나 금속이 달린 의류는 뒤집어서 건조한다.
④ 물통을 비우기 위해 열 전환기를 끈다.
⑤ 주머니에 있는 동전, 머리핀 등은 미리 제거한다.

다음은 한 도매회사에서 신입사원들에게 소개한 행동 매뉴얼의 일부이다. 매뉴얼을 지키기 위한 신입사원의 노력으로 옳지 않은 것은?

〈행동 매뉴얼〉

• 여유 있는 시간 계획을 세워라.
• 신뢰관계 구축을 위해 약속이나 전달 사항은 잊지 않도록 하라.
• 단정한 옷차림 외에도 좋은 이미지 구축을 위해 표정과 말투 등에 신경써라.
• 업무에 맞는 용어를 사용하도록 하라.
• 공과 사를 구분하여 회사 생활에 임하라.
• 신문이나 전문서적 등을 읽어라.
• 자기의 성과만큼 다른 사람 일을 소중히 여기는 마음으로 지나친 도움 요청이나 지나치게 잦은 질문은 삼가라.
• 능동적으로 일하되 상사의 의견과 가르침을 경청하라.
• 정리 정돈을 잘하라.

---

① 인사를 밝고 크게 함으로써 타인에게 좋은 인상을 남기도록 한다.
② 혹시 모를 상황에 대비하기 위해 출근 시각 30분 전에 도착하도록 노력한다.
③ 항상 수첩을 소지하여 메모하는 습관을 기른다.
④ 도서관을 이용하거나 책을 구매하여 자기 분야에 대해 공부한다.
⑤ 일을 처리함에 있어 항상 상사와 선배에게 도움을 청한다.

다음은 어떤 회사의 냉장고를 구매한 소비자들이 고장으로 오인하는 경우를 정리한 것이다. 냉장고를 구매한 소비자가 서비스 센터에 고장 문의를 해야 하는 경우는?

〈서비스 센터에 고장 문의하기 전에 확인해주세요〉

- 냉장실은 열린 채로 3분 이상, 냉동고는 냉동고 온도가 3도 이상 올라갈 경우 경고음이 울리니 냉장고 문이 제대로 닫혔는지 확인해주세요.
- 본 제품에는 잠금/풀림 버튼이 있습니다. 상태를 전환하면서 버튼 소리가 납니다.
- 제품 뒤에 공간이 없거나 감지될 만한 이물질이 끼었을 때는 소리가 나니 확인해주세요.
- 제품의 내부가 너무 차가워지거나 내부 온도가 너무 올라가게 되면 부품의 동작으로 인해 웅-하는 소음이 발생할 수 있습니다.
- 제품을 생산할 때 냉장과 냉동의 성능 확인을 위한 검사를 합니다. 새로 받은 제품에 물기가 남아있다면 이 때문일 가능성이 있습니다.
- 원활한 냉장이나 냉동이 안될 만큼 제품 내부가 가득 차 있을 경우 제품에서 소리가 날 수 있습니다.
- 냉장고의 문이 잘 닫히지 않는 경우는 제품의 높낮이가 맞지 않거나 음식물이 너무 많아서 일 수 있으니 조정해주세요.
- 냉장고의 앞면 혹은 뒷면은 냉장이나 냉동을 위한 관이 설치되어 있어 제품이 설치된 주변 온도가 높을 수 있으며 처음 설치했을 때는 문 주변의 손잡이가 뜨거울 수 있습니다.

① 아이가 가지고 놀던 공이 냉장고 뒤에 들어가 소리가 나는 경우
② 식품들을 냉장실과 냉동실에 꽉 채워 넣었을 때 소리가 나는 경우
③ 냉장실 문이 열린 1분 후에 경보음이 울리는 경우
④ 여름철 냉장고에서 식품들을 꺼내려는데 문 손잡이가 뜨거운 경우
⑤ 잠금 버튼이 설정된 냉장고의 풀림 버튼을 눌렀을 때 소리가 나는 경우

다음은 소비자가 무상수리를 받을 수 있는 경우를 설명한 글이다. 무상수리나 환불을 받을 수 있는 경우에 해당하지 않는 것은?

> 제품마다 정해진 무상수리 기간이 있으므로 무상수리 기간 내에는 무료로 지역에 상관없이 제조사에서 마련해 놓은 AS센터에서 무상수리를 받을 수 있다. 그러나 종종 무상수리 기간을 잊어버리는 경우가 있는데 이때는 배달된 날짜 혹은 구입일자가 적힌 보증서를 제품에 붙여놓거나, 제조사에 부탁해서 제조일자를 알아 놓는 것이 좋다. 카드 구입의 경우 구입 제품의 영수증을 재발급받으면 되고, 현금으로 구매한 경우 현금영수증을 받아 놓으면 된다. 제품의 보증서를 분실했을 경우에는 해당사의 제품인지를 확인해야 하므로 판매처가 찍힌 영수증이 필요하다. 현금 구매 시 영수증을 따로 받지 않았다면 제조일자 기준으로 3개월까지 무상수리를 받을 수 있다. 무상수리 기간은 제품마다 다르므로 미리 확인하는 것이 좋다.
>
> 제조사에 부품이 없어서 수리가 불가한 경우, 제품 가격 일부를 환불받을 수 있게 되어 있다. 그러나 AS 기사의 부주의에 의한 부품 손실이 아닌 소비자의 부주의에 의해 손상되거나 손실된 경우에는 무상수리가 제공되지 않는다. 부품뿐만 아니라 제품마다 예상 수명을 기록해놓도록 되어있는데 제품 예상 수명이 남아있지만 부품이 없는 경우, 회사에서는 제품의 남은 수명을 제품 값으로 나눈 금액만큼 제품을 구입한 고객에게 환급해야 한다.

① 올해 11월에 구매한 제품의 영수증은 없으나 제조일자가 올해 9월인 경우
② 제품의 예상 수명 기간이 9년인데 7년 사용 후 부품이 없이 제품을 폐기할 경우
③ 보증기간이 1년 남은 제품을 본인 스스로 조립하다 부품을 잃어버린 경우
④ ○○마트에서 구매한 청소기의 영수증은 있으나 보증서가 없는 경우
⑤ 보증기간 중 거주지 근처 AS센터 이외의 타 지역에서 AS를 받은 경우

다음은 한 항공사의 고객 응대 기본 매뉴얼이다. 이를 통해 유추할 수 있는 내용이 아닌 것은?

- 모든 일에 열심히 그리고 적극적으로 임하라.
- 어디에서나 깨끗한 외모와 단정한 자세로 고객에게 신뢰감을 주어라.
- 지난 업무에 대해 리뷰하면서 서로의 의견을 나누어라.
- 자신의 서비스에 자부심을 가지고 모든 고객에게 친절히 대하라.
- 비판하는 고객의 소리에 귀를 기울여라.
- 만족스러운 회사 생활이 될 수 있도록 모두가 노력하라.
- 고객의 의견에 규정을 먼저 이야기하지 말고 경청하고 공감하라.

① 유니폼 착용 시엔 단정한 이미지를 위해 말투나 자세에 더 신경쓰도록 한다.
② 고객의 지위고하, 남녀노소를 구별하지 않고 항상 존댓말을 사용한다.
③ 고객이 불만을 이야기할 때는 사과와 함께 고객의 말을 끝까지 경청한다.
④ 모든 승무원은 비행 후 항공 일지를 쓰도록 한다.
⑤ 친목을 위한 회사 내 각종 행사에 직원들의 무조건적인 참여를 독려한다.

※ 다음은 S회사 TV의 설명서이다. 자료를 읽고 이어지는 질문에 답하시오. [14~15]

〈설치 시 주의사항〉

• 벽걸이로 설치할 때
 − 정해진 규격보다 긴 나사를 사용하십시오.
 − 나사는 반드시 고정기에 표시되어 있는 4군데 모두 설치하십시오.
 − 제품마다 사용되는 나사의 종류가 다르므로 혼합하여 사용할 수 없습니다.
 − 벽을 뚫고 그 안에 설치하지 마십시오.
 − 안전한 사용을 위해 시멘트 벽이 아닌 곳에서 설치하지 마십시오.
 − TV는 15도 이상 기울여 설치하지 마십시오.
 − 제품의 고장 예방을 위해 가열기 근처나 열 감지기 옆에 제품을 설치하지 마십시오.
 − 벽걸이 설치 시 반드시 자사의 기사님이나 본사에서 제공하는 회사를 이용하십시오.

• TV 고정틀에 설치할 때
 − TV가 넘어지지 않도록 20mm 정도의 틈을 남기고 설치하십시오.
 − 나사는 규격에 맞게 제공되는 나사를 사용하십시오.
 − 튼튼한 끈을 사용해 수평 또는 아래쪽으로 경사지게 묶어 주십시오.
 − 가급적 모든 제품은 제조사에서 지정한 물품을 사용하십시오.

〈TV의 특수기능들〉

• 인터넷이 연결되어 있는 경우에만 시스템 설정에서 현재 시각이 자동으로 화면에 표시되도록 설정할 수 있습니다.
• 취침 예약 기능을 사용하면 모션이 없는 경우 TV가 자동적으로 꺼지도록 최대 180분 안에서 설정이 가능합니다.
• 화면의 절전 모드와 모션 밝기 조정, 자동 전원 끄기 설정을 통해 전기를 아낄 수 있습니다.
• 소프트웨어 업데이트는 USB 연결 혹은 인터넷이 연결되었을 때 가능합니다.
• 인터넷과 TV가 연결되어 있는 경우 악성 코드에 노출될 위험이 있습니다. 세이프티 기능을 이용하여 정기 검진 기간을 설정해 놓으세요(컴퓨터와 연동되는 기능은 아니므로 가급적 날짜를 맞추어 동시에 하시길 권장합니다).
• 시각 장애인을 위한 음성 안내 기능이 있습니다.
• 자막 기능을 통해 한국 방송을 영어 자막으로 시청하실 수 있습니다.

14

다음은 TV를 구매하려는 소비자들이 TV의 특수기능에 대해 나눈 대화이다. 기능을 올바르게 인식하지 못한 사람은?

① K씨 : 언제든 시스템 설정만 해 놓으면 시계 없이 현재 시각을 볼 수 있겠네.
② J씨 : 영국인 친구가 놀러왔을 때 한국 방송을 같이 볼 수 있겠어.
③ P씨 : 인터넷과 함께 사용한다면 한 달에 한 번씩 컴퓨터 검사할 때 TV도 함께 해야겠다.
④ C씨 : USB를 TV에 연결하지 않아도 인터넷이 연결되어 있으면 업데이트가 가능하겠다.
⑤ L씨 : TV를 보는 중에 잠이 들어도 걱정 없겠다.

15

다음 중 TV를 잘못 설치한 경우는?

① 벽걸이용 설치 시 표준규격에 맞는 나사가 7cm일 때 8cm 나사를 이용한 경우
② 같은 제조사의 종류만 다른 TV일 때 같은 고정기 나사를 사용한 경우
③ 고정틀에 설치 시 벽과 2cm의 틈만을 남겨놓은 경우
④ 제조사에서 제품과 함께 나온 틀에 설치한 경우
⑤ 설치할 벽에 설치 전 미리 시멘트로 보강한 경우

정답 및 해설 p. 147

01

○ △ ×

다음의 글은 무엇을 설명하고 있는가?

> (   )는 전혀 다른 학문이 결합해 뛰어난 작품을 만들거나 폭발적인 아이디어를 창출해 내는 것을 말한다. 또한 서로 다른 지식 등이 합쳐져 창조적이면서 혁신적인 결과물을 이끌어낸다.

① 베르누이 효과   ② 뉴로 마케팅
③ 메디치 효과   ④ 베블런 효과
⑤ 빅데이터

02

○ △ ×

다음 중 조직의 구조에 대한 설명으로 옳지 않은 것은?

① 기계적인 조직은 구성원 개개인의 업무가 분명하다.
② 유기적인 조직은 비공식적인 상호의사소통이 원활하게 이루어진다.
③ 규모가 클수록 업무가 전문화되고 분화된다.
④ CEO는 조직구성원들과 수평적으로 배열된다.
⑤ 조직이 투입요소를 산출물로 전환시키는 역할을 한다.

03

귀하는 A기업의 임원이다. 2020년도를 맞이하여 회사 전 직원의 임금 및 복리후생제도에 대한 전반적인 파악 후 조정을 거쳐 신입사원부터 적용할 계획이다. 다음 중 어느 부서의 직원을 불러 파악해야 하는가?

① 회계부의 이 대리
② 영업부의 오 차장
③ 기획부의 정 사원
④ 총무부의 서 과장
⑤ 인사부의 김 사원

04

조직문화의 구성요소(7S)에 대한 설명으로 옳지 않은 것은?

① 공유가치(Share Value) : 조직구성원의 행동이나 사고를 가고자 하는 방향으로 이끌어 갈 수 있는 원칙이나 기준
② 제도 및 절차(System) : 조직 운영에 있어 의사결정과 운영의 틀이 되는 각종 시스템
③ 기술(Skill) : 조직의 전략을 수행함에 있어 필요한 틀로서 구성원들의 역할과 그들 간의 상호관계
④ 전략(Strategy) : 장기적인 관점에서 바라본 조직의 목적과 계획 그리고 이를 달성하기 위한 행동 지침
⑤ 구성원(Staff) : 조직의 인력 구성에 대한 것과 그들의 능력, 전문성, 가치관, 신념, 지각, 태도 등

05

클라우드 컴퓨팅에 대한 설명으로 옳지 않은 것은?

① 서버에 저장하는 것이기 때문에 해킹으로부터 안전하다.
② 인터넷 접속만 가능하면 고성능 기기가 아니어도 원격으로 작업을 수행할 수 있다.
③ 클라우드라는 인터넷 서버에서 데이터 저장과 처리, 네트워크, 콘텐츠 사용 등 IT 관련 서비스를 한 번에 제공하는 기술이다.
④ 서버의 데이터가 손상되면 백업하지 않은 정보는 살리지 못하기 때문에 미리 백업을 해둬야 한다.
⑤ 컴퓨터 시스템을 유지 · 보수 · 관리하기 위해 들어가는 비용과 시간, 인력 등을 줄일 수 있다.

06

경영 전략의 추진 과정으로 옳은 것은?

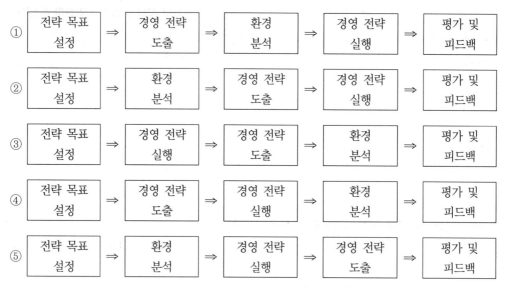

① 전략 목표 설정 ⇒ 경영 전략 도출 ⇒ 환경 분석 ⇒ 경영 전략 실행 ⇒ 평가 및 피드백

② 전략 목표 설정 ⇒ 환경 분석 ⇒ 경영 전략 도출 ⇒ 경영 전략 실행 ⇒ 평가 및 피드백

③ 전략 목표 설정 ⇒ 경영 전략 실행 ⇒ 경영 전략 도출 ⇒ 환경 분석 ⇒ 평가 및 피드백

④ 전략 목표 설정 ⇒ 경영 전략 도출 ⇒ 경영 전략 실행 ⇒ 환경 분석 ⇒ 평가 및 피드백

⑤ 전략 목표 설정 ⇒ 환경 분석 ⇒ 경영 전략 실행 ⇒ 경영 전략 도출 ⇒ 평가 및 피드백

07

우리의 실생활에서 'O2O' 서비스가 적용된 사례가 아닌 것은?

① 카카오택시　　　　　　　　② 부동산 앱
③ 여행온라인서비스　　　　　④ 페이스북
⑤ 배달 앱

08

다음은 조직을 이해하는 데 필요한 능력 중 하나에 대한 설명이다. 알맞은 것은?

> 직업인이 자신에게 주어진 업무의 성격과 내용을 알고 그에 필요한 지식, 기술, 행동을 확인하는 능력이다.

① 경영이해능력　　　　　　　② 체제이해능력
③ 갈등관리능력　　　　　　　④ 업무이해능력
⑤ 자기관리능력

09

다음 글에서 설명하는 마케팅 전략은 무엇인가?

> 남들이 다 주목하는 레드오션이 아닌 틈새시장을 노리는 마케팅 전략으로 과잉투자의 낭비를 없애고 새로운 사업영역을 개척하는 것을 이야기한다. 대기업보다는 중소기업에서 더욱 효과적이며 새로운 시장형성 후 경쟁적 우위를 지킬 수 있다.

① 매스 마케팅　　　　　　　　② 바이럴 마케팅
③ 윔블던 효과　　　　　　　　④ 프로슈머 마케팅
⑤ 니치 마케팅

10

경영참가제도에 대한 설명 중 나머지와 성격이 다른 것은?

① 의사결정이 지연될 수 있다.
② 비합리적인 결과가 나올 수 있다.
③ 경영자의 고유권리를 침해당할 수 있다.
④ 경영능력이 부족한 근로자라면 문제가 발생할 수 있다.
⑤ 노·사 간 세력의 균형을 잡기 위한 제도이다.

11

효과적인 마케팅을 위한 네 가지 핵심요소인 4P에 해당하지 않는 것은?

① Promotion　　　　　　　　② Procedure
③ Product　　　　　　　　　④ Price
⑤ Place

다음 중 조직의 변화 과정으로 옳은 것은?

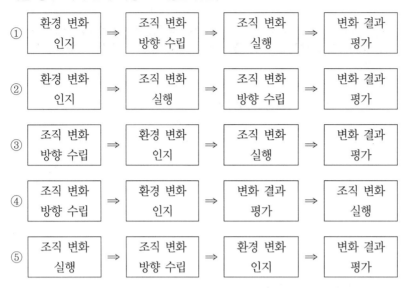

① 환경 변화 인지 ⇒ 조직 변화 방향 수립 ⇒ 조직 변화 실행 ⇒ 변화 결과 평가

② 환경 변화 인지 ⇒ 조직 변화 실행 ⇒ 조직 변화 방향 수립 ⇒ 변화 결과 평가

③ 조직 변화 방향 수립 ⇒ 환경 변화 인지 ⇒ 조직 변화 실행 ⇒ 변화 결과 평가

④ 조직 변화 방향 수립 ⇒ 환경 변화 인지 ⇒ 변화 결과 평가 ⇒ 조직 변화 실행

⑤ 조직 변화 실행 ⇒ 조직 변화 방향 수립 ⇒ 환경 변화 인지 ⇒ 변화 결과 평가

다음은 국내 A건강식품 회사에 대한 SWOT 분석이다. 설명으로 옳지 않은 것은?

강점(S)	약점(W)
• 전국 유통망을 확보함 • 시장에서의 지배력이 높음	• 홍삼음료에 대한 의존도가 매우 높음 • 매년 비타민류의 실적이 떨어지고 있음
기회(O)	위협(T)
• 홍삼이 건강에 좋다는 인식이 확대됨 • 유럽 및 미국 등 서양에서 제휴 요청 들어옴	• 건강식품에 대한 정부의 규제가 강해짐 • 건강식품 신생업체들이 늘어남

① SO전략 : 홍삼음료에 대한 의존도를 더욱 높인다.

② ST전략 : 광고를 통해 A회사의 브랜드 가치를 고객에게 다시 한 번 확인시킨다.

③ WO전략 : 홍삼이 들어간 비타민을 개발한다.

④ WT전략 : 신생업체와 차별화된 경쟁력 있는 새로운 제품 개발을 한다.

⑤ ST전략 : 규제에 맞게 제품을 수정·보완하고 새롭게 바뀐 제품의 광고를 한다.

○ △ ✕

다음은 어떠한 경영 전략에 해당하는가?

- 하나의 소재를 서로 다른 장르에 적용해 파급효과를 노리는 '원소스 멀티유스' 마케팅 전략과도 흡사하다. 개척에 있어서의 위험부담을 최소화하고 차별화 측면을 강조했다.
- 성공한 대중문화의 콘텐츠를 한 분야에서만 사용하는 것이 아니라 이를 다양한 멀티미디어에 응용해 개발한다는 전략이다.

① 블루오션   ② 퍼플오션
③ 레드오션   ④ 옐로오션
⑤ 그린오션

○ △ ✕

다음에서 설명하는 마케팅 기법으로 올바른 것은?

공식 후원업체가 아니면서도 매복을 하듯 숨어서 후원업체라는 인상을 주어 고객에게 판촉을 하는 마케팅 전략을 말한다. 예를 들어 월드컵의 경우 공식 후원업체가 아님에도 불구하고 붉은 악마가 등장하는 광고를 하는 경우를 말한다.

① 앰부시 마케팅   ② 바이럴 마케팅
③ 풀 마케팅   ④ 프로슈머 마케팅
⑤ 하이엔드 마케팅

앞선 정보 제공! 도서 업데이트

언제, 왜 업데이트될까?

도서의 학습 효율을 높이기 위해 자료를 추가로 제공할 때!
공기업 · 대기업 필기시험에 변동사항 발생 시 정보 공유를 위해!
공기업 · 대기업 채용 및 시험 관련 중요 이슈가 생겼을 때!

01 SD에듀 도서
www.sdedu.co.kr/book
홈페이지 접속

02 상단 카테고리
「도서업데이트」
클릭

03 해당
기업명으로
검색

참고자료, 시험 개정사항 등 정보 제공으로 학습효율을 높여 드립니다.

공기업 취업
NCS는 우리가 책임진다!
SD에듀 NCS 직업기초능력평가 시리즈

NCS의 FREE Pass! NCS 기본서 시리즈

NCS의 가장 확실한 입문서! NCS 왕초보 시리즈

2023
최신개정판

PSAT NCS

기출 PLUS

고득점 360제

+ 무료NCS특강

정답 및 해설

SD에듀
(주)시대고시기획

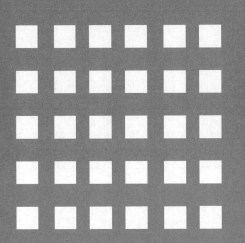

2023

PSAT
기출 PLUS NCS

고득점 360제

정답 및 해설

01 언어논리 50제

01	①	02	①	03	①	04	④	05	⑤	06	⑤	07	②	08	①	09	⑤	10	②
11	①	12	③	13	④	14	④	15	③	16	①	17	④	18	②	19	④	20	③
21	③	22	④	23	②	24	④	25	⑤	26	①	27	③	28	⑤	29	⑤	30	③
31	④	32	②	33	④	34	②	35	②	36	④	37	①	38	①	39	④	40	③
41	③	42	④	43	①	44	②	45	④	46	④	47	③	48	④	49	②	50	②

01 정답 ①

⊕ 풀이 POINT

개화기 우리나라의 대표적 양관이었던 정관헌에 대해 설명한 글이다. 이런 건축물 등을 설명한 글은 건물의 구조나 특징들이 주로 소개되고, 당연히 선지에서도 이 부분에 초점을 맞춰 물어보므로 독해할 때 해당 부분에 표시를 정확히 해 두도록 한다.

문단 내용 정리 및 어휘 풀이

1문단	개항 이후 대표적 양관(洋館)으로 정관헌에 대해 소개	
2문단	정관헌의 이국적 외형 설명	• 회랑 : 사원이나 궁전건축에서 주요부분을 둘러싼 지붕이 있는 긴 복도
3문단	정관헌은 이국적이지만 우리의 정서와 문화가 녹아들어 있음	
4문단	상대적으로 소홀히 취급되어 온 정관헌	• 오얏꽃 : 오얏은 자두의 순 우리말로, 오얏꽃은 조선 왕실을 상징

 4문단의 두 번째 문장에서 '당시 정부가 철을 자유롭게 사용할 수 있을 정도의 재정적 여력을 갖지 못했기 때문'이라고 설명하고 있다.

 ② 3문단의 두 번째 문장에서 '소나무와 사슴은 장수를, 박쥐는 복을 상징~문양이다.'라고 했으므로 옳은 내용이다.
③ 4문단의 마지막 문장을 보면, 정관헌은 건축적 가치는 큰 건물이지만, 이에 비해 상대적으로 소홀히 취급된 측면이 있다고 설명하고 있다.
④ 2문단의 네 번째 문장 '또한 바깥쪽의 서양식 기둥과 함께 붉은 벽돌이 사용되었고'에서 확인할 수 있다.
⑤ 본문 내용을 종합해보면, 정관헌은 이국적 외형을 가졌으나, 그 안에 우리의 정서와 문화를 나타내는 요소가 많이 들어있음을 알 수 있다.

02

⊕ 풀이 POINT

개경 도성 안의 도로와 그 주변에 형성된 시장의 위치, 특징 등에 대해 소개하는 글이다. 비교적 평이한 문장과 구성을 가진 글이므로 본문을 읽으면서 선지를 빠르게 지워나가도록 하면 된다.

문단 내용 정리 및 어휘 풀이

1문단	개경 도성의 구조
2문단	개경 도성의 남대가에는 시전이 형성됨
3문단	자남산과 남대가 사이에도 시전이 형성됨

 1문단을 보면, 도성 안에는 선의문(서쪽), 숭인문(동쪽), 궁궐의 출입문인 광화문으로부터 도성 남쪽 출입문 방향으로 나 있는 문이 있었다. 따라서 궁궐의 출입문은 북쪽이라는 것을 알 수 있다.

 ② 십자가에서 숭인문(동쪽) 방향으로 가면 그 북쪽에 자남산이 위치한다. 수륙교는 선의문(서쪽) 방향이므로 자남산은 동북쪽 방향에 위치한다.
③ 십자가와 선의문(서쪽) 사이에 수륙교가 있고, 그 옆에 저시골목이 있으므로 본문과 일치하지 않는다.
④ 십자가에서 남쪽으로 이어진 길 서쪽 면에 저전이 위치하므로 본문과 일치하지 않는다.
⑤ 십자가와 선의문 사이를 잇는 길의 중간 지점에 수륙교가 있으므로 본문과 일치하지 않는다.

03

 ㄱ. 〈보기〉에서 영지가 지각한 원인은 '늘 타고 다니던 기차가 고장'이 난 것 때문이다. 이것이 원인이 되어 인과관계가 성립한다. 영지가 새벽 3시에 일어나서 직장에 걸어갔다면 지각을 하지 않았겠지만, 이는 직접적 원인이 아니다. 따라서 '새벽에 일어나지 않아서'는 영지가 지각한 원인으로는 볼 수가 없는 부재 인과라고 할 수가 있다.

 ㄴ. 영수가 야구공을 던져서 유리창이 깨진 것은, 영수가 야구공을 던짐(원인) → 유리창이 깨짐(결과)로 연결된 인과관계로 볼 수 있다. 하지만 '야구공을 던지지 않은 사람들'은 이 사건과 아무 관련이 없는 사람들이므로 이 사람들을 원인으로 파악하는 것은 올바른 인과관계가 아니다.
ㄷ. 〈보기〉는 '햇빛 차단(원인) → 식물이 죽음(결과)'의 인과관계를 설명하는 내용인데, '햇빛 쪼임(원인) → 식물 성장의 원인이 아님(결과)'은 원인끼리, 결과끼리의 대응관계가 성립되지 않는 문장이다. 따라서 본문의 내용과 관련이 없다.

04

⊕ 풀이 POINT

이 글은 대기업들이 만든 유전자 변형 작물이 오히려 농사 비용을 증가시키고 있다는 비판을 담은 글이다. 중심 내용을 체크한 후, 이 내용을 바탕으로 선지와 대응시키면서 추리해 나간다. 추론 문제는 여러 부분을 조합해야 하는 경우가 많다는 점을 항상 유념해 둘 필요가 있다.

문단 내용 정리 및 어휘 풀이

1문단	대기업들은 자신들이 유전자 기술로 조작한 종자가 농약을 적게 사용해도 된다고 주장하나 그것은 사실이 아니다.
2문단	유전자 변형 작물은 살충제 소비는 줄였으나 제초제 사용량은 오히려 증가시켰다.
3문단	제초제에 내성을 가진 잡초가 생겨나면서 농가의 비용은 더 증가되었다.

3문단을 종합해 보면, 제초제에 내성을 가진 유전자 변형 작물을 재배하기 시작한 농부들은 그 제초제를 매년 반복해서 사용하게 되고, 이로 인해 슈퍼잡초가 생기면서 이를 제거하기 위해서는 제초제를 더 자주 사용하거나 여러 제초제를 섞어서 사용하거나 아니면 새로 개발된 제초제를 사용하는 등의 비용이 증가하게 되었다.

① 2문단 마지막 문장에서 '늘어난 제초제의 양에서 줄어든 살충제의 양을 빼면 ~ 농약 사용이 재배 기간 16년 동안 183,000톤 증가했다.'라고 하였지만, 모든 종류의 농약 사용이 증가했는지는 알 수 없다.
② 3문단 첫 번째 문장에서 '유전자 변형 작물을 재배하기 시작한 농부들은 그 제초제를 매년 반복 사용했다.'라고 하였고, 그 결과 슈퍼잡초가 생겨나는 것이므로 '유전자 변형 작물을 도입한 해부터 ~'라는 것은 맞지 않는다.
③·⑤ 일반 작물에 대한 내용은 언급된 것이 없다.

05

⊕ 풀이 POINT

이런 유형의 문제는 주어진 조건에서 실마리를 찾아낸 후, 이것들을 얼마나 잘 적용하는지가 관건이다. 기호화나 문자화하는 방법도 있고, 주어진 조건을 논리적으로 따지는 방법도 있으니, 상황에 적절하고 빠르게 대응하는 것이 핵심이다.

주어진 조건에서 남자 사무관 중 적어도 한 명은 뽑아야 하므로 각각의 남자 사무관을 뽑을 경우를 정리하면 다음과 같다.
• 가훈이 뽑히는 경우 : 라훈과 소연도 뽑아야 하며, 소연을 뽑으면 모연도 뽑아야 하므로 4명이 충족된다.
• 나훈이 뽑히는 경우 : 라훈과 소연도 뽑아야 하며, 소연을 뽑으면 모연도 뽑아야 하므로 4명이 충족된다.
• 다훈이 뽑히는 경우 : 모연과 보연은 뽑지 않게 된다. 또한 마지막 조건에서 모연이 뽑히지 않으면 소연도 뽑히지 않게 되어 남자 사무관만 뽑아야 하므로 옳지 않다.
• 가훈과 나훈이 같이 뽑히는 경우 : 라훈, 소연, 모연이 같이 뽑혀야 하므로 팀원이 5명이 되어 옳지 않다.
따라서 〈하늘〉 전담팀은 '가훈, 라훈, 소연, 모연' 또는 '나훈, 라훈, 소연, 모연'으로 구성된다.

06

⊕ 풀이 POINT

원시 수메르어 문자 체계의 특징과 수메르어가 불완전한 문자 체계를 갖게 된 이유에 대해 설명하고 있다.

문단 내용 정리 및 어휘 풀이

1문단	원시 수메르어 문자 체계는 두 종류를 사용했다.
2문단	수메르어는 사물과 숫자 기록에만 한정된 불완전한 문자 체계이다.

2문단 끝 부분을 보면, 라틴어, 고대 이집트 상형문자, 브라유 점자는 완전한 문자 체계이기 때문에 사람들이 말하는 것은 무엇이든 표현할 수 있는 체계를 갖고 있었다고 하였다. 따라서 본문과 일치하지 않는 내용이다.

① 수메르어는 불완전한 문자 체계를 가졌고, 구어를 고스란히 베끼기 위해서 문자를 만들어 쓴 것이 아니므로 구어의 보완 정도에 그쳤다고 볼 수 있다.
② 완전한 문자 체계는 시를 포함하여 사람들이 말하는 것은 무엇이든 표현할 수 있으나 수메르어 문자 체계는 불완전했다는 내용이므로 본문과 일치한다.
③ 2문단 첫 번째 문장 '~ 기호를 읽고 쓸 줄 아는 사람은 얼마 되지 않았다.'에서 본문과 일치하는 것을 알 수 있다.
④ 1문단을 통해 수메르어 문자 체계는 두 종류의 기호로, 하나는 숫자를 나타내는 기호이고, 다른 종류의 기호는 사물을 나타내는 기호이므로 서로 다른 기호를 사용했음을 알 수 있다.

PSAT 언어 150제 | NCS 학습영역 120제 | NCS 선택영역 60제

⊕ 풀이 POINT

비정규 노동에서 파생되는 임금차별 문제에 대한 A, B 두 학파의 시각 차이를 설명하는 글이다. 이런 유형의 문제를 독해하기 위해서는 두 주장의 근거, 예시 등에 초점을 맞추어 읽어야 한다. 문제에서도 당연히 두 주장에 대한 차이와 타당성 등에 초점을 맞추어 물어보기 때문이다.

문단 내용 정리 및 어휘 풀이

1문단	비정규 노동의 개념과 임금 차별 문제에 대한 소개	
2문단	• A학파의 시각 : 능력에 비례하여 임금을 결정해야 기업의 경쟁력이 높아진다고 생각하기 때문에 기업 간 경쟁이 자연스럽게 임금 차별을 완화시킴	• 도태 : 여럿 중에서 불필요한 부분이 줄어 없어짐 • 홀대 : 소홀히 대접함
3문단	• B학파의 시각 : ① 비정규직 차별이 기업 간 경쟁에서 불리하지 않음 ② 기업은 사회적 비용이라는 상황이 생겨야만 관행 개선을 근본적으로 재고함 ③ 법과 제도에 의한 규제만이 임금차별을 없앨 수 있음	• 재고 : 다시 생각함

 A학파의 주장에서 '기업 간 경쟁이 약화되는 것을 방지하기 위한 보완 정책'에 대한 언급은 없다.

 ① 2문단의 두 번째 문장 '기업이 노동자 개인의 능력 이외에 ~ 기업들 사이의 경쟁이 강화될수록 임금차별은 자연스럽게 줄어들 수밖에 없다는 것이다.'를 통해 경쟁이 치열할수록 기업이 생존해 나가기 위해서 임금차별을 줄일 수밖에 없다는 것을 알 수 있다.
③ 2문단은 A학파의 시각으로 기업 간 경쟁이 임금차별을 완화시킨다는 것이고, 3문단은 B학파의 주장으로 법과 제도에 의한 규제가 임금차별을 없앨 수 있다는 것이므로 그 견해가 다르다.
④ 3문단의 두 번째 문장 '고용주들은 오직 사회적 비용이라는 추가적 장애물의 위협에 직면했을 때에만 ~ 생존 가능성 역시 낮아지게 된다.'를 통해 기업은 사회적 비용이라는 장애물이 있어야만 임금차별 문제를 재고한다는 것을 알 수 있다.
⑤ 고용주들은 오직 사회적 비용이라는 추가적 장애물의 위협이 있을 경우에만 강제적 제도를 수용할 수 있다는 것이므로, 법과 제도에 의한 규제를 통해 임금차별이 줄어들 것이라고 보는 것이다.

08

⊕ 풀이 POINT

이 문제는 추리상상적 사고를 묻는 유형이다. 본문에 있는 내용만을 이해해서는 안 되고, 이 내용을 바탕으로 적절한 상황을 추리해 낼 수 있는가를 묻는다. 이 글은 혈액의 구성과 혈액을 구성하는 물질의 조성이 달라지는 경우를 예로 들어 설명하고 있다.

문단 내용 정리 및 어휘 풀이

1문단	혈액의 구성 – 혈구와 혈장
2문단	혈구 내에서 적혈구의 기능과 중요성
3문단	혈액 구성 물질의 조성이 달라지는 경우 발생하는 병증 – 빈혈, 진성적혈구증가증, 가성적혈구증가증

 1문단에 의하면 사람의 혈액은 혈구와 혈장으로 구성되며, 혈구의 99% 이상이 적혈구, 혈장의 90%는 물이다. 과도한 운동으로 땀을 흘리게 되면 혈장의 물이 체외로 빠져나가게 되고, 따라서 적혈구가 차지하는 비율이 높아질 것이라는 점을 추측할 수 있다.

 ㄴ. 폐로 유입되는 산소의 농도에 따른 혈액 구성 물질의 조성 변화는 글을 통해 알 수 없다.
ㄷ. 3문단을 통해 가성적혈구증가증에 걸리면 적혈구 총량에는 변동 없이 혈장이 감소하여 전체 혈액에서 혈구의 비율이 높아져 적혈구가 차지하는 비율도 커짐을 알 수 있다.

09

⊕ 풀이 POINT

이 글은 소비자 복지에 근거한 반독점 정책이 어떠한 과정을 거쳐 오늘날 안정된 법적, 정치적 제도로서의 지위를 갖게 되었는가를 시대순으로 설명하는 글이다. 본문에서 각 정책자가 주장하는 내용의 공통점과 차이점을 독해를 하면서 정확하게 표시를 하는 것이 문제의 정답을 빨리 찾는 요령이라 할 수 있다.

문단 내용 정리 및 어휘 풀이

1문단	독점 및 거래 제한행위에 대한 규제(셔먼법) ① 반독점법 제정으로 소비자의 이익 보호와 함께 소생산자들의 탈집중화된 경제 보호 ② 공화주의 전통을 바탕으로 비판을 함	• 트러스트 : 독점적 기업 합동 • 기만 : 남을 속임
2문단	독점 및 거래 제한행위에 대한 규제(브랜다이스) ① 독립적 소생산자의 경제를 보호 ② 화주의 전통을 바탕으로 함 ③ 이익보다는 경제와 권력의 집중을 막는 데 초점	
3문단	독점 및 거래 제한행위에 대한 규제(아놀드) ① 시민 자치권을 근거로 하는 반독점 주장을 거부 ② 독점 규제의 목적은 경제적 효율성의 향상에 맞춰야 하고 소비자 가격을 낮춰야 함	

정답 풀이 2문단 두 번째 문장에서 '그는 독점 규제를 통해 소비자의 이익이 아니라 독립적 소생산자의 경제를 보호하고자 했다.'라고 했으므로 잘못된 내용이다.

 오답 풀이

① 1문단의 마지막 문장 '이런 비판의 사상적 배경이 된 것은 시민 자치를 중시하는 공화주의 전통이었다.'와 2문단의 네 번째 문장 '이런 생각에는 공화주의 전통이 반영되어 있었다.'에서 확인할 수 있다.

② 2문단의 마지막 문장에서 브랜다이스는 반독점법이 경제와 권력의 집중을 막는 데 초점을 맞춰야 한다고 주장했다. 3문단의 네 번째 문장에서 아놀드는 '그는 독점 규제의 목적이 권력 집중에 대한 싸움이 아니라 경제적 효율성의 향상에 맞춰져야 한다고 주장했다.'라고 했으므로 옳은 내용이다.

③ 1문단의 두 번째 문장 '셔먼은 반독점법 제정이 소비자의 이익 보호와 함께', 3문단의 중간 부분 '이 점에서 반독점법의 목적이 소비자 가격을 낮춰 소비자 복지를 증진시키는 데 있다고 본 것이다.'를 통해 옳은 내용임을 알 수 있다.

④ 1930년대 후반 아놀드에 의해 반독점법이 강력하게 집행되었고, 이후 반독점 정책이 안정된 법적, 정치적 제도로서의 지위를 갖게 되었다는 것이므로 맞는 내용이다.

10

정답 ②

⊕ 풀이 POINT

김치의 발효에 영향을 미치는 미생물의 작용에 대한 글이다. 친숙한 소재인 데다 전문 용어를 거의 사용하지 않은 평이한 문제로, 시간을 아끼기 위해 빠르게 해결해야 한다.

문단 내용 정리 및 어휘 풀이

1문단	김치가 자연 발효되기 위한 조건 → 김치나 김칫소에 들어가는 효소가 영향을 미침	• 효소 : 생물의 세포 안에서 합성되어 촉매 작용을 하는 고분자 화합물
2문단	김치의 발효 과정에 관여하는 미생물들	• 호기성 세균 : 산소가 있는 곳에서 정상적으로 자라는 세균 ↔ 혐기성 세균
3문단 · 4문단	특색있는 김치가 만들어지는 데 관여하는 조건들	• 향미 : 음식의 향기로운 맛

 정답 풀이 2문단의 세 번째 문장 '그러나 혐기성 세균의 수는 김치가 익어갈수록 증가하며 ~'와 마지막 문장 '김치를 익히는 데 ~ 유산균이 그 예다.'를 보면, 유산균이 강한 산성에서 살아남는다는 표현이 있고, 이 유산균은 혐기성 세균에 속하는 것이므로 맞는 내용이다.

 오답 풀이

① 1문단의 세 번째 문장 '이는 풀에 들어 있는 ~ 하기 때문이다.'를 보면, 풀은 미생물의 영양분 역할을 하는 것이지, 효모에 의해 효소로 바뀌는 것은 아니다.

③ 2문단의 세 번째 문장 '그러나 혐기성 세균의 수는 ~ 대부분을 차지한다.'를 보면, 김칫국물의 시큼한 맛을 내는 것은 혐기성 세균 때문인 것을 알 수 있다.

④ 1문단의 두 번째 문장 '김치가 발효되기 위해서는 효모와 세균 등 여러 미생물의 증식이 일어나야 하는데 ~'와 4문단의 두 번째 문장 '특히 이 미생물들이 만들어내는 여러 종류의 향미 성분이 ~'를 보면, 효모뿐만 아니라 세균 등 여러 미생물의 작용과 여러 종류의 향미 성분이 더해지면서 특색있는 김치맛이 만들어짐을 알 수 있다.

⑤ 2문단의 두 번째와 세 번째 문장 '갓 담근 ~ 거의 비슷해진다. 그러나 ~ 차지한다.'를 보면, 김치가 익을수록 호기성 세균과 효모의 수가 비슷해지고, 많이 익어 시큼한 맛이 나는 김치에는 혐기성 세균이 대부분을 차지한다고 하였으므로 틀린 내용이다.

⊕ 풀이 POINT

어떤 행위라도 무고한 사람의 목숨을 담보로 하는 것은 도덕적으로 옳지 못하다는 내용의 글이다. 특히 〈보기〉에 예로 나와 있는 '다른 상황에의 적용'을 위한 추리상상이 필요한 문제여서 생각보다 난도가 있는 문제이다. 본문의 내용을 정확히 이해하고 이것을 상황에 적용하는 문제는 좀 더 깊이 있는 사고력을 요한다.

문단 내용 정리 및 어휘 풀이

| 1문단 | 어떤 행위도 가져올 결과가 좋다는 것만으로 허용될 수 없음 |
| 2문단 | 예시 |

 (a) '폭격'이라는 행위의 결과가 민간인의 죽음이라고 보았을 때, 민간인의 죽음을 선택한 이유가 그 죽음으로 적국 시민에게 공포감을 심어주어 전쟁을 끝내기 위해서라면 이 결과는 무고한 사람의 죽음을 의도하는 것이라고 볼 수 있다.

 (b) 심장 전문의가 심장마비 환자를 치료하지 않은 이유가 그의 죽음으로 이득을 얻고자 함이 아니기 때문에 의도된 죽음이 아닌 부수적인 죽음에 해당한다.

(c) 2문단에서 나온 예시와 비슷한 상황이다. 2문단에 따르면 어쩔 수 없는 상황에서 다수를 구하기 위한 소수의 희생은 도덕적으로 허용될 수도 있다고 하였으므로 이때 인부의 죽음은 부수적인 죽음에 해당한다.

⊕ 풀이 POINT

일반적인 내용일치 확인 문제이다. 독해 지문은 읽을 때 우선 선택지를 보고 어떤 부분에 초점을 맞추어 읽을 것인가를 결정하고 시작해야 한다. 그리고 문단별로 중심문을 파악하도록 한다. 특히 밑줄이나 번호 표시 등 본문의 주요 내용이 수험생의 눈에 잘 들어오게 분해시켜 놓으면 시간을 절약할 수 있다. 이런 방법은 평소에 연습할 때 완전히 체득화해 놓아야 한다.

문단 내용 정리 및 어휘 풀이

1문단	일제 시대 조선인의 일본 본토 이주가 급격히 증가함 → 일본 정부가 이들을 관리하기 위해 협화회를 조직함	• 총괄 : 여러 가지를 한데 모아서 뭉침
2문단	재일조선인을 모두 협화회에 강제 가입시켜 관리 · 감시함	• 송환 : 도로 돌려 보냄
3문단	협화회는 경찰이 주체가 되어 조직함 → 일본 정부의 정책에 비협조적인 재일조선인들을 척결 대상으로 삼음	• 척결 : 모순, 결함 등을 찾아내어 없앰
4문단	협화회는 조선 본토보다 더 강압적으로 재일조선인을 감시하고 탄압함 → 재일조선인들은 나름대로의 민족정체성을 지키기 위해 노력함	• 정체성 : 변하지 아니하는 존재의 본질을 깨닫는 성질

 2문단의 세 번째 문장 '1945년 ~ 감시를 받았다.'에서 알 수 있는 내용이다.

 ① 4문단의 네 번째 문장 '그 결과 ~ 생겨났다.'에서, 협화회가 재일조선인을 분열시키기 위한 여러 방법을 사용했고 그 결과 학교에서 일본어 교육만 하도록 관리와 통제를 했음을 알 수 있다. 그러나 3문단에서 협화회는 경찰 조직이라는 표현이 있고, 협화회가 직접 교사로서의 역할을 했다는 표현이 없으므로 잘못된 내용이다.

② 2문단의 네 번째 문장 '조선에 거주하는 ~ 관리를 받았다.'라는 표현에서, 조선 본토는 조선총독부가 관리했고 재일조선인은 협회가 관리했다는 내용이 있으나 협력관계에 대한 내용은 없다.

④ 4문단의 마지막 문장 '하지만 재일조선인들은 ~ 있었다.'에서 재일조선인들의 민족정체성을 지키기 위한 노력이 표시되어 있으나 특정 단체나 구체적인 조직 체계에 대한 내용은 없다.

⑤ 3문단의 첫 부분을 보면, 협회는 경찰이 주체가 되어 조직했고 지부장은 경찰서장이, 경찰서 특별고등과 내선계가 관내의 조선인을 통제했다고 되어있다. 협회 간부를 친일분자들이 담당했다는 내용은 없으므로 잘못된 내용이다.

⊕ 풀이 POINT

'인간이 보통 왼손보다 오른손을 많이 사용하는 이유'를 알기쉽게 풀어 쓴 글이다. 글쓴이는 뇌의 좌우반구의 기능 분화에서 좌반구가 인간의 행동을 지배하는 힘을 갖게 되어 오른손 선호가 많아졌다는 분석을 하고 있다. 전문적인 용어가 많이 등장하지는 않지만 문장의 길이가 긴 편이므로 각 문단의 중심문을 요약해 가면서 내용을 읽는 것이 포인트가 된다.

문단 내용 정리 및 어휘 풀이

1문단	인류가 오른손을 더 선호하게 된 것에 대한 의문 제기	• 선호 : 여럿 가운데서 특별히 가려서 좋아함
2문단	왼손보다 오른손을 더 선호하는 경향이 전통에서 비롯되었다는 생각	• 천대 : 업신여기어 천하게 대우하거나 푸대접함
3문단	2문단의 내용은 근본적인 설명이 될 수 없음	
4문단	한쪽 손을 주로 쓰는 경향은 뇌의 좌우반구의 기능 분화와 관련되어 있음	• 기민 : 눈치가 빠르고 동작이 날쌤
5문단	동물도 뇌의 좌우반구 기능은 인간과 비슷함	
6문단	뇌의 좌반구가 인간의 행동을 지배하는 권력을 갖게 되었기 때문에 오른손 선호에 이르렀다고 생각됨	• 거시적 관점 : 사물이나 현상을 전체적으로 분석, 파악하는 것

 2문단을 종합해 보면, 우연하게 한쪽 손을 배변에 사용하다보니, 위생상 다른 손을 먹는 일에 사용하게 되면서 전통이 만들어진 것을 알 수 있다. 배변과 먹는 일에 관여하는 뇌 기능이 달라서 된 것이 아니므로 잘못된 내용이다.

 ① 2문단의 내용을 종합해 보면, 배변 처리와 일상생활을 할 때 각각 다른 손을 사용하는 관습은 전염의 위험을 낮추고자 하는 삶의 지혜에서 온 것으로 위생에 관한 관습이 명문화된 규범 없이도 형성될 수 있다고 볼 수 있으므로 맞는 내용이다.

② 6문단의 세 번째 문장을 종합해 보면, 직관적 사고는 우뇌, 논리적 사고는 좌뇌가 담당하고 있으므로 인류의 오른손잡이가 대부분인 것은 논리적 사고를 담당하고 있는 좌뇌의 영향력이 크기 때문이라고 볼 수 있으므로 맞는 내용이다.

③ 5문단의 다섯 번째 문장 '사람이 오른손을 ~ 나타났다.'를 보면, 포유류는 왼발을 즐겨 쓴다는 표현으로 보아 뇌의 우반구가 더 우세함을 추측할 수 있다.

⑤ 3문단의 중간 부분 '확률로 말하자면 ~ 1/2이다. 그렇다면 ~ 것이다. 그러나 ~ 확인된 바 없다.'를 보면 왼손은 배변 처리에 사용하므로 병균을 옮길 수 있었다. 이를 피하기 위해 오른손을 먹는 일에 사용하게 된 것이지만, 이것은 근본적인 설명이 되지 않는다고 글쓴이는 말하고 있다.

14

 정답 풀이 3문단의 끝 문장과 4문단의 두 번째 문장 '보고된 증거에 따르면 왼손잡이는 ~ 기민한 경우가 많다.'를 보면, 왼손잡이가 상상력, 시각 패턴 인식 등에서 상대적으로 기민하다고 했다. 그런데도 인류 조상들이 오른손 선호가 많았다는 내용과는 배치될 수 있는 내용이므로 맞는 답이다.

 오답 풀이 ① 5문단에서 오스트랄로피테쿠스의 행동을 통해 오른손잡이가 많았다는 것을 보여주기는 하지만, 지능과 오른손 선호의 연관성은 알 수 없다.

② 반감의 정도가 낮은 사회에서는 왼손잡이의 비율이 높아야 하고, 반감의 정도가 높은 사회에서는 그 비율이 낮아야 함에도 불구하고 반감의 정도와는 상관없이 왼손잡이의 비율이 일정하다는 말이므로, 이는 뇌의 좌우반구의 기능 분화로 인류가 오른손을 사용하게 됐다는 글쓴이의 논지를 약화시키는 내용으로 볼 수 없다.

③ 6문단 세 번째 문장 '즉 오른손이 ~ 이르렀다는 생각이다.'를 보면, 어떤 기회에 뇌의 좌반구가 힘을 얻어 오른손 선호가 생겼다는 내용이지, 해부학적 구조의 차이를 설명하는 글이 아니다.

⑤ 어떤 사회가 왼손에 대한 반감을 갖고 있지 않다는 단순한 사실만으로는 인류의 오른손 선호에 대해 반박할 수 없다.

15

⊕ 풀이 POINT

'시간의 비용'에 대한 게리 베커와 스테판 린더의 견해를 설명하는 글이다. 이런 유형의 글은 두 (학자의) 견해에 대한 비교나 대조되는 내용을 묻는 문제가 많다. 글을 읽을 때 두 학자의 주장과 근거를 정확하게 체크하고, 독해 시 표시를 다르게 하는 것도 하나의 방법이다.

문단 내용 정리 및 어휘 풀이

1문단	'시간의 비용'에 대한 게리 베커의 주장 → 생산적인 활동에 기여하느냐에 따라 시간의 비용이 달라짐	
2문단	• 게리 베커의 주장 　– 시간의 비용은 가변적임 • 스테판 린더의 주장 　– 임금이 늘어나는 만큼 일 이외의 활동에 들어가는 시간의 비용도 비례해서 늘어남	• 가변적 : 사물의 형상이나 성질이 고쳐지거나 달라짐 ↔ 불변적 • 논증 : 주어진 판단의 확실성이나 정당성을 이유로 들어 증명함
3문단	베커와 린더는 사람들에게 주어진 시간을 고정된 양으로 전제했음	• 전제 : 논리에서 추리를 할 때 결론의 밑바탕이 되는 판단

 정답 풀이 1문단을 종합해 보면, 생산적인 활동에 기여하는 활동일수록 시간의 비용이 작다. 이에 따라 기존과 같은 조건을 유지한 상태에서 임금이 삭감된다면 수면은 임금과 직결된 조건이므로 수면의 시간 비용은 기존보다 더 줄어들게 된다는 것을 알 수 있다.

 오답 풀이 ① 1문단의 두 번째 문장 '예를 들어 ~ 비용이 작다.'에서 보면, 단위 시간당 시간의 비용은 수면이 영화 관람보다 작다고 하였으나 구체적인 비율은 제시되어 있지 않다.

② 2문단의 베커의 말 인용문에서 '주말이나 저녁에는 ~ 줄어든다.'를 보면, 주말의 단위 시간당 시간의 비용이 평일보다 작다고 되어 있다. 하지만 활동에 따른 감소폭은 언급하지 않았으므로 알 수 없다.

④ 2문단과 3문단을 종합하면, 기대수명이 늘어날수록 시간의 비용이 작아진다고 추측할 수는 있으나 주관적인 시간의 길이가 길어진다는 것은 본문에서 찾아볼 수 없다.

⑤ 3문단의 첫 문장을 보면, 게리 베커와 스테판 린더는 사람들에게 주어진 시간을 고정된 양으로 똑같이 보았고, 두 사람 모두 시간은 가변적이라고 했으므로 기대수명이 시간의 비용에 영향을 미친다고 판단하였음을 추측할 수 있다.

⊕ **풀이 POINT**

이 글은 중국, 일본, 조선의 동아시아 3국에서 신문이 출현하게 되는 과정을 통시적으로 설명하는 글이다. 이런 유형의 글은 특히 연도에 초점을 맞추어 읽고, 지역별로 공통점이나 차이점이 있는지 주의를 기울여 독해를 할 필요가 있다. 신문을 만든 주체나 특징, 용어 등을 명확하게 표시를 하면서 읽어야 시간을 절약할 수 있다.

문단 내용 정리 및 어휘 풀이

1문단	동아시아 3국에 외국인이 집단적으로 장기 거주하기 시작 → 근대적 편의시설(신문 등)의 등장	• 관료 : 관리들
2문단	선교사들이 가제트(Gazette)를 신문으로 번역 → 이후 중국인들이 활발하게 사용함	
3문단. 4문단	다양한 신문이 출현하게 됨 • 중국 : 《상하이신보》(1861) → 《순후안일보》(1874) • 일본 : 《카이가이신문》(1864) → 《요코하마마이니치신문》(1871)	• 부응 : 무엇에 좇아서 응함
5문단	• 조선 : 《한성순보》(1883) → 《한성주보》(1886) → 《독립신문》(1896) → 《대한매일신보》(1904)	• 표방 : 주장을 앞에 내세움

정답
풀이
3문단의 첫 문장 '상업이 발달한 ~ 제공했고'에서 보면, 1851년과 1861년 영국인에 의해 상하이와 요코하마에서 영자 신문이 창간되었다는 내용은 있으나 이들이 선교사였는지는 알 수 없다.

오답
풀이
② 1문단의 마지막 문장 '물론 그 전에도 ~ 비롯된다.'에서 보면, 개항 이전 정부 차원의 관보는 있었지만, 오늘날 우리가 사용하는 의미의 신문(민간인 독자를 위한 신문)은 없었음을 알 수 있다.

③ 3문단을 보면, 'OO신보'는 영국의 민간회사 자림양행이 만든 《상하이신보》에서 유래했고, '△△일보'는 《순후안일보》에서 유래했음을 알 수 있으므로 맞는 내용이다.

④ 3문단의 끝 부분 '중국에서 ~ 최초이다.'를 보면 중국인 왕타오가 신문을 창간한 연도는 1874년이고, 4문단의 두 번째 문장 '1871년 ~ 일었다.'를 보면, 일본인에 의해 만들어진 일본어 신문은 1871년에 창간되었으므로 일본이 중국보다 먼저 발행했음을 알 수 있다.

⑤ 3문단의 첫 번째 문장 '상업이 발달한 ~ 제공했고'에서 보면, 유럽과 미국 회사들에 필요한 정보를 제공했다는 내용이 있으므로 맞는 내용이다.

PSAT 엄선 150제 | NCS 핵심영역 120제 | NCS 선택영역 60제

⊕ 풀이 POINT

이런 유형의 문제는 추리 능력을 요구한다. 본문의 내용을 읽고 이를 알기 쉽게 도식화시키는 것이 중요하다. 수학과 관련된 명제의 역, 이, 대우 등에 대한 간단한 개념 정리가 필요한데, 특히 '대우'와 관련된 문제가 많으므로 잘 활용할 수 있도록 충분히 연습한다.

문단 내용 정리 및 어휘 풀이

1문단	금융위기로 인한 미국 경제의 피해 → 미국에서 경제 회복을 위한 양적완화 정책 실시에 대한 논쟁이 있음	• 양적완화 : 중앙은행이 통화를 시중에 직접 공급해 신용경색을 해소하고 경기를 부양시키는 정책
2문단	(1) 미국의 양적완화 실시 → 달러화 가치 하락, 우리나라의 달러 환율 하락 (2) 달러 환율 하락 → 수출 감소 (3) 우리나라의 경제 지표가 개선되기 위해서 수출이 감소하면 안 됨	
3문단	(1) 미국 양적완화 중단 → 미국 금리 상승 (2) 미국 금리 상승 → 우리나라 금리 상승 (3) 우리나라 금리 상승 → 외국인 투자 증가, 가계부채 문제 심화 (4) 가계부채 문제 심화 → 국내소비 감소, 경제 전망 어두워짐	

 2문단의 (2), (3)을 보면 '달러 환율 하락 → 경제지표 개선 안 됨'이다. 따라서 이것의 '대우'로 바꾸면 '경제지표 개선 → 달러 환율 하락 안 됨'이므로 맞는 내용이다.

 ① 2문단 (1)과 (2)를 연결시켜 볼 때 (2)의 대우는 '~ 수출 감소 → ~ 달러 환율 하락'인데, 이 중 '~ 수출 감소'가 '수출 증가'와 같은 의미라고 볼 수 없고, '~ 달러 환율 하락'도 바로 '달러화 가치 하락'과 연결시킬 수는 없으므로 정답이 아니다.
② 3문단의 (1), (2), (3)을 종합해 보면, '미국의 양적완화 중단'은 '우리나라의 가계부채 문제 심화'로 연결된다. 그러나 참인 명제의 역이라도 항상 참인 것은 아니므로 정답이 아니다.
③ 3문단에 '외국인 투자 증가'가 바로 '경제 전망 어두워짐'으로 직접 연결되는 것이 아니므로 '외국인 투자 감소'도 역시 우리나라의 경제 전망과 직접 연결 지을 수 없다.
⑤ '외국인 투자 증가'와 '국내소비'에 대한 내용은 직접적으로 연결되지 않는다.

⊕ 풀이 POINT

참, 거짓의 추리 판별 문제는 명제의 역, 이, 대우를 이용하고 논리적 흐름을 도식화시키는 연습이 필요하다. 이 지문은 길지 않으므로 쉬운 문제에 속한다.

문단 내용 정리 및 어휘 풀이

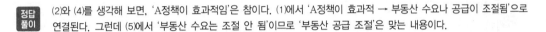

1문단	(1) A정책이 효과적 → 부동산 수요나 공급이 조절됨
	(2) 부동산 가격이 적정 수준에서 조절 → A정책이 효과적임
	(3) 부동산 가격이 적정 수준에서 조절 → 물가 상승 없다는 전제 하에 서민의 삶 개선
	(4) 부동산 가격은 적정 수준에서 조절됨
	(5) 물가 상승 → 부동산 수요 조절 안 됨, 서민의 삶 개선 안 됨
	(6) 반드시 물가가 상승함

정답 풀이

(2)와 (4)를 생각해 보면, 'A정책이 효과적임'은 참이다. (1)에서 'A정책이 효과적 → 부동산 수요나 공급이 조절됨'으로 연결된다. 그런데 (5)에서 '부동산 수요는 조절 안 됨'이므로 '부동산 공급 조절'은 맞는 내용이다.

오답 풀이

① (5)와 (6)에서 보면, 부동산 수요의 조절이 안 되면 서민의 삶이 개선되지 않으므로 이 내용은 거짓이다.
③ (6)에서 '분명 물가는 상승'한다고 했으므로 거짓이다.
④ (5)와 (6)에서 보면, 부동산 수요의 조절은 안 되는 것이므로 거짓이다.
⑤ (4)에서 부동산 가격은 적정 수준에서 조절되므로 거짓이다.

⊕ **풀이 POINT**

이 글은 인간의 수명 연장 욕구를 완성시키기 위한 냉동보존에 대해 언급하면서 그 방법으로 '저속 냉동보존술'과 '유리질화를 이용한 냉동보존술'을 설명하고 있다. 이와 같이 여러 개의 이론이나 방법을 설명하는 글은 설명 대상 간 공통점 혹은 차이점을 비교해가면서 읽어야 한다.

문단 내용 정리 및 어휘 풀이

1문단	인간의 수명 연장의 꿈인 냉동보존 → 알코어 재단이 운영 중이나 제도권에 안착하지 못함	• 제도권 : 기존의 규범이나 사회제도를 벗어 나지 않는 영역 또는 범위
2문단	• 저속 냉동보존술 : 정자나 난자, 배아, 혈액 등의 온도를 천천 히 낮추는 방식 → 여전히 세포 손상 발생 • 유리질화를 이용한 냉동보존술 : 액체 상태의 체액을 유리질 상태로 변화시켜 세포를 냉각시킴	• 격자 형태 : 바둑판처럼 가로세로로 일정한 간격으로 직각이 되게 짠 구조
3문단	뇌과학자 A의 비판 → 알코어 재단이 시신을 수령할 무렵이면 이미 신경계의 뉴런 들이 연결되어 있는 커넥톰이 손상되어 있음	• 회의적 : 의심을 품음 • 정체성 : 변하지 않는 존재의 본질을 깨닫 는 성질

 3문단의 마지막 문장 '알코어 재단이 ~ 손상된 상태였다.'에서 확인할 수 있는 내용이다.

 ① 1문단의 네 번째 문장 '그러나 인체 냉동보존은 ~ 못했으며'에서 보면, 아직 제도권에 안착하지 못했다는 표현만 있을 뿐, 원인에 대한 내용은 없다.

② 3문단의 내용으로 보았을 때, 뇌과학자 A가 유리질화를 이용한 냉동보존술에 회의적이다. 그 이유는 두뇌는 신체보다 훨씬 이전에 죽기 때문에 알코어 재단이 시신을 수령할 무렵이면 살아있는 뇌세포가 거의 없으므로 커넥톰도 보존될 수 없다고 생각하기 때문이다.

③ 2문단의 네 번째 문장 '그러나 ~ 손상시킨다.'라는 표현을 보면 저속 냉동보존술도 세포를 손상시킨다고 하였으므로 잘못된 내용이다.

⑤ 3문단에서 뇌과학자 A는 유리질화를 이용한 냉동보존술도 세포의 손상을 막을 수 없다고 하였으나, '머리 이외의 신체 보존 방식' 차이에 대한 언급은 없으므로 알 수 없다.

⊕ 풀이 POINT

김정호의 '대동여지도'가 만들어질 수 있었던 과정을 소개하는 글이다. 시대순으로 나열되어 있으므로 선택지와 본문과의 일치 여부를 확인할 때 연도나 중요 단어들을 미리 체크해 두고, 빠르게 일치 여부를 대응시켜 보는 것이 필요하다. 본문을 읽을 때는 항상 눈에 잘 띄도록 표시하는 습관을 들이는 것이 중요하다.

문단 내용 정리 및 어휘 풀이

1문단	김정호의 대동여지도와 관련된 일화들 → 일제 식민사관의 논리가 반영되어 있음	• 일화 : 세상에 널리 알려지지 않은 이야기. 에피소드
2문단	중국의 방격법이 우리나라에 전래되어 획정이라 불림 → 17세기 조선의 지도 제작에 활용됨	
3문단	18세기 정상기가 백리척을 이용한 축적법으로 지도 제작 → 조선의 지도 제작 기술의 도약	• 백리척 : 1백리를 1척으로 나타내는 조선의 축척 표기법
4문단	18세기 말 조선은 합리적 표현을 중시하는 지도 제작 → 북극 고도를 고려한 지도 제작 → 김정호도 이 방법을 활용하여 대동여지도를 제작함	• 북극 고도 : 천구 북극의 지평에 대한 앙각(仰角). 한양에서 측정한 값을 한양 북극고라 함

 4문단에서 18세기 말에 조선은 북극 고도를 활용하여 지도의 정확성을 높였고, 김정호는 당시 국가가 소장하고 있던 자료를 열람하고 지도 제작 기술을 배웠다고 했으므로 맞는 내용이다.

 ① 1문단의 두 가지 일화 내용이 '조선의 통치자들을 부정적으로 만들고 일본의 조선 통제를 정당화하려는 일제 식민사관의 논리가 반영된 것'이라고 하였고, 마지막 줄에 '그런데 최근에 ~ 허구임이 밝혀졌다.'라고 하였으므로, 잘못된 내용이다.
② 4문단의 마지막 문장 '김정호는 ~ 제작에 반영하였다.'에서 보면, 김정호는 이미 북극 고도 측정 방법이나 17세기에 들어온 방격법을 지도 제작에 사용하였음을 알 수 있다.
④ 3문단의 두 번째 문장 '그는 서울을 ~ 지도를 제작하였다.'는 표현은 있으나 상대적 거리를 설정하여 제작했으므로, 실측하여 백리척을 이용하였다는 것은 잘못된 내용이다.
⑤ 1문단의 마지막 문장에서 '일화' 내용은 일제의 식민사관 논리가 반영된 허구라고 했으므로 잘못된 내용이다.

21

⊕ 풀이 POINT

이 글은 11세기 말 이슬람 제국을 공포에 몰아넣었던 이스마일파와 지도자 하사니 사바에 관한 글이다. 이런 형태의 글은 낯선 어휘를 표시하면서 전체적인 글의 흐름과 세부적인 내용을 같이 읽어 나가야 효과적인 독해가 된다. 선택지를 보면 연도나 인명에 대한 내용은 없으므로 사건 중심으로 확인하면서 읽는 것이 효과적이다.

문단 내용 정리 및 어휘 풀이

1문단	11세기 말 이슬람 제국의 상황 → 이스마일파가 하사니 사바에 의해 영향력이 확대됨	• 개종 : 종교를 다른 것으로 바꿔 믿음
2문단	이스마일파에 의한 주요 각료들의 암살	
3문단	수년간 이스마일파의 영향력 확대	• 술탄 : 이슬람교의 종교적 최고 권위자인 칼리프가 수여한 정치적 지배자
4문단	하사니 사바의 목표는 자신의 종파를 위한 국가 건설과 번영 → 최초로 테러 전쟁을 조직화하는 전략 사용	

 4문단의 다섯 번째 문장 '그러나 ~ 만들어 냈다.'에서 이스마일파는 세력이 약했으므로 부하들을 제국의 심장부 깊숙이 침투시켜 공포감을 만들어 낸 것을 추측할 수는 있으나, 근거지에 대한 내용은 표현되어 있지 않다.

 ① 4문단의 두 번째, 세 번째 문장 '하지만 ~ 없었다. 그래서 ~ 고안했던 것이다.'에서 알 수 있는 내용이다.
② 3문단의 마지막 문장 '그들은 이스마일파 ~ 바쳤다.'에서 보면, 그들이 이스마일파의 교리에 매료되어 목숨을 바쳤다는 것을 알 수 있다.
④ 4문단의 마지막 문장 '그리하여 ~ 대단하였다.'에서 적은 암살 횟수에 비해 정치적 영향력은 대단했음을 알 수 있다.
⑤ 3문단의 첫 부분을 확인해 보면, 도대체 누가 이스마일파인지 구분이 불가능해서 술탄이 하사니 사바와 협상을 했다는 내용이 있다. 이것을 보면, 테러에 대한 효과적인 대응은 할 수 없었음을 추리할 수 있다.

22

⊕ 풀이 POINT

내용의 일치/불일치 문제는 독해 시 내용 분석(표시)이 가장 중요하다. 독해할 때 기계적으로 움직일 정도로 체득화하도록 한다. 이 글은 미국인들의 정치적 결사에 대한 토크빌의 견해를 피력하고 있다. 미국인들은 자발적 결사 단체를 만드는 것이 습관화되어 있고, 이런 행위는 소수가 다수의 횡포에 대항할 수 있는 최선책이라는 내용이다.

문단 내용 정리 및 어휘 풀이

1문단	토크빌이 미국의 정치 과정 중 발견한 것 → 시민들의 자발적인 정치적 결사 행위가 관습화되어 있음	• 결사 : 여러 사람이 공동의 목적을 이루기 위해 단체를 조직함
2문단	미국인들의 정치적 결사가 실현되는 방법 → 결사의 자유에 대한 완벽한 보장을 기반으로 함 → 도덕적인 힘으로 법안을 미리 기초해서 실제 법률에 제정되도록 압력을 행사함	• 대의제 : 국민이 스스로 선출한 대표자를 통하여 국가권력을 행사하는 제도
3문단	토크빌의 해석 (1) 미국에서는 정치적 결사가 다수의 횡포에 맞서는 보장책으로 기능함 (2) 시민들의 정치적 결사가 온전히 기능하기 위해서는 도덕의 권위에 호소해야 함	• 배제 : 받아들이지 아니하고 물리쳐 제외함 • 견제 : 일정한 작용을 가함으로써 상대방이 지나치게 세력을 펴지 못하게 누름

3문단의 끝부분 '더불어 토크빌은 ~ 한다고 보았다.'에서 보면 도덕의 권위에 '도전'하는 것이 아니라 '호소'하는 것임을 알 수 있다.

 ① 3문단의 두 번째 문장부터 네 번째 문장 '미국의 입법부는 ~ 지지를 받는다. 이를 ~ 나타날 수 있다.'에서 미국 정치는 다수에 의한 지배를 정당화하는 체제를 토대로 한다는 것을 알 수 있다.

② 1문단의 마지막 문장 '미국의 항구적인 ~ 형성된 단체였다.'에서 보면 자발적 결사가 항구적 자치단체가 되었다고 하였으므로 본문의 내용과 상충하는 것이 아니다.

③ 2문단의 마지막 문장 '하지만 이들은 ~ 가할 수 있다.'에서 보면 미국인들이 만든 결사 단체가 공식적인 단체는 아니지만, 도덕적인 힘으로 자신들의 의견을 반영하게끔 압력을 행사한다고 되어 있으므로 맞는 내용이다.

⑤ 3문단의 중간 부분 '토크빌은 이러한 다수의 ~ 수단이라고 보았다.'에서 '다수의 이름으로' 소수를 배제한 입법권의 행사가 나타날 때 이를 제어할 수 있는 것이 미국 시민들의 정치적 결사라는 것을 설명하고 있다.

23 정답 ②

⊕ 풀이 POINT

글의 내용이 모두 '참'이므로 본문의 내용을 일목요연하게 정리할 필요가 있다. 이 문제는 'K부서의 A팀과 B팀, 서울과 부산'의 4가지 항목을 얼마나 잘 도식화시키느냐에 따라 쉽게 풀릴 수 있는 문제이다.

문단 내용 정리 및 어휘 풀이

1문단	• A팀과 B팀의 공통점 : 정책홍보책자 500권을 제작 및 배포함 • A팀과 B팀의 차이점 – A팀 (1) 500권을 서울이나 부산에 배포 (2) 책자 중 일부를 서울에서 발견함 – B팀 (1) 500권을 모두 서울에 또는 모두 부산에 배포함 (2) 책자 중 일부를 부산에서 발견함

 ㄷ. 만약 A팀의 책자가 부산에서 발견되었다면, 최소 1권 이상은 배포된 것이다. 부산에는 이미 B팀의 책자 500권이 배포되었으므로 부산에 배포된 책자가 서울에 배포된 것보다 많다.

 ㄱ. B팀의 (2)에 따라 500권은 모두 부산에 배포되었다. 그러나 A팀의 책자가 만약 서울에만 배포되었다면, 부산에는 딱 500권만 배포된 것이 되므로 반드시 참은 아니다.

ㄴ. A팀의 책자가 만약 서울에만 배포되었다면, 500권이 배포되었을 것이다. 그런데 B팀은 부산에 500권을 모두 배포했으므로 같은 수의 책자가 배포되었을 것이므로 참이 아니다.

이 문제 유형은 독해와 추론을 결합한 문제로, 먼저 본문에 대한 독해를 정확하게 한 후, 중심문을 요약해야 한다. 그 후 〈보기〉의 내용과 일 대 일로 대응시켜 나가면 답을 찾을 수 있다. 이런 문제를 좀더 빠르게 해결하는 방법은 본문을 발췌해서 중요해 보이는 부분을 먼저 해결하는 것이 아니라, 선지에서 답이 될 수 없는 것을 빨리 지워나가는 것이다.

문단 내용 정리 및 어휘 풀이

1문단	'약육강식'에 근거하여 동물을 잡아먹는 것을 정당화하는 사람들이 있음 → 이러한 논증에는 문제점이 있음 • (가) : 현대에는 약육강식 이론을 그대로 수용하기 힘듦 • (나) : 어떤 행동이 자연법칙에 따르는 것이라고 해서 도덕적인 것은 아님 • (다) : 생태계 피라미드는 인간의 입장에서 만든 일종의 형식임 • (라) : 인간이 생태계에서 최상위에 위치한다고 해서 다른 존재를 잡아먹는 것이 도덕적인 것은 아님

ㄱ. (가)에서 주장하는 것은 약육강식의 법칙이 보편적이고 일반적인 내용은 아니라는 것이다. 그런데 ⓐ는 약육강식이 자연법칙이라고 했으므로 (가)의 내용과 배치된다. 따라서 ㄱ은 맞는 내용이다.

ㄷ. (다)의 내용은 생태계 피라미드는 인간의 입장에서 만든 일종의 형식이라는 것이다. 이것이 참이라면 ⓒ의 내용도 인간이 정한 것이 될 수밖에 없기 때문에 거짓이다.

ㄹ. (라)의 내용은 인간이 생태계에서 최상위에 위치한다고 해서 다른 생물을 잡아먹는 것이 도덕적인 것은 아니라는 것이다. ⓑ와 ⓒ는 '인간이 생태계 피라미드에서 가장 높은 위치에 있으므로 하층의 존재들을 마음대로 해도 된다.'는 내용으로, 생태계에서 인간보다 높은 위치에 있는 존재가 나타날 경우 그들이 인간을 잡아먹는 것도 도덕적 잘못이 아니라는 결론이 도출될 수 있다.

ㄴ. (나)는 어떤 행동이 자연법칙에 따르는 것이라고 해서 도덕적인 것은 아니라는 것이다. 이것을 ⓐ~ⓓ에 대응시켜보면 ⓐ (약육강식은 자연법칙)에서 ⓓ (인간은 다른 동물을 잡아먹어도 된다.)를 이끌어 내는 것이 오류라는 것이므로 틀린 내용이다.

⊕ 풀이 POINT

이 글은 안동 권씨의 《성화보》에 나타난 의문점부터 시작하여, 《성화보》의 특징과 조선시대 양반 가문의 족보에 대한 생각을 간략히 서술한 것이다. 독해할 때는 보통 1문단의 마지막 부분을 잘 살펴볼 필요가 있다. 이 부분에서 문제제기나 논제제시를 주로 하기 때문인데, 대략적인 본문의 흐름을 미리 짐작해 볼 수 있으므로 집중해서 보는 습관을 들이는 것이 좋다.

문단 내용 정리 및 어휘 풀이

1문단	《성화보》에 나타난 의문 제시 → 안동 권씨의 족보이지만 실제 안동 권씨는 9.5%에 불과함	• 간행 : 책 따위를 인쇄하여 발행함
2문단	《성화보》에 나타난 친족관계에 대한 견해 (1) 남녀차별 없이 출생 순서대로 기록 (2) 친손과 외손 모두 차별 없이 기록함	• 종법 : 제사의 계승과 종족의 결합을 위한 친족제도의 기본이 되는 법
3문단	서거정의 발언 → 우리나라의 족보는 기록이 빈약함	• 거대가족 : 대대로 번창하고 문벌이 좋은 집안
4문단	《성화보》 이후 조선 사회의 모습 (1) 자료 미비로 조상의 계보나 지위를 윤색함 (2) 중인이나 평민도 족보를 보유함	• 윤색 : 사실을 과장하거나 미화함

 정답 풀이

2문단의 마지막 문장 '안동 권씨가 ~ 등장한다.'에 나오는, 《성화보》에 과거 급제자의 절반 정도가 등장한다는 표현이나 안동 권씨가 당대의 유력 성관이라는 표현으로 보아 맞는 내용임을 알 수 있다.

 오답 풀이

① 4문단의 마지막 문장 '대다수의 ~ 보유하고자 하였다.'를 보면, 중인이나 평민까지 족보를 보유하는 상황이 발생했다는 내용은 있으나 족보의 유무에 따른 양반 가문 인정 내용은 없다.

② 3문단의 서거정의 발언 '우리나라는 ~ 이가 있다.'를 보면, 기록이 빈약하여 조상의 이름이나 호를 기억하지 못하는 경우가 있다는 표현만 있으므로 기록이 존재하지 않은 것은 아니다.

③ 2문단에서 '아들과 딸을 차별하지 않고', '외손들도 모두 친손과 다름없이'라는 내용을 통해 폭넓게 족보에 반영된 것을 알 수 있다. 따라서 모계 중심의 친족 관계를 반영한 것은 아니다.

④ 4문단의 내용을 보면, 《성화보》 이후 족보가 활발히 편찬되고, 중인이나 평민들도 족보를 보유하고자 하였다. 그러나 자료가 충분치 않아 조상의 계보와 사회적 지위를 윤색하거나 은폐하였다고 하였으므로 잘못된 내용이다.

⊕ 풀이 POINT

이 글은 그리스의 도시국가였던 스파르타가 어떻게 막강한 군사력을 가질 수 있었는지를 스파르타의 세 계급과 연관지어 설명하는 글이다. 이런 유형의 글은 내용이 대등하게 연결되기 때문에 각 부분의 공통점이나 차이점에 초점을 맞추면서 읽어나 가야 하고, 문제도 이런 부분과 관련된 내용을 묻는 경우가 많다.

문단 내용 정리 및 어휘 풀이

1문단	지배계급과 피지배계급이 가장 잘 분리된 스파르타 → 민족의 차이가 원인	• 선주민 : 먼저 그 지역에 살던 주민
2문단	스파르타의 세 계급 • 스파르타인 : 지배계급, 군인, 참정권 있음 • 페리오이코이 : 두 번째 계급, 타지방 출신의 그리스인, 상공업, 병역 의무만 있음 • 헬로트 : 세 번째 계급, 농노, 선주민, 결혼권만 있음	• 참정권 : 국민이 국정에 직접 또는 간접으로 참여하는 권리
3문단	스파르타가 군사대국이 될 수 밖에 없었던 이유 (1) 상대적으로 적은 스파르타인의 비율 (2) 적대적인 헬로트를 억압해야 할 필요성	• 군무 : 군사에 관한 일

2문단에서 보면 스파르타인, 페리오이코이, 헬로트의 직업이 각각 군인, 상공업, 농노로만 종사한다는 사실을 정리해 볼 수 있다. 따라서 계급에 따라 구성원의 직업 선택에 제한이 있었다고 볼 수 있다.

② 2문단의 첫 번째, 두 번째 문장 '우선, 지배계급은 ~ 가족뿐이다. 순수한 ~ 가지고 있었다.'에서 스파르타인만이 참정권을 가지고 있었다는 내용과 2문단 네 번째 문장 '이들은 시민권을 받지 ~ 병역 의무는 주어졌다.'의 내용으로 보아, 병역 의무와 참정권은 직접적 연관성이 없음을 알 수 있다.

③ 3문단의 마지막 문장 '이 때문에 ~ 되었던 것이다.'를 보면 스파르타가 군사대국이 된 이유는 내부의 불만세력을 억압해야 할 필요성 때문이었다는 것을 알 수 있다.

④ 3문단의 두 번째 문장 '스파르타인이 ~ 방책이었을 것이다.'를 통해 페리오이코이도 결국 피지배계급인 것을 알 수 있다. 따라서 페리오이코이에게 병역 의무를 주면서 지배층의 인구를 늘리려 했다는 것은 본문의 내용과 맞지 않는다.

⑤ 2문단의 '헬로트'에 대한 설명에서 '이들은 결혼권을 제외하고는 ~'을 통해 의무만 있었다는 표현은 맞지 않는 내용이다. 그리고 병역의 의무도 없었으므로 잘못된 내용이다.

⊕ 풀이 POINT

독해에는 여러 종류의 글이 나온다. 특히 과학/기술 지문은 생소한 개념어가 많고 구체적인 숫자가 등장하는 경우도 많아 보기에 껄끄러운 내용이다. 선택지를 먼저 보고 개념어 정리만 하면 되는지, 구체적인 숫자까지 신경을 써야 되는지 등을 미리 살펴볼 필요가 있다. 독해 지문을 볼 때 선택지에서 어떤 내용을 요구하는지를 먼저 보고 독해를 시작하는 것도 하나의 요령이 될 수 있다. 이 글은 개념어의 주요 특징을 잘 보이게 표시하는 것이 핵심이다.

문단 내용 정리 및 어휘 풀이

1문단	식수에서 병원체를 검출하기 위해 지표생물을 주로 이용 → 식수의 분변오염 여부와 오염의 정도를 확인하기 위함	• 지표생물 : 기후나 토양같은 자연환경을 나타내기 위한 표지가 되는 생물
2문단	• 대장균 : 비병원성 세균으로 그 기원이 동물의 배설물임 • 총대장균군 : 대장균이 속해 있는 비슷한 세균군을 모두 검사하여 분변오염 여부를 판단할 때의 세균군	• 시료 : 시험, 검사, 분석 따위에 쓰는 물질이나 생물
3문단	분변성 연쇄상구균군은 대장균을 포함하지는 않지만 사람과 온혈동물의 장에 서식 → 물의 분변오염 여부를 판정하는 데 이용	• 처리지표 : 일정한 결과를 얻기 위하여 화학적 또는 물리적 작용을 일으킬 때의 기준이 되는 표지

 3문단의 첫 번째 문장 '총대장균군에 포함된 ~ 병원체의 수에 비례한다.'는 내용으로 볼 때 올바른 내용이다.

① 3문단의 첫 문장 '총대장균군에 ~ 아니지만'을 통해, 분변에서 기원되는 균이 모두 지표생물이 된다는 것은 잘못된 내용이다.
② 3문단의 두 번째 문장 '염소 소독과 ~ 저항성을 가지므로'를 보면, 총대장균군이 병원체와 유사한 저항성이 있다는 내용이므로 병원체보다 높은 생존율을 보인다는 것은 맞지 않는 내용이다.
④ 1문단의 두 번째 문장 '병원성 세균 ~ 숙달된 기술을 요구하지만'을 통해, 지표생물을 이용하는 것이 오히려 숙달된 기술이 덜 필요하다는 것을 알 수 있다.
⑤ 3문단의 마지막 문장 '이들은 잔류성이 높고 ~ 처리지표로 활용된다.'를 보면, 시료에서도 그 수가 일정하다고 했으므로 잘못된 내용이다.

⊕ 풀이 POINT

이 글은 미국 버지니아주에서 시행했던 강제불임시술을 다룬 '캐리 벅 사건'의 개요를 설명하는 글이다. 우생학을 근거로 하여 유전적 결함이 있는 사람들의 유전자를 강제로 제거해 인류를 개선하자는 취지였다는 내용이다. 법과 판례에 관련된 지문도 생소한 어휘가 많아 읽기는 까다로운 편이다. 그러나 어휘 하나하나에 너무 집착하지 말고 큰 흐름을 읽어내야 한다.

문단 내용 정리 및 어휘 풀이

1문단	1924년 버지니아 주에서 시행되었던 강제불임시술의 합헌성에 대한 사건 소개	• 우생학 : 유전법칙을 응용해서 인간 종족의 개선을 연구하는 학문
2문단	이 사건의 주인공 캐리 벅이 처한 상황	
3문단	미국 연방대법원이 버지니아주의 주법을 합헌으로 판단한 이유	• 합헌 : 헌법의 취지에 맞음
4문단	연방대법원의 판결 이후 많은 주들이 이와 유사한 법 시행	

 4문단의 두 번째 문장 '당시 미국의 주들 가운데는 강제불임시술을 규정하고 있는 주들이 있었지만 그 중 대부분의 주가 이러한 강제불임시술을 실제로는 하고 있지 않았다.'를 보면, 다른 주들은 연방대법원 판결 이후에 새로운 법률을 제정하거나, 기존의 법률을 개정해서 새롭게 시행하게 되었음을 알 수 있다.

 ① 1문단의 끝 부분에서 '정신이상자, 정신박약자, 간질환자 등을 유전적 결함을 가진 대상으로 ~'라는 표현이 있고, 2문단에서 캐리 벅은 10대 후반의 정신박약인 백인 여성이라고 소개되어 있으므로 맞는 내용이다.
② 1문단의 세 번째 문장 '이 법은 ~ 반영한 것인데'를 통해 버지니아주법이 당시의 과학 지식을 반영해서 만든 법이라는 것을 추측할 수 있다.
③ 1문단의 세 번째 문장 '유전에 의해 ~ 목적으로 하였다.'라는 내용에서 버지니아주법은 개인의 건강과 이익을 목적으로 시행했다는 취지를 알 수 있다.
④ 3문단의 인용문 '사회가 무능력자로 ~ 할 수는 없다.'에서 사회 전체의 이익을 위해 무능력자들을 강제로 희생시킬 수 있다는 논지를 읽어낼 수 있다.

⊕ **풀이 POINT**

조선시대 인삼을 상품화하여 상업적 이익을 도모하던 삼상(參商)의 활동에 대한 글이다. 이런 글은 글의 흐름(순서)에 초점을 맞추어 읽어야 하고, 비교 대상이 되는 다른 개념어와의 공통점이나 차이점에 항상 유념하면서 독해하는 것이 필요하다. 그리고 내용이 긴 문단은 선택지에서 언급될 확률이 월등하게 높으므로 표시를 잘 해야 시간을 절약할 수 있다.

문단 내용 정리 및 어휘 풀이

1문단	인삼에 대한 수요 증가 → 인삼으로 이익을 얻고자 하는 삼상(參商)의 등장	
2문단	조선 정부의 인삼에 대한 유통 관리 강화 → 삼상에게 여행증명서인 황첩 발행 → 매입량을 엄격히 통제하고 세금을 징수함 → 위반 시 잠상으로 취급하여 처벌함	• 금수품 : 수입이나 수출이 금지된 물품 • 비변사 : 조선시대 군국기무(軍國機務)를 관장한 문무합의기구
3문단	조선 정부에서 인삼의 판매시기, 가격과 상인의 숫자도 통제함	• 개시 : 시장을 처음 열어 물건의 매매를 함
4문단	조선 정부의 엄격한 통제로 밀매업자인 잠상이 증가함	• 잠상 : 법으로 금지하고 있는 물건을 매매하는 사람

정답
풀이

2문단의 일곱 번째 문장 '강계부는 세금을 납부한 ~ 비변사에 보고하였다.'라는 내용을 통해 조선 정부는 삼상과 관련된 여러 가지 상황을 파악하고 있었음을 알 수 있다.

오답
풀이

① 2문단의 마지막 문장 '황첩이 없거나 ~ 처벌되었다.'를 보면, 황첩 자체가 없거나 거래량을 허위로 신고하는 경우에 대한 설명은 있으나, 황첩을 위조하였는지는 알 수 없다.

② 4문단에서 조선 정부의 엄격한 통제로 인해 상인들은 합법적인 인삼 매매와 무역을 포기하고 잠상이 되었고 더 많은 이익을 취하려 했다는 내용은 있으나, 이들에 대한 정부의 합법화 노력은 언급되지 않았다.

③ 1문단과 2문단을 보면, 송도는 삼상들의 근거지임을 알 수 있고, 삼상들이 강계부에 출입한 것은 이곳이 인삼이 모이는 거점이었기 때문이지, 가격이 더 싸서 간 것은 아니라는 것을 알 수 있다.

④ 3문단의 첫 문장과 4문단의 마지막 문장을 확인해 보면, 왜관에서의 구체적 이익에 대한 내용은 없고 한양과 일본 에도의 가격 비교만 있을 뿐이므로 잘못된 내용이다.

⊕ **풀이 POINT**

조선 개국 공신이었던 정도전의 저서 《심기리편》을 소개하고, 정도전이 《심리기편》을 통해 불교와 도교를 이단으로 배척하고, 유교의 우월성을 주장했다는 내용의 글이다. 이 글은 정도전의 주장과 이에 대한 근거, 불교, 도교, 유교의 차이점에 대한 내용이므로 이에 대한 정리가 필요하다. 특히 이 글처럼 인문학적, 철학적 내용이 등장하면 지레 겁을 먹기 마련인데, 독해는 그 내용을 모두 해석하고 이해하는 지식을 요구하는 것이 아니라 내용 확인이 핵심이므로 해석이 안 되는 부분이 있더라도 자신감을 갖고 분석해 볼 필요가 있다.

문단 내용 정리 및 어휘 풀이

1문단	정도전은 불교와 도교를 이단으로 배척하고 벽이단론의 실천과 체계화에 앞장 섬 → 《심기리편》에서 불교와 도교, 유교의 가치의식의 정당성 평가 → 유교의 우월함 강조	• 이단 : 시류에 어긋나는 사상 및 학설 • 타산적 : 사전에 그 일의 이해득실을 따짐
2문단	《심기리편》에서 불교와 도교의 기본 수양 방법을 비판 → 유교적인 마음과 기운의 배양을 통해 불교와 도교의 이상이 성취될 수 있음을 강조함	• 적멸 : 사라져 없어짐 • 정념 : 감정에 따라 일어나는 억누르기 어려운 생각

 2문단의 중간 부분 '죽어야 할 때 ~ 몸을 죽여서 인을 이룬다.'는 표현이 살신성인(殺身成仁)에 대한 내용이므로 맞는 답이다.

 ① 2문단의 마지막 문장 '마음을 간직하면 ~ 강조하였다.'를 보면, 정도전은 유교적인 마음과 기운의 배양을 통해 불교와 도교의 이상을 성취한다고 하였으므로, 감정 배제에 대한 내용은 잘못된 내용이다.
② 《심리기편》을 종합해 보면 불교와 도교에 대한 비판이 있는데, 어느 종교가 더 비판받아야 한다는 내용이 없고 비판 내용의 분량도 비슷한 편이므로 잘못된 내용이다.
④ 1문단에서는 '가치의식'을 중심으로 비판했고 2문단에서는 '수행방법'을 중심으로 비판한 것을 알 수 있으나, 가치의식이 잘못된 이유를 수행방법과 연결시킨 내용은 본문에 없다.
⑤ 1문단의 마지막 문장 '정도전은 《심리기편》에서 ~ 우월함을 강조하였다.'를 보면, 유교가 불교와 도교를 올바르게 주재해야 한다는 내용이 나와 있을 뿐 서로의 장점을 흡수해야 한다는 내용은 없으므로 잘못된 내용이다.

⊕ **풀이 POINT**

이 글은 예술작품 감상에 대한 '고전주의적 관점'과 '낭만주의적 관점'을 비교·대조하는 글이다. 이런 유형의 문제는 독해할 때 표시를 다르게 하면서 읽는 게 효과적이다. 즉 고전주의적 관점의 특징을 나열할 때와 낭만주의적 관점의 특징을 설명할 때의 표시를 다르게 해 주는 것이다. 이런 습관은 본문에서 2~3가지 대표 핵심어를 설명하는 글을 읽을 때 아주 유용하게 활용할 수 있으므로 평소에 잘 연습해 둘 필요가 있다.

문단 내용 정리 및 어휘 풀이

1문단	작품에 가치를 부여하는 방식이 고전주의적 관점과 낭만주의적 관점이 다름	
2문단	• 고전주의적 관점 : 청자가 중심이 된 의사소통 행위임 → 청자가 중요시되지 않거나 특정한 청자를 설정하지 않는 행위도 존재함 • 낭만주의적 관점 : 예술가가 감상자를 고려하지 않은 채 주관적인 생각과 느낌을 표현하는 것을 중시함	• 발화 : 소리를 내어 말을 하는 현실적인 언어행위
3문단	낭만주의적 관점에서 올바른 작품감상을 하기 위해서는 예술가의 창작의도나 창작관에 대한 이해가 필요함	• 전제 : 어떠한 사물이나 현상을 이루기 위해 먼저 내세우는 것

 3문단의 첫 문장에서 확인할 수 있는 내용이다.

 ① 1문단에서 고전주의적 관점은 '보편적 규칙에 따라 ~ 대상을 재현한'이라고 설명하고, 반면에 낭만주의적 관점은 '자유로운 방식으로 표현한'이라고 설명하고 있으므로 고전주의적 관점과 낭만주의적 관점의 재현 방식은 같지 않다.
② 2문단의 중간 부분 '또한 독백과 같이 ~ 이와 유사하다.'를 보면, 고전주의적 관점이 아니라 낭만주의적 관점이 독백을 듣는 것과 유사하다는 것을 알 수 있다.
③ 2문단의 마지막 문장 '낭만주의적 관점에서는 ~ 있다고 본다.'를 보면, 낭만주의적 관점은 감상자를 고려하지 않고 예술가가 자신의 생각이나 느낌에 초점을 맞추는 것을 알 수 있다.
⑤ 2문단의 마지막 문장 '낭만주의적 관점에서는 ~ 있다고 본다.'를 보면 알 수 있는 내용이다. 고전주의적 관점이 아닌 낭만주의적 관점이 예술가 자신의 생각이나 느낌을 표현하는 것에 초점을 맞춘다고 표현되어 있다.

⊕ **풀이 POINT**

이 글은 과학 지문으로 '윌슨의 모계유전자 mtDNA'와 '언더힐의 Y염색체를 사용한 부계 연구'의 비교를 통해 내용을 파악해야 한다. 지문이 짧은 편이라서 난이도가 높지는 않으나, 과학용어에 익숙해질 필요가 있다. 특히 문제 풀이 후 확인 작업을 할 때 생소한 개념이나 전문용어 등은 꼭 의미를 파악해서 따로 정리해 두는 습관을 들여야 한다. 어휘에 강해야 독해도 강해진다는 것을 항상 염두에 두고 학습해야 한다.

문단 내용 정리 및 어휘 풀이

1문단	카발리가 윌슨의 모계 유전자 mtDNA 연구를 더 설득력있게 해 줄 수 있는 실험을 제안함	• 가계도 : 집안의 혈연이나 혼인 관계 등을 나타낸 그림
2문단	언더힐의 Y염색체를 이용한 연구 → Y염색체가 하나씩 존재하고 Y염색체가 재조합을 일으키지 않기 때문에 연구에 사용했음	• 도출 : 판단이나 결론 따위를 이끌어 냄 • 수형도 : 나뭇가지 모양의 그림
3문단	언더힐의 연구에서 윌슨의 연구와 유사한 점이 발견됨 → 인류 진화 가설이 설득력을 지니게 됨	• 시사 : 어떤 것을 미리 간접적으로 표현해 줌

 2문단의 네 번째, 다섯 번째 문장 '그는 Y염색체를 사용한 ~ 수형도였다.'를 보면 양자 모두 아프리카 지역의 인류 조상에 뿌리를 두고 갈라진 수형도의 모습이었고, 그 수형도가 윌슨이 분석한 내용과 유사했다는 표현이 나와 있으므로 맞는 내용이다.

 ① 3문단의 두 번째 문장 'mtDNA와 같은 하나의 ~ 결정적이지는 않다.'를 통해 잘못된 내용임을 알 수 있다.
③ 2문단의 마지막 문장 '또 그 수형도는 인류학자들이 ~ 유사하였다.'를 통해 볼 때, 인류학자들의 견해를 뒷받침하는 것이 아니라 반증하는 것임을 알 수 있다.
④ 2문단의 다섯 번째 문장 '언더힐의 가계도 ~ 수형도였다.'를 통해 확인할 수 있다. 언더힐의 연구는 인류가 아프리카에서 유래한 것을 '부정'하는 것이 아니라 '긍정'하는 것이다.
⑤ 2문단의 세 번째 문장 '그것은 Y염색체가 ~ 때문이다.'를 통해 언더힐이 Y염색체를 인류 진화 연구에 이용한 이유는 Y염색체가 유전자 재조합을 일으키지 않기 때문임을 밝히고 있다.

⊕ **풀이 POINT**

조선시대에 목재는 중요한 자원이었고, 이를 얻기 위한 불법적 행동까지 등장했다는 내용이다. 생소하지만 중요한 한자 개념어가 많이 등장하는 글이다. 반드시 표시를 정확히 하면서 읽어 나가야 하고, 그 개념어의 의미보다는 상황이나 특징적인 사건 등에 초점을 맞출 필요가 있다.

문단 내용 정리 및 어휘 풀이

1문단	조선의 산림 보호나 목재를 확보하기 위한 노력 → 국가가 금산을 지정, 양인들은 사양산을 정하고 여러 경제적 산물을 배타적으로 소유함	• 배타적 : 남을 배척하는 경향
2문단	18세기 산림의 경제성이 증대됨에 따라 불법적인 활동이 증대됨 → 투작, 늑작, 난작	• 사족 : 선비나 무인의 집안
3문단	목상들의 활동이 투작 현상을 확대시킴 → 전국의 산림이 황폐해짐	• 목상 : 나무를 사고파는 상인

 정답 풀이   2문단 끝 부분 '그러나 사족이나 향리층의 투작은 한 사람의 소규모 투작에서 수십 명이 작당하는 대규모 투작까지 그 종류와 규모가 다양하였다.'를 보면, 사족이나 향리층의 투작이 심했음을 알 수 있으나, 사족과 향리층, 평민층의 투작에서 어느 것이 더 큰 사회문제를 초래했는지를 구체적으로 알 수 있는 내용은 없다.

 오답 풀이
① 2문단 두 번째 문장 '특히 사양산은 ~ 클 수밖에 없었다.'를 통해 사양산이 금산에 비해 통제가 약했기 때문에 금산보다 사양산에서 투작하기가 쉬웠음을 알 수 있다.
② 3문단 두번째 문장, 세 번째 문장 '목상들은 ~ 정도였다.'를 보면, 금산의 소나무가 수군의 병선 제작이나 관선 제작에 사용되었음을 알 수 있다.
③ 3문단의 내용을 종합해 보면, 목상들의 활동이 투작 현상을 확대시켰고, 가난한 평민들이 큰 돈을 만지기 위해 투작을 하면서 전국의 산림이 황폐해졌음을 알 수 있다.
⑤ 1문단 마지막 문장 '이러한 권리를 통해 ~ 배타적으로 소유하였다.'를 보면 양인들이 사양산에서 나는 버섯, 꿀, 약용식물 등에 대한 배타적 권리를 가졌음을 알 수 있다.

34

⊕ 풀이 POINT

이 글은 디지털 연산과 아날로그 연산에 대한 설명을 바탕으로 사람의 감각기관의 정보 전달 과정을 설명하고 있다. 이런 유형의 글은 반드시 두 설명 대상의 공통점이나 차이점에 초점이 맞춰지므로, 읽을 때 꼭 표시를 다르게 하는 습관을 들이는 것이 좋다. 표시를 다르게 하면 선택지에서 두 개념의 특징을 바꾸어 헷갈리게 하는 내용도 쉽게 구분할 수 있기 때문에 편리하다.

문단 내용 정리 및 어휘 풀이

1문단	디지털 연산과 아날로그 연산의 특징 • 디지털 연산 　(1) 논리적 연산으로 진행 　(2) 동일한 양 처리 시 아날로그보다 많은 소자가 필요 　(3) 소자 자체의 특성에 영향을 받지 않고 쉽게 변경 가능 • 아날로그 연산 　(1) 물리적 특성에 의해 진행 　(2) 외적 요인에 의해 연산 결과가 달라짐	• 연산 : 식이 나타낸 일정한 규칙에 따라 계산함 • 소자 : 장치, 전자회로의 구성요소가 되는 낱낱의 부품
2문단	사람의 감각기관은 아날로그 연산에 바탕을 둔 정보 처리 조직을 갖고, 이로부터 발생되는 정보는 디지털 정보임	• 수용기 : 해부학적으로 자극에 대하여 반응하는 구조

 1문단의 첫 문장 '디지털 연산은 ~ 진행된다.'를 보면 소자의 물리적 특성을 통해 연산이 진행되는 것은 아날로그 연산임을 알 수 있다.

 ① 2문단의 끝 부분 '그렇기 때문에 실제 ~ 디지털 정보이다.'를 통해 사람의 신경세포가 뇌에 전달하는 것은 디지털 정보라는 것을 알 수 있다.
③ 2문단의 첫 번째 문장 '사람의 눈이나 ~ 있지만'은 사람의 감각기관이 아날로그 연산에 바탕을 두고 있다는 표현이므로 맞는 내용이다.
④ 1문단 끝 부분 '그러나 디지털 연산에서는 ~ 영향을 받지 않는다.'를 보면, 디지털 연산이 소자의 특성 변화에 크게 영향을 받지 않음을 알 수 있다.
⑤ 2문단의 두 번째 문장 '감각기관에 분포하는 ~ 발생시킨다.'를 보면, 사람의 감각기관에 분포하는 수용기가 입력의 특정 패턴을 감지하는 것으로 표현되어 있으므로 맞는 내용이다.

⊕ **풀이 POINT**

이 문제는 본문의 실험 결과를 포괄하는 가설을 고르는 문제이다. 본문의 내용과 표에 대한 정확한 분석이 이루어져야 답을
골라낼 수 있다. 본문을 통해 포유동물의 성별 결정이 어떻게 이루어지는지, 그리고 원시생식소의 제거로 생기는 영향 관계는
어떠한지 등을 파악하면서 읽을 수 있어야 한다.

문단 내용 정리 및 어휘 풀이

1문단	포유동물의 경우 원시생식소로부터 분화된 생식소인 정소와 난소로부터 성호르몬이 분비됨 → 세 가지 종류의 성호르몬 생산 → 이 호르몬이 성별을 결정함	• 호르몬 : 동물의 내분비샘에서 분비되는 물질의 총체
2문단	남성과 여성의 외부생식기 발달과정을 파악하기 위한 실험	• 배아 : 난할을 시작한 이후의 개체

 1문단과 2문단 〈표〉를 보면, 포유동물의 경우 원시생식소로부터 분화되어 형성된 생식소인 정소와 난소로부터 성호르몬이
분비된다. 그런데 〈표〉에서 원시생식소를 제거했을 경우 모두 암컷만 나타나므로 이 실험 결과를 가장 잘 보여준다고
볼 수 있다.

 ① 2문단 〈표〉에서 보면, 원시생식소를 제거한 경우 모두 암컷이 되었으므로, 염색체에 의한 결정이 아니다.

③ 1문단 첫 번째 문장 '포유동물에서 ~ 결정된다.'를 보면, 성호르몬이 먼저 작용해야 나중에 외부생식기로 성별이 나타
나는 것으로 해석할 수 있으므로 잘못된 내용이다.

④ 1문단의 마지막 문장 '하지만 이들 호르몬의 비율은 ~ 알려져 있다.'를 보면, 호르몬의 비율 차이가 사춘기 남성과
여성의 성징을 나타내는 역할을 한다고 했으므로 잘못된 내용이다.

⑤ 1문단 첫 번째 문장 '포유동물에서 ~ 외부생식기로 발달할 전구체인 기관 A에 ~'를 보면, 기관 A는 정소나 난소로
발달하는 것이 아님을 알 수 있다.

⊕ **풀이 POINT**

본문의 내용 이해를 정확히 하면서 '자연발생설 지지자들'의 견해를 넣는 문제이다. 각 문단의 실험 내용이 무엇인지, 무엇을 밝히고자 하는 실험이었는지를 명확히 한 후 〈보기〉의 내용과 일 대 일로 대응해 가면서 답이 아닌 것은 지워나가면 된다.

문단 내용 정리 및 어휘 풀이

1문단	자연발생설의 개념과 스팔란차니의 실험에 대한 자연발생설 지지자들의 견해	• 유기물 : 생체를 이루며, 생체 안에서 생명력에 의해 만들어지는 물질
2문단	19세기 생물학자들의 실험과 결과에 대한 자연발생설 지지자들과 비판자들의 상반된 해석	• 자연발생설 : 생물은 무생물에서 저절로 생겨날 수도 있다고 주장하는 학설

(가) 1문단의 내용을 정리해 보면 '자연발생설은 적당한 유기물과 충분한 공기가 있는 환경이라면 생명체가 생겨날 수 있다.'는 학설이다. 스팔란차니의 실험은 '유기물'을 끓여서 실험한 것이고, 이를 통해 자연발생설을 부정한 것이다. 그리고 2문단에서 새로운 실험 시 '정화된 공기를 충분히 주입'했다는 표현이 있으므로 이 실험은 '충분한 공기'에 대한 조건을 만들지 않고 한 것임을 추측할 수 있다. 따라서 빈칸에는 '공기'에 대한 것이 들어가야 한다.

(나) 2문단의 내용을 정리해 보면, 19세기 생물학자들의 실험은 (가)와 마찬가지로 '유기물'을 끓여서 실험한 것이다. 그리고 '충분한 공기'도 주입했다고 했으므로 (가)와는 다른 내용이 와야 한다. 특히 공기를 충족한 상태에서 미생물이 발견되지 않았을 때, 자연발생설 지지자들이 할 수 있는 말은 나머지 조건 중 하나인 '적당한 유기물'이 될 것이다. 결국 빈칸에는 '적당한 유기물'이 없었다는 내용 즉, 미생물의 발생에 필요한 유기물이 파괴되었다는 내용이 오는 것이 가장 적절하다고 볼 수 있다.

⊕ **풀이 POINT**

이 글은 고대의 '성찬'이나 기독교의 '공동 식사'가 중세까지 전통이 이어지면서 공동체 의식의 고양에 중요한 역할을 했다는 내용이다. 이런 문제 유형은 본문의 내용과 〈보기〉의 내용을 연결시키는 것인데, 〈보기〉의 어느 한 내용이 답이 될 수 없으면 그 내용이 들어간 선택지는 모두 지워버려야 빨리 답을 찾을 수 있다.

문단 내용 정리 및 어휘 풀이

1문단	고대 종교에서의 '성찬'과 기독교의 '공동 식사' → 식사를 통해 모든 참가자가 공유 의식을 가지게 되는 계기가 됨	• 성찬 : 신에게 드리는 음식
2문단	공동 식사의 의의와 예 → 과거 여러 시기에 막대한 사회적 가치를 획득함	• 고양 : 정신이나 기분 따위를 북돋워서 높임

ㄱ. 2문단의 예시를 보면, 공동체에 소속된 사람들은 공동 식사를 통해 유대감을 가졌지만, 그 공동체에 속하지 않은 사람과 함께 식사를 한 사람에게 가혹한 형벌을 내린 것을 통해 배타성이 있었음을 확인할 수 있다.

ㄴ. 1문단의 중간 부분을 확인해 보면 공동 식사가 새로운 종교를 만든 것이 아니라, 새로 만들어진 종교가 공동 식사를 통해 공동체 의식을 만든 것을 알 수 있다.

ㄷ. 1문단의 마지막 문장 '이러한 공동 식사 중에는 ~ 배타성이 극복된다.'를 통해 식사 자체는 이기적이만, 공동 식사를 통해 이를 극복하게 되었다는 것을 알 수 있다.

⊕ **풀이 POINT**

조선의 호락논쟁을 바탕으로 정리한 글이다. 호학과 낙학의 개념과 특징을 중심으로 정리해서 읽어야 한다. 다소 학문적이며 철학적인 내용이라서 난도가 높다고 생각할 수 있으나 PSAT 문제의 핵심은 내용의 해석이 아니라 내용의 일치/불일치 문제라는 것을 항상 기억하도록 해야 한다.

문단 내용 정리 및 어휘 풀이

1문단	호락논쟁은 중국의 성리학을 우리 것으로 소화해 낸 적공의 산물임 → 양란을 거치며 호학과 낙학이 정립됨	• 적공 : 많은 힘을 들여 애씀 • 정점 : 맨 꼭대기가 되는 점
2문단	낙학의 특징 (1) 주관적 체험을 통해 본체에 접근함 (2) 마음에 대한 탐구로 본체를 실천함 (3) 사대부의 자아 정립과 관련됨	• 본체 : 사물의 정체, 본바탕 • 자아 : 자기 자신에 대한 의식이나 관념
3문단 · 4문단	호학의 특징 (1) 현실 세계를 규율하는 원리와 규범에 집중 (2) 객관적 인식의 축적에 의해 본체를 인식함 (3) 사대부의 자아 정립과 관련됨	• 규율 : 질서나 제도를 좇아 다스림

 2문단 두 번째 문장 '근원적 실재인 본체에 ~ 주관적 체험이었다.', 3문단 세 번째 문장 '본체인 본성은 ~ 존재한다.'를 통해 확인 가능하므로 맞는 내용이다.

 ② 3문단 네 번째 문장 '본체의 인식은 ~ 달성되는 것이다.'를 통해 본체의 인식은 마음의 체험을 통해서 달성되는 것이 아니라고 표현했으므로 잘못된 내용이다.

③ 4문단 첫 번째 문장 '호학의 정신은 ~ 관련이 깊다.'를 보면, 호학은 왕권까지 규범의 제약 아래 두려한다고 하였으므로 왕권강화와 관련이 깊은 것이 아님을 알 수 있다.

④ 3문단 네 번째 문장 '본체의 인식은 마음의 체험을 통해서가 아니라 ~'라고 했으므로 호학은 본체를 마음으로 인식하는 것이 아니다.

⑤ 2문단 마지막 문장 '낙학은 이론의 구성에서는 ~ 표준으로 삼았지만'을 보면, 낙학이 주희의 마음 이론을 기본으로 해서 만들어진 것을 알 수 있다.

풀이 POINT

이 문제는 문맥의 흐름에 맞게 빈칸에 적절한 내용을 찾아 넣는 문제이다. 이런 유형의 문제는 항상 앞뒤의 내용을 정확히 파악하고, 그 내용에 호응하는 것을 넣어야 하는지 부정하는 것을 넣어야 하는지를 빠르게 판단할 수 있어야 한다. 어떤 글은 문제 유형에 따라 단계별 내용을 연결시켜서 파악해야 하는 경우도 있고, 어떤 글은 전체적인 내용을 파악해야 하는 경우도 있으므로 주의해야 한다.

 정답 풀이

'폭탄을 무인 로켓에 실어 우주 공간으로 가져가 폭발하게 하는 방안'에 대해 A, B, C 세 사람의 주장을 살펴보며 글을 읽는다.

'중력 감소 → 폭탄 무게 감소', '로켓 가속 → 폭탄 무게 증가'로 이어진다. 이때 중력 감소만큼 로켓의 속도를 올리면 '중력 감소로 인해 줄어드는 폭탄의 무게만큼 가속으로 인해 폭탄의 무게 증가'가 일어나므로 안정을 유지할 수 있다. 따라서 ④가 빈칸에 가장 적절하다.

오답 풀이

① 제시문에서 무게가 30% 이상 증가하거나 감소하면 폭발하게 되어 있다고 했다. 지구의 중력이 0이 되면 무게가 0이 되므로 로켓과 폭탄의 가속도가 정확히 반비례하지 않는다면 그 전에 폭탄이 폭발할 것이다. 이에 따른 조건이 제시되어 있지 않으므로 적절한 내용이 아니다.

②·③ 중력과 가속도를 증가시키면 무게가 더욱 증가하여 우주로 가기 전에 폭발하게 되고, 중력과 가속도를 감소시키면 무게가 가벼워져 우주로 가기 전에 폭발하게 된다.

⑤ 로켓의 속도가 감소하는 만큼 중력의 크기를 증가시키면 안정성은 유지되나, A와 B의 조건인 '지구에서 멀어짐에 따라 중력이 감소'와 '지구를 탈출하려면 엄청난 속도까지 가속'이라는 것에 부합하지 않기 때문에 적절한 내용이 아니다.

 풀이 POINT

이 글은 그림만으로는 정확한 의사소통이 이루어지기 힘들다는 것을 일화와 예시를 통해 보여주는 글이다. 평이한 내용이지만, 내용에 대한 독해는 정확하게 이루어져야 한다. 단순한 내용 일치 문제만 있는 것이 아니라 추리가 들어가야 하는 선지도 있을 수 있으므로 항상 집중하여 내용을 이해하는 것이 필요하다.

문단 내용 정리 및 어휘 풀이

| 1문단 | 그림만으로는 완벽한 의사소통이 힘듦을 일화와 예시를 통해 설명함 |
| 2문단 | 기호에 대한 약속이 없으면 의사소통이 어려움 |

 정답 풀이

2문단의 마지막 부분을 종합해 보면, '자전거'와 '화살표'를 놓고 보았을 때, 구매자와 판매자 사이에 여러 가지 다른 의미를 가질 수 있다는 내용이 표시되어 있으므로 맞는 내용이다.

오답 풀이

① 이 글은 그림이나 기호로는 완벽한 의사소통이 어려울 수 있음을 보여주는 글이다. 언어적 표현의 의미는 본문에서 찾아볼 수 없는 내용이다.

② 2문단의 네 번째 문장 '왜냐하면 ~ 결정되기 때문이다.'를 보면, 약속에 의해 기호의 의미가 결정됨을 알 수 있다.

④ 1문단을 종합해 보면, 어떤 언어적 표현도 없고 단지 그림만 가지고는 의사소통이 힘들다는 것을 설명하는 내용이므로 틀린 내용이다.

⑤ '상이한 사물에 대한 그림들은 동일한 의미로 이해될 수 없다.'는 내용은 본문에서 찾아볼 수 없는 내용이다.

⊕ **풀이 POINT**

이 글은 《논어》에서 해석상 논란을 일으킨 '극기복례'에 대한 A학파와 B학파의 견해차를 설명하는 글이다. 이처럼 두세 가지 논점의 대립을 다루는 글은 관점의 공통점과 차이점에 대한 문제라고 해도 무방하다. 따라서 본문을 읽을 때 표시를 명확히 해서 어떤 점이 같고 어떤 점이 다른지를 정확하게 파악하는 것이 중요하다.

문단 내용 정리 및 어휘 풀이

1문단	'극기복례'에 대한 두 학파의 견해 차이 • A학파 : '극기'와 '복례'를 독립된 구절로 봄 • B학파 : '극'을 서술어로 보고 '기복례'를 목적어구로 봄	
2문단	A학파의 견해 (1) 천리가 마음에 내재해 있음 (2) '극기'는 몸의 개인적 욕망 극복, '복례'는 천리에 따라 행위하는 본래 모습을 회복함	• 천리 : 천지자연의 이치, 하늘의 도리
3문단	B학파의 견해 (1) 예를 중심으로 해석함 (2) '기복례'는 몸이 본받아야 할 행위를 거듭 실행함이고, '극'과 연결하면 몸이 본받아야 할 행위를 거듭 실행하여 능숙하게 됨	• 심성론 : 유교에서 심, 성, 정을 중심으로 인간 존재의 양상을 다루는 이론
4문단	두 학파는 철학적 관심이 다름 • A학파 : 악의 문제를 어떻게 설명할 것인가라는 문제에 집중함 • B학파 : '모범적 행위의 창안'이라는 맥락에서 유가의 정통성을 찾으려 함	• 창안 : 어떤 방안, 물건 따위를 처음으로 생각해 냄

PSAT 언어 150제

NCS 핵심영역 120제

NCS 선택영역 60제

4문단의 세 번째 문장에서 '그들의 관심은 악의 문제를 ~ 집중되고 있다.'고 했는데, 이 설명은 A학파의 주장이므로 잘못된 내용이다.

① 2문단의 내용을 종합해 보면, '기'는 '몸으로 인한 개인적 욕망'이고, '극기'는 '몸의 개인적 욕망을 극복하다.'로 보고 있다. '복례'는 '천리에 따라 행위하는 본래 모습을 회복하다.'로 해석하므로 맞는 내용이다.
② 2문단의 첫 문장에서 '천리는 선천적임'을 나타내고 있고, 세 번째 문장에서 '예'는 '천리에 따라 행위하는 것'이라고 했으므로 맞는 내용이다.
④ 3문단의 두 번째 문장에서 '이들은 ~ '몸'으로 이해한다.'고 했으므로 '기'는 숙련 행위의 주체로 인식했음을 알 수 있다. 그리고 중간 부분의 예시를 보면 '제사에 ~ 모방하면서'라고 했으므로 선인들의 행위를 본받으려 했음 또한 알 수 있다.
⑤ 3문단의 중간 부분의 '예를 들면 ~ 능숙하게 된다.'에서 '예'의 실천은 어른들의 행위를 모방하여 실천하는 것임을 알 수 있으므로 맞는 내용이다.

⊕ 풀이 POINT

조선시대 전술상의 흐름 변화를 임진왜란 이전과 이후의 조선과 일본을 비교하면서 설명하고 있는 글이다. 이런 유형의 글은 공시적 관점과 통시적 관점을 둘 다 비교하면서 읽어야 효과적이다. 시대의 흐름에 따른 변화와 한 시대에서의 양국의 차이점을 모두 보는 입체적인 표시 방법이 필요한 글임을 생각하면서 독해를 해야 한다.

문단 내용 정리 및 어휘 풀이

| 1문단 | 임진왜란 이전의 전술 차이
• 조선 : 장병에 치중함, 원격전으로 적을 제압
• 일본 : 단병에 치중함, 근접전으로 적을 제압 | • 화기 : 화약의 힘으로 탄알을 쏘는 병기
• 궁시 : 활과 화살 |
| 2문단 | 임진왜란 시
• 조선 : 육전에서 일본의 조총의 위력으로 참패, 해전에서는 화포의 화력으로 우세 유지
• 일본 : 조총의 도입으로 육전에서 우세, 해전에서도 조총만을 사용하여 열세 | • 전술 : 전쟁 또는 전투 상황에 대처하기 위한 기술과 방법 |

 2문단 마지막 문장 '해전에서 조선 수군이 ~ 되었던 것이다.'에 조선이 해전에서 대형 화포를 사용했기 때문에 승리를 거두었다는 표현이 있다.

 ① 2문단의 세 번째 문장 '조총은 단지 ~ 발휘하게 하였다.'에 따르면 일본의 조총이 조선의 궁시나 화기보다 사거리나 정확도에서 우세했으므로 근접 전투 기술을 강화시킨 것이다.
② 1문단의 마지막 문장 '조선의 화기 기술은 ~ 못하고 있었다.'를 보면, 화기 기술이 고려 말에 수용된 것이지, 전통적인 전술인 장병 자체가 수용되었다는 표현은 없으므로 잘못된 내용이다.
③ 2문단 네 번째 문장 '조선이 임진왜란 때 육전에서 ~ 것이다.'를 통해, 일본의 조총 사용으로 조선이 임진왜란 당시 육전에서 열세를 보인 것을 알 수 있다.
⑤ 2문단 네 번째 문장 '조선이 ~ 일차적 원인이겠지만'을 보면, 참패의 일차적인 원인이 무기 기술의 열세가 아니라 정치, 사회 전반의 문제임을 알 수 있다.

⊕ **풀이 POINT**

독해 문제는 선택지를 먼저 보고, '어느 부분에 초점을 맞추어 읽어야 되는가?'를 결정한 후, 독해하는 것이 좋다. 이 글은 프랑스의 과학기술자인 라투르가 '과속방지 둔덕'과 '총기'의 예를 통해 서양 학문이 '기술'을 제외하는 오류를 범했다는 내용을 표현한 글이다. 라투르의 주장 내용을 세밀히 살피면서 읽어야 답을 빠르게 찾아낼 수 있다.

문단 내용 정리 및 어휘 풀이

1문단	브루노 라투르의 '과속방지 둔덕'을 이용한 주장 → 인간이 했던 역할을 기술이 대신함으로써 훌륭한 행위자가 된다고 주장	• 수행 : 생각하거나 계획한 대로 일을 해냄
2문단	라투르의 '총기'의 예를 이용한 주장 → 총과 사람의 합체라는 잡종이 새로운 행위자로 등장함	• 잡종 : 어느 하나에 소속하지 못하고 잡다한 것이 뒤섞인 것
3문단	라투르의 서양 학문에 대한 비판 → 행위자로서 기술의 역할에 주목해야 함을 주장	• 능동적 : 다른 것에 이끌리지 않고 스스로 일으키거나 움직이는 것 ↔ 수동적

 2문단 여섯 번째 문장 '즉 총과 사람의 ~ 가지게 된다.'에서 잡종 행위자가 만들어졌다는 표현은 있으나, 총기 사용 규제에 대한 내용은 없다. 또한, 라투르는 총기 사용 규제를 주장하는 사람과 반대하는 사람을 모두 비판하며 어느 한 쪽의 의견을 주장하지 않았다.

 ② 3문단의 첫 번째 문장 '라투르는 ~ 비판한다.'에서 확인할 수 있는 내용이다.
③ 3문단의 마지막 문장 '결국 라투르는 ~ 극복하고자 하였다.'에서 라투르는 기술의 능동적 역할에 주목하면서 자연/사회, 주체/객체의 이분법을 극복하려 했음을 알 수 있다.
④ 1문단과 3문단을 종합해 보면, 1문단에서 '과속방지 둔덕'이 교통경찰의 역할을 대신한다고 표현했고, 3문단 마지막 문장에서 이런 기술이 능동적 역할을 했다고 표현했으므로 맞는 내용이다.
⑤ 1문단의 마지막 문장 '이렇게 라투르는 ~ 하였다.'에서 기술이 우리 사회의 훌륭한 행위자 역할을 한다고 표현했다.

⊕ 풀이 POINT

우리나라의 성 씨 앞에 붙는 '본관'을 설명하는 글이다. '본관제'의 기원과 변화 양상을 설명하고 있는 글인데, 한자 단어가 많아 다소 어렵게 느껴질 수도 있으나 전체적인 문맥의 흐름에 초점을 맞추어 읽어나갈 필요가 있다.

문단 내용 정리 및 어휘 풀이

1문단	'본관'의 시작과 '본관제'의 기능 → 주로 민(民)에 대한 통제 방식과 관련 있음	• 위계 : 지위나 계층의 등급 • 관철 : 목적을 이룸
2문단	12세기 본관제를 통한 거주지 통제정책이 느슨해짐 → 고려 정부가 민(民)에 대한 현재의 거주지 인정, 그 거주지의 민(民)을 호적에 올리게 함 → 특수행정구역 감소, 부곡민과 군현민과의 차이 미미해짐	• 유망 : 일정한 거처 없이 떠돌아 다님 • 수취 : 거두어 가짐
3문단	향촌 사회의 변동 (1) 향리층의 향촌질서 주도가 어려워짐 (2) 향리층이 '이족'과 '사족'으로 분화됨 (3) 본관의 의미가 관념적인 혈연으로 바뀜 (4) 동성(同姓)이 동본(同本)이라는 생각이 확대됨	• 향리 : 고려, 조선시대에 한 고을에 대물림으로 내려오던 하급 관리
4문단	본관제의 성격 변화 → 귀향형이나 충상호형 같은 법제는 폐지됨	• 법제 : 법률로 정해진 각종의 제도

 3문단을 종합해 보면, 향촌사회의 변동이 향리층의 분화와 동성동본의 관념을 발생시키게 되었다는 내용이 있으나, 그 둘 사이의 인과관계는 표시되어 있지 않다.

 ① 3문단 다섯 번째 문장 '향리층은 아전층인 ~ 지배의 일부를 담당했다.'를 보면, 향촌사회의 변동으로 인한 사족(士族)의 역할이 표시되어 있다.

③ 1문단과 4문단을 종합해 보면, 1문단에서는 '본관제'가 민에 대한 통제책과 관련이 있다고 했고, 4문단에서 이런 본관제의 성격이 변하면서 귀향형이나 충상호형이 폐지된 것임을 알 수 있으므로 맞는 내용이다.

④ 2문단 첫 문장 '12세기부터 향촌사회에서 ~ 느슨해져 갔다.'를 보면 향촌민의 몰락과 유망 현상으로 통제정책이 약화되었음을 알 수 있다.

⑤ 2문단의 마지막 문장 '향, 소, 부곡과 같은 ~ 미미해졌다.'를 통해 12세기부터 향촌사회의 변동이 생겼음을 알 수 있다.

⊕ 풀이 POINT

이 글은 국가의 '정체'에 대하여 '공화정', '민주정', '전제정' 등 중요 개념어를 동원하며, 진정한 '정체'가 이루어지려면 대의 제도를 통해 공화정이 이루어져야 한다는 내용이다. 각 개념어의 정의나 특징 등에 유념하면서 내용을 읽어야 하며, 선택지의 내용과 비교하며 읽어야 빨리 정답을 찾을 수 있다. 평소 독해 훈련을 꾸준히 하여, 독해 감각을 잃지 않도록 해 둔다.

문단 내용 정리 및 어휘 풀이

1문단	국가의 '정체'를 규명하고자 할 때 구분해야 하는 것 (1) 주권자가 누구인가? (2) 권력이 실행되는 방식이 무엇인가?	• 정체 : 통치권의 행사 방법에 따라 구별하는 정치 형태
2문단	정부가 진정한 정체를 이루려면 대의 제도를 따라야 함 → 공화정에 도달하는 것은 군주제보다는 귀족제, 민주제에서 더 어려움	• 대의제 : 국민이 스스로 선출한 대표자를 통하여 국가권력을 행사하는 제도
3문단	정부가 진정한 정체를 이루려면 대의 제도를 실현해야 하고, 이 제도를 통해 공화정을 이룰 수 있음	• 전제주의 : 국가의 권력을 개인이 장악하고 그 개인의 의사에 따라 모든 일을 처리함

 2문단의 마지막 문장에서 '이런 이유로 완벽하게 ~ 불가능하다.'라고 했으므로, 민주제는 대의 제도를 실현하는 것이 점진적이든 급진적이든 관계없이 폭력 혁명이 아니면 불가능한 것임을 알 수 있다.

 ① 1문단의 중간 부분 '민주제는 '민주(民主)' ~ 전제정이다.'를 통해 민주제는 전제정이 될 수밖에 없다는 내용을 보여주고 있다.

② 3문단의 두 번째 문장 '정부의 형태가 ~ 공화정이 가능하다.'를 보면, 대의 제도가 우선 실현되어야 공화정이 이루어질 수 있다고 했으므로 대의 제도는 필요조건임을 알 수 있다.

③ 2문단의 다섯 번째 문장 '한 국가의 통치자의 ~ 접근할 수 있다.'를 보면, 통치자의 수가 적을수록 공화정에 접근하게 됨을 알 수 있다.

⑤ 1문단의 중간 부분 '공화정에서는 입법부에서 ~ 독단적으로 집행한다.'를 보면, 집행권의 분리 여부에 따라 공화정과 전제정을 나누는 것을 알 수 있다.

정약용이 만든 글쓰기 양식인 '원체'의 개념과 의의를 설명하고 있고, 정선의 '진경 화법'과의 유사점을 비교하여 표현하는 글이다. 이런 유형의 글은 당연히 두 개념어의 공통점이나 차이점에 대한 문제를 물어보게 되므로 독해할 때 표시를 어떻게 해나가면서 읽을지가 미리 마음속에 결정되어 있어야 한다.

문단 내용 정리 및 어휘 풀이

1문단	다산 정약용의 '원체'가 갖는 의미	• 문체 : 문장의 개성적 특색
2문단	원체의 특징 (1) 정치·과학적 글쓰기임 (2) 새롭게 부상한 문체임 (3) 다산은 원체를 이용하여 《원정》이라는 글을 남김	• 환기 : 주의나 여론, 생각 따위를 불러일으킴
3문단	정선의 진경 화법 (1) 회화적 재구성을 통해 미적 감흥을 창조적으로 구현함 (2) 실경을 정식화함	• 유비 : 맞대어 비교함 • 시무책 : 그 시대에 중요하게 다룰 일에 대한 계책

3문단의 중간 부분 '진경 화법의 특징은 ~ 아니라'를 보면, 진경 화법은 실물을 그대로 모사하는 것이 아니라고 표현되어 있으므로 잘못된 내용이다.

① 2문단의 첫 번째 문장 '원체는 작가가 ~ 할 수 있다.'를 보면 '원체'는 분석적이면서 정치·과학적인 글쓰기라는 것을 알 수 있다.

② 3문단의 두 번째 문장 '그것은 ~ 반영한 것이었다.'를 통해 알 수 있다.

③ 3문단의 중간 부분 '진경 화법의 특징은 ~ 구현하는 데 있다.'를 보면, 진경의 화법은 재구성을 통해 미적 감흥을 창조적으로 구현한 것임을 알 수 있다.

⑤ 3문단의 마지막 문장 '다산이 쓴 《원정》은 ~ 제시한 것이다.'를 통해 다산이 기존의 정치 개념을 그대로 답습한 것이 아님을 알 수 있다.

⊕ 풀이 POINT

이 글은 본문과 〈보기〉의 내용을 연결시켜 풀어야 하는 유형이다. 오로라의 발생 원인이나 색깔 결정 요인, 잘 나타나는 지역 등을 병렬관계로 설명하고 있다. 본문 각 단락의 내용을 하나하나 읽으면서 〈보기〉의 내용을 1 : 1 대응해 표시해 나가면 시간을 절약할 수 있다.

문단 내용 정리 및 어휘 풀이

1문단	오로라가 발생하는 원인과 과정	• 대전입자 : 전기를 띠고 있는 입자
2문단	오로라의 스펙트럼 분석	• 스펙트럼 : 가시광선, 자외선, 적외선 따위가 분광기로 분해되었을 때의 성분
3문단	오로라의 색깔 결정과 발광 원리	• 자기장 : 자석의 주위, 전류의 주위 따위와 같이 자기의 작용이 미치는 공간
4문단	오로라가 잘 나타나는 지역	
5문단	오로라는 나타나는 시기와 모양에 따라 고도가 다름	

 ㄱ. 1문단을 종합해 보면, 태양풍의 대전입자들이 지구 대기와 충돌하면서 기체를 이온화할 때 나오는 빛 중 가시광선 영역이 오로라로 나타난다고 설명하고 있다.
  ㄷ. 3문단의 마지막 문장 '오로라의 다양한 색깔은 ~ 결정된다.'를 통해 대전입자와 충돌하는 원자의 성질이 오로라의 색깔을 결정하는 것을 알 수 있다.
  ㄹ. 4문단의 첫 문장을 통해 지구자기의 북극을 중심으로 20 ~ 25도 정도 떨어진 곳에서 오로라가 잘 나타남을 알 수 있다.

 ㄴ. 오로라의 모양에 대한 설명은 본문에 나탄 있지 않다.
  ㅁ. 태양풍과 관련된 내용은 있으나 태양 흑점과 관련된 내용은 본문에 나타나 있지 않다.

⊕ 풀이 POINT

이 글은 식물 종 A가 어떤 환경에서 자라느냐에 따라 각각 다른 색깔의 꽃을 피운다는 가설 속에서 순종의 보존에 어느 것이 더 유리한지를 판단하는 내용이다. 본문의 내용과 〈실험〉의 내용을 정확하게 분석하고 추리를 해나가야 하는 문제라고 볼 수 있다. 〈실험〉의 결과는 (1) A가 분홍색 꽃일 경우 – 씨앗의 교잡종이 40%, 순종이 60% (2) A가 빨간색 꽃일 경우 – 씨앗의 교잡종이 3%, 순종이 97%이다.

 실험의 결과 '(1) A가 분홍색 꽃일 경우 – 씨앗의 교잡종이 40%, 순종이 60% (2) A가 빨간색 꽃일 경우 – 씨앗의 교잡종이 3%, 순종이 97%'이므로 빨간색 꽃이 분홍색 꽃보다 약 37% 정도 순종의 비율이 높다. 따라서 빨간색 꽃이 순종의 보존에 유리하다는 것을 알 수 있다.

 ①·② 비교 대상이 잘못 표시되어 있다. 꽃과 다른 식물 종인 B의 비교가 아니다.
  ③ 〈실험〉은 꽃 A를 B가 분포하는 지역에 파종한 경우 나타난 결과물이므로, B의 분포 여부와 무관한 것이 아니다.
  ⑤ 교잡되지 않는 순종의 재생산 사이의 관계를 실험하는 것이므로, 교잡을 늘리면 당연히 순종의 보존에는 불리하게 작용할 수밖에 없다. 따라서 가설로 적절하지 않은 내용이다.

⊕ 풀이 POINT

이 글은 우주의 크기에 대한 인류의 관심 속에서 천문학자들의 연구에 의해 우리 은하의 모습이 밝혀졌고, 성운에 대한 궁금증도 풀렸다는 내용이다. 천문학과 관련된 글도 생소한 개념어가 많이 등장하는 편이나, 이런 부분에 위축될 필요는 없다. 독해는 전문가가 아닌 일반 학생을 기준으로 문제가 만들어지고, 풀 수 있는 실마리를 많이 제공하는 편이므로, 자신감을 갖고 문제에 적극적으로 맞서는 태도가 필요하다.

문단 내용 정리 및 어휘 풀이

1문단	우주의 크기에 대한 인류의 관심 → 천문학자들이 별들의 거리 측정 시도 → 은하의 모습을 밝힘, 성운에 대한 관심 증대	• 성운 : 구름 모양으로 퍼져 보이는 천체
2문단	성운에 대한 두 가지 가설을 세움 (1) 은하 내에 존재하는 먼지와 기체이며, 별이 형성되는 초기의 모습 (2) 독립적인 또 다른 은하	• 가설 : 어떤 사실을 설명하거나 이론 체계를 연역하기 위해 세운 가정
3문단	두 가설 중 어느 것이 맞는지 확인하기 위한 방법 (1) 변광성 중 쌍성 연구 (2) 변광성 중 세페이드 변광성 연구	• 복사압 : 전자기파나 입자가 물체에 부딪쳐 반사되거나 흡수될 때 미치는 압력
4문단	성운에 속한 변광성의 거리를 알아내면 그 성운의 거리도 알 수 있음 → 성운은 독립된 은하이며, 우주의 범위가 확장됨	

4문단의 네 번째와 마지막 문장 '이를 바탕으로 어떤 성운에 속한 ~ 밖으로 확장되었다.'를 보면, 안드로메다 성운은 우리 은하 내의 먼지가 아니라 또 다른 은하임을 알게 되었음을 알 수 있다. 이는 2문단의 가설 중 두 번째 가설에 해당된다.

① 2문단의 마지막 문장 '그들에 따르면, 성운이 우주 전체에 ~ 가려졌기 때문이다.'에서 확인할 수 있는 내용이다.
③ 2문단의 세 번째 문장 '앞의 가설을 주장한 ~ 근거로 내세웠다.'에서 확인할 수 있는 내용이다.
④ 1문단의 중간 부분 '이 경우, 원반의 내부에 위치한 ~ 이는 은하수의 특징과 일치한다.'에서 확인할 수 있는 내용이다.
⑤ 2문단의 중간 부분 '반면에 이들과 반대되는 가설을 ~ 독립적인 은하일 것이라고 생각하였다.'에서 확인할 수 있는 내용이다.

⊕ 풀이 POINT

이 글은 《경국대전》에서 규정한, 부녀자의 재가 규정 내용에 대한 글이다. 선택지의 내용은 《경국대전》에 규정되어 있는 것들을 보여주고 있으므로 이에 대한 세밀한 독해가 필요하다.

문단 내용 정리 및 어휘 풀이

1문단	조선 성종 때 여성의 재가를 둘러싼 토론이 전개됨 → 성종이 관료들의 의견을 들음	• 재가 : 결혼했던 여자가 남편과 사별하거나 이혼 후 다시 결혼함 • 유숙 : 남의 집에서 묵음
2문단	영동녕부사 노사신의 의견 : 젊은 여자의 재가를 전처럼 허용함	
3문단	지중추부사 구수영의 의견 : 부득이한 경우를 제외하고 세 번 시집간 사례로 적용함(경국대전의 금지 규정 적용)	
4문단	예조참판 이극돈의 의견 : 경국대전의 규정을 그대로 적용	• 실행 : 도의에 어그러진 행동
5문단	무령군 유자광의 의견 : 부녀자들의 재가 금지	
6문단	성종의 의견 : 유학의 가르침을 지키는 것으로 결정 → 《경국대전》 수정	
7문단	이심의 처 조 씨 사건으로 조선의 여성 지위는 더 하락하게 됨	

 6문단의 성종 16년에 수정된 《경국대전》의 내용은 '재가의 횟수'에 대한 내용이 아니라 여성의 재가 자체가 '유학의 가르침을 더럽히는 것'을 나타내므로 적절하지 않은 내용이다.

 ① 7문단의 첫 번째 문장 '한편, 이심의 처 조 씨는 ~ 처벌하고 이혼시켰다.'에서 알 수 있듯이, 《경국대전》의 법 조항을 적용한 것이 아니라, 《대명률》의 법 조항을 적용해서 처벌한 것이다.

③ 6문단의 마지막 문장 '그에 따라 ~ 규정되었다.'의 내용은 '재가한 여자의 아들과 손자는 관직에 임용되지 못하도록 엄격하게 통제'한다는 내용이다. 이것을 반대로 생각해 보면, 평민이나 천민은 아예 과거 시험 자체를 볼 수가 없으므로 영향관계에서 벗어나 있다.

④ 6문단에서 여성들의 개가를 엄격히 금지하자고 주장한 '유자광의 의견에 동조한 사람은 세 명뿐'이라는 것은 소수 의견임을 나타낸다. 그러나 이 의견대로 성종이 재가 금지를 엄격히 주장했으므로 소수 의견을 받아들인 것이라고 할 것이다. 또한 성종은 '삼종지의'라는 유교의 큰 가르침을 더럽힌다는 표현도 했으므로 재가를 반대한 것으로 볼 수 있다.

⑤ 4문단의 첫 번째 문장 '예조참판 이극돈 등이 ~ 허락하지 않는다.'를 보면 알 수 있는 내용이다.

01	④	02	①	03	③	04	②	05	①	06	②	07	①	08	⑤	09	②	10	③
11	②	12	④	13	④	14	④	15	⑤	16	⑤	17	③	18	②	19	①	20	③
21	⑤	22	①	23	⑤	24	⑤	25	④	26	②	27	⑤	28	②	29	②	30	②
31	④	32	②	33	③	34	①	35	②	36	③	37	⑤	38	②	39	③	40	④
41	⑤	42	③	43	④	44	①	45	②	46	⑤	47	②	48	③	49	⑤	50	③

01

정답 ④

ㄱ. 무더위 쉼터가 100개 이상인 도시는 C, D, E이고, 이 중에 인구수가 가장 많은 도시는 C이다.

ㄷ. 온열질환자 수가 가장 적은 도시는 F이고, 인구수 대비 무더위 쉼터 수를 구하면 다음과 같다.

도시 \ 구분	무더위 쉼터 수(개)	인구수(만 명)	인구수 대비 무더위 쉼터 수
A	92	100	0.92
B	90	53	1.70
C	120	89	1.35
D	100	70	1.43
E	110	80	1.38
F	85	25	3.40

따라서 F도시로 동일하다.

ㄹ. 전체 도시의 폭염주의보 발령일수의 합은 318일이고, 6개 도시의 평균은 약 53일이다. 따라서 평균보다 폭염주의보 발령일수가 많은 도시는 A, E이다.

오답풀이

ㄴ. 인구수가 2번째로 많은 도시는 C이고, 온열질환자 수가 2번째로 많은 지역은 E이므로, 인구수가 많은 도시일수록 온열질환자 수가 많다는 것은 옳지 않다.

02

정답 ①

첫 번째 조건에서 A ~ D 중 미국의 점유율보다 한국의 점유율이 더 높은 기술분야는 C(20.6%)와 D(26.9%)이다.

- C의 한국 점유율 : $\frac{4,295}{20,849} \times 100 = 20.6\%$

- D의 한국 점유율 : $\frac{7,127}{26,495} \times 100 = 26.9\%$

두 번째 조건에서 '생물농약개발기술'의 미국 점유율인 42.8%보다 높은 기술분야는 A(47.6%)와 B(45.6%)이다.

세 번째 조건에서 한국의 점유율과 미국의 점유율의 차이가 41%p 이상인 기술분야는 B로 한국 점유율이 $\frac{7,518}{170,855} \times 100$ =4.4%이다.

네 번째 조건에서 한국 점유율이 25% 이상인 기술분야는 D가 유일하다.

- D의 한국 점유율 : $\frac{7,127}{26,495} \times 100 = 26.9\%$

따라서 A는 '동식물세포배양기술', B는 '유전체기술', C는 '발효식품개발기술', D는 '환경생물공학기술'이다.

03
정답 ③

 © '갑'국의 수입맥주 소비량의 전년 대비 증가율은 2014년에는 $\frac{5.9-4.7}{4.7} \times 100 ≒ 25.5\%$, 2015년에는 $\frac{7.2-5.9}{5.9} \times 100 ≒ 22.0\%$로, 매년 증가하지 않았다.

 ⊙ 〈그림〉에서 확인할 수 있다.

© 수입맥주의 비중은 2010년에는 $\frac{3.5}{3.5+194.8} \times 100 ≒ 1.8\%$이고, 2018년에는 $\frac{16.8}{16.8+204.8} \times 100 ≒ 7.6\%$이다. 따라서 옳은 설명이다.

② 2017년 10위 이내의 수입맥주는 아사리, 하이네펜, R맥주, 호가튼, 갓포로이고, 비중은 3.3+3.2+3.0+2.0+1.3=12.8%이다.

2018년 10위 이내의 수입맥주는 R맥주, 아사리, 하이네펜, 파울러나이고, 비중은 4.0+3.8+3.4+1.9=13.1%이다.

◎ 2017년 상위 5개 브랜드는 파아스, 하이프, 드로이C, 막스, 프라이이고, 비중은 37.4+15.6+7.1+6.6+6.5=73.2%이다.

2018년 상위 5개 브랜드는 파아스, 하이프, 클라우스, 막스, 프라이이고, 비중은 32.3+15.4+8.0+4.7+4.3=64.7%이다.

04
정답 ②

 ㄱ. D의 평균 숙면시간의 5.2시간으로 숙면시간이 긴 순서대로 나열하면 C, D, A, B 순이다.

ㄷ. 수면제 B와 D의 환자별 숙면시간의 차이는 다음과 같다.

수면제 \ 환자	갑	을	병	정	무
B	4.0	4.0	5.0	5.0	6.0
D	6.0	4.0	5.0	5.0	6.0
$|B-D|$	2.0	0	0	0	0

따라서 차이가 가장 큰 환자는 '갑'이다.

ㄴ. 수면제 C에 대한 환자 '무'의 숙면시간은 6.0시간이므로, 수면제 C에 대한 을과 무의 숙면시간의 차이는 1.0시간이고, 수면제 B에 대한 을과 무의 숙면시간 차이는 2.0시간이다. 따라서 수면제 B의 '을'과 '무'의 숙면시간 차이가 더 크다.

ㄹ. 수면제 C의 평균 숙면시간보다 긴 환자는 갑, 정, 무이다.

구분	맛(6)	향(4)	색상(4)	식감(3)	장식(3)	점수
A	4	3	3	3	2	63($=4×6+3×4+3×4+3×3+2×3$)
B	3	4	5	4	1	69($=3×6+4×4+5×4+4×3+1×3$)
C	2	3	3	3	2	51($=2×6+3×4+3×4+3×3+2×3$)
D	2	1	5	4	3	57($=2×6+1×4+5×4+4×3+3×3$)

ㄱ. 점수가 큰 순서대로 나열하면 B, A, D, C 순으로, A의 색상 점수가 1점 상승하면 종합점수는 4점 상승하고, D의 장식 점수가 1점 상승하면 종합점수는 3점 상승한다. 상승한 점수를 반영하면 A는 67점, D는 60점으로 순위에는 변동이 없다.

ㄴ. B의 향 항목의 득점기여도는 약 $0.23\left(=\dfrac{4×4}{69}\right)$이고, A의 색상 항목의 득점기여도는 약 $0.19\left(=\dfrac{3×4}{63}\right)$이다.

ㄷ. C의 모든 항목에 1점씩 더하면 가중치가 반영되어 종합점수는 20점 오른다. 따라서 가장 높은 순위가 된다.

ㄹ. 참가자별 맛 항목의 득점기여도는 A는 약 $38.1\left(=\dfrac{4×6}{63}\right)$, B는 약 $0.26\left(=\dfrac{3×6}{69}\right)$으로, B가 A보다 순위는 높지만 맛 항목의 득점기여도는 B가 A보다 낮다.

첫 번째 조건에서 2017년과 2018년 전년대비 비정규직 종사자 수가 늘어난 매체는 C, D로 이 중에 통신이 있다.

두 번째 조건에서 2017년 여성 종사자 수가 가장 많은 매체는 A이다.

세 번째 조건에서 2018년 정규직 종사자 수 대비 비정규직 종사자 수의 비율이 20% 미만인 매체는 A, B인데, A는 종이신문이므로 B가 방송이 된다.

네 번째 조건에서 2016년에 비해 2017년에 남성 종사자 수는 감소하고, 여성 종사자 수는 늘어난 매체는 C이다. 따라서 D가 통신이 된다.

2018년 전체 종사자 수가 많은 것을 순서대로 나열하면 A − C − B − D로, 종이신문 − 인터넷신문 − 방송 − 통신 순이다.

ㄱ. 태조·정종 대에 '출신신분이 낮은 급제자' 중 '본관이 없는 자'의 비율은 $70\%\left(=\dfrac{28}{40}×100(\%)\right)$이고, 선조 대에는 약 $5.9\%\left(≒\dfrac{11}{186}×100(\%)\right)$이다.

ㄴ. '출신신분이 낮은 급제자(A)', 출신신분이 낮은 급제자 중에 '본관이 없는 자(B)', 출신신분이 낮은 급제자 중에 '3품 이상 오른 자(C)'라 할 때, $n(A)=40$, $n(B)=28$, $n(C)=13$이다.

- '출신신분이 낮은 급제자' 가운데 '본관이 없는 자'이면서 '3품 이상 오른 자'는 $n(B∩C)$이다.

  $n(B∩C)=n(B)+n(C)-n(B∪C)$이고 이 때, $n(B∪C)$의 값이 얼마인지를 알아야 $n(B∩C)$를 구할 수 있는데 $n(B∩C)$의 값을 알 수가 없다.

  단, $n(B∩C)$의 최솟값은 $n(B∪C)$의 최댓값($=n(A)$)인 40명일 때이므로 $n(B∩C)$의 최솟값은 $28+13-40=$ 1명이 된다.

ㄷ. '전체 급제자'가 가장 많았던 왕대는 선조이고, '출신신분이 낮은 급제자'가 가장 많은 왕대는 중종이다.

ㄹ. 중종 대의 '전체 급제자' 중에서 '출신신분이 낮은 급제자'가 차지하는 비율은 약 $20.9\%\left(≒\dfrac{188}{900}×100(\%)\right)$이다.

08

 군 장병 1인당 1일 급식비의 5년(2011 ~ 2015년) 평균은
$(5,820 + 6,155 + 6,432 + 6,848 + 6,984) \div 5 = 6,447.8$원으로 2013년 군 장병 1인당 1일 급식비보다 많다.

 ① 2012년 이후 군 장병 1인당 1일 급식비의 전년대비 증가율은

- 2013년 : $\dfrac{6,432 - 6,155}{6,155} \times 100(\%) \fallingdotseq 4.5\%$

- 2014년 : $\dfrac{6,848 - 6,432}{6,432} \times 100(\%) \fallingdotseq 6.5\%$

- 2015년 : $\dfrac{6,984 - 6,848}{6,848} \times 100(\%) \fallingdotseq 2.0\%$

② 2012년의 조리원의 충원인원이 1,924명이고 이 값이 목표 충원인원(A)의 88%이므로 A×0.88 = 1,924명이다. 따라서, 목표 충원인원(A)은 $1,924 \div 0.88 \fallingdotseq 2,186$명이다.

③ 2012년 이후 조리원 충원인원의 전년대비 증가율은

- 2013년 : $\dfrac{2,024 - 1,924}{1,924} \times 100(\%) \fallingdotseq 5.2\%$

- 2014년 : $\dfrac{2,123 - 2,024}{2,024} \times 100(\%) \fallingdotseq 4.9\%$

- 2015년 : $\dfrac{2,195 - 2,123}{2,123} \times 100(\%) \fallingdotseq 3.4\%$

④ 2011년 대비 2015년의 군 장병 1인당 1일 급식비의 증가율은
$20\% \left(= \dfrac{6,984 - 5,820}{5,820} \times 100(\%) \right)$이다.
2011년 대비 2015년의 물가상승률은 매년 5%씩 4번 증가하였으므로
약 $21.6\% \left[= \{ (1.05)^4 - 1 \} \times 100(\%) \right]$ 이다.

09

 5팀이 두 번씩 경기를 하게 되면 전체 경기 수는 $_5C_2 \times 2 = 10 \times 2 = 20$경기이고, 각 팀당 8번의 경기를 치르게 된다. 주어진 그림을 각 팀의 승과 패로 정리하면 다음과 같다.

A팀 : 2승 2패
B팀 : 2승 4패
C팀 : 3승 2패
D팀 : 4승 2패
E팀 : 3승 4패

ㄱ. 한 경기를 통해 1승과 1패가 동시에 나온다. 따라서 20경기라면 20승과 20패가 나와야 한다. A팀부터 E팀까지 결과를 모두 더하면 14승 14패이다. 따라서 6경기가 남는다.

ㄷ. A팀이 남은 경기를 모두 이기면 최종 결과는 6승 2패가 되어 최종 승수가 가장 많게 된다.

 ㄴ. E팀은 총 7경기로 가장 많은 경기를 치렀다.

ㄹ. A팀이 남은 경기를 모두 이기면 최종결과는 6승 2패, E팀이 남은 경기를 모두 패배하면 3승 5패이다. D팀은 A팀과의 경기에서는 패배하게 되고, D팀과의 경기에서는 승리하게 되므로 5승 3패가 된다.

풀이 TIP

한 경기를 통해 결과는 1승과 1패가 동시에 발생된다. ㄷ의 경우 A팀이 남은 경기를 모두 이기게 되면 경기를 치른 다른 팀은 A팀과의 경기에서 패배하게 된다. 따라서 현재 승과 패에서 A팀과의 경기결과만 반영한다면

A팀 : 6승 2패

B팀 : 2승 5패

C팀 : 3승 4패

D팀 : 4승 3패

E팀 : 3승 4패

따라서 다른 팀의 경우 A팀과의 경기 후에 나머지 경기를 모두 승리한다고 가정하였을 때 결과는 각각 B팀(3승), C팀(5승), D팀(5승), E팀(4승)이 되고 모든 팀은 A팀의 승수보다 작은 수가 된다.

10 정답 ③

 정답 풀이

주어진 조건을 통해 각 기관의 항목별 순위를 정할 수 있다.

장애인 고용의무인원은 '서부청<동부청<남부청', '북부청<남부청'이다. 장애인 고용률은 서부청이 가장 낮다는 조건을 통해 A가 서부청이라는 것을 알 수 있다. 남동청보다 장애인 고용인원이 많은 기관은 B, C, D이지만 동시에 장애인 고용률이 낮은 기관은 B 밖에 없다. 따라서 B는 동부청이다.

남은 C, D는 장애인 고용인원으로 비교한다면 C의 장애인 고용의무인원은 676명으로 D의 598명보다 많다. 따라서 C는 남부청, D는 북부청이라고 할 수 있다.

풀이 TIP

주어진 조건 이외의 것을 사용하지 않는 경우에는 조건 내에서 항목 간의 대소 비교를 통해 순위를 정하여 확실한 조건으로 만든 뒤, 나머지 불확실한 내용을 찾으면 되므로 확실한 것과 불확실한 것을 우선적으로 구분짓도록 한다.

11 정답 ②

 정답 풀이

ㄱ. 1인당 GDP가 체코보다 높은 나라는 총 20개국이며, 체코의 수학성취도는 499점으로 500점 이상인 나라만 세면, 나머지는 499점 미만이다. 1인당 GDP가 체코보다 높으면서 수학성취도도 높은 나라는 싱가포르, 네덜란드, 아일랜드, 호주, 덴마크, 캐나다, 독일, 핀란드, 일본, 한국 등 총 10개국이다.

ㄷ. 34개국 학생 전체의 수학성취도 평균은 500점으로 1인당 GDP 상위 5개국 중에 싱가포르만이 유일하게 573점으로 평균 이상이다.

오답 풀이

ㄴ. 수학성취도 하위 7개국인 카타르, 아르헨티나, 멕시코, 말레이시아, 브라질, 칠레, 인도네시아 중 카타르는 1인당 GDP가 77천 달러이므로 옳지 않다.

ㄹ. 수학성취도 상위 2개국은 싱가포르와 한국으로 1인당 GDP 차이는 29천 달러이고, 수학성취도 하위 2개국은 카타르와 인도네시아로 1인당 GDP 차이는 72천 달러이다.

풀이 TIP

주어진 그림은 상관도로 두 항목 사이의 상관관계를 나타낸 것이다. 그림으로 주어지기 때문에 대략적인 값만 알 수 있지만, 주어진 표와 같이 사용된다면 대략의 값뿐만 아니라 해당 국가도 유추할 수 있다.

표에서 카타르의 GDP는 77천 달러이고 상관도에서 70천 달러와 80천 달러 사이의 국가는 하나뿐이므로 카타르의 수학성취도가 약 375점임을 알 수 있다.

또한 상관도 내에서는 베트남과 인도네시아의 GDP만으로는 구분이 어렵지만 베트남의 수학성취도 점수에서 베트남이 511점이므로 인도네시아의 수학성취도 점수는 약 375점임을 알 수 있다.

12

정답풀이

ㄴ. 화훼 생산액은 매년 증가한다.
- 2008년 : 39,663×0.280×10억 원=11,105.64 십억 원
- 2009년 : 42,995×0.277×10억 원=11,909.615 십억 원
- 2010년 : 43,523×0.294×10억 원=12,795.762 십억 원
- 2011년 : 43,214×0.301×10억 원=13,007.414 십억 원
- 2012년 : 46,357×0.317×10억 원=14,695.169 십억 원
- 2013년 : 46,648×0.321×10억 원=14,974.008 십억 원

ㄹ. 농·임업 부가가치 대비 농업 부가가치는 $\dfrac{\text{농업 부가가치}}{\text{농업 부가가치}+\text{임업 부가가치}}\times100\%$이다. 농업 부가가치의 농·임업

부가가치에 대한 비율이 가장 작은 해는 2010년으로 $\dfrac{2.0}{2.0+0.2}\times100\%≒90.9\%$이다. 따라서 항상 85% 이상이다.

오답풀이

ㄱ. 농·임업 생산액이 전년보다 작은 해는 2011년이지만, 농·임업 부가가치는 전년보다 커졌다.

ㄷ. 2010년 과수 생산액에 대한 곡물 생산액의 비중은 $\dfrac{15.6}{40.2}\times100\%≒38.8\%$이다.

풀이 TIP

ㄴ에서 농·임업 생산액은 2011년에만 감소하였고, 화훼의 비중은 2009년에만 감소하였다. 두 해를 제외하고는 농·임업 생산액도 증가하고, 화훼 비중도 증가하므로 계산할 필요가 없이 화훼 생산액이 증가함을 알 수 있다.

2009년에도 증가했음을 간단한 계산을 통해 확인할 수 있다.

2008년 화훼 생산액 39,663×0.280×10억 원과 2009년 화훼 생산액 42,995×0.277×10억 원을 비교할 때 앞의 39,663에서 42,995는 약 10%가 증가했고, 0.280에서 0.277은 약 1% 감소하였다. 따라서 전체적으로 1.1×0.99를 곱한 것으로 약 8.9% 증가한 것을 알 수 있다.

또한 2010년 화훼 생산액 43,523×0.294×10억 원과 2011년 화훼 생산액 43,214×0.301×10억 원도 마찬가지로 43,523에서 43,214로 1% 미만 감소하였고 0.294에서 0.301로 2% 이상 증가하였다. 따라서 전체적으로 0.99×1.02 이상을 곱한 것으로 약 1% 정도 증가한 것이다.

ㄹ의 85%는 비율로 0.85에 해당하며 분수로 표현하면 $\dfrac{85}{100}=\dfrac{17}{20}$이다. 따라서 비율이 $\dfrac{17}{20}$보다 큰 수인지만 파악한다면 빠르게 해결할 수 있다.

정답
풀이
주어진 조건을 확인해보면 우선 기준점인 A지역은 해발 110m이고, B지점은 710m로 600m가 차이가 나며, 10m마다 온도가 0.1℃씩 떨어지고 있으므로, B지점의 온도는 A지역보다 6℃가 낮다.

〈2016년 B지점의 날씨 및 기온측정 기준점의 일 최고기온〉

날짜	일 최고기온(℃)	날씨	날짜	일 최고기온(℃)	날씨
2월 15일	−2.2	맑음	3월 6일	1.9	맑음
2월 16일	−2.7	맑음	3월 7일	2.0	비
2월 17일	−3.3	흐림	3월 8일	−0.2	비
2월 18일	−2.0	맑음	3월 9일	0.5	맑음
2월 19일	−1.1	흐림	3월 10일	−0.7	흐림
2월 20일	−0.8	비	3월 11일	−1.2	맑음
2월 21일	2.4	맑음	3월 12일	0.8	맑음
2월 22일	3.1	맑음	3월 13일	1.7	흐림
2월 23일	4.1	맑음	3월 14일	2.7	맑음
2월 24일	2.9	흐림흐림	3월 15일	2.5	비
2월 25일	0.2	비	3월 16일	0.1	흐림
2월 26일	−2.2	흐림	3월 17일	−0.4	맑음
2월 27일	−5.8	흐림	3월 18일	−0.3	비
2월 28일	−5.5	맑음	3월 19일	0.2	흐림
2월 29일	1.6	맑음	3월 20일	1.3	맑음
3월 1일	1.8	맑음	3월 21일	1.9	맑음
3월 2일	3.6	맑음	3월 22일	2.6	흐림
3월 3일	4.7	흐림	3월 23일	3.9	맑음
3월 4일	4.9	맑음	3월 24일	2.2	흐림
3월 5일	3.2	흐림	3월 25일	5.8	맑음

1. 우선 1)을 찾아보면 3월 2일부터 3일 이상 3℃ 이상이었다.
2. 1) 이후 3월 8일에 0℃ 이하로 1일간 존재한다.
3. 2) 이후 3℃ 이상인 날은 3월 23일이고, 6일을 더하면 3월 29일이다. 단, 1)과 3) 사이에 0℃ 이상이고 비가 온 날은 3월 7일과 15일 두 번이므로 2일이 앞당겨져서 3월 27일이 발아예정일이다.

풀이 TIP

순서대로 찾는 것이 원칙인 문제이지만 공통적으로 적용할 수 있는 'A지역보다 B지점이 6℃ 낮다.'와 같은 내용을 찾아 문제 전반에 적용할 수 있도록 한다.

- A방식

학생 \ 과목	국어	영어	수학	과학	총	순위
갑	75	85	90	97	347	1
을	82	83	79	81	325	4
병	95	75	75	85	330	3
정	89	70	91	90	340	2

- B방식

학생 \ 과목	국어	영어	수학	과학	합계	순위
갑	4	1	2	1	8	1
을	3	2	3	4	12	4
병	1	3	4	3	11	3
정	2	4	1	2	9	2

- C방식

학생 \ 과목	국어	영어	수학	과학	개수	순위
갑	75	85	90	97	3	1
을	82	83	79	81	3	3
병	95	75	75	85	2	4
정	89	70	91	90	3	2

풀이 TIP

순위산정방식의 경우 일반적으로 각 방식에 따라 반드시 순위의 변동이 발생하게 된다. 또한 총점을 제외한 나머지 방식은 주어지는 기준에 따라 순위가 바뀔 여지가 매우 높다는 것도 인식하여야 한다.

2011년은 17%p, 2012년은 17.4%p로 오히려 증가하였다.

① • 2011년 : $\dfrac{621,313 \times 0.470}{280,958 \times 0.300} \fallingdotseq 3.46$배

• 2012년 : $\dfrac{622,424 \times 0.481}{284,273 \times 0.307} \fallingdotseq 3.43$배

• 2013년 : $\dfrac{621,823 \times 0.481}{287,220 \times 0.313} \fallingdotseq 3.33$배

• 2014년 : $\dfrac{634,051 \times 0.490}{289,837 \times 0.326} \fallingdotseq 3.29$배

• 2015년 : $\dfrac{637,654 \times 0.494}{296,193 \times 0.337} \fallingdotseq 3.16$배

② • 2011년 : $280,958 \times 0.300 \fallingdotseq 84,287$명

• 2012년 : $284,273 \times 0.307 \fallingdotseq 87,272$명

• 2013년 : $287,220 \times 0.313 \fallingdotseq 89,900$명

• 2014년 : $289,837 \times 0.326 \fallingdotseq 94,487$명

• 2015년 : $296,193 \times 0.337 \fallingdotseq 99,817$명

③ • 2011년 : $621,313 \times 0.470 \fallingdotseq 292,017$명 $> 280,958$명

• 2012년 : $622,424 \times 0.481 \fallingdotseq 299,386$명 $> 284,273$명

• 2013년 : $621,823 \times 0.481 \fallingdotseq 299,097$명 $> 287,220$명

• 2014년 : $634,051 \times 0.490 \fallingdotseq 310,685$명 $> 289,837$명

• 2015년 : $637,654 \times 0.494 \fallingdotseq 315,001$명 $> 296,193$명

④ • 2012년 : $622,424 \times 0.519 \fallingdotseq 323,038$명

• 2013년 : $621,823 \times 0.519 \fallingdotseq 322,726$명

풀이 TIP

① 2011년의 계산은 $\dfrac{621,313}{280,958} \times \dfrac{0.470}{0.300}$ 로 앞의 값은 2배가 넘고 뒤의 값은 1.5배가 넘기 때문에 결과적으로 3배가 넘는다. 이처럼 각각의 값을 분리해서 계산한다면 시간을 단축할 수 있다.

② 지방자치단체 공무원의 수는 매년 증가하고, 여성의 비율도 매년 증가하기 때문에 지방자치단체 여성 공무원의 수는 매년 증가한다고 할 수 있다.
즉, A×B라고 할 때, A도 커지고 B도 커지면 결과물은 계산에 상관없이 무조건 커진다.

③ 2013년의 경우 $621,823 \times (0.5 - 0.019)$이고, $621,823 \times 0.5$는 31만 명보다 크고, $621,823 \times 0.019$는 1.2만 명보다 작기 때문에 2013년 지방자치단체 공무원 수인 287,220명보다 크다.

④ 2013년은 2012년에 비해 국가 공무원 수는 줄었는데 남성의 비율은 같기 때문에 남성 수가 더 적다.

• 2015년 인구 전입・전출 (단위 : 명)

전출지 \ 전입지	A	B	C	D	합계
A		190	145	390	725
B	123		302	260	685
C	165	185		110	460
D	310	220	130		660
합계	598	595	577	760	2,530

• 2015, 2016년 지역별 인구 (단위 : 명)

지역 \ 연도	2015	2016
A	3,232	3,105
B	3,120	3,030
C	2,931	(3,048)
D	3,080	(3,180)

㉠ 전출자 수가 가장 큰 지역은 725명으로 A이다.

㉢ 2016년 인구가 가장 많은 지역은 D이다.

㉣ 차이라는 것은 절댓값을 의미하는데, 2015년과 2016년에 인구의 증가와 감소의 절댓값(차이)이 큰 것을 고르는 것이다. 따라서 A가 −127로 변화한 값이 가장 크다.

㉡ 2016년에 전년도와 비교하였을 때 인구가 가장 많이 증가한 것은 C가 맞지만, 전입자 수가 가장 많은 것은 D이다.

풀이 TIP

보고서 유형은 주어진 자료와 유기적인 관계에 놓여있기 때문에 반드시 보고서에 나와 있는 내용과 일치하는 것이 무엇인지 찾아야 할 뿐만 아니라 지문으로 주어지기 때문에 독해능력이 수반되어야 한다.

삶의 만족도가 한국보다 낮은 국가는 에스토니아, 포르투갈, 헝가리이다. 이 국가들의 장시간 근로자비율의 산술평균은 $\frac{3.6+9.3+2.7}{3}=5.2$이고 이는 이탈리아의 장시간 근로자비율인 5.4보다 작다.

 ① 삶의 만족도가 가장 높은 국가는 덴마크로 장시간 근로자비율은 주요 국가 중에서 가장 낮다.
② 삶의 만족도가 가장 낮은 나라는 헝가리이다. 헝가리의 장시간 근로자비율은 2.7%이고, 한국의 장시간 근로자비율은 28.1%로 헝가리의 10배 이상이다.
④ 여가·개인 돌봄시간이 가장 긴 국가는 덴마크이고, 가장 짧은 국가는 멕시코이다. 이 두 나라의 삶의 만족도의 차이는 $7.6-7.4=0.2$점이므로 0.3점 이하이다.
⑤ 장시간 근로자비율이 미국보다 낮은 국가는 덴마크, 프랑스, 이탈리아, 에스토니아, 포르투갈, 헝가리이고 이들은 미국의 여가·개인 돌봄시간인 14.3시간 보다 모두 길다.

풀이 TIP

구분 사항이 삶의 만족도, 장시간 근로자비율, 여가·개인 돌봄시간 3가지로 구성되어 있고, 삶의 만족도가 큰 수부터 내림차순으로 정리되어 있다. 즉, 삶의 만족도에 대한 순위는 이미 알 수 있다는 것이다. 또한 남은 구분 사항들도 순위를 매겨야 하는데 일반적으로 가장 큰 값과 가장 작은 값은 꼭 확인해야 한다.

 서울과 인천·경기의 비중의 합은 $22.1+35.8=57.9$%가 된다.

 ① 대마 단속 건수는 167건이고, 마약 단속 건수는 65건이다. $\frac{167}{65}≒2.57$배이므로 옳지 않다.
③ 마약류 단속 건수가 없는 지역은 강원, 충북, 제주 3곳이다.
④ 향정신성 의약품 단속 건수는 대구·경북 지역이 138건, 광주·전남 지역이 38건으로 $\frac{138}{38}≒3.63$배, 즉 4배 이하이다.
⑤ 강원 지역의 향정신성 의약품 단속 건수는 35건이고, 대마 단속 건수는 13건이므로 $\frac{35}{13}≒2.7$배이므로 3배 이하이다.

풀이 TIP

배수 관계는 증가율과 관련이 있다. x% 증가는 $\left(1+\frac{x}{100}\right)$배를 의미한다.
①을 예로 들었을 때, 167건과 65건의 차이는 102건이고 이는 200% 증가는 아닌 것이다. 따라서 3배가 될 수 없으며 다른 경우도 마찬가지이다.

ㄱ. 2012년 일본 지수에 대한 미국 지수의 비율은 $\frac{12.73}{2.53}$ ≒5.03배이다.

ㄷ. 2009년 스페인의 지수는 1.33이고, 2012년 스페인 지수는 순위 내에 없기 때문에 지수가 아무리 커도 1.40이하이다. 따라서 2009년의 도시폐기물량과 2012년의 도시폐기물량의 최대를 비교하면 되겠다.
- 2009년 도시폐기물량 1,901만 톤×1.33≒2,528만 톤
- 2012년 도시폐기물량 1,788만 톤×1.40≒2,503만 톤

 ㄴ. 2011년 러시아의 지수는 3.87이므로 러시아의 도시폐기물량은 1,786만 톤×3.87=6,911.82만 톤이다.

ㄹ. 2009~2011년까지는 영국이 터키보다 상위에 있고, 2012년에는 영국이 9위에 터키가 8위에 있으므로 터키의 도시폐기물량이 더 많다.

풀이 TIP

도시폐기물량지수는 해당연도 해당 국가의 도시폐기물량을 해당연도 한국의 도시폐기물량으로 나눈 값으로 분자인 상위 10개국 각각의 도시폐기물량의 수는 다르지만 분모인 한국의 도시폐기물량은 모두 공통으로 가지고 있다. 따라서 국가 간 도시폐기물량을 대소비교 할 때는 분모가 같기 때문에 지수가 큰 것이 해당 국가의 도시폐기물량이 큰 것을 의미한다.

(단위 : 원, 점)

강사 \ 연도 구분	2015		2016		2017
	시급	수강생 만족도	시급	수강생 만족도	시급
A	50,000	4.6	55,000	4.1	57,750
B	45,000	3.5	45,000	4.2	47,250
C	52,000	4점 이상 4.5점 미만	54,600	4.8	60,000
D	54,000	4.9	59,400	4.4	60,000
E	48,000	3.2	48,000	3.5	48,000

 ② 조건에서 시급은 최대 60,000원 한도이다.

풀이 TIP

각 강사의 만족도가 별도로 주어져 있지는 않지만 시급의 상승분을 통해 수강생 만족도 구간을 구할 수 있다.

21

정답
풀이 연도별 기업 및 정부 R&D 과제 건수의 전년 대비 증가율은 $\dfrac{\text{당해연도 R\&D 과제 건수} - \text{직전연도 R\&D 과제 건수}}{\text{직전연도 R\&D 과제 건수}} \times 100$

이므로 2014년 기업의 증가율은 $\dfrac{80-31}{31} \times 100 ≒ 158\%$이다. ⑤의 값들은 과제 건수가 전체에서 차지하는 비중이다.

오답
풀이 ①·②·③ 표에 주어져 있는 값을 그대로 옮겨 놓은 것이다.
④ 전체 R&D 과제 건수의 전년 대비 증가율

- 2014년 : $\dfrac{851-230}{230} \times 100 = 270\%$

- 2015년 : $\dfrac{1,218-851}{851} \times 100 ≒ 43.1\%$

- 2016년 : $\dfrac{1,068-1,218}{1,218} \times 100 ≒ -12.3\%$

> **풀이 TIP**
>
> 일반적으로 자료변환 유형은 주어진 자료를 그대로 쓰는 경우와 주어진 자료를 실수는 비율로, 비율은 실수로 변형하여 쓰는 두 가지 경우로 나뉜다. 그대로 넣는 경우는 나중에 확인하고(보통은 답이 아님), 실수를 비율로, 비율을 실수로 바꾼 그래프를 찾아서 답과 비교하여야 한다.

22

정답
풀이 첫 번째 조건에서 한국과 멕시코는 이미 표에 주어져 있으므로 2011년과 2012년 1인당 이산화탄소 배출량이 증가한 곳을 찾으면 된다. 따라서 브라질과 사우디는 B와 D 둘 중 하나이다.
두 번째 조건에서 B와 D 중에 매년 인구가 1억 명 이상인 나라가 브라질이 되는데, 2010년부터 2012년까지 D의 인구수를 구해보면 다음과 같다.

- 2010년 : $\dfrac{38.85\text{천만 톤}}{1.99\text{톤/인}} ≒ 1억 9,500만 명$

- 2011년 : $\dfrac{40.80\text{천만 톤}}{2.07\text{톤/인}} ≒ 1억 9,700만 명$

- 2012년 : $\dfrac{44.02\text{천만 톤}}{2.22\text{톤/인}} ≒ 1억 9,800만 명$

따라서 D가 브라질이고, B는 사우디이다.
세 번째 조건에서 2012년 남아공의 인구가 한국보다 많다고 하였으므로 계산하면 다음과 같다.

- 한국 : $\dfrac{59.29\text{천만 톤}}{11.86\text{톤/인}} ≒ 5,000만 명$

- A : $\dfrac{37.61\text{천만 톤}}{7.20\text{톤/인}} ≒ 5,200만 명$

- C : $\dfrac{53.37\text{천만 톤}}{15.30\text{톤/인}} ≒ 3,500만 명$

따라서 A가 남아공이고, C가 캐나다이다.

A당 B는 $\dfrac{B}{A}$ 를 의미한다. 즉 1인당 배출량=$\dfrac{총배출량}{총인구수}$이고, 총인구수=$\dfrac{총배출량}{1인당\ 배출량}$이다. 첫 번째 조건은 정확한 수를 구해야 한다는 측면에서 조금 더 꼼꼼한 계산을 해야겠지만 세 번째 조건은 세 국가 모두 구하는 방법이 일치하기 때문에 단순히 $\dfrac{59.29}{11.86}$, $\dfrac{37.61}{7.20}$, $\dfrac{53.37}{15.30}$ 의 대소 관계만 구하면 된다.

23

ㄴ. 논 면적=경지 면적−밭 면적
- 서귀포시 : $31,271-31,246=25$ha
- 제주시 : $31,585-31,577=8$ha

ㄷ. • 서산시의 밭 면적 : $27,285-21,730=5,555$ha
- 김제시의 밭 면적 : $28,501-23,415=5,086$ha

ㄹ. 익산시의 논 면적은 19,067ha이고, 상주시는 밭 면적만 주어져 있어서 논 면적은 알 수 없지만, 경지 면적 순위를 볼 때, 순위권에 없다는 것은 상주시의 경지 면적은 적어도 서산시보다는 작거나 같다는 것이다. 즉, 경지 면적의 최대는 27,285ha보다는 작다. 따라서 상주시의 논 면적의 최대는 $27,285-11,047=16,238$ha 미만이다. 따라서 익산시의 19,067ha의 90%인 17,160.3ha보다는 작기 때문에 상주시의 논 면적은 익산시의 논 면적의 90% 이하라고 할 수 있다.

ㄱ. 해남군의 밭 면적 대비 논 면적의 비율 : $\dfrac{23,042}{12,327}≒1.87$배

ㄱ의 경우 나눠서 확인하는 것보다 밭 면적에 2배를 하였을 때, 논 면적보다 크면 논 면적은 2배가 안 되는 것이고, 논 면적보다 작으면 논 면적은 2배보다 큰 것이다. ㄹ의 경우 일반적인 경우라면 알 수 없음으로 끝나는 부분으로 함정 선택지로 자주 등장하기 때문에 주어지지 않은 자료라고 해서 알 수 없음으로 끝낼 것이 아니라 최대, 최소는 얼마인지도 물어볼 수 있다는 것을 염두에 둬야 하겠다.

24

수입 건수에서 점유율이 의미하는 것은 총 수입 건수 대비 국가별 수입 건수를 나타내는 지표이다. 따라서 점유율의 합이 바로 전체 수입 건수에서 차지하는 비중이다. 상위 10개국의 점유율의 합은 100%에서 기타 국가의 점유율인 21.33%를 빼면 78.67%가 나온다. 따라서 상위 10개 수입상대국 수입 건수 대비 중국의 수입 건수의 비중은 $\frac{32.06}{78.67} \times 100 ≒ 40.75\%$ 이다.

① 점유율이 100%가 될 때의 총 수입액을 구하면 된다. 일본을 기준으로 할 때

0.17조 원 : $x = 1.06\%$: 100%

$x = \frac{0.17조\ 원 \times 100}{1.06} ≒ 16조\ 원이다.$

② 수입액에서 점유율이 의미하는 것은 총 수입금액 대비 국가별 수입 금액을 나타내는 지표가 된다. 따라서 점유율의 합이 바로 전체 식품 수입액에서 차지하는 비중이다.

21.06 + 19.51 + 6.83 + 4.54 + 3.42 + 3.11 + 2.61 + 2.24 + 2.11 + 1.06 = 66.49%

③ 식품 수입액 상위 10개 수입상대국과 식품 수입 건수 상위 10개 수입상대국에 모두 속하는 국가는 중국, 미국, 태국, 베트남, 필리핀, 영국, 일본 등 7개이다.

④ • 중국의 식품 수입 건수당 식품 수입액 : $\frac{3.39조\ 원}{104,487건} ≒ 3,240만\ 원/건$

  • 미국의 식품 수입 건수당 식품 수입액 : $\frac{3.14조\ 원}{55,980건} ≒ 5,610만\ 원/건$

풀이 TIP

점유율이 의미하는 것은 전체에서 차지하는 비중이기 때문에 점유율과 특정 국가의 금액이라든지 수입 건수를 가지고 전체를 구할 수 있고, 점유율이 주어져 있다면 그 나라의 수입액과 수입 건수 등을 구할 수 있으므로 실수 자료와 비율 자료가 동시에 주어진 경우에는 비율이 주어진 실수에 대해 차지하는 비중이 되는지를 살펴야 한다.

25

• A = (0.6×5 + 0.4×5) × 0.8 = 4
• B = (0.6×8 + 0.4×5) × 1 = 6.8
• C = (0.6 ×8 + 0.4×10) × 1 = 8.8
• D = (0.6×8 + 0.4×10) × 0 = 0
• E = (0.6×10 + 0.4×5) × 0.8 = 6.4

26

차량	주행속도(km/h)	연비적용률(%)	연비(km/L)
A (LPG)	30 이상 60 미만	50.0	5
	60 이상 90 미만	100.0	10
	90 이상 120 미만	80.0	8
B (휘발유)	30 이상 60 미만	62.5	10
	60 이상 90 미만	100.0	16
	90 이상 120 미만	75.0	12
C (경유)	30 이상 60 미만	50.0	10
	60 이상 90 미만	100.0	20
	90 이상 120 미만	75.0	15

자료와 주어진 〈조건〉을 이용하여 A ~ C차량에 들어간 연료의 양과 리터당 가격의 곱으로 표현하면 아래와 같다.

- A차량의 연료＝리터당 1,000원 → (20+4+7.5)×1,000=31,500원
- B차량의 연료＝리터당 2,000원 → (10+2.5+5)×2,000=35,000원
- C차량의 연료＝리터당 1,600원 → (10+2+4)×1,600=25,600원

따라서 두 번째로 높은 연료비가 소요되는 차량은 A이고 연료비는 31,500원이다.

27

 에너지사용량 대비 GDP는 $\dfrac{\text{GDP}}{\text{에너지사용량}}$ 인데, A국과 B국은 에너지사용량과 GDP가 정확하게 얼마인지 알 수는 없지만, A국은 B국보다 분자는 5배 이상이고, 분모는 2배 미만이라는 것은 알 수 있다. 따라서 A의 에너지사용량 대비 GDP는 B의 에너지사용량 대비 GDP에 $\dfrac{5}{2}$ 를 곱한 값보다 크기 때문에 A국이 B국보다 높다는 것을 알 수 있다.

 ① 세로축에 있는 에너지사용량을 확인하면 A국이 가장 많고, D국이 가장 적다.

② 1인당 에너지사용량은 $\dfrac{\text{에너지 사용량}}{\text{인구수}}$ 이고, 인구수는 C국과 D국이 비슷하나 에너지사용량은 C국이 많으므로 1인당 에너지사용량은 C국이 더 많다.

③ 가로축에 있는 GDP를 확인하면 A국이 가장 높고, D국이 가장 낮다.

④ 1인당 GDP는 $\dfrac{\text{GDP}}{\text{인구수}}$ 이고, H국은 B국에 비해 인구수는 적지만 GDP는 높기 때문에 1인당 GDP는 H국이 B국보다 높다.

28

 ㄱ. 1949 ~ 2010년 동안 도시 수가 증가할 때 도시화율도 모두 증가하였다.
ㄷ. 1970년도에 처음으로 인구가 4천만 명이 넘었다.

조사연도	도시 수	도시인구	도시화율	전체인구
1970	114개	20,857,782명	49.8%	41,883,096명

 ㄴ. 1949 ~ 2010년 동안 직전 조사연도와 비교하였을 때 도시인구가 가장 큰 폭으로 증가한 것은 1960년으로 12,303,103−6,320,823=5,982,280명 증가하였고, 도시화율이 가장 큰 폭으로 증가한 것은 1975년으로 58.3−49.8=8.5%p이다.

ㄹ. 1955년의 평균 도시인구는 $\dfrac{6,320,823}{65}$ ≒97,243명으로 100,000명보다 적다.

풀이 TIP

ㄱ. 도시 수와 도시화율을 조사연도의 오름차순으로 살펴봤을 때 1915, 1949, 1980, 1990, 1995년에 도시 수는 감소하였고, 도시화율은 1915년에 한 번 감소하였다. 따라서 1949 ~ 2010년 동안은 도시화율이 감소한 적이 없다는 것이기 때문에 1949 ~ 2010년 동안의 도시 수의 증감은 확인하지 않아도 된다.

또한 ㄷ에서 전체인구＝$\dfrac{\text{도시인구}}{\text{도시화율}}$×100이므로,

1970년은 $\dfrac{20,857,782}{49.8}$ ×100=41,883,096

∴ $\dfrac{20,857,782}{49.8}$ ×100>40,000,000명

결과적으로 'ㅇ'는 경험이 있는 것, 'ㅿ, ×'는 경험이 없는 것으로 판단할 수 있다.

온라인＼오프라인	×	△	○	합
×	250	21	2	273
△	113	25	6	144
○	59	16	8	83
계	422	62	16	500

ㄱ. 온라인 도박 경험이 있다고 응답한 사람은 59+16+8=83명이다.

ㄷ. 온라인 도박 경험이 있다고 응답한 사람 중 오프라인 도박 경험이 있다고 응답한 사람의 비중은 $\frac{8}{83} \times 100 ≒ 9.64\%$이

다. 전체 응답자 중 오프라인 도박 경험이 있다고 응답한 사람의 비중은 $\frac{16}{500} \times 100 = 3.2\%$이다.

 ㄴ. 오프라인 도박에 대해 '경험은 없으나 충동은 느낀 적이 있음'으로 응답한 사람은 62명으로 전체에서 차지하는 비중은 $\frac{62}{500} \times 100 = 12.4\%$로 10%보다 크다.

ㄹ. 온라인 도박에 대해 '경험이 없고 충동을 느낀 적도 없음'으로 응답한 사람은 273명으로 $\frac{273}{500} \times 100 = 54.6\%$로 50% 이상이다.

풀이 TIP

ㄷ은 두 경우 모두 분자에 들어가는 값이 '오프라인 도박 경험이 있다고 응답한 사람'이지만, 앞은 온라인 도박 경험이 있다고 응답한 사람 중에서, 뒤는 전체 응답자 중에서이므로, 각각 8명, 16명이 들어가야 한다.

 ㄱ. 긍정적 키워드가 부정적 키워드보다 많았던 연도는 9번 있다.

연도	부정적 키워드		합계	긍정적 키워드		합계
2000	575	260	835	164	638	802
2001	520	209	729	109	648	757
2002	912	469	1,381	218	1,448	1,666
2003	1,419	431	1,850	264	1,363	1,627
2004	1,539	505	2,044	262	1,105	1,367
2005	1,196	549	1,745	413	1,247	1,660
2006	940	494	1,434	423	990	1,413
2007	1,094	631	1,725	628	1,964	2,592
2008	1,726	803	2,529	1,637	2,542	4,179
2009	2,036	866	2,902	1,854	2,843	4,697
2010	2,668	1,150	3,818	3,573	4,140	7,713
2011	2,816	1,279	4,095	3,772	4,008	7,780
2012	3,603	1,903	5,506	4,263	8,468	12,731
2013	3,542	1,173	4,715	3,809	4,424	8,233

ㄷ. 전년대비 증가율이 가장 큰 것은 2002년이다.

연도	전체	전년대비 증가율(%)
2000	1,637	
2001	1,486	−9.22
2002	3,047	105.05
2003	3,477	14.11
2004	3,411	−1.90
2005	3,405	−0.18
2006	2,847	−16.39
2007	4,317	51.63
2008	6,708	55.39
2009	7,599	13.28
2010	11,531	51.74
2011	11,875	2.98
2012	18,237	53.57
2013	12,948	−29.00

오답풀이

ㄴ. 세대소통 키워드는 2005년 이후에 증가하다가 2013년에 한 차례 감소하였다.

ㄹ. 전년 대비 증가율이 가장 낮은 것은 세대갈등이다.

구분	세대갈등	세대격차	세대소통	세대통합
2001	520	209	109	648
2002	912	469	218	1,448
증가율(%)	75.38	124.40	100.00	123.46

풀이 TIP

증가율이 크다는 것은 곱하는 수(배수)가 크다는 것을 의미한다. 즉, ㄷ의 경우는 별도로 증가율을 찾을 필요 없이 곱해지는 수가 가장 큰 것을 찾으면 되고, 다른 해에 비해 2002년은 전년도 값의 2배 이상이고 전년 대비 더 큰 수를 곱하는 경우는 없으므로 증가율이 가장 큰 것은 2002년이다.

⊙ 해수의 비율은 97.468%로 97% 이상이다.

ⓒ 담수는 빙설과 지하수, 지표수 등으로 이루어져 있고, 담수의 부피는 35.1백만 km³이고 그중에 빙하, 만년설 등의 빙설이 차지하는 비중은 $\frac{24.0}{35.1} \times 100 ≒ 68.4\%$로 $\frac{2}{3}$ 가 넘는 값이다.

ⓔ 한국은 독일의 1인당 물 사용량의 $\frac{395}{132} ≒ 2.99$배이고, 프랑스의 $\frac{395}{281} ≒ 1.41$배이다.

오답 풀이 ⓒ 세계의 연평균 강수량은 880mm, 한국의 연평균 강수량은 1,245mm로 $\frac{1,245}{880} ≒ 1.41$배로 1.4배 이상이다. 그러나 1인당 강수량의 세계평균은 19,635m³/년이고, 한국은 2,591m³/년으로 $\frac{2,591}{19,635} \times 100 ≒ 13.2\%$이므로, 12% 이상이다.

> **풀이 TIP**
>
> ⓒ 담수에서 빙설의 비율은 $\frac{24.0}{35.1}$인데 나누는 것보다는 $\frac{2}{3}$는 $\frac{24}{36}$임을 이용한다. $\frac{24}{36}$는 $\frac{24.0}{35.1}$와 분자는 같은데 분모가 더 작으므로 $\frac{24.0}{35.1}$은 $\frac{2}{3}$보다 크다는 것을 알 수 있다.
>
> ⓒ 세계의 연평균 강수량은 880mm인데 이에 1.4배를 한 값이 1,232mm로 1,245mm보다 작으므로 1.4배 이상이라 할 수 있다. 즉, 나누는 것보다는 곱하는 것이 계산할 때 더 수월함을 이용한 것이다.

전체 합계에서 빈칸을 구하면 D의 운항편수는 755편이고, B의 여객 수는 834천 명이다. 〈보기〉를 통해서 두 공항 여객 수의 합이 인천공항보다 크기 위해서는 김포공항과 제주공항은 A 또는 C여야 한다.
화물량이 많은 순으로 3번째에 해당하는 것은 C이고 제주공항이다. 따라서 A는 김포공항이다. 김해공항의 여객 수는 광주공항의 여객 수의 6배 이상이므로 A, B, C가 모두 가능하지만 A, C는 이미 결정이 되었으므로 B는 김해공항이다. 운항편수가 적은 순으로 두 번째는 E이고 대구공항이다. 광주공항과 청주공항의 운항편수의 합은 전체의 5% 미만이므로 2,641.1보다 작은 즉 2,641 이하가 되는 것을 찾으면 되고 E는 이미 정해졌으므로 D는 청주공항이다.
따라서 A는 김포공항, B는 김해공항, C는 제주공항, D는 청주공항, E는 대구공항이다.

> **풀이 TIP**
>
> 일반적으로 빈칸의 값을 꼭 전부 계산하여 찾아야 하는 것은 아니지만, 경우에 따라 구해야 하는 것도 있다. 이 문제의 경우 결과적으로 정확한 값을 모르는 경우라면 찾을 수가 없기 때문에 구해놓고 문제풀이를 해야 한다.

ㄱ. 하행은 알파벳순으로 가는 것을 이야기한다. 하행 B에서의 정차시간을 구하기 위해서는 A → C의 소요시간에서 A
　　 → B와 B → C의 소요시간의 합을 빼면 된다.
　　 3분 55초－(1분 44초＋1분 46초)＝25초

　 ㄴ. 인접한 두 역 간의 거리가 짧은 순으로 나열하면 A → B, B → C, C → D, E → F, D → E 순이고, 소요시간 역시
　　 같은 순서이다.

 ㄷ. 상, 하행의 소요시간이 같은 구간은 C ↔ D, C ↔ E, D ↔ E이므로 옳지 않다.

풀이 TIP

자료해석에서 표나 그래프를 확인할 때 일반적으로 아래와 같은 순서를 따른다.
1. 제목 확인＝선택지와의 비교
2. 단위 확인＝실수 VS 비율
3. 가로, 세로축 확인
4. 내용 확인＝표의 구성상 특징
5. 각주 확인＝공식 및 전제
자료해석 순서에서 반드시 확인해야 하는 것이 바로 각주인데, 각주의 경우 이용하지 않을 것은 주지 않고, 중요한 단서(공식)
와 전제 등이 주어지기 때문에 꼭 확인하여야 한다.

 ㄱ. 전공기초에서 A+와 A를 받은 학생 수의 합이 가장 큰 경우는 경영정보론(이민부), 경영정보론(정상훈) 등으로 합이
　　 18명이다. 전공심화에서 A+와 A의 합이 가장 큰 경우는 유비쿼터스 컴퓨팅(이민부)으로 19명이다.

　 ㄴ. 전공기초 분야의 강좌당 수강인원은 $\dfrac{204}{4}$＝51명이고, 전공심화 분야의 강좌당 수강인원은 $\dfrac{321}{9}$≒35.7명이다.

 ㄷ. A+를 받은 학생의 비율이 가장 낮은 강좌는 전공기초의 이성재 교수의 경영정보론으로
　　 $\dfrac{3}{27}\times100＝\dfrac{1}{9}\times100$≒11.1%이다.

　 ㄹ. 정상훈 교수의 경영정보론은 A와 C의 인원수가 같고, 황욱태 교수의 회계학원론은 A보다 C의 인원수가 더 많다.

풀이 TIP

분수의 계산에서 어림수로 잡기 쉽거나 기본 분수$\left(\dfrac{1}{2}\sim\dfrac{1}{19}\right)$인 경우는 그 수를 기준으로 다른 수들과 비교하면 된다. 따라서

위 문제는 이성재 교수의 경영정보론에서 A+를 받은 인원의 비율이 $\dfrac{3}{27}＝\dfrac{1}{9}$이므로 다른 값들과 비교하여 어떤 교수의

비율이 큰지 구해봐야 한다. ㄹ은 언뜻 전공기초 전체에서 A와 C를 비교하는 것 같지만 전공기초 분야 내에서 각 교수별
비교이기 때문에 하나하나 비교한다.

정답 풀이 현자총통의 무게가 89근, 53.4kg이므로 1근을 kg으로 환산하면 $\frac{53.4kg}{89근}$=0.6kg, 600g이 나온다. 황자총통은 36근

이므로 600g×36=21,600g=21.6kg이다.

 오답 풀이 ① 주어진 표는 천자총통, 지자총통, 현자총통, 황자총통 순으로 전체길이가 짧아지고 있고, 화약무게 역시 가벼워지고 있다.

③ 제조연도가 가장 늦은 총통은 현자총통이며, 내경과 외경의 차이가 5.7cm로 다른 총통에 비해 제일 크다.

④ 전체길이 대비 약통의 비율은 아래와 같다.

제원＼종류	천자총통	지자총통	현자총통	황자총통
전체길이(cm)	129	89.5	79	50.4
약통길이(cm)	35	25.1	20.3	13.5
$\frac{약통길이}{전체길이}$	0.271	0.280	0.257	0.268

⑤ 천자총통의 사정거리는 900보로 다른 총통에서 1보당 거리를 환산하여 구할 수 있다. 지자총통의 경우 800보이므로

1보당 거리는 $\frac{1.01km}{800보}$=0.0012625km/보이고, 천자총통은 900보이므로 0.0012625×900=1.13625km가 나온다.

> **풀이 TIP**
>
> 사정거리에서 1보당 거리를 구하여 환산할 수도 있지만 800보와 1,100보에 대한 거리가 주어져 있으므로 둘의 차인 300보가
> 0.38km임을 알 수가 있고, 900보는 그 값의 3배이므로 0.38×3=1.14km임을 구할 수 있다.
> * [정답풀이]에서 구한 값과 [TIP]에서 구한 값이 다른 이유는 주어진 자료가 근삿값으로 표현되어 있기 때문이다.

 정답 풀이 기혼 취업여성의 수는 기혼여성에서 기혼 비취업여성을 빼면 나오는 값이다.

연령대	기혼 취업여성(천 명)	기혼 취업여성의 연령대별 비중(%)
25 ~ 29세	264	4.6%
30 ~ 34세	640	11.1%
35 ~ 39세	956	16.6%
40 ~ 44세	1,302	22.6%
45 ~ 49세	1,337	23.3%
50 ~ 54세	1,256	21.8%
계	5,755	100%

기혼 취업여성의 연령대별 비중＝$\frac{연령대별 \ 기혼 \ 취업여성}{기혼 \ 취업여성의 \ 합}$

 오답 풀이 ① 경제활동인구는 취업자와 실업자의 합으로 표현할 수도 있지만 기혼여성과 비경제활동인구의 차로도 표현할 수 있다.

따라서 〈표 1〉에서 기혼여성−비경제활동인구를 계산한다.

② 기혼여성 중 비취업여성은 〈표 1〉에서 확인하고, 경력단절여성은 〈표 2〉에서 확인한다.

④ 〈표 2〉에서 30 ~ 34세와 35 ~ 39세의 합을 이용하여 구하면 된다.

⑤ 〈표 2〉에서 경력단절여성의 전체인 2,905천 명에서 각 연령대가 차지하는 비율을 구하면 원그래프와 같다.

풀이 TIP

일반적으로 자료변환 문제는 표에 있는 자료를 그대로 가져다 쓰는 경우가 답이 되는 것은 흔치 않다. 따라서 수치를 비율화한 다든지 복잡한 계산으로 새로 구해야 하는 경우를 물어볼 가능성이 더 높다는 것을 인지해야 한다.
비율화의 경우에는 수치 하나가 틀리면 나머지도 틀리기 때문에 1~2개만 확인해보면 바로 확인 가능하다. 따라서 비율화가 계산이라는 생각으로 넘기거나 하지 말고 사전에 이러한 사실을 인지하고 문제에 임하면 된다.

정답
풀이

(단위 : 명)

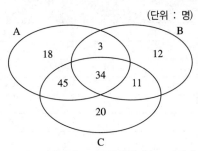

ㄱ. 전체 학생 150명 중에 A, B, C교수가 공대생이라고 판단한 학생 수는 143명이므로 공통적으로 판단하지 않은 학생 수는 7명이다.

ㄴ.

교수	정확도	재현도	공대생 수(명)
B	1	$\dfrac{60}{100}=\dfrac{3}{5}$	60
C	$\dfrac{8}{11}$	$\dfrac{4}{5}$	80
A∩B			3+34=37
B∩C			34+11=45
C∩A			34+α

A교수와 C교수가 동시에 공대생이라고 판단한 79(=45+34)명 중에 34명은 B교수가 판단한 학생들이기 때문에 공대생이다.

C교수가 판단한 110명의 학생 중 80명은 공대생인데, 이 중 B교수가 판단한 45(=34+11)명은 공대생이므로 65(=45+20)명 중에 35명만이 공대생이다.

C교수만이 공대생이라고 판단한 20명이 모두 공대생인 경우에 A교수와 C교수가 공대생이라고 판단한 학생의 수가 최소이다. 즉 A, C교수가 공대생이라고 판단한 학생 중에서 B가 공대생이라고 판단한 학생을 제외하면 45명이고, 이 중 15명이 공대생이 된다.

따라서 A, C가 공대생이라고 공통적으로 판단한 학생 중에서 공대생의 비율은 최소 $\dfrac{49}{79}\times100 ≒ 62\%$이다.

ㄷ. B∪C 중에 공대생은 95명이므로(∵ ㄴ) 나머지 5명은 $(B∪C)^c$ 중에 존재하고, 그 5명이 A에 속할 수도 있고 속하지 않을 수도 있다. 따라서 A교수가 판단한 학생 중에서 공대생의 수는 최소 52명이 된다. 재현도는 $\dfrac{52}{100}>\dfrac{1}{2}$ 이다.

풀이 TIP

벤다이어그램을 이용한 집합의 연산 문제로 각 집합에 속한 불확실한 인원들을 통해 최솟값 또는 최댓값을 추측하여 풀이하는 문제이다. 즉, 최솟값과 최댓값을 찾아야 한다.

정답 풀이

ㄱ. • A의 노인복지관 비중 : $\frac{1,336}{4,377} \times 100 ≒ 30.5\%$

　　• A의 자원봉사자 비중 : $\frac{8,252}{30,171} \times 100 ≒ 27.4\%$

ㄷ. 복지종합지원센터 1개소당 자원봉사자 수가 가장 많은 지역은 E지역이고 1개소당 1,188명이다. 복지종합지원센터 1개소당 등록노인 수가 가장 많은 지역도 E지역으로 1개소당 59,050명이다.

오답 풀이

ㄴ. 복지종합지원센터 1개소당 노인복지관 수가 100개소 이하인 지역은 A, B, I이다.

지역＼구분	복지종합지원센터	노인복지관	노인복지관 수 / 복지종합지원센터 수
A	20	1,336	66.8
B	2	126	63.0
C	1	121	121.0
D	2	208	104.0
E	1	164	164.0
F	1	122	122.0
G	2	227	113.5
H	3	362	120.7
I	1	60	60.0

ㄹ. • C지역의 노인복지관 1개소당 자원봉사자 수 : $\frac{970}{121} ≒ 8.02$명

　　• H지역의 노인복지관 1개소당 자원봉사자 수 : $\frac{2,185}{362} ≒ 6.04$명

풀이 TIP

ㄴ은 $\frac{노인복지관 수}{복지종합지원센터 수} \leq 100$인 값을 찾는 것인데, 이것은 결국 노인복지관 수 ≤ 복지종합지원센터 수 × 100인 값을 찾으면 된다. 즉, 복지종합지원센터 수의 값에 100을 곱하여 대소를 확인하면 된다.

정답 풀이

지수 $= \frac{해당연도}{기준연도}$로 다른 비율(증가율, 감소율 등)과는 다르게 분모인 기준연도가 고정이다. N월 아파트 실거래 가격지수에서 "해당지역의 1월 아파트 실거래 가격"은 "기준연도"이고, "해당지역의 N월 아파트 실거래 가격"은 "해당연도"이다. '다' 지역의 1월과 3월 지수가 같다는 것은 기준연도가 같기 때문에 해당연도의 값이 같다는 것을 의미한다.

오답 풀이

① '가'와 '다'의 기준연도에 해당하는 '해당지역의 1월 아파트 실거래 가격'이 주어져 있지 않다.
② '가', '나', '다'의 기준연도에 해당하는 '해당지역의 1월 아파트 실거래 가격'이 주어져 있지 않다.
④ '가' 지역의 지수가 104인 것은 기준연도 대비 1.04배가 된다는 것을 의미한다. 따라서 1억 400만 원이다.
⑤ '다'의 경우 12월에 아파트 실거래 가격지수가 한차례 감소하였다.

풀이 TIP

비율은 $\dfrac{\text{비교하는 양}}{\text{기준량}}$ 이므로 비율, 기준량, 비교하는 양 중에 2가지 항목을 알면 나머지 하나를 구할 수 있다. 하지만 비율이 주어졌을 때, 일반적으로 비교하는 양의 값을 알 수는 없다. 단, 기준량이 주어지거나 기준량이 같다는 전제가 있다면 예외적으로 비교하는 양의 대소를 비교할 수 있다.

40

정답 ④

정답풀이

ㄱ. 주택 수$=\dfrac{\text{주택보급률}\times\text{가구 수}}{100}$

연도	가구 수 (천 가구)	주택보급률 (%)	주택 수$=\dfrac{\text{주택보급률}\times\text{가구 수}}{100}$
2000	10,167	72.4	7,360.9
2001	11,133	86.0	95,74.4
2002	11,928	96.2	11,474.7
2003	12,491	105.9	13,228.0
2004	12,995	112.9	14,671.4

ㄷ.

연도	1인당 주거공간 (m^2/인)	전년 대비 증가율(%)$=\dfrac{\text{해당연도}-\text{직전연도}}{\text{직전연도}}\times100$
2000	13.8	
2001	17.2	24.6
2002	20.2	17.4
2003	22.9	13.4
2004	24.9	8.7

ㄹ. 주거공간 총면적=가구당 주거공간×가구 수

· 2000년 주거공간 총면적 : $58.5\times10,167=594,769.5m^2$

· 2004년 주거공간 총면적 : $94.2\times12,995=1,224,129m^2$

따라서 2004년 주거공간 총면적은 2000년 주거공간 총면적의 2배 이상이다.

오답풀이

ㄴ. 주택보급률은 가구 수에 대한 주택 수의 비율로 두 채 이상 소유한 가구의 수는 파악할 수가 없다.

풀이 TIP

ㄱ은 가구 수와 주택보급률이 모두 증가하였기 때문에 주택 수는 꾸준히 증가했다고 할 수 있다.

ㄷ은 $\dfrac{\text{해당연도}-\text{직전연도}}{\text{직전연도}}\times100$인데, 분자가 가장 큰 것은 2001년이고 분모의 값이 가장 작은 것은 2000년이므로 2001년에 가장 많이 증가했다고 할 수 있다.

정답 풀이

ㄴ. 황해도, 평안도, 강원도, 함경도가 3개 이상의 시기에 시장의 수가 같다.

ㄷ. 시기별 하위 5개 지역은 경기도, 황해도, 평안도, 강원도, 함경도이다.

지역 / 시기	1770년	1809년	1830년	1908년
경기도	101	102	93	102
황해도	82	82	109	82
평안도	134	134	143	134
강원도	68	68	51	68
함경도	28	28	42	28
5개 지역(ⓐ)	413	414	438	414
전국(ⓑ)	1,062	1,061	1,052	1,075
ⓐ/ⓑ	0.389	0.390	0.416	0.385

ㄹ. 읍당 시장 수는 아래와 같고, 함경도는 여섯 번째로 많다.

지역 / 읍 수 / 시기	읍 수	1830년 시장 수	읍당 시장 수
경기도	34	93	2.74
충청도	53	158	2.98
전라도	53	188	3.55
경상도	71	268	3.77
황해도	23	109	4.74
평안도	42	143	3.40
강원도	26	51	1.96
함경도	14	42	3.00
전국	316	1,052	3.33

오답 풀이

ㄱ. 1770년 대비 1908년 시장 수가 증가한 지역은 3군데이다.

- 경기도 : $\dfrac{1}{101} \times 100 ≒ 0.99\%$

- 충청도 : $\dfrac{5}{157} \times 100 ≒ 3.2\%$

- 경상도 : $\dfrac{7}{276} \times 100 ≒ 2.5\%$

따라서 1770년 대비 1908년 시장 수 증가율이 가장 큰 지역은 충청도이다.

풀이 TIP

A당 B는 $\dfrac{B}{A}$ 이고 읍당 시장 수라고 하였으므로 읍당 시장 수= $\dfrac{시장\ 수}{읍\ 수}$ 를 의미하고, 읍 수×읍당 시장 수=시장 수이다.

함경도의 경우 읍당 시장 수는 3개이다. 나머지 값들은 일일이 나누지 말고 읍 수에 3을 곱하여 나오는 값이 시장의 수보다 작은 값을 찾는다.

정답 풀이

구분 응시생	정답 문항 수	오답 문항 수	풀지 않은 문항 수	점수(점)
A	19	1	0	93
B	18	2	0	86
C	17	1	2	83
D	17	2	1	81
E	17	3	0	79
F	16	1	3	78
G	16	2	2	76
H	15	0	5	75
I	15	2	3	71
J	14	3	3	64
합계			19	

풀이 TIP

응시생을 기준으로 주어진 조건에 맞게 식을 세우면 빈칸에 들어갈 수는 각각 하나씩이 된다. 예를 들어 H의 정답 문항 수(X), 오답 문항 수(Y), 풀지 않은 문항 수(Z)라고 놓으면, $5X-2Y+0 \cdot Z=5X-2Y=75$, X와 Y는 모두 0보다 크거나 같은 0 이상의 정수이므로 $X=15$, $Y=0$만 가능하다.

정답 풀이

구분	연봉	2014	2015	2016
미국기업	3만 달러	30,000×1,150 =34,500,000원	30,000×1,200 =36,000,000원	30,000×1,100 =33,000,000원
중국기업	26만 위안	260,000×150 =39,000,000원	260,000×140 =36,400,000원	260,000×160 =41,600,000원
일본기업	290만 엔	29,000×1,100 =31,900,000원	29,000×1,200 =34,800,000원	29,000×1,300 =37,700,000원

④ • 2015년 대비 2016년 중국기업 연봉 증가율 : $\dfrac{41,600,000-36,400,000}{36,400,000} \times 100 ≒ 14.3\%$

　 • 2014년 대비 2016년 일본기업 연봉 증가율 : $\dfrac{37,700,000-31,900,000}{31,900,000} \times 100 ≒ 18.2\%$

오답 풀이

⑤ • 2015년 대비 2016년 미국기업 연봉 감소율 : $\dfrac{33,000,000-36,000,000}{36,000,000} \times 100 ≒ 8.3\%$

　 • 2014년 대비 2015년 중국기업 연봉 감소율 : $\dfrac{36,400,000-39,000,000}{39,000,000} \times 100 ≒ 6.7\%$

풀이 TIP

두 수의 곱셈, 나눗셈의 경우 하나의 수가 고정이면 나머지 수만을 가지고 계산을 할 수 있다. ④에서 2015년 대비 2016년 중국기업 연봉 증가율은 $\dfrac{260,000×160-260,000×140}{260,000×140} \times 100 = \dfrac{160-140}{140} \times 100 = \dfrac{1}{7} \times 100 ≒ 14.3\%$로 상대적으로 쉽게 계산할 수 있고, ⑤ 역시 마찬가지이다.

44

정답 ①

 자료를 참고하여 만든 출장계획에 대한 비용은 다음과 같다.

직급	숙박비	일비	항공비	합계
부장(2)	80×2×3	90×2×4	200×2	1,600
과장(3)	40×3×3	70×3×4	200×3	1,800
합계	280×3=840	390×4=1,560	200×5=1,000	3,400

ㄱ. 1인당 항공비를 50% 인상하면 예산에 1인당 $100씩 총 $500이 추가되어 총 $3,900이 된다.

ㄷ. 4박 5일이 되면 숙박비와 일비가 모두 하루 더 추가된다. 즉 숙박비에서 1일 $280 추가, 일비는 $390 추가. 총 $670이 추가되어 $4,070이 된다.

 ㄴ. 일비를 $10씩 증액하면 하루에 $50의 비용이 추가로 발생하게 되고, 4일 동안 총 $200이 추가되어 $3,600이 된다.

ㄹ. 부장 이상의 1인당 숙박비와 일비를 모두 $10씩 줄이면 숙박비에서는 10×2×3=$60을 아낄 수 있고, 일비에서는 10×2×4=$80을 아낄 수 있어 총 $140이 절약된다.

절약된 비용을 차감하여 비용을 다시 산정하면 3,400−140=$3,260인데 부장 1인당 비용은 변경된 계획을 적용하여 70×3+80×4+200=$730이 되어 3,260+730=$3,990이다.

> **풀이 TIP**
>
> 상황에 따른 비용의 변동은 위의 표처럼 공통으로 적용되는 인원을 구분하여 각각 계산을 해놓고, 상황이 바뀌었을 때 얼마만큼 변동되었는지 즉, 기존의 값에서 더하고 차감하는 부분만을 구할 수 있도록 한다.

45

정답 ②

 각 단계가 끝났을 때 각각의 항아리에 남아 있는 물은 다음과 같다.

단계	15L 항아리	10L 항아리	4L 항아리
1	11	5	4
2	6	10	4
3	10	10	0
4	10	6	4
5	14	6	0
6	15	5	0

46

정답 ⑤

기업	자기자본	자산	매출액	순위	순이익	순위
A(정)	500	1,200	1,200	3	48	3
B(갑)	400	600	800	5	80	1
C(무)	1,200	2,400	1,800	1	72	2
D(을)	600	1,200	1,000	4	36	4
E(병)	200	800	1,400	2	28	5
산업 평균	650	1,500	1,100		60	

a. '병'의 매출액이 산업 평균 매출액보다 커야 하므로 '병'은 A 또는 C 또는 E이다.
c. '정'은 매출액 순위와 순이익 순위가 동일하므로 A 또는 D이다.
d. 자기자본과 산업 평균 자기자본의 차이가 가장 적은 것은 D이다. 따라서 D가 '을'이다. 따라서 을(D), 정(A)이 된다.
b. '갑'의 자산은 '무'의 자산의 70% 미만이라고 하였으므로 '무'는 C이다. 따라서 '병'은 E가 되고(∴ a), '갑'은 B가 된다.

• 기업별 자산대비 매출액

기업명	자산(억 원)	매출액(억 원)	$\dfrac{\text{매출액}}{\text{자산}}$
A(정)	1,200	1,200	1.00
B(갑)	600	800	1.33
C(무)	2,400	1,800	0.75
D(을)	1,200	1,000	0.83
E(병)	800	1,400	1.75

풀이 TIP

주어진 정보를 이용하여 찾는 경우에는 확실한 조건과 불확실한 조건을 구분하여야 한다. 확실한 조건을 찾는 것이 중요하지만, 불확실한 조건으로 가능한 상황을 만들어 놓은 상태에서 확실한 조건을 대입하여야 빠른 결론에 도달할 수 있다.

47

정답 ②

ㄱ. 소액주주 수가 가장 적은 기업은 A이고, A기업의 기타 주주 지분율은 20%이고 주주 수는 20명이다. 따라서 기타 주주의 1인당 지분율은 1%이고 총발행주식 수가 3,000,000주이므로 1인당 보유주식 수는 30,000주가 된다.
ㄷ. B회사 대주주의 지분율은 20%이다. 총발행주식 수 2,000,000주의 20%인 400,000주를 보유하고 있다.

ㄴ. • C회사의 전체 주주 수는 2+4,000+10=4,012명이다.
　• E회사의 전체 주주 수는 5+8,000+90=8,095명이다.

ㄹ. 1주당 가격＝$\dfrac{\text{시가총액}}{\text{총발행주식 수}}$

주식시가평가액＝1주당 가격×해당 주주의 보유주식 수

$\quad =\dfrac{\text{시가총액}}{\text{총발행주식 수}}×\text{총발행주식 수}×\dfrac{\text{지분율}}{100}$

$\quad =\dfrac{\text{시가총액}×\text{지분율}}{100}$ 이다.

• A기업의 기타 주주 주식시가평가액 : $\dfrac{900×20}{100}=180$억 원

• D기업의 기타 주주 주식시가평가액 : $\dfrac{600×40}{100}=240$억 원

풀이 TIP

기타 주주 주식시가평가액과 같이 주어진 여러 개의 식으로 확인해야 하는 경우는 소거되는 형태가 있을 수 있으므로 계산을 하기 전에 약분되는 형태가 있는지 확인하여야 한다.

정답 풀이

인구 만 명당 연구 개발비$=\dfrac{\text{연구개발비}}{\text{인구 수}}\times 10{,}000$명

인구 수$=\dfrac{\text{연구개발비}}{\text{인구 만 명당 연구개발비}}\times 10{,}000$명

• 2009년 인구 : $\dfrac{37{,}929\text{십억 원}}{7{,}781\text{백만 원}}\times 10{,}000$명 ≒ 4,875만

• 2010년 인구 : $\dfrac{43{,}855\text{십억 원}}{8{,}452\text{백만 원}}\times 10{,}000$명 ≒ 5,189만

오답 풀이

① 2010년 한차례 감소하였다.

② 전년 대비 가장 많이 증가한 해는 2007년이다.

구분	2006	2007	2008	2009	2010
인구 만 명당 연구개발비(백 만원)	5,662	6,460	7,097	7,781	8,452
전년 대비 증가액(백 만원)		798	637	684	671

④ 전년 대비 가장 적게 증가한 해는 2008년이다.

구분	2006	2007	2008	2009	2010
연구개발비(십억 원)	27,346	31,301	34,498	37,929	43,855
전년 대비 증가액(십억 원)		3,955	3,197	3,431	5,926

⑤ 연구개발비의 전년 대비 증가율이 가장 작은 해는 2009년이고, 연구개발비의 민간부담 비중이 가장 큰 해는 2006년이다.

구분	2006	2007	2008	2009	2010
연구개발비(십억 원)	27,346	31,301	34,498	37,929	43,855
민간부담 비중(%)	75.7	73.9	73.2	71.3	72.0

※ 민간부담 비중=100%−공공부담 비중

풀이 TIP

③과 같이 분수 계산의 대소를 비교할 때는 대소비교에 필요한 것만 남기고 나머지는 배제해도 된다.

$\dfrac{37{,}929}{7{,}781}$ 와 $\dfrac{43{,}855}{8{,}452}$ 를 비교하면 된다.

분자(37,929와 43,855 비교)의 경우

10% 이상 증가(실제 약 15.6%) → 1.1배 이상

분모(7,781과 8,452 비교)의 경우

10% 미만 증가(실제 약 8.6%) → 1.1배 미만

분자에 분모보다 더 큰 수를 곱하였기 때문에 $\dfrac{43{,}855}{8{,}452}$ 가 더 큰 수가 된다.

직업이 전문직인 사람 7명 모두가 20 ~ 25세라고 하더라도 $\frac{7}{113} \times 100 = 6.2\%$이기 때문에 7% 미만이다.

 ① 전체는 113명이고 20 ~ 25세 응답자는 53명이므로 50% 미만이다.

② 26 ~ 30세 전체 응답자 51명 중 4회 이상 방문한 사람의 수는 7명이다. 따라서 $\frac{7}{51} \times 100 = 13.7\%$이다.

③ 31 ~ 35세의 1인당 평균 방문횟수는 구간별로 방문횟수를 최소화하여 구해보면 1회 3명, 2회 4명, 4회 2명으로 총 19회이다. 따라서 9명의 평균 방문횟수의 최솟값인 $\frac{19}{9}$ 는 2보다 크기 때문에 옳지 않다.

④ 전체 응답자 중 학생 또는 공무원인 응답자가 51명으로 $\frac{51}{113} \times 100 = 45.13\% < 50\%$이다.

풀이 TIP

⑤는 아래 그림의 경우가 20 ~ 25세 전문직 응답자 비율이 가장 높을 때인데, 아무리 높다고 하여도 전문직이 7명이기 때문에 최대 7명이다. 전문직 7명 전원이 20 ~ 25세라고 하여도 전체에서 차지하는 비율은 7% 미만이 된다.

$105{,}000 \times 0.3 + 120{,}000 \times 0.2 + 125{,}000 \times 0.3 + 100{,}000 \times 0.2 = 113{,}000$원

오답
풀이

① 전월 대비 모두 a원(단, $a \geq 0$)만큼 증가하였다면

- 육군의 전월 대비 증가율 : $\dfrac{a}{105{,}000} \times 100$

- 해군의 전월 대비 증가율 : $\dfrac{a}{120{,}000} \times 100$

- 공군의 전월 대비 증가율 : $\dfrac{a}{125{,}000} \times 100$

- 해병대의 전월 대비 증가율 : $\dfrac{a}{100{,}000} \times 100$

  분자는 모두 같으므로 분모가 가장 작은 해병대의 증가율이 가장 높다.

② • 해군의 증가분 : $120{,}000 \times 0.1 = 12{,}000$원
   • 해병대의 증가분 : $100{,}000 \times 0.12 = 12{,}000$원

④ • $105{,}000 \times 0.3 + 120{,}000 \times 0.2 + 125{,}000 \times 0.3 = 93{,}000$원
   • $100{,}000 \times 0.2 = 20{,}000$원

⑤ 공군과 해병대의 월지급액 차이는 전체 군인 수를 y명이라고 한다면 소속별로 육군은 $0.3y$명, 해군은 $0.2y$명, 공군은 $0.3y$명, 해병대는 $0.2y$명이다.

   공군과 해병대의 월지급액 차이는 $125{,}000 \times 0.3y - 100{,}000 \times 0.2y = 17{,}500y$원이고,
   육군과 해군의 월지급액의 차이는 $105{,}000 \times 0.3y - 120{,}000 \times 0.2y = 7{,}500y$원이다
   y의 값에 상관없이 공군과 해병대의 월지급액 차이는 육군과 해군의 월지급액 차이의 2배 이상이다.

풀이 TIP

군인의 비중이 백분율로 주어져 있어 이것을 비율로 바꾸면 아래와 같다.

구분 \ 소속	육군	해군	공군	해병대
1인당 월지급액	105,000	120,000	125,000	100,000
군인 수 비중	0.3	0.2	0.3	0.2

전체 군인 수를 A라고 한다면 육군은 $0.3A$, 해군은 $0.2A$, 공군은 $0.3A$, 해병대 $0.2A$이다.
- 육군의 월지급액 $= 105{,}000 \times 0.3A$
- 해군의 월지급액 $= 120{,}000 \times 0.2A$
- 공군의 월지급액 $= 125{,}000 \times 0.3A$
- 해병대의 월지급액 $= 100{,}000 \times 0.2A$

A가 얼마인지 알 수 없어서 군별 월지급액이 얼마인지는 구할 수 없다. 하지만 A값에 관계없이 비교 대상 간의 대소관계와 배수관계는 구할 수 있다.

03 상황판단 50제

01	⑤	02	②	03	⑤	04	⑤	05	②	06	①	07	①	08	③	09	①	10	⑤
11	③	12	①	13	②	14	①	15	③	16	②	17	②	18	④	19	④	20	②
21	⑤	22	④	23	④	24	②	25	④	26	③	27	①	28	②	29	②	30	①
31	④	32	①	33	⑤	34	③	35	④	36	③	37	④	38	⑤	39	⑤	40	④
41	④	42	①	43	③	44	④	45	④	46	⑤	47	③	48	④	49	②	50	①

01

정답 ⑤

C회사의 주권 1,000만 원을 Y증권시장에 양도한다면 0.003%의 탄력세율을 적용받게 되어 세액이 3만원으로 줄게 된다. 따라서 세액 2만 원이 감소한다.

① 甲은 금융투자업자 乙을 통해 3건의 주권의 양도하였기 때문에 00조(납세의무자) 규정의 '다만 금융투자업자를 통하여 주권을 양도하는 경우에는 해당 금융투자업자가 증권거래세를 납부하여야 한다.'에 따라 甲이 직접 납부하지 않는다.
② • A회사의 주권 : 과세표준이 300만 원이므로, 이를 X증권시장의 탄력세율을 적용하면 300만 원×0.0015=4,500원이다.
   • B회사의 주권 : 과세표준이 200만 원이므로, 이를 Y증권시장의 탄력세율을 적용하면 200만 원×0.003=6,000원이다.
   • C회사의 주권 : 과세표준이 1,000만 원이므로, 이를 X, Y증권시장이 아닌 곳에 양도했으므로 탄력세율을 적용받지 못해서 1,000만 원×0.00=50,000원이다.
   따라서 총 세액은 60,500원으로, 6만 원 이상이다.
③ C회사의 주권 1,000만 원은 X, Y증권시장이 아닌 곳에 양도했으므로 탄력세율을 적용받지 못한다.
④ A회사의 주권은 과세표준이 300만 원이다.

제3장 상황판단 50제 **73**

정답 풀이 제시된 선거구별 유권자수와 의원수를 정리하면 다음과 같다.

(단위 : 천 명, 개)

정당＼선거구	A	B	C	D
甲	80(4)	120(3)	150(5)	40(4)
乙	60(3)	160(4)	60(2)	40(4)
丙	40(2)	40(1)	90(3)	10(1)
丁	20(1)	80(2)	0(0)	10(1)
합계	200(10)	400(10)	300(10)	100(10)

X안을 적용할 경우 A·C와 B·D선거구를 각각 통합하여 의원수를 배분하면 다음과 같다.

(단위 : 천 명, 개)

정당＼선거구	A+C	A+C 의석수	B+D	B+D 의석수
甲	230(9.2)	9	160(6.4)	6
乙	120(4.8)	5	200(8)	8
丙	130(5.2)	5	50(2)	2
丁	20(0.8)	1	90(3.6)	4
합계	500(20)	20	500(200)	20

따라서 丁정당은 의석수가 4석에서 5석으로 늘어나게 된다.

오답 풀이 ① 유권자의 1표의 가치가 높다는 것은 1표의 비중이 크다는 것이므로 총 유권자수가 적은 곳에서 많은 비중을 차지한다고 볼 수 있다. 따라서 유권자 표의 가치가 가장 큰 곳은 D선거구이다.

③ 해설의 표를 확인해보면 甲정당의 의석수는 16석에서 15석으로 줄어들게 된다.

④ X안을 적용할 경우, A선거구 유권자 1표의 가치는 $\frac{10}{200}$ 에서 $\frac{20}{500} = \frac{10}{250}$ 으로 작아진다.

⑤ 해설의 표를 확인해보면 X안을 적용할 경우, 乙정당은 의석수는 13석으로 동일하고 丙정당도 7석으로 동일하다.

정답 풀이 금요일 17시에 회의를 개최한다면 A, B, C, D, F전문가가 참여할 수 있기 때문에 옳다.

오답 풀이 ① 월요일에는 C, D, F전문가가 17시에 모여 회의를 개최할 수 있다.

② 금요일 16시에 회의를 개최한다면 A, B, C, F전문가가 참여할 수 있다. 회의 장소 선호도를 정리해 보면 총점이 '나'가 가장 높기 때문에 회의 장소는 '나'이다.

장소＼전문가	A	B	C	F	총점
가	5	4	5	5	19
나	6	6	8	8	28
다	7	8	5	4	24

③ 금요일 18시에 회의를 개최한다면 C, D, F전문가가 참여할 수 있고, 다음과 같이 총점이 '나'가 가장 높기 때문에 회의 장소는 '나'이다.

전문가 장소	C	D	F	총점
가	5	6	5	16
나	8	6	8	22
다	5	6	4	15

④ 목요일 16시에 회의를 개최할 경우 A, E는 참석이 가능하지만 C는 참석이 불가능하므로 3명이 되지 않아 회의를 개최할 수 없다.

평가 결과와 받은 카드 수를 정리하면 다음과 같다.

구분	1회	2회	3회	4회	5회	합산
A	90점(2장)	90점(2장)	90점(2장)	90점(2장)		360점(8장)
B	80점(1장)	80점(1장)	70점	70점		300점(2장)
C	90점(2장)	70점	90점(2장)	70점		320점(4장)
D	70점	70점	70점	70점		280점
E	80점(1장)	80점(1장)	90점(2장)	80점(1장)		330점(5장)

E가 5회차 평가에서 카드를 받지 못하여도 70점을 얻는다면 총점이 400점 이상이므로 추첨 대상에 포함될 수 있다.

오답
풀이

① A가 5회차 평가에서 80점을 얻고 2위인 E가 5회에서 100점을 받는다면 카드 수는 A가 9장, E가 10장이 되므로 E가 추천될 확률이 가장 높다.
② B가 5회차 평가에서 90점을 얻는다면 총점이 400점을 넘지 않기 때문에 탈락 대상자가 된다.
③ C가 5회차 평가에서 카드를 받지 못한다면(70점 이하) 총점이 400점을 넘지 못해 탈락 대상이 되는데, 이때 카드 수만 확인하면 총 4장이 있다고 볼 수 있다. B가 5회에 100점을 받는다면 총 카드 수가 7장이 되어 B가 당첨될 확률이 더 높다고 볼 수 있다.
④ D는 4회까지의 총점이 280점이기 때문에 5회차에 100점을 맞아도 총점이 380점이 되어 400점을 넘지 못해 탈락된다.

상품	가격	혜택					합계
		경복궁 (1,000원)	서울시립미술관 (5,000원)	서울타워 전망대 (10,000원)	국립중앙박물관 (1,000원)	지하철 (1,000원)	
스마트 교통카드	1,000원	1,000원	5,000원	50% 할인 (5,000원)	1,000원	당일무료	13,000원
시티 투어A	3,000원	30% 할인 (700원)	30% 할인 (3,500원)	30% 할인 (7,000원)	30% 할인 (700원)	당일무료	13,400원
시티 투어B	5,000원	무료	5,000원	무료	무료	*2,000원	12,000원

*시티 투어B는 이동시 지하철을 2번 타기 때문에 지하철 비용이 2번 들게 된다.
따라서 甲은 12,000원으로 관광비용이 가장 적게 드는 시티 투어B를 선택한다.

제3장 상황판단 50제 75

PSAT 암산 150제 | NCS 핵심영역 120제 | NCS 선택영역 60제

**정답
풀이** 주어진 시간에 맞추어 가능한 일과들을 선택하는 문제라고 볼 수 있다.

주어진 시간은 25분이기 때문에 시간이 홀수인 일과 1개, 3개, 5개, 7개 등을 할 수 있고, 시간이 짝수인 일과를 포함한다면 홀수 시간 1개+짝수 시간 1개, 홀수 시간 3개+짝수 시간 1개, 홀수 시간 1개+짝수 시간 2개 등의 경우를 생각해 볼 수 있다. 따라서 홀수 시간이 홀수 개 들어가야 한다(머리 감기와 말리기는 한 개의 세트이므로 총 8분이라는 짝수 시간으로 생각해야 한다).

그러면 홀수 시간은 몸치장 하기(7분), 구두 닦기(5분), 주스 만들기(15분)로 3개가 있는데 1개씩으로는 25분을 채울 수 없고 그 합이 27분이 되어 시간이 넘게 된다. 따라서 짝수가 포함될 수밖에 없다. 홀수 1개에 짝수 1개도 25분을 채울 수 없으므로 '홀수 시간 1개와 짝수 시간 2개' 또는 '홀수 시간 1개와 짝수 시간 3개'의 조합을 확인해 봤을 때 '(머리 감기+말리기)8분+(주스 만들기)15분+(양말 신기)2분' 또는 '(머리 감기+말리기)8분+(샤워)10분+(몸치장 하기)7분'만 가능하다는 것을 알 수 있다.

따라서 세수를 하는 경우는 나오지 않기 때문에 세수는 아침 일과에 포함되지 않는다.

 **정답
풀이** 甲부터 戊까지 진실을 말하였기 때문에 주어진 사실들에서 확실한 것과 불확실한 것을 구분한다.

• 갑은 포도 사탕을 먹지 않았다.
• 을은 사과 사탕만 먹었다고 하였으므로 다른 사탕은 먹지 않았다.
• 병은 사과 사탕을 먹지 않았다.
• 정은 한 종류의 사탕만 먹었다고 하였으므로 사과 사탕과 딸기 사탕을 함께 먹지는 않았다.
• 무는 딸기 사탕을 먹은 두 명을 다 알 수는 없다고 하였으므로 무는 딸기 사탕을 먹지 않았다.

위 내용을 정리하면 다음과 같다.

구분	사과 사탕	포도 사탕	딸기 사탕
甲		×	
乙	○	×	×
丙	×		
丁			
戊			×

따라서 갑이 사과 사탕과 딸기 사탕을 1개씩 먹었음을 알 수 있다.

• 정은 갑과 을이 사과 사탕을 먹었으므로 사과 사탕을 먹지 못한다.
• 무는 갑과 을이 사과 사탕을 먹었으므로 사과 사탕을 먹지 못하므로 포도 사탕을 먹었다.
• 병과 정은 주어진 조건만으로 포도 사탕을 먹었는지 딸기 사탕을 먹었는지 알 수 없다.

최종적으로 사탕을 먹은 사람들을 정리하면 다음과 같다.

구분	사과 사탕	포도 사탕	딸기 사탕
甲	○	×	○
乙	○	×	×
丙	×	?	?
丁	×	?	?
戊	×	○	×

풀이 TIP

확실한 내용은 문제를 풀이하는 데에 있어 기준으로 삼고, 불확실한 내용은 표 등으로 나열하여 경우의 수를 줄여야 한다. 일반적으로 표 등을 만들어 위에서부터 1차 확인하여 정리하고, 2차 확인과정을 거칠 때 대부분의 빈칸이 채워진다.

정답 풀이 〈조건〉을 도식화하면 다음과 같다. E, F, G는 동일선상에 있으므로, 수평인 $\overline{AF}$를 기준으로 가장 각이 큰 대각선을 그리는 E지점이 가장 멀리 떨어져 있다.

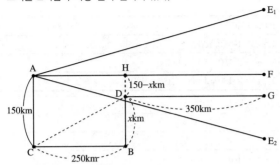

- 도시별 거리 : 다섯 번째 조건에 의해 $0<x<150$km이다.

$$\overline{AB}=\sqrt{150^2+250^2}$$

$$\overline{AD}=\sqrt{250^2+(150-x)^2}\ \left(\because\overline{DH}=150-x\right)$$

$$\overline{AE}=\sqrt{600^2+(\sqrt{250^2+x^2})^2}\ \left(\because\overline{CD}=\sqrt{250^2+x^2}\right)$$

$$\overline{AF}=250+350=600$$

$$\overline{AG}=\sqrt{600^2+(150-x)^2}\ (\because\overline{FG}=\overline{DH})$$

길이가 긴 순서대로 나열하면 아래와 같다.

$$\overline{AE}>\overline{AG}>\overline{AF}>\overline{AB}>\overline{AD}>\overline{AC}$$

풀이 TIP

상황들이 나열되어 있을 때에는 도식화를 하여 구체적으로 어떠한 상황인지를 파악할 필요가 있다.

정답 풀이 ㄱ.

1번째	10
2번째	20
3번째	10+20+10=40
4번째	10+20+40+10=80
5번째	10+20+40+80+10=160
6번째	10+20+40+80+160+10=320
7번째	10+20+40+80+160+320+10=640
8번째	10+20+40+80+160+320+640+10=1,280

ㄷ.

1번째	a
2번째	b
3번째	a+b+10
4번째	a+b+a+b+10+10=2(a+b+10)
5번째	a+b+a+b+10+2(a+b+10)+10=4(a+b+10)
6번째	a+b+a+b+10+2(a+b+10)+4(a+b+10)+10=8(a+b+10)
7번째	a+b+a+b+10+2(a+b+10)+4(a+b+10)+8(a+b+10)+10=16(a+b+10)
8번째	a+b+a+b+10+2(a+b+10)+4(a+b+10)+8(a+b+10)+16(a+b+10)+10=32(a+b+10)

ㄴ.

1번째	100
2번째	200
3번째	100+200+10=310
4번째	100+200+310+10=620
5번째	100+200+310+620+10=1,240
6번째	100+200+310+620+1,240+10=2,480
7번째	100+200+310+620+1,240+2,480+10=4,960
8번째	100+200+310+620+1,240+2,480+4,960+10=9,920

ㄹ.

1번째	a
2번째	b
3번째	a+b−10
4번째	a+b+a+b−10−10=2(a+b−10)
5번째	a+b+a+b−10+2(a+b−10)−10=4(a+b−10)
6번째	a+b+a+b−10+2(a+b−10)+4(a+b−10)−10=8(a+b−10)
7번째	a+b+a+b−10+2(a+b−10)+4(a+b−10)+8(a+b−10)−10=16(a+b−10)
8번째	a+b+a+b−10+2(a+b−10)+4(a+b−10)+8(a+b−10)+16(a+b−10)−10=32(a+b−10)

풀이 TIP

일반적으로 수의 나열은 규칙성이 있다. 흔히 아는 등차수열이나 등비수열의 경우도 주어진 상황을 읽는 것만으로는 알 수 없을 수도 있다. 대체로 이러한 유형은 나열하는 경우에 규칙성이 발견된다.

10
정답 ⑤

정답 풀이

제시된 글의 내용을 정리하면 다음과 같다.
1) 선거구별 각 정당의 득표율은 해당 선거구 후보자 2명의 득표율의 합이다.
2) 정당 내 후보자는 득표율에 따라 1번 후보와 2번 후보가 정해진다.
3) 득표율 1위 정당의 1번 후보에게 1석, 득표율 2위 정당의 1번 후보에게 1석이 돌아간다.
4) 1위 정당과 2위 정당의 득표율 차이가 2배 이상이라면 득표율 1위 정당에 2석이 배분된다.
5) 선거결과 정리

구분	제1선거구	제2선거구	제3선거구	제4선거구
1위	A정당(41%)	A정당(50%)	B정당(57%)	A정당(39%)
2위	B정당(39%)	B정당(30%)	C정당(27%)	C정당(33%)

A정당은 제1·2·4선거구에서 1석씩 차지하여 3명의 당선자가 생겼다.
B정당은 제1·2선거구에서 1석씩, 3선거구에서 2석을 차지하여 4명의 당선자가 생겼다.
C정당은 제4선거구에서 1석을 차지하여 1명의 당선자가 생겼다.
따라서 가장 많은 당선자를 낸 정당은 B정당이다.

오답 풀이

① A정당은 제3선거구에서 후보가 당선되지 않았다.
② B정당은 제4선거구에서 후보가 당선되지 않았다.
③ C정당 후보가 당선된 곳은 제4선거구이다.
④ 제4선거구에서는 B정당에서 26%로 최고 득표를 한 후보가 나왔지만 당선자는 A정당과 C정당에서 생겼다.

정답 풀이

〈조건〉에 따라 2월 날씨 예측 점수를 구하면 다음과 같다.

구분	월	화	수	목	금	토	일	합계
날짜			1	2	3	4	5	
점수			10	6	4	6	6	32
날짜	6	7	8	9	10	11	12	
점수	4	10	X	10	4	2	10	$28+X$
날짜	13	14	15	16	17	18	19	
점수	0	0	10	Y	10	10	2	$20+Y$
합계	4	10	$20+X$	$16+Y$	18	18	18	

1) 한 주의 주중(월~금) 날씨 예측 점수의 평균은 매주 5점 이상이므로 다음과 같이 구할 수 있다.

  • 둘째 주 : $\dfrac{28+X}{5} \geq 5 \rightarrow X \geq -3$이므로, X는 0, 4, 10점(∵ 맑음 예측 점수) 모두 가능하다.

  • 셋째 주 : $\dfrac{20+Y}{5} \geq 5 \rightarrow Y \geq 5$이므로 Y는 0, 6, 10점(∵ 눈·비 예측 점수) 중 6, 10만 가능하다.

2) 요일별 날씨 예측 점수의 평균을 고려하여 다음과 같이 구할 수 있다.

  • 수요일의 예측 점수 평균은 7점 이하이므로 $\dfrac{20+X}{3} \leq 7 \rightarrow X \leq 1$이다. X는 0, 4, 10점(∵ 맑음 예측 점수) 중 0점만 가능하다.

  • 목요일의 예측 점수 평균은 5점 이상이므로 $\dfrac{16+Y}{3} \geq 5 \rightarrow Y \geq -1$이다. Y는 0, 6, 10점(∵ 눈·비 예측 점수) 모두 가능하다.

따라서 X는 0점만 가능하므로 예측 날씨와 반대인 눈·비가 와야 하고, Y는 6, 10점이 가능하기 때문에 흐림이나 눈·비가 가능하다. 이 두 조건을 모두 만족시키는 것은 ③이다.

풀이 TIP

8일과 16일의 날씨 예측 점수에 따라 주중과 요일의 평균이 달라지기 때문에 두 날짜의 점수를 미지수로 놓고 부등식을 세워서 접근한다.
하지만 8일과 16일에는 각각 나올 수 있는 점수(맑음 예측일 경우 0점, 4점, 10점)가 정해져 있기 때문에 그 부분까지 고려하여 봐야 한다.

ㄱ. 乙의 최종 점수의 최댓값은 초록색 화살 2개로 빨간색 칸을 맞히는 것으로 최고 20점을 얻을 수 있고, 丁의 최종 점수의 최댓값은 초록색 화살 1개, 파란색 화살 1개로 빨간색 칸을 맞히는 것으로 최고 20점을 얻을 수 있으므로 최고 점수는 같다.

ㄷ. 乙의 최종 점수가 최솟값이기 위해서는 초록색 화살 2개가 모두 파란색 칸에 맞았을 경우로 총 8점이라고 볼 수 있다. 반면 甲이 가지고 있는 빨강색, 노란색 화살 한 발씩으로 파란색 칸을 맞힌다면 노란색 화살은 −1점이 되므로 총 7점이 된다. 따라서 甲의 최종 점수는 8점을 만들 수 없으므로 乙의 최종 점수와 다를 것이다.

ㄴ. 甲이 10점이 되는 때는 파란색 칸(4점)과 초록색 칸(6점)을 맞히는 경우이다. 丙이 10점이 되는 경우는 초록색 화살로 초록색 칸(6+1=7점)을, 노란색 화살로 파란색 칸(4−1=3점)을 맞히거나 노란색 화살로 초록색 칸(6점)을, 초록색 화살로 파란색 칸(4점)을 맞히면 된다. 따라서 노란색 화살이 모두 초록색에 맞는 것은 아니다.

ㄹ. 丙과 丁이 모두 파란색 칸에 맞혔다면 丙은 총 7점이고 丁은 총 9점이 된다.

풀이 TIP

화살과 과녁의 색이 같을 경우 +1점이 되어 점수가 늘어나지만, 빨간색 칸의 경우 다른 색 칸의 점수에 +1점한 것보다 높은 점수를 받을 수 있다는 부분에서 실수하지 않도록 해야 한다.

1) 〈상황〉을 고려하여 공연장에 온 관람객 수를 정리하면 다음과 같다.

2:10		4:30		6:00		11:30
	(20분 간격) +7명		(10분 간격) +9명		(30분 간격) +11명	
총 1명		총 8명		총 17명		총 28명

2) 좌석배정 방식에 따라 관람객을 도착시간 기준으로 나열하면 다음과 같다.

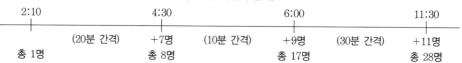

	무대												
	좌				중앙								우
앞줄	2:10	2:30	2:50	계단 9:00	3:10	3:30	3:50	4:10	4:30 A	계단 10:30	4:40	4:50	5:00
뒷줄	8:30	8:00	7:30	9:30 10:00	7:00	6:30	6:00	5:50	5:40	11:00 11:30	5:30	5:20	5:10 B

따라서 오전 9시부터 오전 10시 사이에 도착한 관람객은 모두 좌측 계단에 앉아있다.

① 우측 계단에 앉은 관람객이 중앙 좌석에 앉기 위해서는 최대 8시간 20분(=11:30−3:10), 최소 3시간 30분(=10:30−7:00)은 일찍 도착해야 한다.

③ A에 앉은 관람객은 오전 4시 30분, B에 앉은 관람객은 오전 5시 10분에 도착하였다. 따라서 40분 차이가 난다.

④ 앞줄 좌석에 앉기 위해서는 오전 5시 이전에 도착해야 한다.

⑤ 총 28명의 관람객이 공연장에 도착하였다.

풀이 TIP

관람객은 일정한 시간 간격으로 공연장에 들어온다. 시간 간격은 20분 → 10분 → 30분으로 변하기 때문에 매 시간 몇 명의 관람객이 왔는지 정확히 확인해야 한다.

ㄱ. 甲이 재배한 농산물이 무농약농산물로 인증받기 위해서는 농약은 사용하지 않고, 화학비료는 권장량의 2분의 1 이하로 사용해야 한다. 농산물의 종류가 사과이므로 화학비료는 50kg/ha(=100÷2) 이하를 사용해야 한다. 총면적이 5km^{2}이므로 단위를 바꾸면 500ha이고 화학비료도 20t이므로 단위를 바꾸면 20,000kg이다. 그러므로 면적당 40kg/ha(=20,000÷500)을 사용했다고 볼 수 있다. 따라서 무농약농산물로 인증받을 수 있다.

ㄹ. 丁이 재배한 농산물이 저농약농산물로 인증받기 위해서는 화학비료는 권장량의 2분의 1 이하로 사용하고, 농약은 살포시기를 지켜 살포 최대횟수의 2분의 1 이하로 사용해야 한다. 농산물의 종류가 감이므로 화학비료는 60kg/ha(=120÷2) 이하를 사용해야 하고, 농약은 2번(=4÷2) 이하로 살포하되 살포시기는 수확 14일 전까지이다. 총면적은 5ha(=100×500÷10,000)이고 화학비료는 총 200kg을 사용하였으므로 면적당 40kg/ha(=200÷5)을 사용했다고 볼 수 있다. 또한, 4월 말과 8월 초에 농약을 살포했고 9월 말에 수확을 했으므로 저농약농산물로 인증받을 수 있다.

ㄴ. 乙이 재배한 농산물이 저농약농산물로 인증받기 위해서는 화학비료는 권장량의 2분의 1 이하로, 농약은 살포시기를 지켜 살포 최대횟수의 2분의 1 이하로 사용해야 한다. 농산물의 종류가 복숭아이므로 화학비료는 25kg/ha(=50÷2) 이하를 사용해야 하고, 농약은 2.5번(=5÷2) 이하로 살포하되 살포시기는 수확 14일 전까지이다. 하지만 병충해 피해로 인하여 수확하기 열흘 전에 살포하였으므로 살포시기를 충족하지 못하여 저농약농산물로 인증받을 수 없다.

ㄷ. 유기농산물의 경우 일정 기간(다년생 작물 3년, 그 외 작물 2년) 이상을 농약과 화학비료를 사용하지 않고 재배해야 한다. 하지만 丙은 작년에 5t의 비료를 사용하였으므로 올해 재배한 감귤은 유기농산물로 인증받을 수 없다.

풀이 TIP

헥타르(ha)는 실생활에 많이 사용하지 않는 단위이지만 조경, 재배, 과수원 등에 관한 문제가 나올 때 자주 사용되는 단위이므로 외워두면 문제 이해에 많은 도움이 된다(1ha=10,000 m^2, 100ha=1,000,000 m^2=1km^2). 그리고 이 문제와 같이 다양한 단위 변환이 나오는 문제는 단위를 변환할 때 계산 실수가 나오지 않도록 조심해야 한다.

15

정답풀이

1) 甲국의 영토는 정삼각형이고 분할된 4개국(A ~ D)은 다음과 같이 영토를 갖고 있다고 볼 수 있다.

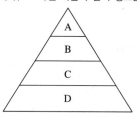

2) 주어진 조건을 정리하면 다음과 같다.
   - 삼각형 옆면을 4등분 하였으므로 밑면의 길이 비는 1 : 2 : 3 : 4이고, 넓이의 비는 제곱비인 1 : 4 : 9 : 16이다. 하지만 각각이 아닌 포함관계에 대한 비율이기 때문에 토지의 비율은 1 : 3 : 5 : 7이 된다. 그러므로 모든 국가의 쌀 생산량은 영토의 면적에 비례하며 A국의 영토에서는 매년 10,000가마의 쌀이 생산된다고 하였으므로, 각 나라에서는 매년 A국 10,000가마, B국 30,000가마, C국 50,000가마, D국 70,000가마의 쌀이 생산된다고 볼 수 있다.
   - 각국은 영토가 작을수록 국력이 강하고, 국력이 약한 국가는 자국보다 국력이 한 단계 강한 국가에게 매년 연말에 각각 10,000가마의 쌀을 공물로 보낸다. 따라서 D국은 C국에게, C국은 B국에게, B국은 A국에게 보내기 때문에 결국 D국이 A국에게 보낸다고 볼 수 있다.
   - 4개국의 인구는 모두 동일하며 변하지 않는다. 각국은 매년 10,000가마의 쌀을 소비한다.
   - 각국의 쌀 생산량은 홍수 등 자연재해가 없는 한 변하지 않으며, 2015년 1월 1일 현재 각국은 10,000가마의 쌀을 보유하고 있다.

3) 2015년 1월 1일 기준으로 2017년 1월 1일까지 쌀 보유량을 정리하면 다음과 같다.

구분	A국	B국	C국	D국
2015. 1. 1	10,000	10,000	10,000	10,000
생산	10,000	30,000	50,000	70,000
공물	10,000			−10,000
소비	−10,000	−10,000	−10,000	−10,000
2016. 1. 1	20,000	30,000	50,000	60,000
생산	10,000	30,000	50,000	70,000
공물	10,000			−10,000
소비	−10,000	−10,000	−10,000	−10,000
2017. 1. 1	30,000	50,000	90,000	110,000

ㄷ. 2015년 쌀 생산량이 절반으로 줄어든다고 가정한다면 2016년 1월 1일 보유량은 다음과 같다.
   - A국 : 20,000 − (10,000 ÷ 2) = 15,000가마
   - B국 : 30,000 − (30,000 ÷ 2) = 15,000가마
   - C국 : 50,000 − (50,000 ÷ 2) = 25,000가마
   - D국 : 60,000 − (70,000 ÷ 2) = 25,000가마

   따라서 2016년 1월 1일 기준 각국의 쌀 보유량은 0보다 크다.

 오답풀이

ㄱ. 표를 통해 2016년 1월 1일 기준 모든 국가의 쌀 보유량은 1년 전보다 증가하였음을 알 수 있다.
ㄴ. 2017년 1월 1일 기준 가장 많은 쌀을 보유한 국가는 D국이다.

풀이 TIP

넓이는 길이의 제곱비이기 때문에 자칫 넓이 비를 1 : 4 : 9 : 16으로 착각할 수 있지만 각각이 아닌 포함관계에 대한 비율이기 때문에 토지의 비율은 1 : 3 : 5 : 7이 된다.

글의 내용을 요약하면 교육을 받아 시험에 합격한 집단, 교육은 받았지만 시험에는 불합격한 집단, 교육을 받지 않은 집단을 비교한 결과 교육을 받아 시험에 합격한 집단만 뇌 해마의 회색질이 증가함을 확인하였다. 연령·학력·지능에 있어서 세 집단 간 차이가 없었다.

한편 교육을 받은 집단 간 비교에서 전체 교육 기간의 차이는 거의 없으나, 주당 교육 시간이 합격을 좌우했다고 볼 수 있다. 또 다른 실험인 단어 외우기 실험에서는 상대적으로 복잡한 과제를 수행한 집단이 더 많은 단어를 기억한다는 내용을 파악할 수 있다.

따라서 단어 기억 실험에서 상대적으로 '그룹1'보다 '그룹2'가 많은 단어를 기억했다.

① 뇌 해마의 회색질 증감은 시험의 합격 유무에 따라 유추할 수 있지만, 교육 시간에 의한 변화는 주어진 글만으로 판단하기 어렵다.

③ 글에서 연령·학력·지능에 있어서 세 집단 간 차이가 없었다고 하였으므로 기억력에 미치는 영향은 연령보다 개인의 교육 수준이 더 클 것이다.

④ 주당 교육 시간이 합격을 좌우했다고 하였으므로 선천적으로 기억력이 좋은 사람만 시험에 통과했다고 볼 수는 없다.

⑤ ○○시 택시기사 면허 시험에 합격한 집단과 시험에 불합격한 집단의 전체 교육 기간에는 차이가 없으나 주당 교육 시간에서 두 배가량 차이가 난다.

> **풀이 TIP**
>
> 주어진 글에 근거하여 옳은 것을 찾는 문제이기 때문에 자신의 지식이나 생각으로 판단하면 안 된다. 문제 중간 중간에 나오는 '하지만, 한편, 그러므로' 같은 접속어를 집중해서 봐야 한다. 이런 단어 뒤에는 항상 지금까지 언급했던 내용들의 강조, 결론, 부정 등의 중요한 내용이 나오기 때문이다.

정답 풀이

ㄱ. 구동독 판사·검사들의 자격유지에 반대하는 이유는 구동독의 판사·검사들은 자유민주주의적 법치국가에 부합하는 국가관이 결여되어 있고, 구동독과 구서독의 소송 전 과정에 큰 차이가 있었기 때문에 소송수행능력 차원에서도 인정되기 어렵다는 것이다.

ㄴ. 구동독 판사·검사들의 자격유지에 찬성하는 이유는 구동독 출신 판사·검사들의 부재 시 당장 상당히 넓은 지역에서 재판 정지상태가 야기될 것이라는 점과, 구서독 출신 판사·검사들은 구동독 지역 생활 관계의 고유한 관점들을 고려하지 못하여 구동독 주민들로부터 신뢰받기 어렵다는 것이다.

ㄷ. 구동독 지역인 튀링겐 주의 경우 1990년 10월 3일 판사·검사의 자격유지 여부를 위한 적격심사를 한 결과, 전체 194명의 판사 중 101명이, 141명의 검사 중 61명이 심사를 통과하여 판사·검사로 계속 활동하게 되었다.

오답 풀이

ㄹ. 전체 194명의 판사 중 101명이, 141명의 검사 중 61명이 심사를 통과하여 판사·검사로 계속 활동한다고 했으므로 비율로 봤을 때 검사보다 판사 중에 적합한 인물이 많았다고 할 수 있다.

> **풀이 TIP**
>
> 주어진 글의 첫머리에 글에 대한 내용이 담겨 있으므로 〈보기〉를 통해 찬성하는 보기와 반대하는 보기를 파악하여 의견이 많은 쪽의 주장을 먼저 읽는다면 좀 더 빠르게 답에 다가갈 수 있다.

18

 정답풀이 대상자 甲이 가점을 획득하지 못해도 연령·학력·A국 어학능력에서 최고점을 받는다면 총 80점이 된다. 따라서 연간소득 항목에서 최저점수인 5점을 받더라도 총 80점이 되므로 거주자격을 부여받을 수 있다.

 오답풀이
① 대상자가 받을 수 있는 최저점수는 연령 15점, 학력 25점, 어학능력 10점, 연간소득 5점으로 총 55점이다.
② 대상자가 받을 수 있는 가점의 최고점수로는 유학경험 10점, 사회봉사활동 5점, 해외전문분야 취업경력 5점으로 총 20점이다(∵ 유학경험의 항목에서 2개 이상이라면 가장 높은 점수만 부여한다).
③ 가점 항목을 제외하고 각 항목에서 최고점은 연령 25점, 학력 35점, 어학능력 20점, 연간소득 10점이므로 두 번째로 작은 항목은 어학능력이다.
⑤ 박사 학위를 소지한 33세 대상자 乙은 A국 대학에서 다른 분야의 박사 학위를 취득하고 기본적인 의사소통을 한다면 연령 25점, 학력 35점, 어학능력 10점으로 총점이 70점이 되어 거주자격을 부여받지 못하지만 연간소득과 가점이 몇 점인지 알 수 없으므로 보기에서 주어진 정보만으로는 판단할 수 없다.

> **풀이 TIP**
>
> 항목별 점수의 계산을 해야 하는 문제이므로 선택지에서 간단한 계산이나 단순 비교를 통해 쉽게 판단할 수 있는 부분을 정리해야 한다. 따라서 1차적으로 ①, ②, ③ 선택지를 확인하고 이후에 ④, ⑤ 선택지를 확인한다.

19

 정답풀이 甲의 체납액이 2억 원이므로 포상금의 지급률은 100분의 15인 3,000만 원이다.

 오답풀이
① 甲은 체납발생일로부터 1년이 지났고, 국세 2억 원을 체납하였다. 그러나 '국세 5억 원 이상'의 요건을 충족하지 않았기 때문에 국세청장은 甲의 인적사항과 체납액을 공개할 수 없다.
② 출국금지 요청은 세무서장이 아닌 국세청장이 법무부장관에게 요청할 수 있는 것이므로 옳지 않다.
③ 세무서장은 납세자가 국세를 체납하였을 때에는 허가·인가·면허 및 등록과 그 갱신(이하 '허가 등'이라 한다)이 필요한 사업의 주무관서에 그 납세자에 대하여 그 허가 등을 하지 아니할 것을 요구할 수 있다.
⑤ 甲이 국세를 3회 이상 체납하지 않았기 때문에 해당 주무관서에 사업허가의 취소를 요구할 수 없다. 국세를 3회 이상 체납하여 세무서장이 주무관서에 사업의 취소를 요구하였더라도 정당한 사유가 있는 경우 이를 거부할 수 있다.

20

 정답풀이 단위를 정리하면, 주교의 명예가격은 5쿠말인데 이는 젖소 10마리나 은 20온스로 대체할 수 있기 때문에 같은 값어치를 한다고 볼 수 있어 다음과 같이 정리를 할 수 있다.
∴ 1쿠말=젖소 2마리=은 4온스, 젖소 1마리=은 2온스
A가 지급해야 할 금액은 다음과 같다.
1) 주교를 죽인 죄 : 10쿠말(∵ 살해에 대한 배상)+5쿠말(∵ 주교의 명예가격)
2) 영주의 얼굴에 상처를 입힌 죄 : 2쿠말(∵ 영주에 대한 상해)+5쿠말(∵ 영주의 명예가격)
3) 영주의 아내의 다리를 부러뜨린 죄 : 은 1온스(∵ 여성에 대한 상해)+5쿠말(∵ 영주의 명예가격)
4) 부유한 농민 2명을 죽인 죄
   − 살해에 대한 배상 : 10쿠말×2명
   − 농민의 명예가격 : {젖소 2.5마리+(젖소 0.5마리×10명)}×2명
따라서 총 47쿠말+은 1온스+젖소 15마리이다.
은으로 바꾸어 계산하면 A가 지급해야할 금액은 은 188온스+1온스+30온스가 되어 총 은 219온스가 된다.

21 정답 ⑤

'보증인'은 피해자에 대하여 지급을 보증할 수 있으며 이는 공판조서에 기재될 수 있으므로 이 경우 甲은 공판조서에 근거해 丁의 재산에 대해서 강제집행할 수 있다.

① 합의가 민사소송의 확정판결과 동일한 효력을 가지기 위해서는 합의 내용이 공판조서에 기재되어 있어야 한다. 따라서 옳지 않다.

② 공판조서에 기재를 신청할 때는 1심 또는 2심 법원의 변론종결 전까지 구술이 아닌 서면으로 신청해야 한다. 따라서 변론종결 후 상황에 대해선 알 수 없다.

③ 법관이 합의내용을 공판조서에 기재하기 위해서는 피고인과 피해자의 신청이 있어야 한다.

④ 합의가 기재된 공판조서는 민사소송상 확정판결과 동일한 효력을 가지므로 甲은 별도의 민사소송상 확정판결 없이 공판조서에 근거하여 강제집행을 할 수 있다.

22 정답 ④

외국인인 丁법인이 자연환경보전법에 따른 생태·경관보전지역 내의 토지를 취득하는 계약을 체결하기 위해서는 토지취득계약을 체결하기 전에 양양군수의 허가를 받아야만 하며, 받지 않은 경우 그 계약은 무효가 된다.

① '외국인'이 토지취득계약을 체결할 때에는 토지 소재지를 관할하는 시장, 군수 또는 구청장에게 신고해야 하므로 甲은 무안군수에게 신고해야 한다.

② 乙이 토지를 계속 보유하려면 보은군수에게 허가를 받는 것이 아닌 신고를 하여야 한다.

③ 丙법인은 사원 중 대한민국 국적을 보유하지 않은 자가 2분의 1 이상이므로 1조에 의해 외국인이다. 따라서 서울 금천구에 있는 토지를 경매로 취득한 경우, 토지를 취득한 날부터 6개월 내에 금천구청장에게 신고하여야 한다.

⑤ 외국인이 대한민국에서 토지취득계약을 체결할 때에는 계약체결일로부터 60일 내에 신고하여야 한다. 하지만 사례에서 2013년 9월 3일은 2013년 3월 3일로부터 60일이 지난 후이므로 옳지 않다.

**정답
풀이**

A부에는 총 7명의 선수 후보가 있다. 모든 사람은 한 종목 이상 참가해야 하며, 한 사람이 최대 두 종목까지 참가할 수 있다. 경기 종목별 필요 인원은 총 12명(=1+4+3+4)으로 7명의 선수 중 5명은 두 종목에 참가해야 하고, 나머지 2명은 한 종목에 참가해야 한다.

이를 근거로 선수 후보별 참가 가능한 종목을 고려할 때, 다음과 같이 정리할 수 있다.

종목	필요 인원	선수 배정						
오래달리기	1명	가영	×	다솜	×	×	×	×
팔씨름	4명	가영[4]	×	다솜[4]	라임[2]	마야[3]	×	×
3인 4각	3명	×	나리[1]	다솜	라임[2]	마야	×	사랑[2]
공굴리기	4명	가영	×	다솜	×	마야[3]	바다[1]	사랑[2]

1) 7명 중 두 종목에 참여하지 못하는 나리와 바다는 각각 3인 4각, 공굴리기에 참가한다.
2) 나머지 5명 중 두 종목에만 참가할 수 있는 라임과 사랑은 각각 팔씨름·3인4각, 3인4각·공굴리기에 참가한다.
   → 3인 4각은 나리, 라임, 사랑으로 배정 완료
3) 세 종목에 참가 가능한 마야는 배정이 완료된 3인 4각을 제외한 팔씨름, 공굴리기에 참가한다.
4) 팔씨름 종목에 필요 인원이 2명 남았으므로 가영과 다솜 모두 참가한다.
5) 필요 인원이 1명씩 남은 오래달리기와 공굴리기는 가영과 다솜이 서로 나뉘어 참가해야 한다.
따라서 2)에 의해 3인 4각 참가 인원은 나리, 라임, 사랑임을 확인할 수 있다.

풀이 TIP

선수에 따른 참가 가능 종목이 제시되어 있으며, 이를 고려하여 선수를 배정해야 하는 문제이다. 참가 가능 종목이 가장 적은 사람, 즉 경우의 수가 적은 사람을 우선으로 고려해 정리하는 것이 적절하다. 따라서 나리·바다 → 라임·사랑 → 마야 → 가영·다솜 순서로 확인하는 것이 가장 이상적이다.

**정답
풀이**

원을 그리고 그 원을 시계라고 생각하며 문자메시지를 해독하면 쉽게 해결할 수 있다.
1) 시계의 시침과 분침을 위장접선시각인 9시 16분에 위치시킨다. 이때 시침은 9시와 10시 사이에 위치한다.
2) 위장코드 N을 적용하면 좌우 대칭되므로 시침은 2시와 3시 사이에, 분침은 44분에 위치하게 된다.
3) 위장코드 C_6을 적용하면 시침과 분침을 시계방향으로 60°만큼 회전해야 한다. 한 시간에 30°씩 움직이므로 시침은 2시간 뒤인 4시와 5시 사이에, 분침은 10분 뒤인 54분에 위치시킨다.
4) 위장코드 W를 적용하여 상하 대칭 이동을 하면 시침은 1시와 2시 사이에, 분침은 36분에 위치하므로 접선시각은 1시 36분이다.

풀이 TIP

N은 Y축 대칭, W는 X축 대칭으로 생각하여 시침과 분침을 접어 반대편으로 이동하면 된다.
360°를 12로 나누면 30°이므로 시침 간격 1칸을 30°로 생각하고 회전시키면 좀 더 쉽게 회전이 가능하다.

북독일 맥주는 진액을 거의 남기지 않고 당분을 낮추며 홉(Hop) 첨가량이 비교적 많기 때문에 강렬한 맛의 맥주이지만, 남독일 맥주는 홉의 쓴맛보다 맥아 본래의 순한 맛을 살린 맥주이므로 보기의 내용이 올바르다고 할 수 있다.

 ① 축제는 10월 첫째 주 일요일이 마지막 날이다. 그런데 10월 11일이 일요일이라면 10월 4일이 첫째 주 일요일일 것이며 이날이 축제의 마지막 날이었을 것이다. 따라서 축제는 이보다 2주 전인 9월 21일에 시작했을 것이다.

② 저렴하고 좋은 호텔은 봄에 예약이 끝난다고 하였을 뿐 모든 호텔의 예약이 봄에 끝나는지는 알 수 없다.

③ 옥토버페스트는 바이에른 황태자와 작센에서 온 공주의 결혼을 축하하기 위해 개최한 경마대회가 시초이다. 약 200년의 역사를 지닌 것은 맞지만 처음부터 맥주 축제로 시작한 것은 아니다.

⑤ 2개의 텐트를 설치한 회사는 총 10개의 텐트 가운데 2개의 텐트를 운영하고 있으므로 전체 맥주 소비량의 $\frac{1}{5}$을 공급하게 된다. 따라서 전체 맥주 소비량 $\frac{510}{5}=102$만 리터를 공급하게 되고 이를 축제 기간인 14로 나누면 $\frac{102}{14}≒7$만 리터를 공급한다.

> **풀이 TIP**
>
> 첫 번째 문단은 북독일과 남독일 맥주 맛의 차이, 두 번째 문단은 옥토버페스트라는 맥주 축제 설명, 세 번째 문단은 축제 기간 숙박 장소 예약의 어려움과 축제 기간에 관한 내용이다. 마지막 문단은 축제를 진행하는 회사와 그에 따른 시설 등에 관해 서술되어 있다.
> 독해할 때 각 문단의 핵심 내용을 체크하고 읽는다면 보기와 비교하며 판단할 때 정답의 근거를 본문에서 쉽게 찾을 수 있다.

 ㄱ. 甲이 신축하는 건물의 현재 예상되는 친환경 건축물 평가점수는 63점으로 우량 등급이고 에너지효율은 3등급이다. 에너지효율을 한 등급 높이는 데 2,000만 원이 추가로 소요되고 친환경 건축물 등급을 높이는 데는 현재 63점이므로 우수 등급까지 7,000만 원, 최우수 등급까지 17,000만 원이 추가로 사용될 수 있다. 따라서 에너지효율을 높이는 것이 취·등록세 감면을 받는 데 있어서 효율적이다. 甲이 세액 감면 혜택을 받기 위해 에너지효율 2등급, 친환경 건축물 우수 등급에 도달한다면 세액을 총 8,000만 원 감면받을 수 있으나 그에 따른 비용이 9,000만 원이므로 경제적 손실을 입는다. 甲이 에너지효율 1등급과 친환경 건축물 등급에서 우수 등급을 받는다면 세액 감면액이 16,000만 원이고 비용이 11,000만 원이므로 추가적인 경제적 이익을 얻을 수 있다.

ㄴ. 친환경 건축물 우수 등급, 에너지효율 1등급을 받기 위해 추가 투자할 경우 경제적 이익은 5,000만 원이다. 에너지효율 1등급, 친환경 건축물 최우수 등급을 받을 경우 전자에 비해 8,000만 원의 세액 감면 혜택을 더 받으나 10,000만 원의 비용이 추가로 사용되어 전체적으로 경제적 이익은 감소한다.

 ㄷ. 경제적 이익을 얻기 위하여 친환경 건축물 평가점수도 같이 높여줘야 한다. 에너지효율만 높인다면 비용만 추가로 소요될 뿐 세액 감면 혜택을 받을 수 없다.

27

 ㄱ. ⑦카드는 3장 있으므로 누군가 ⑦카드를 낸다면 다음부터는 7 이상을 내야 하므로 ⑦카드를 2장 들고 있는 사람이 반드시 우승할 수 있다.

 ㄴ. 甲은 ⑦카드를 한 장 밖에 갖고 있지 않다. 나머지 ⑦카드 2장은 乙과 丙이 가지고 있고 다음 차례에 甲은 ⑦카드를 낼 수 없기 때문에 반드시 게임에서 빠져야만 한다. 따라서 乙과 丙 중에 우승자가 결정되며 甲은 우승할 수 없다.

ㄷ. 甲이 ⑥카드를 낸 이상 甲, 乙, 丙 모두 5 이하의 카드는 낼 수 없다. ⑥카드 1장과 ⑦카드 2장이 배분되는 경우의 수를 따져보면 6가지 경우의 수로 나눌 수 있다.

甲이 받은 카드	乙이 받은 카드	丙이 받은 카드	우승자
	⑥	⑦, ⑦	丙
	⑥, ⑦	⑦	乙
⑥, ⑥, ⑦	⑥, ⑦, ⑦		乙
	⑦, ⑦	⑥	乙
	⑦	⑥, ⑦	甲
		⑥, ⑦, ⑦	丙

따라서 6가지 경우에 甲이 우승할 수 있는 경우의 수는 한 가지 밖에 없으므로 甲이 우승할 확률은 $\frac{1}{6}$ ≒ 17%이다.

풀이 TIP

3명이서 3벌의 카드로 하는 게임이기 때문에 같은 숫자 카드를 2장 들고 있지 않은 이상 그 수의 카드를 가장 먼저 낸 사람은 다음 차례에서 그보다 더 큰 수를 내야 한다.

28

 ㄱ. A시리즈 용지들의 면적은 숫자가 1씩 작아질 때마다 두 배로 커지기 때문에 A2의 면적은 A4 용지의 4배이다. 또한, 모든 등급들의 가로 대 세로 비율은 동일하다는 조건에 의해 A2 용지의 가로와 세로의 길이는 각각 A4 용지의 2배이다. A4 용지 크기가 210mm×297mm이므로 A2 용지의 크기는 420mm×594mm이다.

ㄴ. A시리즈 용지들의 면적은 숫자가 1씩 작아질 때마다 두 배로 커지기 때문에 가장 높은 등급의 용지를 잘라서 한 등급 밑의 용지 2장을 만들 수 있다(예를 들면 A1용지로 A2용지 2장을 만들 수 있다).

 ㄷ. 확대 복사할 때 표시되는 비율 값은 축소할 때 비율인 약 0.7의 역수 값이다. 가령 가로의 길이가 1, 세로가 $\sqrt{2}$ 인 A시리즈의 용지가 있다고 가정하면 한 단계 위의 용지의 가로의 길이는 $\sqrt{2}$, 세로의 길이는 2가 된다. 한 등급 위의 용지는 한 등급 아래의 용지에 비해 가로와 세로의 길이가 각각 $\sqrt{2}$ 배이므로 복사기의 제어판에 표시되는 비율은 $\sqrt{2}$ 의 값이 표시될 것이다. 따라서 한 단계 축소비율이 $1/\sqrt{2}$ 인 대략 0.7인 비율이라면, 한 단계 증가는 $\sqrt{2}$ 인 대략 1.4인 비율이므로 130%가 아닌 약 140%로 표시되어 있을 것이다.

ㄹ. 세로를 가로로 나눈 값이 $\sqrt{2}$ 라는 것을 만족하려면 A시리즈 용지처럼 한 등급 위의 용지의 넓이는 한 등급 아래 용지 넓이의 2배를 만족해야 하는데 미국표준협회 규격 용지의 경우 이 성질을 만족하지 못한다.

풀이 TIP

용지 A시리즈는 숫자가 1씩 작아질 때마다 크기가 두 배로 되기 때문에 가로 세로의 길이가 각각 2배가 되면 넓이는 4배가 된다. 주어진 내용에서 $\sqrt{2}$ ≒ 1.4이므로 비율도 140%이다. 이렇게 반복적으로 나오는 숫자와 비율은 중요하기 때문에 체크해 놓도록 하고, '반면'이라는 단어 이후부터는 지금까지와 다른 내용이 나오므로 〈보기〉에서 반대되는 내용이 나왔다면 '반면' 이후에서 찾도록 한다.

보존육성지구에 관한 것이므로 법조문 제2항의 내용을 보면 토지의 형질을 변경하는 행위는 제2호에 해당하여 시장이나 군수의 허가를 받아야 하지만 $60m^2$ 이하의 토지의 형질 변경하는 행위는 법조문 제3항에서 말하는 '대통령령으로 정하는 행위'에 해당하여 乙은 시장의 허가 없이 토지 형질을 변경할 수 있다.

① 특별보존지구에서 과수를 새로 심는 행위는 법조문 제1항 제3호에 해당하는 것으로 해당 행위를 할 수 없다. 다만 문화체육관광부 장관의 허가를 받는다면 가능하다. 따라서 시장의 허가를 받아야 한다는 내용은 잘못된 것이다.

③ 수로 변경 행위는 시행령 제1항 제2호에 해당하는 행위로서 법조문 제1항 제4호에 해당한다. 따라서 수로를 변경하는 것은 원칙적으로 제한되며 수로 변경을 위해서는 문화체육관광부 장관의 허가를 받아야 한다.

④ 토석류 적치의 행위는 특별보존지구에 관한 내용에서 열거되어 있지만 보존육성지구에 관한 조항에서는 찾아볼 수가 없다. 당해 조항에 열거되지 아니한 내용에 대해서는 시장의 허가를 받지 않고 할 수 있다.

⑤ 보존육성지구 내에 있는 건조물이라 하더라도 외부형태를 변경시키지 아니하는 내부시설의 개·보수의 경우, 시장이나 군수의 허가를 받지 않고 할 수 있다.

풀이 TIP

고도 특별보존지구와 보존육성지구에 대하여 규정하는 바가 다르기 때문에 글을 읽을 때 이에 주의하여야 한다. 특별보존지구에서는 법조문에 열거된 행위를 할 수 없지만 문화체육관광부 장관의 허가를 받은 행위는 할 수 있다. 보존육성지구의 경우 법조문에 열거된 행위는 허가를 받아야 하지만 대통령령으로 정하는 행위는 허가를 받지 않고 할 수 있다.

ㄱ. 헌법 규정에 의하면 지방자치단체는 주민의 복리에 관한 사무를 처리하고 재산을 관리하며, 법령의 범위 안에서 자치에 관한 규정을 제정할 수 있다. 이에 위임을 받은 지방자치법에 의하면 지방자치단체는 법령의 범위 안에서 그 사무에 관하여 조례를 제정할 수 있다. 따라서 지방자치단체는 조례로서 주민의 복리에 관한 사무를 상위 법령에 위임한 범위 내에서 해당 지역에 적합하게 제정할 수 있다. 이는 자치단체마다 가진 권한이며 따라서 지방자치단체에 따라 상이한 조례가 제정될 수 있다.

ㄴ. 헌법에서 지방자치단체의 종류는 법률로 정한다고 위임하고 있기 때문에 헌법의 개정 없이 법률의 개정만으로 지방자치단체의 종류를 변경할 수 있다.

ㄷ. 지방자치단체장의 선임방법은 법률로서 정한다고 헌법에서 명시하였다. 따라서 조례로 지방자치단체장의 선임방법을 정할 수 없다.

ㄹ. 지방의회의 조직 또한 법률로 정하는 사항으로 지방자치단체장은 헌법에서 정한 사항을 위반하여 지방의회의 조직을 임의로 정할 수 없다.

31

정답 ④

ㄴ. 당해 입찰가격이 추정가격의 60%까지는 낮은 가격으로 입찰할수록 해당 업체의 입찰가격 평가점수는 높아지지만 당해 입찰가격이 추정가격의 60% 미만으로 떨어지면 당해 입찰가격이 계속 하락하더라도 평점은 오르지 않는다.

ㄷ. B의 입찰가격 평점은 B가 입찰한 3억 2천만 원이 추정가격의 80%이므로 B의 평점$=20\times\left(\dfrac{\text{최저 입찰가격}}{\text{당해 입찰가격}}\right)$에서 당해 입찰가격을 추정가격의 80%로 놓을 수 있다. 즉 B의 평점$=20\times\left(\dfrac{\text{최저 입찰가격}}{\text{추정가격의 80\%}}\right)$이다.

A의 입찰가격 평점은 A가 추정가격의 60% 미만으로 입찰하였으므로

A의 평점$=20\times\left(\dfrac{\text{최저 입찰가격}}{\text{추정가격의 80\%}}\right)+\left[2\times\left(\dfrac{\text{추정가격의 80\%}-\text{추정가격의 60\%}}{\text{추정가격의 80\%}-\text{추정가격의 60\%}}\right)\right]$이다.

ㄱ. 입찰가격의 평점을 측정하는 식을 보면 당해 입찰가격이 낮을수록 평점을 많이 받는 구조이므로 B가 우선협상 대상자가 될 수밖에 없다. 입찰가격이 추정가격의 80% 이상인 경우 최저 입찰자는 평점 20을 그대로 받고 입찰가격이 높은 순서대로 평점을 적게 받는다. 입찰가격이 추정가격의 80% 미만인 경우 앞 괄호는 고정이고 뒤 괄호를 보면 이 또한 변수는 당해 입찰가격밖에 없는데 입찰가격이 낮을수록 분자가 커지니까 평점을 많이 받게 된다. 따라서 B업체는 어떤 경우에도 우선협상 대상자가 된다.

32

정답 ①

올해 춘분은 3월 21일이었고 청명, 곡우를 거쳐 입하가 된다. 청명과 곡우는 앞 절기와 15일 입하는 앞 절기와 16일 차이가 나므로 총 46일 차이가 나게 되고 따라서 5월 6일이 입하이다.

② 글의 마지막 문장에 일부 절기 사이의 간격은 하루가 늘거나 줄기도 한다고 하였으므로 절기의 양력 날짜는 고정적이지 않다.

③ 글에서 춘분은 황경의 기점이며, 황경이 0도일 때라고 설명하고 있다. 하나의 절기가 지날 때마다 황경이 15도씩 증가하므로 황경이 60도가 되는 날은 춘분으로부터 4절기 뒤인 소만이다.

④ 태양황경이 120도인 절기는 춘분에서 8절기가 지난 대서이고, 135도인 절기는 대서에서 1절기가 지난 입추이다. 올해 춘분이 3월 21일이었으므로 대서까지는 124일이 걸린다. 따라서 대서의 날짜는 7월 23일이므로 7월 24일은 대서와 입추 사이에 있다고 할 수 있다.

⑤ 입춘부터 곡우까지는 15일 간격의 절기가 5번 있기 때문에 총 75일, 한로부터 동지까지 15일 간격의 절기가 4번, 14일 절기가 1번 있기 때문에 74일이므로 입춘부터 곡우까지의 간격이 더 길다.

풀이 TIP

15도 기준으로 15일이 흐르므로 1일을 1도로 생각하고 문제를 풀면 쉽게 계산이 가능하다. 하지만 주어진 상황에서 14일, 16일 간격인 절기들도 있으므로 해당 부분만 추가적으로 계산한다면 쉽게 해결할 수 있다.

A·B·C은행의 조건을 정리하면 다음과 같다.

구분	A은행	B은행	C은행
소유권 취득시기	구입 즉시	1년 후 상환 시	1년 후
은행에 지불하는 금액(1년)	1,120만 원	1,200만 원	1,080만 원
수리비 부담주체	고객	B은행	C은행

ㄱ. 소유권을 얻기까지 은행에 내야 하는 총금액은 A은행이 가장 적다. A은행은 차량 구입 즉시 1,000만 원을 고객에게 대출해 주고 고객은 그 즉시 소유권을 얻기 때문에 이때 은행에 내는 돈은 0원이다. B은행은 1,200만 원을 상환하는 시점에, C은행은 매월 90만 원의 임대료를 1년간 완납하는 시점에 소유권을 획득한다.

ㄷ. A은행을 이용하면 구입 즉시 소유권을 얻을 수 있다.

ㄹ. B은행과 C은행의 소유권 취득 시기는 1년 후이며 B은행의 총비용은 1,200만 원이고, C은행의 총비용은 1,080만 원이다. 따라서 B은행보다 C은행을 이용하는 것이 유리하다.

 ㄴ. A은행은 수리비를 고객이 부담해야 하지만, B·C은행은 1년간 발생하는 모든 수리비를 은행에서 부담한다. A은행은 자동차 구입비용 1,000만 원+이자비용 120만 원+수리비용 50만 원으로 총 1,170만 원이 소요된다. C은행은 총비용이 1,080만 원으로 A은행보다 유리한 조건이지만, B은행은 1,200만 원이 소요되므로 수리비를 감안하더라도 A은행보다 불리한 조건이다.

 甲은 1라운드, 2라운드 모두 3회씩 시도하였는데 3회째에 결국 공을 넣었는지 넣지 못하였는지는 알 수 없다. 따라서 라운드별 甲의 점수는 공을 넣었을 때 0점, 넣지 못하였을 때 -3점이므로 (0, 0), (0, -3), (-3, 0), (-3, -3)의 조합이 되어 0점, -3점, -6점으로 총 3가지 경우의 수가 나온다. 乙은 1라운드에 2회째 공을 넣었고 2라운드에선 공을 넣었는지 넣지 못하였는지는 알 수 없기 때문에 (2, 0), (2, -3)의 조합이 되어 2점, -1점으로 총 2가지 경우의 수가 나온다. 丙은 1·2라운드 모두 2회째 공을 넣었으므로 4점이며 丁은 (5, 0), (5, -3)의 조합이 되어 5점, 2점으로 총 2가지 경우의 수가 나온다.

ㄱ. 甲은 0점, -3점, -6점, 乙은 2점, -1점, 丙은 4점, 丁은 5점, 2점을 얻을 수 있다. 만약 甲이 0점을 얻고 乙이 -1점을 얻으면 甲이 3등을 할 수 있다.

ㄹ. 丁은 5점 또는 2점을 받을 수 있다. 丁이 5점을 받으면 다른 사람의 점수와 상관없이 우승을 할 수 있는 반면 2점을 받으면 점수가 고정인 丙이 4점으로 우승하게 된다. 따라서 丁이 우승을 하기 위해서는 5점을 받아야 한다.

 ㄴ. 乙은 최대 2점을 득점할 수 있다. 乙이 준우승을 하기 위해서는 4점이 고정인 丙 대신에 丁의 점수가 낮아야 한다. 丁의 최저 점수는 2점으로 乙과 동일한데, 조건에 따라 동점이 나올 경우 1라운드 고득점순으로 순위가 결정된다. 이 경우 1라운드 1회에 득점한 丁이 乙에 우선하여 준우승을 하게 된다. 乙은 어떤 경우에서도 준우승을 할 수 없다.

ㄷ. 丙이 우승했다면 丙이 공을 2개 넣었을 것이고 丁이 2라운드에서 공을 넣지 못하였을 것이다. 경기결과에 의해 공을 넣은 개수는 乙이 1개, 丙이 2개, 丁이 1개이다. 따라서 최소 4개 이상일 것이다.

풀이 TIP

1회는 처음, 2회는 두 번째에 공을 넣었다는 것을 알 수 있다. 하지만 3회는 공을 넣었는지 못 넣었는지 알 수 없기 때문에 그 부분을 가정하여 풀어야 한다.

35

정답 ④

 ㄱ. 丙국은 丁국보다 득표율과 의석률의 차이가 작다. 따라서 丙국의 x지수가 상대적으로 작기 때문에 선거제도의 비례성은 높은 것이다. 따라서 丁국는 丙국보다 비례성 정도가 낮을 것이라고 판단할 수 있다.

ㄷ. 甲국은 다른 국가들에 비해 정당별 득표율과 의석률의 차이가 작으며 의석률의 분포도 고르게 나타나고 있다. 따라서 甲국의 선거제도의 비례성 정도가 가장 높다.

ㄹ. 乙국은 득표율과 의석률의 차이가 크며 의석률 또한 D정당에 집중되어 편향적이다. 따라서 乙국의 비례성 정도가 가장 낮을 것이다.

 ㄴ. 甲국은 丙국에 비해 정당별 의석률이 고른 분포를 보이고 있다. 의석률 제곱의 합은 모든 정당이 25의 의석률을 가질 때 가장 작으며 특정 정당의 의석률이 100일 때 가장 크다. 즉 y지수는 정당별로 의석률을 얼마나 고르게 나눠 가졌는지에 대한 지수로 甲국이 丙국에 비해 의석률의 분포가 고르기 때문에 甲국 선거제도의 비례성 정도가 더 높다.

> **풀이 TIP**
>
> 〈보기〉에서 ㄱ은 丙, 丁을 확인해야 하고 ㄴ은 갑, 병만 확인하면 되지만, ㄷ, ㄹ은 모든 국가를 확인하여 등수를 찾아야 하므로 ㄱ, ㄴ을 우선적으로 확인하는 게 바람직하다.

36

정답 ③

 납부기한은 납세의무자가 납부하여야 할 연도와 달을 의미하는 것이지 납부고지한 연월을 의미하는 것은 아니다. 따라서 10년 9월에 무납부고지하였다고 해서 납부기한이 1009라고 할 수 없다. 또한, 무납부고지의 결정구분코드는 5이다.

 ① 코드 1 확정분 자진납부 항목에서 '수정신고분 제외'에 해당하여 코드 2인 수시분 자진납부 항목에 해당된다.

② 1104는 납부연월로 납세의무자가 실제 납부하는 연도와 달인데 11년 4월에 납부하였으므로 옳다. 확정분 개별소비세는 확정신고에 해당하여 결정구분코드 1이며, 개별소비세의 세목코드는 47이다.

④ 납부연월이 2012년 10월이므로 12100이고, 예정신고 자진납부의 결정구분코드 3에 해당하며 양도소득세의 세목코드는 22이므로 옳다.

⑤ 납부연월이 2010년 2월이므로 10002이고, 원천세 자진납부분은 결정구분코드의 4에 해당하며 갑종근로소득세의 세목코드는 14이므로 옳다.

> **풀이 TIP**
>
> 문제에서 주어진 코드는 길지만 선택지에서 확인하는 코드는 마지막 7자리이므로 납부연월, 결정구분코드, 세목코드에 집중하여 봐야 한다. 선택지의 내용을 읽고 그에 맞는 결정구분코드나 세목코드를 찾는 것도 바람직하지만, 선택지에 주어진 숫자를 확인한 후 결정구분코드와 세목코드를 찾아보는 것도 방법이다.

ㄱ. A시 도서관은 2014년 상반기 개관을 목표로 하는데 그때 예상인구는 15만 명 이하이다. 봉사대상 인구 10만 이상 ~ 30만 미만의 공공도서관은 기본장서 30,000권을 구비하고 있어야 하므로 옳다.

ㄷ. 2015 ~ 2020년에 매년 같은 수로 인구가 늘어난다면 매년 3만 명씩 인구가 증가하므로 2018년의 봉사대상 인구는 24만 명일 것이다. 공공도서관은 봉사대상 인구 1천 명당 1종 이상의 연속간행물, 봉사대상 인구 1천 명당 10종 이상의 시청각자료를 구비하고 있어야 하므로 옳다.

ㄹ. 2020년 실제 인구가 예상 인구의 80% 수준에 불과하다면 24만 명일 것이다. 이 구간은 봉사대상 인구 10만 이상 ~ 30만 미만 구간에 포함되며 이때 연간증서는 3,000권 이상이다. 따라서 2014년 개관 이후 2020년 말까지 추가로 보유해야 하는 총 연간증서는 매년 3,000권 이상으로 최소 18,000권이다.

ㄴ. A시 도서관이 2014년도에 개관한다면 예상인구는 13만 ~ 15만 사이가 될 것이다. 시설기준을 보면 인구 10만 ~ 30만 사이에는 350석 이상의 열람석이 존재해야 하고 그의 10%인 35석이 노인 및 장애인 열람석으로 확보되었기 때문에 2015년에 추가 좌석은 필요하지 않다.

ㅁ과 ㅇ, ㄴ 원칙에 의해 운전자는 E, B, F이다. 이때 F는 여성이므로 남성 2명과 승차해야 하는데 4명이 승차한다는 선택지의 내용은 옳지 않다.

① ㄱ과 ㄹ 원칙을 적용할 때 운전자는 A, B, F이다. ㄷ 원칙을 적용하면 F는 E와 같은 차에 승차해야 하며, ㅂ 원칙을 적용하면 A와 B 중 한 명은 혼자서 탑승하고 나머지 차량이 C, D, G가 같이 탑승하므로 옳다.

② ㄱ, ㄷ 원칙을 적용하면 F가 운전하며 E가 승차하는 차량이 있다. ① 선택지의 내용에서 ㄹ, ㅂ을 뺀 것과 같다.

③ 여성 E, F가 각각 차를 운전하는 경우와 E, F가 같은 차에 타는 경우가 있다. E, F가 각각 차를 운전한다면 E, F의 차에 남성 두 명씩 탈 것이고, 남은 한 명은 차 하나를 혼자서 운전해서 갈 것이다. E, F가 같은 차에 탄다면 남성 두 명과 함께 4명이서 같은 차를 타고 남은 3명이 2대의 차를 운전하므로 두 명은 같은 차에 타고 한 명은 혼자 운전해서 갈 것이다.

④ 다른 성별끼리 같은 차량에 타지 않는다는 원칙이 적용되면 여성만 있는 차량에서는 E나 F가 운전을 해야 한다. 그런데 F가 E보다 운전기간이 길고 면허보유기간도 길기 때문에 ㄱ, ㅁ 어느 것을 적용하더라도 F가 운전할 것이다.

풀이 TIP

원칙에 따라 운전자가 결정되기 때문에 선택지의 내용을 먼저 보고 여행자 특성을 비교해야 한다.

ㄱ. B팀도 첫 번째 경기에 장사를 출전시키면 장사와 장사가 팔씨름을 했으므로 무승부로 승점 1점을 얻는다. 첫 경기 이후 왼손잡이가 A팀의 오른손잡이와의 경기로 3점을 얻는다. 나머지 경기에서 오른손잡이 2명은 1번의 무승부와 1번의 패로 인해 1점을 얻는다. 따라서 최대 5점을 받을 수 있다.

ㄷ. B팀이 첫 번째 경기에 오른손잡이를 출전시킨다면, 첫 번째 경기는 패이다. 나머지 경기에서 장사로 A팀의 왼손잡이를, 왼손잡이로 A팀의 오른손잡이를 이기고, 마지막으로 오른손잡이끼리 하여 무승부로 끝나면 최대 7점을 얻을 수 있다.

ㄹ. A팀이 첫 번째 경기에 장사를 출전시키고 두 번째 경기에 왼손잡이를 출전시킨다면 B팀은 첫 번째 경기에 오른손잡이를 출전시키고 두 번째 경기에 장사를 출전시켜 3점을 얻을 수 있고, 나머지 경기에서 4점을 얻을 수 있으므로 총 7점을 얻어 우승을 할 수 있다.

ㄴ. B팀이 첫 번째 경기에 왼손잡이를 출전시키면 A팀 장사에게 지겠지만 B팀의 장사로 A팀의 왼손잡이를 이긴다면 승점 3점을 가져갈 수 있고 나머지 오른손잡이 2명으로 무승부가 2번 나오므로 최대 승점으로 5점을 받을 수 있다.

정답풀이

ㄴ. 3라운드에서 처음으로 A가 제외됐기 때문에 3라운드까지는 15개의 문제가 출제되었다. 이후 라운드부터는 라운드당 4문제가 출제된다. 4라운드에서는 4개의 문제가 출제되었고 B가 제외되었다. 이후 라운드부터는 라운드당 3문제가 출제된다. 5라운드에서 벌칙을 받을 사람이 결정된다고 했으므로 E가 정답을 맞힘으로 경기가 끝나기 때문에 5라운드에서 3개의 문제가 출제되었다. 따라서 총 15＋4＋3＝22개의 문제가 출제되었고 E는 5라운드에서 문제를 맞혔다.

ㄷ. 게임이 종료될 때까지 총 21개의 퀴즈가 출제되었다면 ㄴ의 경우와 비교해봤을 때, A와 B가 제외되고 C, D가 남은 5라운드에서 모두 1문제를 맞히고 E는 기회 없이 끝나는 경우로 볼 수 있다. 따라서 이러한 상황이라면 퀴즈를 푸는 순서가 벌칙을 받을 사람 선정에 영향을 미친 것으로 볼 수 있다.

 오답풀이

ㄱ. 5라운드에서 경기가 끝났다는 것은 5라운드 중에 벌칙을 받을 사람이 결정됐다는 것이다. 그 말은 4명이 2개를 맞혔다고 볼 수 있다. 하지만 벌칙을 받는 사람이 1개를 맞혔는지 1개도 못 맞혔는지는 알 수 없기 때문에 총 맞힌 퀴즈개수가 8개인지 9개인지 확인할 수는 없다.

정답풀이

ㄱ. 본문의 첫 번째 문단에서 연구지원 신청자격은 연구책임자를 포함한 6인 이상, 동일 전공자 비율이 70%를 넘지 않아야 하고 2개 이상 연구분야의 전공자라는 조건이 나와 있다. 그것과 비교해 보면 철학 전공자 2명 물리학 전공자 4명으로 구성된 연구팀이므로 연구지원 신청자격요건을 충족한다고 볼 수 있다.

ㄹ. 2010년부터는 매년 연차평가를 실시하여 계속지원 여부를 결정하므로 2011년 연차평가에서 탈락한 새싹형 사업과제의 연구지원기간은 1년일 수 있다.

ㅁ. 세 번째 문단에서 씨앗형 사업과 새싹형 사업의 선정평가에 대해 설명되어 있는데 1단계 요건 심사, 2단계 전공심사 3단계 종합심사로 구성되었다고 나와 있다.

오답풀이

ㄴ. 두 번째 문단에서는 새싹형 사업과 씨앗형 사업에 대해 서술하고 있다. 두 사업 모두 지원자들이 자유주제를 선정하여 신청하는 상향식 지원방식을 채택하고 있으나 새싹형 사업은 상향식 지원방식 외 지정과제 공모식의 하향식 연구지원 방식도 포함하고 있다. 따라서 지정과제 연구는 새싹형 사업에만 해당한다.

ㄷ. 새싹형 사업은 총 5년까지 기간을 가질 수 있지만, 2009년까지는 기본 3년의 연구수행결과에 대한 1단계 평가를 통해 강제탈락제도를 시행해 왔으므로 1단계에서 탈락했다면 3년까지이다.

풀이 TIP

글의 내용과 〈보기〉의 내용을 비교하는 문제이므로 글의 내용을 정리해놓은 〈보기〉를 먼저 확인한 후 글과 〈보기〉를 비교하며 문제를 푸는 게 시간을 절약할 수 있다.
문단이 바뀐다는 것은 다른 내용이 나온다는 이야기이므로 각 문단의 내용을 정리하면서 문제를 보는 게 중요하다.

42

정답 풀이

글을 요약하면 세계기록유산은 1997년 2개, 2001년 2개, 2007년 2개, 2009년 1개가 지정되었다고 하였다.

따라서 두 번째와 세 번째 조건에 의하여 훈민정음, 직지심체요절은 2009년에 지정되지 않았다.

다섯 번째 조건에서 2002년 월드컵은 승정원일기가 지정된 이후에 개최되었으므로 승정원일기는 2001년 또는 1997년도에 지정되었다고 볼 수 있다. 첫 번째 조건에서 조선왕조실록은 승정원일기와 팔만대장경보다 먼저 지정되었으므로 조선왕조실록이 1997년에 지정되었다고 볼 수 있고 승정원일기가 2001년도에 지정되었다고 볼 수 있다.

구분	1997년(2개)	2001년(2개)	2007년(2개)	2009년(1개)
등록	조선왕조실록	승정원일기		
등록(×)				훈민정음, 직지심체요절

여섯 번째 조건에서 직전의 지정이 있은 때로부터 직지심체요절이 지정되기까지의 시간 간격은 가장 긴 간격이 아니라고 했으므로 직지심체요절은 1997년도에 지정되었다고 볼 수 없고 2001년과 2007년 각각 직전 지정연도와 비교했을 때 지정기간으로 보면 2007년이 더 길기 때문에 2001년도에 직지심체요절이 지정됐다고 볼 수 있다.

남은 조건을 확인해보면 팔만대장경판은 조선왕조실록보다 늦게 지정되었으므로 2007년이나 2009년도에 지정되었을 거라 볼 수 있고, 동의보감은 조선왕조의궤보다 늦게 지정되었으므로 조선왕조의궤, 동의보감 순으로 지정이 되었을 것이다.

구분	1997년(2개)	2001년(2개)	2007년(2개)	2009년(1개)
등록	조선왕조실록 ( )	승정원일기, 직지심체요절	( ) ( )	( )
등록(×)	팔만대장경, 동의보감			훈민정음, 조선왕조의궤

주어진 조건으로만 만들었을 때 위의 표를 만들 수 있고, 새로운 조건을 만들기 위해 보기를 본다면 ②, ③, ④는 위 표에서 확인할 수 있는 내용이지만, ①, ⑤는 위 표에서 알 수 없는 내용이므로 보기의 내용을 넣어서 확인해본다. ①의 조건인 훈민정음이 1997년도에 지정되어야 조선왕조의궤가 2007년도에 지정될 수밖에 없는 경우가 나오므로 ①의 조건이 필요하다고 볼 수 있다.

43

정답 풀이

D가 42,500표를 받았다면 B는 15,000표를 받았다고 할 수 있다. B가 丙의 심사위원에게서 100점을 받는다는 가정 하에 총점을 확인해보면 285점이 된다. 따라서 D가 45,000표를 받더라도 B가 꼭 떨어지는 것은 아니다.

오답 풀이

① 심사위원 점수에서 A는 263점, C는 266점이다. 국민 참여 문자투표 득표수는 각각 25점, 17.5점이므로 A는 288점, C는 283.5점이다. 따라서 C보다 A가 점수가 더 높기 때문에 A가 탈락하지 않을 것이다.

② A, C와의 문자투표 득표수를 확인해 보면 1,000표당 1점을 받는다고 볼 수 있다. 따라서 D가 C보다 1,500표를 더 받는다면 총 19점을 받게 되어 D의 총점은 284점이다. 그러면 C의 283.5점보다 높기 때문에 탈락하지 않을 것이다.

④ B와 D가 국민 참여 문자투표 득표수가 같다면 각각 28.75점을 받는다고 볼 수 있다. 이를 심사위원 점수와 합산하여 비교해보면 A(288점), B(최소 198.75점 /최대 298.75점), C(283.5점), D(293.75점)이므로 변동성이 있는 B를 제외한 A, C, D 중에서 C의 점수가 가장 낮기 때문에 B, C에서 탈락자가 결정된다.

⑤ 심사위원의 점수와 문자투표 점수를 정확하게 알고 있지 않기 때문에 빈칸의 값이 어떻게 변하냐에 따라 공동 탈락자가 생길 수 있다.

풀이 TIP

문제에 빈칸이 많다면 빈칸의 내용을 물어보는 문제들이거나 빈칸을 가정하여 풀어야 하는 문제로 나눠 생각할 수 있다. 이 문제는 점수를 가정해야 하는 문제이므로 변동 가능한 점수인 국민 참여 문자투표 점수를 잘 파악하여 문제를 풀어야 한다.

44

 정답 풀이

(통합방위사태의 선포) 2항에서 확인할 수 있다. 둘 이상의 시·도에 걸쳐 통합방위사태가 발생한 경우 통합방위사태를 선포할 수 있는 사람은 대통령뿐이다.

 오답 풀이

① (통합방위사태의 선포) 3항을 보면 대통령은 제2항에 따른 건의를 받은 때에는 중앙협의회와 국무회의의 심의를 거쳐 통합방위사태를 선포할 수 있다고 되어 있다. 이때 2항은 갑종사태, 둘 이상의 특별시·광역시·도·특별 자치도에 걸쳐 을종사태에 해당하는 상황이 발생하였을 때, 둘 이상의 시·도에 걸쳐 병종사태에 해당하는 상황이 발생하였을 때를 모두 포함하기 때문에 국무회의에서 병종사태를 심의할 수 있다.

② (통합방위사태의 선포) 2항 2호에서 확인할 수 있다. 행정안전부장관은 둘 이상의 시·도에 걸쳐 병종사태에 대항하는 상황이 발생하였을 때만 대통령에게 통합방위사태의 선포를 건의할 수 있다.

③ 을종사태 발생 시에는 지역군사령관이 통합방위작전을 수행한다.

⑤ C광역시 D구와 E구에서 적이 도발을 기도하는 것으로 정보당국에 의해 포착된 상황을 둘 이상의 시·도에서 통합방위사태가 발생한 경우로 오해해선 안 된다. 이 경우는 하나의 광역시에서 을종사태가 발생한 경우이므로 2항에 해당하지 않는다. 이 경우는 4항에 해당하는 것으로 지방경찰청장 또는 지역군사령관이 시·도지사에게 통합방위사태의 선포를 건의하여야 하는 상황이다.

> **풀이 TIP**
>
> 법이나 규칙에 관한 내용은 다루고 있는 지문들의 상위 목록은 포괄적인 부분을 나타내고 하위 목록에서 그에 따른 세부적인 내용을 다루기 때문에 선택지에 맞는 상위 목록을 매치시킨 후 그에 따른 하위 목록과 비교하며 선택지를 보는 게 좋다.

45

 정답 풀이

조건을 확인해 보면

1) 조달청 입찰시스템에 등록되지 않은 업체와는 계약할 수 없다.
   - 사전평가점수 총점이 60점 이상인 업체만을 입찰시스템에 등록
   - 분류배점의 40% 미만이 나올 경우에는 등록이 안 됨

2) 순편익[(청사이전 편익)−(공사비용)]이 가장 높은 업체를 선택

3) 공사 착공일은 3월 1일이며, 같은 해 7월 10일까지 공사가 완공되어야 하므로 공사소요기간이 132일 이내여야 한다.

ㄴ. D업체가 친환경인증으로 품질부문에서 가산점 2점을 얻는다면 총점이 61점이므로 계약을 할 수는 있지만 순편익이 4억 원이므로 E업체보다 순편익이 낮아 계약하지 않을 것이다.

ㄷ. B업체가 공사소요기간이 100일로 가장 짧지만, 수요기관 만족도에서 낙제하였으므로 계약할 수 없다.

ㅁ. 안전성이 上일 경우 2억 원의 청사이전 편익이 추가로 발생한다 하더라도 A업체는 순편익이 4억 원이므로 E업체보다 낮아 계약하지 않을 것이다.

 오답 풀이

ㄱ. C업체는 기한이 맞지 않기 때문에 A업체와 E업체를 비교했을 때 A업체의 순편익은 2억 원이고, E업체의 순편익은 5억 원이므로 甲사무관은 E업체와 계약을 맺을 것이다.

ㄹ. 안전성이 下인 업체를 제외시킨다면 A업체만 남기 때문에 A업체와 계약을 맺을 것이다.

> **풀이 TIP**
>
> 기업낙찰이나 등급을 나누는 문제에서는 낙제점을 받은 기업이 존재하기 때문에 주어진 표나 내용에서 조건을 만족하지 못한 기업을 제외한 후 나머지 부분만으로 계산하는 것이 유리하다.

46

 정답풀이 지역구 국회의원 선거의 선거권자총수는 4,000만 명이므로 여성추천보조금은 40억 원이다. 여기서 50%인 20억 원이 여성추천보조금 총액(이하 '총액')으로 볼 수 있다.

1. 2011년 현재 전국지역구총수는 200개이고, 2011년 지역구국회의원선거에서 여성후보자를 A정당은 50명(25%), B정당은 30명(15%), C정당은 20명(10%)을 추천했다. 따라서 전국지역총수의 30%인 60명을 지원한 정당은 없기 때문에 2호의 방식대로 보조금을 지급한다.

2. A정당과 B정당은 15~30%를 추천하였으므로 총액의 50%인 10억 원을 정당별 국회의석수의 비율만큼 나누어 가져 A정당 5억 원, B정당 4억 원을 가져가고, 나머지 10억 원은 직전 실시한 임기만료에 의한 국회의원선거에서 득표수의 비율만큼 배분하기 때문에 A정당 4억 원, B정당 4억 원을 가져간다.

3. C정당은 5~15%를 추천하였으므로 총액의 30%인 6억 원 중 국회의석수의 비율만큼인 0.6억 원을 가져간다. 나머지 6억 원도 직전 실시한 임기만료에 의한 국회의원선거에서의 득표수 비율만큼 배분하기 때문에 1.2억 원을 가져간다. 따라서 A는 9억 원, B는 8억 원, C는 1억 8천만 원을 가져간다.

47

 정답풀이 발언 내용을 확인해 보면, 甲은 참가국들로부터의 수입 총액이 가장 적다고 했기 때문에 D국이다.
乙은 B국에 대한 경상수지 적자가 다른 나라에 대한 경상 수지 적자보다 크게 발생하고 있다고 했기 때문에 A국이다.
丙은 회의에 참가한 국가 중 고통지수(물가상승률+실업률)가 가장 낮다고 했으므로 C국이다.
따라서 丁은 B국이다.
丁(B국)에서 甲(D국)으로 수출한 수출금액은 60백만 $이고, 甲(D국)에서 丁(B국)으로 수출한 수출금액은 90백만 $이므로 丁(B국)은 甲(D국)과의 무역에서 3천만 $의 적자를 보고 있다.

 오답풀이
① 丙은 C국 대표자가 맞다.
② 甲(D국)의 경상수지는 360－330＝30백만 $이므로 흑자이다.
④ 乙(A국)에서 丁(B국)으로 수출한 수출금액은 80백만 $이고, 丁(B국)에서 乙(A국)으로 수출한 수출금액은 220백만 $이므로 乙(A국)은 丁(B국)과의 무역에서 1.4억 $의 적자를 보고 있다.
⑤ 丁(B국)은 A국 때문인 경상수지 적자가 자신의 나라뿐 아니라 C국, D국에 대해서도 발생하고 있음을 추가적으로 언급할 수 있다.

> **풀이 TIP**
>
> 甲, 乙, 丙, 丁과 A~D국을 매치시키는 문제이기 때문에 쉽게 찾을 수 있는 내용, 계산이 쉬운 내용을 우선적으로 정리해야 한다. 따라서 甲－D, 丙－C를 우선적으로 찾고 나머지 乙과 丁을 A, B와 비교해서 찾아야 한다.

PSAT 언어 150제 | NCS 핵심영역 120제 | NCS 선택영역 60제

제3장 상황판단 50제 **97**

48

 ㄱ. (입학전형의 지원) 제2항을 보면 제1항의 규정과 관계없이 거주지나, 중학교의 소재지와 상관없이 특수목적 고등학교, 특성화 고등학교는 지원이 가능하다고 명시되어 있으므로 A지역에 거주하고, B지역에 위치한 특성화 중학교 졸업 예정인 가영이는 C지역에 위치한 특수목적 고등학교에 지원 가능하다.

ㄷ. 다미는 C지역에 거주하고, C지역에 위치한 중학교를 졸업하였기 때문에 C지역에 위치한 3개의 고등학교에 지원해도 상관이 없다.

ㄹ. 거주지나 중학교 소재지와 상관없이 특수목적 고등학교, 특성화 고등학교는 지원이 가능하다. 특성화 고등학교에서 떨어진 이후에 라진이는 D지역(평준화지역)의 자율형 공립 고등학교(후기 고등학교)에 가려는 것이므로 해당 지역의 교육감에게 입학의사를 밝힌다면 진학 가능하다.

 ㄴ. 나희는 D지역에 위치한 자율형 사립 고등학교(전기 고등학교)에 지원하기 위해서는 D지역에 살고 있거나 졸업한 혹은 졸업 예정인 중학교가 D지역에 위치해 있어야 가능하다. 하지만 나희는 해당하는 부분이 없으므로 D지역에 위치한 자율형 사립 고등학교에 지원 가능하지 않다.

49

정답 ②

 ㄱ. 본문에서 한 평면 위의 두 직선이 서로 만나지 않을 때, 두 직선은 평행하다고 하였기 때문에 평면 γ가 각각 평면 α, β와 만날 때 생기는 두 교선은 평면 γ 위에 있고 만나지 않기 때문에 평행하다고 할 수 있다.

ㄷ. 두 직선 x, y가 평행할 때, y를 포함하고 x를 포함하지 않는 평면 α가 존재한다고 하였으므로 평면 α와 직선 x는 만나지 않는다. 따라서 본문에 정의 '직선 DC가 평면 ABFE에 포함되지 않을 때 직선이 평면과 만나지 않는 경우 평면과 직선은 평행하다.'를 따라 평면 α와 직선 x는 평행하다고 할 수 있다.

 ㄴ. 직선 x와 평면 α가 평행할 때, x를 포함하는 평면 β와 평면 α의 교선 y는 직선 x와 만나지 않고 평면 β에 같이 위치해 있기 때문에 평행하다고 할 수 있다.

ㄹ. 세 직선 x, y, z가 동일 평면에 있지 않을 때, x와 y가 평행하고, y와 z가 평행하다면 x와 z도 평행하다.

50

정답 ①

 ㄱ. 중재란 분쟁에 대한 판단을 분쟁당사자의 합의에 의해 중재인에게 맡기고 그의 판단(중재판정)에 의해 분쟁을 해결하는 제도이기 때문에 甲이 중재를 이용하기 위해서는 乙과의 합의가 있어야 한다.

ㄴ. 제소 전 화해는 민사분쟁의 당사자 한 쪽이 지방법원(또는 시·군법원)에 화해신청을 하여 단독판사 주재 하에 행하는 것이고, 조정은 법관이나 조정위원회(판사와 민간인 조정위원 2인으로 구성됨)가 민사분쟁의 당사자 사이에 개입하여 화해로 이끄는 절차이기 때문에 조정위원회의 개입 여부에 대한 차이가 있다.

오답풀이 ㄷ. 독촉절차는 금전(金錢)을 지급받을 것을 목적으로 하는 청구와 관련된 제도이므로 임대차계약기간으로 인한 문제에서는 독촉절차를 신청할 수 없다.

ㄹ. 분쟁을 풀기 위한 방법 중 화해는 법관이 절차를 모두 진행하지만, 중재는 중재인이, 조정은 법관이나 조정위원회(판사와 민간인 조정위원 2인으로 구성됨)가 개입하여 절차를 진행한다.

ㅁ. 甲이 2009년 5월 1일 조정을 신청하였지만, 그 조정이 성립되지 않아 2009년 8월 10일 조정절차가 종료되었다. 이 경우 甲과 乙 사이에서는 조정을 신청한 2009년 5월 1일에 민사소송이 제기된 것으로 본다.

> **풀이 TIP**
>
> ㄱ은 중재, ㄴ은 화해와 조정, ㄷ은 독촉절차, ㄹ은 화해, 조정, 중재, ㅁ은 조정에 관한 내용이므로 ㄱ, ㄷ, ㅁ 보기를 우선적으로 확인하는 게 바람직하다.

01 의사소통능력 40제

01	③	02	①	03	③	04	②	05	⑤	06	④	07	④	08	②	09	⑤	10	④
11	⑤	12	②	13	①	14	③	15	②	16	④	17	③	18	⑤	19	⑤	20	②
21	④	22	①	23	③	24	④	25	④	26	③	27	②	28	②	29	⑤	30	④
31	⑤	32	②	33	①	34	③	35	③	36	③	37	③	38	⑤	39	④	40	④

01 정답 ③

 정답풀이 이 글은 1문단에서 상업광고를 규제하게 된 배경에 대해서 언급하고, 2문단과 3문단에서는 각각 광고로 인한 피해 책임을 누가 지느냐에 따라 구분되는 책임 부담 원칙에 대해 설명하고 있다. 4문단에서는 광고를 규제하는 주체에 따라 유형을 구분하고 있다. 따라서 ③이 가장 올바르다.

02 정답 ①

 정답풀이 마지막 문단은 오늘날 행해지고 있는 여러 광고의 규제에 관해 그 종류를 나눈 다음 법적 규제에 관한 내용을 제시하고 있다. 본문에 제시된 법적 규제의 의미에 이어서 자율 규제나 소비자 규제의 의미와 함께 그 효과가 나오는 것이 자연스럽기 때문에 ①의 내용이 이어지는 것이 가장 적절하다.

 오답풀이 ④ 2문단에 광고로 인한 피해를 책임질 당사자로서 누구를 상정할 것인가 하는 문제가 생겼다고 하며, 소비자 책임 부담 원칙이 제시되고 있고, 3문단에는 기업 책임 부담 원칙이 등장한 배경과 내용이 제시되고 있기 때문에 적절하지 않다.
⑤ 1문단에 기업과 소비자의 이익이 상충되는 경우가 발생할 때 광고의 폐해를 예방하고 광고로 인해 피해를 받는 경우가 생기지 않도록 다양한 규제 방식이 모색되었다고 제시되어 있기 때문에 적절하지 않다.

03 정답 ③

 정답풀이 제시문의 상정(想定)은 '어떤 정황을 가정적으로 생각하여 단정함.'이라는 의미이다. 그러나 ③의 상정(上程)은 '토의할 안건을 회의에 내어놓음'이라는 의미로 활용된 것으로 올바르지 않다.

오답풀이 ① 요긴(要緊)은 '꼭 필요하고 중요하다.'는 의미로 ⓐ는 적절한 활용이다.
② 상충(相衝)은 '맞지 아니하고 서로 어긋남'이라는 의미로 ⓑ는 적절한 활용이다.
④ 부상(浮上)은 '크게 사람들의 주목을 받거나 더 높은 자리로 올라섬'의 의미로 ⓓ는 적절한 활용이다.
⑤ 당위(當爲)는 '마땅히 해야 하거나 되어야 할 것'의 의미로 ⓔ는 적절한 활용이다.

04

 정답 풀이 2문단의 세 번째 문장에서 '학술적으로 이용되는 기술이나 인간의 정신 작용과 같은 추상적 관념 등은 산업적 이용 가능성을 충족시키지 못하기 때문에 특허로 인정받을 수 없다.'라고 하였으므로 이는 적절하지 않은 내용이다.

 오답 풀이 ① 2문단의 마지막 부분 '수술이나 진단을 위한 도구, 장비 등에 대해서는 특허권을 인정하고 있다.'에서 확인할 수 있다.

③ 2문단의 세 번째 문장 '학술적으로 이용되는 기술이나 인간의 정신 작용과 같은 추상적 관념 등은 산업적 이용 가능성을 충족시키지 못하기 때문에 특허로 인정받을 수 없다.'에서 확인할 수 있다.

④ 5문단에 특허로 등록되기 위해 가장 중요한 요건은 '진보성'이라고 하였다. '진보성이란 그 분야의 선행 기술보다 목적이 특이한 것'이라고 한 것을 통해 적절함을 알 수 있다.

⑤ 4문단의 세 번째 문장 '해당 기술 분야에서 통상의 지식을 보유한 사람이라면 능히 만들어낼 수 있는 기술은 진보성이 없다고 판단한다.'에서 확인할 수 있다.

05

 정답 풀이 3문단에 의하면, 특허권을 인정받기 위해서는 '신규성'을 갖추어야 한다. 즉, 특정 발명은 그 이전의 공지기술과 동일성이 없어야 하는 것이다. ⑤의 경우 육각기둥 연필은 이전에 나온 팔각기둥 연필과 본질적인 기술이 동일하되 좀 더 보완된 기술이므로 특허 출원이 기각될 가능성이 높다.

 오답 풀이 ① · ② · ③ 마지막 문단에 의하면 '진보성이란 그 분야의 선행 기술보다 목적이 특이하고, 효과가 현저히 나타나는지'를 기준으로 하고 있다. 〈보기〉에서는 원기둥 연필이 쉽게 굴러 떨어지는 문제점을 해결하고자 하는 목적으로 발명한 팔각기둥 연필에 특허권을 허하였다. 이후에 등장한 육각기둥 연필의 경우 굴러 떨어지는 문제점을 해결하기 위해서 다각형의 수를 줄여 안정성을 갖추었다. 이에 관하여 구름 방지에 관한 효과성을 인정한다면 진보성을 인정받아 특허를 받지만 기존에 팔각기둥 연필과 목적상 큰 차이가 없다고 본다면 진보성이 떨어지기 때문에 특허를 인정할 수 없게 된다. 따라서 진보성의 기준을 어디에 더 둘 것인지에 따라 특허에 논란이 있을 수 있다.

06

 정답 풀이 '구슬이 서 말이라도 꿰어야 보배'는 아무리 좋은 것이라도 쓸모 있게 만들어 놓아야 값어치가 있다는 뜻으로 특허 등록의 중요성을 부각시키는 데 적절한 표현이다.

 오답 풀이 ① '등잔 밑이 어둡다'는 가까이에 있는 것을 도리어 알아보지 못한다는 뜻이다.

② '쇠귀에 경 읽기'는 미련해서 아무리 가르치고 일러주어도 깨닫지 못한다는 뜻이다.

③ '천 리 길도 한 걸음부터'는 아무리 큰일이라도 작은 일부터 시작된다는 말로, 그 일의 시작이 중요하다는 뜻이다.

⑤ '돌도 십 년을 보고 있으면 구멍이 뚫린다'는 무슨 일에나 정성을 들여 애써하면 안 되는 것이 없음을 비유적으로 이르는 말이다.

07

 정답 풀이 (나)는 민법 제750조를 들어 불법 행위에 따른 손해 배상의 요건들을 정하고 있다. 이 요건들이 모두 충족되어야 법률 효과인 손해 배상 책임이 발생한다는 것이다. 이후 (가)에서는 '이런 요건'이라는 말로 앞서 제시된 요건들을 연결한다. 이들 가운데 특히 입증이 어려운 것을 '인과 관계'라고 하며 (라)에서 설명하고 있고, 그 예시로 공해 사건을 제시한다. 이에 대한 구체적인 설명을 (다)에서 하고 있으므로 올바르게 배열한 것은 ④가 된다.

08

 제시문은 소송에서 불법 행위에 따른 손해 배상 책임의 성립 요건을 밝히고 그에 대한 입증의 책임이 원고에게 있음을 설명하고 있다. 따라서 적절한 것은 ②이다.

 ③ 본문에서 공해 사건의 인과 관계는 입증이 어렵다고 언급하고 있기는 하지만 이는 사례를 제시한 것으로 글 전체의 중심 내용으로 보기는 어렵다.

09

 누구나 알기 쉽도록 줄임말은 사용하지 않는 것이 올바르다. 단, 기관명의 경우 준말을 사용할 때에는 원래의 온전한 용어를 기재한 뒤 괄호 안에 '이하 ○○○'과 같은 형태로 준말을 기재해 사용해야 한다. 예 지자체(×), 지방자치단체(이하 지자체)(○)

10

 석진의 마지막 말에 '공유경제'에 관한 언급이 있으므로 블록체인의 보안성을 바탕으로 실생활에 이용할 수 있는 공유경제에 관한 개념이 사례로 제시되어야 한다. 숙박공유에 블록체인을 적용하면 중개자에 속하는 숙박임대중개업체를 거치지 않고 개인 간 직접 거래로 재화를 공유하고 대여할 수 있으며, 수수료를 절감하고 분산형 시스템을 적용해 보안 또한 강화할 수 있다. 따라서 올바른 것은 ④이다.

 ①·②·⑤ 블록체인 기술이 다양한 서비스에 적용된 사례이기는 하지만 이어지는 석진이의 말이 블록체인이 실생활에 도입되었을 때, 공유경제가 가진 한계점을 보완한다는 내용임을 고려했을 때 적절하지 않은 내용이다.
③ 암호 화폐가 활성화되면 생길 수 있는 부작용에 대한 설명으로 블록체인 기술이 실생활에 적용되었을 때 얻을 수 있는 장점과는 관련이 없다.

11

 기안문 본문의 시작을 제목의 첫 글자와 같은 위치에서 시작하는 경우 시작점을 찾기가 어렵고 불필요한 여백으로 낭비 요인이 되기 때문에 왼쪽 처음부터 시작하도록 개선되었다.

12

 기록(記錄)은 주로 '후일에 남길 목적으로 어떤 사실을 적는 것'으로 문맥상 적절하지 않다. 응답자들은 설문조사에 관해 단순하게 메모하며 써넣는 것에 해당하기 때문에 기입(記入)이 적절하다. 기재(記載)는 '서류나 문서에 기록하여 올림'의 의미이므로 적절하지 않은 단어이다.

13

㉠ 공표(公表)는 '개인이나 단체가 불특정 다수에게 널리 알리는 것'을 의미하고, 공개 자체가 목적이며 법적 효력을 갖지는 않는다. 공포(公布)는 '이미 확정된 법률, 조약, 명령 따위를 일반 국민에게 널리 알리는 일'을 의미하는 법률적 용어이다. 문맥상 법적 효력을 가질 수 있는 공식적인 절차를 의미하기 때문에 공포(公布)로 수정하는 것이 적절하다.

㉣ '개정안'은 국토교통부가 헤아려 갖춰야하는 것이므로 '마련되고'의 피동 표현이 아니라 '마련하고'로 쓰는 것이 적절하며 이런 경우 '개정안이'는 '개정안을'로 고쳐 대상이 되는 것이 문맥상 자연스럽다. 따라서 '개정안을 마련하고'로 수정하는 것이 적절하다.

㉡ 국토교통부에 의해 해당 법률 개정이 이루어진 것이므로 피동 표현을 사용하여 '개정됨'이라고 쓰는 것이 적절하다.

㉢ 위임(委任)은 '당사자 중 한쪽이 상대편에게 사무 처리를 맡기고 상대편은 이를 승낙함으로써 성립하는 계약'을 의미하므로 문맥상 적절하게 사용되었다.

㉤ 규정(規定)은 법률적으로 '양이나 범위 따위를 제한하여 정함'의 의미를 갖는 단어로 문맥상 적절하게 사용되었다.

14

3문단에 '기초과학에 대한 지원예산에 대한 체계적인 통계가 없는 관계로 기초연구 지원예산과 사업을 중심으로 살펴본다.'고 하였으므로 이는 적절하지 않은 설명이다.

① 1문단 첫 번째 문장과 두 번째 문장을 통해서 일치함을 알 수 있다.

② 2문단 세 번째 문장 '하지만 우리나라에서 기초과학에 대한 본격적인 정부 지원이 이루어진 것은 1990년대부터이다.'를 통해 일치함을 알 수 있다.

④ 4문단 마지막 문장에 '부처를 뛰어넘어 유사사업 또는 연관사업은 조정하여 사업의 수를 조정하고 체계화하는 것이 바람직하다.'를 통해 일치함을 알 수 있다.

⑤ 6문단 첫 번째 문장에 의하면 기초과학 지원사업은 장기간에 걸쳐 지속되어야 하나 일정기간 지원되던 사업이 종료되고 나면 연구 활동이 원활히 이루어지지 못한다고 하였다. 이에 대해 다음 문장에서 '지원 종료 사업에 대한 추가 지원 등의 방안도 검토되어야 할 것이다.'라고 한 것으로 보아 적절한 내용이다.

15

기초과학에 대한 연구비 지원이 주어로 불필요하게 피동표현이 사용된 것이 아니므로 수정하지 않는 것이 적절하다.

16

반환수수료에서 확인해 보면, 열차 출발 후에는 역에서 반환한다고 표시되어 있으므로 인터넷으로는 반환할 수 없다는 사실을 확인할 수 있다.

① 결제기간 내에 미결제 시 자동 취소됨을 확인할 수 있다.

② 부산은 경부선이므로 12/24일, 춘천은 경춘선이므로 12/25일이 예매일이다.

③ 출발 1일 전은 5%의 반환수수료가 있으므로 반환금액은 126,000×0.95=119,700원이다.

⑤ 기타 안내사항 두 번째 항목에서 확인 가능한 내용이다.

정답 풀이 1문단의 마지막 부분에서 '한국에서 거래되는 가상화폐는 국제 시세보다 30 ~ 50% 비싼 김치 프리미엄인 상태'라고 하였으므로 올바르지 않다.

오답 풀이
① 2문단의 네 번째 문장 '게다가 가상화폐 거래소는 ~'에서 확인할 수 있다.
② 1문단 첫 부분에서 박상기 법무부 장관의 기자간담회 내용 '가상화폐 거래가 ~'에서 확인할 수 있다.
④ 2문단의 첫 번째 문장 '현재 가상화폐 거래소는 ~'과 두 번째 문장 '지난 2년 새 100여 개의 ~'에서 확인할 수 있다.
⑤ 2문단의 마지막 문장 '지난해 6월 빗썸에서는 회원 3만 6,000여 명의 개인정보가 유출됐고, 지난해 말 유빗은 해킹으로 170억 원대의 손실을 입고 파산을 선언했다.'에서 확인할 수 있다.

18

정답 ⑤

정답 풀이
B과장 : 3문단의 첫 부분에 보면, '부정수급 환수금액은 587억 원에 달한다.'고 되어 있다.
D사원 : 3문단의 마지막 부분 '또한 전국 어디서나 ~ '정부대표 민원전화 110' 또는 '부패공익신고전화 1398'으로 되어 있으므로 잘못된 내용이다.

오답 풀이
A사원 : 2문단의 두 번째 문장 '부패방지권익위법 개정('17. 4. 18.) 이후부터 ~'라고 되어 있다.
C부장 : 3문단의 ⑦번 항목에서 확인 가능한 내용이다.
E주임 : 마지막 문장 '~ 신변보호와 함께 최대 30억 원의 보상금 또는 최대 2억 원의 포상금을 받을 수 있다.'고 되어 있다.

19

정답 ⑤

정답 풀이 초끈 이론의 기본 개념은 '모든 물질이 진동하는 끈으로 이루어져 있다.'는 것이며, 이는 입자들 사이의 4가지 힘에도 그대로 적용된다고 하였다. 그러므로 초끈 이론은 물질과 힘을 하나의 원리로 설명하려는 이론으로 볼 수 있다.

오답 풀이
① 3문단의 마지막 문장을 보면, 입자들 사이의 힘은 4가지만 설명하고 있다.
② 그리스인은 모든 물질이 '원자'라는 최소 단위의 구성 원소로 이루어져 있다는 물질관을 가지고 있었지만 이후 과학자들이 발견한 입자들의 존재를 예상하진 못했다.
③ 초끈 이론은 어디까지나 이론이며, 이것을 통해 우주 생성의 비밀을 밝혔다는 내용은 없다.
④ 4문단의 세 번째 문장에서 '끈이 진동하는 방식에 따라 겉으로 나타나는 형태가 달라진다.'고 했다. '형태에 따라 힘의 성질이 달라진다.'는 추론할 수 없는 내용이다.

20

정답 ②

정답 풀이 3문단에서 보면, '수소 폭탄 우주선은 최대 광속의 3% 속도로 날 수 있고, ~'로 되어 있으므로 잘못된 내용이다.

오답 풀이
① 4문단의 중간 부분을 보면, 현재의 우주 왕복선 엔진은 비추력이 약 450초, 핵 열로켓은 900초 이상이므로 약 2배 이상이라고 할 수 있다.
③ 2문단의 두 번째 문장 '1950년대 말 미국 프린스턴 연구소의 프리맨 다이슨을 포함한 일단의 과학자들은 ~ 원자탄을 사용할 수 있을 것이라고 제안하였다.'에서 확인 가능하다.
④ 1문단의 세 번째 문장 '하지만 우주선은 광속에 접근함에 따라 질량이 늘어나게 되어 추진력을 증가시켜도 별로 가속되지 않는다.'에서 확인 가능하다.
⑤ 5문단의 첫 번째 문장 '최근 들어 다시 핵 열추진에 주목하는 것은 핵폭탄을 이용하는 기술만큼 실현 가능성이 높은 미래의 추진 기술이 없기 때문이다.'에서 확인 가능하다.

21

 정답풀이 [직장가입자의 경우] Q1, Q3을 보면 월급 800만 원 이상(세전 소득)인 사람은 건강보험료가 약 14만 원 인상되므로 B씨는 앞으로 약 56만 원을 내게 된다.

 오답풀이
① [지역가입자의 경우] Q2에서 확인할 수 있다.
② [지역가입자의 경우] Q1을 보면, 시가 3억 원 이하의 자가 주택에 사는 사람은 앞으로 재산 보험료가 면제된다고 나와 있으므로 맞는 내용이다.
③ [지역가입자의 경우] Q3 마지막 부분에서 확인할 수 있다.
⑤ [지역가입자의 경우] Q3 첫 부분에서 확인할 수 있다.

22

 정답풀이
Ⓑ 6문단의 첫 번째 문장 '~ 사업에도 216억 원을 투입했다.'와 두 번째 문장 '평창으로 향하는 주요 관문 톨게이트 6곳 ~'에서 확인할 수 있다.
Ⓔ 4문단의 두 번째 문장 '노후화된 도로의 콘크리트 포장을 승차감이 우수한 아스팔트로 다시 포장하는 한편, 중앙분리대·가드레일·방음벽 등 안전시설을 개량하고 ~'에서 확인할 수 있다.

 오답풀이
Ⓐ 1문단을 보면, 한국도로공사는 조직위원회에 약 50억 원을 지원하면서, 39억 원은 현금으로, 11억 원은 대회 행사차량의 고속도로 통행료를 면제하는 방법으로 이루어진다는 것을 확인할 수 있다.
Ⓒ 3문단을 보면, 평창 가는 길을 더 안전하고 쾌적하게 만드는 사업에 5,109억 원을 투입했으며, 그 중 고속도로 전면 개량에 4,638억 원, 교통관리시설 개선에 133억 원을 투입하여 고속도로 전면 개량에 가장 많은 돈을 투입했다는 것을 확인할 수 있다.
Ⓓ 7문단을 보면, 외국인들을 위한 메뉴 개발이나 전용 메뉴판 설치에 대한 내용은 있으나 특별 가격 할인 행사는 나타나 있지 않다.

23

 정답풀이 2007 ~ 2017년 주택연금 가입자 수를 보면, 2017년 현재 주택연금 누적 가입자는 49,815명이고 2007년은 515명으로 표시되어 있으므로 49,300명 늘어난 것이다.

 오답풀이
① 3문단의 첫 부분에서 확인할 수 있다.
② 1문단의 마지막 문장 '공사는 5만 번째 가입자인 김 씨 부부를 초청하여 ~'에서 확인할 수 있다.
④ 1문단의 네 번째 문장 '사망 시 재산이 남으면 상속이 가능하다는 ~' 부분에서 추측할 수 있는 내용이다.
⑤ 4문단에서 확인할 수 있다.

24

 정답풀이 2문단의 첫 번째 문장 '2010년 말 기준으로 풍력발전을 통해 총 141.5GW의 전력이 생산되었다.'에서 확인할 수 있다.

 오답풀이
① '다리우스형'에 대한 설명이므로 잘못된 내용이다.
② '헬리컬형'에 대한 설명이므로 잘못된 내용이다.
③ 2문단 마지막 문장을 보면, '2010년 10월 기준으로 총 70개 국가에서 ~'라고 표시되어 있다. 또한, 2010년 기준으로 스웨덴 21%, 영국과 프랑스 각 14%, 독일과 뉴질랜드 각 10%의 전력을 풍력발전을 이용해 생산하고 있다고 설명되어 있다.
⑤ 마지막 문단의 세 번째 문장을 보면, '2050년에는 세계에서 생산되는 에너지의 43%를 담당할 것으로 전망된다.'라고 되어 있으므로 잘못된 내용이다.

정 과장 : 〈Q : 물 사랑 공모전은 언제 개최되며, 응모자격에 제한이 있나요?〉 항목을 보면, 물 사랑 공모전은 누구나 참여할 수는 있으나 문예 부문은 자격제한이 있다고 되어 있다.

이 주임 : 〈Q : 명의변경 신청 시 매도자, 매수자 본인이 반드시 직접 내방해야 합니까?〉 항목을 보면, '본인이 직접 매도의사를 표시하여야 하며, ~ 본인이 직접 발급받은 매도용 인감증명서와 ~'로 되어 있으므로 잘못된 내용이다.

 윤 주임 : 〈Q : 수질에 따른 차등 요금을 부과하는 제도는 없나요?〉 항목의 1문단 마지막 부분 '대안적 정책방안으로 수질이 3급수 이하(BOD 3ppm 초과)인 경우에 지원하는 수질 차등 지원제를 2004년 1월 1일부터 시행하고 있습니다.'에서 확인 가능하다.

강 과장 : 〈Q : 수질에 따른 차등 요금을 부과하는 제도는 없나요?〉 항목의 2문단 '수질을 판정하는 기준에는 BOD, COD, 탁도 등 여러 가지 요소가 있으나 법상 수질환경기준 항목 중 수질을 대표할 수 있는 객관적인 항목으로 BOD를 측정기준으로 삼은 ~'에서 확인 가능하다.

송 부장 : 〈Q : 광역상수도와 지방상수도 물값이 차이가 많이 나는 이유는 무엇인가요?〉의 마지막 부분에 나와 있다.

26 정답 ③

 특색 있는 테마 '서울 – 잠실'에서 '몸 튼튼! 마음 튼튼! 행복한 100세 인생'이라는 테마로 공단 사진동호회의 재능기부를 통해 '프로필 사진 촬영' 프로그램 운영이 있음을 알 수 있다.

 ① 첫 항목의 각주에 따로 정리되어 있는 내용이다.
② 특색 있는 테마 여섯 번째 항목 '(광주) '국민연금 노후 樂 페스티벌'이라는 테마로 ~'에서 확인 가능하다.
④ 2문단의 '~ 9월 7일 수원을 시작으로 ~ 총7회 진행되며'에서 확인 가능하다.
⑤ 특색 있는 테마 마지막 항목 '(대구) '어제보다 더 나은 내일, 당신의 오늘을 응원합니다.'라는 테마로 ~'에서 확인 가능하다.

27 정답 ②

 4문단의 첫 부분을 보면, 유클리드 기하학은 수학적 이해를 거부하는 것이 아니라 자연 현상 중 정수 차원의 기하학만을 대상으로 한정하는 것이다.

① 4문단의 첫 문장을 보면, 기존의 유클리드 기하학은 정수 차원을 가진 형태만 의미가 있다고 보았다.
③ 4문단의 중간 부분 '즉 삼라만상이 ~ 알 수 있다는 것이다.'에서 확인 가능한 내용이다.
④ 2문단 '특히 프랙탈 기하학을 컴퓨터 그래픽 분야에 도입하면 ~'을 보면 프랙탈 기하학을 다른 학문 분야에도 적용할 수 있다는 것을 추측할 수 있다.
⑤ 1문단의 두 번째 문장 '점・선・면과 같은 종래 유클리드 기하학의 언어로는 ~'에서 확인 가능한 내용이다.

28 정답 ②

 Ⓐ 마지막 문단을 보면, 덕평휴게소에는 반려견 놀이터(달려라 코코), 덕평 숲길, 쇼핑몰, 야외정원 등의 편의시설이 갖춰져 있다는 것을 알 수 있다.

 Ⓑ 3문단의 첫 문장을 보면, 플라워가든의 면적에 대한 내용은 나와 있지 않다.
Ⓒ 4문단과 5문단을 보면, 16명이 탑승할 수 있는 것은 에어로바에 대한 설명이고, 'A씨 가족 3명이 야간에 입장하려면 36,000원을 내야 이용이 가능하다.'는 별빛정원 우주와 관련된 내용임을 확인 가능하다.
Ⓓ 5문단의 첫 부분을 보면, 별빛정원 우주의 운영시간은 오전 11시부터 오후 11시까지임을 확인 가능하다.
Ⓔ 3문단의 첫 부분을 보면, 음악에 따라 빛이 움직이는 라이팅쇼가 펼쳐지는 곳은 별빛오케스트라임을 확인 가능하다.

29

 정답 풀이 4문단의 첫 부분에서 '문화의 접촉 변용' 두 가지 조건, 즉 지역적, 기후적 조건을 언급했고, 이어서 다양한 절충 방법을 소개하고 있으므로 ⑤가 정답이다.

30

 정답 풀이 $3.3m^2$당 평균 임대보증금은 360천 원, 월임대료는 27천 원이므로, $(360,000 \times 2) + (27,000 \times 2 \times 3) = 882,000$원이 필요하다.

오답 풀이
① 2문단의 첫 번째 문장 '금번에 공급되는 아파트형 공장시설은 전용면적 $67m^2 \sim 180m^2$ 규모 총 221개 호실이다.'에서 확인할 수 있다.
② 마지막 부분 표를 보면 신청서 접수일이 2월 1일 ~ 2월 9일까지이므로 접수기간은 총 9일이다.
③ 마지막 부분 표에서 모집 공고일이 1월 17일이고 계약 체결일이 2월 26일 ~ 3월 12일이므로 약 41 ~ 55일이 된다.
⑤ 5문단의 첫 번째 문장 '모집 대상은 창업 3 ~ 7년차 수도권 소재기업 ~'에서 확인 가능하다.

31

 정답 풀이 철도안전법 제11조 제5호에 따르면 운전면허가 취소된 날부터 2년이 지나지 않았다면 운전면허를 받을 수 없다. 지난해 운전면허가 취소된 E의 경우 아직 2년이 지나지 않았으므로 현재 철도차량 운전면허를 취득할 수 없다.

 오답 풀이
① A의 경우 현재 고등학교에 재학 중이나, 나이는 19세 이상이므로 철도안전법 제11조 제1호에 해당하지 않는다.
② 철도안전법 제11조 제2호와 철도안전법 시행령 제12조 제1항에 따르면 해당 분야 전문의가 운전을 할 수 없다고 인정하는 정신질환자의 경우만 운전면허를 받을 수 없으므로 B는 이에 해당하지 않는다.
③ C는 왼쪽 눈의 시력은 상실하였지만, 두 눈의 시력을 완전히 상실한 것이 아니므로 철도안전법 제11조 제4호에 해당하지 않는다.
④ 철도안전법 시행령 제12조 제2항 제○호에 따르면 엄지손가락을 제외한 3개 이상의 손가락을 잃은 사람의 경우 운전면허를 받을 수 없다. 그러나 D는 현재 두 번째 손가락과 네 번째 손가락, 총 2개의 손가락을 잃었으므로 이 조건에 해당하지 않는다.

32

 정답 풀이 제20조 제1항 제1호에 따르면 운전면허 취득자가 부정한 방법으로 운전면허를 받은 경우 국토교통부장관은 해당 운전면허 취득자의 운전면허를 취소해야 한다.

33

 정답 풀이 포괄수가제는 안과, 이비인후과, 외과, 산부인과 4개 진료과의 백내장 수술(수정체 수술), 편도 수술 및 아데노이드 수술, 항문 수술(치질 등), 탈장 수술(서혜 및 대퇴부), 맹장 수술(충수 절제술), 제왕절개 분만, 자궁 및 자궁 부속기관(난소, 난관 등) 수술(악성종양 제외) 7개 질병군을 대상으로 한다.

② 질병에 따라 미리 정해진 금액을 내는 포괄수가제가 시행됨에 따라 병원비를 미리 가늠할 수 있어 계산도 간편해졌다.

③ 7개 질병군으로 입원한 환자의 수술과 관련된 진료뿐 아니라 수술로 인한 합병증과 환자가 입원 당시 같이 앓고 있던 질병의 치료까지 포함하여 포괄수가 적용된다.

④ 본인 희망의 건강검진 등 예방 진료는 포괄수가 항목에서 제외된다.

⑤ 병원의 진료비 청구와 계산 방법이 간소화됨에 따라 건강보험 진료비 지급이 빨라졌다.

34

정답 ③

 탈장 수술은 포괄수가제가 적용되는 질병군이며, 예외 요건에 해당되지 않으므로 환자는 진료비의 20%만 부담하면 된다.

 ① 응급진료를 위하여 앰뷸런스를 이용하면서 받은 응급의료 이송 처치료이므로 환자가 전부 부담해야 한다.

② 전문의 선택 진료료이므로 환자가 전부 부담해야 한다.

④ 상급 병실료 차액이므로 환자가 전부 부담해야 한다.

⑤ 단순 피로 등 일상생활에 지장이 없는 질환이므로 환자가 전부 부담해야 한다.

35

정답 ③

 손가락에 있는 센서들은 물건이 미끄러지는 것을 감지하면 스스로 손가락의 힘을 더 높일 수 있다고 하였다. 따라서 힘을 빼는 것은 적절하지 않다.

36

정답 ③

 빈칸 앞의 내용을 보면 보편적으로 사용되는 관절 로봇은 손가락의 정확한 배치와 시각 센서 등을 필요로 한다. 그러나 빈칸 뒤에서는 H의 경우 손가락이 물건에 닿을 때까지 다가가 촉각 센서를 통해 물건의 위치를 파악한 뒤 손가락 위치를 조정한다고 하였다. 즉, H의 손가락은 관절 로봇의 손가락과 달리 정확한 위치 지정을 필요로 하지 않는다. 따라서 빈칸에 들어갈 내용으로 ③이 가장 적절하다.

① 물건을 쥐기 위한 고가의 센서 기기 및 시각센서를 필요로 하는 관절 로봇과 달리 H는 손가락의 촉각 센서로 손가락 힘을 조절하여 사물을 쥔다.

② H의 손가락은 공기압을 통해 손가락을 구부리지만, 기존 관절보다 쉽게 구부러지는지는 알 수 없다.

④ · ⑤ 물건과의 거리와 물건의 무게는 H의 손가락 촉각 센서와 관계가 없다.

37

정답 ③

 [발급 신청단계] 항목에서 "훈련수강 신청(훈련기관)"이라고 쓰여 있으므로 신청은 훈련받을 기관에 가서 신청함을 알 수 있다.

① 금액적인 지원 부분에 대한 상세 내용은 적혀있지 않다.

② [대상] 항목의 첫 번째 문장 '구직신청을 한 만 15세 이상의 실업자'에서 확인할 수 있다.

④ [대상] 항목의 다섯 번째 문장 '비진학 예정의 고교 3학년 재학생(소속학교장의 인정 필요)'에서 학년의 제한을 확인할 수 있다.

⑤ [1차 기초상담] 항목의 첫 번째 문장에서 '거주지 관할 고용센터 방문'이라고 되어 있기 때문에 거주지인 사당 관할 고용센터를 방문하면 된다.

38

[제출 서류] 항목에 보면 필수 2개, 선택 4개이다. 필수 외에 2차 상담에서 필요한 서류를 보면 신분증, 동영상 시청 확인증 (출력), 본인명의 통장 3가지 서류가 추가로 총 5개가 필요하다.

여기에 선택은 4개가 있지만 A씨는 취업을 목적이기 때문에 '자영업 활동 내역서(창업 목적용)'는 필요하지 않으므로 선택은 최대 3개가 될 수 있다.

또한 2차 상담이 진행되는 동안 직업심리검사를 받아야 한다고 한다면 이를 증빙할 서류 1개가 더 필요하기 때문에 최종적으로 최대 제출 서류는 5+3+1=9개가 된다.

① [1차 기초상담] 항목의 세 번째 문장 '기초상담을 받지 않고 본인이 필요한 서류를 지참하여 2차 상담을 곧바로 할 수 ~'에서 확인 가능하다.

② [2차 심층 상담 시 필요한 구비서류 및 요건] 항목의 두 번째 'HRD-Net 개인회원 가입 후 훈련안내 동영상 시청'에서 확인 가능하다.

③ [2차 심층 상담 시 필요한 구비서류 및 요건] 항목에서 2차 상담 전에 받아야 할 강좌는 '훈련안내 동영상'임이 확인 가능하다.

④ [2차 심층 상담 시 필요한 구비서류 및 요건] 항목의 네 번째 구비서류에서 서류 5개 (신분증, 개인정보 수집이용 동의서, 내일배움카드발급신청서, 동영상 시청 확인증), 본인명의 통장과 2차 상담에서 직업심리검사를 받아야 한다면 이를 증빙할 서류 1개까지 총 6개이다.

39

일방적으로 자신의 말만 하고, 무책임한 마음으로 자신의 말이 '정확히 전달되었는지', '정확히 이해했는지'를 확인하지 않는 미숙한 의사소통 기법이 직장생활에서의 원만한 의사소통을 저해하고 있다.

40

성과 이름은 붙여 쓰고 이에 덧붙는 호칭어, 관직명 등은 띄어 써야 하므로 '김민관 씨'가 올바른 표기이다. 따라서 ④는 적절하지 않다.

01	④	02	⑤	03	②	04	⑤	05	③	06	②	07	②	08	②	09	④	10	③
11	②	12	③	13	③	14	①	15	③	16	⑤	17	②	18	③	19	③	20	③
21	②	22	②	23	④	24	⑤	25	⑤	26	②	27	③	28	⑤	29	②	30	③
31	①	32	④	33	②	34	④	35	②	36	②	37	③	38	②	39	①	40	②

01

정답 ④

 정답 풀이

ⓒ $\frac{191-182}{182} \times 100 ≒ 4.95\%$

ⓜ 2010 ~ 2014년 형사처분 사건과 행정처분 사건의 차이를 구하면
- 2010년 : $131-39=92$건
- 2011년 : $141-31=110$건
- 2012년 : $150-32=118$건
- 2013년 : $157-25=132$건
- 2014년 : $170-21=149$건

형사처분 사건과 행정처분 사건의 차이는 매년 증가하고 있다.

오답 풀이

㉠ 2012년 행정처분 사고는 전년 대비 증가하였으므로 옳지 않다.
ⓒ 전방주시태만 사고는 매년 감소하다가 2013년 증가하였다.
ⓔ 형사처분 사건 중 중앙선침범 사고 건수는 2013년 감소했다.

02

정답 ⑤

 정답 풀이

ⓒ 치과와 약국·기타를 제외한 모든 병원의 분쟁·신청 처리 현황 건수는 모두 $104+134+92+9+10=349$건이고, 치과의원을 제외한 모든 의원의 현황 건수는 $96+9=105$건이다. $349:105=x:1 \rightarrow x≒3.3$이므로 잘못된 분석이다.

ⓔ 요양병원에서 조정·중재 절차개시된 건수는 모두 5건이며, 조정결정이 이루어진 건수는 총 1건이므로 20%이다.

ⓜ 상급종합병원에서 조정·중재가 개시되지 않은 사고 중 각하된 비율은 $75÷79≒0.9$이고, 종합병원에서 조정·중재가 개시되지 않은 사고 중 각하된 비율은 $94÷94=1$이므로 잘못된 분석이다.

 오답 풀이

㉠ 치아 관련 분쟁은 치과병원 4건, 치과의원 44건으로 총 48건을 차지한다. 총 505건 중 48건의 비율을 계산하면 약 9.5%를 차지하므로 적절한 분석이다.

ⓒ 조정·중재 절차개시한 건수는 모두 193건이다. 이 중 조정결정이 이루어진 건수는 65건이다. 193건 중 65건이 차지하는 비중은 약 33.7%이다. 이 비율은 100건 중 33건 이상 조정결정이 이루어진 것과 같으므로 옳은 분석이다.

03
정답 ②

정답 풀이
경춘선 남춘천에서 상봉까지는 총 19정거장을 거쳐야 하므로 19×3=57분이며, 환승시간은 5분이다.
경의중앙선 상봉에서 왕십리까지 4개 구간이 있으므로 4×3=12분이다. 따라서 총 소요되는 시간은 57+5+12=74분
→ 1시간 14분이다.
거꾸로 계산해 보면 8시 50분까지 도착하기 위해서는 늦어도 7시 36분 이전에 지하철에 탑승하여야 한다.
1) 7시 33분에 춘천역에서 출발하는 열차를 타는 경우
   남춘천 역에 7시 36분에 도착하고 귀하가 탑승하게 되면 상봉역에는 8시 33분에 도착한다.
   환승을 완료하면 8시 38분이다.
   상봉역에서 8시 39분에 타게 되면 8시 51분에 왕십리역에 도착하게 되어 지각이다.
2) 7시 26분에 춘천역에서 출발하는 열차를 타는 경우
   남춘천 역에 7시 29분에 도착하고 귀하가 탑승하게 되면 상봉역에는 8시 26분에 도착한다.
   환승을 완료하면 8시 31분이다.
   상봉역에서 8시 31분에 타게 되면 8시 43분에 왕십리역에 도착하게 되어 지각하지 않는다.

04
정답 ⑤

정답 풀이
스마트폰을 이용하는 이유에 대해서는 보고서에서 별도의 언급이 없었다.

오답 풀이
① 1문단 마지막 문장에 '~ 19세 이하 청소년들이 30.3%로 가장 높은 비율을 차지하고 있고 그 뒤로 20.1%로 20대 연령층이다.'를 뒷받침할 수 있는 첨부자료로 이용된다.
② 2문단 두 번째 문장인 '가장 취약한 연령대는 50대로 다른 연령대에 비해 스마트폰을 사용하여도 인지거리가 짧은데, 스마트폰으로 문자/게임, 음악감상 등을 하면서 이동하면 2.5m로 급격하게 짧아진다.'를 뒷받침할 수 있는 첨부자료로 이용된다.
③ 3문단 첫 번째 문장인 '~ 스마트폰 사용으로 인한 중독자는 한국이 인구 만 명당 151.6명 ~'을 뒷받침할 수 있는 첨부자료로 이용된다.
④ 3문단 네 번째 문장인 '특히 2013년 스마트폰 보급률이 가장 높은 나라인 UAE는 74%의 보급률을 보이며, ~'를 뒷받침할 수 있는 첨부자료로 이용된다.

05
정답 ③

정답 풀이
㉠ 출근시간 교통량은 4.31+6.82+7.47=18.6%이고, 20시 이후는 주어져 있지는 않지만 100%에서 6시부터 20시까지의 비율의 합을 빼면 되므로 10.87%이다. 따라서 교통량은 출근시간이 더 많다.
㉢ 서울시내ㆍ외 택시 교통량은 265,418대이고 17~18시에는 8.56%이므로 약 265,418×0.0856=22,720대이다.

오답 풀이
㉡ 일일평균 서울시내에서 이동하는 차량은 1,036,781대이고, 외곽으로 이동하는 차량은 1,940,954대로 외곽으로 이동하는 차량의 수가 더 많다.
㉣ 승용차의 교통량은 시내ㆍ외 1,943,075대이고, 대중교통은 시내ㆍ외 393,976대이다. 따라서 1,943,075÷393,976 ≒4.93배이다.

| 정답
풀이 | 2011 ~ 2013년 비트코인 전년 대비 발행량의 증가율은 다음과 같다. |

- 2011년 : $\dfrac{160-12.1}{12.1}\times100 ≒ 1{,}222\%$ 증가

- 2012년 : $\dfrac{364-160}{160}\times100 ≒ 128\%$ 증가

- 2013년 : $\dfrac{1{,}201-364}{364}\times100 ≒ 230\%$ 증가

전년 대비 증가율이 가장 큰 것은 2011년이다.

| 오답
풀이 | |

① 2011년 대비 2012년 비트코인의 발행량은 $364÷160≒2.3$배, 거래액은 $950÷630≒1.5$배이다.

③ 1BTC당 800달러인 경우 2010년 총 발행된 비트코인의 가격은 96.8백만 달러이다. 거래액은 108백만 달러이므로 거래액이 비트코인의 총 발행된 금액보다 더 높다.

④ 2012, 2013년 거래액은 증가하였다. 거래액의 증가율은 아래와 같다.

- 2012년 거래액의 전년 대비 증가율 : $\dfrac{950-630}{630}\times100≒50.8\%$

- 2013년 거래액의 전년 대비 증가율 : $\dfrac{1{,}437-950}{950}\times100≒51.3\%$

거래액의 증가율 역시 증가하였다.

⑤ 1BTC당 1,200달러인 경우 2013년 총 발행된 비트코인의 금액은 14,412백만 달러이고, 거래액은 1,437백만 달러이므로 총 발행된 비트코인의 금액이 거래액의 10배 이상이다.

| 정답
풀이 | 예금은행의 가중평균금리에서 2017년 8월 대출금리를 보면 대기업의 경우 4.03%이며, 중소기업의 경우 4.56%이다. |

- 대기업 : 50억 원×4.03%=201,500,000÷12≒16,791,660원 … ㉠
- 중소기업 : 50억 원×4.56%=228,000,000÷12=19,000,000원 … ㉡
- ∴ ㉡-㉠=2,208,340원

| 정답
풀이 | 문제에서 최저 이자를 구하라고 하였으므로 고려해야 경우는 2가지이다. |

1) 김 대리가 기존의 대출 5,000만 원에 상호저축은행에서 추가로 3,000만 원을 대출하여 이자를 갚는 경우
2) 김 대리가 현재 이용 중인 금리 2.78%의 은행금융기관을 신용협동조합 외 2곳의 비은행금융기관으로 대환하여 총 8,000만 원에 대한 이자를 갚는 경우

각각을 계산하면,

1) 상호저축은행을 통해 3천만 원을 대출할 경우 납부해야 할 한 달 이자는
   3,000만 원×0.1544÷12=386,000원이다.
   한편, 현재 은행금융기관에 납부해야 할 월 이자액은
   5,000만 원×0.0278÷12=115,830원이다.
   상호저축은행을 통해 3천만 원을 납부하고, 현재 은행금융기관의 신용대출을 유지할 경우 월 이자액은
   386,000+115,830=501,830원이다. … ㉠

2) 대환을 할 경우 신용협동조합 외 2곳 중 금리가 가장 낮은 기관은 4.79%인 상호금융이다. 5,000만 원을 대환하면서 3,000만 원을 신규 대출하므로 모두 8,000만 원의 대출이 실행된다면 8,000만 원×0.0479÷12=319,330원이 한 달에 납부해야 할 이자이다. … ㉡

한 달에 납부해야 할 이자인 ㉠과 ㉡을 비교했을 때, ㉡의 경우가 이자액이 더 낮다.

따라서 김 대리가 한 달에 납부해야 할 최저 이자액은 319,330원이다.

09

 주어진 자료는 이산화탄소의 평균농도이기 때문에 실제 8호선이 7호선보다 이산화탄소의 양이 많은지는 알 수 없다.

 ① 4호선의 경우 지상보다 이산화탄소 평균농도가 10배 이상이다.
② 미세먼지 EC 권고기준은 $30\mu g/m^3$이며, 한국은 $70\mu g/m^3$이다. 이는 약 2.3배 높다.
③ 서울 지역구 중 한국의 법정기준보다 높은 지역은 총 5개 구역이다. 9개 지역 중 5개이므로 50% 이상이다.
⑤ 성동구의 연평균 미세먼지 농도는 구로구보다 83−61＝$22\mu g/m^3$ 더 높다.

10

정답 ③

 서울과 부산 모두 지역별 성비가 1보다 작기 때문에 남성의 인구수가 여성의 인구수보다 많다. 따라서 여성 인구수는 서울은 500만 명 미만, 부산은 150만 명 미만이므로 여성 인구수의 합은 650만 명 미만이다.

 ① 울산 여성의 인구수가 남성의 인구수보다 많기는 하지만 그것이 70대 이상의 여성이 남성에 비해 많다는 것을 의미하지는 않는다.
② 30대 이하의 인구수는 대체로 남성이 더 많다.
④ 광주의 성비는 0.99로 남성이 더 많고, 대전의 성비는 1.01이므로 여성이 더 많다. 하지만 각 지역의 여성 인구수와 남성 인구수가 주어져 있지 않기 때문에 같은 지역구로 묶었을 때 성비가 1.00이 되는지는 알 수 없다.
⑤ 여성의 인구수가 남성의 인구수의 약 4배이므로 예산 역시 4배 이상 책정되어야 한다.

11

정답 ②

 ㉠ 변호사의 경우 2014년, 2017년 2019년의 여성 연봉이 남성 연봉보다 높다.
㉣ 2013년 대비 2019년 여성의 직업별 연봉 증가율은 다음과 같다.
- 일반 근로자 : $\dfrac{2,969-1,973}{1,973}\times100≒50.5\%$
- 의사 : $\dfrac{7,478-6,881}{6,881}\times100≒8.7\%$
- 변호사 : $\dfrac{4,057-4,091}{4,091}\times100≒-0.8\%$
- 회계사 : $\dfrac{4,289-4,190}{4,190}\times100≒2.4\%$
- 변리사 : $\dfrac{5,945-5,753}{5,753}\times100≒3.3\%$

따라서 2013년 대비 2016년 여성의 연봉 증가율이 가장 높은 것은 일반 근로자이다.

오답풀이 ㉡ 2013년 이후 2019년까지 항상 전문직이 일반 근로자보다 연봉이 높았다.
㉢ 남자의사를 1, 여자의사를 x라 놓으면
9,375 : 7,478＝1 : 7x이다.
9,375x＝7,478
∴ x＝7,478÷9,375≒0.8
따라서 2019년 남자 의사와 여자 의사의 연봉의 비는 약 1 : 0.80이다.

2020년 가장 낮은 연료수단은 비중이 10%인 수소이며, 2040년 가장 낮은 연료수단일 것으로 예측되는 것은 비중이 10%인 가솔린/디젤이다.

① 2015년에는 수소차의 비중이 5%이고, 2050년에는 가솔린/디젤차의 비중이 5%로 예측된다.
② 2050년에 차량별 비중은 하이브리드차 35%, 전기차 27.5%, 수소차 25%, LPG차 7.5%, 가솔린/디젤차 5%로 예측된다.
④ 차량별 비중의 변화량은 가솔린/디젤차 35%p, LPG차 22.5%p, 하이브리드차 20%p, 전기차 17.5%p, 수소차 20%p으로 가솔린/디젤차의 비중 변화량이 가장 크다.
⑤ 수소차의 비중이 2배가 되고, 차량 수가 2배가 된다면, 결과적으로 수소차량의 수는 2015년 대비 2030년에 4배가 된다.

포지션	순위	선수	점수(점)	결과	조정 연봉(억 원)
PG	1	나(PG)	3×11=33	100% 증가	1.2×2=2.4
PG	2	가(PG)	3×8=24	50% 삭감	4.5÷2=2.25
SG	1	마(SG)	3×3=9	100% 증가	1.0×2=2
SG	2	다(SG)	3×2=6	동결	2.1
SG	3	라(SG)	3×1=3	50% 삭감	1.5÷2=0.75
SF	1	바(SF)	3×21=63	100% 증가	1.7×2=3.4
SF	2	사(SF)	3×10=30	동결	1.2
SF	3	아(SF)	3×5=15	50% 삭감	3.5÷2=1.75
PF	1	자(PF)	3×(25+4)÷2=43.5	100% 증가	0.8×2=1.6
PF	2	차(PF)	3×(18+5)÷2=34.5	50% 삭감	0.5÷2=0.25
C	1	파(C)	3×12=36	100% 증가	1.2×2=2.4
C	2	카(C)	3×9=27	동결	1.0
C	3	타(C)	3×7=21	50% 삭감	1.5÷2=0.75

이번 시즌 샐러리 캡은 작년 총 연봉인 21.7억 원의 130%인 28.21억 원이다.
연봉협상 후 현재 시즌 총 연봉=21.85억 원
28.21－21.85=6.36억 원이므로 6.36억 원으로 스카우트할 수 있는 가장 비싼 용병은 '에밋'이다.

아파트 브랜드	종합점수	최종점수
A	$(70+75+65)÷3=70.0$	$70.0+(70-60)=80.0$
B	$(60+50+90)÷3≒66.7$	$66.7+(60-60)=66.7$
C	$(80+65+75)÷3≒73.3$	$73.3+(80-60)=93.3$
D	$(75+90+65)÷3≒76.7$	$76.7+(75-60)=91.7$
E	$(55+85+70)÷3=70.0$	$70.0+(55-60)=65.0$

따라서 김 대리가 선택할 아파트 브랜드는 C브랜드이다.

16

정답 ⑤

실질GDP의 증가율이 높은 순서는 C, A, B, D, E이고, 무역흑자의 증가율이 높은 순서는 A, B, C, D, E이다.

㉠ A국가의 수출의 비중은 2.9% 감소하였고, 무역흑자는 6.8% 증가하였다.
㉡ B국가는 실질GDP가 6.2% 증가하였고, 국내투자 증가율은 13.2%, 소비재의 증가율은 15.8%이다.
㉢ C국가의 수입은 2.3% 감소하였고, 국내투자 증가율은 20.2로 동일 부문 내에서 증가율이 가장 크다.
㉣ E국가는 실질GDP의 감소율이 1.6%로 유일하게 감소한 국가이다.

17

정답 ②

㉡ 주어진 자료는 2015, 2019, 2025, 2035, 2045년으로 조사 및 예측하는 해가 연속적이지 않다. 따라서 매년의 증가, 감소를 알 수 없다.
㉢ 가구 수가 증가하는 것을 알 수 있지만, 자녀의 수, 3세대 이상, 기타의 인구수가 주어져 있지 않기 때문에 전국의 인구수가 증가하는지는 알 수 없다.

㉠ 구성비를 구할 때 분모가 친족가구로 모두 같기 때문에 분자에 해당하는 값이 가장 큰 가구의 종류가 비중도 크다. 따라서 부부+자녀 가구가 13,735,000가구 중 5,933,000가구로 친족가구 중 비중이 가장 크다.
㉣ 2015년 대비 2045년에 전체 가구 구성비가 가장 많이 증가한 가구는 1인 가구로 9.1%p 차이가 난다.
그 외 부부 5.7%p 증가, 부부+자녀 16.4%p 감소, 한부모+자녀 0.7%p 감소, 3세대 이상 2.6%p 감소, 기타 4.7%p 증가, 비친족 가구 0.2%p 증가하였다.

18

정답 ③

S사와 L사가 합병되면 S+L사의 가입자 비중은 45+24=69%를 차지하고, K사의 비중은 31%이므로 2배 이상이다.

① 2019년 통신사별 선호도를 보면 S사>K사>L사로 나타나며, 이 순위와 2019년 통신사별 가입자 현황 순위가 같다. 자료를 보아 선호도와 가입자 현황이 양의 상관관계에 있다고 할 수 있다.
② 2018년 S사의 순이익은 1조 5,159억 원이며, 같은 해 K사와 L사의 순이익 합계액은 9,825억 원이다.
④ x가 2018년의 순이익 증가폭이라 가정하면, $-9,662+x=6,313$억 원이고 $x=15,975$이므로 1조 5,975억 원 상승하였다.
⑤ K사는 9,662억 원 손해에서 6,313억 원 이익으로, L사는 2,277억 원 이익에서 3,512억 원 이익으로 두 통신사 모두 이익액이 증가하였고, S사는 17,993억 원 이익에서 15,159억 원 이익으로 이익액이 감소하였다.

ⓒ 2019년은 A사의 피해액이 453억 원으로 452억 원인 C사보다 높기 때문에 옳지 않다.

 ⓐ D사는 2014년에 해킹 피해가 처음 발생한 이후 매년 해킹 피해액이 발생하지 않는 것으로 보아 다른 회사보다 잘 대처하고 있다.
ⓑ E사와 G사는 각각 2014년, 2015년 해킹 피해가 발생한 후 지속적으로 피해액이 증가하고 있기 때문에 대처가 제대로 이루어지지 않았다.
ⓓ 2018년 대비 2019년에 해킹 침해 피해액이 증가한 회사는 A, E, G사이다.

- A사 : $\dfrac{453-420}{420}\times100 ≒ 7.9\%$ 증가

- E사 : $\dfrac{198-154}{154}\times100 ≒ 28.6\%$ 증가

- G사 : $\dfrac{47-26}{26}\times100 ≒ 80.8\%$ 증가

 2016년 대비 2020년 OLED 디스플레이의 점유율은 52.4−30.4＝22%p 증가한다. 22% 증가는 2016년에 비하여 1.22배가 된다는 것으로 22% 상승할 것이란 말은 옳지 않다.

 ① 2019년 LCD 디스플레이의 점유율이 50.1%를 차지하고 있다.
② 2020년 기타 디스플레이는 1.9%로 2019년 2%에서 0.1%p 하락하여 2% 미만으로 떨어졌다.
④ 2020년 OLED 디스플레이의 점유율은 52.4%, LCD 디스플레이의 점유율은 45.7%로, 전년도와 점유율 순위가 뒤바뀌었다.
⑤ OLED 디스플레이가 7.1%p 증가로 가장 높은 점유율의 증가율을 보인 해는 2019년이다.

 각 가구의 소득인정액을 구하면 다음과 같다.
- A가구 : {0.7×(150−60)}＋30(∵ 국민연금)＋39(∵ 무료임차소득)＝132만 원
- B가구
  − 본인소득 : {0.7×(100−60)}＋28(∵ 국민연금)＋70만 원(∵ 임대수입)＝126만 원
  − 배우자소득 : 0.7×(120−60)＝42만 원
  ∴ 소득인정액 : 126＋42＝168만 원
- C가구 : {0.7×(220−60)}＋22(∵ 국민연금)＝134만 원
- D가구
  − 본인소득 : {0.7×(230−60)}＋118(∵ 군인연금)＝237만 원
  − 배우자소득 : 0원
  ∴ 소득인정액 : 237만 원
따라서 기초연금액이 지급되는 가구는 소득인정액이 선정기준액보다 낮은 B가구이다.

22

1) 갑 과장의 총임금
- 기본연봉 : 6,000만 원 → 기본급 : 6,000만 원÷12개월=500만 원
- 명절휴가비 : 500만 원×60%×3회=900만 원
- 정액급식비 : 20만 원×12개월=240만 원
- 교통보조비 : 50만 원×12개월=600만 원
- 직급보조비 : 250만 원
- 육아지원비 : 20만 원×2자녀×12개월=480만 원
- 유류지원비 : 10만 원×12개월=120만 원(∵ 교통보조비와 중복지급 가능)
  ∴ 갑 과장 총임금=6,000+900+240+600+250+480+120=8,590만 원
2) 을 대리의 총임금
- 기본연봉 : 4,800만 원 → 기본급 : 4,800만 원÷12개월=400만 원
- 명절휴가비 : 400만 원×60%×3회=720만 원
- 정액급식비 : 20만 원×12개월=240만 원
- 교통보조비 : 30만 원×12개월=360만 원
- 직급보조비 : 150만 원
- 육아지원비 : 0원
- 유류지원비 : 0원
  ∴ 을 대리 총임금=4,800+720+240+360+150=6,270만 원

따라서 갑 과장과 을 대리가 일 년 동안 받는 총임금의 차이는 8,590−6,270=2,320만 원이다.

23

1) 2월 3일을 보면 A101~A107호실의 세탁이 제일 먼저 시작됨을 알 수 있다.
2) 하루에 7개 호실의 세탁이 진행된다.
3) 전체 호실의 세탁을 진행하고 다시 A101~A107호실이 돌아오기까지 세탁이 없는 날을 제외하고 총 8일이 지났음을 알 수 있다. 즉 주기는 8일이다.
4) C214호실이 세탁할 수 있는 날은 주기 중 7일 차에 가능하다(세탁 없음 날을 포함하면 9일 중 8일 차에 가능).
세탁일정표에서 연수 11일 차에 다시 A101호실부터 세탁이 가능하고, 다시 다음 A101호실은 시간표상 21일에 시작됨을 알 수 있다. 21일부터 시작하여 '세탁 없음'날을 제외하고 8일 차는 연수 27일 차가 C213~C219가 세탁을 내놓는 날이 된다. 그러므로 C214호가 마지막으로 세탁할 수 있는 날은 2월 28일이다.

24

1) 평균 75km/h 주행구간(15km) 비용 산정
- 2km까지 기본운임 : 3,000원
- 13km간 추가운임 : 13,000÷200×150=9,750원
2) 평균 10km/h 주행구간(6분) 비용 산정
- 6분간 추가운임 : 6×60=360초 → 360÷40×100=900원
3) 평균 70km/h 주행구간(21km) 비용 산정
- 21km간 추가운임 : 21,000÷200×150=15,750원
4) 평균 15km/h 주행구간(4분) 비용 산정
- 4분간 추가운임 : 4×60=240초 → 240÷40×100=600원
5) 평균 65km/h 주행구간(13km) 비용 산정
- 13km간 추가운임 : 13,000÷200×150=9,750원
∴ 택시운임 : 3,000+9,750+900+15,750+600+9,750=39,750원
  → 할증운임 : 39,750×1.2×1.2=57,240원

정답 풀이　A열차는 2시간 5분$\left(\because \dfrac{250}{120}\right)$+25분=2시간 30분, B열차는 1시간 16분$\left(\because \dfrac{190}{150}\right)$+12분=1시간 28분, C열차는 1시간 33분$\left(\because \dfrac{310}{200}\right)$+27분=2시간이 걸린다. B열차가 매진됐으므로 최대한 빠르게 가기 위해서는 C열차를 타야 한다.

오답 풀이
① 현재 시각은 10시 38분이다. 전철역에 이미 도착했으므로 출장 지역에 도착하는 시각은 열차로 이동하는 시간+열차에서 내려서 다시 출장 지역까지 이동하는 시간이다. 출장 지역까지 이동하는 시간은 30분이므로 1시 30분까지는 도착해야 한다. 따라서 열차로 이동하는 시간이 2시간 52분 이내여야 한다.
② 역에서 멈추는 시간을 각각 계산하면
　• A열차 : 5×5=25분
　• B열차 : 3×4=12분
　• C열차 : 9×3=27분
③ 터널을 이동하는 시간을 각각 계산한다. 이때 시속 km/h를 m 단위로 환산하여, 단위를 맞춰 계산하는 것이 중요하다.
　• A열차 : $\dfrac{900}{\dfrac{120,000}{3,600}}=27$초

　• B열차 : $\dfrac{1,000}{\dfrac{150,000}{3,600}}=24$초

　• C열차 : $\dfrac{1,000}{\dfrac{200,000}{3,600}}=18$초

④ B열차를 이용하였을 때 걸리는 시간은 1시간 16분$\left(\because \dfrac{190}{150}\right)$+12분=1시간 28분이다.

정답 풀이　ⓛ 농가 인구 중 남성의 수 대비 여성의 수가 1보다 큰 행정구역은 인천, 광주, 울산, 제주이기 때문에 1보다 작은 지역은 확인할 필요가 없다.
　• 인천 : $\dfrac{15,459}{14,532}≒1.06$　　　　　　　• 광주 : $\dfrac{13,681}{13,080}≒1.05$

　• 울산 : $\dfrac{15,824}{14,753}≒1.07$　　　　　　　• 제주 : $\dfrac{43,574}{42,889}≒1.02$

　따라서 농가 인구 중 남성의 수 대비 여성의 수가 가장 큰 행정구역은 울산이다.
ⓔ 제주의 경우 $\dfrac{86,463}{32,200}≒2.7$배이고, 세종의 경우 $\dfrac{14,821}{3,918}≒3.8$배이므로 가장 많은 곳은 세종이다.

오답 풀이　㉠ 농가 수와 농가 인구수 모두 많은 순서로 제주, 대구, 울산, 인천, 광주, 대전, 부산, 세종, 서울이다.
ⓒ 모든 행정구역에서 농가 인구수는 농가 수의 2배 이상이다.

27

- 변경 전 급여 산정
  - 출산휴가 : 240×1=240만 원
  - 육아휴직 : 240×6×0.6=864만 원
  - ∴ 총합 : 240+864=1,104만 원
- 변경 후 급여 산정
  - 출산휴가 : 240×3=720만 원
  - 육아휴직 : 240×6×0.8=1,152만 원
  - ∴ 총합 : 720+1,152=1,872만 원

따라서 변경 전과 후의 금액 차이는 1,872-1,104=768만 원이다.

28

- 소화전 수압 조정 비용 : 150,000×4=600,000원
- 소화전 교체 비용 : 340,000원
- 소화기 교체 비용 : 25,000×40=1,000,000원
- 소화기 충전 비용 : 10,000×41=410,000원
- 소화기 유지 비용 : 2,000×7=14,000원
- ∴ 총 교체 및 수리, 충전 비용 : 2,364,000원

29

교통비 지급 기준에서 비용이 제일 저렴한 것을 기준으로 찾아본다.

버스의 경우 일반 등급이 가장 저렴하지만, 업무를 마치고 나서 출발장소까지 도착하는 시간을 고려할 때 출발 당일에 도착할 수 있는 버스는 18시 10분에 출발하는 프리미엄 등급 버스가 유일하다.

프리미엄 등급 버스의 요금은 63,500원이고, 출발장소까지의 이동 비용인 2,500원을 더하면 66,000원이다.

비행기의 경우 이코노미가 가장 저렴하며 21:00에 출발하는 비행기를 타면 출발장소까지 늦지 않게 도착하며, 당일에 도착할 수 있다.

이코노미 비행기의 요금은 59,800원이고, 출발장소까지의 이동 비용인 2,500원을 더하면 62,300원이다.

따라서 가장 저렴한 교통편은 AL013 비행기이고, 이때의 교통비는 62,300원이다.

30

A씨가 받을 수 있는 가점을 계산해보면, 원룸을 소유하고 있어 무주택기간 가점에 해당하지 않으므로 0점, 노부모 봉양으로 5점, 부양가족 수가 2명이므로 15점, 청약통장 가입기간이 10년 이상 11년 미만이므로 12점을 받을 수 있다. 따라서 모두 합산하면 A씨가 받을 수 있는 점수는 32점이다.

• 고속국도 하루평균 버스 교통량의 증감 추이 : 증가 – 감소 – 증가 – 감소
• 일반국도 하루평균 버스 교통량의 증감 추이 : 감소 – 감소 – 감소 – 감소
따라서 고속국도와 일반국도의 하루평균 버스 교통량의 증감 추이는 같지 않다.

 ② 제시된 자료를 통해 확인할 수 있다.
③ 국가지원지방도의 각 연도별 하루평균 버스 교통량의 전년 대비 증감률을 구하면 다음과 같다.

- 2016년 : $\dfrac{226-219}{219} \times 100 ≒ 3.20\%$

- 2017년 : $\dfrac{231-226}{226} \times 100 ≒ 2.21\%$

- 2018년 : $\dfrac{240-231}{231} \times 100 ≒ 3.90\%$

따라서 2018년에 국가지원지방도의 하루평균 버스 교통량의 전년 대비 증감률이 가장 컸다.
④ 2014 ~ 2018년의 일반국도와 국가지원지방도의 승용차 평균 교통량의 합을 구하면 다음과 같다.
- 2014년 : 7,951+5,169=13,120대
- 2015년 : 8,470+5,225=13,695대
- 2016년 : 8,660+5,214=13,874대
- 2017년 : 8,998+5,421=14,419대
- 2018년 : 9,366+5,803=15,169대
따라서 고속국도의 하루평균 승용차 교통량은 일반국도와 국가지원지방도의 하루평균 승용차 교통량의 합보다 항상 많음을 알 수 있다.
⑤ 2018년 일반국도와 국가지원지방도의 하루평균 화물차 교통량의 합은 2,757+2,306=5,063대이고, 5,063×2.5= 12,657.5<13,211이다. 따라서 2018년 고속국도의 화물차 하루평균 교통량은 2018년 일반국도와 국가지원지방도의 화물차 하루평균 교통량의 합의 2.5배 이상이다.

 ㄱ. 한국, 독일, 영국, 미국이 전년 대비 감소했다.
ㄷ. 한국, 중국, 독일의 연구개발비 증가율을 각각 구하면 다음과 같다.

- 한국 : $\dfrac{33,684-28,641}{28,641} \times 100 = \dfrac{5,043}{28,641} \times 100 ≒ 17.6\%$

- 중국 : $\dfrac{48,771-37,664}{37,664} \times 100 = \dfrac{11,107}{37,664} \times 100 ≒ 29.5\%$

- 독일 : $\dfrac{84,148-73,737}{73,737} \times 100 = \dfrac{10,441}{73,737} \times 100 ≒ 14.2\%$

따라서 중국, 한국, 독일 순서로 증가율이 높다.

오답 풀이
ㄴ. 2014년 대비 2018년 연구개발비 증가율은 중국이 약 3배가량 증가하여 가장 높고, 일본은 $\dfrac{169,047-151,270}{151,270} \times$ $100 ≒ 11.8\%$이고, 영국은 $\dfrac{40,291-39,421}{39,421} \times 100 ≒ 2.2\%$이다. 따라서 영국의 연구개발비 증가율이 가장 낮다.

> **풀이 TIP**
>
> 한국, 중국, 독일의 증가율을 대략적으로 계산하면 $\dfrac{1}{6} \times 100$, $\dfrac{1}{4} \times 100$, $\dfrac{1}{7} \times 100$이다.

33

 만 5세 이상의 국·공립 어린이집에 다니는 유아 수는 33,207명이다.

 ①·③ 주어진 자료를 통하여 알 수 있다.
④ 민간 어린이집에 다니는 유아 수가 374,220명이므로, 연령별 비율을 구하면 다음과 같다.

- 만 3세 : $\dfrac{173,991}{374,720} \times 100 ≒ 46\%$

- 만 4세 : $\dfrac{107,757}{374,720} \times 100 ≒ 29\%$

- 만 5세 이상 : $\dfrac{92,972}{374,720} \times 100 ≒ 25\%$

⑤ 우리나라 2019년 연령별 유아 수를 구하면 다음과 같다.
- 만 3세 : 174,907+263,652+47,840=486,399명
- 만 4세 : 253,076+180,255+34,711=468,042명
- 만 5세 : 276,155+161,324+64,211=501,690명

34

정답 ④

 20대의 연도별 흡연율은 40대 흡연율로, 30대는 50대의 흡연율로 반영되었다.

35

정답 ②

- 2013년 전체 관람객 : 6,688+3,355=10,043명
- 2013년 전체 관람객 중 외국인 관람객이 차지하는 비중 : $\dfrac{1,877}{10,043} \times 100 ≒ 18.69\%$
- 2019년 전체 관람객 : 7,456+6,259=13,715명
- 2019년 전체 관람객 중 외국인 관람객이 차지하는 비중 : $\dfrac{3,849}{13,715} \times 100 ≒ 28.06\%$

따라서 2019년과 2013년의 전체 관람객 중 외국인 관람객이 차지하는 비중의 차는 28.06-18.69=9.37%p이므로 2019년의 전체 관람객 수에서 외국인 관람객이 차지한 비중이 2013년에 비해 10% 미만 증가했다.

오답풀이 ① 2013년 외국인 관람객 수는 1,877명이고, 2019년 외국인 관광객 수는 3,849명이다. 따라서 2019년 외국인 관광객 수의 2013년 대비 증가율은 $\dfrac{3,849-1,877}{1,877} \times 100 ≒ 105.06\%$이다.

③ 제시된 자료에서 2018년을 제외한 나머지 해의 경우 유료관람객 수가 무료관람객 수보다 많음을 확인할 수 있다..
④ 제시된 자료를 보면 유료관람객 수는 증가와 감소를 반복함을 알 수 있다.
⑤ 제시된 자료에 의하여 무료관람객 수는 지속적으로 증가하는 것을 알 수 있다. 2014~2019년 무료관람객 수의 전년 대비 증가폭을 구하면 다음과 같다.

- 2014년 : 3,619-3,355=264명
- 2015년 : 4,146-3,619=527명
- 2016년 : 4,379-4,146=233명
- 2017년 : 5,539-4,379=1,160명
- 2018년 : 6,199-5,539=660명
- 2019년 : 6,259-6,199=60명

따라서 2017년의 무료관람객 수는 전년 대비 가장 높은 성장폭을 보였고, 2019년의 무료관람객 수는 전년 대비 가장 낮은 성장폭을 보였다.

120 제2편 NCS 핵심영역 120제

36

원 중심에서 멀어질수록 점수가 높아지는데, B국의 경우 수비보다 미드필드가 원 중심에서 먼 곳에 표시가 되어 있으므로 B국은 수비보다 미드필드에서의 능력이 뛰어남을 알 수 있다.

37

소설을 대여한 남자의 대여 횟수는 690회이고, 소설을 대여한 여자의 대여 횟수는 1,060회이므로 $\frac{690}{1,060} \times 100 = 65\%$이다.

오답 풀이
① 소설 전체 합계는 1,750회, 비소설 전체 합계는 1,620회이므로 옳다.
② 40세 미만 전체 합계는 1,950회, 40세 이상 전체 합계는 1,420회이므로 옳다.
④ 40세 미만의 전체 대여 수는 1,950회이고, 그중 비소설 대여는 900회이므로 $\frac{900}{1,950} \times 100 = 46.1\%$이다.
⑤ 40세 이상의 전체 대여 수는 1,420회이고, 그중 소설 대여는 700회이므로 $\frac{700}{1,420} \times 100 = 49.3\%$이다.

38

자료의 분포는 B상품이 더 고르지 못하므로 표준편차는 B상품이 더 크다.

오답 풀이
① • A : 60+40+50+50=200
　• B : 20+70+60+51=201
③ 봄 판매량의 합은 80으로 가장 적다.
④ 시간이 지남에 따라 둘의 차는 점차 감소한다.
⑤ 여름에 B상품의 판매량이 가장 많다.

39

정답 풀이 자료를 분석하면 다음과 같다.

생산량(개)	0	1	2	3	4	5
총 판매수입(만 원)	0	7	14	21	28	35
총 생산비용(만 원)	5	9	12	17	24	33
이윤(만 원)	−5	−2	+2	+4	+4	+2

오답 풀이
ㄷ. 생산량을 4개에서 5개로 늘리면 이윤은 2만 원으로 감소한다.
ㄹ. 1개를 생산하면 −2만 원이지만, 생산하지 않을 때는 −5만 원이다.

2009년 강북의 주택전세가격을 100이라고 한다면 그래프는 전년 대비 증감률을 나타내므로 2010년에는 약 5% 증가해 $100×1.05=105$이고, 2011년에는 전년 대비 약 10% 증가해 $105×1.1=115.5$라고 할 수 있다. 따라서 2011년 강북의 주택전세가격은 2009년 대비 약 $\dfrac{115.5-100}{100}×100=15.5\%$ 증가했다고 볼 수 있다.

 ① 전국 주택전세가격의 증감률은 2008년부터 2017년까지 모두 양의 부호(+) 값을 가지고 있으므로 매년 증가하고 있다고 볼 수 있다.

③ 그래프를 보면 2014년 이후 서울의 주택전세가격 증가율이 전국 평균 증가율보다 높은 것을 알 수 있다.

④ 강남 지역의 주택전세가격 증가율이 가장 높은 시기는 2011년임을 알 수 있다.

⑤ 전년 대비 주택전세가격이 감소했다는 것은 전년 대비 증감률이 음의 부호(−) 값을 가지고 있다는 것이다. 그래프에서 증감률이 음의 부호(−) 값을 가지고 있는 지역은 2008년 강남뿐이다.

03 문제해결능력 40제

01	③	02	④	03	②	04	③	05	④	06	③	07	③	08	②	09	⑤	10	⑤
11	④	12	④	13	③	14	②	15	③	16	④	17	①	18	⑤	19	②	20	④
21	①	22	①	23	③	24	④	25	①	26	④	27	③	28	⑤	29	④	30	③
31	①	32	③	33	④	34	④	35	③	36	④	37	①	38	②	39	④	40	④

01

정답 ③

 정답풀이 C도시 소비자는 다른 도시에 비해 가격에 민감하므로 할인쿠폰제 등을 이용한 가격할인 행사를 많이 하는 것이 적절한 판매전략이다.

 오답풀이
① A도시 소비자의 소비 성향을 고려했을 때, 제품의 우수성과 특성을 강조하기보다 국내산 제품 또는 지역 특산품이라는 부분을 강조하는 판매전략이 더욱 적절하다.
② 저가임에도 성능이나 기능이 우수하다는 것을 강조하는 판매전략은 B도시보다 C도시에 더욱 적합하다.
④ D도시 소비자는 단순한 디자인의 제품 또는 묶음 판매 제품을 선호하기 때문에 웰빙 제품을 홍보하는 것과는 거리가 멀다.
⑤ E도시 소비자는 생활필수품 제품을 소량 구매하는 성향이 있기 때문에 소량으로 포장하여 판매하는 제품을 홍보하는 것이 올바른 전략이다.

02

정답 ④

 정답풀이 평균 기대이익은 50평일 때 $\dfrac{300+500+1{,}000}{3}=600$만 원, 70평일 때 $\dfrac{-50+700+1{,}300}{3}=650$만 원, 100평일 때 $\dfrac{-200+1{,}000+1{,}800}{3}≒867$만 원이다. 따라서 평균 기대이익으로만 매장 규모를 선택한다면 100평을 선택하여야 한다.

 오답풀이
① 하루 유동인구에 관계없이 손실을 보지 않으려면 손실이 발생하지 않는 매장 규모인 50평을 선택하여야 한다.
② 하루 유동인구가 130만 명 정도로 예상된다면 이익이 가장 큰 100평으로 매장 규모를 선택하여야 한다.
③ 하루 유동인구가 70만 명 정도로 예상된다면 손실이 발생하지 않는 50평으로 매장 규모를 선택하여야 한다.
⑤ 예상한 자료 이외에 추가적인 정보가 없다면 유동인구가 많을 것인지 적을 것인지 알 수가 없으므로 결정할 수 있는 확실한 정보가 없다.

03

정답 ②

 정답풀이 지원자 중 C는 자원관리능력에서, D는 문제해결능력에서 과락이므로 불합격 처리된다. 과락이 없는 A, B, E의 가중치를 부여한 시험 점수의 평균을 구하면 다음과 같다.
- A : $\dfrac{72.1×1.2+61×1.4+69×1.3+66.6×1.5}{4}=90.38 → 90.4(∵ 소수점 이하 둘째 자리에서 반올림)$
- B : $\dfrac{65×1.2+60×1.4+75×1.3+68×1.5}{4}=90.375 → 90.4(∵ 소수점 이하 둘째 자리에서 반올림)$
- E : $\dfrac{75.6×1.2+67×1.4+58×1.3+69×1.5}{4}=90.855 → 90.9(∵ 소수점 이하 둘째 자리에서 반올림)$

A와 B의 평균 점수는 같지만 채용기준에서 동점자인 경우 문제해결능력 점수가 높은 사람을 합격자로 선발하므로 B가 선발된다. 따라서 최종 합격자는 B, E이다.

04

박 씨는 근로소득 이외의 이자, 배당, 사업, 연금, 기타소득이 없기 때문에 보수월액만으로 보험료를 산정하여야 한다. 또한, 급여 이외에 지급되는 식비 보조금과 차량운영 보조금은 보험료 산정 기준에 해당되지 않는다.

- 건강보험료 : 5,040만 원÷12×3.06%=128,520원
- 장기요양보험료 : 128,520원×6.55%≒8,418원(∵ 원 단위 미만 절사)

따라서 회사에서 납부하여야 할 월 보험료 총액은 128,520+8,418=136,938원이다.

05

5번 좌석에 D사원이 배정되었으므로 D사원과 친한 E사원이 4번 좌석에 배정되어야 한다. C사원은 E사원과 친하지 않으므로 1번 좌석 또는 2번 좌석에 배정되어야 하는데 C사원이 2번 좌석에 배정이 되면 C사원과 친하지 않은 B사원이 C사원의 바로 옆 좌석에 배정이 된다. 따라서 C사원은 1번 좌석에만 배정될 수 있다. 2번 좌석에는 C사원과 친한 A사원이, 3번 좌석에는 B사원이 배정되어야 한다.

- 좌석

좌석 번호	1	2	3	4	5
사원	C	A	B	E	D

06

A업체의 경우 임대기간에 관계없이 월 임대비용은 80,000+9,000×12=188,000원로 일정하다.
B업체의 경우 월 임대비용은 1~5개월 임대 시 130,000+6,000×10=190,000원이고,
6개월 이상 임대 시 130,000+6,000×0.8=178,000원이다.
따라서 5개월 임대 시 A업체가 B업체보다 10,000원 저렴하다.

- A업체 : 188,000×5=940,000원
- B업체 : 190,000×5=950,000원

오답 풀이

① 1개월 임대 시에는 A업체가 저렴하다.
② 3개월 임대 시 A업체가 B업체보다 6,000원 저렴하다.
- A업체 : 188,000×3=564,000원
- B업체 : 190,000×3=570,000원
④ 6개월 임대 시 두 업체의 임대비용은 다르다.
- A업체 : 188,000×6=1,128,000원
- B업체 : 178,000×6=1,068,000원
⑤ 7개월 임대 시 B업체가 A업체보다 70,000원 저렴하다.
- A업체 : 188,000×7=1,316,000원
- B업체 : 178,000×7=1,246,000원

07

두 번째 조건에 따르면 월 매출액이 5,500만 원을 초과하면 초과분에 대한 3%의 추가 임대료를 지불하여야 하고, 추가 임대료에 대한 부가세 10%도 지불하여야 한다.

- 월 매출액 초과분 : 6,170만 원-5,500만 원=670만 원
- 추가로 지불해야 하는 임대료 : 670만 원×3%=201,000원
- 추가 임대료 부가세 : 201,000원×10%=20,100원
- ∴ 다음 달 지불해야 할 임대료 : 5,000,000(기본 임대료)+201,000(추가 임대료)+20,100(부가세)=5,221,100원

2층 대기자	3층 대기자	A승강기	B승강기
있는 경우	있는 경우	$(3+15)+(3+0)+3+3=27$초 '0'의 의미는 3층에 B승강기가 먼저 도착하여 A승강기는 통과한 경우이다.	$(8+15)+8=31$초
있는 경우	없는 경우	$(3+15)+3+3+3=27$초	$8+8=16$초
없는 경우	있는 경우	$3+(3+15)+3+3=27$초	$(8+0)+8=16$초 '0'의 의미는 3층에 A승강기가 먼저 도착하여 B승강기가 통과한 경우이다.
없는 경우	없는 경우	$3+3+3+3=12$초	$8+8=16$초

방법 1과 2에 따르면 아래와 같이 이삿짐을 포장할 수 있다.

구분	상자 1	상자 2	상자 3	상자 4	상자 5	상자 6
방법 1	6kg	5kg, 5kg	4kg, 3kg, 3kg	4kg, 5kg	7kg	8kg
방법 2	8kg	7kg	6kg	5kg, 5kg	5kg, 4kg	4kg, 3kg, 3kg

(나) 방법 1에서 10kg까지 채워지지 않은 상자는 상자 1, 상자 4, 상자 5, 상자 6으로 무게의 총합은
$6+(4+5)+7+8=30$kg이다.
(다) 방법 2에서 10kg이 채워진 상자는 상자 4, 상자 6으로 총 2개이다.

오답
풀이
(가) 방법 1에 따르면 필요한 상자의 개수는 6개이다.
(라) 방법 1과 2에서 필요한 상자의 개수는 총 6개로 서로 같다.

정답
풀이
1일 평균 관중 수는 다음과 같다.
• 6개 대도시 1일 평균 관중 수 : 3만 명×70%×6=12만 6천 명
• 4개 중소도시 1일 평균 관중 수 : 2만 명×65%×4=5만 2천 명
∴ 1일 평균 관중 수 : 12만 6천 명+5만 2천 명=17만 8천 명

오답
풀이
① 10경기 중 6경기가 대도시에서 열리고 4경기는 중소도시에서 열린다. 따라서 1일 최대 관중 수는 3×6+2×4=26만 명이다.
② 중소도시 경기장 좌석 점유율이 15%p 높아지면 하루 관중 수는 2만 명×80%=1만 6천 명이고, 대도시 경기장 좌석 점유율이 5%p 낮아지면 1일 관중 수는 3만 명×65%=1만 9천5백 명이다. 따라서 대도시 경기장 한 곳의 관중 수가 더 많다.
③ 각 도시에서 열리는 경기 수는 모두 동일하다고 하였으므로 1일 평균 관중 수의 증감률은 다음과 같다.
  • 6개 대도시와 4개 중소도시 1일 평균 관중 수 : 3만 명×70%×6+2만 명×65%×4=17만 8천 명
  • 4개 대도시와 6개 중소도시 1일 평균 관중 수 : 3만 명×70%×4+2만 명×65%×6=16만 2천 명
  ∴ (16만 2천 명−17만 8천 명)÷17만 8천 명×100≒−8.99%
④ • 6개 대도시 1일 평균 관중 수 : 3만 명×65%×6=11만 7천 명
  • 4개 중소도시 1일 평균 관중 수 : 2만 명×65%×4=5만 2천 명
  ∴ 1일 평균 관중 수 합 : 11만 7천 명+5만 2천 명=16만 9천 명

11

첫 번째 조건에서 연간 자동차 유지비는 연 감가상각비, 연간 자동차 보험료, 연간 주유비용, 연간 소모품 교환비용의 합이며 그 외의 비용은 고려하지 않는다고 하였다.

- 연 감가상각비 : {1,000(∵ 자동차 구입비용)−100(∵ 잔존가치)}÷10=90만 원
- 연간 자동차 보험료 : 110(∵ 운전경력 3년 4개월)×95%(∵ 블랙박스 설치 시 5% 할인)=104만 5천 원
- 연간 주유비용
  - 한 달 동안 사용하는 연료의 양 : 300÷12=25L
  ∴ 연간 주유비용 : 25×1,600×12=48만 원
- 연간 소모품 교환비용 : 10만 원

따라서 1년간 자동차를 유지하는 데 드는 총비용은 90만 원+104만 5천 원+48만 원+10만 원=252만 5천 원이다.

12

제품별 3년간 임대 시 총비용은 '보증금+보증금의 이자+월 임대료+필터 교체비용'이다. 단, 처음 설치 시에 필터 포함 완제품으로 제공되기 때문에 첫 번째 필터 교체비용은 제외하여야 한다.

- A제품 : 200,000+14,400(=200,000×2.4%×3)+10,000×36+25,000×4(∵ 첫 번째 필터 교체 무료) =674,400원
- B제품 : 200,000+14,400(=200,000×2.4%×3)+10,000×35(∵ 첫 달 임대료 무료)+20,000×5=664,400원
- C제품 : 150,000+10,800(=150,000×2.4%×3)+15,000×36+25,000×2=750,800원
- D제품 : 100,000+7,200(=100,000×2.4%×3)+13,000×36+30,000×2=635,200원
- E제품 : 20,000×36+35,000×5=895,000원

따라서 임대에 따른 제반비용이 제일 저렴한 제품은 D제품이다.

13

(가) 각 관광지 사이의 이동시간이 최소가 되도록 우선적으로 선택하고 그 경우를 모두 고려해보면 아래와 같다.
  - 첫 번째 관광지가 미술관인 경우에는 고궁을 관람할 수 없다.
    ⇒ 미술관(9:00~11:30) → 이동(20분) → 수목원(11:50~14:20) → 이동(24분) → 서원(14:44~17:14)
  - 첫 번째 관광지가 수목원인 경우에는 고궁과 서원을 관람할 수 없다.
    ⇒ 수목원(8:00~11:30) → 이동(20분) → 미술관(11:50~14:20) → 고궁으로 이동(43분)하여도 도착시각이 15:03이므로 고궁과 서원을 관람할 수 없다.
    ⇒ 위의 경우에서 서원을 먼저 관광(15:05~17:35)하여도 운영시간을 초과하므로 고궁과 서원을 관람할 수 없다.
  - 첫 번째 관광지가 서원인 경우에는 4개 관광지 모두 관람이 가능하다.
    ⇒ 서원(7:00~9:30) → 이동(27분) → 고궁(10:00~12:30) → 이동(43분) → 미술관(13:13~15:43) → 이동(20분) → 수목원(16:03~18:33)
  - 첫 번째 관광지가 고궁인 경우에는 미술관 또는 미술관과 수목원을 관람할 수 없다.
    ⇒ 고궁(10:00~12:30) → 이동(27분) → 서원(12:57~15:27) → 미술관으로 이동(45분)하여도 미술관 도착시 각이 16:12이므로 미술관과 수목원을 관람할 수 없다.
    ⇒ 위의 경우에서 서원(12:57~15:27) → 이동(24분) → 수목원(15:51~18:21)이면 미술관을 관람할 수 없다.
    따라서 첫 번째 관광지는 서원으로 하여야 한다.
(나) 보기 (다)에서 관광지 순서를 1번으로 할 경우 4개의 관광지를 모두 관람할 수 있으며 마지막 관람이 종료되는 시각은 18:33이다.

오답
풀이

(다) 1. 서원(7:00~9:30) → 이동(27분) → 고궁(10:00~12:30) → 이동(43분) → 미술관(13:13~15:43) → 이동(20분) → 수목원(16:03~18:33)
   2. 서원(7:00~9:30) → 이동(27분) → 고궁(10:00~12:30) → 이동(50분) → 수목원(13:20~15:50) → 이동(20분) → 미술관 도착시각이 16:10이므로 미술관을 관람할 수 없다.

A ~ D시설의 평가점수를 정리하면 다음과 같다.

평가항목	가중치	A시설	B시설	C시설	D시설
물류시설 선진화	20%	90×20%=18점	75×20%=15점	85×20%=17점	90×20%=18점
안전체계구축	30%	95×30%=28.5점	70×30%=21점	70×30%=21점	90×30%=27점
물류복지	20%	90×20%=18점	60×20%=12점	75×20%=15점	80×20%=16점
기반시설조성	10%	90×10%=9점	60×10%=6점	75×10%=7.5점	70×10%=7점
중장기발전계획	20%	85×20%=17점	55×20%=11점	80×20%=16점	65×20%=13점
합계		90.5	65	76.5	81
등급		1등급	4등급	3등급	2등급
평가결과에 따른 조치		재정지원 10% 증가	관리정원 10% 감축	관리정원 5% 감축	특별한 조치 없음

따라서 B시설은 10%의 관리정원을 감축하여야 한다.

오답 풀이 (다) '중장기발전계획'의 가중치가 30%로 변경되면 C시설의 중장기발전계획 점수는 80×30%=24점이다.
이때 총점이 17+21+15+7.5+24=84.5로 2등급 시설이 되어 특별한 조치를 받지 않게 되므로 관리정원을 감축하지 않아도 된다.

박 씨는 우선 연차를 잘 써서 최대한 길게 가려고 계획 중이다. 연차가 1일 밖에 남지 않았기 때문에 연차를 목요일에 쓰면 주말을 포함하여 최대 5일까지 가능하기 때문에 모스크바와 두바이는 제외된다. 그리고 박 씨는 편도 총 비행시간이 6시간 이내의 직항노선을 원하기 때문에 팔라우도 제외된다.
따라서 남은 여행지 중에 가장 길게 다녀올 수 있는 곳은 방콕이다.

- 출장 1의 경우 : 출장수당 4만 원+교통비 3만 원=7만 원
- 출장 2의 경우 : 출장수당 2만 원+교통비 0원(∵ 관용 차량 사용)=2만 원
- 출장 3의 경우 : 출장수당 5만 원(∵ 18시 이후 출장 시작)+교통비 3만 원=8만 원
- 출장 4의 경우 : 출장수당 4만 원+교통비 2만 원(∵ 관용 차량 사용)=6만 원
∴ 7+2+8+6=23만 원

정답 풀이

(가) 박 씨가 선택할 수 있는 연속된 두 칸을 선택하는 경우는 ①②, ②③, ③④ 중 하나를 선택하는 것인데 3가지 중에서 ②와 ③이 포함된 경우는 각각 두 개이고, ①과 ④는 한 개씩 있기 때문에 김 씨는 ② 또는 ③을 선택하는 것이 승리할 확률이 높다.

오답 풀이

(나) 박 씨가 연속한 두 칸 ②③ 선택하여 승리하려면 김 씨가 ① 또는 ④를 선택하여야 한다. 김 씨가 ① 또는 ④를 선택할 확률은 $\frac{1}{2}$이다. 같은 방법으로 박 씨가 연속한 두 칸 ③④ 선택하여 승리하려면 김 씨가 ① 또는 ②를 선택하여야 한다. 김 씨가 ① 또는 ②를 선택할 확률도 $\frac{1}{2}$로 서로 같다.

(다) 박 씨가 ①②를 선택하여 승리할 경우의 수는 김 씨가 ③ 또는 ④를 선택하는 경우 2가지이다. 같은 방법으로 박 씨가 ②③ 또는 ③④를 선택하여 승리할 경우의 수도 각각 2가지이므로 박 씨가 승리할 경우의 수는 6가지이다. 김 씨가 ①을 선택하여 승리할 경우의 수는 박 씨가 ①②를 선택하는 경우 1가지, 김 씨가 ②를 선택하여 승리할 경우의 수는 박 씨가 ①②, ②③를 선택하는 경우 2가지, 김 씨가 ③을 선택하여 승리할 경우의 수는 박 씨가 ②③, ③④를 선택하는 경우 2가지, 김 씨가 ④를 선택하여 승리할 경우의 수는 박 씨가 ③④를 선택하는 경우 1가지로 김 씨가 승리할 경우의 수는 6가지이다. 그러므로 박 씨와 김 씨가 승리할 경우의 수는 6가지로 동일하다.

풀이 TIP

보기 (가)에서는 박 씨가 선택할 수 있는 모든 경우에서 김 씨가 승리할 확률을 계산하여야 하고, 보기 (나)에서는 박 씨가 선택한 두 칸이 ②③인 한 가지와 ③④인 한 가지로 정해진 경우에서만 박 씨가 승리할 확률을 계산하여야 한다.

정답 풀이 각 화훼의 재배가능한 온도의 구간은 다음과 같다.

가장 많은 화훼를 재배할 수 있는 온도구간은 15℃ ~ 20℃과 30℃ ~ 35℃인데 우선 15℃ ~ 20℃ 구간에서는 A, B, D 세 종류의 화훼를 재배할 수 있고, 30℃ ~ 35℃ 구간에서는 C, D, E, 세 종류의 화훼를 재배할 수 있다.
선택지에 제시된 온도 중에는 18℃와 31℃ 모두 세 종류의 화훼를 재배할 수 있다.
둘 중에서 상품가치의 총합이 가장 큰 온도구간은 상품가치가 높은 세 종류의 화훼를 재배할 수 있는 30℃ ~ 35℃이다.
30℃ ~ 35℃에서 재배할 수 있는 화훼는 C, D, E이며 상품가치의 합은 145,000원(=50,000+35,000+60,000)이다.
따라서 선택지에 제시된 온도 중에는 31℃일 때 가장 상품가치가 높다.

정답 풀이

'성격이 좋다.'를 p, '인맥이 넓다.'를 q, '주변에 친구가 많다.'를 r, '사업수단이 좋다.'를 s라 하자.

- 첫 번째 명제 : $p \rightarrow q$
- 두 번째 명제 : $r \rightarrow p$
- 세 번째 명제 : $q \rightarrow s$

세 명제를 통해 $r \rightarrow p \rightarrow q \rightarrow s$의 관계가 성립한다. $r \rightarrow q$가 참이므로 대우인 $\sim q \rightarrow \sim r$도 참이다. 따라서 '인맥이 좁은 사람들은 주변에 친구가 많지 않다.'는 참이다.

오답 풀이

① 성격이 좋은 사람은 인맥이 넓지만, 인맥이 넓으면 성격이 좋은지는 알 수 없다.

④ 주변에 친구가 많은 사람은 인맥이 넓지만, 인맥이 넓으면 주변에 친구가 많은지는 알 수 없다.

정답 풀이

40% 이하의 손실률을 보인 부품은 A, B, C이다. A부품은 품질 보증서가 없기 때문에 수리비에 5%가 가산된다. 또한, 손실률이 40%를 초과한 부품은 D, E이다. D부품은 무상 A/S 기간이 지났으므로 교체비용에 5%가 가산된다. 택배 신청을 하였으므로 책정된 수리비에 3,000원(∵ 서울)이 추가된다.

따라서 총 결제금액은 $15,000 \times 1.05 + 7,000 + 10,000 + 20,000 \times 1.05 + 8,000 + 3,000 = 64,750$원이다.

정답 풀이

종목별 점수와 팀별 중간 합계 점수를 계산하면 다음과 같다.

종목	A팀	B팀	C팀	D팀
족구	2위(6점)	–	3위(5점)	1위(7점)
탁구	1위(6점)	3위(2점)	–	2위(4점)
축구	3위(3점)	1위(5점)	2위(4점)	–
중간 합계	15점	7점	9점	11점

따라서 중간 순위가 높은 순으로 나열하면 A - D - C - B이다.

정답 풀이

중간 순위 4위 팀이 7점이고 중간 순위 1위 팀이 15점인데, 야구에서 1위 팀과 3위 팀의 차이는 7점이므로 순위는 뒤바뀌지 않는다.

오답 풀이

② 중간 순위 2위 팀이 현재 11점, 중간 순위 3위 팀이 현재 9점, 중간 순위 1위 팀이 현재 15점이므로 야구 경기에서 각각 1위, 2위, 3위를 하게 되면 22점, 16점, 19점이 된다. 따라서 중간 순위 2위가 1위로, 3위는 그대로, 1위가 2위로 바뀌게 되므로 2개 팀의 순위가 바뀐다.

③·④ 중간 순위 1위 팀과 4위 팀의 점수는 각각 15점, 7점인데 두 팀 모두 3위 안에 들게 되고, 각각 1위와 3위를 하게 되면 합산 점수는 $15 + 11 = 26$점, $7 + 4 = 11$점으로 최대 15점 차이가 나고, 각각 3위와 1위를 하게 되면 합산 점수는 $15 + 4 = 19$점, $7 + 11 = 18$점으로 최저 1점까지 차이가 난다.

⑤ 위에서 언급한 대로 순위는 충분히 뒤바뀔 수 있다.

p : 집중력이 강하다.　　ㄱ. $p \to q$
q : 시험 점수가 높다.　　ㄴ. $r \to s$
r : 집안이 화목하다.　　ㄷ. $\sim u \to \sim s$
s : 성격이 좋다.　　　　ㄹ. $\sim p \to \sim u$
t : 친구가 많다.　　　　ㅁ. $s \to t$
u : 노력을 한다.

삼단논법과 대우를 이용하여

$$
\begin{array}{ccccc}
u & \to & p & \to & q \\
 & \searrow & & & \text{이고} \\
r & \to & s & \to & t
\end{array}
$$

'집안이 화목하면 학생들의 시험 점수가 높다.'는 $r \to q$이므로 참이다.

9년 이상 납입하였기 때문에, 좀 더 본인에게 필요한 보험으로 이전하는 것을 추천하였으므로 기왕 씨에게 해줄 수 있는 말로 적절하다.

① 상해 발생 가능성이 낮은 부서로 옮겼기 때문에 해줄 수 있는 말로 적절하지 않다.
② 해지하지 않고 1년 이상 더 납입한다면 환급률은 높아지지만 여전히 환급률은 96%로 손해이다. 덜 손해볼 수 있는 방법을 제시한 것으로 손해가 발생하지 않을 해결책을 제시하지 못했다.
③ 환급률에 대한 고민보다도 업무 특성상 필요없는 보험이라는 생각때문에 이 보험을 해약하려는 것이므로 적절하지는 않다.
⑤ 지금 해지하면 환급률이 55%밖에 되지 않아 손해가 발생하므로 적절하지 않다.

계산은 (연납입액)×(기간)×(연금이율)×(만기시 예금이율)×(1−중도해지시 이율/100)로 한다.
6년 동안 연금을 납입하는 경우는 (240만)×(25년)×(1+0.24)=7,440만 원으로 가장 큰 금액을 수령할 수 있다.

② 연금을 해약하고 받은 금액으로 A적금에 6년간 예치한다면
　{(240만)×(15년)×(1+0.115)+(240만)×(4년)×(1+0.17)}×(1−0.03)×(1+0.12)≒5,581만 원
③ 1년 동안 연금을 납입 후 해약하고 받은 금액으로 A적금에 5년간 예치한다면
　(240만)×(20년)×(1+0.17)×(1−0.03)×(1+0.11)≒6,047만 원
④ 2년 동안 연금을 납입 후 해약하고 받은 금액으로 A적금에 4년간 예치한다면
　{(240만)×(20년)×(1+0.17)+(240만)×(1년)×(1+0.24)}×(1−0.02)×(1+0.1)≒6,375만 원
⑤ 3년 동안 연금을 납입 후 해약하고 받은 금액으로 A적금에 3년간 예치한다면
　{(240만)×(20년)×(1+0.17)+(240만)×(2년)×(1+0.24)}×(1−0.02)×(1+0.9)≒11,565만 원

26

26

정답 ④

 유경 씨는 친절도 점수 평균이 전체 평균보다 낮기 때문에 고객에게 친절했으면 하는 조언은 옳다.

① 유경 씨가 부족한 부분은 고객에 대한 친절도로 사교성과의 연관성을 찾을 수 없다.
② 범희 씨는 친절도가 다른 신입사원들의 평균 점수보다 높게 평가되었으므로, 고객을 대할 때 더욱 친절하게 대하라는 조언은 적절하지 않다.
③ 방문 고객 점수의 부분별 정보만으로는 정확한 전화 상담 친절도를 확인할 수 없다.
⑤ 유경 씨의 기술적인 해결부분의 점수는 만점으로, 기술적인 부분을 더 연구해야한다는 조언은 옳지 않다.

27

정답 ③

• 김다형 사원 : 방문 고객 점수와 전화 상담 고객 점수가 4점 미만이기 때문에 자사로 방문한 고객의 마음을 꿰뚫어 원하는 것이 무엇인지 파악할 수 있는 양지혜 강사의 특강과 전화 매뉴얼을 통해 전화로 응대하는 고객에게 만족을 드릴 수 있는 안종수 강사의 특강이 필요하다.
• 이건철 사원 : 전화 상담 고객 점수가 4점 미만이기 때문에 전화 매뉴얼을 통해 전화로 응대하는 고객에게 만족을 드릴 수 있는 안종수 강사의 특강이 필요하다.
• 이언주 사원 : 동료 평가 점수가 4점 미만이기 때문에 동료들과의 팀워크를 향상시킬 수 있는 데 도움이 될 수 있는 유수인 강사의 특강이 필요하다.

28

정답 ⑤

(가) 조건에 의해서 면접 – 자소서 – 전공 순으로 순서를 정해야 하며, (나) 조건에 의해서 같은 분야라면 경력이 많은 순서로 정해야 한다. 따라서 첫 번째 면접 중에는 참가자 C, 두 번째 자소서 중에는 참가자 G, 세 번째 전공 중에는 참가자 A가 선택되어야 하므로, C – G – A의 순서대로 결정된다. (다) 조건에 의해서 네 번째는 나머지 참가자 중에 참가 횟수가 가장 많은 F에게 전화를 걸어야 한다.
따라서 C – G – A – F의 순서로 전화하여야 한다.

29

정답 ④

• A가 진실을 말할 때
 – A : 위인전
 – B : 위인전
 – C : 수험서
 이 경우 소설책을 가진 사람이 없어서 모순이다.
• B가 진실을 말할 때
 – A : 소설책 또는 수험서
 – B : 소설책 또는 수험서
 – C : 수험서
 이 경우 위인전을 가진 사람이 없어서 모순이다.
• C가 진실을 말할 때
 – A : 소설책 또는 수험서
 – B : 위인전
 – C : 소설책 또는 위인전
 이 경우 A는 수험서, B는 위인전, C는 소설책을 가지고 있다.
세 가지 경우에 의하여 소설책, 위인전, 수험서를 받은 사람을 차례로 나열하면 C, B, A이다.

30

 첫 번째, 세 번째, 다섯 번째 사실에서 소리와 진주만 여자이고, 여자들의 성은 '김' 또는 '이'이므로, 광균이와 상흔이의 성은 '박' 또는 '문'임을 알 수 있다.

두 번째 조건에서 소리가 진주보다 일찍 도착했음을 알 수 있으므로 소리의 성이 '김'이고 진주의 성은 '이'이다. 또한, 광균이가 성이 '문'인 학생보다 일찍 도착했으므로, 성이 '박'임을 알 수 있다. 그러므로 성과 이름을 바르게 연결한 것은 김소리 – 문상흔 – 박광균 – 이진주임을 알 수 있다.

31

 소요 예산이 적게 드는 순서대로 프로젝트들을 고르면 4개 이상이 될 경우 3억이 초과된다. 따라서 최대 3개의 프로젝트가 가능하며 3개 프로젝트가 나와 있는 선택지 ①과 ②만 비교한다.

①의 소요비용은 1억 2천만 원+6천만 원+8천만 원=2억 6천만 원이고, ②의 소요비용은 1억 5천만 원+5천만 원+1억 2천만 원=3억 2천만 원으로 예산 초과이다. 따라서 ①의 경우가 선택된다.

 ③ 6천만 원+1억 5천만 원+1억 2천만 원+8천만 원=4억 1천만 원
④ 5천만 원+6천만 원+8천만 원+1억 5천만 원=3억 4천만 원
⑤ 8천만 원+6천만 원+5천만 원+1억 2천만 원=3억 1천만 원

32

 가장 적은 소요인력의 프로젝트부터 차례대로 더하면, 스마트팜 확대 10명, 귀농귀촌 활성화 15명, 농가소득 증대 20명까지 45명이고 최대 투입가능 인원 50명보다 적다. 나머지 프로젝트는 소요인력이 30명, 40명이므로 동시에 진행하면 50명을 초과한다. 따라서 프로젝트는 최대 3개까지 가능하다.

33

 다음 표처럼 우선순위 순서대로 하나씩 진행을 고려해 본다.

프로젝트	소요예산	소요기간	소요인력	우선순위	진행가능 여부
농산물 제값 받기	5천만 원	3개월	30명	1	○
농가소득 증대	8천만 원	12개월	20명	2	○
아름다운 마을 가꾸기	1억 2천만 원	3개월	40명	3	✕ (동시 진행 인원이 50명을 넘어간다)
귀농귀촌 활성화	6천만 원	5개월	15명	4	○
스마트팜 확대	1억 5천만 원	2개월	10명	5	✕ (예산이 3억 원을 넘어간다)

우선순위를 먼저 고려하여 '농산물 제값 받기'와 '농가소득 증대'를 같이 시작하고, '농산물 제값 받기'가 끝나면 '아름다운 마을'이 3순위로 추진해야 하지만 '농가소득 증대 프로젝트'와 같이 진행되어 20+40=60으로 투입가능 인원이 50명을 넘어간다. 따라서 최대 30명까지 가능하므로 4순위인 '귀농귀촌 활성화 프로젝트'와 1년 안에 끝낼 수 있다.
'스마트팜 확대'는 소요인력 조건으로는 가능하지만 4가지 프로젝트의 총 소요예산이 0.5+0.8+0.6+1.5=3.4억 원으로 투입가능 예산인 3억 원보다 많아 불가능하다.

34

대리와 과장이 2박 3일간 부산 출장비로 받을 수 있는 총액은 다음과 같다.
- 일비 : $(30,000×3)+(50,000×3)=240,000$원
- 교통비 : $(3,200×2)+(121,800×2)+10,300=260,300$원
- 숙박비 : $(120,000×2)+(150,000×2)=540,000$원
- 식비 : $(8,000×3×3)+(10,000×3×3)=162,000$원

따라서 총액은 $240,000+260,300+540,000+162,000=1,202,300$원이다.

35

사원 2명과 대리 1명이 1박 2일간 강릉 출장비로 받을 수 있는 총액은 다음과 같다.
- 일비 : $(20,000×2×2)+(30,000×2)=140,000$원
- 교통비 : 0원($∵$ 자가용 이용)
- 숙박비 : $(80,000×3)=240,000$원
- 식비 : $(6,000×3×2×2)+(8,000×3×2)=120,000$원

따라서 3명의 총출장비는 $140,000+240,000+120,000=500,000$원이다.

36

강릉지부는 필요방문 직원 수가 2명이면서 업무관련성이 있는 직원의 수가 2명이므로 방문할 직원이 B대리와 E사원으로 고정된다.

광주지부의 경우에도 필요방문 직원 수가 2명이면서 업무관련성이 있는 직원의 수가 2명이므로 방문할 직원이 B대리와 D주임으로 고정된다.

그러면 B대리는 2개 지부로 반드시 출장을 가게 되어 부산지부로 출장을 갈 수 없다.

이에 따라 부산지부의 경우에도 출장가능한 직원이 A팀장, D주임, E사원으로 고정된다.

D주임의 경우 부산지부는 3명이 필요하므로 광주지부와 부산지부로 반드시 출장을 가게 되므로 대구지부로는 출장을 갈 수 없다.

따라서 대구지부에는 A팀장과 C주임이 출장을 가게 된다.

이를 반영하여 가능한 경우를 표시하면 다음과 같다.

직원 \ 지부	강릉지부	대구지부	광주지부	부산지부
A팀장	×	○	×	○
B대리	○	×	○	×
C주임	×	○	×	×
D주임	×	×	○	○
E사원	○	×	×	○

정답 풀이　변경된 방문필요 직원 수에 따르면 대구지부는 필요방문 직원 수와 업무관련성이 있는 직원의 수가 동일하므로 방문할 직원이 A팀장, C주임, D주임으로 고정된다.
이와 동일하게 광주지부의 경우에도 방문할 직원이 B대리와 D주임으로 고정된다.
이렇게 D주임은 2개의 지부에 반드시 출장을 가야하므로 부산지부로 출장을 갈 수 없다.
E사원을 기준으로 생각하면, 강릉지부만 방문하는 경우, 부산지부만 방문하는 경우, 강릉지부와 부산지부를 모두 방문하는 경우에 따라 총 4가지의 경우의 수가 나온다.

1) E사원이 강릉지부만 방문하는 경우
E사원이 강릉지부를 방문하면 B대리는 강릉지부를 방문할 수 없으며, 부산지부를 방문가능한 직원은 A팀장과 B대리로 고정된다.

직원 ＼ 지부	강릉지부	대구지부	광주지부	부산지부
A팀장	×	○	×	○
B대리	×	×	○	○
C주임	×	○	×	×
D주임	×	○	○	×
E사원	○	×	×	×

2) E사원이 부산지부만 방문하는 경우
B대리가 강릉지부로 출장을 가게 되어 부산지부로는 출장을 갈 수 없다. 따라서 부산지부로 출장을 갈 직원은 A팀장과 E사원으로 고정된다.

직원 ＼ 지부	강릉지부	대구지부	광주지부	부산지부
A팀장	×	○	×	○
B대리	○	×	○	×
C주임	×	○	×	×
D주임	×	○	○	×
E사원	×	×	×	○

3) E사원이 강릉지부와 부산지부를 모두 방문하는 경우는 다시 두 가지로 나누어 생각해볼 수 있다.
① A팀장이 부산을 방문하는 경우

직원 ＼ 지부	강릉지부	대구지부	광주지부	부산지부
A팀장	×	○	×	○
B대리	×	×	○	×
C주임	×	○	×	×
D주임	×	○	○	×
E사원	○	×	×	○

② B대리가 부산지부를 방문하는 경우

직원 ＼ 지부	강릉지부	대구지부	광주지부	부산지부
A팀장	×	○	×	×
B대리	×	×	○	×
C주임	×	○	×	×
D주임	×	○	○	×
E사원	○	×	×	○

ㄱ. A팀장이 대구지부와 부산지부로 출장을 가는 1), 2), 3) - ①이 그 반례이다.
ㄴ. 1)의 경우에 따르면 B대리는 A팀장과 함께 부산지부로 출장을 간다. 따라서 옳지 않은 설명이다.

ㄷ. 가능한 모든 경우에서 D주임은 대구지부와 광주지부로 출장을 감을 알 수 있다. 따라서 옳은 설명이다.
ㄹ. 가능한 어떠한 경우에도 서로 출장지가 완전히 동일한 직원은 존재하지 않는다.

38

정답 ②

현수막 설치 후보 장소 중 유동인구가 가장 많은 마트 앞에는 설치가능 일자가 일치하지 않아 설치할 수 없고, 나머지 장소는 설치가 가능하다. 유동인구가 많은 순서대로 살펴보면 O회사, 주유소, 우체국 순이지만 주유소는 우체국과 유동인구가 20명 이상 차이가 나지 않으므로 게시기간이 긴 우체국(2일)에 설치한다. 따라서 O회사와 우체국에 설치한다.

39

정답 ④

(단위 : 만 원, 일)

구분	동사무소	O회사	우체국	주유소	마트
설치비용	200	300	250	200	300
하루 게시비용	10	8	12	12	7
게시기간	16	21	10	9	24
합계비용	$200+(10\times16)$ $=360$	$300+(8\times21)$ $=468$	$250+(12\times10)$ $=370$	$200+(12\times9)$ $=308$	$300+(7\times24)$ $=468$

따라서 주유소에 설치하는 것이 308만 원으로 가장 저렴하다.

40

정답 ④

정보공개 대상별 정보공개수수료 자료를 바탕으로 각 보기의 정보열람인들이 지급할 금액을 정리하면 다음과 같다. 이때, A가 열람한 문서는 각 1일 1시간 이내는 무료이고 출력한 문서도 첫 장의 가격만 다르다는 점과, C가 열람한 사진필름은 첫 장은 200원, 두 번째 장부터 50원이라는 점, D가 출력한 문서는 첫 장의 가격만 다르며, 열람한 사진필름에 대해서도 첫 장만 가격이 다르다는 점에 주의한다.

구분	정보공개수수료
A	$(5\times1,000)\times2+[300+(25-1)\times100]=12,700$원
B	$2,000+(13\times200)+(6\times3,000)=22,600$원
C	$(2\times1,000)+(3\times5,000)+[200+(8-1)\times50]=17,550$원
D	$[250+(35-1)\times50]+[200+(22-1)\times50]=3,200$원

따라서 지급할 정보공개수수료가 많은 사람부터 나열하면 'B-C-A-D' 순서이다.

01 자원관리능력 15제

01	①	02	④	03	①	04	①	05	④	06	⑤	07	③	08	③	09	②	10	②
11	④	12	①	13	①	14	⑤	15	④										

01 정답 ①

 시간관리 매트릭스를 고려해 중요도와 긴급성에 따라 우선순위를 매긴다면 1사분면에 와야 할 일은 미팅에 필요한 보고서를 작성하는 일이다. 그러므로 2번이 가장 좋은 행동이라 할 수 있다. 1번은 우선순위를 정하거나 특별한 계획을 구상하지 않은 채 논의하는 데 그치고 있으므로 현재 상황에 적절하지 않다. 그러므로 가장 나쁜 행동이라 할 수 있다.

02 정답 ④

 양면 10,000장을 복사하기 위한 시간을 계산하기 위해서는 구매할 복사기가 총 10대이므로 1,000장을 복사하는 시간을 구하여 비교하면 된다.
- A제품(100매 양면 연속 복사, 5초 휴식)
  - 복사시간 : 1,000÷100=10분
  - 휴식시간 : 10−1=9번 → 9×5=45초
  ∴ 총 10분 45초 소요
- B제품(200매 단면 연속 복사, 10초 휴식)
  - 복사시간 : 1,000÷200=5분 → 5×2=10분
  - 휴식시간 : 10−1=9번 → 9×10=90초
  ∴ 총 11분 30초 소요
- C제품(500매 단면 연속 복사, 30초 휴식)
  - 복사시간 : 1,000÷500=2분 → 2×2=4분
  - 휴식시간 : 4−1=3번 → 3×30=90초
  ∴ 총 5분 30초 소요
- D제품(500매 양면 연속 복사, 1분 휴식)
  - 복사시간 : 1,000÷500=2분
  - 휴식시간 : 2−1=1번 → 1분
  ∴ 총 3분 소요
- E제품(250매 양면 연속 복사, 10초 휴식)
  - 복사시간 : 1,000÷250=4분
  - 휴식시간 : 4−1=3번 → 3×10=30초
  ∴ 총 4분 30초 소요

따라서 가장 빠르게 복사하는 D제품을 선택하는 것이 가장 적절하다.

03

어느 특정한 곳을 거점으로 두고 나머지 지점까지의 이동시간을 정리하여 합계를 구하면 다음과 같다.

경우	A지점	B지점	C지점	D지점	E지점	합계
A거점	–	10분	12분	15분	10분	47분
B거점	10분	–	10분	15분	20분	55분
C거점	15분	10분	–	10분	17분	52분
D거점	12분	17분	10분	–	10분	49분
E거점	10분	20분	15분	10분	–	55분

따라서 A지점이 거점으로 가장 적절하다.

04

정답 ①

 문의를 해 온 회사의 예약을 받기 위해서는 월·수·금 중 하루를 선택해야 하며, 6시간을 확보할 수 있어야 한다. 또한 총 투입인력이 50명이 넘으면 안 된다.
2일은 13시부터 그린에 20명만 투입되면 되므로, 핑크 2타임 예약이 가능하다.

 ② 4일은 9시부터 그린에 20명 투입되어야 한다. 옐로우는 투입인원이 25명이므로 가능하지만, 3타임을 사용해야 한다.
③ 6일은 9시부터 핑크에 30명, 16시부터 블루에 27명이 투입되어야 한다. 퍼플 2타임이 가능하지만, 9시부터 투입인원 25명이 필요하므로 예약할 수 없다.
④ 11일은 9시부터 옐로우에 25명, 12시부터 퍼플에 25명이 투입되어야 한다. 9시부터 블루 2타임에 27명이 투입되어야 하므로 예약할 수 없다.
⑤ 13일은 13시부터 퍼플에 25명이 투입되어야 한다. 9시부터 핑크 1타임을 사용할 경우 30명이 투입되어야 하므로 예약이 불가하다.

05

정답 ④

 출발역과 도착역을 제외하고 정차한 시간을 구해 보면 다음과 같다. 그러므로 가장 느린 완행 10시간 30분에서 가장 빠른 특급 4시간 5분을 빼면 6시간 25분의 차이가 난다.

구분	평균속력(km/h)	이동시간(시간)	정차역(개)	정차시간	총 소요시간
완행	100	1,000÷100=10	6	30분	10시간 30분
보통	120	1,000÷120≒8	3	15분	8시간 15분
우등	140	1,000÷140≒7	3	15분	7시간 15분
급행	180	1,000÷180≒5	2	10분	5시간 10분
특급	240	1,000÷240≒4	1	5분	4시간 5분

06
정답 ⑤

전체 노선 길이는 1,000km이므로 주어진 노선 정보를 활용하여 총 연료비를 구하면, 다음과 같다. 따라서 가장 저렴한 노선은 특급이다.

구분	연비(km/L)	연료 사용량(L)	1리터당 연료비(원)	총 연료비(원)
완행	2	1,000÷2=500	800	400,000
보통	4	1,000÷4=250	1,000	250,000
우등	6	1,000÷6≒166	1,500	249,000
급행	8	1,000÷8=125	1,800	225,000
특급	10	1,000÷10=100	2,000	200,000

07
정답 ③

판매망	1대당 판매 이익(원)	1대당 광고비＋인건비(원)	1대당 순이익(원)
홈쇼핑	50,000	13,500	36,500
대리점	40,000	13,000	27,000
온라인	60,000	10,500	49,500
대형마트	30,000	15,500	14,500
백화점	80,000	18,500	61,500

1대당 순수익이 가장 높은 판매망은 백화점이다. 그러나 1분기 광고비가 10,000×600=600만 원으로 예산금액인 500만 원보다 높으므로 제외한다. 따라서 가장 높은 순이익을 내는 판매망은 온라인이다.

08
정답 ③

순이익이 가장 큰 판매망은 백화점이다. 1대당 순이익이 61,500원이므로 600대를 판매할 경우 총이익은 36,900,000원이다.

판매망	1대당 순이익(원)	총이익(원)
홈쇼핑	36,500	21,900,000
대리점	27,000	16,200,000
온라인	49,500	29,700,000
대형마트	14,500	8,700,000
백화점	61,500	36,900,000

09
정답 ②

기존 A회사 설비를 사용할 때는 매달 연료비만 100만 원이 든다. 설치비 1,000만 원을 들여 '가' 회사 설비로 바꿀 경우 25만 원으로 줄어든다. 사용하는 기간을 x개월이라고 할 때, $100x \geq 25x + 1,000$이 성립해야 한다.
그러므로 $x \geq 13.333\cdots$이므로 최소 14개월 이상 사용해야 손해를 보지 않을 수 있다.

10

기존에는 매달 185만 원의 비용이 들었는데 '나' 회사의 설비를 설치한 후 연료비용에서는 80만 원을 절감하고, 전력비용에서는 20%, 즉 17만 원을 절감하였다. 따라서 185만 원 중 97만 원을 절감하여 총비용은 88만 원이 든다.
기존의 1년 비용은 185×12=2,220만 원이고, '나' 회사의 제품을 설치한 이후의 1년 비용은 88×12=1,056만 원이다. 그러므로 매년 1,164만 원의 비용을 절감하여 3년을 사용하면 3,492만 원의 이익을 본다. 여기서 설치비용 2,000만 원을 제외하고 다른 회사에 판매한 700만 원을 더하면 3,492−2,000+700=2,192만 원 이익이다.

설비	전력비용(만 원)	연료비(만 원)	설치비(만 원)
A회사	85	100	–
'가' 회사	85	25	1,000
'나' 회사	68	20	2,000

11

싱가포르가 한국보다 1시간 늦기 때문에 시간 계산을 할 때는 한국 시각에서 1시간을 빼면 된다. 정리하면 다음과 같다.

구분	출발 시각 (한국 기준)	경유 시 소요되는 시간	도착 시각 (싱가포르 기준)	티켓 비용
A	1일 오전 10시	–	1일 오후 2시	380,000원
B	1일 오후 2시	3시간 30분	1일 저녁 9시 30분	250,000원
C	1일 오전 11시	–	1일 오후 3시	390,000원
D	1일 오후 1시	3시간	1일 저녁 8시	270,000원
E	1일 오후 1시	2시간	1일 저녁 7시	320,000원

티켓 비용이 가장 저렴한 것은 B노선이지만 도착 시각이 저녁 9시 30분이기 때문에 적합하지 않다. 나머지 노선을 직항(A·C)과 경유(D·E)로 구분하여 가격을 비교했을 때, D노선은 A·C노선에 비해 10만 원 이상 저렴하며, E는 그렇지 못하다. 따라서 가장 적절한 노선은 D노선이다.

12

가장 먼저 할 일은 ★을 숫자로 바꾸는 일이다. 그 다음 브랜드 인지도와 실용성의 점수를 합해 총합을 구한다.

구분	A	B	C	D	E
브랜드 인지도(a)	5	4	3	2	4
디자인	4	5	3	4	3
착용감	3	4	3	4	3
실용성(b)	4	4	4	4	4
가격	1	2	3	5	3
(a)+(b)	9	8	7	6	8

브랜드 인지도(a)와 실용성(b)의 합이 9점인 A가 10대에게는 가장 구매력이 높은 제품이 된다.

13

정답 풀이

롱패딩 1개를 제작할 때 3단위의 원단이 필요하므로, 가장 저렴한 E가 1순위가 된다.
- A : 36,000원
- B : 33,000원
- C : 30,000원
- D : 36,000원
- E : 27,000원

그러나 가장 방수력이 좋은 A제품과 단가 차이가 9,000원이므로 최종적으로 선택하게 되는 것은 A이다.

14

정답 풀이

최소 필요 인력수를 표로 정리하면 다음과 같다.

구분	24~4시	4~8시	8~12시	12~16시	16~20시	20~24시	계
24~4시 근무	10	10					10
4~8시 근무		10	10				10
8~12시 근무			14	14			14
12~16시 근무				16	16		16
16~20시 근무					9	9	9
20~24시 근무						–	–
필요 인력수	10	20	24	30	25	9	118 / 59

15

정답 풀이

24시부터 4시까지 경비 인력 10명을 추가해 20명으로 설정하면 된다. 종전의 59명에서 10명 더 추가한 69명이 최소 경비 인력이다.

구분	24~4시	4~8시	8~12시	12~16시	16~20시	20~24시	계
24~4시 근무	20	20					20
4~8시 근무		–	–				–
8~12시 근무			24	24			24
12~16시 근무				6	6		6
16~20시 근무					19	19	19
20~24시 근무						–	–
최소 경비 인력수	20	20	24	30	25	9	128 / 69

01	⑤	02	①	03	③	04	④	05	②	06	⑤	07	①	08	②	09	④	10	②
11	①	12	③	13	④	14	③	15	④										

01 정답 ⑤

보안 프로그램 설치 페이지에서 제시된 것과 같이 '필수' 항목인 ⓛ·ⓒ·ⓔ은 반드시 설치해야 홈페이지에서 은행 업무를 원활히 이용할 수 있다. 반면 '선택' 항목인 ⓙ·ⓜ은 설치하지 않아도 된다. 이 중 ⓙ은 보안 프로그램 전체를 한꺼번에 설치·관리하는 것으로, 필수 항목을 개별로 설치했다면 ⓙ을 설치하지 않아도 된다.

02 정답 ①

수학기호와 함수 등을 표현할 수 있는 수식입력기의 단축키는 Ctrl+n, m이다.

03 정답 ③

윈도우 키가 없을 때에는 Ctrl+Esc 키로 쉽게 시작메뉴를 불러올 수 있다.

04 정답 ④

내부 E-mail로 업무를 보고할 때 지켜야 할 예의범절이 있다. 제목은 메시지 내용을 함축하여 간략하게 써야 하며, 제목 끝에 사견이나 특수문자, 형용사 등은 제외하는 것이 올바르다. 타인과 텍스트로 정보를 주고 받을 때는 다른 의미로 전달될 수 있어 공적인 상황에서는 특히 주의하여야 한다.

05 정답 ②

ⓙ·ⓒ 백신 프로그램을 설치하고 자주 업데이트해야 하며, 인터넷에서 자료를 받았을 때는 바이러스 검사 후에 사용하여야 한다. 최근 Window Defender, 알약, Norton 등 많은 유·무료 백신 프로그램이 있으니 설치하도록 하며, 중요한 파일을 다루는 업무용 PC는 유료 백신 프로그램으로 조금 더 많은 바이러스를 검색할 수 있도록 조치해두는 것이 현명하다.

06 정답 ⑤

함수를 완성하기 위해서 return 0;과 }를 반드시 입력하여 주고, 실행하면 구구단이 나타난다.

풀이 TIP

위와 같은 소스코드는 위 실행내용의 과정을 일일이 하나씩 풀어내는 것보다는 전체 흐름이 구구단인지 피보나치 수열인지를 판단하는 것이 중요하다. 시간이 없는 상황에서 하나씩 대입하여 풀어나간다는 것은 큰 손해이다.
전산을 모르는 사람이라도 코딩의 가장 기본이 되는 구구단과 피보나치 수열을 알아두면 좋을 것이며, 소스코드의 마지막에 return 0;으로 종료가 된다는 것 또한 필수적으로 알아두어야 할 것이다.

07

정답 ①

개인기기를 별도로 보관하고, 인터넷이 제한된 기기만을 사용하는 것은 보안 관리를 위한 것으로 보안성과 관련이 있는 내용이다. ① 사례의 경우에는 화면보호기에 비밀번호를 설정함으로써 사용자 외의 사람이 사용할 수 없도록 하여 보안 관리를 철저히 한 것이므로 주어진 글과 유사한 사례로 볼 수 있다.

08

정답 ②

F5 한 번은 표 안에 한 셀만을 선택하며, 세 번 누르면 표의 전체 셀을 선택하게 된다. 전체 셀 중 해당 영역의 높이를 일정하게 하고 싶을 때는 H, 너비를 일정하게 하고 싶을 때는 W를 누르면 된다.

09

정답 ④

바이러스에 감염된 상황에서 정보보호 전문가를 초빙하여 교육하는 것은 시간상 의미가 없다. 즉각적으로 처리할 수 있는 부분을 먼저 실행한 후 교육을 실시하는 것이 옳다.

①·②·③·⑤ 모두 즉각적으로 대응하는 데 알맞은 조치요령이다.

10

정답 ②

랜섬(Ransom)이란 '(납치유괴된 사람에 대한) 몸값'이란 의미이다. 따라서 랜섬웨어란 소프트웨어를 사용하지 못하도록 한 다음 금품을 요구하는 범죄이다. 랜섬웨어가 유입되는 경로는 대부분 E-mail 또는 확인되지 않은 웹사이트에 접속하거나 프로그램을 다운받아 설치하였을 때이며, 침입한 후에는 업무자료 및 사용자의 시스템 자체를 잠그거나 데이터를 암호화하여 이를 사용할 수 없도록 만드는 바이러스이다.

① 웜 바이러스 : 일반적으로 '웜(Worm)＝벌레'라고 표현한다. 컴퓨터 내부 시스템을 파괴하거나, 작업하는 일련의 과정들을 지연시키거나 방해하는 프로그램이다.
③ 매크로 바이러스 : 일반 프로그램과 다르게 파일을 훼손하지 않으면서 복잡하고 방대한 양의 문서를 열지 못하게 하거나 암호가 설정되어 볼 수 없도록 하는 프로그램이다.
④ 트로이 목마 : 마치 유용한 프로그램인 것처럼 속여 사용자가 사용하도록 유도한 후 사용자 PC의 중요 데이터를 해킹하는 프로그램이다.
⑤ 스푸핑(Spoofing) : 스푸핑 공격(Spoofing Attack)은 자기 자신의 식별정보를 속여 다른 대상 시스템을 공격하는 기법이다. 네트워크상의 공격자는 TCP/IP(Transfer Control Protocol/Internet Protocol) 프로토콜상의 취약성을 기반으로 해킹 시도 시 자신의 시스템 정보(IP 주소, DNS 이름, Mac 주소 등)를 위장하여 감춤으로써 역추적이 어렵게 만든다.

I를 순차적으로 1부터 대입하면 J는 1씩 순차적으로 증가하며, I가 100이 되면 결과를 출력하도록 되어 있는 알고리즘이다.

I	0+1=1	1+1=2	2+1=3	3+1=4	4+1=5	…	99+1=100
J	(0+1)=1	(2+1)=3	(3+3)=6	(4+6)=10	(5+10)=15	…	(100+4,950)=5,050

12 정답 ③

 데이터베이스에 관한 설명이다.

 ① 빅데이터 : 컴퓨터 기술이 발달함에 따라 축적되는 데이터가 많아 이를 기존의 처리방식으로는 해결할 수 없어 새로운 방식의 데이터 수집, 종합, 처리 등 종합적으로 데이터를 관리하는 기술이다.
② LTE : Long Term Evolution의 줄임말로 3G(Generation) 이동통신에서 4G 이동통신으로 진화한 기술이다. 4G 이동통신 서비스의 규격으로 현재 전 세계적으로 가장 광범위하게 쓰이고 있다.
④ AI : Artificial Intelligence의 줄임말로 인간과 같이 사고하고 학습 및 판단, 논리적인 방식을 사용하는 컴퓨터 프로그램이다. 현재 AI에 관한 연구가 활발하지만 그에 따른 부작용도 염려되고 있다.
⑤ 사물인터넷 : 영어로는 Internet of Things이며 IoT로 많이 쓰인다. 인터넷을 기반으로 사물과 사물, 사람과 사물 간의 정보를 상호 교환하고 처리하는 기술을 말한다.

13 정답 ④

 유비쿼터스에 관한 설명이다.

 ⑤ ICT : Information and Communications Technologies의 줄임말로 정보통신기술이다. 빅데이터를 포함하여 사물인터넷, AI 등을 총망라하여 정보기술과 통신기술을 융합하여 창조적인 기술로 발전시킨다는 의미를 내포하고 있다.

14 정답 ③

 빅데이터에 관한 설명이다.

15 정답 ④

 개인 정보는 개인 스스로가 관리하여야 하며, 가족이라도 타인에게 계좌 등을 양도해서는 안 된다.

03 기술능력 15제

01	③	02	④	03	③	04	⑤	05	①	06	④	07	①	08	④	09	①	10	⑤
11	③	12	③	13	⑤	14	①	15	②										

01
정답 ③

 메모는 간단히, 그리고 보기 좋게 육하원칙에 따라 기술하는 것이 좋다.

02
정답 ④

 전화를 받은 사람의 소속을 밝힘으로써 내용전달에 있어 책임소재를 분명히 하라는 의미이므로 매뉴얼의 설명과는 맞지 않는다.

03
정답 ③

 매뉴얼에서 경청의 자세로 고객의 말을 끝까지 들으라고 명시하고 있으므로 잘못된 내용일지라도 고객의 말을 끊어서 내용을 정정하는 것은 매뉴얼상 옳지 못하다.

04
정답 ⑤

 건조기 주변 온도가 영상 10도 미만인 경우에 해당하므로 건조기에서 소리가 날 수 있다.

05
정답 ①

 설치 시 주의사항에 김치냉장고 사용 시에는 하나의 콘센트에 김치냉장고의 플러그만 꽂아 사용하라고 명시되어 있으므로 멀티탭에 여러 제품의 플러그를 꽂아 사용해서는 안 된다. 감전의 위험이 있을 수 있다.

06
정답 ④

 사용 시 주의사항에 전선이 무리하게 구부러지거나 무거운 물체에 눌리지 않도록 하라고 제시되어 있기 때문에 임의로 전선을 묶어 고정시켜 놓는 것은 적절하지 못하다.

07

 정답풀이 운반 시 주의사항에 '이사 등 장거리나 장시간의 운반이 필요한 경우에는 제품을 눕히지 말고 세워서 운반하세요.'라고 하였기 때문에 단단한 고정을 위해 눕혀서 운반해서는 안 된다.

08

정답 ④

 정답풀이 4E 표시는 전류 공급이 원활하지 못한 것이므로 전선이 꼬이거나 눌려 제대로 작동을 하지 못하는 것인지 혹은 전원 콘센트에 문제가 있는 것인지를 확인해야 한다.

09

정답 ①

 정답풀이 빨래의 종류에 따라 정해진 용량에 맞게 건조기를 사용해야 한다. 빨래 양이 적다고 해서 빨래의 종류를 따지지 않고 무조건 표준모드로 사용하는 것은 옷감의 손상을 가져올 수 있다.

오답풀이
② 같은 면이지만 면티는 표준모드로, 얇은 속옷은 섬세의류 모드를 이용해야 한다.
③ 단추나 금속이 달린 경우에는 기계에 직접적으로 닿지 않아야 하므로 뒤집어서 건조한다.
④ 물통 비우기 표시가 뜬 경우 열 전환기를 끄고 물통을 비워야 한다.
⑤ 이물질은 미리 제거하여 건조해야 한다.

10

정답 ⑤

 정답풀이 일은 능동적으로 해야 한다고 매뉴얼에 적혀 있다. 상사의 의견과 가르침을 경청하되, 일마다 도움을 청한다면 결국 상사와 선배의 일에 도움을 주지 못하는 행동이므로 옳지 못하다.

오답풀이
① 인사를 밝게 함으로써 좋은 이미지를 만들면 신뢰관계 구축에 도움이 될 수 있다.
② 매뉴얼에 따르면 여유 있는 시간 계획을 세우는 것이 좋다고 말하고 있으므로 출근할 때도 혹시 모를 일에 대비하여 시간의 여유를 남기는 것이 좋다.
③ 약속이나 전달 사항을 잊지 않게 메모하는 습관을 기르는 것이 좋다.
④ 내가 맡은 일에 대한 전문지식이나 용어를 습득하기 위해 공부하는 것이 좋다.

11

정답 ③

 정답풀이 냉장실 문이 3분 이상 열렸을 때 경고음이 울린다고 나와 있으므로 냉장실을 열고 1분 만에 경고음이 나는 것은 제품에 이상이 생겼을 확률이 높다.

오답풀이
① 냉장고 뒤에 공간이 없거나 이물질이 끼면 소리가 날 수 있다고 명시하고 있다.
② 냉장이나 냉동이 안될 만큼 제품 내부가 가득 찬 경우 소리가 날 수 있다고 명시하고 있다.
④ 냉동이나 냉장을 위해 설치된 관의 주변 온도가 높은 경우에 손잡이가 뜨거워질 수 있는데 여름철엔 평소보다 온도가 높기 때문에 문을 잡았을 때 뜨거울 수 있다.
⑤ 제품의 잠금/풀림 버튼으로 상태를 전환할 때 버튼 소리가 날 수 있다고 했으므로 잠금에서 풀림으로 버튼을 눌렀을 때 소리가 나는 것은 고장이 아니다.

12

 정답풀이 AS기사나 제품 제조 시의 부품 손실이 아닌 소비자 부주의에 의한 경우는 무상수리 내용에 포함되지 않는다.

 오답풀이
① 제조일자가 9월인 경우, 제조일 기준으로 3개월까지 무상수리를 받을 수 있으므로 올해 12월까지 무상수리가 가능하다.
② 예상 수명까지 2년이 남아있으나 부품이 없는 경우, 제품의 가격에서 남은 수명을 나눈 금액만큼 환불받을 수 있다.
④ 보증서가 없어도 구매처의 영수증이 있다면 무상수리가 가능하다.
⑤ 지역에 제한을 받지 않는다고 명시되어 있다.

13

 정답풀이 회사 내 각종 행사에 무조건적인 참여가 모든 사람에게 행복이나 만족감을 줄 수 없으므로 옳지 못하다.

 오답풀이
① 어디에서나 단정한 이미지를 유지하라고 명시되어 있다. 그러므로 유니폼 착용 시에는 더 주의해야 한다.
② 모든 고객을 존중해야 하므로 고객을 대할 때는 항상 존댓말을 사용해야 한다.
③ 고객의 불만에 먼저 규정을 이야기하기보다 의견에 공감하고 사과하는 것이 중요하다.
④ 항공 일지를 씀으로써 본인의 비행에 대한 리뷰가 가능하다.

14

 정답풀이 인터넷이 연결되어 있는 경우에만 시간 표시 설정이 가능하다고 명시되어 있다. 그러므로 시스템 설정만 가지고는 현재 시각을 볼 수 없다.

 오답풀이
② 영어 자막이 제공된다고 하였으므로 옳다.
③ 악성코드를 방지하기 위해 인터넷과 함께 사용할 때는 세이프티 기능을 이용한다.
④ USB가 없이도 인터넷이 연결되어 있다면 소프트웨어 업데이트가 가능하다.
⑤ 모션이 없으면 자동으로 TV가 꺼지도록 설정할 수 있다.

15

 정답풀이 같은 제조사에서 만든 제품이라 할지라도 주의사항에 제품마다 다른 나사를 사용한다고 명시하고 있으므로 ②의 설치는 잘못되었다.

오답풀이
① 벽걸이로 설치 시에는 규격에 맞는 나사보다 긴 나사를 사용하라고 명시되어 있다.
③ 벽과의 거리를 20mm 정도 유지하라고 하였으므로 문제가 없다.
④ 제조사에서 지정한 제품을 사용한 것이므로 상관없다.
⑤ 벽을 미리 시멘트로 보강해 사고를 예방했으므로 문제가 없다.

| 01 | ③ | 02 | ④ | 03 | ⑤ | 04 | ③ | 05 | ① | 06 | ② | 07 | ④ | 08 | ④ | 09 | ⑤ | 10 | ⑤ |
| 11 | ② | 12 | ① | 13 | ① | 14 | ② | 15 | ① | | | | | | | | | | |

01

정답 ③

 정답풀이 메디치 효과(Medici Effect)는 서로 다른 이질적인 분야를 접목하여 창조적 · 혁신적 아이디어를 창출해 내는 기업경영방식으로 서로 관련이 없을 것 같은 다양한 분야가 서로 교류, 융합하여 독창적인 아이디어나 뛰어난 생산성을 나타내고 새로운 시너지를 창출할 수 있다는 이론이다.

02

정답 ④

 정답풀이 조직구조의 형태에서 대부분의 조직은 CEO는 조직의 최상층에 있고 조직구성원들이 단계적으로 배열되는 구조를 가지고 있다.

〈조직구조의 결정요인〉
• 전략 : 조직의 목표 달성을 위해 수립한 계획
• 규모 : 규모가 클수록 업무가 전문화되고 분화되어 많은 규칙과 규정 등이 존재하게 됨
• 기술 : 조직이 기존의 지식 등의 투입 요소를 통해 산출물로 전환시킴
• 환경 : 조직의 구조는 환경적인 영향을 많이 받음

오답풀이 ① 기계적인 조직은 구성원의 업무가 분명하고 많은 규칙과 규제가 존재하며, 의사소통에도 위계질서가 있다.
② 유기적인 조직은 하부구성원이 의사결정에 있어 많은 권한을 부여받으며, 업무 역시 공유 가능하고 비공식적인 상호 의사소통이 원활하게 이루어진다.
③ 대규모 조직은 소규모 조직에 비해 업무가 전문화, 분업화되어 있고 많은 규칙과 규정이 존재한다.
⑤ 조직구조의 결정요인 중 기술에 해당하는 설명이다.

03

정답 ⑤

 정답풀이 임금제도 및 복리후생제도, 퇴직관리 등이 주 업무이므로 인사부의 김 사원에게 물어봐야 한다.

오답풀이 ① 회계부 : 회계제도의 유지와 관리, 재무상태 및 경영실적 보고, 결산 등의 업무가 있다.
② 영업부 : 판매 계획, 시장조사, 광고 선전, 제품의 재고 조절 등의 업무가 있다.
③ 기획부 : 경영계획 및 전략 수립, 경영진단, 종합예산 수립 및 실적관리 등의 업무가 있다.
④ 총무부 : 주주총회 및 이사회 개최 관련, 의전 및 비서, 법률자문과 소송관리 등의 업무가 있다.

04

〈조직문화 구성요소〉
- 공유가치(Share Value) : 구성원들 모두가 공동으로 소유하고 있는 가치관과 이념 그리고 조직 전반에 관한 믿음 내지 신념이다.
- 리더십 스타일(Style) : 구성원들을 이끌어 갈 수 있는 전반적인 관리에 대한 부분이다.
- 구성원(Staff) : 조직문화는 구성원들의 행동에 의해 실제로 나타난다.
- 제도 및 절차(System) : 조직 경영상의 관리기법과 절차 등을 포함하는 틀이다.
- 구조(Structure) : 조직의 전략을 수행함에 있어 필요한 틀로서 구성원들의 역할과 그들 간의 상호관계이다.
- 전략(Strategy) : 조직의 장기방향과 기본 성격을 결정하는 것으로 조직문화 구성요소들에 많은 영향을 미친다.
- 기술(Skill) : 하드웨어는 물론 이를 사용하는 소프트웨어에 대한 기술 역시 포함하는 요소이다.

05

PC에 보관하지 않고 서버에 저장을 하기 때문에 비용, 시간, 인력을 아낄 수 있다는 장점으로 많은 기업에서 사용하고 있지만, 서버가 해킹당했을 경우 개인정보가 유출될 수 있고, 백업을 하지 않으면 서버의 데이터가 손상되었을 때 되살리지 못한다는 단점이 있다.

06

〈경영 전략 추진 과정〉
- 전략 목표 설정 : 비전과 미션 설정
- 환경 분석 : 내부와 외부 환경 분석(SWOT 분석 등)
- 경영 전략 도출 : 조직, 사업, 부문 전략 도출
- 경영 전략 실행 : 경영 목적 달성을 위한 실행
- 평가 및 피드백 : 경영 전략 결과 평가, 전략 목표 및 경영 전략 재조정 등

07

O2O(Online to Offline)는 기존에 존재하는 오프라인 매장을 활용하여 온라인 채널과 결합해 새로운 비즈니스 모델로 탄생시킨 서비스이다. 즉, 카카오택시와 같이 기존에 이미 오프라인에서 서비스가 되고 있는 형태의 서비스를 온라인과 접목시켜 고객의 편의와 서비스를 제공하는 시스템이다.

08

① 경영이해능력 : 직업인으로서 자신이 속한 조직의 경영 목표와 경영 방법에 대하여 이해할 수 있는 능력이다.
② 체제이해능력 : 조직의 구조와 목적, 체제의 구성요소, 규칙, 규정에 대하여 이해할 수 있는 능력이다.
③ 갈등관리능력 : 직장생활에서 조직구성원 간의 갈등이 생겼을 때 이를 원만하게 해결할 수 있는 능력이다.
⑤ 자기관리능력 : 자신에 대한 이해를 바탕으로 자신의 행동과 업무를 수행함에 있어 관리하고 조정하는 능력이다.

니치는 '틈새'를 뜻하는 단어로 경쟁이 상대적으로 적은 곳에서 펼치는 마케팅 전략이다.

 ① 매스 마케팅 : 불특정 다수의 사람을 대상으로 제품을 홍보하고 판매를 촉진하는 활동을 말한다.
② 바이럴 마케팅 : 입소문을 통한 마케팅 전략이다.
③ 윔블던 효과 : 윔블던 테니스 대회에서 영국선수보다 외국선수가 더 많이 우승하는 것을 빗대어 이야기한 것으로 외국 자본이 국내시장을 지배하는 현상을 가리키는 경제 용어이다.
④ 프로슈머 마케팅 : 생산자(Producer)와 소비자(Consumer)를 결합한 합성어로 생산자인 동시에 소비자가 되는 것을 말하며, 자신의 선호도에 따라 기존의 제품들을 가지고 새롭게 창조해내는 것을 말한다.

 경영참가제도의 목적이다.
〈경영참가제도 유형〉
• 경영참가 : 정보참가 → 협의참가 → 결정참가
• 이윤참가 : 조직의 경영에 의한 성과를 근로자에게도 배분하는 형태
• 자본참가 : 회사의 주식을 취득하는 종업원 지주제도와 같이 근로자가 조직 재산의 일부를 조율할 수 있는 제도

 ① · ② · ③ · ④는 경영참가제도에 의해 발생할 수 있는 문제점이다.

 마케팅에서의 4P는 Promotion, Product, Price, Place이다.
〈마케팅 4P〉
• Promotion : 광고뿐 아니라 PR, 이벤트, 할인 행사, 인적 판매, SNS 홍보, DM 등 자사의 상품을 알리고 판매를 촉진하기 위한 모든 활동을 의미한다.
• Product : 유형의 물건뿐 아니라 기업에서 제공하고 고객들이 이용하는 무형의 서비스까지 포함한다.
• Price : 제품 또는 서비스를 구매할 때 지불하게 되는 비용을 의미한다.
• Place : 제품을 판매하고 소비자들이 구매할 수 있는 경로를 의미한다.

 '환경 변화 인지 → 조직 변화 방향 수립 → 조직 변화 실행 → 변화 결과 평가' 순서로 변화한다.

 ①은 SO전략이 아니다. 홍삼음료의 의존도는 높지만 건강인식이 확대되었으니 더욱 집중하자는 전략으로 보이지만, 의존도가 높은 것은 A회사의 약점에 해당하므로 약점을 보완하기 위해 의존도를 높이기보다는 다른 제품이 매출에서 더욱 높은 비중을 차지할 수 있도록 하여야 한다.

PSAT 엄선 150제 NCS 핵심영역 120제 NCS 선택영역 60제

14

 정답풀이 퍼플오션은 블루오션과 레드오션의 장점만을 추구하는 전략이다.

 오답풀이
① 블루오션 : 현재 존재하지 않거나 알려져 있지 않아 경쟁자가 없는 유망한 시장을 의미한다.
③ 레드오션 : 이미 잘 알려져 있는 시장, 즉 기존의 모든 산업을 의미한다.
⑤ 그린오션 : 친환경 가치를 경쟁요소로 새로운 시장과 부가가치를 창출하는 산업을 의미한다.

15

 정답풀이 앰부시 마케팅은 교묘히 규제를 피하는 마케팅 기법으로 홍보효과를 극대화하는 전략이다.

오답풀이
② 바이럴 마케팅 : 입소문에 의존하는 마케팅 방식이다. 오늘날 입소문은 인터넷의 소셜 네트워크를 통해 순식간에, 광범위하게 확산될 수 있다는 장점을 가지고 있다.
③ 풀 마케팅 : 광고·홍보 활동에 고객들을 직접 주인공으로 참여시켜 벌이는 판매기법을 의미한다. 대표적인 예로 자사 광고가 들어가는 미인대회 등이 있다.
④ 프로슈머 마케팅 : 소비자가 직접 상품의 개발을 요구하며 아이디어를 제안하고 기업이 이를 수용해 신제품을 개발하는 것으로 고객만족을 최대화시키는 전략이다.
⑤ 하이엔드 마케팅 : 몇몇 부자들을 상대로 고가의 명품을 파는 것을 말하며 외제차, 고급 의류, 고가 명품 브랜드 등에 대한 마케팅 기법이다.

좋은 책을 만드는 길 독자님과 함께하겠습니다.

도서나 동영상에 궁금한 점, 아쉬운 점, 만족스러운 점이
있으시다면 어떤 의견이라도 말씀해 주세요.
SD에듀는 독자님의 의견을 모아 더 좋은 책으로 보답하겠습니다.

www.sdedu.co.kr

2023 최신판 PSAT 기출 PLUS NCS 고득점 360제 + 무료NCS특강

개정2판1쇄 발행	2023년 03월 10일 (인쇄 2022년 11월 18일)
초 판 발 행	2019년 02월 20일 (인쇄 2018년 11월 27일)
발 행 인	박영일
책 임 편 집	이해욱
저 자	정승현
편 집 진 행	김재희 · 한성윤
표지디자인	박종우
편집디자인	배선화 · 윤준호
발 행 처	(주)시대고시기획
출 판 등 록	제10-1521호
주 소	서울시 마포구 큰우물로 75 [도화동 538 성지B/D] 9F
전 화	1600-3600
팩 스	02-701-8823
홈 페 이 지	www.sdedu.co.kr
I S B N	979-11-383-3768-7 (13320)
정 가	24,000원

PSAT

기출 **PLUS**

NCS

고득점 360제

+ 무료NCS특강

정답 및 해설

NCS의 체계적 학습비법! NCS 합격노트 시리즈

NCS 이게 전략이다! NCS 워크북 시리즈

PSAT로 NCS 고난도 돌파! NCS in PSAT 시리즈

※도서의 이미지 및 구성은 변동될 수 있습니다.

혼공하는 취린이들을 위해 준비했어~!

취업을 준비하거나 이직을 준비하는
분들을 위해 만들어진 취업 정보
종합커뮤니티 카페

대기업&공기업 취업 온라인 스터디 카페

https://cafe.naver.com/0moowon

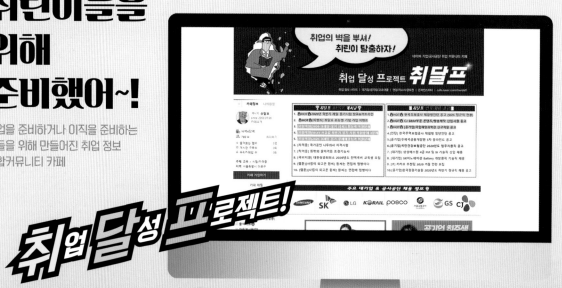

취업 달성 프로젝트!

 NAVER 카페

취달프를 검색하세요!

01 채용정보
대기업 채용정보
공기업 채용정보
고·초대졸 채용정보
최신 채용 뉴스 및 정보

02 무료 온라인 스터디
대기업 스터디
공기업 NCS 스터디
강의 동영상 제공
열정참여자 특별 혜택

03 꿀정보 대잔치
대기업 필수 정보
공기업 필수 정보
자소서 및 면접 꿀팁

04 무료 자료 제공
생생 취업 자료
최신 시사상식
1일 1한자성어

※ 도서 학습 관련 문의는 '도서 학습문의' 게시판에 남겨주세요.
※ 도서의 정오사항은 '신속처리 정오표' 게시판에 업데이트 됩니다.

취달프 카페 가입 이벤트

★ 가입인사 시 추첨을 통해 SD에듀 취업 관련 도서 1권 제공 ★

※추첨은 매달 진행됩니다.